U0665289

中共历史探微

郭德宏 著

人民出版社

编者说明

一、这本集子，是从我已发表的300多篇文章和未发表的100多篇文稿中选出来的，希望读者看了之后觉得还有些价值。

二、“中共党史”的概念展开来是“中国共产党的党史”，有的学者早就指出它并不科学，属叠床架屋，科学的称谓应该是“中共历史”，但由于大家早已习惯，所以书中仍然沿用“中共党史”的提法，没有将它改过来。

三、因为中共党史学科本质上是历史学的一部分，为了让学生掌握历史学的理论和方法，我在教学过程中特意给学生讲了这方面的知识，这些知识对学习和研究中共党史的人可能还有一点用处，所以也收了进来。

四、因为中共党史是中国现代史的一部分，所以有的文章虽然是从现代史的角度讲的，但由于与中共党史有密切的关系，所以仍然把这一部分内容收入书中。

五、由于书中的一些文稿是针对不同对象和问题，在不同时期写的或讲的，所以有不少重复。这次编选，虽然对重复之处尽量作了删节，但难免还有很多重复之处，请读者加以鉴谅。

六、书中有的文稿在写作时未加注释，有的注释是这次编选时新加的,所以有的注释中的出版年代和文稿的写作时间不相符,特此说明。由于收入文章写作时间不一，个别观点已有发展，收入本书时保持了原貌。

目　录

中共党史研究的理论与方法

中共党史学的性质、体系、理论与方法

关于中共党史学的性质、体系、理论等问题，在20世纪80年代后期曾进行过热烈的讨论，但进入90年代后就沉寂了。关于中共党史研究的方法，近年来还发表了一些文章，提出了一些新的见解，但还需要继续进行探讨。在这里，笔者谈谈自己的一点想法。

一、中共党史学的性质

关于这个问题，长期以来一直存在分歧。在1985年以前，中共党史一直是作为政治理论课开设的。1985年，高等学校的中共党史课改为中国革命史，只有各级党校和部分高校仍旧保留中共党史课。在此之后，一些党史学家明确提出中共党史不应属于政治学科，而是一门历史科学。这种认识，很快被党史界的大多数人所接受，只是在表述上有所不同。但也有的认为它既属于历史学科，又具有政治学的色彩；有的仍认为它应属于政治学，是一门马克思主义的理论科学，或历史与理论相结合的科学；有的还认为它既非历史科学，也非政治科学，而是一门独立的学科；有的甚至认为它不是一门独立的学科，而是现实政治的一部分；等等。国家规定的学科分类，规定也不一样，国家标准局把中共党史放在历史学科，而国务院学位委员会把中共党史放在政治学中。那么，中共党史到底属于历史学，还是属于政治学，或别的什么学科呢？

我认为，中共党史学是一门历史学科，因为它研究的是中国共产党的历史，既然是历史，当然属于历史学。但是，它无疑又具有政治学的特点。张友渔等政治学家在为《中国大百科全书·政治学》所写的导言中说："历史学是一门综合性科学，政治学所研究的古今中外一切政治现象，都是历史的重要组成部分。有人把历史称为过去的政治，把今天的政治叫做未来的历史，因此政治学与历史学水乳交融。在政治学研究中，一方面，按照历史唯物主义的要求，一切政治现象都要置于一定的历史环境中加以考察和分析；另一方面，政治学的一些研究领域，本身就是历史的一部分，如政治制度史、政治思想史、政治发展史等。"历史学与政治学的关系一般来说尚且如此，历史学中与现实政治联系特别密切的中共党史，与政治学的关系就更是水乳交融，很难截然分开。可以说，中共党史学是一门带有政治学特点的历史学科，或政治性很强的历史学科。

既然如此，中共党史学就既具有历史学的特点，又具有一些政治学的特点。概括起来，可以将中共党史学的特点概括为"五性"，即历史性、科学性、政治性、理论性、现实性。

所谓历史性，就是它研究的是中国共产党的历史，是过去的东西，与政治学及其他一些学科着重研究现实问题不一样。

所谓科学性，是指它像其他历史学科一样，必须从客观的历史事实出发，内容必须真实、准确、可信，掺不得半点假。正如周恩来在谈到撰写文史资料时所说的，要"存真、求实"，"只有忠于事实，才能忠于真理"。科学性是中共党史的基础和生命，只有具有科学性的党史才是真正的党史。

所谓政治性，是指中共党史学与其他历史学科不一样，它是直接为中国共产党的事业服务的，与政治紧密联系，并受现实政治的制约。

所谓理论性，也就是说它和其他的历史学科不一样，即它不仅要求史实的真实和准确，而且要对中国共产党的思想、理论、路线、方针、政策等重点加以研究，理论性更强，在表述上更具有理论色彩。如果缺乏理论性，中共党史研究就不能深入，表述就容易平淡、沉闷、一般化，不能很好地起到启发、教育、借鉴的作用。

所谓现实性，也就是说它不同于历史学的其他内容，大都已经成为过去，而是同现实社会有着紧密的联系，有的内容甚至仍然是现实问题，研究它的目的也主要是为现实工作服务，具有直接的借鉴作用。正因为如此，有的著作非常强调这一点，甚至认为“同现实社会联系密切是中共党史科学的首要特点”。

正因为中共党史学具有以上特点，所以可以从不同的方面进行研究，可以强调它的政治性，从政治方面进行研究；也可以强调它的科学性，从学术方面进行研究。

二、中共党史学的体系

关于这个问题，现在主要有三种观点：

第一种观点是王仲清主编的《中共党史学概论》一书的体系，即着重论述中共党史的性质、特点、研究对象、研究内容、理论和方法，以及中共党史研究的历史和现状、史料及其应用与校勘、人物年谱传记的编写、史学批评、地方党史研究、党史工作者的素养等问题。

第二种观点认为，中共党史学应该由党史本体论、党史认识论、党史方法论三部分组成。所谓党史本体论，指的是对于党的历史过程本身的性质和特点的认识，其核心是社会历史观，即马克思主义的唯物史观。所谓党史认识论，指的是对党史研究的特点和功能、主体和客体、主观性和客观性、阶级性和科学性、相对性和绝对性等问题的认识。所谓党史方法论，指的是关于党史研究方法的理论。党史本体论是党史学理论体系的核心，是最高层次的理论，党史认识论和党史方法论则是它的基础，三者构成了“三足鼎立式”的立体结构。

第三种观点认为，中共党史学包括理论和方法两部分。党史学理论包括最高、基础、反映三个层次。最高层次就是中共党史学的理论和方法论，属历史哲学；反映层次指的是全国党史、地方党史、专门史，是反映历史过程、历史的本质和规律的；基础层次是指党史史料。而党史学方法，根据不同的性质、作用、范围，大体上可分为基本方法、具体方法、特殊方法三个层次。基本方法就是历史唯物主义的哲学方法；具体方法是指在历史唯物主义的指导下，研究党史的各种具体方法；特殊方法是指仅仅适用于党史领域某些专门分支学科或某些领域的特殊方法，包括数学计量方法、统计方法、图表方法等。

这几种观点，都有道理，但都有一定的缺陷和不足。我认为，中共党史学的体系应该包括以下几个方面：（1）中共党史学概论，诸如什么是中共党史，中共党史学科的性质、特点、研究对象、研究内容，中共党史的体系和分期，等等。（2）中共党史研究的指导思想和基本理论。（3）中共党史的研究方法。（4）中共党史学史，即中共党史学产生、发展的历史，包括各个时期的发展脉络、代表人物、理论观点、重要著作、史学流派，等等。（5）中共党史文献学和史料学。文献学主要是关于中共党史文献的收集、整理、鉴别、加工、研究、编纂、出版、利用等方面的学问，也包括传统史学中的目录学、版本学、校勘学、考证学等有关的内容。史料学除了关于书面文献、视听文献等方面的学问以外，还包括关于文物、遗迹、遗址等实物史料，口述和口碑史料等方面的学问。（6）中共党史编写学，即关于各种类型的党史论文、著作、读物如何撰写，各种党史资料如何编纂等方面的学问。对这个方面一般不大注意，事实上这是一个很重要的内容，是应该加强研究和提高的一个重要方面。（7）中共党史研究主体学，即对于党史研究工作者的要求和应具备的素养的研究。只有包括这些方面，中共党史学的内容才比较全面，体系才比较完整。

三、中共党史研究的理论

中共党史学既然属于历史学，当然应该以历史学科的理论为指导。

历史学的根本指导理论，是马克思主义的唯物史观。多年来，我们也一直强调以唯物史观指导中共党史研究。可是在实际贯彻中，有些方面没有贯彻好，存在不少缺陷和不足。其一，没有完整准确地领会唯物史观的基本原理，有时是各取所需，片面地加以理解和运用，有时甚至加以歪曲，为我所用，或将一些“左”的错误观点附加到唯物史观名下而加以坚持，结果导致了党史研究的“左”倾和错误。其二，以唯物史观代替具体的史学理论和方法，缺乏对历史事实的深入分析，存在“贴标签”的现象，导致了党史研究的简单化、公式化、概念化。其三，没有根据不断发展变化的现实生活，丰富和发展唯物史观的基本原理，创造性地加以贯彻和运用，致使一些解释落后于实践的发展，导致了理论指导的滞后性。现在，我们仍然要坚持以马克思主义的唯物史观指导中共党史的研究，但有两个方面应该加以注意：一是应该深入学习和研究马克思主义的经典著作，完整准确地领会唯物史观的基本原理，而不要以后来附加上去的那些不准确的甚至错误的东西加以指导；二是应该根据不断发展变化的现实生活，对唯物史观作出新的解释，丰富和发展唯物史观的基本原理，创造性地加以贯彻和运用。只有这样，才能更好地指导中共党史的研究。

历史学的指导理论还包括马克思主义的历史理论。它和唯物史观虽然有密切的联系，甚至互相包容，密不可分，但二者还是有所不同的。首先，二者研究的范围不同。它们研究的虽然都是人类社会，但历史理论一般只研究过去，唯物史观不仅研究过去，而且研究现在和未来，因此它研究的范围更宽广。其次，研究的层次不同。历史理论一般是关于具体的历史发展过程的理论，讲的是历史发展过程的具体规律；而唯物史观则是关于人类历史发展的宏观理论，属于历史哲学，对历史理论起着指导作用。因此，中共党史研究不仅要以唯物史观为指导，还要以马克思主义的历史理论作为具体指导。

关于马克思主义历史理论的内容，由于理解不同，归纳也不同，王仲清在《马克思主义史学理论在中共党史研究中的应用》的讲稿中归纳了 6 点，后来在他主编的《中共党史学概论》中归纳了 8 点，张静如、侯且岸在《中共党史学理论和方法论纲》中也归纳了 6 个方面。我认为，这些归纳都有道理。按照马克思主义历史理论的体系，它应该包括以下内容：

一、人与自然关系的理论：包括地理环境与人类社会的关系，人口增长与社会发展的关系等。

二、社会结构理论：包括经济结构（生产、分配、交换、消费）、政治结构（等级、阶级、阶层、政党、派别）、文化结构（物质文化、制度文化、思想文化——社会心理、社会思潮、社会思想体系）、群体结构（家庭、宗族、社区、民族、群体、组织）等。

三、社会运行理论：包括社会生活方式、社会运行机制（社会控制、社会保障、社会激励、社会问题及治理）、社会运行状态等。

四、社会发展理论：包括社会发展动力（群众和个人的作用等）、社会变迁及发展阶段、社会发展规律（发展的规律性、量变与质变、进化与革命、必然性与偶然性、统一性与多样性、因果关系与周期性等）等。

五、历史研究方法：包括从事实出发（现象与本质、分析与综合、具体与抽象、归纳与比较）、历史主义、阶级分析、逻辑方法与历史方法的统一等。

除了马克思主义的唯物史观和历史理论以外，中共党史研究还应该大胆吸取传统史学和西方史学的正确理论，以及政治学和其他社会科学的理论，形成中共党史研究的专门理论。只有形成自己的理论，中共党史研究的理论指导才能具体化，才能具有更强的指导性。

四、中共党史研究的方法

关于中共党史研究的方法，也主要是马克思主义的历史研究方法，如前面所说的从事实出发（现象与本质、分析与综合、具体与抽象、归纳与比较）、历史主义、阶级分析、逻辑方法与历史方法的统一，等等。同时，应该大胆吸取传统史学和西方史学的一些有用的方法。我曾经介绍过10种中共党史研究易于采用又较为成功的研究方法，这10种研究方法是：比较史学方法（又称历史比较方法）、计量史学方法、口述史学方法、即时史学方法（美国称为瞬时史学）、社会史学方法、心理史学方法（又称心态史学方法）、文化史学方法、政治学研究方法、领导学研究方法、长时段研究方法，并提出应该开阔视野，不要只从中国共产党本身的角度研究中共党史，应该把中国共产党的历史放到整个中国现代史的范围内加以考察，因为中共党史只是中国现代史的一部分，如果从现代中国的角度研究中共党史，对有些问题的看法可能就不一样。于沛主编的《现代史学分支学科概论》，也介绍了城市史学、家庭史学等9种新的分支学科。张静如和王炳林在《中共党史学理论和方法的回顾与思考》一文中，又提出了逆向考察法、系统方法、假说方法和模糊方法等等。总之，凡是一切有用的社会科学甚至自然科学的研究方法，在中共党史研究都应该大胆地吸取、借鉴和应用。只有大胆吸取和借鉴各门学科的理论和方法，并把中共党史学与各门学科进行交叉和结合，才能使中共党史研究具有生命力。

要采用新的研究方法，就要拓宽自己的知识面。现在很多从事中共党史研究的人，平时只注意党的文献和档案资料，其他方面的书看得较少，知识面比较狭窄，与中共党史研究的发展和要求不相适应。要改变这种状况，就要努力学习新的知识，改变自己的知识结构，努力去学习和借鉴其他学科的研究方法。只有知识面宽了，其他学科的研究方法也掌握了，才能互相结合，融会贯通。

五、新世纪中共党史研究应该注意和加强的问题

现在的中共党史研究，主要存在三大问题：第一大问题是解放思想、实事求是还做得不够。在这方面有三种倾向：一是囿于传统的结论和观点，对不同时期、不同人物、不同事件采取不同的标准，不敢实事求是；二是继续坚持僵化的观点，或者把研究当作宣传，只准讲成就，不准讲缺点和错误，连党已经做出决议的事也不能讲，甚至把错误的也要说成是正确的，不能实事求是；三是虚无主义，否定一切，抹杀成就，同样不能实事求是。在新的世纪，中共党史研究的一个主要努力方向，就是要继续解放思想，真正做到实事求是。只有实事求是，才能使中共党史研究成为科学。

第二大问题是对中共党史学理论的研究不够。每一门学科都有自己的专门理论，而中共党史学至今没有自己的专门理论，因此很难成为一门严格意义上的独立学科。要使中共党史学成为一门独立的学科，必须加强中共党史学理论的研究，构筑起中共党史学理论的基本框架。

第三大问题是研究具体问题比较多，研究深层次的问题比较少，比如中共党史的发展为什么会是这样而不是那样？缺乏深层次的分析和研究。在新的世纪，中共党史应该更注重深层次的研究，力争从更深的层次上回答有关的重大问题，使中共党史研究更具有深度和说服力。

（原载《中国人民大学学报》2001年第3期）

【评文记事】

本文是提交中国人民大学党史系召开的座谈会的论文。对于其中“中共党史学是一门带有政治学特点的历史学科，或政治性很强的历史学科”的观点，张静如教授曾提出批评，认为是把中共党史学的性质和功能混淆了。我之所以这样认为，不过是认为中共党史

学与一般的历史学具有不同的特点罢了。至于如何认识才更准确，可以继续讨论。

目前中共党史研究中的几个问题

中共十一届三中全会以后，被林彪、“四人帮”破坏得极其严重的中共党史领域开始活跃起来，禁区一个个被打破，颠倒歪曲的历史事实一件件被澄清，很多好的著作、文章、传记、回忆录陆续出版，尊重历史的中共党史陈列开始恢复和展出，各地的研究会纷纷建立。一些地方流传的“活跃的哲学、繁荣的经济、沉闷的党史”的状况，已经有了很大的改变。

但是，目前中共党史研究中的问题还是不少的。由于中共党史研究遭到了林彪、“四人帮”和康生等人的毁灭性的破坏，短时间内有的禁区还不能完全打破，流毒还不能全部肃清。同时，“文化大革命”以前就已经存在的教条主义、宁“左”勿右等倾向的影响，一时也难以彻底扫除。由于这些问题的存在，致使不少同志仍把中共党史研究视为“危险地带”，这些问题不解决，中共党史研究工作便不能进一步顺利地开展起来。

一、关于中共党史研究要不要为无产阶级政治服务的问题

史学要为无产阶级政治服务的口号，已经提出多年了。最近有的同志不同意这么提，认为应该为历史而历史，或者应该为探求历史的真理而研究历史。到底中共党史研究要不要为无产阶级政治服务？要加强党史研究的科学性，必须把这个重要问题弄清楚。

我认为，史学要“为无产阶级政治服务”这个口号，在当时提出是可以理解的，对于克服和纠正当时那种脱离实际的研究倾向，曾起过一定的积极作用。但是，由于这个口号的含义并不明确，容易引起误解，因而在实践中带来了很多问题。例如，要为什么样的“政治”服务和怎样服务，便可以作出各种各样的理解和解释。“四人帮”在“批林批孔”时期曾提出，历史研究“要从斗争需要出发”，中共党史研究和宣传的方针就是“参考历史，重在为现实服务”。显然，他们所说的“斗争需要”和“现实”，是他们所进行的反党的阴谋活动，他们强调的是为他们这种反党阴谋活动服务。我们中共党史研究中过去出现的一些问题，与“四人帮”的目的当然是根本不同的。但是由于“左”的思想和“个人迷信”思想的影响，在很长一个时期内，往往不是为了无产阶级革命事业和建设事业的根本利益、全局利益和长远利益服务，而是把它狭窄地、片面地仅仅理解成为歌颂领袖服务，为某项具体方针政策服务，为无休止的政治运动服务，使历史研究跟着政治风向转。这主要表现在以下三个方面：

第一，对犯过错误的人、有“问题”的人做过的一些事不提或有意贬低，或者一提到他们便大批一顿。例如，对张闻天从遵义会议后曾担任中共中央的负责人，过去的中共党史著作和讲义从来不提。中共中央为他开了追悼会以后，很多同志甚至一些比较老的同志都大吃一惊。即使对一些真正有问题或犯了错误的人，也应该一分为二、实事求是，不能因人废言、因人废事，否认或抹杀他们在历史上做过的一些好的工作，更不能改变基本的历史事实。

第二，对中国共产党和国家的领导人按现有的地位排历史座次。例如，林彪上井冈山时还是个连排长，但从 1951 年开始，不仅把他作为率领南昌起义部队上井冈山的领导人之一，还一直把他排在陈毅的前面。他当上“接班人”以后，有人甚至说是他一个人率领南昌起义部队上山。这些都是不符合历史事实的。

第三，为了歌颂领袖的伟大功绩，便把领袖的事迹“拔高”，把发生的时间提前，或把大家的事迹集中到他一个人身上。有的工作不是他一个人领导的，说成是他一个人领导的。有的工作别人在前，便不提或少提，只讲领袖的事迹。有的本来是歌颂别人的歌谣，也改成是歌颂领袖的。如安源路矿工人大罢工时工人编的《劳工记》上有首歌谣，本来是：“直到一九二一年，忽然雾散见青天，有个能人李隆郅（李立三），年龄只有二十四，祖籍湖南醴陵人，出洋外国转回程，工会湖南来办起，劳动工界结团体。”1953年以后则改成：“直到一九二一年，忽然雾散见青天，有个能人毛润之，打从湖南来安源，提议要给办工会，劳动工界结成团。”名字和内容全都改了。

这种现象并不能说现在一点没有了，它的影响还是存在的。一个人的职务是经常变动的，凡是活着的人也没有不犯错误的（当然犯大的错误的是少数），对领袖的歌颂更是没有止境的。于是，一些中共党史著作、讲义、文章、陈列为了为所谓的“政治”服务，便随着情况的变化不断修改。林彪、“四人帮”更把这种倾向引向了极端。我们多年来一直编不出一部系统的、完整的中共党史，与这种不断改来改去的情况是分不开的。这种做法表面上看来是为当时的“政治”服务了，实际上对无产阶级的根本利益是非常有害的。

中共党史尽管理论性很强，但它终究是一门历史。既是历史，对它的研究就必须从历史事实出发。恩格斯曾说：“不论在自然科学或历史科学的领域中，都必须从既有的事实出发。”考夫曼在论述马克思的研究工作时也曾说过：“在马克思看来，有一件事情是重要的，就是要找到他所研究的现象的规律，而特别重要的是这些现象的变化和发展的规律，这些现象由一种形式过渡到另一种形式，由一种社会关系制度过渡到另一种社会关系制度的规律。所以马克思关心的是一件事：用准确的科学研究来证明一定的社会关系制度的必然性，同时尽可能完全地指出那些作为他的出发点和根据的事实。”这里已经说得很清楚，作为研究出发点和根据的，只能是既有的事实，而不是别的什么东西。

因此，对于中共党史研究要不要为无产阶级政治服务的问题，应该加以正确的理解。既要看到中共党史研究是不能脱离无产阶级政治的，又要看到中共党史研究“为无产阶级政治服务”这个口号是不确切的。如果说到服务，应该是尽力为无产阶级革命和建设事业的根本利益、全局利益和长远利益服务，应该从基本的历史事实出发，而不是让它跟着政治风向转，仅仅为歌颂某位领袖、为某项具体方针政策、为某个政治运动服务。不能抹杀基本的历史事实，根据现有领导人的地位排历史座次，随便地今天这样说，明天又那样说。中共党史研究的目的，就是找出中国革命的客观规律和具体特点，使马克思主义的普遍原理和中国革命的具体实践更好地结合起来；就是认真总结历史的经验教训，使我们以后少走弯路，少犯错误；就是歌颂老一代无产阶级革命家、革命先烈、革命人民英勇奋斗的革命精神和高贵品质，教育全国人民特别是青年一代发扬革命精神，继承和发扬党的优良传统、优良作风。这是中共党史研究的根本任务，也是为无产阶级政治服务的具体表现。过去因错误的理解和贯彻“为无产阶级政治服务”这个口号出现的那些问题，应该尽量地加以避免。

二、关于中共党史研究的中心问题

中共党史，顾名思义就是中国共产党的历史。具体来说，就是中国共产党把马克思主义的普遍真理和中国革命的具体实际结合起来，领导全国人民胜利地进行新民主主义革命、社会主义革命和社会主义建设的历史。因此，对它的研究和编写，就只能以全党的重大活动为中心和线索。过去，为了歌颂毛泽东的伟大功绩，便出现了过分突出毛泽东个人的现象，并提出中共党史“要以毛主席著作为基本教材”的口号，毛泽东的活动和著作逐渐成了中共党史的中心。林彪、“四人帮”为了制造现代迷信，更极力神化毛泽东，把他说成什么都是最早，什么都是最正确，一部中共党史几乎只剩下毛泽东一个人的活动。讲新文化运动、五四运动、党的创立，陈独秀、李大钊等人不见了，只有毛泽东一个人的活动；讲农民运动，彭湃最早领导的海陆丰农民运动不见了，他和其他同志主持的前五届广州农民运动讲习所不见了，只有湖南农民运动和毛泽东主持的第六届农民运动讲习所；讲根据地和武装斗争，别的根据地不是不见了，就是变成了“游击区”，只讲井冈山、红一方面军、中央根据地，中共党史实际上变成了毛泽东的个人活动史和个人著作史。

这种以毛泽东个人的活动和著作为中心的现象，现在仍然在很多问题上不同程度地表现出来。在一些中共党史著作和讲义中，毛泽东个人的活动和著作仍是贯穿始终的，而中共中央的活动却是断断续续的。如从1928年7月中共六大到1930年6月第二次“左”倾错误的形成，整整两年的时间，几乎看不到中共中央的活动。而提到的地方，也多是中共中央的错误怎样干扰了毛泽东的正确主张。难怪有的同志说：“读了这段党史，好像中央一直是干扰毛主席的，如果没有中央的干扰，毛主席就会更正确，革命就会发展得更快。”这是值得深思的。事实上，当时的中共中央做了很多有益的工作，作了很多正确的指示，如古田会议决议就主要是根据1929年9月28日中共中央给红四军前委的指示信写成的。很难设想，没有当时中共中央在很多方面的正确领导，全国的革命形势会有那么快的发展。又如讲新文化运动、五四运动、党的创立时期，仍然对毛泽东和湖南的活动讲得最多、最突出、最详细。在这个时期，讲毛泽东比陈独秀、李大钊还多，讲湖南比北京、上海还多，便使人感到不真实。又如秋收起义，现在仍然把毛泽东领导的湘赣边界秋收起义和南昌起义、广州起义并列，其他地方的秋收起义则放到以后才讲，造成一种秋收起义就是湘赣边界秋收起义的印象。事实上，中央在八七会议上通过了四省秋收暴动大纲，决定在湘鄂赣粤同时举行秋收起义，并派毛泽东回湖南、董必武回湖北、方志敏回江西、张太雷回广东进行领导。在湘赣边界秋收起义的同时，吴光浩、王志仁领导了黄麻起义，方志敏领导了弋横起义，彭湃领导了海陆丰起义，罗纳川领导了平江起义，刘志丹、谢子长领导了清涧起义，其他地方也发动过农民起义。重点讲湘赣边界秋收起义是应该的，但应把别的地方的秋收起义放在一起同时讲，才能使人对秋收起义有个完整的认识。因此，正确处理群众、党、领袖的关系，像列宁所说的“把每个领袖放在适当的位置上”，仍然是目前中共党史研究中必须进一步解决的重要问题。只有按照历史唯物主义的观点，正确处理这个问题，才能使中共党史研究建立在科学的基础上。

正确处理群众、党、领袖的关系，必须正确解决如下几个问题：

首先，不能把领袖凌驾于中国共产党和人民群众之上。斯大林曾说：“要革命就必须有领导革命的少数人，但是最有才能、最忠诚和最有精力的少数人，如果不依靠千百万人的哪怕是消极的支持，他们就会束手无策。”“没有千百万人的支持，最优秀的少数人也是无能为力的”。领袖也是党员之一，也是群众的一分子，必须把领袖放在党的活动中来写，放在人民群众的斗争中来写，不能把领袖写成孤零零的一个人在指挥一切，缔造一切。中国共产党领导的斗争是多方面的，一部中共党史应该全面反映中国共产党所领导的各个方面的斗争，如既要写武装斗争，也要写白区斗争；既要写党直接领导的群众运动，又要写党与各民主党派、知名人士的联系，以及他们在中国共产党领导和影响、推动下开展的活动；既要写国内的斗争，又要写共产国际和兄弟党及世界各国人民与中国革命的关系。过去共产国际同中国革命的关系是一个禁区，今天应该实事求是地加以研究和反映，不讲这个问题，很多问题就不容易说清楚。

其次，不能把领袖看作一个人，领袖是一个集团、一批人，中共党史要写出整个一代无产阶级革命家及其后来人的光辉事迹。马克思主义经典作家从来都是把领袖当作一个集团，当作一批人来看待的，总是说要努力造就大批的领袖。在中国共产党的历史上，事实上也是群雄四起，各有千秋，都在不同的历史时期为党作出了伟大的贡献。在某些方面，他们有的甚至超过了毛泽东。如陈独秀最早倡导了新文化运动和党的创立，李大钊最早在中国宣传了马克思主义，蔡和森最早提出了马克思主义的建党主张，彭湃最早开展了农民运动，周恩来最早重视了武装工作，邓中夏最早提出了国共合作统一战线中的无产阶级领导权问题，等等。没有整个一代无产阶级革命家领导全国人民英勇奋斗，中国革命的胜利是不可能的，不能把党史写得只有一个人正确，其他的人都不正确，都是“跑龙套”的，不准别人超过主要的领袖。以前有的文章和回忆录中说周恩来怎样“辅佐”毛泽东工作，把毛泽东和其他无产阶级革命家的关系写成了“君臣关系”，这是封建意识的反映，是对领袖之间关系的歪曲，以后应该避免这类词句在中共党史著作、文章中出现。

再次，领袖本身也有个发展和实践的过程，并不是一生下来就是神仙，无论什么事都有先见之明，都能“洞察一切”。毛泽东对错误的抵制是这样，对正确的理论、思想的提出也是这样。如他对第二次“左”倾错误，就曾在某些方面执行过，以后才逐步认清危害，进而进行了抵制和斗争。他对农村包围城市的道路问题，也不像有的同志所说在第一次国内革命战争时期就提出来了，或在秋收起义之初就提出来了。井冈山的斗争虽然在实践上解决了工农武装割据的一些基本问题，但他于1928年12月5日写的《中国的红色政权为什么能够存在？》一文，仍然有某些“城市中心论”的思想，直到1930年1月5日写的《星星之火，可以燎原》，才基本上解决了这个问题。从理论上彻底地推倒“城市中心论”，那还是1938年11月3日写的《中国革命战争和战略问题》。毛泽东自己也曾说过：“在抗日时期，我们才制定了合乎情况的党的总路线和一整套具体政策。这时候，中国民主革命这个必然王国才被我们认识，我们才有了自由。到这个时候，我们已经干了二十来年的革命。过去那多么年的革命工作，是带着很大的盲目性的。如果有人说，有哪一位同志，比如说中央的任何同志，比如说我自己，对于中国革命的规律，在一开始的时候就完全认识了，你们切记不要信，没有那回事。”

最后，对全党重大思想理论的发展，应该以党的历次代表大会和重要会议的文件，以及整个一代无产阶级革命家的著作为线索，而不能仅仅以毛泽东个人的著作为线索。毛泽东的许多著作虽然也是吸取了全党的智慧而写成的，甚至经过中央集体讨论、修改而定稿的，但毕竟更多地体现了他个人的思想，而不能代表整个的党。1948 年他在回答吴玉章关于把毛泽东思想改成毛泽东主义的请示时说：“那样说法是很不适当的。没有什么毛泽东主义，不是什么‘主要的要学毛泽东主义’，而是必须号召学生们学习马恩列斯的理论和中国革命的经验。这里所说的‘中国革命经验’，是包括中国共产党人（毛泽东也在内）根据马恩列斯理论所写的某些小册子及党中央各项规定路线和政策的文件在内。”而党的会议所通过的纲领、宣言、报告、决议等都是经过中央讨论的，直接代表了全党的思想理论水平，在当时直接指导了全党的革命斗争，发挥过重要的作用。如土地革命的路线和政策，1927 年 11 月临时中央政治局扩大会议曾错误地决定没收一切土地和实行土地公有，毛泽东和其他根据地大部分执行了，《井冈山土地法》也是这样规定的。1928 年中共六大重新规定只没收地主阶级的土地，毛泽东和其他根据地才逐步改变了没收一切土地的做法。关于土地公有问题，直到 1930 年 8 月中共六届三中全会传达了应当不禁止土地买卖的指示，才基本上得到解决。毛泽东 1931 年 2 月 27 日关于土地所有权问题的信，虽然进一步明确地提出这个问题，但如果没有中共六届三中全会和其后苏区中央局的文件，他这封信也是不一定就能在那时写出来的。因此，论述土地革命的路线和政策时，不能只说毛泽东个人的功劳，而抹杀中共六大和六届三中全会的功绩。如果仍像以前那样，分析正确的理论、路线、方针、政策时，对党的重要文件和其他无产阶级革命家的著作很少提，主要以毛泽东的著作为代表，错误的则以党的会议、文件及其他无产级阶革命家的著作为根据，或者在分析党的会议、文件及其他无产阶级革命家的著作时，既指出其正确的一面，又指出其错误的一面，而在分析毛泽东的著作时，则只赞扬它的伟大贡献，仍然会造成只有毛泽东一个人正确的印象。对于毛泽东的著作，也不能只限于解释和引用他的现成结论。毛泽东就曾对自己的许多著作作过多次修改，甚至重大的修改。我们应该根据新的实践、新的材料去丰富它、补充它，甚至对一些问题作出新的结论。实践是检验真理的唯一标准，这条原则也应贯彻到中共党史研究中去。

三、关于充分地占有资料的问题

中共党史研究要做到科学，做到实事求是，就必须掌握大量的、全面的、确凿的资料，特别是原始资料和第一手资料。马克思曾说："在形式上，叙述方法必须与研究方法不同。研究必须充分地占有资料，分析它的各种发展形式，探寻这些形式的内在联系。只有这项工作完成以后，现实的运动才能适当地叙述出来。"没有丰富的资料，叙述就很难准确，结论就很难科学，著作和讲义就很难形象生动。林彪、"四人帮"一伙搞乱了的问题也很难纠正过来。例如在一些中共党史讲义中，说李大钊曾赞扬《湘江评论》是"现今最重要的文字"。事实上这并不是李大钊说的话，而是胡适在《每周评论》第 36 期上写的一篇赞扬《湘江评论》的文章中讲的。又如说毛泽东在讨论建党时明确指出：党是革命运动的发动者、宣传者、先锋队和作战部。事实上这也不是毛泽东首先明确指出来的，而是蔡和森在 1920 年 8 月 13 日致毛泽东信中的话，他说："我以为先要组织党——共产党，因为它是革命运动的发动者、宣传者、先锋队、作战部。"毛泽东不过在 1920 年 12 月1 日给蔡和森、萧旭东等人的信中对"于和森的主张，表示深刻的赞同”。为了赞扬毛泽东，就把胡适的话改成李大钊的话，把蔡和森的话改成毛泽东的话了。如果不仔细查对原文，这些问题就很难纠正，很难做到真实。

现在突出的问题，主要不是中共党史工作者不重视掌握资料，而是能够看到的原始资料和第一手资料太少。这些资料虽然很多，几十年来各个地方也作了大量的调查和访问，但多数存放在档案馆以及博物馆、陈列馆中，没有系统地编印出来。编印出来的一部分，因为级别限制太严，绝大部分中共党史工作者无法看到。中国共产党在历史上一些重要的报刊杂志以前虽然复印了一部分，但数量很少，也很不容易查阅。现在欧美各国大都有定期公布档案材料的制度，台湾当局也已把以前在各革命根据地缴获的中国共产党文件成套地编印出来。叛逃到国外或港台的中国共产党的一些叛徒，如张国焘等人，也写了大量的回忆录，对一些事情写得十分具体，但对很多事实有歪曲。我们有的同志想驳斥他们，因为没有材料，无能为力。周恩来曾多次讲过:档案工作要为史学工作服务。各地档案馆和博物馆、陈列馆以及有关单位应根据周恩来的指示，尽快地组织力量，将现存的党内重要文件、档案资料和调查访问记等系统地整理编印出来，为中共党史工作者提供研究的根据。大量材料的公布，让广大中共党史工作者掌握第一手资料，也能防止坏人任意地篡改历史。中国共产党在历史上一些重要的报刊杂志，也应该组织力量多复印一些。对一些反面的材料，如张国焘等叛徒的回忆录和敌人写的反动著作，也应该有计划地翻印一些，使中共党史工作者研究时可以有所比较。对于国外编写的有关中国共产党历史的著作和文章，也应该尽快地翻译过来，以便让党史工作者及时了解国外的研究成果和动态，进一步搞好党史研究工作。

中共党史研究要充分地占有资料，同时又不能埋头于资料之中，还要加强理论的学习和研究。现在有的同志有点过分注重一些具体的资料，而对理论的学习和研究重视不够。这种现象的出现，主要是由于多年来很多同志看不到多少资料，在目前一个阶段也是很自然的。但是，如果忽视了对理论问题的研究和分析，一些具体的资料就不能很好地统起来，不能更好地研究中国革命的规律和特点，总结历史的经验教训，完成中共党史研究所担负的任务。同时，不努力掌握马克思列宁主义、毛泽东思想的科学体系，进一步提高马克思主义的理论水平，对资料就不能很好地进行“去粗取精、去伪存真、由此及彼、由表及里”的研究分析，从复杂的现象中抓住本质，使中共党史的研究水平提高一步。因此，既要重视资料，又要加强马克思列宁主义、毛泽东思想的学习，加强对一些重大理论问题的研究，才是正确的态度。

另外，在中共党史的编写体例和方法上，也应该“百花齐放，百家争鸣”。我国在编写历史方面有优秀的历史传统，历代的大历史学家创立了纪传体、编年体、纪事本末体等各种体裁。中共党史的编写应该继承我国文学的优良传统，可以采用讲义体，也可以采用纪传体、编年体、纪事本末体或别的更好的体例。这样，编写出的中共党史可能更丰富、更生动些。当然，一下子从大家习惯的讲义体变成别的体例，会有很多困难，但只要不断摸索和实践，会取得成功的。

（本文写于1979年12月，曾收入自己1989年在经济日报出版社出版的《中共党史论集》，以及中共党史出版社2010年出版的《探寻历史的真相——郭德宏史论集》）

【评文记事】

这是针对中共历史研究中长期存在的一些问题写的，是自己写得比较早的一篇关于中共历史研究的文章。由于写得比较早，不能不受到当时的历史条件和自己的认识水平的限制，有些提法和分析不够准确。

关于中共党史研究创新的几个问题

关于如何深化党史研究的问题，我准备结合这两年的党史研究，主要从党史研究如何创新和写作的具体方法上讲一下。

一、要有创新意识

要使党史研究有所创新，首先要有创新意识。这是研究工作创新的前提。不久前，张静如教授等在《创新与中共党史研究》一文中，就明确提出：“学科要发展，必须不断创新。作为各个学科的研究者，必须具有创新意识、创新思维、创新精神。”文章还指出，中国共产党的历史，就是不断创新的历史，研究创新的历史，自己创新意识不强，实在说不过去。我看不仅中国共产党的历史是创新的历史，整个马克思主义、毛泽东思想、邓小平理论创立和发展的历史，各个学科创立和发展的历史，甚至整个人类的历史，也都是不断创新的历史。没有创新，就没有发展，没有生命力。

所谓创新意识，就是不要因袭传统的思想，被传统的思想和方法所束缚。在1997年党史师资班上我曾经讲过，传统的思想，也就是传统思维，本身具有二重性，既有正确的方面，也有不正确的方面；既教给人们一种观点和方法，又往往成为一种惰力甚至阻力，形成一种思维定势，束缚甚至阻碍着人们的创造和前进。传统思维对于党史研究来说，主要表现在三个方面：一是传统指导思想特别是“左”的指导思想；二是传统的结论和说法；

三是传统的思维方法、思维方式。这些传统思维既给我们的研究提供了指导，又往往成为创新的束缚和阻碍。因此，要使党史研究有所创新，就要打破这种传统思维。大史学家梁启超在谈到好的史学家必须具备的史才、史学、史识三个条件中的史识时曾说：要养成正确精密的观察力，除了要把事情的来龙去脉考察清楚外，还应当不要被“因袭传统的思想所蔽”，“不要为自己的成见所蔽”，只有做到这一点，“才能得到敏妙的观察，才能完成卓越的史识”。也就是说，要具有创新意识。

当然，强调打破传统思维，树立创新意识，并不是不要马克思主义、毛泽东思想、邓小平理论以及党的历史决议的指导。近些年，马克思主义在一些人那里不那么吃香了，有的人主张冲破马克思主义的束缚，甚至主张抛弃马克思主义。例如河南师范大学历史系的雷戈提出，当代史学家接受唯物史观，并不是基于一种理性批判的结果，而主要是由于政治威胁和行政压力所致；并不是出于自己内心的思想需要，而是出于对自身的生存利益的考虑。因而必然导致对唯物史观采取一种投机取巧的实用主义态度，盲目接受，机械运用，死搬教条，胡乱比附，浅尝辄止，历史学家变得僵化了、教条了、浅薄了、庸俗了。从总体上看，中国当代史家大都经历过一种病态的心理过程，对现实的绝对肯定是其病态的原因，对历史的绝对否定是其病态的表现。他认为应该把史学观与历史观分开，“将历史观从史学层面驱逐出去，至少也可以凭借史学观去对历史观进行一些必要的解构，使历史观不能继续盘踞在史学领域对史学观构成过多的限制和干涉”，要以“鲜明的先锋意识和强劲的超前追求”，来进行一场“史学革命”。我认为这种看法是不对的。事实上，史学观与历史观是分不开的。历史观是史学观的指导和基础，没有历史观的史学观是不存在的，区别只在于以什么历史观为指导和理论基础罢了。

我国史学界在过去运用唯物史观指导历史研究方面，确实存在教条化、简单化、片面化、绝对化等毛病，需要加以克服。但是，不能因为过去在运用唯物史观方面存在毛病，就否定它的正确性。无数事实已经证明，唯物史观还是史学研究的唯一正确的指导思想。对于这一点，连一些资产阶级史学家也不否认。英国著名的史学家杰弗里·巴勒克拉夫在《当代史学主要趋势》一书中即说："今天仍保留着生命力和内在潜力的唯一的'历史哲学'，当然是马克思主义……当代著名历史学家，甚至包括对马克思主义的历史分析抱有不同见解的历史学家，无一例外地交口称誉马克思主义历史哲学对他们产生的巨大影响，启发了他们的创造力。""虽然非马克思主义者和反马克思主义者不愿意承认这一事实，但是，要否认马克思主义是有关人类社会进化的能够自圆其说的唯一理论，是很难办到的。也就是说，马克思主义是唯一的历史哲学，它对历史学家的思想产生了明显的影响。"毛泽东思想、邓小平理论和党的历史决议，都是在中国革命和建设的实践中产生的，是中国革命和建设经验的科学总结，更是中共党史研究的指导思想，应该继续加以坚持。

但是，坚持马克思主义、毛泽东思想、邓小平理论和党的历史决议的指导，并不是不要再创新和发展了。拿党的历史决议来说，它只是对一些重大的历史问题作出了结论，并没有对党史上的所有问题都作出结论，许多问题还需要进一步研究。而且随着历史的发展，人们的认识也在不断发展。就拿 1981 年作出的《关于建国以来党的若干历史问题的决议》来说，当时还没有提出、更没有形成建设中国特色社会主义的理论，社会主义现代化建设和改革开放还刚刚起步，还没有实行市场经济，作决议时对当时所面临的国际国内形势也不能不有所考虑，在这种情况下作出的决议，不能不受到很多限制。著名史学家黎澍当时就曾说：历史决议也是历史，也可以进行研究。胡乔木很赞成这句话，认为对历史问题的认识不能到此止步，应该不断前进和深化。这就是说，历史决议并不是认识的顶点和终点，党史研究应该随着历史的发展不断前进。不能因为有些话决议上没有说过，就认为是违背了历史决议。如果这样，党史研究就只能停留在 1981 年的水平，不能再有所前进。也就是说，以马克思主义、毛泽东思想、邓小平理论和党的历史决议为指导，并不妨碍党史研究的创新。

为了更好地以唯物史观指导党史研究，张静如教授1995年出版了《唯物史观与中共党史学》一书，从解放和发展生产力与中共党史学、社会现代化与中共党史学、社会进化和变革与中共党史学、社会意识与中共党史学、个人和群众与中共党史学五个方面，论述了怎样在党史研究中贯彻唯物史观的基本原理，提出了许多独到的富有启发性的见解。例如在关于解放和发展生产力与中共党史学的问题上，他说解放和发展生产力是社会革命的最终目的，也是中国共产党历史发展的主线。因此，应该注意到解放和发展生产力是中国共产党历史发展全过程的核心内容，把它纳入研究对象的表述之中，使党史学主体部分的研究体系和研究重点体现这一核心内容；在党史研究中，要以解放和发展生产力为标准，衡量政党、集团和个人的历史作用，评判历史事件的性质、作用和意义；在中共党史学中，也应该以此为标准，考察史家、史著、流派、思想、思潮的地位、作用和价值。

二、开拓新领域

党史研究虽然已经进行了几十年，但到现在仍有不少空白点、薄弱点、疑难点，需要进行探索。从党史研究的内容来说，它应该包括党自身的建设和发展史，思想理论发展史，领导人民进行政治、经济、思想、文化、军事、外交等方面的历史，制定路线、方针、政策和具体贯彻这些路线、方针、政策的历史，以及马克思主义与中国实际相结合的规律，中国共产党自身发展的规律，等等，也就是说，应该包括与党的历史有关的一切方面和内容。过去，我们一般比较注重研究党领导政治斗争和军事斗争的历史，制定路线、方针、政策的历史，对其他方面则研究得不够。就拿政治方面来说，也是比较注重与敌人的斗争和党内斗争，对于政治建设如政治制度建设、民主法制建设等方面，则研究得很不够。拿组织发展史来说，虽然从20世纪80年代开始，有关部门就在编写组织史，但主要是弄清组织机构的发展变化情况，人员沿革情况，名曰组织史，其实是组织史资料，真正意义上的中国共产党组织史并没有搞出来。就是各个时期的党员人数，也没有完全搞清楚。从路线、方针、政策的制定和贯彻方面来说，对于路线、方针、政策的制定研究得比较多，对具体贯彻落实的情况研究得就比较少，因而看了许多著作和论文，对于这些路线、方针、政策贯彻落实的情况并不太清楚，例如人民群众对这些路线、方针、政策是什么态度，在贯彻落实中遇到过什么困难，是怎么克服的，贯彻落实后的实际情况是怎样的，等等，都不太清楚，好像号召一发出，文件一制定，领导工作就完成了，群众就发动起来了，所以写出来的东西都是“文山会海”，并没有说明历史的真相。在这方面，应该学习外国学者的研究方法，他们对这方面就比较重视，具体研究中国共产党的各级机构是如何运作的，碰到困难又是如何解决的，使人看了之后感到内容很充实，了解了当时的许多具体情况。

从党史的各个时期来看，民主革命时期的党史研究得比较深入，社会主义时期的党史则研究得相对差一些，很多重大问题都还没有进行深入研究，特别是新时期的党史，研究得就更不够，连体系、框架都还没有形成，应该将党史研究的重点向社会主义时期特别是新时期转移，对这些时期重点加以研究。从现实意义来讲，也应该加强这些方面的研究。

从党史研究的层次上来说，研究的状况也不平衡，对中央的历史一般研究得多一些，对地方党史则一般研究得少一些。从地方党史来说，也是对民主革命时期研究得比较深入，对社会主义时期则研究得不够。地方党史研究是全国党史研究的重要基础，在这方面是可以大有作为的。原唐山市委党史研究室主任陈平看到抗日战争史中的“无人区”问题没人研究，而他了解当时的一些情况，于是就选择这个课题进行调查研究，最后写成《千里“无人区”》（中共党史出版社1992年版）一书，一出版就在国内外引起注意，日本专门请他前去讲学。另外像《当代中国史研究》1998年第5期发表的曹力铁写的《江西省城乡社会主义教育运动始末》，《百年潮》1998年第6期发表的张树藩写的《信阳事件：一个沉痛的历史教训》，《中共党史研究》1998年第4期发表的冯有林等人写的《湖北当阳跑马公社的“共产主义”考》，《山东党史》1999年第2期发表的阴元昆写的《“人有多大胆，地有多大产”与寿张县“大跃进”运动》等文章，都很有意义。各个地方在社会主义时期都有很多典型人物和事件，把这些典型人物和事件研究清楚很有意义。各地的同志应该结合本地区的特点，在这方面作出贡献。

三、选取新角度

因为党史上的许多问题别人大部分都研究过，要想使党史研究有所创新，在研究中选取新角度是很重要的。凡是有新角度的文章和著作，都使人感到很新鲜。例如《百年潮》连载的青石写的《毛泽东和莫斯科的恩恩怨怨》，就从新的角度分析了毛泽东同共产国际、苏联共产党的关系，得出不同于过去长期公认的毛泽东一贯坚持独立自主，同共产国际和斯大林作了坚持不懈的斗争的定论的新看法。又如林蕴晖写的《毛泽东为什么派彭德怀去“三线”》（《百年潮》1998年第3期），也从新的角度对1965年9月毛泽东同彭德怀那次谈话的内涵问题进行了探讨，对过去所说的毛泽东认识到自己的错误的说法提出了质疑。

有的同志在研究中不善于选取新角度，使人一看就觉得是老题目、老面孔、老观点，是在炒冷饭，缺乏新意。在这方面，应该很好地向外国学者学习，他们选取的研究角度往往很新。例如对于抗日战争，研究已经比较深入了，可是日本中国现代史学会原会长池田诚主编的《抗日战争与中国民众——中国的民族主义与民主主义》（求实出版社1989年翻译出版）一书，却使人耳目一新。它不是一般地研究抗日战争中的重大事件和人物，而是着眼于广大民众在抗战中的作用、民族主义和民主主义思想在发动民众过程中的作用，看后很受启发。

选取新角度，具体来说就是在研究中选择新题目，使研究的课题具有创新性，写出来的东西有新意。没有新意，就不能算作真正的科学研究。那么，怎么才能使研究具有创新性呢？我想主要有三个方面：一是要认真学习，深入钻研。这是创新的基础。二是要独立思考。这是创新的基本条件，也是科学研究的基本要求。可以说，没有独立思考，就没有科学研究。三是要全面了解国内外的研究动态，知道别人已经研究到了什么程度，发表过一些什么文章，出版过一些什么书籍，哪些问题已经解决，这样才不至于去重复别人写过的东西。

四、挖掘新资料

资料是研究的基础,要使党史研究有所创新,就应该努力挖掘新的资料。史学不同于哲学、经济学、文学等学科，哲学是靠思辨，经济学是靠数字，文学是靠想象,史学是靠史料,要靠史料说话。没有史料,就写不成史学文章。没有新资料，就使人觉得你没有下功夫。我在《红旗》杂志社工作的时候，老的编辑曾一再和我说，写一篇文章，不能全是引用别人用过的材料，至少要有一两条别人没有用过的新材料，这样人家才会觉得你是下功夫收集了材料的，态度是认真的。写一篇理论文章尚且如此，写史学文章就更需要认真收集新资料。著名史学大师陈寅恪对新资料非常重视，他在谈到学术新潮流时曾说："一时代之学术，必有其新材料与新问题。取用此材料，以研究问题，则为此时代学术之新潮流。治学之士，得预于此潮流者，谓之入流（借用佛教初果之名）。其未得预之，谓之未入流。此古今学术史之通义，非彼闭门造车之徒，所能同喻者也。"这就是说，是不是能运用新材料来进行研究，是是否"入流"的表现。胡乔木在指导修改《中国共产党历史》上卷时，也反复强调要广泛地全面地收集资料，特别是第一手资料，新的资料。否则只是原来那些资料抄来抄去，就是炒冷饭，学术价值和阅读价值都不会高。他说现在写的党史，要有新的面目，就要多用新的资料，表明是在充分掌握了现有资料的基础上写成的。

可是，有的年轻同志不太重视收集新资料，只是对别人用过的资料抄来抄去，甚至随便找几条材料，就拼凑成一篇文章，这样的文章价值当然就不会高，甚至会以讹传讹。金春明教授不久前就曾批评这一点，他说关于 1969 年冬的战备疏散，1999 年出版的《周恩来年谱》下卷已经谈得十分清楚，可是至今仍有些文章和小册子称之为受“林彪一号紧急命令的迫害”。1969 年 10 月 17 日，林彪确实发出过一个所谓“一号命令”，但主要是关于加强军队战备、防止敌人突然袭击的问题，并未涉及疏散人员问题。而在京的党政负责人、老同志及其家属被疏散，则是由于当时党中央对战争爆发可能性的严重估量，由毛泽东下决心采取的战备措施。《周恩来年谱》中说：1969 年 10 月 17 日晚，周恩来“与中共中央政治局成员分批会见在京的一些老同志，向他们宣布毛泽东和党中央关于战备疏散的决定，说：‘主席根据当前形势，决定一些老同志在 20 日或稍后从北京疏散到外地。主席指定了每个人的去处。各地安置工作，均由我打电话安排，中央办公厅负责准备专机或专列。’之后，又向疏散的老同志一再嘱咐，一定要带夫人去，原北京住处一律保留不动”。现在有了权威的材料，不应再以讹传讹。从这件事中，就可以看出及时收集新材料的重要性。

有的同志老认为党史资料公布得太少，看不到新资料，所以搞党史研究很困难。其实，党史方面的新资料公布得是很多的，只是有些同志没有注意。像近几年出版的毛泽东、周恩来、刘少奇、邓小平等人的文集、文稿、年谱、传记等，都公布了大量的新资料，可是很多同志没有注意和利用。中央党史研究室翻译出版的俄罗斯关于共产国际与中国革命的档案资料也公布了大量。俄罗斯有的人说这套档案一出版，中共党史要重写。虽然没有他们说的那样严重，但确实有很多传统的说法要改变。如果不及时注意这些新资料，写出来的东西就不会有新意。

写一篇论文，收集和整理资料的时间往往要占相当大一部分，甚至十之八九，在资料没有收集到一定数量和没有收集到新的资料之前，最好不要急于动手写，因为资料不全，写起来会很不顺手，甚至会写不下去，写出来也没有什么新意。我与别人合写的《王明评传》(新版改为《王明传》)，仅收集资料就用了七八年时间，直到国内的资料收集得差不多了，才开始动手，所以一出版就受到好评。我写的《旧中国土地分配状况及发展趋势》这篇文章，收集材料也用了七八年时间，直到把能够收集到的资料收集得差不多了，才动手写作。因为我一开始研究农民土地问题，就觉得长期以来所说的权威的数字与实际不太符合，想弄清楚这个问题。但原来的数字是党的领导人和党中央公布的，如果没有足够的资料说明实际情况，就不能推翻长期流行的结论，说了也会缺乏说服力，所以不惜工夫，想尽一切办法收集资料。结果文章在《中国社会科学》一发表，也立即受到好评。写学位论文，当然没有这么长的时间去收集资料，但总得尽上一切努力去收集。这也不是说这段时间只是去收集这一个方面的资料，其他方面的事都不干，而是说你有了一个想法，觉得某个问题值得研究，就注意收集这方面的资料。一个人可以同时注意收集几个方面的资料，哪个方面的资料收集得差不多了，就动手写作哪篇文章。这样，时间就可以充分加以利用。过去，只能靠手工抄卡片，现在条件比以前好多了，不仅可以复印，还可以扫描，可以用电脑查询。因此，在写文章时更应该努力去收集新资料。

（原载《党史研究与教学》2000年第3期，原题为《关于党史研究创新的几个问题》）

中国现代人物传记撰写四题

撰写好现代人物传记，是加强现代史研究的一个重要方面。

历史是由形形色色的人的活动构成的，归根结底是人的历史。可是在以往的许多现代史著作中，大篇大篇的内容讲的是政治、军事斗争和经济等状况，形成一连串大事的概述，很少写各种人物的具体活动，见事不见人。即使写到一些，也只是说他干了什么，看不出他的音容笑貌、性格特点，因而缺少血肉，枯燥干巴，缺乏吸收力。写好一些重要人物的传记，就可以给现代史增添许多丰富的内容、生动的细节，使研究更加深入，甚至可以帮助解决一些在一般研究中很难解决的难题。一些好的现代人物传记，对于向读者普及现代史知识，进行爱国主义、革命传统和社会主义教育，也具有重要的作用。

但是，要撰写好现代人物传记是很难的，受着各种条件的限制。这里，结合自己参加《王明评传》等书写作的感受，谈一点看法。

一、真实是人物传记的生命

所谓人物传记，是写人的历史的，无论大事还是细节，都必须真实，不能想象，更不能凭空捏造。如果所述内容不真实，就失去了它的生命力，更谈不上什么学术价值。

要做到真实，就必须认真地查核每一条材料，不能出一点差错。如果马马虎虎，弄不清楚就写，必然会严重失实，闹出笑话。例如林青山编著、北京知识出版社 1988 年出版的《林彪传》，就是一部内容严重失实，甚至东拼西凑、胡编瞎扯的大杂烩。林彪本来出身于地主兼工商业家庭，其父、祖父都不是致力躬耕的农民，书中却几次说他是“农民的儿子”。1931 年春，林彪正和罗荣桓带领中央根据地的红四军转战在江西，书中却把这个红四军当作鄂豫皖根据地的红四军，说林彪和罗荣桓率领红四军参加了鄂豫皖根据地的第二次反“围剿”，先后取得磨新角、新集、双桥镇等战斗的重大胜利，活捉敌师长岳维峻，立下“赫赫战功”，不久又南下支援中央根据地的第二次反“围剿”。这样的胡编乱造，不能不令读者瞠目结舌。

如果说以上的编造还有点影子，属于张冠李戴的话，有的情节就纯属于作者的想象了。如书中写到林彪和叶群的新婚之夜，说叶群作了“娇声娇气”“抽泣”“嗔怪”等诸般表演之后，还拿出了“带血的短裤”。接着，又说叶群在某一公园僻静的角落里，一棵大树下，和另一个男人“紧紧地搂抱在一起”，“光溜溜的大腿露在外面”，那男人“先用手摸着她的乳头，慢慢地揉着。又顺着白嫩的大腿往上摸。叶群浑身发抖，呻吟着……”。书中这样描写，有什么根据呢？是作者亲眼所见，还是叶群与他亲口所说呢？

这些胡编乱造不仅使人物传记严重失实，令读者嗤之以鼻，更为严重的是容易导致明显的政治错误，造成很不好的政治影响。内蒙古人民出版社出版的《毛泽东之子毛岸龙》一书就是这样的作品，舒扬写的《爱我中华》、1993 年第 1 期刊登的《一代伟人之初邓小平》，也是这样的作品。百色起义前担任广西省政府主席的俞作柏本来是国民党左派，与李明瑞主桂后倾向中共，要求中共派干部协助其工作，邓小平等一大批干部就是这时进入广西的，并与俞作柏、李明瑞建立了较好的合作关系。百色起义时，邓小平、俞作柏、李明瑞均不在百色。可是文章却说俞作柏是“李宗仁派来师部监视的特工”，起义那天“邓小平化装成一名厨师，秘密潜入百色李明瑞师部”，俞作柏带警卫连用“几十支乌黑闪亮的手枪对准邓小平”，在这危急时刻，在李部当团长的张云逸率起义部队战士赶到师部，“当即枪指俞作柏：‘别动！’”“俞作柏像只斗败的公鸡，束手就擒”。这样无中生有地把一个与中共合作的国民党左派，描写成为国民党的“特工”和直接反对百色起义的人，其政治影响显然是很不好的。

有的人辩解说：我们这是纪实文学作品，不是历史，可以虚构，可以夸张。这种说法是完全站不住脚的。如果要任意想象、编造，可以去写小说，不必标榜为“纪实”作品。如果标明写的是真人真事，是人物传记，那就必须严格“纪实”，坚持以历史事实为根据。当然，为了写得生动活泼，有可读性，可以采用文学手法，但这种文学手法绝不能损害历史事实的真实性，不能离开历史事实去胡编乱造、无中生有。正如周恩来所说：“只有忠实于历史，才能忠实于真理。”1993 年 4 月 24 日《人民日报》“编者的话”也正确地指出：“纪实作品，尤其是涉及重要历史事件和领袖人物的纪实作品，一定要尊重历史尊重事实，切不可浮躁草率，以牺牲历史事实、随意虚构来追求所谓的可读性、轰动效应。”如果作者、出版者没有对读者、对历史负责的态度，见利忘义，唯利是图，出现问题便不可避免。

二、公允是人物传记的灵魂

上面所谈的那种胡编乱造的现象，在真正的历史研究者之中是不多见的。由于工作的疏忽等种种原因，历史研究者所写的传记虽然也会存在一些差错，造成个别地方失实，但那不是有意为之，是可以原谅的。历史研究者所写人物传记的问题，主要是能否从总体上对人物做到准确的把握，作出公允的评价，达到第二种真实，即更高层次的、更本质的真实。做到这种真实比具体史实上的真实要困难得多，但一本人物传记即使每件历史事实都准确无误，而在总体上却把握不准，评价不客观、不公允，这本人物传记也就失去了灵魂，失去了生命。

现代历史人物离现实很近，对他们的评价往往要受到各种现实因素的影响和制约。要评价公允，就必须尽力排除这些影响和干扰，处理好各种关系，严格按照历史的本来面貌进行撰写。

首先，要处理好历史人物评价与现实政治的关系。这是评价历史人物最感头痛的问题。

现代历史人物因为离现实很近，在现实生活中都仍有或大或小的影响。因而，对他们的评价与现实政治密切相关，不能不受到现实政治的影响和制约。也就是说，现代历史人物的评价不能脱离现实政治，不能与现实政治相抵触。但是，历史人物传记毕竟不是纯粹的宣传，可以根据现实政治需要作有意识的选择。更不能像过去那样，为了所谓“现实政治”的需要，就任意篡改、歪曲基本的历史事实。

有的同志认为，现实政治需要和实事求是的评价是互相矛盾的。要服从现实政治，就无法做到实事求是；要坚持实事求是，就必然与现实政治相抵触。其实，这种看法是片面的，只看到二者相矛盾的一面，而没有看到二者可以协调、统一的另一面。

不容否认，现实政治需要与全面、客观、公正地评价历史人物，的确有矛盾的一面。例如，全国正在批判林彪、陈伯达的罪行的时候，硬要公开提出林彪在长期的革命战争中是有很大功绩的，陈伯达过去写的《窃国大盗袁世凯》《人民公敌蒋介石》等书是很好的，应该对他们作出全面、客观、公正的评价，肯定他们的历史功绩，显然是不合时宜的。在这种情况下，历史人物的评价必须服从政治的大局。

在现实政治发生错误的时候，现实政治与实事求是原则的矛盾更是明显的。例如刘少奇、彭德怀都是伟大的马克思主义者、无产阶级革命家，可是从庐山会议之后，彭德怀长期被定为“反党集团”的头子；在“文化大革命”中，刘少奇更被打成“叛徒、内奸、工贼”。倘在这时提出要充分肯定他们的历史功绩，实事求是地恢复他们的本来面目，那肯定是大逆不道，许多人正是为此受到批判、关押甚至献出了生命。

但是，这种矛盾的现象只能是短暂的，或者局部的。从根本上来说，无产阶级政治与实事求是的原则是一致的。这是因为无产阶级的政治和史学都是以马克思主义为指导的，而马克思主义最基本的一个原则，就是实事求是。越实事求是，越符合全国人民的根本利益。因此，政治上的错误终究有一天会得到纠正，受到诬陷或错误批判的历史人物终究会得到平反昭雪，对他作出全面、客观、公正的评价。因政治形势一时不能得到实事求是对待的人物，随着时间的推移、历史的前进，对他的评价也会越来越全面、客观和公正。

应该看到，历史是不断前进的，也是无情的。任何历史人物都要受到它的评判，任何现实的矛盾都要受到它的洗刷，最终作出全面、客观、公正的评价。因此，撰写现代人物传记时要有长远的眼光，要有敢于坚持实事求是的精神，尽量突破一些不客观的、不公正的限制，尽量克服片面性，对历史人物该肯定的就大胆肯定，该否定的就大胆否定，以使写出的人物传记能够经得起历史的检验。

另外，还应该看到，在对一个历史人物基本评价不改变的情况下，对其中的部分内容也可以有所突破，以使对整个人物的评价更加实事求是，更加全面、客观和公正。

前几年我们在写《王明评传》的时候，就是努力这么做的。王明在历史上犯过两次错误，给中国革命造成了严重损失，1956 年以后跑到苏联，后来又和苏联的领导人一起攻击、反对中国共产党和毛泽东。他是长期以来被批判的对象，从来没有人说他做过好事，有的中央领导人还把他定为“叛徒”。对他的一生如何定性？他做过的好事要不要写？经过再三斟酌，我们决定还是如实写，对他该肯定的就肯定，要否定的就否定，只有如实地写出他的发展变化，才有利于后人吸取教训。对他的晚年也不按叛徒定性，因为他的所作所为虽然造成了很坏的影响，但与传统意义上的叛变行为毕竟不同。因此，我们大胆肯定了王明在青年时代、1932 年年底至 1937 年在共产国际期间、1946 年至新中国成立初期所做的有益的工作，对他的错误也作了实事求是的分析，这样，王明就变成了一个活生生的人，而不仅仅是大批判的对象。这本书虽然因为考虑当时的政治环境，在很多地方仍然作了过多的批判，但毕竟比过去的著作前进了一大步，因此出版以后反映是好的。

其次，要排除个人感情的干扰。人都是有感情的，历史研究者也不例外。由于各人的经历、遭遇不同，好恶也不同。例如遭受过“左”倾错误打击迫害的人,对于“左”倾错误及执行“左”倾错误的人就往往特别不满；对受“左”倾错误打击迫害的其他人，也容易产生同情。吃过右倾错误的亏的人，则往往对于右倾错误及执行右倾错误的人特别不满，对受右倾错误打击的人容易产生同情。这种感情是可以理解的，但它并不是理性的分析，而且往往会影响理性的分析。如果带着这种个人的感情撰写人物传记，在对一些问题的看法上就很容易偏激，不容易做到全面、客观和公正。

这个问题，在对许多领袖人物的评价上充分地表现了出来。对于毛泽东，现在把他从神变成了人，晚年的错误可以讲了。但是，有很多人认为仍然不应该多讲。对他前半生的缺点和错误就更不能讲。事实上，毛泽东也不是在每件事情上都一贯正确的，他也有个探索前进的过程。对于这一点，毛泽东自己生前也多次讲过。既然这样，他的缺点错误为什么不可以讲呢？当然，有的人专门大讲毛泽东的错误，而否定他的伟大功绩，这也是不对的。

对于周恩来，好像就更只能讲功绩，不能讲缺点错误。有的关于他的传记，就有意回避他的缺点错误。例如周恩来在中央革命根据地时期，在一些问题上是执行了王明“左”倾冒险主义的错误的，与毛泽东也是有过不同意见的。对于这些问题，周恩来自己也检讨过。可是在有的传记中，周恩来在这个时期好像并没有执行“左”的错误，与毛泽东也从来没有什么矛盾，而是合作得很好。这样写，恐怕就不完全符合实际了。又如在“文化大革命”中，周恩来确实在很多问题上抵制了林彪、“四人帮”，在危急的时刻保护了许多老干部。但是，他也支持了毛泽东的许多做法，说了不少错话，做了一些错事。如果没有周恩来的支持，毛泽东在“文化大革命”中的许多错误是很难坚持并实现的。有人出于个人的感情，或出于好意，说周恩来这样做都是违心的。事实上，这更贬低了周恩来。一个伟大的领袖，怎么能长时期违心地说错话、做错事呢？这样有意无意地对缺点错误加以回避，还不如依据客观历史事实真实地写出来好。

“金无足赤，人无完人。”即使再伟大的人物，也不可能没有缺点，不犯错误。只有如实地写出他们的缺点错误，写出他们改正这些缺点错误的途径和方法，才更能显出他们的伟大，更能给人以启迪和教育。周恩来向来就反对说他是“生而知之”“一贯正确”。1962 年 3 月 2 日，他在《论知识分子问题》的讲话中就说;“从旧社会来的知识分子，无疑地都受到帝国主义、反动统治阶级的种种影响。我也是其中的一个，是封建家庭出身，头上留过辫子。存在决定意识，怎么能没有影响？”他说:“写历史不能把过去那一段抹掉。毛主席很不满意有人写他的传记时,说他从小就懂得很多,什么都知道。毛主席说他小时候还烧过香。我小时候也迷信过菩萨，后来还相信过无政府主义。”

从中共十一届三中全会以来，全党全国重新确立了解放思想、实事求是的思想路线。在现代人物传记的撰写方面有了明显的、巨大的进步。但是，过去长期留下来的一些框框还不能一下子完全去掉，还在束缚着我们的头脑。为了写好现代人物传记，我认为应该进一步解放思想，排除各种因素的干扰和束缚。只有这样才能真正做到实事求是，写出真实、公允的人物传记来。

三、丰富的材料是写好人物传记的基础

历史是通过材料说话的。要写好现代人物传记，必须广泛收集、充分掌握大量的材料，特别是第一手材料。

撰写现代人物传记的一个困难，就是材料缺乏，而且散在各处，大多没有经过系统整理，有的还存放在各级档案馆里，不易看到。要写好一个人的传记，就必须下苦功夫，把有关的材料特别是第一手材料，努力从各方面收集起来。

首先，要努力收集各种档案资料，传主自己写的各种著作，包括未发表的日记、书信、报告、回忆等各种材料，报刊的各种报道，别人写的有关传主的各种著作，等等。这是写好人物传记的最基本的材料。不掌握这些材料，传主的很多活动就不了解。例如王明，过去见到的只是他的一些书籍、文章及批判他犯两次严重错误的著作，对于他犯两次错误之前、之中、之后的情况几乎是空白。为了收集有关他的材料，周国全同志和我两人几乎用了近十年的时间，特别是几次到中央档案馆看了有关的材料以后，才把他一生的情况大体搞清楚。如果不掌握这些材料，《王明评传》《王明年谱》《王明其人》等书就根本不可能写出来。遗憾的是，他 1931 年到 1937 年在共产国际期间，特别是 1956 年到苏联以后写的许多东西还存放在莫斯科，我们无法收集到，因此书中这两部分的内容有些薄弱，如果能收集到这些材料，书中的内容肯定要比现在丰富得多。

其次，要尽量地走访知情人，收集口碑材料。知情人包括传主的子女、亲戚、朋友、同学、同事、部下等。他们长期和传主生活、工作、战斗在一起，了解许多情况特别是生动的细节，可以弥补文字材料之不足。我们在撰写《王明评传》时，就在北京、天津访问了王明的亲属及一些了解情况的人，他们提供了许多宝贵的材料。但由于没有时间，我们没有能够访问更多的人。在这方面，撰写《王明传》的曹仲彬同志比我们做得更好。

他跑了许多省市，访问了更多的人。因此，他写的《王明传》采用了更多的口头访问材料，提供了许多在文字材料中看不到的情况。

由于年代久远，知情人回忆的情况难免与事实有出入。因此，在采用口头访问材料时，须用文字材料加以核对，并以采用文字材料为主。否则，就容易出差错，这是在采用口头访问材料时应该注意的。

最后，应广泛收集国外及港台的材料。这也是一个重要的方面，可以补大陆材料之不足。特别是各国公布的与中国有关的档案材料，港台出版的有关国民党人士的著作和材料，都很宝贵，应该尽量吸取和利用。

四、生动形象是人物传记的一个基本要求

人物传记既要真实、公允，具有丰富的材料，又要写得生动形象，有可读性。“言之无文，行而不远。”如果没有可读性，枯燥干巴，人们就不爱读。有的历史研究者写的人物传记，材料是丰富的、真实的，评价是公允的，但就是缺乏生动的文字、形象的描写，结果读者寥寥。克服这个毛病，增强可读性，是历史研究者必须努力解决的问题。

人物传记是写人的，而人是各有特点的。因此，人物传记应该传如其人，写出他的特点，描绘出他的形象，让人一看书中的描写和人物的言行，就知道写的是哪个人。司马迁写的《项羽本纪》，把项羽、刘邦等人物的形象、神态生动地描绘出来了，直到现在我们读了，还如闻其声，如见其人，仿佛到了现场，清晰地看到了当时的情景，感受到了当时的气氛，真是脍炙人口。我们写的人物传记，也应该努力使它成为这样的作品。

在曲折复杂的中国现代历史上，许多人物的事迹是非常生动的。许多场面，是极其悲壮的。许多坏人做的坏事是十分令人愤慨的。对于这些人物、场面、事件，应该用相应的生动的文字来表达。要做到这一点，就要讲究写作方法，甚至借用一些文学手法。胡乔木在谈到写中共党史的时候曾经

说过，对于可歌可泣的人，可歌可泣的事，应该有可歌可泣的文。对悲壮的历史，要有悲壮的感情，要用悲壮的文字来表达。对于坏人坏事，应该写出我们的愤慨，让人看了就觉得这个人确实可恶。要使得历史上动人的事情，在书中也是动人的，不要变成平淡无奇的、枯燥无味的。总之，要写得有声有色。要学习《史记》《左传》这些中国历史名著的成功的经验，写出许多感动人的场面。要有科学的分析、科学的论断，同时又要有生动的叙事。要穿插一些重要报纸、记者、作家的评论，要写出党史人物斗争的细节；行文要有悬念，有照应，有精辟的议论，动人的描写，有大开大阖的章法。要改变过去那种枯燥、干瘪的老写法，使人读得津津有味，爱不释手。他的这些要求是十分正确的，也是我们撰写现代人物传记必须注意和努力做到的。

如果现代人物传记能够写得生动形象一些，就等于给它安上了翅膀，使它能够飞到更多的读者手中，受到更多的读者的欢迎。

（这是提交给1993年夏中国现代史学会现代人物研究专业委员会在武汉召开的中国现代人物学术研讨会的论文，原载华中师范大学出版社1993年11月出版的《毛泽东与现代人物论》一书，后收入自己1994年在广西教育出版社出版的《中国革命与建设史论集》）

中共党史工作者的素养

中国共产党的历史，从整个的人类历史来讲时间并不长，从整个近现代人类社会史来讲也仅仅是其中的一部分，但是要真正学好和研究好党的历史，对其中的重大事件和人物作出正确的评价，正确地总结出其中的经验教训，以作为今天工作的借鉴，是很不容易的，必须具有很高的素养，具备多方面的知识和才能。这方面的要求很多，在这里谈一谈自己的几点体会：

第一，应该具有正确的史观。研究任何一门学问，都必须以正确的思想作指导，中共党史也是一样，必须以正确的历史观为指导。在各种历史观中，马克思主义的唯物史观是唯一正确的历史观。自中共党史创立以来，就一直强调要以唯物史观作指导。但是，现在有不少人对马克思主义不那么感兴趣了，以学习和采用西方的一些思潮为时髦，甚至认为只有冲破马克思主义的束缚，才能有所前进。事实上，马克思主义还是史学研究的唯一正确的指导思想。对于这一点，连一些资产阶级史学家也不否认。英国著名的史学家杰弗里·巴勒克拉夫在《当代史学主要趋势》一书中就说："今天仍保留着生命力和内在潜力的唯一的'历史哲学'，当然是马克思主义……当代著名历史学家，甚至包括对马克思主义的历史分析抱有不同见解的历史学家，无一例外地交口称誉马克思主义历史哲学对他们产生的巨大影响，启发了他们的创造力。""虽然非马克思主义者和反马克思主义者不愿意承认这一事实，但是，要否认马克思主义是有关人类社会进化的能够自圆其说的唯一理论，是很难办到的。也就是说，马克思主义是唯一的历史哲学，它对历史学家的思想产生了明显的影响。”

过去，我们在运用唯物史观指导党史研究方面，确实存在着公式化、教条化、片面性的毛病。从中共十一届三中全会以来，这种情况已经有了很大的改变。对于这方面存在的问题和影响，我们还要进一步克服。但是，不能因为这些问题的存在，就怀疑马克思主义的正确性。对于西方史学观点中的正确的方面、好的方面，我们应该尽量地加以学习，大胆地加以吸收和借鉴。但是，不能以这些观点来代替马克思主义的唯物史观。否则，就不能正确地进行学习和研究，不能得出正确的结论。

第二，应该具有良好的史德。所谓史德，就是史学工作者根据史学的性质和要求必须遵守的道德规范。作为党史工作者，也必须遵守的职业道德。这种职业道德表现在自己身上，就是要有公心；表现在著作上，就是要用直笔，也就是秉笔直书。

唐朝的大史学家刘知几，曾提出所谓“史学三长”，即良好的史学家必须具有史才、史学、史识。他虽然没有单独地讲史德，但事实上已经讲了史学家必须具备的品德，如“须好是正直，善恶必书”，“正直者，人之所贵，而君子之德也”。清代的大史学家章学诚，认为仅提才、学、识还不够，更加明确地提出了“史德”的问题，认为是史学家必须具备的。什么是“史德”呢？他说就是“著书者之心术也”，即心术应该端正，褒贬务求公正。梁启超在解释“史德”的时候，认为仅仅讲心术端正还不够，还应该强调忠实。他说：“我以为史家第一件道德，莫过于忠实。如何才算忠实呢？即‘对于所叙述的史迹，纯采客观的态度，不丝毫参以自己意见’便是。”他认为“忠实”两个字说起来似乎容易，但做起来实在很难，因为每个人都有他的主观思想，不知不觉地便表现出来了，完美的史德很不容易养成。最常犯的毛病有下列三种：一是夸大，二是附会，三是武断，应当时时注意，极力铲除。他这里讲的虽然是纯客观主义，但他强调对史实要忠实，是完全正确的。

对史实要忠实，就是说要秉笔直书，这是我国史学界最崇高的美德，也是评价“良史”的重要标准。文天祥在《正气歌》里称赞的“董狐笔”“太史简”，就是我国春秋战国时代秉笔直书的两个典型。当时，晋国执政赵盾一族的人赵穿杀死了晋灵公，太史董狐不畏权势，记下“赵盾弑其君”，并公布于朝。赵盾极力辩白，董狐仍坚持不改。孔子曾称赞董狐为“古之良史”。但是严格说起来，杀晋灵公的是赵盾的族人，赵盾虽然有责任，但并不是他本人，按现在的看法，应该记得更清楚些。所谓“太史简”，说的是齐太史的故事。据《史记》记载，齐国大夫“崔杼杀齐庄公，齐太史书曰‘崔杼弑庄公’，崔杼杀之，其弟复书，崔杼复杀之，少弟复书，崔杼乃舍之”。也就是说，齐太史兄弟三人为了真实地记载历史，不惜以身殉职。刘知几盛赞那些优秀的史学家是“宁为兰摧玉折,不为瓦砾长存”,“遗芳余烈，人到于今称之”。因此，有的学者强调史学工作者要有史胆和史责，即胆量和责任感。史胆有助于发挥史学的一项重要社会功能惩恶劝善。史责有助于调动史学家的主观能动性，使他们忠于史职、通古联今，努力发掘传统史学的现代价值，自觉地、有意识地用之于社会，这都是史学家应该具备的修养。

当然，强调秉笔直书，并不是说在党史著作中一定要有闻必录，有什么一定要写什么。因为中共党史与现实联系比较密切，有些问题比较敏感，应该考虑到它的社会效果，如果不利于党的工作，不利于社会的安定团结，就可以暂时不写，或“宜粗不宜细”。有些事暂时不写或少写，并不等于否定历史事实，因而并不违反实事求是的原则。总起来还是那句话:“研究无禁区，宣传有纪律。”

良好的史德，还包括严谨的态度和学风。中共党史是一门科学，不仅要求党史工作者要有刚正不阿的精神,还要有严谨的态度和作风。这就是说，不管是学习、研究还是写作，都要严肃认真，一丝不苟。对于每一条材料，都应该仔细核对，认真查证，注明出处。对于每一个结论，甚至每一句话，都应该慎重考虑，认真对待，言之有据。决不能马马虎虎，草率从事，更不能歪曲事实，凭空捏造。现在有一些纪实或纪实文学作品，文笔比较活泼，受到读者的欢迎，但有的是瞎编滥造，凭空想象，把史实弄得很乱，造成了很不好的影响，我们不能受这些东西的影响。

有的学者指出，史德是历史学的灵魂，即史魂。史学只有保持自己独立的科学品格，史学家只有保持自己独立的学者人格，史学才能求实存真，实现历史的公正。真正的史学家，具有超越世俗的纯真与虔诚，其终极目的则在于追求更高层次的真、善、美。史德能催生出学术的永恒，学术永恒的追求也可以规范、造就纯正的史德。

第三，应该有良好的史才。所谓史才，就是指的研究能力和写作能力，对文献的驾驭、史书体裁的运用和文字表达的能力。刘知几曾说："夫有学而无才，亦犹良田百顷，黄金满赢，而使愚者营生，终不能致于货殖者矣。"也就是说，如果没有才能，即使有良好的条件，也不能成功。梁启超曾把史才解释为作史的技术，写文章的技术，认为完全是技术性的。我认为，把史才说成完全是技术性的，恐怕不完全，它还应该包括更多的方面，包括其他方面的才能。

第四，应该有良好的史学。这里讲的史学，不是指的历史学，而是史学家的知识，除文献知识外，还包括某些社会知识和自然科学知识。刘知几曾说："如有才而无学，亦犹思兼匠石，巧若公输，而家无楩楠斧斤，终不果成其宫室者矣。"梁启超在谈到史学的时候说，因为史学的内容非常广泛，要想全部精通是不可能的，因此要重点学习和研究一部分，这一部分精通了，再学习和研究其他的部分，也就是说"贵专精不贵杂博"，要有专长，但同时也要有普通常识。单有常识，没有专长，不能深入浅出；单有专长，常识不足，不能触类旁通。关于专精下苦功的方法，他说有三种：一是勤于抄录；二是学会注意有用的东西；三是一类一类地搜求资料。

对于专和博的关系，史学大家范文澜也作过精辟的阐述。他曾把自己治学的经验概括为“专、通、坚、虚”四个字，前两个字说的就是专和博的关系。他说只有专，才能懂得深，懂得精，假如给他两个人，一个人什么都懂一点，但都不深，另一个人则对某个方面有深入的研究，他就只要那个有深入研究的人。怎么专呢？要争取3年成为一个小专家，5年成为一个中专家，7年成为一个大专家。当然专要与通结合起来，要在通的基础上专，通是为了更好的专。没有通，只有专，就好像关禁闭，把人关在一个房间里，怎么能写出好文章？通有直通、横通、旁通。直通是指上下通，例如学习近代史，要了解古代史和现代史。横通是指从横的方面掌握相关的知识，例如学习历史，要懂得政治、经济、文化等有关的方面。旁通是指要懂得相关的别的学问，例如学习中国史，就要了解外国史。他的这些经验之谈，是很有启发的。

不管是精和博、专和通，都要大量地收集和掌握资料。历史与哲学、文学不同。哲学是靠思辨，文学是靠想象，而史学是靠事实，用事实说话。要用事实说话，就要下苦功夫收集资料，特别是第一手的资料。新的资料。看到有用的资料要随时记下来，不要等到要用的时候现去收集，“临时抱佛脚”是不行的。

第五，应该有良好的史识。所谓史识，是指史学家的历史见识，这在才、学、识三者之中是最重要的。梁启超认为，史识就是史学家的观察力。作为一个史学家，观察一定要敏锐，别人看不到的，你要能看出来。观察的程序，可以分为两种：一是由全部到局部，二是由局部到全局，也就是说要从整个的历史来分析具体问题，从具体问题中又要总结出历史的规律性。如何养成精密准确的观察力呢？他说：一是不要被因袭传统的思想所蒙蔽；二是不要被自己的成见所蒙蔽。只有这样，才能得到敏妙的观察，具有卓越的史识。

这里所说的“因袭传统的思想”的蒙蔽，就是指传统思维的蒙蔽。从党史的学习和研究来说，主要表现在三个方面：一是指传统指导思想特别是“左”的指导思想；二是指一些传统的结论和说法；三是指传统的思维方法、思维方式。传统思维具有二重性，既有正确的方面，也有不正确的方面；既教给大家一种观点和方法，又往往成为一种惰力甚至阻力，形成一种思维定势，束缚甚至阻碍着人们的创造和前进。只有冲破传统思维的束缚，打破原有的一些结论，党史研究才能前进。因此，在学习和研究中不要受传统思维的束缚和限制，特别是那些不正确的思维的限制。

梁启超所说的“自己的成见”，就是指那些主观的好恶和偏见，不符合理性、实际的感情和看法。每个人的经历、遭遇不同，所处的环境不同，接触的人和材料不同，往往使人看问题时带有个人的好恶，形成一些个人的偏见。存在个人的好恶和偏见，就很难有高明的、客观的见识。因此，必须努力加以排除。

要想提高自己的史识，就要努力学习理论。理论是一把解剖刀，可以帮助自己提高观察力。特别是哲学，能够使人变得聪明，使人看到别人看不到的问题，得出别人得不出的结论。学习和研究中共党史，最好能熟悉党史，又具有哲学的头脑。

要想提高自己的史识，就要具有一种历史的眼光。有的学者指出，史识自然首先需要研究者具有丰厚广博的历史知识，能够比较准确地对史实的真伪作出判断，这是不言而喻的基础和前提。但仅有知识还不能达成史识。真的史识，是研究主体面对研究对象时一种特具的历史眼光，一种深邃的洞察力和判断力；凭借这种能力，研究者穿越外部表象和时空限定，潜入对象生命运作的深层，在一定程度上道破其存在之本质真谛，给人以理性的启示。

要想提高自己的史识，就要善于独立思考。这是学习和研究中最可贵的品质，最需要发扬的精神。没有独立思考，就只能老师讲什么记什么，书上说什么记什么，很多问题就会搞不清楚，更不用说融会贯通，深刻理解。孟轲老夫子早就说过：“学而不思则罔。”这个“思”，就是指独立思考。没有独立思考，学了也不会明白，不会知其所以然。只有独立思考，才能在学习和研究中有所创见，有所成就。判断一个研究生学习的成绩，主要不是看你记住了多少，而是看你能不能独立思考，有没有创见。因此，在学习和研究中要大胆地多问几个为什么，要培养自己的创造性，敢于得出自己的结论。当然，我们说的独立思考，是在正确思想的指导下，并不是胡思乱想。只有坚持正确思想的指导，又能够独立思考，学习和研究才能有所收获，取得好的成绩。

第六，应该有认真刻苦的精神。任何一门学问，都要刻苦认真地学习才能学好。大家既然作了中共党史的研究生，就要认真刻苦地努力学习。范文澜曾说做学问要“天圆地方”，有“二冷”精神。所谓“天圆地方”，是说头要像天，要圆，就是说脑子要活，而屁股要像地，要稳，要坐得住。所谓“二冷”，一是要坐冷板凳，二是要吃冷猪肉。坐冷板凳，就是不要整天想着赚钱，想着热闹，要坐得住，耐得住冷清和寂寞。冷猪肉，是指供奉先人时所用的猪头。吃冷猪肉，是说做学问不要想生前发大财，要像孔子、孟子等人那样，作出大学问，受到后人的尊敬和纪念。他说的“专、通、坚、虚”四个字中的后两个字，也是说的这个意思。所谓坚，就是说研究一个问题，要一直研究下去，不能随便停下来，要达到一个高度，做积大成的学问；不要见风使舵，外面流行什么就写什么，结果什么都很浅，一事无成；方向要坚定，观点要坚定，不能别人说什么就跟着说什么。所谓虚，是说要谦虚，不要自以为是，发现了错误要改，但也不是什么也不敢讲，不敢写，要坚虚结合。我们应该学习范文澜的这种精神，像他那样来学习和研究。只有这样，才能取得好的成绩，作出大的成就。

（本文撰写于 1998 年 1 月 25 日，2004 年 8 月 8 日修改。这是当时为中共中央党校中共党史专业硕士研究生所写的一个讲稿的一部分）

民主革命时期
中共党史专题研究

五四精神与民族振兴

纪念五四运动，就是为了发扬五四精神。什么是五四精神呢？有的人认为是爱国主义，有的人认为是民主与科学，有的人认为是解放思想、不断创新，有的人认为是理性精神、个性解放，有的人认为是勇于探索、追求真理，有的人认为是破旧立新的革命或变革，有的人认为是彻底的反帝反封建，等等。这些说法都是有道理的，事实上也是联系在一起的。爱国主义是其精神源泉，民主与科学是其中的核心，勇于探索、敢于创新、解放思想、实行变革是民主与科学提出和实现的途径，理性精神、个性解放、反帝反封建是民主与科学的内容。而所有这些最终目的都是为了振兴中华民族。因此，纪念五四运动，发扬五四精神，应该把这些方面结合起来，为振兴中华民族而努力奋斗。

一、振兴中华民族是五四运动最根本的动因和目的

五四运动发生的直接原因，是巴黎和会拒不答应中国政府的正义要求，坚持将德国原在山东霸占的一切权利交给日本，因而引起广大学生的强烈抗议，集合队伍到各公使馆去，要求各国出来维持公理。但其最根本的动因，还是要挽救中国的危亡，振兴中华民族。

“振兴中华”的口号，是孙中山 1894 年在《兴中会宣言》中最早提出来的。从那之后，无数爱国志士无不以此为终生奋斗的目标。可以说，中国从此之后的一切革命斗争，无一不是为了振兴中华民族；所取得的一切进步和

成就，无一不是由于它的推动和鼓舞。五四运动的发生，就是这种精神的直接表现。爱国学生的奔走呼号和斗争，广大知识分子、市民、工人的积极响应和支援，最根本的动因就在于此。响遍全国的“外争国权，内除国贼”“唤醒同胞，一致救国”等口号，最根本的含义也在于此。有的人当时在思想上虽然还没有明确认识到这一点，纯粹为爱国热情所驱使，但他们爱国的目的，并不是为了保持中国的落后，最终目的还是为了挽救中国的危亡，改变中国的落后面貌，振兴中华民族。

如果说许多一般的学生、市民、工人，当时在思想上对于振兴中华民族还不够明确，但在一部分先进的知识分子中，这种思想却是非常鲜明的。李大钊 1916 年 9 月 1 日写的《青春》和 1917 年 2 月 4 日写的《〈晨钟〉之使命》，都提出要建设“青春中华”“青春中国”；1918 年 4 月成立的新民学会，宗旨就是“改造中国与世界”；这年 6 月成立的少年中国学会，目的也是创造一个“少年中国”。这些口号，事实上都是振兴中华的同义语。对此，毛泽东说得很清楚。他在《民众的大联合》这组系列文章的开头，就明确指出国家坏到了极处，人民苦到了极处，社会黑暗到了极处，要寻找一个“补救的方法，改造的方法”。在文章结尾，他充满希望地提出：“我敢说一句怪话，他日中华民族的改革，将较任何民族为彻底。中华民族的社会，将较任何民族为光明。中华民族的大联合，将较任何地域任何民族而先告成功。诸君！诸君！我们总要努力！我们总要拼命地向前！我们黄金的世界，光华灿烂的世界，就在前面！”一个光华灿烂的中华民族的新面貌，跃然纸上。

正是为了振兴中华民族，陈独秀等人强烈地主张反对旧传统，倡导民主与科学。1919 年 12 月 1 日他在《〈新青年〉宣言》中，就充满激情地描绘了他所向往的新时代、新社会，认为这个“理想的新时代新社会，是诚实的、进步的、积极的、自由的、平等的、创造的、美的、善的、和平的、相爱互助的、劳动而愉快的、全社会幸福的”。他在这里所描绘的新时代、新社会的面貌，实际上也是振兴中华民族所要达到的目标。他们此后接受马克思主义，宣传社会主义，成立中国共产党，也是为了振兴中华民族。

一些学者在其论著中，也充分肯定了五四精神的这一根本目的。美籍华人周策纵先生在《五四运动：现代中国的思想革命》一书中指出："五四运动实际是思想运动和社会政治运动的结合，它企图通过中国的现代化以实现民族的独立、个人的解放和社会的公正"，"五四运动的基本精神是抛弃旧传统和创造一种新的、现代化的文明以'拯救中国'。"

二、实现民族振兴，必须发扬爱国主义

历史已经证明，爱国主义是团结和鼓舞全国人民努力奋斗的最重要的力量。在五四运动中，广大学生的爱国行动之所以能得到社会各界的积极支持，就是由于爱国主义的有力号召，爱国精神的强烈感染。

要发扬爱国主义，就要反对民族虚无主义。民族虚无主义的表现主要有两种：一种认为中国一无是处，什么都是外国的好，盲目地崇拜外国；另一种口头上大讲爱国主义，实际上却损公肥私，甚至连国家、民族都不要。这种行为，轻则害国，严重一点，就是卖国或叛国。对于盲目迷信外国的人，主要是加强教育，而对于那些利用职权害国甚至卖国、叛国的人，则要加强监督，一经发现，就立即给予制裁和打击，决不能让这种现象继续存在或得到蔓延。

要发扬爱国主义精神，还要反对民族自大主义。这种思想与前一种完全相反，不是认为外国什么都好，而是认为中国处处比外国好，特别是在政治、思想、文化方面比他们优越，有的甚至认为外国创造的发明，中国历史上早已有过，他们是从中国学去的，等等。毫无疑问，中华民族确实有很多优秀的东西，曾经创造过辉煌灿烂的文明。新中国成立以后特别是改革开放以来，中国在各个方面都取得了举世瞩目的成就。但是，同发达国家相比，中国在很多方面还比较落后，有的方面甚至非常落后，这也是不能否认的。早在 1918 年，鲁迅在他写的《随感录》中便指出，中国人向

来有点自大，认为中国“道德天下第一”，“外国物质文明虽高，中国精神文明更好”，“外国的东西，中国都已有过；某种科学，即某子所说的云云”，他称这种人为“爱国的自大家”。现在，这种“爱国的自大家”仍然存在。可是，这种自大式的爱国是无济于事的，只能掩盖存在的问题，影响人们的进取，妨碍社会的进步。因此，还是应该少一点优越感，多一点危机感；少一点自大心，多一点忧患意识。

现在要发扬爱国主义精神，关键是要正确认识和对待外国的资本主义。过去我们一概排斥资本主义，认为资本主义都是不好的。改革开放以来，我们对资本主义的态度有了很大的改变，认为资本主义的科学技术和一些管理经验、管理方法，对我们也是有用的，完全可以吸收过来，促进我们经济的发展。但是，有的人一看到资本主义国家发展比我们快，就盲目地崇拜资本主义，提出“全盘西化”的主张。事实上，“全盘西化”是根本不可能的。与此相反，有的人仍固守传统的观念，认为资本主义都是不好的，担心改革开放会导致资本主义化，并把现在社会上出现的很多问题，都归罪于改革开放。这种看法是不对的。实行开放以后，国外一些不好的东西当然会传进来，但毫无疑问成绩是主要的。现在的问题不是我们学习外国学得太多了，而是太少了。这种学习，不能仅限于科学技术、管理经验、管理方法等方面，政治方面的一些先进的东西也可以学习。只要对我们的社会发展有用，我们也可以加以改造，吸收过来。像五四时期所倡导的民主和科学，就不是中国原有的观念，而是从外国传来的。只有虚心学习外国包括资本主义国家的一切长处，更快地发展自己，才是真正的爱国主义。

三、实现民族振兴，必须发扬民主精神，加强社会主义民主政治建设

在五四运动中，民主即“德先生”，是一面反封建、反专制的大旗，大

大地解放了人们的思想。五四爱国运动之所以能够发生，与民主精神的推动是分不开的。如果没有民主的启蒙和民主意识的觉醒，就不可能发生那么大规模的爱国运动。现在，我国的民主政治建设已经有了显著的进步，但是，距社会主义民主政治的目标还相差甚远。要想尽快振兴中华民族，就应该继续高举“德先生”的大旗，发扬民主精神，加强社会主义民主政治建设。要发扬民主精神，加强民主政治建设，首先要正确认识民主的含义。过去，我们往往把民主当作一种作风，看作是领导人的事，由领导人去发扬，听取人民的意见，然后替人民作主。事实上，民主首先是一种思想，一种精神，一种权利。1915 年 9 月 15 日，陈独秀在《敬告青年》一文中提出必须树立的六种新思想，第一条便是“自主的而非奴隶的”思想。为什么呢？他说：“等一人也，各有自主之权，绝无奴隶他人之权利，亦绝无以奴自处之义务”，“解放云者，脱离夫奴隶之羁绊，以完其自主自由之人格之谓也。”也就是说，所谓民主，不是要由当官的“为民作主”，而是人人平等，人民要由自己作主，即“由民作主”。由于封建主义的长期影响，许多人对封建残余习以为常，不以为怪，民主意识非常薄弱。1980 年 8 月 18 日，邓小平在《党和国家领导制度的改革》的讲话中，就明确指出党和国家领导制度、干部制度方面的许多弊端，如官僚主义现象、权力过分集中的现象、家长制现象、干部领导职务终身制现象和形形色色的特权现象，多少都带有封建主义色彩。在其他许多方面，也都存在着封建主义的残余影响。因此，“应该明确地提出继续肃清思想政治方面的封建主义残余影响的任务”。

要发扬民主精神，加强民主政治建设，还应该着重加强制度建设，真正建立起社会主义的民主政治。社会主义民主政治，是我国政治建设的目标，是在社会主义条件下由人民当家作主，管理国家和社会事务的一种新型的国家制度。早在 1980 年，邓小平就提出了加强制度建设的重要性，认为制度不好，好人也无法充分做好事，甚至会走向反面。现在我国存在着很多问题，例如干部腐败、吃喝风严重、官僚主义等等。要解决这些问题，就必须尽快地建立和完善民主选举、民主决策、民主管理、民主监督等保证人民掌握管理国家权力的制度。民主的直接选举应该逐步地加以扩大。只有人民真正掌握了选举权和罢免权，一些领导干部才不敢为所欲为，那种只知为领导服务而不知为人民服务的现象，也才可能避免。民主监督也亟需扩大和加强，特别是要加强群众监督和舆论监督，要在这方面制定出明确的制度，采取强有力的措施。现在许多干部不怕领导，而怕“焦点访谈”的曝光，就是一个有力的证明。无数事实已经说明，没有监督的权力只能导致腐败，只有加强监督，才能保证权力的正确行使，防止腐败现象的蔓延。

民主制度与法制是联系在一起的，要加强社会主义民主政治建设，就必须加强法制建设，坚持以法治国，从法律上保证民主制度的实施。1978年邓小平就明确提出为了保障人民民主，必须加强法制建设，做到有法可依，有法必依，执法必严，违法必究。可是到现在，在不少人的头脑中，法的观念还非常淡薄，总认为权力大于法，法要服从权。要加强社会主义民主政治建设，这种状况就必须尽快地加以改变。

四、实现民族振兴，必须发扬科学精神，实施科教兴国

在五四运动中，科学即“赛先生”与“德先生”一样，是反封建、反迷信的另外一面大旗，并有力地促进了民主意识的发扬，反封建斗争的开展。陈独秀在《敬告青年》一文中提出的新思想，第六条就是“科学的而非想象的”。他说：“近代欧洲之所以优越他族者，科学之兴，其功不在人权之下，若舟车之有两轮焉”，“国人而欲脱蒙昧时代，羞为浅化之民也，则急起直追，当以科学与人权并重。”因此，在发扬民主精神的同时，还应该发扬科学精神。要发扬科学精神，首先对科学要有一个正确的认识。所谓科学，首先是科学精神、科学态度、科学方法。陈独秀在《敬告青年》中谈到科

学时，强调的就是这个方面。他说："科学者何？吾人对于事物之概念，综合客观之现象，诉之主观之理性而不矛盾之谓也。"也就是说，不管对于什么事情，都应该主观符合客观，理论符合实际，从客观事实出发，而不是从迷信和主观想象出发。如果离开科学精神、科学态度、科学方法，科学就成为一种纯粹的技艺。但是，现在不讲究科学的事情仍然很多。有的人仍然相信封建迷信那一套，甚至搞什么工程、项目也要去烧香拜佛；有的人虽然不再信封建迷信，但迷信其他的东西，如对领导人的迷信、对自己的迷信，等等。许多重大决策，有的人不认真调查研究，不认真加以论证，完全凭主观想象，甚至凭一时的心血来潮，就决定下来，结果造成不可挽回的损失。损失造成了，一句"交学费"就轻松地交代过去了。这样的"学费"，再不能这样无休止地交下去了。对于某些领导干部，不客气地讲，应该进行科学的启蒙，使他们知道当了领导并不等于懂得一切，并不永远正确，更不是万能的，无论办什么事都要讲究科学。

要发扬科学精神，还要重视科学技术的作用，发挥科学技术的效能。现在，对邓小平关于"科学技术是第一生产力"的论述，江泽民关于"科教兴国"的战略，很多人都耳熟能详。但真正要把这些论述和战略落到实处，还有相当大的距离。

发扬民主和科学精神，还有一个重要目的是提高人的素质。要实现四个现代化，首先要实现人的现代化。在五四运动时期，陈独秀、鲁迅等人就深感国民素质不高，妨碍了社会的进步，因此提出了"改造国民性"的任务。现在，中国人民的素质已经有了显著的提高，与五四时期不可同日而语，但与许多发达国家相比，民主法制意识仍然不强，科学文化水平仍然不高，不文明甚至落后的方面仍然很多，基本素质仍然有待于进一步的提高。

五、实现民族振兴，必须进一步解放思想

在五四时期，先进的思想家们大胆地冲破旧传统，提出了许多振聋发

瞶的主张，开创了一种在中国历史上少有的思想大解放的局面，并有力地带动了其他领域的大解放。正如毛泽东当时所形容的："思想的解放，政治的解放，经济的解放，男女的解放，教育的解放，都要从九重冤狱，求见青天。"正是这种思想的大解放，使五四运动成为新思想与旧思想、新文化与旧文化的分水岭，并开启了此后思想解放的先河，深深地影响了20世纪中国历史的发展。后来所发生的第二次、第三次思想解放运动，马克思主义与中国实际相结合的第一次、第二次历史性的飞跃，毛泽东思想和邓小平理论的产生，以及从那时起我国取得的每一个进步和成就，可以说都是解放思想的结果，是五四精神的继承和发扬。

现在要实现民族振兴，同样要发扬五四精神，不断解放思想。近20年来，随着改革开放的实行，全国人民的思想获得了一次又一次大解放，冲破了长期存在的教条主义的束缚，推动着实践不断向前发展，取得了一个又一个重大成就。但是，思想解放是永无止境的，不是一次或几次就能完成的。今天思想解放了，到明天又可能不适应新的情况。随着实践的发展，认识也要跟着发展，不断地抛弃那些已经不适应新情况的旧观念，打破那些不合乎当代实际的旧思想的禁锢。否则，就必然束缚实践的手脚，阻碍历史的前进。

现在，我们从事的中国特色社会主义建设，是一项前无古人的全新的事业，特别需要根据中国的实际，大胆探索，勇于创新，敢于变革，不能只根据书本上已有的论述、原有的模式、传统的观念去进行。要做到这一点，就要树立一种马克思主义的学风，坚持理论联系实际，处处从实际出发，而不是从固有的观念出发。现在，有的人仍动不动就拿出马、恩、列、毛等人的本本，指责一些思想和做法不符合他们的论述；与此同时，有的人为了证明改革开放措施的正确，也到马、恩、列、毛等人的著作中寻找根据，说他们已经说过什么话。我认为，这都不是正确的态度。我们决不能停留在对马克思主义的某些原则、某些本本的教条式理解上，停留在对社会主义的一些不科学的甚至扭曲的认识上，或者停留在那些超越社会主义初级阶段的不正确的思想上，一定要以我国改革开放和现代化建设的实际问题、以我们正在做的事情为中心，着眼于马克思主义理论的运用，着眼于对实际问题的理论思考，着眼于新的实践和新的发展。离开本国实际和时代发展来谈马克思主义，没有意义。静止地孤立地研究马克思主义，把马克思主义同它在现实生活中的生动发展割裂开来、对立起来，没有出路。现在要发扬五四精神，振兴中华民族，就要进一步坚持和发扬这种马克思主义的学风。

当然，我们说要进一步解放思想，勇于创新，敢于变革，并不是说可以不要马克思主义的基本原理，不要社会主义的基本原则。在解放思想的同时，还要发扬五四时期的科学精神、理性精神，对任何事物都要抱一种科学冷静的态度。这种科学冷静的态度，就是实事求是。

六、实现民族振兴，必须扎扎实实地为建设富强、民主、文明的社会主义国家而奋斗

1918 年 6 月，恽代英曾针对当时一些人只是空谈而不实行的现象，写了一篇《力行救国论》，提出“欲救国家，惟有力行二字。”他指出：“吾等自今当有一种觉悟，当知国家之所以至今日，皆由一般自命为爱国之士者，但好口说争辩，而不实行，或实行而不切实、不勇猛之过。故吾等今日必须超然跳出口说争辩之范围，凡自见可以救国者实行之，切实而勇猛以实行之，非此不足以救中国，即非此吾人不能有丝毫贡献于国家。”他所说的那种好口说争辩而不实行的现象，现在太普遍了。用现在的话说，就是言行不一，理论与实际相脱节。

这种言行不一、理论与实际相脱节的现象，有两个方面的表现：一方面是实际并没有那么好，在理论上、宣传上却拼命地拔高，脱离实际；另

一方面，则是理论上说得头头是道，就是不实行，或者只做表面文章，搞形式主义。更有甚者，有的人不但不实行，反而有意反着做。例如有一些领导干部，在作报告时大讲反腐倡廉，作完报告后却大搞贪污腐败；对别人要求严而又严，自己却为所欲为；对上一套，对下一套；口头上一套，实际上一套；表面上一套，暗地里一套。现在群众最痛恨的人中，就包括这种人。

我们现在所从事的建设中国特色社会主义的事业，是一个伟大的事业，目标是要建设一个富强、民主、文明的社会主义国家。这个目标，不是靠说、靠吹、靠搞形式主义能够实现的，必须靠每个人扎扎实实地工作，靠全国人民的共同努力才能实现。要发扬五四精神，振兴中华民族，就要反对那种只说不做、言行不一、理论与实际相脱节，甚至口是心非的现象，提倡说到做到，口心如一，理论与实际相一致，甚至少说多做，扎扎实实地多做一点对人民、对国家、对民族有益的事情，多解决一点实际问题。也就是说，要把发扬五四精神落到实处，体现在各项具体工作中。只有这样，民族的振兴才有希望早日实现。

（原载《中共中央党校学报》1999 年第 2 期）

【评文记事】

这是为纪念五四运动 80 周年写的一篇文章，其中一部分以《弘扬五四精神实现民族振兴》为题刊登于《光明日报》1999 年 5 月 3 日，一部分以《发扬科学精神》为题刊登于 1999 年 5 月 4 日《中国市场经济报》，一部分以《五四运动与发扬爱国主义》为题刊登于《党建》1999 年第 5 期。1999 年，获“卓达杯”全国征文一等奖。

中国共产党的创立

关于中国共产党的创立，大家比较熟悉，因此我不想全面地讲，结合一些不同的看法，着重讲六个问题。

一、中国共产党的创立是中国历史发展的必然结果

对于中国共产党的创立，国民党和以前港台及国外的一些学者认为，不是中国发展的必然产物，而是共产国际一手造成的。蒋介石就曾说："中共不是中国社会发展的必然产物，而是共产国际的'螟蛉'。"意思是中国共产党是共产国际的干儿子，是共产国际制造出来的。这种观点，在一段很长的时间里成为台湾的官方观点。台湾的一些学者，在一段很长的时间里就是按照这种观点撰写中国共产党历史的。例如，有的书说："'中共'既不是我国历史的产物，又不是基于我国的需要而诞生，则其产生当然是出自对我国有野心国家的有意制造。"有的说："中国共产党不是中国文化、历史所孕育的产物，是共产国际到中国制造的支部，是苏维埃俄罗斯政府征服中国的工具。""中共之产生是移植的，非土产的。"有的甚至说："中国的社会形态和阶级分化情况，决定了共党在中国建党的当时，既缺乏社会基础，又没有阶级觉悟，而是一种道地的革命输入和强制的移植"，从而"成为第三国际和俄共的'儿子党'了"。为什么说中共是共产国际和俄共的"儿子党"呢？据他们说："胡氏（他们把维经斯基译为胡定斯基，所以称为胡氏）

可以说是中国共产党的催生婆，而中共之成为共产国际和俄共的‘儿子党’一说，其原因当在于此了。”概括起来，以上论著都是说中国共产党的创立不是中国历史发展的必然产物，没有阶级基础，而完全是共产国际移植的，硬造出来的。事实上，这些看法都是站不住脚的。

首先，中国共产党的创立是中国历史发展的必然产物。

从1840年鸦片战争以后，中国由一个独立的封建社会逐步演变为半殖民地半封建的社会。为了反抗资本帝国主义和封建主义的压迫和剥削，富有革命斗争传统的中国各族人民，从未停止过英勇的斗争，曾先后出现过太平天国、戊戌维新和义和团运动，并于1911年发动了辛亥革命，推翻了长达260多年的清王朝统治，结束了在中国延续两千多年的封建君主专制制度。然而，辛亥革命以后的政权很快落到了北洋军阀头子袁世凯的手中，帝国主义的侵略势力和封建主义的统治根基丝毫没有动摇，中国依旧是半殖民地半封建社会。袁世凯死后，北洋军阀集团分裂成大大小小的派系，他们连年混战，给中国人民带来深重的灾难。当时很多人都感到很失望，“无量头颅无量血，可怜购得假共和”的诗句，就形象地反映了这种实际情况。有名无实的“中华民国”，只不过是北洋军阀反动统治的一块招牌。从总体上看，辛亥革命由胜利转向了失败。

为了挽救中国革命，以孙中山为代表的革命党人继续努力奋斗，接连发起护国战争、护法战争，1919年又将中华革命党改组为中国国民党，但由于他没有提出明确的反帝反封建的口号，没有发动广大群众，所进行的革命斗争接连失败，都未取得明显的成效。这说明，中国国民党已不能担负领导中国革命的重任，要完成中国革命的任务，必须创立一个以新的理论为指导的、能够发动广大群众的新的政党。中国共产党，就是适应中国革命的这种需要而产生的。

其次，中国共产党的创立已经有了阶级基础。

随着中国社会性质的变化，即由封建社会变为半殖民地半封建社会，社会阶级结构也发生了很大变化，逐步产生了代表新兴的政治力量和生产关系的两个对立的阶级,即工人阶级和资产阶级。中国近代产业工人的产生，大体经历了三个阶段。第一阶段从 19 世纪 40 年代起，在外国资本在中国直接经营的近代工业企业里，产生了最早的一批产业工人；第二阶段是到 19 世纪 60 年代，清朝政府以曾国藩、李鸿章为代表的洋务派创办了以军事工业为主体的近代企业,清政府和一些官僚、商人、地主也以“官办”“官商合办”“官督商办”等形式创办民用企业，在这些企业里产生了另一批产业工人；第三阶段是从 19 世纪 70 年代起，中国一部分商人、地主和官僚，开始建立规模不大的“商办”企业，在这些企业里又产生了一批产业工人。

随着外国在华投资的增加和中国资本主义的发展，工人阶级的力量也强大起来。中国近代产业工人的人数向来没有一个准确的调查和统计，根据几项不完全的估算，19 世纪 70 年代约有 1 万人，80 年代有 4 万人，19 世纪末有 10 万人，第一次世界大战前夕有 60 万人，到 1919 年“五四”前后，全国约有产业工人 260 多万人。应该说，以当时中国有 4. 4 亿人口来看，产业工人并不算多，但同其他国家共产党产生时相比，这个数字也不算太少。如俄国建党时工人有 279 万人,日本建党时工人有 150 万人。所以，认为中国共产党成立时缺乏足够的社会阶级基础，理由是不充分的。

近代中国的产业工人不仅具有一般无产阶级的基本优点，即与最先进的生产方式相联系，富于组织性、纪律性，没有私人占有的生产资料，而且还有许多自身的得天独厚的优点和特点：

第一，深受帝国主义、封建主义和官僚资本的三重压迫和剥削。他们的生活处境和劳动环境比其他国家的工人要恶劣得多，所受的剥削和压迫也残酷得多。其一，工资低，一般工资每日为 2 角至 4 角银元，相当于当时英国同种类工资的七分之一，大多数工人难以维持自身的生活，更无法养活整个家庭。其二,工时长,中国没有劳动法,工人没有法定的休息制度；每日工时一般多在 12 个小时，有的多达 14—16 个小时。其三，劳动条件恶劣，资本家把工人当作奴隶，普遍存在着残酷的包工制、把头制、监工制等，工人几乎失去人身自由，职业病和伤亡事故特别严重。其四，失业率极高，工人经常被无故开除革职，且得不到任何救济。由于中国工人身处这种悲惨境遇，使他们反帝反封建反官僚资本主义的革命斗争精神比任何阶级都坚决和彻底。

第二，分布集中。从地域来看，主要分布在上海、汉口、天津、广州、香港、青岛、哈尔滨、大连等十几个大城市，据 1894 年统计，上海约占全国工人总数的 46%，汉口约占 17%，广州约占 13%。以上三大城市的工人，占全国工人总数的 76.7%。从产业类别看，大多数集中在铁路、航运、造船、矿山、纺织、面粉等企业中，而这些产业很大一部分是在外国资本企业。其中，大企业中工人人数又占了很大的比重，集中在上海、青岛、天津、武汉、无锡、南通六个城市的纺织工业，占全国的 74%，工人占 83%。这种集中性，易于形成强大的政治力量，有利于工人阶级的团结战斗和提高斗争水平。

第三，大多数来自农村和小手工业中的失业者和破产者。他们与人口众多的城乡劳动群众有着密切的联系，尤其是和广大的农民更有一种天然的联系，这有利于和农民结成亲密的联盟。

上述特殊的优点，不仅决定了中国工人阶级成为全社会最革命最先进的阶级，而且为无产阶级政党的建立提供了很好的阶级基础。

以上情况说明，中国共产党的创立是中国革命发展的客观需要和必然结果，中国共产党是植根于中国社会的土壤，而不是像某些人所说的，是从外国移植的“舶来品”。对于这一点，有的外国学者也是肯定的。例如苏联远东研究所的舍维廖夫就说：“历史事实证明，中国共产主义运动并不像资产阶级歪曲者所说的那样，是‘由外部强加的’，它是在中国社会内部矛盾日益发展的基础上产生的，而且它把劳动人民反对剥削者的那种含有科学社会主义思想的斗争传统作为自己产生的渊源继承了下来，因此在本国是有基础的。”

另外，还应该看到，中国共产党的产生，也是国际共产主义运动中的一种历史现象。在 20 世纪初，欧亚各国普遍出现日益高涨的革命形势，纷纷建立共产党的组织。从 1918 至 1922 年间，全世界有 40 多个国家建立了共产党。中国共产党的诞生，充分反映了世界革命大潮的这种发展趋向。

二、中国共产党是马克思列宁主义和中国工人运动相结合的产物

按照马克思主义的基本原理，共产党应该是马克思主义和各国工人运动相结合的产物。那么，中国共产党是不是这种相结合的产物呢？对此，国内外也有不同的看法，例如，后来一手扶持王明上台的共产国际东方部部长米夫就曾说："初期，就是一些学习马克思主义基本理论的宣传小组，这些小组造就了中国共产党的首批干部。"意思是当时还没有实现马克思主义与工人运动相结合，只是一些知识分子搞起来的。苏联的克雷莫夫在其学位论文中，也认为中国马克思主义和工人运动的结合，仅仅是在建党和建立工人运动的领导中心——劳动组合书记部之后，因为那个时候党才积极着手组织工会和罢工斗争。在这以前，共产党同工人运动的联系只是偶然的，工人的罢工斗争是自发性的，是组织得很差的。也就是说，中国共产党是一些知识分子搞起来的，它同工人运动的结合，是在中国共产党成立之后。在成立初期，中国共产党还不是马克思主义和中国工人运动相结合的产物。我认为，这种说法是站不住脚的。

首先，中国共产党是以马克思主义为指导的。在内忧外患的情势下，以洪秀全、康有为、严复、孙中山等为代表的先进人物和爱国志士，以为发展资本主义是拯救中国的灵丹妙药，曾不辞辛苦地到西方去寻求救国救民的真理，希望通过学习西方在中国建立起资产阶级共和国。应该说，当时向西方学习是符合时代发展的大潮，代表中国近代的发展方向的，具有

一定的进步意义和深远影响。但是，他们学习很多，成效甚微，由于中国特殊的国情和资产阶级的软弱，这些“新学”（亦称“西学”）很快就败下阵来，谁都没有找到救国的正确答案。中国先进分子所鼓吹并为之奋斗的资本主义制度，只不过是一种幻想，各种尝试在无数事实面前，一个接着一个宣告了破产，理想完全变成了梦想。于是，先进的中国人又开始寻求新的救国方案。

在 19 世纪末 20 世纪初，包括各种社会主义思想的各种社会思潮大量涌入中国。不用说别的思潮，就是社会主义思潮，也是内容庞杂，五花八门。除马克思主义外，还有日本武者小路的新村主义，欧洲蒲鲁东、巴枯宁、克鲁泡特金的无政府主义，俄国托尔斯泰的泛劳动主义，英国欧文的合作主义，以及修正主义、社会民主主义、改良主义、工团主义、空想社会主义、基尔特社会主义，等等。其中标榜“社会主义”和“共产主义”理念的无政府主义，是传播较广、影响较大的政治流派，当时专门宣传无政府主义的刊物和小册子多达 70 种以上。由于无政府主义在政治目标上与马克思主义一时难以分辨，不少马克思主义者对无政府主义者的本质认识不清；加上无政府主义者鼓吹“个人绝对自由”，特别适合小资产阶级的口味，在资产阶级和小资产阶级知识分子中有着很大的吸引力，容易被激进民主主义者所接受。因此当时有不少激进民主主义者，都程度不同地受到无政府主义的影响。但是，先进的中国人经过反复的研究和比较，最终选择了马克思主义。为什么呢？主要有以下三个原因：

第一，俄国十月革命的影响。列宁领导的俄国的十月社会主义革命，建立了世界上第一个无产阶级专政的国家，开辟了人类历史的新纪元，这无疑给灾难深重的中国人民带来了真正的福音。十月革命后的第三天，上海《民国日报》就报道了这条消息，立即在中国思想界激起了轩然大波。关心中国之命运的先进知识分子认真研究马克思主义理论，并通过《新青年》等刊物译著介绍马克思主义。李大钊在对法国资产阶级革命和俄国十月社会主义革命研究比较之后，率先于1918年下半年发表《法俄革命之比较观》《庶民的胜利》《布尔什维主义的胜利》3篇文章，论证了十月革命的道路是世界各国革命的必由之路，中国人民必须走十月革命的道路。他明确指出：十月革命的胜利乃是“劳工主义的战胜”，是“世界人类全体的新曙光”，十月革命掀起的潮流是不可阻挡的，“试看将来的环球，必是赤旗的世界”。在1919年元旦发表的《新纪元》中，他进一步指出，十月革命开辟了人类的“新纪元”，中国人民应当走十月革命的道路。当时先进的中国人认为，既然马克思主义能够指导俄国取得革命的胜利，也一定能够指导中国革命取得胜利，因此纷纷转向马克思主义。正如毛泽东指出：“十月革命一声炮响，给我们送来了马克思列宁主义。十月革命帮助了全世界的也帮助了中国的先进分子，用无产阶级的宇宙观作为观察国家命运的工具，重新考虑自己的问题。走俄国人的路——这就是结论。”

第二，苏维埃政府发表宣布取消帝俄时代在中国一切特权的对华宣言，使中国人民和舆论界对苏联的态度颇有好感。当时，帝国主义国家千方百计在中国维护和扩大他们的在华特权。第一次世界大战结束以后，战胜的协约国于1919年上半年在巴黎举行“和平会议”，中国作为协约国的一方派代表出席，在会上提出了废除外国在中国的势力范围，撤退外国在中国的军队，取消灭亡中国的“二十一条”，将德国原来在山东霸占的一切特权归还中国等要求，可是在日本的压力下，会议竟规定将德国在山东的一切特权交给日本。这就激起了全国人民的愤怒，由此爆发了声势浩大的五四爱国运动。与帝国主义国家的行径完全相反，俄国在十月革命后，于1919年7月和1920年9月两次发表对华宣言，宣布废除俄国在中国的一切特权，从而受到中国人民的热烈欢迎。当时中国有13个民众团体向俄国致电，称赞他们的行动，认为俄国的工人、农民、士兵是世界上“最可爱的人类”。俄国和帝国主义国家的鲜明对比，使很多原来相信西方资本主义国家的人转而对俄国产生好感，从而也就对马克思主义产生好感，从各种思潮中最后选择了马克思主义。

第三，在于马克思主义作为无产阶级世界观和指导革命的科学理论，适合中国革命的需要。马克思主义理论博大精深，具有切实的思想特征，又具有极强的反对帝国主义侵略的革命性，因而不仅为迷茫的中国人提供了解难释疑的灵丹妙药，而且极易引起他们的共鸣。随着西方资产阶级文明输入的破产，先进的中国人开始用唯物史观重新考察中国向何处去的问题。他们在各种新思潮中，通过反复比较和鉴别，最终作出了接受马克思主义的正确抉择。

有的年轻人认为当时中国人接受马克思主义是盲目的，事实上他们是经过了反复认真的比较和选择的，是经过了一个痛苦的选择过程的。正是经过这种认真的痛苦的选择，一批先进的知识分子逐渐抛弃了向往资本主义文明的幻想，由赞美“法兰西文明”转向批判资本主义，由学习欧美转向学习苏俄，由资产阶级民主主义转向社会主义，迅速成为具有初步共产主义思想的知识分子。除李大钊、陈独秀外，还有毛泽东、李达、李汉俊、俞秀松、陈望道、瞿秋白、邓中夏、高君宇、张太雷、恽代英、董必武、陈潭秋、杨匏安、谭平山等。这些具有初步共产主义思想的知识分子，大都经历了从激进民主主义者到马克思主义者的转变。与此同时，先后到法国、德国、比利时等国勤工俭学的青年学生，如蔡和森、周恩来、赵世炎、向警予等优秀分子，受到这些国家革命运动的影响，也接受了马克思主义，成为具有初步共产主义思想的知识分子。他们一旦接受马克思主义，就自觉地以它为指导开展革命活动，并组建中国共产党。因此，中国共产党从一开始就是以马克思主义为指导的。

不过，应当说明的是，中国人接受马克思主义，是经过俄国的十月革命接受的，因此接受的更多的是列宁主义。它的好处是有利于对中国革命的直接指导，但也存在着一定的缺陷，就是对马克思主义的学习和理解不够全面。这两个方面，在以后的中国革命过程中，都明显地表现了出来。

其次，先进的中国人一接受马克思主义，就开始把它和工人运动相结合。

五四运动前，中国工人阶级虽处于“自在的阶级”阶段，但已经逐步地开展起了工人运动。据不完全统计，全国的罢工，从1870年至1919年共105次，平均每年3至4次；从1912年至1919年5月共130次，平均每年16次，其中1916年为17次，1917年为23次，1918年为30次，1919年头5个月多达19次。仅1918年一年的罢工次数，就超过了辛亥革命时罢工次数最多的1911年和1912年两年的总和（24次）。

在五四运动中，工人阶级以独立的政治力量登上中国的政治舞台。通过这场运动，先进的知识分子看到了工人阶级的地位和作用，开始重视工人运动。他们提出“到工人中去”的口号，从1920年起开始从事工人运动，同时采用多种形式把马克思主义灌输到工人中去，启发工人的阶级觉悟，发动工人群众进行革命斗争。这一年五一劳动节，李大钊、邓中夏、何孟雄等在北京；陈独秀、陈望道等在上海，都积极参加了工人的纪念活动。各地早期共产党组织成立后，纷纷出版工人通俗刊物，如上海的《劳动界》；北京的《劳动音》和《工人周刊》；广东的《劳动者》和《劳动与妇女》；济南的《济南劳动》等。同时创建工会和劳动学校，如上海的机器工会、印刷工会、纺织工会和小沙渡劳工半日学校；北京的长辛店劳动补习学校和长辛店工人俱乐部；武昌第一纱厂、汉口英美烟草厂、汉阳兵工厂的工人识字班等。通过这些活动，使马克思主义与工人运动逐步地结合了起来，并在这个基础上成立了中国共产党。

对于中国共产党是马克思主义和中国工人运动相结合的产物这一点，外国的很多学者也是承认的，例如俄国的卡尔图诺娃和科瓦廖夫就认为，从1920年中期开始中国马克思主义者在工人中间从事的宣传、出版、组织（建立工会）等活动，就是“中共成立前夕马克思主义同工人运动相结合”的一种形式，因此中国共产党的成立是“科学社会主义同中国工人运动结合的产物”。尼基福罗夫也认为，中国的马克思主义者早在1920年年底，就在领导工人运动方面迈出了最初的几步。毋庸置疑，从 1921 年起的历史证明，“中国没有离开科学社会主义同工人运动相结合的这个合乎客观规律的进程”。

三、中国共产党的酝酿和早期组织的成立

在马克思主义和中国工人运动相结合的基础上，先进的中国人不约而同地开始酝酿建立中国共产党，随后在各地纷纷建立起了党的早期组织。

（一）关于成立中国共产党的酝酿

因为中国共产党成立的条件逐渐具备，所以从 1920 年年初开始，李大钊、陈独秀等人就酝酿成立中国共产党的组织。在这之前，李大钊曾于 1919 年 9 月会见过俄共（布）党员布尔特曼，这是中国早期马克思主义者与俄国马克思主义者最早建立的联系。1920 年 1 月，李大钊在护送陈独秀离北京去天津途中，两人初步商讨了建立共产党的问题。随后，李大钊经俄国驻天津文化联络员柏烈伟的介绍，会见了俄共（布）党员荷荷诺夫金，商谈了建党问题，并立即写信将此事告知在上海的陈独秀，征得了陈的同意。这说明，中国的早期马克思主义者先于共产国际考虑了建党问题，并不是像港台一些学者所说的，是共产国际硬把苏联共产党移植到中国来的。

当然，共产国际在中国共产党的成立过程中，起了非常重要的作用。当时中国发生的声势浩大的五四运动，引起了共产国际的注意。1920 年 1 月，设在海参崴（今符拉迪沃斯托克）的俄共（布）远东地区委员会向俄共中央建议，应同中国革命者建立联系。4 月，俄共（布）远东局海参崴分局派维经斯基一行来华，目的是了解五四运动后的中国形势，并设法同中国社会主义者进行沟通，建立共产党组织。经柏烈伟的介绍，维经斯基在北京会见了李大钊，双方就建党问题多次交换意见；后由李大钊介绍，维经

斯基等到上海会见陈独秀等人，进一步商讨建党问题。

陈独秀到上海后住在法租界环龙路老渔阳里 2 号（今南昌路 100 弄 2 号）。维经斯基到上海后，即在陈独秀的寓所多次召开座谈会，着重讨论社会主义学说和中国社会改造以及筹建共产党等问题。当时参加座谈会的有：《新青年》主编陈独秀，《星期评论》主编戴季陶、沈玄庐，《时事新报》主编张东荪，《民国日报》的《觉悟》副刊主编邵力子，以及李汉俊、陈望道、施存统等人。戴季陶和张东荪反对建立共产党，只参加一次座谈会便声明退出。戴季陶宣称他是忠于孙中山先生的，只要孙中山在，他就不能参加别的党，怕违背三民主义。张东荪是“研究系”的成员，宣称他只进行学术研究，不介入政治，所以他们先后退出。

上海座谈会商定，先组织社会主义青年团作为筹建共产党的第一步。在这之后，陈独秀与李大钊交换意见，决定在全国各地建立党的早期组织，由陈独秀在南方、李大钊在北方，分别负责建党的准备工作。陈独秀和李大钊成为中国共产党的两位主要创始人，当时即有“南陈北李”的美誉。

在“南陈北李”酝酿成立中国共产党的时候，到法国勤工俭学的蔡和森也提出了建立共产党的主张。1920 年 7 月，一批留法的勤工俭学学生在法国的蒙达尼公学开会，蔡和森在会上“主张激烈的革命，组织共产党，实行无产阶级专政，即仿效外国十月革命的方法”，他还曾同李维汉商量过“准备成立一个共产党”的问题。8 月 13 日，他给在国内的毛泽东写了一封长信，明确提出：“我以为先要组织党——共产党。因为他是革命运动的发动者、宣传者、先锋队、作战部，以中国现在的情形看来，须先组织他，然后工团、合作社，才能发生有力的组织。革命运动、劳动运动，才有神经中枢。但是宜急宜缓呢？我以为现在就要准备”；“现在内地组织此事须秘密。乌合之众不行，离开工业界不行。中产阶级文化运动者不行（除非他变）。”9 月 16 日，他又给毛泽东写了一封长信，再次提出组织共产党的问题，并提出了组织的 4 个步骤。毛泽东到 1920 年年底才收到这封信，于

1921 年 1 月复函说："你这一封信见地极当，我没有一个字不赞成。"蔡和森的这两封信，认识非常明确，说明当时他和"南陈北李"，都不约而同地认识到了建立中国共产党的必要性。在这稍后的 1921 年夏，恽代英在湖北建立的利群书社成员在黄冈开会，也表示"赞成组织新式的党——布尔什维克式的党，并提议把要组织的团体叫做'波社'（波尔什维克）"。这说明，他们也认识到了建立中国共产党的必要性。

（二）中国共产党早期组织的建立

各地中国共产党的早期组织，大多是在五四运动以后各地成立的各种革命社团的基础上建立起来的。当时随着社会主义新思想的涌入，各地的社会团体如雨后春笋般地成立起来。这些社团的建立，对于马克思主义的传播起过重要的作用。以后就在这些社团的基础上，成立了各地的早期共产党组织。现在都叫这些早期组织为共产主义小组，这是按照国外的习惯，在以后起的名字。事实上，许多早期组织都有自己的名字。下面，就按地区作一个简略的介绍。

1. 上海

1920 年 5 月，陈独秀首先在上海发起组织马克思主义研究会，同时约集俞秀松、李汉俊、施存统、陈公培等人开会，决定成立上海党组织，起草了纲领十余条，陈独秀任临时书记。对于这个组织的名称，陈独秀开始曾称作"社会党"，后来经过和北京的李大钊商量，才确定叫"共产党"。从 9 月开始，上海共产党组织着手进行中国共产党代表大会的准备工作，被公认为各地早期党组织的"中心组"，中国共产党的发起组，亦称上海中央局。他们与各地早期党组织保持着组织上的联系，实际上起着临时中央的作用。上海共产党组织的成员有：陈独秀、李汉俊、陈望道、沈玄庐、杨明斋、俞秀松、施存统、李达、邵力子、沈雁冰、林伯渠、李启汉、袁振英、李中、沈泽民、周佛海、刘伯垂等。

上海共产党组织进行了大量的建党准备工作，其主要活动有以下几项：

一是加强马列主义理论的宣传工作。1920 年 8 月，出版了由陈望道翻译的第一个《共产党宣言》中文全译本，这对宣传马克思主义和创建中国共产党起了非常重要的作用。9 月《新青年》改为上海共产党发起组的机关刊物，系统介绍十月革命的经验，成为传播马克思主义的主要阵地。11 月创办了第一个党内理论刊物《共产党》月刊，着重刊登马克思、列宁的重要著作和介绍共产国际、俄共建党经验的材料。此外，还翻译出版了一批社会主义著作，如“俄罗斯研究丛书”“康敏尼斯（共产主义）丛书”“马克思丛书”等，出版了许多通俗工人读物和传单。

二是制定《中国共产党宣言》。为了旗帜鲜明地宣传共产主义组织的宗旨和原则，与无政府主义者划清界限，1920 年 11 月陈独秀主持制定了党的第一个宣言《中国共产党宣言》，明确提出了为实现共产主义而奋斗的理想，阐明了无产阶级革命和无产阶级专政的基本思想。它曾作为建立组织、收纳党员的标准，起过临时党纲的作用。

三是大力组织和开展工人活动。除出版通俗工人刊物《劳动界》外，1920 年 10 月，由李中主持成立了党领导下的第一个产业工人工会上海机器工会，出版《机器工人》。之后，又领导成立了印刷工会，出版《友世画报》。陈独秀、李启汉等还在沪西小沙渡开办了“半工半日学校”。1921 年 1 月，成立了由李启汉、俞秀松负责的职工运动委员会。不久，上海电车工人、烟草工人相继举行罢工。

四是帮助指导各地早期党组织的建立。从 1920 年 5 月开始，陈独秀在新成立于上海的共产国际东亚书记处指导下，写信给北京的李大钊，济南的王乐平、邓恩铭，武汉的李汉俊，广州的谭平山、陈公博，以及在日本的周佛海和在法国巴黎的张申府等人，促使他们早日建立共产党组织。

五是创建中国社会主义青年团。1920 年 8 月下旬，俞秀松、施存统等 8 个社会主义者在上海霞飞路渔阳里 6 号（今淮海中路 567 弄 6 号）召开上海社会主义青年团成立大会，俞秀松任青年团书记。团员很快发展到30多人，其中有刘少奇、任弼时、罗亦农、汪寿华、萧劲光、蒋光慈等人。在上海青年团的指导下，不到半年，北京、广州、长沙、武汉等许多大城市也陆续建立起青年团。1921年3月，中国社会主义青年团临时执行委员会宣告成立，当时有团员1000多人。

六是创办外国语学社。为了培养革命干部，并输送革命青年赴俄国深造，在维经斯基的帮助下，1920年10月杨明斋等在上海霞飞路渔阳里6号创办外国语学社，几十名学生都是由各地共产党和青年团组织选送和有关人士介绍来的。从1921年4月起，有20多名团员分批被派往莫斯科东方大学学习，其中就包括刘少奇、任弼时、萧劲光等人。后来，又成立了中俄通信社。

七是负责发起召集党的第一次全国代表大会。在各地党组织陆续建立后，1921年6月，李汉俊、李达等给各地共产主义小组发函，要求各地派两名代表来上海召开党的成立大会。

在维经斯基和上海共产党组织的直接推动和帮助下，各地早期共产党员也都开始了共产党的组建与发展工作。

2. 北京

早在五四运动时期，李大钊就在北京发起成立了马克思主义研究会。1920年9月，李大钊、张申府、张国焘3人在北京大学图书馆“亢慕义斋”发起成立北京共产主义组织，李大钊任书记。“亢慕义斋”又叫“亢慕尼斋”，其实就是共产主义Communism的英文音译。随后，黄凌霜等6名无政府主义者首先加入，后有罗章龙、刘仁静、邓中夏、高君宇、缪伯英（女）、何孟雄、张太雷等陆续加入。后因无政府主义者不赞成临时纲领中写有无产阶级专政的条文，于11月全部退出。北京共产主义组织创办了工人通俗刊物《劳动音》和《工人周刊》；由邓中夏等领导成立了长辛店劳动补习学校和长辛店工人俱乐部（即工会）。在补习学校中，工人们高唱：“如今世界太不平，重重压迫我劳工，一生一世做牛马，思想起来好苦情。北方吹来十月的风，惊醒了我们的苦弟兄。无产阶级快起来，拿起铁锤去进攻。红旗一举千里明，铁锤一举山河动，只要我们团结紧呵，冲破乌云满天红！”在工会成立时，工人们也高唱：“美哉自由，世界明星。拼我热血，为他牺牲……”的歌曲。《共产党》月刊曾称赞长辛店工会“不愧为北方劳动界的一颗明星”。

此外，还派人到唐山、天津、太原、郑州等地，帮助开展工人运动，建立工会和青年团。1921 年 1 月，北京共产主义组织举行会议，正式定名为“中国共产党北京支部”，由李大钊任书记，张国焘负责组织，罗章龙负责宣传。到 1921 年 7 月，北京支部的成员有：李大钊、张国焘、邓中夏、罗章龙、刘仁静、高君宇、何孟雄、缪伯英、范鸿劼、朱务善、李骏、张太雷、陈为人等。

3. 武汉

1920 年秋，由陈独秀介绍入党的刘伯垂和由李汉俊介绍入党的董必武，以及陈潭秋、包惠僧、张国恩、郑凯卿 6 人，正式建立“武汉共产主义研究小组”，后来改称“中共武汉支部”，由包惠僧任书记。随后，组织马克思主义研究会，出版刊物《武汉星期评论》。他们特别重视开展工人运动，在纱厂、铁路、码头、兵工厂、烟厂等处举办识字班，培养工运骨干。陈潭秋等还在湖北女子师范学生中组织了妇女读书会。

4. 广州

1920 年年底，广州已成立共产党，但成员多是无政府主义者。到 1921 年 1 月初，陈独秀约集谭平山、陈公博、谭植棠 3 人，重新筹组广东共产党，原无政府主义者退出。重组后的广州党组织决定把《广东群报》改为党的机关报，大力宣传新文化运动和马克思主义。为培养革命骨干，先后成立了宣传员养成所、注音字母教导团、俄语学校、机器工人学校等各种学校和团体，领导工人开展斗争。

5. 长沙

由于蔡和森和毛泽东的极力倡导，在大多数新民学会会员的支持下，经过法国蒙达尼会议和新民学会长沙会议，只半年时间，新民学会的宗旨就发生了质的变化，使其具备了中国共产党前身的性质，为党组织的建立从思想上和干部上做了重要的准备。1920 年 7 月，毛泽东第二次由北京返回长沙后，与何叔衡等一起，以新民学会为骨干力量积极开展建团建党活动，先后组织起文化书社、俄罗斯研究会、自修大学等，使之成为学习和宣传马克思主义的重要阵地。上海党组织成立后，陈独秀致函毛泽东，建议在湖南成立共产党组织。于是毛泽东把新民学会中赞同马克思主义的人，组织成为长沙共产党组织。这个组织的成员开始有 6 人，后来发展到 10 人，其中骨干有毛泽东、何叔衡等人。他们十分重视对工人的宣传和组织工作，帮助湖南劳工会创办工人夜校和读书会，并注重调查工人生活状况。

6. 济南

维经斯基及其翻译杨明斋（俄籍华人）等来华后到过济南，与王尽美、邓恩铭、王翔千等人会晤，传播马克思主义。开始，陈独秀与山东联系的是王乐平和邓恩铭。王乐平是五四运动中山东地区的活跃人物，曾宣传马克思主义。但他不愿出面组织共产党，于是把此事交给了他的远亲、同乡王尽美。王尽美耳朵很大，大家叫他“王大耳”。邓恩铭是水族人，为上学来到济南。他们成立了励新学会，出版《励新》半月刊和《济南劳动周刊》，还经常深入到济南、青岛、淄博、枣庄及津浦铁路和胶济铁路沿线，组织工会和开展工人斗争，办有《劳动周刊》。1920 年下半年，由王尽美、邓恩铭发起建立了济南共产党组织。

7. 日本

原属上海共产党组织的施存统和周佛海到日本后，根据陈独秀的提议，于 1921 年 4 月下旬成立了日本中国共产党组织，由施存统负责。事实上这个组织就只他们两名成员，是各地党组织中人数最少的一个。

8. 法国

到1921年，前往法国勤工俭学的学生有1600多人，其中四川的378人，湖南的346人。其中蔡和森、赵世炎、李立三等人，在1920年年底曾酝酿过成立共产党问题。1921年三四月间，张申府、赵世炎、陈公培、刘清扬、周恩来5人组建了巴黎共产党组织。

1921年3月以前，中国不仅没有一个统一的共产主义组织，而且在北京、广州等许多地区，不得不同无政府主义者一起共事。为使共产党组织成为纯粹的共产主义组织，要长期同这些宗旨和原则不同的无政府主义分子合作是不可能的。为了阐明共产党人的宗旨、原则和策略，加紧把分散的无产阶级力量联合成强大的阶级组织，并把无政府主义分子从组织中清洗出去，在共产国际的支持下，1921年3月各地共产主义组织召开了一个代表会议，发表了《宣言》，制定了临时性的《纲领》，确定了工作机构和工作计划。这次大会对于纯洁共产主义小组并在中国创建统一的共产主义组织，为一大的召开，从思想上、政治上、组织上作了重要的准备。

四、中国共产党第一次全国代表大会

正当中国共产党人积极筹备党的全国代表大会之际，维经斯基于1921年4月回国。这时，共产国际及其伊尔库茨克书记处为进一步了解研究远东各国的革命运动，并指导中共建党，决定派马林来华。马林以共产国际驻远东和中国代表的身份，于1921年6月初到达上海。共产国际伊尔库茨克书记处代表兼有赤色职工国际使命的尼科尔斯基，也同期来到上海。两人取得联系后，立即与李汉俊、李达等共同进行筹建共产党的各项工作。这时，马林建议召开党的全国代表大会，正式成立中国共产党。原定会议在6月20日召开，因为那时还没有放暑假，很多人不能到会，时间也来不及，所以改为7月下旬。

关于党的一大召开的时间，因为党的生日定在 7 月 1 日，原来大家都以为是 7 月 1 日开幕的。至于闭幕的时间，则一直不太清楚。后来经邵维正等同志考证，党的一大是在 7 月 23 日开幕的。因为从最早的资料看，各地的代表是 7 月 23 日才到齐的，所以会议召开的时间最早不能早于 7 月 23 日。一大召开后不久用俄文写的一份《中国共产党第一次代表大会》的材料说得很明确："代表大会预定 6 月 20 日召开，但是来自北京、汉口、广州、长沙、济南和日本的各地代表，直到 7 月 23 日才全部到达上海，于是代表大会开幕了。"1938 年，毛泽东和董必武在延安商定党的生日时，因为没有资料可查，又一时记不清楚，于是就把 7 月 1 日定为党的生日。

关于一大闭幕的时间，邵维正考证是 7 月 31 日。因为从各种资料看，7 月 30 日开会时闯进了密探，于是决定改换地点，到嘉兴南湖召开最后一次会议，所以应该是在 7 月 31 日闭幕。但据董必武、张国焘、陈公博等人回忆，都说隔了一日才到嘉兴南湖，那么就应该是在 8 月 1 日闭幕。不过查阅 1921 年 8 月 2 日的《申报》，8 月 1 日下午嘉兴南湖狂风暴雨，掀翻了四五艘游船。8 月 3 日、4 日，《申报》继续报道此事。然而在所有中共一大代表的回忆中，都没有提到狂风暴雨之事，所以在南湖召开的最后一次会议不可能在 8 月 1 日。最近发表于《党的文献》2001 年第 1 期的王相箴的《中共"一大"闭幕日期考订》一文认为，一大是在 8 月 2 日闭幕，主要根据有两条：一是具体安排到嘉兴南湖开会的李达的夫人王会悟特别强调是上海停会后"隔两日"在南湖开会，"隔两日"即 8 月 2 日；二是陈公博在会后不久写的文章中说"三日回沪，四日附轮回广州"，他 8 月 3 日回沪时已知大会在南湖开过，因此闭幕日期不可能晚于 8 月 3 日，只能是 8 月 2 日。但据当时驻赤塔赤色职工国际代表斯穆尔基斯 1921 年 10 月 13 日的信件，闭幕是在 8 月 5 日。信中说："从七月二十三日到八月五日，在上海举行了中国共产党的代表大会，或者更确切地说是自称为中国共产主义者的代表大会。这次代表大会为中国共产党奠定了基础。"斯穆尔基斯和当时在上海的尼科尔斯基等有直接联系，此信又是在一大召开后不久写的，是现在唯一的一份关于大会闭幕日期的文字记载，因此具有一定的可信性。苏联远东研究所的舍维廖夫写的《中国共产党成立史》，就是根据这封信，断定中共一大是在8月5日闭幕的。因此，一大是在1921年7月23日至8月2日或5日召开的。[1]

关于参加会议的代表，也一直存在争论，主要是12人还是13人。所谓12人，是指上海代表李达、李汉俊，北京代表张国焘、刘仁静，湖北代表董必武、陈潭秋，湖南代表毛泽东、何叔衡，广东代表陈公博，济南代表王尽美、邓恩铭，日本代表周佛海。所谓13人，是包括广东代表或陈独秀的代表包惠僧。当时的很多资料都说是12人，没有把包惠僧包括在内。但从20世纪80年代开始，人们逐渐地倾向于13人，因为包惠僧既然正式参加了会议，不管他是代表广东的，还是代表陈独秀的，无疑应该承认他的代表资格。事实上，当时到会的代表并不全，有一些最重要的人物并没有到会。例如对中国共产党的创立贡献最大的陈独秀、李大钊，本来都应该到会，可是陈独秀因为受陈炯明邀请到广东省担任教育委员会委员长，兼大学预科校长，正在争取一笔款子建校舍，而且正在和广东的顽固派进行斗争，一时离不开，于是派包惠僧参加；李大钊也因校务繁忙，又兼任北京八校教职员代表联席会议代理主席，6月3日率各校教职员和学生到国务院请愿，要求拨发教育经费，被军警打昏，到16日才刚刚伤愈，不能出席，于是派张国焘、刘仁静参加。上海的陈望道本来也应该参加，可是因为在会前和陈独秀发生一点矛盾，没有参加。在日本的施存统本来也应该参加，可是因为没有回国，也没有参加。因为和欧洲的党组织相距太远，无法通知，时间也来不及，所以他们没有能够派代表到会。这样，出席大会的代表只有13人，他们代表着全国党员50多人。共产国际代表马林和

[1] 关于中共一大的闭幕日期，有7月31日和8月1、2、3、4、5日6种说法。

共产国际伊尔库茨克书记处代表尼科尔斯基也出席了大会。

关于会议的地点，中共中央党史研究室编写的《中国共产党历史》和《中国共产党的七十年》有不同的说法。《中国共产党历史》上卷说是在上海法租界贝勒路树德里 3 号，现为兴业路 76 号；《中国共产党的七十年》则说是在法租界望志路树德里 3 号。事实上树德里（今黄陂南路 374 弄）属贝勒路，那是后门，正门是望志路 106 号。那是李汉俊的哥哥李书城的家，就坐落在贝勒路和望志路的交叉路口，所以从不同的方面看有不同的门号。李书城是民国元老，新中国建立后曾担任过农业部部长。大部分代表以“北京大学暑期旅行团”的名义，有李达夫人王会悟安排，住在位于白尔路 389 号（今太仓路 127 号）的博文女校。

关于会议的主持人，陈独秀、李大钊没去，本应该由负责筹备工作的上海发起组成员李达或李汉俊主持，但因为他们和马林之间有点不同意见，所以由在这前后比较活跃、曾担任马林翻译的张国焘主持。

关于会议的议程，邵维正排了一个日程表：7 月 22 日召开预备会；7 月 23 日晚开幕；7 月 24 日举行第二次会议，各地代表汇报工作情况；7 月 25、26 日休会，起草党的纲领和工作计划；7 月 27、28、29、30 日举行第三、第四、第五、第六次会议，讨论党纲和今后实际工作；7 月 31 日闭幕。不过据上海一大会址纪念馆编写的《开天辟地的大事》一书介绍，会议的经过是这样的：

7 月 23 日晚上，会议开幕，首先由张国焘报告会议的筹备经过，说明这次大会的重要意义，提出大会应当讨论和解决的中心问题是：制定党的纲领和实际行动计划。会上宣读了陈独秀委托陈公博带来的信，其中谈了四点意见：一是征求党员；二是遵循民主集中制的组织原则；三是注意纪律；四是目前主要工作为争取群众，为将来夺取政权作准备。他希望大会在讨论党纲、党章时，予以注意。这几点意见，对到会代表讨论问题产生了一定的影响。接着，由马林和尼科尔斯基致辞。马林滔滔不绝地讲了很长时间，主要说中国共产党的成立具有重大的世界意义，希望中国同志努力工作，接受共产国际的指导，为全世界无产者联合起来，作出自己的贡献。他还讲了国际形势、共产国际的状况和使命，以及中国共产党的任务，建议要特别注意建立工人的组织。尼科尔斯基主要介绍了共产国际远东局的情况及俄国革命的情况。根据他的建议，代表们决定秘密打电报给伊尔库茨克的共产国际远东局，报告大会的进程。最后，代表们讨论、拟定了会议的议题和议程。

7月24日举行第二次会议，各地代表报告工作情况，交流工作经验。25、26日休会两天，分头起草党的纲领和工作计划等文件。根据马林的建议，当时推选成立了一个由张国焘、李达、董必武3人组成的起草委员会。他们经过两天的紧张工作，起草了党的纲领和决议。

7月27、28、29日三天，大会举行第三、第四、第五次会议，讨论党的纲领和今后的实际工作。在讨论党员是否可以在现政府当官和担任国会议员的问题时，有的人认为可以，没有什么危险。党应当挑选合适的党员，参加议会和到政府里去做官，宣传自己的主张，为将来的无产阶级革命做准备。但有的人认为党员不能去当官和做议员，因为这样会使党逐渐放弃自己的原则，应该抛弃这种和平斗争的方式，集中精力向资产阶级作坚决的斗争。最后双方都作了一点妥协，在党纲第14条明确规定："党员除非迫于法律，不经党的特许，不得担任政府官员和国会议员。士兵、警察和职员不受此限。"马林和尼科尔斯基没有参加这几天的会议，每次会后都由张国焘向他们汇报讨论的情况。

7月30日晚举行第六次会议，马林和尼科尔斯基参加了会议，原定议程本来是由他们对代表们讨论的各项问题发表意见，然后讨论通过党的纲领和决议。但会议刚开始不久，一个穿长衫的陌生中年男子（后据有关人士回忆，此人是法租界巡捕房探长程子卿）突然闯入会场，代表们问他干什么，他说："找各界联合会王会长。"接着说："对不起，找错了地方。"马林问代表们是否认识此人，代表们都说不认识。富有秘密工作经验的马林当机立断地说："一定是密探，我建议会议立即停止，大家分别离开。"于是，其他人迅速从后门离开，只留下李汉俊、陈公博 2 人。不一会儿，法国巡捕房就来了 9 个人进行搜查。当时在抽屉里还放着一份党纲草案，因改得很乱，他们以为无关紧要，才没有发现。这些巡捕前来搜查，主要是因为马林到上海后已经被严密监视。

当天深夜，代表们在陈独秀寓所决定改换会议地点，李达的夫人王会悟建议到他的家乡——嘉兴的南湖召开。于是，最后一次会议地点就改到了南湖的一艘游船上。马林和尼科尔斯基因为怕人注意，没有前去。8 月 2 日或 5 日的上午 10 点，代表们到达南湖，立即开会。经过讨论，最后通过了中国共产党的第一个纲领和中国共产党的第一个决议。《纲领》共 15 条，但现在发现的俄文稿和英文稿都缺少第 11 条，可能是讨论时删去，后来又没有补上。其中规定：党的名称为中国共产党；党的性质是无产阶级政党；党的奋斗目标是推翻资产阶级，废除资本所有制，建立无产阶级专政。党的第一个决议指出：党的基本任务是从事工人运动的各项活动，加强对工会和工人运动的研究与领导。大会最后选举中央局，陈独秀为书记，张国焘负责组织，李达负责宣传。

党的一大宣告了中国共产党的正式成立。从此，中国出现了一个完全新式的、以共产主义为目的，以马克思主义为行动指南的、统一的无产阶级政党。中国革命从此进入了一个新的历史时期。

在中国共产党创立之后，中国还曾建立过一个共产党的组织，这就是由吴玉章等人于 1922 年在四川成立的"中国青年共产党"。吴玉章曾回忆说：当时参加的有 20 余人，主要成员有杨闇公（1927 年牺牲）等人，曾创办《赤心评论》作为党的刊物。1924 年因为军阀抓他，他离开四川，1925 年到北京后知道中国共产党已成立，遂由赵世炎介绍加入中国共产党，同时去信四川，提出解散"中国青年共产党"，请他们个别加入中国共产党。这样，他们的大部分成员，就成了中国共产党的党员。

五、中国共产党创建的特点和重大意义

列宁指出："每个国家社会主义和工人运动的结合，都是历史上形成的，都经过了独特的道路，都是以地点和时间为转移的。"各国无产阶级政党在马克思主义同本国实际相结合的过程中，都有自己本国的特点，中国共产党也不例外。中国共产党的创建有如下几个特点：

第一，中国共产党的创建进程比较迅速。在俄国，从普列汉诺夫 1883 年创办俄国第一个马克思主义组织"劳动解放社"起，到 1895 年列宁成立"工人阶级斗争协会"，经过 12 年，才开始把马克思主义同工人运动初步结合起来。到 1898 年俄国社会民主工党第一次代表大会召开，才宣布俄国共产党正式成立，前后共 15 年。中国马克思主义的传播及其与工人运动的结合，几乎是同一过程，从五四运动到党的成立只有两年多时间。

第二，中国共产党是以俄国布尔什维克党为榜样，按照列宁的建党原则建立起来的无产阶级政党。由于中国共产党产生于十月革命以后，有俄国布尔什维克党作榜样，有俄国革命成功的经验，又得到共产国际和俄国共产党的指导和帮助，所以在建党问题上走了较少的弯路，没有或很少受第二国际修正主义和社会改良主义的影响，从一开始就是一个具有坚强革命性和战斗性的、坚持无产阶级革命和无产阶级专政，为实现共产主义理想而奋斗的党。

其三，中国共产党是一个有严明纪律的集中统一的革命整体。俄、德、法等许多欧洲国家的共产党，都有很复杂的派别关系。中国共产党产生前，虽然也有江亢虎的社会党和李石曾的无政府主义党，但到中国共产党成立时，这些本来就很脆弱的派别就没有什么力量了。党的早期组织虽然有过一段时间马克思主义者与无政府主义者一起共事，但无政府主义者很快退

了出去。特别是由于中国没有像欧洲那样进行议会斗争的条件，也没有欧洲那样的工人贵族阶层，所以整个工人阶级是革命的。

其四，中国共产党一成立就力图坚持组织上的独立自主。即在与共产国际的关系上，没有完全同意马林等人的意见，这是力图在组织上坚持独立自主的表现。

中国共产党一成立，就使中国革命的面貌焕然一新。这个“新”，至少新在以下三个方面：

首先，过去的所有政党，都是以资产阶级世界观观察和分析问题的，而中国共产党是以马克思列宁主义为指导的，坚持用马克思列宁主义的立场、观点和方法来观察、分析中国革命的实际问题，因而和以往的政党都是不同的。

其次，过去的所有政党，都没有明确提出反帝反封建的斗争纲领，而中国共产党成立之后一年，就在二大上提出了明确的反帝反封建的斗争纲领，因而和以往的所有政党都是不同的。

最后，过去的所有政党，都没有广泛地发动群众，所以他们所进行的斗争，大多陷于失败或受到挫折。中国共产党一成立，就立即投身于工农运动，掀起了第一次工人运动的高潮，说明中国共产党是一个真正群众性的党，这也是和以往的所有政党不同的。

当然，中国共产党建立时也暴露出一些弱点与不足：一是由于马克思主义与工人运动相结合的时间较短，大多数党员都是先入党而后才学习马克思主义，先投入斗争实践而无暇顾及理论研究，对于革命急于求成，理论准备不足。二是在强调加强纪律的同时，忽视了发扬党内民主，有些人把列宁的原则绝对化，出现了家长制作风。三是建党时几乎完全由知识分子所组成，后来又吸收许多小资产阶级和农民，党处于小资产阶级汪洋大海的包围之中，受小资产阶级和封建思想影响很深，容易左右摇摆，好走极端，成为以后发生“左”的或右的倾向的重要原因。

上述党的优点与弱点，在很大程度上影响和制约着中国革命的历史进程，其优点始终是革命前进和发展的动力，而其弱点则是革命有时遭受失败和挫折的诱因。

六、一大代表的不同命运及其经验教训

参加一大的13名代表，可以分为5种类型：

第一种是成了后来党和国家的领导人，这就是毛泽东和董必武。

第二种是为革命献出了生命，其中1人病逝，4人英勇牺牲。病逝的是山东代表王尽美，一大后任山东支部书记，中国劳动组合书记部山东分部主任，国民党山东省党部委员，曾到山海关开展京奉铁路工人运动，1925年在青岛病逝，终年27岁。英勇牺牲的有上海代表李汉俊、山东代表邓恩铭、湖南代表何叔衡、湖北代表陈潭秋。李汉俊曾在三大上被选为中央候补委员，1924年因和党内的一些同志意见不合，脱离共产党，后曾任武汉大学教授、国民党湖北省党部委员、湖北省政府委员，并兼教育厅厅长。1927年12月在武汉被桂系军阀逮捕，当天即被杀害，终年37岁，新中国成立后党和政府仍承认他是革命烈士。邓恩铭曾任中共青岛直属支部书记，中共山东省委书记兼青岛市委书记，先后领导胶济铁路和日本纱厂大罢工，三次被捕，最后一次一直在狱中坚持斗争。他曾在狱中写下这样两首诗，一首是《述志》："南雁北飞，去不思归，志在苍生，不顾安危；生不足惜，死不足悲，头颅热血，不朽永垂。"另一首是在最后一次给母亲的家书中写的："卅一年华转瞬间，壮志未酬奈何天；不惜唯我身先死，后继频频慰九泉。"革命的壮志和豪情渗透于字里行间。他于1931年4月在济南被国民党反动派杀害，终年30岁。何叔衡一大后曾创办湖南自修大学，培养革命骨干，1928年赴莫斯科学习，回国后在上海负责共产国际救济总会和全国互济会工作，1931年到中央苏区后任中华苏维埃共和国临时中央

政府执行委员、工农监察部主席、最高法院院长、内务人民委员等，红军长征后留在根据地坚持斗争，1935 年 2 月在福建长汀遭敌袭击，突围时壮烈牺牲，终年 58 岁。1945 年谢觉哉在悼念他时写了这样一首诗：“叔衡才调质且华，独辟蹊径无纤瑕，临危一剑不返顾，衣冠何日葬梅花。”对何叔衡的一生做出了高度的评价。陈潭秋曾参与领导二七大罢工，后任湖北省委和江西省委组织部部长，江苏省委秘书长，中央驻顺直省委代表，满洲和福建省委书记，中华苏维埃共和国粮食人民委员，中共驻新疆代表，并领导八路军驻新疆办事处，1943 年 9 月在新疆迪化（今乌鲁木齐）与毛泽民、林基路同时被军阀盛世才秘密杀害，终年 47 岁。董必武闻讯后曾写下这样一首悼念诗：“战友音容永世违，平生业绩有光辉。如闻声欬精神振，展诵遗篇识所归。”表达了对战友的深切怀念。

第三种是曾离开党，但一直坚持宣传马克思主义，或走了一段弯路，终于回到党的身边。曾离开党，但一直坚持宣传马克思主义的是上海代表李达，他因和陈独秀不和等原因于 1923 年离开党，后曾任湖南大学等校教授，中央军事政治学校代理政治总教官，国民革命军总政治部编审委员会主席，参加左翼社会科学家联盟，1949 年 12 月经中央批准重新入党，新中国成立后先后任湖南大学和武汉大学校长，著名的哲学家，“文革”期间于 1966 年 7 月被迫害致死，1980 年得到平反。走了一段弯路，终于回到党的身边的是包惠僧，一大后曾任中国劳动组合书记部长江支部主任、中共武汉区委员会委员长、黄埔军校政治部主任等职，参加南昌起义，后脱党，1931 年后任国民党中央军委秘书兼中央军校政治教官，内政部参事、户政司司长、人口局局长。1949 年 11 月回到北京，任内务部研究室研究员、内务部参事，1976 年 7 月病逝。

第四种是成为“托派”被开除出党的北京代表刘仁静。他 1923 年曾任中国社会主义青年团中央书记，1926 年赴莫斯科学习，接受托洛茨基观点，回国后加入“托派”组织，被开除出党，后又被“托派”开除，遂投靠国民党，曾在国民党中央党部和伪国防部工作，新中国成立后回到北京，在北京师范大学教书，任人民出版社编辑，国务院参事，1987 年 8 月因车祸死亡，终年 85 岁。

第五种是叛党甚至叛国，成为人民的敌人，下场可悲的。叛党的是北京代表张国焘。他曾任中央政治局委员、湖北省委书记、中共驻共产国际代表、鄂豫皖中央分局书记兼军委主席、中华苏维埃共和国临时中央政府副主席、红军总政委，长征中分裂中央，到陕北后任陕甘宁边区政府副主席，1938 年 4 月投靠国民党特务机关，1948 年逃往台湾，后移居香港、美国、加拿大，1979 年 12 月在加拿大多伦多市养老院冻死，终年 82 岁。叛国的是广东代表陈公博、日本代表周佛海。陈公博，1922 年脱党，加入国民党，担任中央党部书记长、南京政府实业部部长、四川省党部主任委员等，后跟随汪精卫叛国，担任伪国民党中央执行委员会常务委员、立法院院长、上海市市长、国民政府代理主席等，是汪精卫死后的头号汉奸，1946 年 6 月在苏州被枪决，终年 55 岁。周佛海，1924 年脱党，加入国民党，追随戴季陶反共，曾任国民党中央陆军军官学校政治总教官、总司令部政治部主任、中央民众训练部部长、中央宣传部代理部长、蒋介石侍从室第二处副主任等，1938 年随汪精卫一起叛国，任汪伪国民党中央执行委员会常务委员、伪国民政府财政部部长兼警务部部长、中央税警总团总团长、行政院副院长兼上海市市长等，1946 年 11 月被判处死刑，1948 年 2 月病死于南京老虎桥监狱，终年 51 岁。

这 13 位代表，可谓命运各不相同，有的名垂千古，有的遗臭万年。

除这 13 位代表外，参与建党的其他人命运也各不相同。李大钊 1927 年 4 月在北京被奉系军阀张作霖杀害，终年 38 岁，成为中国共产党最早牺牲的著名的烈士。陈独秀则在大革命失败后参加“托派”组织，被开除出党，1942 年 5 月在凄风苦雨中病逝于四川江津。他的两个儿子，一个是中共五大中央委员、中央政治局候补委员，曾任广东区委书记、江浙区委书记、江苏省委书记的陈延年；另一个是五大中央委员，曾任北方区委和湖北、江苏省委组织部部长，中央组织部副部长的陈乔年，他们先后在1927年7月和1928年6月英勇就义。

从他们的身上，可以吸取许多经验教训。最主要的，就是不管形势如何变化，都应该坚信马克思主义，坚信党，而不能动摇，更不能为个人的利益去钻营，否则就会走上错路，甚至跌入深渊，成为人民的罪人。

（本文写于2001年1月27日，是当时为宣讲中共党史所写的一个讲稿）

关于党的新民主主义革命总路线基本思想的形成

党的新民主主义革命总路线基本思想的提出和形成，是中国共产党在创立时期到北伐战争时期的一大贡献。它标志着马克思主义普遍真理与中国革命具体实践的初步结合，标志着毛泽东思想这一适合中国情况的科学的指导思想的萌芽。因此，认真研究一下这个问题，是很有意义的。

要弄清新民主主义革命总路线基本思想的形成，首先要明确新民主主义革命总路线的基本思想是什么，它包括哪些方面的内容。毛泽东在《在晋绥干部会议上的讲话》中说："无产阶级领导的，人民大众的，反对帝国主义、封建主义和官僚资本主义的革命，这就是中国的新民主主义革命，这就是中国共产党在当前历史阶段的总路线和总政策。"在这里，毛泽东主要指明了三个问题：第一，革命的领导——无产阶级。由无产阶级掌握领导权而不是由资产阶级掌握领导权，这是新民主主义革命区别于旧民主主义革命的根本标志，是中国革命最重要、最根本的问题，所以毛泽东把它放在首位。第二，革命的动力——人民大众。敢不敢发动人民大众参加革命，也是新民主主义革命区别于旧民主主义革命的重要标志。资产阶级领导的旧民主主义革命，既想利用人民群众的力量，又害怕人民群众的力量，所以他们不敢彻底发动人民大众，只能有限度地发动人民小众。无产阶级代表了人民大众的利益，因而它敢于放手发动人民大众参加革命。同时，只有发动人民大众，有了广大的革命同盟军，才能真正实现无产阶级领导权，才能取得新民主主义革命的胜利。在中国这样的半殖民地半封建的国家里，人民大众包括工人、农民、小资产阶级和民族资产阶级。农民占人口的大多数，是革命的主力军。发动人民大众，主要就是发动农民，建立工农联盟。这个问题明确与否，是解决革命动力问题的关键。另外，中国的民族资产阶级既具有革命性，又具有妥协性，无产阶级在联合民族资产阶级的过程中，必须采取又联合又斗争的策略。能否正确对待民族资产阶级，也是能否做到彻底发动人民大众的一个重要问题。第三，革命的对象——帝国主义、封建主义和官僚资本主义。官僚资本主义本身有一个发展过程，中国共产党对它的认识也有一个过程，在民主革命的前期，革命的对象主要是帝国主义和封建主义。在中国这样的半殖民地半封建的国家里，革命的首要任务也是反帝反封建。中国的民族资产阶级由于同帝国主义、封建主义有千丝万缕的联系，他们领导的旧民主主义革命，不能提出彻底反帝反封建的口号，尤其不敢彻底反对帝国主义。只有无产阶级领导的新民主主义革命，才敢于提出彻底反帝反封建的口号。所以关于革命的对象问题，也是区别新民主主义革命和旧民主主义革命的重要标志。因此，关于革命的领导、动力、对象等问题的思想，就是新民主主义革命总路线的基本思想。这三个问题基本明确了，便可以认为新民主主义革命总路线的基本思想初步形成了。当然，关于革命的领导、动力、对象这三个问题，并不是同等重要的。区别新旧民主主义革命的根本标志，还是无产阶级领导权问题。下面，我们就按历史发展的顺序，以革命领导权问题为主，同时兼顾革命的动力和对象问题，作一些历史的考察，看看这些问题是什么时候基本明确起来的。

一

1920 年七八月间，共产国际召开了第二次代表大会。列宁为大会提出《民族和殖民地问题提纲》，并在大会上作了报告，发展了马克思主义关于民族和殖民地问题的理论，指明了殖民地半殖民地国家革命的方向，对于中国共产党的建立和纲领、路线、策略的制定，具有十分重要的指导意义。但是，怎样把马克思列宁主义的普遍真理同中国革命的实践相结合。找出中国革命的规律和特点，制定出一条正确的新民主主义革命的总路线，并不是很容易解决的问题，是要经过一段艰苦的摸索过程的。

中国共产党成立以后，立即在实际上开始了反帝反封建的伟大斗争。但在那时，对于中国革命要分两步走，对于民主革命的一系列问题，从现有材料来看，认识还是不明确的。1922 年 7 月，党召开了二大。大会根据列宁关于民族和殖民地问题的理论，正确分析了中国革命的现状，第一次明确提出了彻底反帝反封建的纲领。大会《宣言》指出，中国自鸦片战争以后，就变成半殖民地半封建的社会，因此革命要分两步走，当前中国革命的性质是资产阶级民主革命。根据这一分析，《宣言》提出党的最高纲领和最低纲领，指出党在目前的奋斗目标是："（一）消除内乱，打倒军阀，建设国内和平；（二）推翻国际帝国主义的压迫，达到中华民族完全独立……"最后，响亮地提出了"打倒军阀！打倒国际帝国主义！"的口号。关于革命的对象问题，在这里已经非常明确了。

二大还指明中国革命的动力是工人、农民和小资产阶级，民族资产阶级也是革命力量之一。关于工会运动与共产党的决议案指出，无产阶级是"劳苦群众中的最进步和最能战斗的部分"。大会《宣言》分析了社会各阶级的状况，指出香港海员等罢工运动"足够证明工人们的伟大势力"，工人运动"发展无已的结果，将会变成推倒在中国的世界资本帝国主义的革命领袖军"。同时，《宣言》还提出了农民是无产阶级主要同盟军的思想，指出"中国三万万的农民，乃是革命运动中的最大要素。……如果贫苦农民要除去穷困和痛苦的环境，那就非起来革命不可。而且那大量的贫苦农民能和工人握手革命，那时可以保证中国革命的成功"。《宣言》还分析了小资产阶级，指出手工业者、小店主、小雇主等"也是日趋困苦，甚至破产失业"，"这个大量的群众也势必痛恨那拿痛苦给他们受的世界资本主义，加入到革命的队伍里来”。另外，《宣言》还指出：“中国幼稚资产阶级为要免除经济上的压迫起见，一定要起来与世界资本帝国主义奋斗。”为了联合一切革命力量进行共同的反帝反封建的革命，大会通过了《关于民主的联合战线的议决案》，指出中国共产党必须与全国一切革命党派和资产阶级民主派组成民主联合战线，并强调指出，无产阶级与资产阶级民主派联合，“决不是投降附属与合并”，“不是为了民主派的利益，做他们的牺牲”，而是为了本身的利益，因此“应该集合在无产阶级的政党——共产党旗帜之下，独立做自己阶级的运动”。这种与资产阶级民主派组织联合战线而又保持自己独立性的思想，便是中国共产党以后对民族资产阶级又联合又斗争策略的最初形式。从以上分析可以看出，党的二大对革命的动力问题，已经有了初步的解决。

党的二大有很大的功绩。它明确了革命的对象，初步解决了革命的动力问题，对于中国共产党和中国革命具有重大的意义。但是党的二大也有缺点，主要是没有明确提出无产阶级领导权的问题，只是认为工人阶级随工人运动的发展将会变成革命领袖军，没有明确指出当时就应该争取的民主革命的领导权。

党的二大以后，在 8 月召开的杭州西湖中央特别会议上，马林传达了共产国际要中共党员以个人身份加入国民党、以进一步建立民主联合战线的提议，会议通过了相应的决议。于是，在国民革命中由无产阶级还是由资产阶级掌握领导权，如何处理二者的关系这个重大问题，便在实际上提了出来。正是在这种情况下，有的同志提出了与无产阶级领导权相类似的思想。这年 10 月，高君宇在答恩顺《读独秀君造国论底疑问》时曾说：“无产阶级较资产阶级为强壮，这不止是现在的现象，任何时都是这样，因为无产阶级那一时总是较多数，只要他们团结起来。所以在国民革命当中无产阶级是要占个主要的地位，资产阶级是被召集而参加；就是说这个革命是要让群众革命的动因来支配。”无产阶级领导权问题这里虽提得不十分明确，但基本思想已提出来了。

1923 年 5 月，共产国际执委在给中国共产党第三次代表大会的指示中，明确提出中国共产党应当掌握统一战线的领导权。它说："毫无疑问，领导权应当归于工人阶级的政党。最近的工人运动事件（大规模罢工）清楚地表明了中国工人运动的极大意义。巩固共产党，使其成为群众性的无产阶级政党，在工会中聚集工人阶级的力量，这就是共产党人的首要任务。"这个指示还说："共产党必须不断地推动国民党支持土地革命"，以"保证得到农民的支持"，"力求实现工农联盟"等等。在当时就要推动国民党支持土地革命，没收地主阶级的土地，显然是不大可能的。但是，共产国际关于掌握无产阶级领导权实现工农联盟的指示，是十分正确的。

1923 年 6 月，瞿秋白也在党内明确提出了无产阶级领导权的问题。在 6 月 15 日出版的《新青年》（季刊）第 1 期上，瞿秋白撰写了多篇文章。他在介绍共产国际的策略时明确指出："因经济现象变，而社会各种动力间之关系变，则策略也必变，务使最易于组织最有战斗力的无产阶级，在一切反抗旧制度的运动中，取得指导者的地位，在无产阶级之中则共产党取得指导者的地位。"刊于这期杂志之首的《新青年之新宣言》也明确提出："无产阶级在社会关系之中，自然处于革命领袖的地位。"它又说："中国的真革命乃独有劳动阶级力能担负此等伟大使命。中国社会中近年来已有无数事实，足以证明此种现象——即使资产阶级的革命亦非无产阶级为之指导，不能成就。"这篇宣言虽然没有注明是谁作的，从这一期的内容和这篇文章的风格来看，显然出于瞿秋白的手笔。《新青年》改为季刊后即由瞿秋白负责，这篇宣言也应由他作。这里边虽然还没有提出无产阶级领导权这样的概念，但它的意思是非常明确的。

在 1923 年 6 月召开的党的三大上，瞿秋白也提出了这个重要问题。他在 1927 年 2 月所写的《中国革命中之争论问题》一文中说："工人阶级要以自己做主干，集合农民兵士及一般反帝国主义的革命分子于国民党，使国民党成中国革命的中心，而自己努力做这一革命中心的元核—领导者”，他曾“在大会上主张这一说法”。在这次会议上，其他一些同志也不同意马林、陈独秀提出的“一切工作归国民党”的右倾观点，认为必须坚持共产党在政治上、组织上的独立性。但是，这次大会并没有解决无产阶级领导权的问题。在大会通过的《宣言》和《关于国民运动及国民党问题的议决案》中反而说:“工人运动,尚未能强大起来成功(为)一个独立的社会势力”,“中国国民党应该是国民革命之中心势力，更应该立在国民革命之领袖地位。”

这个错误观点的提出,与“二七”大罢工失败后,全国工人运动进入低潮,陈独秀的思想迅速向右转是分不开的。1923年4月25日，陈独秀发表《资产阶级的革命与革命的资产阶级》，错误地认为无产阶级与资产阶级的分化“尚未到截然分离的程度”，中国民主革命的主体是资产阶级，民主革命的胜利是资产阶级的胜利，无产阶级只能“获得若干自由及扩大自己能力之机会”。工人阶级既然还未与资产阶级截然分离，民主革命的胜利又是资产阶级的胜利，当然就无所谓无产阶级领导权的问题了。党的三大以后，陈独秀继续坚持这种“二次革命论”的错误观点，在12月1日发表的《中国国民革命与社会各阶级》中，又说“产业幼稚的中国，工人阶级不但在数量上是很幼稚，而且在质量上也很幼稚”，这种错误观点更加系统化、更加严重了。

当然，实事求是地说，这个思想在当时并不是陈独秀一个人的思想，它的产生，与中国共产党力量的弱小和共产国际的错误估计也是分不开的。共产国际执行委员会1923年1月12日作出的《关于中国共产党与国民党的关系问题的决议》，便明确地说:“中国唯一重大的民族革命集团是国民党”，而“工人运动尚不强大”，“工人阶级又尚未完全形成为独立的社会力量。”1月26日签发的《孙中山与越飞联合宣言》，也直言不讳地说:“孙逸仙博士以为共产组织，甚至苏维埃制度，事实均不能引用于中国。因中国并无使此项共产制度或苏维埃制度可以成功之情况也。此项见解，越飞君完全同意。”从中国共产党的实际情况来说，到党的“三大”时，全体党员还只有 420 人，在大部分地区还只能秘密活动。因此，在谈判国共合作的过程中，孙中山先生只同意共产党员以个人身份参加国民党，而反对两党平等地实行“党外合作”，这就是国民党所谓“容共”之说的由来。这些情况，对于陈独秀等党的领导人的思想不能不产生很大的影响。因此，党内大多数人没有提出无产阶级领导权的问题，陈独秀甚至提出一些错误的思想，在当时是并不奇怪的。

二

由于共产国际在对于三大指示中关于无产阶级领导权问题的强调，以及国共合作建立后工农运动的迅速恢复和发展，中国共产党内一些领导同志还是越来越注意无产阶级领导权问题，并在一些会议上和文章里，以各种形式对陈独秀的右倾思想进行了批评。当时最突出的，首先还是瞿秋白。他于 1923 年 9 月写了《自民治主义至社会主义》一文，着重论述了“资产阶级和无产阶级究那一个能取得革命运动的领袖”的重要问题。文章说:“中国客观的政治经济状况及其国际地位，实在要求资产阶级式的革命；同时此种绝对资产阶级性的‘民族民主革命’，却非借重国际的及国内的无产阶级不可。独有无产阶级能为直接行动，能彻底革命，扫除中国资本主义的两大障碍：就是以无产阶级的方法行国民革命。劳工阶级在国民革命的过程中因此日益获得重要的地位，以至于指导权。”他还说:“无产阶级应当引导最大多数的农民小商，行民主革命到底，而以严厉手段镇服君主派或军阀的反动，并且预防资产阶级的畏怯。”可以说，新民主主义革命总路线的基本思想，在这里以最初的形式开始提出来了。

在此之后，中国共产党内其他一些同志也相继强调无产阶级的重要地位，不同程度地提出了无产阶级领导权的思想。1923 年 8 月 10 日，刘少奇在《安源路矿工人俱乐部略史》中提出："历史的大轮盘已经载着吾人向全体人类解放的方向前进，已经叫工人起来为他们自己的阶级——并要为全人类——谋幸福，试问谁有力量能将这大轮盘阻住使之后退呢？" 8 月 20 日，他又在《对俱乐部过去的批评和将来的计划》中说，我们主张"使无产阶级团结起来养成无产阶级支配社会的潜伏势力"。怎样做到这一点呢？他说其中的一个步骤是："以过去奋斗的经验，切实教育工人，使工人明了自己阶级在现在及将来社会上的地位，工团终极的目的，与达到这个目的方法，养成极健全的奋斗者，成为无产阶级有方法的支配社会的潜伏势力的大组合。" 1923 年 12 月，邓中夏接连发表《论工人运动》等文章，明确指出"工人的群众不论在民主革命或社会革命中都占在主力军的地位"，"中国欲图革命之成功，在目前固应联合各阶级一致起来作国民革命，然最重要的主力军，不论现在或将来，总当推工人的群众居首位。" 1924 年 2 月，李大钊在广州工会联合会等联合举行的追悼列宁并纪念"二七"大会上的演讲词中说："现在中国是在资本帝国主义压迫之下，试看全国的资产阶级、小资产阶级、知识阶级谁能反抗？只有无产阶级。在国民革命中当先锋的亦只有无产阶级。" 11 月，邓中夏又发表《我们的力量》一文，明确提出无产阶级是革命的领袖，他说："中国将来的社会革命的领袖固是无产阶级。就是目前的国民革命的领袖亦是无产阶级。""只有无产阶级有伟大集中的群众，有革命到底的精神，只有它配作国民革命的领袖。"

后来成为托派的彭述之，这时也在一些文章中强调了无产阶级的领导权。1924 年 10 月，他在《中国工人阶级的责任》一文中说："中国工人阶级无论怎样幼稚，怎样无力，可是它比起别的阶级来要不幼稚要有力量。对于国民革命自然要各阶级共同合作，可是领导国民运动的只有工人阶级。" 这年 12 月，他又专门写了《谁是中国国民革命之领导者？》一文，进一步论述了国民革命要由工人阶级来领导的必然性。他说：第一，"工人阶级在数量上强过资产阶级数倍"；第二，从工人阶级的觉悟力即革命的要求来看，“中国工人阶级所受外国帝国主义与封建军阀之残酷的待遇，比中国任何阶级要迫切，所以中国工人阶级认识它的敌人——帝国主义与军阀，比任何阶级要明确，要深刻”。第三，从世界革命的形势来看，“只有中国的工人阶级能容纳苏俄之贡献，能得世界无产阶级之帮助，能吸收世界革命之经验，仅在这一点上，已能决定中国无产阶级绝对是中国国民革命之领导者”。第四，从农民、手工业者、小商人、知识阶级、各种苦力、甚至游民无产阶级利益之趋向来看，“姑除开游民无产阶级外，差不多是与工人阶级接近的，容易受工人阶级的暗示与领导的”。因此，文章总结说：“我们现在可以断定，在物质的基础上，在革命的觉悟上，在世界革命的环境上，以及中国各社会阶级的利益和意识之趋向上，中国的国民革命，只有中国的工人阶级配作领导者，也只有它能作领导者。”而工人阶级怎么做领导者，怎么推动国民革命到底呢？文章说：“就须抓住一切小资产阶级（自然最重要的是农民，而手工业者，小商人，小资产阶级的知识阶级亦很重要）以与帝国主义、封建军阀和反革命的一切买办的资产阶级奋斗。”彭述之后来虽然犯了错误并进而成为托派，他这个时期所写的这些文章还是基本正确的，他对中国无产阶级的分析还是比较早、比较全面的。当然，他这些文章也有缺点，即主要是他仅仅指出中国的资产阶级不能领导国民革命，而没有分析它们的两面性，没有指出工人阶级应该如何去和它们争夺革命的领导权。

总之，当时中国共产党内许多领导同志对陈独秀右倾错误的批评和对无产阶级领导权问题的强调，都为后来党的四大明确提出无产阶级领导权问题准备了条件。

三

1925 年 1 月，中国共产党召开了四大。党的四大把无产阶级领导权问题突出地提了出来。《对于民族革命运动之议决案》第三个小标题明确为："中国社会各阶级在民族运动中的趋向——无产阶级之领导地位"。在对中国社会各阶级的现状分析之后，《议决案》指出："由中国社会各阶级现状也可看出越是上层阶级越富于妥协性。最受压迫而最有集合力的无产阶级是最有革命性的阶级。现在中国无产阶级在客观上的力量虽还幼稚，而他们革命的要求及决战的心理，在最近中国民族运动中，已站在最前进的地位。""中国的民族革命运动，必须最革命的无产阶级有力的参加，并且取得领导地位，才能取得胜利。"大会的其他决议案，也都同样强调了无产阶级领导权的思想。为了在实际上取得无产阶级领导权，大会在《对于职工运动之议决案》《对于组织问题之议决案》等决议案中，决定加强职工运动和在全国积极建立与加强党的组织。

党的四大还进一步强调了革命同盟军问题的重要性，明确提出农民是无产阶级天然的同盟者。《对于民族革命运动之议决案》说："若要民族革命运动得到较彻底的胜利，固然需要最革命的无产阶级站在领导地位，同时这领导阶级也要能够抓住被压迫的各社会阶级的力量，向共同的敌人——帝国主义及其工具（国内军阀及地主买办阶级）——作战，才免得处在孤立地位，这是一个重要问题。"除指出小商人、手工业主、知识阶级"都希望有一个民族德谟克拉西的革命"，游民无产阶级"如果能在无产阶级指导之下、在民族革命运动中，也有相当的作用"。《决议案》明确指出：农民运动"已表示他们是中国革命运中的重要成份，并且他们因利害关系，天然是工人阶级之同盟者"。在《对于农民运动之决议案》中，还具体指明了宣传农民组织农民的方法，提出建立农民协会和扩大农民自卫军，强调特别要保障贫农及雇农的特殊利益。这些思想，无疑比二大前进了一大步。

党的四大初步总结了统一战线工作的经验，批评了"左"、右倾错误，特别强调右倾错误是当时党内的主要危险。《对于民族革命运动之决议案》

指出右倾错误的表现，主要是反对党的独立工作，反对阶级斗争，反对支持和帮助国民党左派对右派的斗争，指出：“这些错误与危险，不但现在仍旧存在，即不存在将来也再会发生，所以指出我们在民族运动中错误的倾向，确定无产阶级在民族运动中的地位与目的，是此次全国大会重要的职务。”“这些右倾的危险，我们的同志应该时刻警戒在心。”大会认为国民党已形成左、中、右三派，确定了中国共产党在国民党中的工作必须采取帮助和扩大左派、批评和团结中派、反对右派的策略。中国共产党在抗日民族统一战线中制定的“发展进步势力，争取中间势力，孤立顽固势力”的策略，与这种思想完全是一脉相承的。

党的四大还有一个进步，就是把买办阶级和民族的工业资产阶级开始区别开来。《对于民族革命运动之决议案》主要分析了大商买办阶级，指出他们“不但支配了对外商业及国内商业，并有了一万五千万以上的银行资本，有了许多矿山及交通企业，并正插足到工厂工业。……在将来，这班大商买办阶级勾结资本帝国主义，断送中国国民经济命脉（铁路、矿山、轻重各种工业）之危险，比此时的军阀还要厉害。在我们的民族运动经验中，尤其在广东，这班大商买办阶级，完全是帝国主义之工具”，“是中国资产阶级之反革命派”。这里虽然对买办阶级的分析还不全面，但把它和民族资产阶级加以区分并指出它的反动性，不能不说是一个进步。

党的四大的缺点，主要是对资产阶级争夺领导权的问题认识不足，另外中国共产党虽然已经在实际上从事武装工作，大会对这一重要问题也没有进行讨论。尽管存在这些缺点，四大仍具有十分重大的意义，它基本解决了以前党的历次大会所没有解决的无产阶级领导权问题，进一步解决了二大已提出的革命同盟军问题，使全党为即将到来的革命新高潮作了思想上组织上的准备。党的四大对于中国革命的认识，确是一个很大的飞跃，关于革命的领导、动力、对象等问题，这时已经基本明确了。因此应该肯定，新民主主义革命总路线的基本思想，党的四大时已经初步形成了。

四

党的四大以后，中国共产党的一些领导同志对于革命的一系列重大问题也作了进一步的论述。例如邓中夏 1925 年写的《劳动运动复兴期中的几个问题》一文，指出在国民革命中无产阶级要为将来取得无产阶级政权做准备，而这个要靠我们和资产阶级去争夺。他说："政权不是从天外飞到我们手中的，是要我们从实际政治斗争去一点一点地以至于全部的取得。政权我们不取，资产阶级会去取的。所以我们对于国民革命，即为了取得政权而参加的。"这些思想的提出，在当时是难能可贵的。1925 年 12 月 30 日，李大钊发表了《农民与土地》一文，以丰富的统计资料为依据，深入地分析了农民各阶层的状况，指出自耕农与佃农是"农民中最多数最困苦的阶级"，"耕地农有"是"广众的贫农所急切要求的口号"。周恩来 1925 年 6 月 2 日发表了《军队中的政治工作》，7 月 31 日又发表了《在省港罢工工人代表第六次大会上的政治报告》，提出做武装工作的重要性，指出"工人不仅要努力工人运动，而且要努力跑入军队里去做军士运动。""工人是国民革命的领袖，要领导农人兵士而为工农兵的大联合，共同来打倒帝国主义"。他是中国共产党最早重视武装工作的领导人，为中国共产党从事军事工作积累了宝贵的经验。其他如蔡和森 1925 年 4 月 26 日发表的《今年"五一"之广东农民运动》、瞿秋白 1925 年 9 月发表的《"五卅"运动中之国民革命与阶级斗争》，恽代英 1925 年 2 月发表的《中国劳动阶级斗争第一幕》等文章，也都有不少正确的论述。

1925 年 12 月 1 日，毛泽东在国民革命军第二军司令部主办的《革命半月刊》第 4 期上，首次发表了重要著作《中国社会各阶级的分析》，以后经过修改，又于 1926 年 3 月 1 日和 3 月 13 日，分别在《中国农民》第 2 期和《中国青年》第 116 期至 117 期上重新发表。这篇文章运用马克思主义的阶级分析方法，具体、细致地分析了中国社会各阶级的经济地位和政治态度，和“四大”决议案及其他文章比较，它确有许多精辟独到之处。

首先，文章一开头便提出分辨敌友对于革命的重要性：“谁是我们的敌人？谁是我们的朋友？这个问题是革命的首要问题。中国过去一切革命斗争成效甚少，其基本原因就是因为不能团结真正的朋友，以攻击真正的敌人。革命党是群众的向导，在革命中未有革命党领错了路而革命不失败的。我们的革命要有不领错路和一定成功的把握，不可不注意团结我们的真正的朋友，以攻击我们的真正的敌人。”以后第一次国内革命战争失败的一个重要原因，就是因为没有及时认清蒋介石、汪精卫的反革命面目，领导全党和广大革命群众对他们进行有力的打击。

其次，指明了中国无产阶级“特别能战斗”的特点。他说工业无产阶级在中国革命中所以能处于重要的地位，“第一个原因是集中。无论哪种人都不如他们的集中。第二个原因是经济地位低下。他们失了生产手段，剩下两手，绝了发财的望，又受着帝国主义、军阀、资产阶级的极残酷的待遇，所以他们特别能战斗。”

再次，把买办阶级和中产阶级即民族资产阶级区分开来，并精辟地分析了中产阶级的两面性，指出中产阶级“对于中国革命具有矛盾的态度：他们在受外资打击、军阀压迫感觉痛苦时，需要革命，赞成反帝国主义反军阀的革命运动；但是当着革命在国内有本国无产阶级的勇猛参加，在国外有国际无产阶级的积极援助，对于其欲达到大资产阶级地位的阶级的发展感到威胁时，他们又怀疑革命”。由于中产阶级的这种特点，决定它不能领导中国民主主义革命走向胜利。文章第一次明确指出中产阶级企图在中国实现他们一阶级专政的国家，是完全行不通的。在革命的进程中，“那些中间阶层，必定很快地分化，或者向左跑入革命派，或者向右跑入反革命派，没有他们‘独立’的余地。所以，中国的中产阶级，以其本阶级为主体的‘独立’革命思想，仅仅是一个幻想。”

最后，对小资产阶级、半无产阶级各个阶层的经济地位以及由此所决定的他们对革命的态度作了深入细致的分析，指出“绝大部分半自耕农和贫农是农村中一个数量极大的群众。所谓农民问题，主要就是他们的问题”，“半自耕农的革命性优于自耕农而不及贫农”，而生活困苦的贫农“是农民中极艰苦者，极易接受革命的宣传”，“需要一个变更现状的革命”。总的来看，这篇文章对中国社会各阶级经济地位和政治态度的深刻分析，在中国共产党内还是第一次，因而进一步丰富了四大的思想，使这些思想建立在更加科学的基础上。

在毛泽东发表《中国社会各阶级的分析》一文的前后，党内其他一些领导同志也进一步指出资产阶级的妥协性和无产阶级取得领导权的必要性。1926 年 1 月，瞿秋白在总结五卅运动的经验教训时说：五卅运动“在经验上证明：国民革命中资产阶级妥协性和小资产阶级的犹豫畏怯，足以破坏联合战线而使革命运动失败，同时，也就证明无产阶级在国民革命中取得指导权之必要”；同时，五卅运动还“在实际行动上证明：无产阶级的全国指导要更加集中统一，无产阶级与农民运动虽开始联合，还要有百倍于现在的深切关系之领袖地位”。3 月 18 日，张太雷在《巴黎公社纪念日》一文中说：“中国的无产阶级及一般被压迫的民众在民族运动中，应更多得一些教训：（一）资产阶级是有妥协，卖国的可能，（二）无产阶级为民族革命的领袖……”5 月，刘少奇在第三次全国劳动大会上的报告中更明确地指出：“在各种奋斗事实中，足以证明工人阶级在国民革命运动中之领导地位，是确凿不移的”；而“资产阶级参加国民革命终究是妥协的，不能彻底的。……资产阶级一有妥协之倾向，或压迫工人运动时，工人阶级应极力反对，以防备资产阶级骗卖自己。”这些论述也是党的四大精神的进一步发挥。

五

根据以上的分析，应该得出以下的结论：

一、新民主革命总路线的基本思想，在中国共产党成立以后的革命实践中逐步地提了出来，在党的四大上已经初步形成了。以后毛泽东的《中国社会各阶级的分析》和其他无产阶级革命家的文章，又进一步丰富和深化了这些基本思想。当然，新民主主义革命总路线基本思想的提出和完善是有一个不断发展的过程的，说这些基本思想在党的四大时已经初步形成，是就它的基本方面来说的。事实上，对于大资产阶级叛变革命的危险性，对于党独立领导武装斗争的重要性，中国共产党在第一次国内战争时期认识是不足的。而不能正确认识资产阶级的两面性，不能对它们实行又联合又斗争的正确策略，特别是在被迫同资产阶级主要是大资产阶级分裂时，敢于并善于同大资产阶级进行坚决的武装斗争，便不能保护革命的胜利成果,因此不能说完全解决了无产阶级领导权的问题。到1939年、1940年前后，毛泽东总结了近20年斗争的经验，才在《〈共产党人〉发刊词》《中国革命和中国共产党》，特别是《新民主主义论》等文章中，比较完整地提出了新民主主义革命的总路线。但就它的基本思想的初步形成来说，以四大为标志更恰当一些。

二、新民主主义革命总路线基本思想的形成，是整个一代无产阶级革命家集体智慧的结晶。在革命的实践中，群英辈出，各有千秋，都为党的重大理论、路线、思想的形成和发展作出了巨大的贡献。在这当中，毛泽东的贡献是突出的、伟大的，其他无产阶级革命家的贡献也是非常重要的。从现有的材料来看，瞿秋白最早明确地提出了无产阶级领导权的问题，周恩来最早重视了党的武装工作，李大钊、蔡和森、邓中夏、恽代英、张太雷、刘少奇等也都作了不少正确的论述。因此，把新民主主义革命总路线基本思想的形成，看作老一代无产阶级革命家共同努力的成果，更符合历史发展的真实情况。

（原载《历史研究》1980年第2期，后收入朱成甲主编的《中共党史研

究论文选》上册，湖南人民出版社 1983 年出版）

【评文记事】

这是当时自己提出的一种新的看法，但后来中共中央党史研究室讨论时，觉得还是应该坚持原来的观点。不过，我认为自己的看法是站得住脚的。

关于八七会议研究中的几个问题

对于八七会议的功过是非，中国共产党的两个历史决议和很多领导人都作了分析，认为它的功绩是主要的，但也存在很多缺点甚至错误。对于其中的一些问题，近年来提出了一些新的看法，存在一些不同的认识，下面就谈谈自己的一些看法。

一、如何认识八七会议的功绩

对于八七会议的功绩，中共六大通过的《政治决议案》首先作了充分的肯定，认为八七会议是中国共产党“布尔塞维克化的开始”，“是中国共产党历史上的转变关键”，它“用布尔塞维克的公开的精神，指斥机会主义的错误，提出土地革命的中心口号，指出无产阶级与农民要推翻反动的国民党中央政权的目标，定出武装暴动的总方针”，从而“将党从机会主义的泥坑之中救出来，重新走上革命的大道”。后来的两个历史决议，也都对八七会议作了充分的肯定。1945 年 4 月 20 日中共六届七中全会通过的《关于若干历史问题的决议》指出:“它在中国革命的危急关头坚决地纠正了和结束了陈独秀的投降主义，确定了土地革命和武装反抗国民党反动派屠杀政策的总方针，号召党和人民群众继续革命的战斗，这些都是正确的，是它的主要方面。”1981 年 6 月中共十一届六中全会通过的《关于建国以来党的若干历史问题的决议》，说八七会议“确定了实行土地革命和武装起义的方针”。中共中央党史研究室著《中国共产党历史》第一卷上册对八七会议作了比较详细的介绍和分析，认为“在中国革命处于严重危机的情况下，八七会议的及时召开，并制定出继续进行革命斗争的正确方针，使全党没有为极其严重的白色恐怖而惊慌失措，重新鼓起同国民党反动派斗争的勇气，从而为挽救党和革命作出了巨大贡献。中国革命从此开始由大革命失败到土地革命战争兴起的历史性转变”。这些论述，已经成为对八七会议的标准表述。确实是这样，如果没有八七会议，中国共产党就很难渡过那个极其困难的局面,因而它的功绩是主要的,意义是重大的。正如瞿秋白所说：“当时共产党简直是在溃散的状态之中，他将党救出来，……没有他，共产党简直就要‘亡党’的。”

但从上面的介绍可以看出，对于八七会议确定的总方针，中共六大通过的《政治决议案》与两个历史决议的表述是不一样的。中共六大《政治决议案》说八七会议“提出土地革命的中心口号”,“定出武装暴动的总方针”；第一个历史决议说八七会议“确定了土地革命和武装反抗国民党反动派屠杀政策的总方针”；第二个历史决议说八七会议“确定了实行土地革命和武装起义的方针”。那么，八七会议确定的总方针到底是什么？有的学者已经指出，在中共八七会议通过的历史文献中，并没有“总方针”这样的概括，现今关于八七会议总方针的各种表述，实际上是八七会议和 9 月 19 日会议两次会议决策的综合表述。中共中央 20 世纪 20 年代对八七会议总方针的最初表述只强调一点,即武装暴动。1927 年 9 月 15 日的《中共中央政治报告》即指出:“八七党的紧急会议的政策即是暴动政策。”

八七会议不仅没有总方针的表述，它所说的土地革命和武装起义，与后来所说的土地革命、武装起义含义也是不一样的。八七会议确定的土地革命方针，还是国共合作条件下进行的土地革命，并不是后来所开展的苏维埃运动时期的那种土地革命。八七会议确定的武装暴动，也不是反对整个国民党，而是要联合国民党左派和下层群众，反对背叛革命的国民党中央。中共中央在《告全党党员书》中明确指出:“党应当明白以后还是要与国民党联合，但要与国民党的左派联合。”直到 8 月 21 日，中共中央通过的《中国共产党的政治任务与策略的决议案》还说:“中国共产党应当组织工农暴动于左派国民党旗帜之下”，建立包括“左派国民党人”的临时的革命政府——革命委员会。正因为如此,中共六大通过的《政治决议案》指出，八七会议在这两个问题上存在缺点，即“对于左派国民党问题，还保存了些幻想，对于土地革命，还不大彻底”。中共中央真正抛弃国民党的旗帜，号召开展后来苏维埃时期开展的那种土地革命，是在 1927 年 9 月 19 日中共中央政治局会议之后。

对于八七会议的地位和作用，现在仍存在一些分歧:一是八七会议是不是中共历史上的一个转折点?有的学者不同意使用“转折点”的提法，认为八七会议虽然是中国共产党历史上一次重要的会议，实现了由北伐战争到土地革命的转变，但不能说它是一个转折点，因为从政治路线、组织路线、思想路线看，它都未能完成根本性变化，还是使用中共六大《政治决议案》所说的“中国共产党历史上的转变关键”的表述比较好。笔者认为，“转折点”“转变关键”并没有什么实质性的不同。当然，八七会议的历史转折或转变，与后来的遵义会议和中共十一届三中全会的转折是不同的。它是按照共产国际的指示，由共产国际代表主持召开的，并没有经过充分的酝酿和准备，到会的人也不全，时间只有一天，对很多重大问题并没有展开深入的讨论和研究，存在很多缺点甚至错误，不像遵义会议和十一届三中全会的转折那么彻底，因而也不能将它与遵义会议和十一届三中全会相提并论。

第二个分歧是八七会议是不是第一次实现了“主义”与道路“本土化”的创新与结合，是确立毛泽东作为中国共产党第一代领导集体核心的初始标志?有的学者认为，八七会议在马克思主义中国化的历史进程中初步实现了“主义”与“道路”的结合，使马克思主义中国化第一次有了“本土化”意义上的理论与实践创新，拉开了马克思主义中国化的历史进程的序幕。毛泽东在八七会议上第一次成为党的重要会议的主角并发挥核心作用，第一次在党的重要会议上较系统地阐述了他的关于中国革命道路和策略的独创性思想，因而八七会议是确立毛泽东作为中国共产党第一代领导集体核心的初始标志。但有的学者不同意这一观点，认为八七会议是根据共产国际指示，在共产国际代表参与下召开的，会议的主题文件《告全党党员书》是罗明纳兹根据共产国际指示起草的；会议不仅在反对右倾错误时没能注意防止和纠正“左”的错误，尤其严重的是，共产国际、联共（布）以大革命失败为口实，更加强化了对中国革命事务的干预和对中国共产党的控制。从上述意义来说，八七会议实在难以称得上“第一次实现了‘主义’与道路‘本土化’的创新与结合”。另外，毛泽东在八七会议上并不居主导和核心地位，不能说八七会议是确立毛泽东作为党的第一代领导集体核心的“初始标志”。笔者认为，上述第一种观点对八七会议的评价太高了，第二种观点是符合实际的。

二、如何认识八七会议的缺点和错误

对于八七会议的缺点和错误，中共六大《政治决议案》指出了两点，即“对于国民党问题的错误和土地问题的不彻底”。1945 年 4 月 20 日中共六届七中全会通过的《关于若干历史问题的决议》对此做了全面的分析，指出：“八七会议在反对右倾错误的时候，却为‘左’倾错误开辟了道路。它在政治上不认识当时应当根据各地不同情况，组织正确的反攻或必要的策略上的退却，借以有计划地保存革命阵地和收集革命力量，反而容许了和助长了冒险主义和命令主义（特别是强迫工人罢工）的倾向。它在组织上开始了宗派主义的过火的党内斗争，过分地或不适当地强调了领导干部的单纯的工人成分的意义，并造成了党内相当严重的极端民主化状态。”中共中央党史研究室著《中国共产党历史》第一卷上册在充分肯定八七会议功绩的同时，对其缺点和错误也作了全面的分析，除了以上三个方面以外，还指出以下两个方面：一是“会议不通知陈独秀到会，只是指责犯错误的领导人，没有着重从思想上、理论上对犯错误的教训进行认真的总结”；二是“会议认为反对封建制度的资产阶级民主革命的完成（土地革命亦在其内），尤其是反帝国主义斗争的完成，必须实现于反对已成反革命的资产阶级的斗争之中。这种认识为以后‘左’倾错误的发展提供了理论依据，给中国革命造成很大危害”。笔者认为，这个分析是比较全面的。概括起来，八七会议的缺点和错误主要有以下几个方面：

第一，在反对右倾错误的同时为“左”倾错误开辟了道路。这种错误表现在两个方面：一是混淆了资产阶级民主革命和社会主义革命的界限，对革命的性质产生了错误的认识。八七会议通过的《告全党党员书》说:“中国革命是资产阶级的民权革命,而有生长而成为社会主义革命的根本趋势。”瞿秋白在报告中也说:“可以去掉以为中国革命分两阶段的幻想。”也就是说，要“毕其功于一役”。会后不久，即 8 月 21 日，中央政治局通过的《中国共产党的政治任务与策略决议案》,又提出中国革命“是一个无间断的过程”，资产阶级民主革命“能够而且应当直接的生长而成社会主义的革命”,即“无间断革命”。这就混淆了资产阶级民主革命和社会主义革命的界限，模糊了革命的性质。第二个方面是认为资产阶级已经背叛革命，成了革命的对象，主张反对资产阶级。共产国际代表罗明纳兹在会议的结论中，虽然承认中国革命仍然是资产阶级德谟克拉西革命，但又强调要“号召工人反对资产阶级”。会议通过的《告全党党员书》，也强调共产党要领导工人开展“反对资产阶级的斗争”。这个错误和混淆革命阶段的错误是连在一起的，成为后来一连串“左”倾错误的一个重要根源，“给党在白区和根据地的工作带来重大损失”。陆定一即说:这个问题长期“没有正确地解决，成为一种‘潜意识’，这恐怕是后来许多次‘左’倾错误的根源”。

第二，没有认清当时的形势已进入革命的低潮，组织正确的反攻或必要的策略上的退却，借以有计划地保存革命阵地和收集革命力量，反而容许了和助长了冒险主义和命令主义（特别是强迫工人罢工）的倾向。这就使本来已经遭到惨重损失的革命力量，在暴动和进攻中进一步遭到严重的损失。如果当时及时认清革命已经处于低潮，组织正确的反攻或必要的策略上的退却，借以有计划地保存革命阵地和收集革命力量，那就会使革命力量更多地保存下来。

第三，在组织上开始了宗派主义的过火的党内斗争，开启了惩办主义的先例。这首先表现在对陈独秀的不恰当的处理和批判上。关于八七会议对陈独秀的处理和批判的不当，我在《评八七会议对陈独秀的处理与批判》一文中，列举了四个方面：其一，不允许陈独秀参加会议，不允许他进行申辩或保留意见。其二，把第一次大革命失败的责任全部推给以陈独秀为总书记的中共中央，而把共产国际说得完全正确，实际上是让陈独秀做“替罪羊”。其三，给以陈独秀为总书记的中共中央扣上“机会主义”的大帽子，甚至说他们执行了“不革命的政策”“退让投降政策”“客观上出卖革命的机会主义政策”，等等，而不去客观地、深入地总结大革命失败的教训，认清指导上的错误，实际上开了中国共产党历史上扣帽子的恶劣先例。其四，对陈独秀的批判是不够实事求是的，例如说陈独秀和谭平山反对土地革命，甚至在客观上“反对土地革命”，就不符合历史事实。周恩来认为八七会议存在的两个主要缺点之一，就是“‘八七会议在党内斗争上造成了不良影响。没有让陈独秀参加会议，而把反对机会主义看成是对机会主义错误的负责者的人身攻击。所以发展到后来，各地反对机会主义都找一两个负责者当作机会主义，斗争一番，工作撤换一下，就认为机会主义没有了，万事大吉了，犯了惩办主义的错误”。

第四，过分地或不适当地强调了领导干部的单纯的工人成分的意义，错误地打击了知识分子出身的领导干部。中国共产党本来是由先进的知识分子建立的，八七会议之前中央政治局的成员也大部分是知识分子。但大革命失败后，就认为领导成员中知识分子太多，他们已经不行了，需要撤换。所以经过八七会议对政治局的改选，大部分出身知识分子的干部，不是实际上被撤销职务，就是实际上被降职，而将很多工人出身的干部提拔进中央政治局。这实际上是一种带有宗派性的惩办主义，后来的实践证明，新提拔的一些工人出身的干部，并不能胜任领导职务，有的思想品德也很恶劣，给革命工作造成不应有的严重损失。所以主持召开八七会议的李维汉曾说：八七会议的主要缺点除了为“左”倾错误开辟了道路外，“同时在组织上开始了惩办主义的过火斗争”。

第五，会议虽然提出了土地革命和武装暴动的方针，但对于怎么开展土地革命和发动武装暴动，没有提出具体的办法，为全党指明方向。周恩来就认为，中共六大所说的八七会议的两个缺点都不是主要的，八七会议的主要缺点有两个，第一个就是“‘八七’会议把机会主义骂得痛快淋漓，指出了要以起义来反对国民党的白色恐怖，但到底怎么具体办，没有明确地指出，以作为全党的方向”。李立三也曾说，八七会议“对暴动没有明确的解释，什么是暴动，如何去暴动，都没有详细解释，使以后同志不注意暴动的客观条件”。笔者我认为这个分析是正确的。会议通过的《告全党党员书》，绝大部分内容都是批判原中共中央领导人的错误，论证共产国际的无比正确，对于如何开展土地革命和进行武装暴动，则说得很少。如果八七会议能对土地革命和武装暴动提出具体的办法，后来的失误和损失可能就会小得多。

第六，没有讨论八一起义部队的斗争方针。当时八一起义部队正从江西南下，这是中国共产党独立领导的第一次大规模武装起义的部队，对于中国共产党具有极其重要的意义。但是，八七会议对于八一起义部队的斗争方针，竟然一点都没有讨论，这是非常不应该的。后来蔡和森就曾指出：“‘八七’会议未郑重讨论南昌暴动问题是一缺点。会议之末，和森曾提议讨论此问题，以为未宣布没收土地，掀起江西本省的农民暴动，未完全解除敌人的武装而即出走为失策。然当日已没有时间容许讨论此问题。第二日新中央开会，和森又提议前敌主要负责同志有怀疑新政策之弱点，应注意指导人问题，然是日亦不容许讨论此问题。”如果八七会议和新的中央政治局重视八一起义部队，为他们提出正确的斗争方针，这支重要的部队就可能不会失败，至少不会失败得那么快。

三、如何看待毛泽东在八七会议中的地位和作用

前面已经说过，有的学者认为毛泽东在八七会议上第一次成为党的重要会议的主角并发挥核心作用，第一次在党的重要会议上较系统地阐述了他的关于中国革命道路和策略的独创性思想，因而八七会议是确立毛泽东作为中国共产党第一代领导集体核心的初始标志。还有的学者根据对会议记录的分析，认为毛泽东在八七会议上发言次数最多，时间最长（在 21 位正式代表中先后有 14 人 56 次发言，毛泽东共有 7 次发言。会议记录共计约 12800 字，关于讨论发言的内容约 7000 字，其中毛泽东的发言约 1300 字，占七分之一多。除了主持人李维汉和主要领导人瞿秋白外，毛泽东发言的次数最多，时间最长），针对当时中国革命迫切需要解决的重大问题，明确提出“枪杆子里面出政权”的英明论断,解决农民土地问题的具体标准，以及秘密环境下党组织应建立全国交通网。“这是这次紧急会议提出的挽救中国革命最符合实际、最具体、最重要的策略之一，反映出毛泽东在中国革命重大转折关头的过人胆识和探索精神以及高瞻远瞩的博大胸怀。”

这位学者对八七会议记录的分析是很仔细的，除了主持人李维汉和主要领导人瞿秋白外，毛泽东在会上的发言确实次数最多、时间最长，提出了“枪杆子里面出政权”的论断，以及解决农民土地问题的标准，秘密环境下党组织应建立全国交通网的问题。在这些问题上，毛泽东确实有过人

之处，但不能说“这是这次紧急会议提出的挽救中国革命最符合实际、最具体、最重要的策略之一”。

第一，开展土地革命和发动武装起义这两个重大问题，是八七会议的主题，罗明纳兹的长篇发言和会议的主题文件《告全党党员书》，都已经作了详细阐明。在会议召开之前，中共中央也早已多次强调过这两个问题，并于 8 月 3 日制定了《中共中央关于湘鄂赣粤四省农民秋收暴动大纲》。毛泽东的发言不过是进一步强调了武装斗争和土地革命的重要性，这两个问题都不是他第一个提出来的。

第二，对于八七会议存在的那些主要的错误和缺陷，例如如何认识当时中国革命的性质、任务、对象和形势，如何根据各地的不同情况组织正确的反攻或必要的策略上的退却，如何在纠正右倾错误的同时避免“左”倾错误的发生，以及宗派主义的过火的党内斗争等问题，毛泽东都没有提出来，他提出的只是几个具体的主张，况且他在会上提出的划分大中地主的标准以及没收小地主土地的主张并没有被会议所采纳，所以他在会上并没有起到那么大的作用，也并没有那么“高瞻远瞩”。

第三，毛泽东在会上的发言并不完全恰当。例如关于国共合作问题，他说：“当时大家的根本观念都以为国民党是人家的，不知他是一架空房子等人去住。其后像新姑娘上花轿一样勉强挪到此空房子去了，但始终无当此房子主人的决心。”我认为这是一大错误。国民党怎么是一架等人去住的“空房子”呢？它那么雄厚的力量，能允许共产党去当它的“主人”吗？不用说去当它的“主人”，连共产党过多地占据它的权力它都不允许，这就是为什么会产生“西山会议派”和“四一二”“七一五”“清党”的原因。把国民党当作一架“空房子”，要去当它的主人，这固然体现了毛泽东“舍我其谁”的大无畏的革命精神，但太不切实际了。又例如毛泽东说他到长沙之前，那里的党“完全站在地主方面”，并说“广大的党内党外的群众要革命，党的指导却不革命，实在有点反革命的嫌疑”，这也说得太过火了。陈独秀等人虽然犯了右倾错误，但能说他们“站在地主方面”“不革命”甚至“反革命”吗？这种批评并不能有助于问题的解决、经验教训的总结，反而只会加深党内的矛盾。

所以，毛泽东在八七会议上虽然提出了一些重要的见解，但也不能拔得太高。

四、从八七会议的功过是非谈中共历史研究

从上面所谈的八七会议的功过是非之中，可以得到一些什么启发呢？

首先，从事历史研究首先应该仔细地阅读原始资料，而不应该停留在流行的论著和说法上。现在流行的论著和说法，都是根据后来的需要对历史作出的一种解释，有的符合历史，有的则和历史有一定的距离，有的则完全不符合历史真相。例如关于八七会议提出的土地革命和武装起义的总方针，就是后来的归纳，是对八七会议和 9 月 19 日中央政治局两次会议内容的综合，八七会议的文件中并没有“总方针”的表述，它所说的土地革命和武装起义与后来所说的土地革命、武装起义的含义也有所不同。如果不去看八七会议的原始文件，就不能真实地了解八七会议，以为八七会议真地提出了一个“总方针”，它所说的土地革命和武装起义就是后来苏维埃时期开展的那种土地革命，就是反对全部国民党的武装起义。八七会议虽然是一个重要的转折点，但它事实上是从中共五大到苏维埃革命的一个过渡，在很多方面仍然沿袭了中共五大的方针政策，保留了国共合作时期大革命的一些痕迹。

除了看国内已经出版的原始资料以外，研究历史还要必须看三方面的资料：一是档案资料。现在很多档案馆对档案资料已经开放，应该充分利用这个条件，到档案馆去挖掘档案资料；二是当时的主要报刊。中国社科院近代史研究所有一个好传统，就是非常重视当时的报刊，要研究哪个时

期的问题，必须仔细地翻阅当时的主要报刊；三是国外出版的有关论著，里边往往有很多国内看不到的重要资料。如果有条件，还应该到香港、台湾或国外特别是美国看看有关的资料，例如香港中文大学中国研究服务中心就存有大量珍贵的资料。

在看了大量的资料以后，就要解放思想，独立思考，得出自己的结论，不要人云亦云。没有创新，就没有科学研究。而要创新，就必须撇开现有的一切结论和说法，独立进行思考。

其次，要回到常识，不要随意地拔高和神化。像前面说的那种观点，即认为八七会议在马克思主义中国化的历史进程中初步实现了“主义”与“道路”的结合，使马克思主义中国化第一次有了“本土化”意义上的理论与实践创新，拉开了马克思主义中国化的历史进程的序幕，就把八七会议的地位和作用拔得太高了。八七会议是根据共产国际的指示，在共产国际代表的参与下召开的，会议的主题文件《告全党党员书》是罗明纳兹根据共产国际指示起草的，怎么能说它使马克思主义中国化第一次有了“本土化”意义上的理论与实践创新，拉开了马克思主义中国化的历史进程的序幕呢？事实上，八七会议是在大革命失败以后的一片慌乱中召开的，既没有经过长期的准备，也没有深入的讨论，其最重要的目的就是证明原中共中央领导人是错误的，共产国际是完全正确的。在这种情况下，根本谈不上什么使马克思主义中国化第一次有了“本土化”意义上的理论与实践创新，拉开了马克思主义中国化的历史进程的序幕。原来的很多评价本来已经拔得很高了，现在有的人为了创新，进一步拔高，只能使研究越来越脱离历史的实际，越来越不可信。

笔者在上大学的时候，张维华先生在讲课时曾说，对历史上的一些问题，要按常理来理解，看有没有可能，不要完全按书本上的记载来理解，这给笔者印象很深，笔者一直认为这是研究历史的一个重要方法。近几年各个学科都兴起一种回到常识的思潮，中共历史研究也不例外。网上连载了一组文章，题目是《非主流的政治思考——两个局外人的对谈录》，其中第12篇是《长征之旅：从革命到逃亡，从逃亡到招安——两个局外人的对谈录之十二》，说红军长征之初是有一个全国战略的，要前去与二、六军团会合，再创新局面，所以是搬家式地转移，但湘江之战后兵力折损大半，前去与二、六军团会合的计划已无法实现，于是转移就变成了逃亡。这时博古等人精神已经垮了，毛泽东被推了出来。但毛泽东并没有什么神机妙算，用兵如神，他指挥的土城战役失利，于是就打到哪算哪，这就有了四渡赤水，从贵州到云南，最后渡过金沙江，但从贵阳附近向西开始到会理之战，错误几乎都是毛泽东的，对的都是彭德怀、林彪的，因而有了林彪在会理要毛泽东交出战场指挥权的行动。这两个多月的时间，因为不利于毛泽东，所以在党史中有意识地给晃过去了，而所谓四渡赤水的"神来之笔"等，则被大加渲染。这篇文章很长，一直谈到长征结束。这当然是"非主流的政治思考"，但由于回到常识，更容易使人理解长征。内部小刊物《往事》第65期转载了其中的一部分，在"编者的话"中说："两位'局外人'别开生面的对谈与其说还原了史实，不如说是为我们提供了一条思路：回归常识。所谓常识，就是不能违背和超越历史现实所提供的可能性，要以常人的心态面对历史，而不必计较'理论框架'，因为人们在现实生活中的选择不是根据理论，而是根据对当下情况的判断。趋利避害，本来就是人之常情。据此，我们就不会被各种各样的神话及其改头换面的变种所迷惑：在人为的信息障碍和资料匮乏的环境中，这也许是帮助我们理解历史最不坏的方式了。"这里虽然谈的是长征，但作为研究方法，对其他方面的历史研究同样是有用的，就是要回到常识，不要神化历史。

在中共历史研究中，神话的对象主要是毛泽东。1957年以前的毛泽东，几乎成了神，一直被封为正确路线的代表，凡是毛泽东说的、做的，以及凡是拥护毛泽东的，几乎都是好的、正确的；而凡是不同意毛泽东的说法和做法的，几乎都是错误的。对于毛泽东的错误，则略而不谈，把责任都推到别人的头上。事实上，即使在民主革命时期，毛泽东也并不都是正确的。例如苏区的大肃反，就是从他开始的。又例如西路军和皖南事变的失败，都与毛泽东的指挥有关。1976年以前的中共历史是以毛泽东为中心，以毛泽东画线，而神化毛泽东的历史。像前边所说的有的学者认为毛泽东在八七会议上成为党的重要会议的主角并发挥了核心作用，因而八七会议是确立毛泽东作为中国共产党第一代领导集体核心的初始标志；毛泽东的主张是这次紧急会议提出的挽救中国革命最符合实际、最具体、最重要的策略之一，反映出毛泽东在中国革命重大转折关头的过人胆识和探索精神以及高瞻远瞩的博大胸怀，都仍然是在神化毛泽东。

再次，中共历史研究还有一大弊病，就是对不同的人和事采取不同的标准，而不是一个标准。同样的话是不同的人说的，同样的事是不同的人做的，往往就会有不同的评价。2004年11月我在陈独秀的老家安庆召开的一次学术研讨会上，曾将陈独秀和毛泽东作了一个对比，说他们的功劳同样伟大：一个创立了中国共产党，一个建立了中华人民共和国：一个举起了民主、科学两面大旗，一个创立了毛泽东思想。毛泽东在有些方面超过了陈独秀，如新民主主义理论、军事思想和指挥艺术、哲学思想等，有的方面则远远不如陈独秀，如对民主、科学等远远不如陈独秀那样重视。因此，如果拿同一个标准来衡量陈独秀、毛泽东两个人，就可以看出他们同样都是伟大的历史人物，都对中国近现代历史的发展作出了杰出的贡献，应该给予同等的历史地位。如果说错误，毛泽东同样犯过严重的错误，他的错误甚至比陈独秀的错误更为严重：第一，陈独秀的错误仅有半年左右的时间，而毛泽东的错误则长达20年。第二，陈独秀的错误只是导致了第一次大革命的失败，而毛泽东的错误导致了“大跃进”和“文化大革命”两次失败，不仅造成三年严重经济困难和“十年内乱”，还造成了20年的停滞局面，使中国远远落后于原来同一发展水平的国家。第三，陈独秀的错误造成的后果很快被纠正，其影响很快被清除，而毛泽东的错误如“大跃进”“文化大革命”造成的一些破坏永远无法恢复，其影响至今仍然存在，甚至还会影响到今后一个很长的时期。第四，陈独秀的错误是被迫的，毛泽东的错误则是主动的，是自己犯的。第五，陈独秀并没有一个什么系统的“右倾机会主义”的理论，而毛泽东则形成了系统的“无产阶级专政下继续革命”的理论，更有理论色彩。因此，毛泽东的错误的性质、程度和后果，都是和陈独秀的错误不同的。但是，他们两人至今仍然一个在天上，一个在地下。再如王明，他 1931 年 9 月就去了苏联，从 1932 年年底起就开始改变他的一些“左”的主张，可是在中共历史中，王明一直被作为到遵义会议为止的第三次“左”倾错误的代表。后来，王明代中央起草了著名的“八一宣言”，为宣传和建立抗日民族统一战线作出了很大的贡献。1937 年 12 月回国以后，他说的很多话毛泽东也说过，毛泽东说的甚至比他说的还厉害，可是毛泽东的主张一直被认为是正确的，而王明则成了右倾投降主义的代表。笔者认为，对王明的评价在很多方面也是不客观的。这类的例子在中共历史中多得很。如果想把中共历史研究变得更为科学，对所有的人和事必须是一个标准，不能采用不同的标准，否则就不能令人相信。

最后，中共历史之所以在很多人心目中认为不可信，声誉不高，是因为更多地强调的是它的宣传教育功能，用它来论证中国共产党的无比伟大、光荣、正确和进行政治思想教育，而不是把它当作一项科学的研究。但既然是历史，就应该对它进行科学的研究。只有科学，才能增加它的可信度。作为一个学者，笔者认为更应该对它进行科学的研究，而不应该只把它当作宣传教育的工具。

（2007 年 11 月 29 日撰写，原载《湖北行政学院学报》2008 年第 1 期）

【评文记事】

这是提交2007年12月在武汉召开的“中共五大与八七会议学术研讨会”的论文。本来已经为会议写了一篇《评八七会议对陈独秀的处理和批判》，但开会以前《甘肃理论学刊》已经发表，于是又写了这篇文章提交会议。

关于“江浙同乡会”的三份重要资料

“江浙同乡会”事件是1927年秋至1928年秋发生在苏联的中国留学生中的一个重要事件。它虽然完全是根据捕风捉影的材料造成的，但从一开始就被定性为“反革命秘密小组织”，使很多人受到严重的伤害，甚至影响了他们一生的命运，在中共历史上也造成了深远的影响。20世纪80年代我和周国全在撰写《王明评传》《王明年谱》时，都曾提到这个事件。但由于受当时所掌握的资料的限制，说得并不清楚和准确。后来，杨奎松的《“江浙同乡会”事件始末》、李永昌的《关于“江浙同乡会事件”的几个问题》等文章，都对这个事件说得比较清楚。1995年我到俄罗斯访问时，在莫斯科俄罗斯当代文献保管与研究中心复印了三份关于“江浙同乡会”的原始文件，这些文件对于研究“江浙同乡会”有很重要的价值，现分别对其主要内容加以介绍和分析。

一、王长熙1928年8月12日给中共代表团的报告

王长熙时任莫斯科中山大学学生公社主席，是最早提出存在“江浙同乡会”秘密小组织的人。过去的说法一般是，在1927年暑假期间，一些中山大学学生到孙冶方处聚餐，王长熙正巧从窗外经过，听到里面多是江浙口音，因此回到学校后就跟人说，有好多人在孙冶方屋里，像开“江浙同乡会”似的，于是就开始对这个问题进行追查。但在这份报告中王长熙却说，

追查“江浙同乡会”是从炮科学校发现蒋经国的一封信开始的。

王长熙说，1927 年在东方劳动者共产主义大学野营结束后，由孙逸仙大学（即中山大学——笔者）毕业派到各军事学校的中国同志，全部住在炮科学校第五连。蒋经国离开莫斯科三四天的光景，就给朱茂榛、周策、尤赤、胡世杰、郭景惇、陈启科、刘仁寿、黄中美、刘移山等人写了一封信，这封信的信封上写的是朱茂榛，但由于当时朱茂榛不在，岳少文就代收了。岳很希望知道这批同志到校的情形，因此不等收信人回家便拆阅了。信中内容大意如下:“我们的组织应该行动起来，虽然你们现在还没有得着薪水，但是我们的章程第一条就是按月缴纳会金，所以你们无论如何应该设法征收会费等……” 岳少文看见同志中产生了这种小组织，非常奇怪，就把这封信给其他两个人看了。他们看到党内发生这种不被容许的事情，都非常惊慌，不知如何处置，既不敢把信隐藏，也不敢把信交给党部。直到岳少文离开炮科学校的夜晚，王长熙去送他们的时候，岳才将此事告诉王。王长熙又很慎重地问了其他几个人，他们都说是有这封信以后，“我才转告党部”。“自从有几位同志看着他们有这种小组织的行动以后，转相告诉，当时留在炮科学校的各军校未走的同志们,很多都知道了,都留意他们的行动。但是这部分有小组织倾向的同志，他们还不知道自己的行动泄露了，所以仍然常常举行他们的秘密会议”。接下来，王长熙便在报告中列举了所谓小组织的人在一起的一些活动。但这些活动不过都是一些正常的活动、交往，或因对生活不满而发的一些牢骚而已。例如，报告中所说的前两个活动，都是有人看见他们有 8 个人在公园围坐谈话。难道围坐谈话就一定是小组织活动吗?

这个报告里举出的所谓“江浙同乡会”的最有力的证据，是有两位同志在朱茂榛的箱子里“得一封关于储金互助会的会信”，“这封信的内容第一证明这部分人不但平素特别密切，而且有了他们的组织——储金互助会。第二证明有自己必须遵守的会章。第三证明有会员会费。第四证明他们的组织征收会员还要用登记的方法。”报告说这封信是王□等二人写给黄中美、张师、刘移山、甘青山、周策、郭景惇、胡世杰、尤赤、刘仁寿、朱茂榛的，“原稿已交炮科学校党书记了”，“代表团同志已经看见草录的原文了”。可是，经过反复调查，联共(布)中央监委书记雅罗斯拉夫斯基在关于“江浙同乡会”问题的“报告大纲”中说：“关于这个会的组织上之存在是绝对没有确实证明的，也更无材料可以证明它现在仍然存在”，“我敢断定，谁也没有看见章程，章程是没有的……这些同志没有任何政治目的”。许多材料所“根据的都不是事实，而是猜想、谣言和不正确的报告”。所谓“江浙同乡会”的党纲，“原来是 1926 年党部支部委员会的工作计划”。由此可见，王长熙报告中所列的证据是不存在的。

王长熙报告中最有力的反驳，是对于“江浙同乡会”成员所谓自己是“开玩笑”这一说法的驳斥。报告说：

> 事实证明他们有储金互助会的组织不成问题，但是这部分有过不承认的同志，很猾(滑)头的，拿开玩笑三个[字]衍(掩)饰一切，这完全不是一个共产党员应当的态度。开玩笑这三字从那(哪)里说起，一封信开玩笑，两封信都是开玩笑吗？两封信开玩笑，三封信都是开玩笑呢？一封信是向这些同志开玩笑，三封信都同样的仅仅限于这一部分同志开玩笑，不多一个别的同志呢？一个地方来的信是开玩笑，几个地方来的信，都开一个问题的玩笑呢？同志间日常生活可以开玩笑的事件多着哩，为什么端端祇是不同的学校，相同的名姓，三番两次讨论唯一的东西？这些滑(猾)头的外交的手段，失丢了党员对党的身分(份)。

这种批驳看似理直气壮，但由于缺乏确凿的证据，毕竟还是苍白无力。其实，王长熙自己所说的前后两封信的名单，就是不一致的，所谓“仅仅限于这一部分同志”“相同的名姓”等说法，也是站不住的。

二、左权、陈启科1928年7月15日写给中共代表团的信

左权是湖南醴陵人，后来曾担任八路军副总参谋长，1942年5月牺牲于抗日前线。陈启科是湖南长沙人，1930年夏回国后被派往江西苏区任红三军团参谋长，途经武汉时被捕，10月5日在武昌惨遭杀害。他们这两个与江浙地区不沾边的人，却被说成是“江浙同乡会”的成员，而且都被苏联格伯乌列入12名骨干的名单。当他们得知参加中共六大的中共代表团到达莫斯科后，便马上写信给中共代表团申诉，说“在上月十九日学校（指他们当时所在的陆军大学——笔者）即无形的不说原因的停止我们的学习，停止学习到今天已将近一月了”。关于“江浙同乡会”的由来，他们的报告中做了详细的说明，并一再申明他们并不知道什么“江浙同乡会”，更没有参加这一小组织：

我们去年……野营学习是孙大东大在一块，在那时的学习上和物质上均没有不同的。到了八月完后，我们（全体孙大同学）即要分派到各军校去了，（一部陆大，一部列宁格拉政大，大部在步兵工兵和炮兵）因此在物质上就发生了不同的差别。在陆大和政大者每月薪水百元以上，而在步炮工者，只是二元半（在当时）之多。在未分派以前，我们同一块儿回莫的，住在炮兵学校（除工兵步兵已抵校外），静候军事委员会的分派。在这闲居无事之时，每日就是谈天说地的开玩笑，当时有同志说：“被派到陆大和政大及航空的同志，每月薪饷比我们多（即比步炮工兵的同志多），而我们二元半的卢布买白面包和零用是不够的，因此我们应访孙大办法，组织‘储金互

助会'，请他们（陆大和政大的中国人等）来做名誉委员，由他们每月每人拉出一部的薪饷来，给我们吃中国饭……”这些话在当时每天开玩笑中，是时时可以听到的（自然公开的）。约经半月之久，就各人分散了，各人到自己的学校去了，我们也来陆大了。这个“储金互助会”之玩笑声在我们耳里也听不到了。同时在步兵炮兵工兵的同志，生活问题和薪水问题，也得到了改良，（初是二元半后来决定每月三十元，这是特别对于中国人的，本来学校是没有规定这三十元的）以上这些事实是我们亲耳听，本人所知的一段□□。

但是到后就有人说，“吃中国饭不是简单的，是有政治意义的！”也有人说“储金互助会”在当时确是开玩笑的，但以后就被野心家利用了，变成了“江浙同乡会”的组织。也有人说“‘江浙同乡会’与‘储金互助会’是没有关系的”。这种种的花样的说法，是数不清写不尽。我们也不管人家怎样逻辑，我们始终是承认我们曾参加过那时之开玩笑的事外，我们是绝对不知道有其他的任何小组织。至于说吃中国饭有政治作用，在我们每一个明了的共产党员看来，自然可以说他们是神经过敏。说到“储金互助会”被人利用了，这我们没法知道的，因为我们没有证据可以证明有人利用了，也没有法证明谁人利用我们。总之对于“江浙同乡会”这名字，我们连玩笑也未开过，所以怎样变成的，我们也无从知道。若是说“江浙同乡会”就是我们也在内的呢？那我们肯定说没有，因为我们没有组织过。我们不独是保证自己没有参加过组织过任何小组织，将来我们也不会有这党外行动。至于我们叙述上面关于“储金互助会”之历史玩笑的故事，乃因我们亲身参加过这场的开玩笑，而误成今日之大冤枉……

……

关于“江浙同乡会”问题是否存在过，或现在还是存在着，我们是不能判断的，因为我们没有事实可以证明他没有，也没有事实证明存在过或现在还存在着，因此我们不能担保任何人没有小组织，同时我们也不能证明人家是小组织者，我们只是自己保证我们自己绝对没有组织和参加过任何小组织的。

信中还说米夫、向忠发在中山大学作了关于“江浙同乡会”的报告后，在中国留学生中造成了很大的恐慌和严重的后果：“在他二位同志报告以后，一般同志之关系和同志之信任，可谓完全破裂，怀疑者继续怀疑别人，宣传者更加扩大逻辑，不说张三与某人有关系，便说李四加入了小组织，在这种满城风雨之下，不独各军校之同志，寄了一套军服到孙大被人疑为小组织者，就是孙大江浙籍之同志亦被指以为是。”

接着，信中还谈了他们多次申诉都无效的情况，恳切地要求中共代表团尽快查清事件真相，还他们以清白。

把这封信和所谓“江浙同乡会”其他成员的申诉加以对照，可看出他们的说法基本上是一致的，而且态度是很诚恳的。因此，这封信的内容是可信的，是能够说明“江浙同乡会”事件真相的一份重要材料。

三、胡世杰、尤赤、郭景惇1928年7月16日写给中共代表团的信

胡世杰、尤赤、郭景惇3人，也都是被苏联格伯乌列入“江浙同乡会”12名骨干的成员。他们在听说参加中共六大的代表团到达莫斯科以后，也立即写信申诉。他们的信与左权、陈启科的信不同，一开始就说明关于“江浙同乡会”的问题纯粹是出于误会，而由于党的领导处理不当，最后变成了重大的误会。信中说：“关于莫斯科中国同志中因小的误会而涉及党发生了重大的误会之经过，这问题误会的本质，开始是十分简单的，因为党对

这问题解决的同志，没有经过切实的考查，根据事实，很正确的在党的工作观点上彻底解决，向中国同志报告，致引起同志间相互的猜疑，由猜疑而传播许多不合事实的谣言，致使问题的本质被遮掩了，而党对这个问题负责解决的同志，因之从这里得到现在不适合实际的解决办法。”

接着，信中指出关于“江浙同乡会”的谣言为什么会越传越广，就是由于向忠发和米夫的报告造成的。信中说：

> 今年二月间，中山大学有几个同志传出一个谣言，说莫斯科中国同志中有一个“助金委员会”的组织，其组织的分子，是以军事学校同学为基干，在当时同志间对这个谣言是很少注意的，仅仅认为只是同志间相互的开玩笑而已。事后不久，向忠发同志在中山大学党大会上，便说“在莫斯科中国同志中有了‘江浙同乡会’的组织，其组织分子就是所谓‘助金委员会’的人，其势力散布于莫斯科中大东大军事班及列宁城海参崴等地，其主要分子是军事学校”。当时向忠发同志在大会上并未指出任何事实做证明，却推说有会章、名单、党费的证明。这个消息传出以后，同志中的猜疑与谣传更扩大了。然而在当时有许多同志怀疑，在大会上请求宣布名单及事实证据，而向忠发同志则说“党组织有调查委员会负责解决，不久便要向中国同志宣布”而推托。这时候怀疑的同志非常之多，而谣传的声浪也愈大，甚至有说与蒋介石勾结……过后不久，向忠发同志在中大党大会上，更说“此组织事实昭然，会员名单，证据俱有，而且说是与第三党有关系……过两星期，党即要宣布解决经过，重则枪毙，轻则开除”，以恐吓所谓犯有“江浙同乡会嫌疑”的同志向党部声［明］。这样一来，使同志恐慌的余地也没有，而向忠发同志的结论便武断地说了两句对党负责的话：“谁要是怀疑的，便是反革命！”是时再加上中大校长米夫同志也说“事实俱在，无容

怀疑”，以恐吓同志因怀疑而必然发生要求事实证据的质问。结果谣传愈扩大，而怀疑者则不敢说。因此在当时竟至闹出不少的笑话，把过去与我们较接近的同志，不论其是否籍隶浙江江苏都害怕起来，甚至有同志借给了一个同志一个卢布乘电车，也□吓而向党部声明。这完全是当时的实际情形。

那么，关于“江浙同乡会”的谣传是怎么来的呢？信中对此作了详细的说明，认为“同志们相互的拿钱用，及常聚一块儿玩是很平常的”，根本没有什么“江浙同乡会”的小组织，并不点名地批评了向忠发在处理这个问题上的错误。信中说：

现在我们写给你们的信上，再简单地向你们报告关于这个开玩笑的经过……共产国际决议将中大毕业同志遣派到红军野营受军事训练以后，分配于各地军事学校学习军事，各军校的经济生活不同，我们当时听说莫斯科炮工步三校比较最苦，伙食远不及中大，每月只发两个半卢布，当时被派在莫斯科三校的同志，便各自想法，以期能够在伙食上改善（自然不是说要什么好的饮食，只是勉强可以就够了。当时三校所吃的每天就是黑面包、开水，同时还要购买自己研究的书籍杂志），因此便向派去列宁城政治军事大学飞机学校及陆军大学的同志们敲竹杠（当时听说他们有月薪百卢布的希望），要他们节省点钱给我们吃饭买书，在当时纯粹是同志间相互敲竹杠的玩意儿，因此便有同志称之为“助金委员会”，这是毫无其他意义的。后来他们各自进校了，我们曾经写信要他们（当时在莫斯科比较相识的同志）寄钱。过了不久，列宁城政治学校卢贻松同志写信给朱茂榛同志说到寄钱的事，这丝毫没有涉及党的任何组织上的危险。刚到九月中旬，军事委员会派管理中国学习军事的俄同志

> ……对我们谈话，宣布关于我们学习的情形，及饭食秩序水薪等问题。当时他说军委将来发给我们每人每月三十卢布。后来我们立即写信给同志们报告关于我们经济“独立”（当时说笑话）的消息，而这个开玩笑听说的“助金委员会”从此无形消灭了。
>
> 党对这问题负责解决的同志，没有注意从各方面搜集这问题谣传的起因，及这问题的事实经过，以求正确的解决，只是捕风捉影地找寻些不合实际的谣传，以期证明他过去在党大会负责说的话，故说出许多可笑的话出来，“江浙同乡会”的人时常聚集一块儿吃中国饭……拿来做做解决党的政治问题底根据，这是我们认为革命的政党——共产党——里面是不应当的！
>
> 同志们相互地拿钱用，及常聚一块儿玩是很平常的，丝毫用不着奇怪，至于说“江浙同乡会”的小组织问题，更不是因为我们一块儿玩吃中国饭便下论断的。

关于“江浙同乡会”的由来，这封信和左权、陈启科的信说法完全一致。其不同之处，就是这封信大胆地批评了向忠发在处理这个问题上的错误，认为关于“江浙同乡会”的谣言之所以越传越广，在中国留学生中造成那么大的恐慌和混乱，原因就在于向忠发的报告。这种批评是符合实际的。正如杨奎松在《“江浙同乡会”事件始末》一文中所说：“把有关‘江浙同乡会’或‘储金互助会’的传闻当成重大政治事件，极力鼓动共产国际东方部追查者，实为向忠发，既非米夫，也非陈绍禹（王明）。”如果没有向忠发放炮点火，并极力鼓动共产国际东方部追查，就不会造成那么严重的后果。

四、几点看法

首先，从上面的三份材料可以看出，所谓“江浙同乡会”的小组织，是根本不存在的。不管是过去说的王长熙发现一些同学在孙冶方处聚会，还是王长熙在报告中所说的蒋经国的信以及在朱茂榛箱子里发现的信件，都是捕风捉影，把同学之间的玩笑、经济上的互助等正常的交往，当成了严重的政治问题。

其次，“江浙同乡会”事件之所以闹得那么大，造成那么严重的后果，并不是像过去所说的主要责任在王明，而是由于向忠发鼓动共产国际东方部追查，并在中山大学作了不切实际的报告。左权、陈启科和胡世杰、尤赤、郭景惇的信都谈到向忠发的报告所造成的影响，却一次也没有提到王明，就是一个证明。

最后，从此事可见，莫斯科中国留学生的政治生活、政治关系是极不正常的。当时派往莫斯科的中国留学生，其成分本来就十分复杂，加上苏联激烈的党内斗争的影响以及中国留苏学生之间的矛盾冲突和派别分歧，再加上1927年大革命失败后在中国留苏学生中引起的思想动荡，当一些宗派意识浓厚的人无端猜测并打“小报告”诬陷他人，而学校领导（特别是米夫）、中共代表团（特别是向忠发）又轻信这些传言、诬告并大肆渲染和鼓动之后，就造成了这样一起重大的冤案。

“江浙同乡会”事件后来虽然不了了之，但中共的早期党员、领导干部周达文、董亦湘、俞秀松等后来都被打成“托派”并被杀害，其他与此有牵连的大批学生后来也受到各种形式的打击和迫害。更为严重的是，中共的领导并没有从这个事件中总结教训，类似的事件后来不断重演，以致冤案不断出现。因此，弄清这一事件的真相，认真总结其中的教训，直到今天仍然是有意义的。

（2010年3月10日撰写，原载《近代史研究》2011年第3期）

土地革命战争时期党的土地政策的演变

第二次国内革命战争时期，是以土地革命为主要内容的时期。弄清楚这个时期中国共产党土地政策的演变，对于研究这段历史，是非常重要的。这个时期党的土地政策的演变，大体可分为四个阶段：一、从八一南昌起义到党的六大；二、从六大到六届四中全会；三、从六届四中全会到瓦窑堡会议前夕；四、从瓦窑堡会议前夕到全国抗日战争爆发。下面就按照这四个阶段，谈一谈自己的看法。

一

从 1927 年八一南昌起义到 1928 年 7 月党的六大召开以前，是中国共产党土地政策的初步摸索时期。

在第一次国内革命战争期间，随着北伐战争的胜利开展，广大农民对土地的要求越来越强烈，有些地区并在实际上进行了土地分配，但由于陈独秀右倾思想的影响以及其他一些原因，中国共产党没能够及时提出土地革命的问题。在 1927 年 4 月召开的党的五大上虽然提出了没收大地主田地的任务，但并没有相应提出分配土地的具体政策和办法，实际上没有贯彻执行。因此，在第二次国内革命战争初期，对于如何进行土地革命，应该执行什么样的土地政策，中国共产党是缺乏经验的。

八一南昌起义的目的，就是为了实行土地革命。对于这一点，过去一直注意得不够。起义领导机关以部分国民党中央委员名义发表的《中央委员宣言》，就明确宣布这次起义是“继续为反帝国主义与实行解决土地问题奋斗”。不久后发布的《兼代第二方面军总指挥贺龙告全体官兵书》也说：我们此次革命的行动，就是“为实行土地革命，解决农民问题而奋斗”。恽代英也曾说：“我们这次八一革命，就是要实现土地革命，所以我们决定了土地政纲，在沿途就要开始实行。”为着制定土地政纲，起义领导机关曾几次进行过讨论。在九江，李立三、恽代英提出应没收大地主的土地，谭平山则认为不宜实行。到南昌后，农工委员会制定的《农民解放条例》，提出了“没收二百亩以上大地主土地”的主张。起义部队到达瑞金后，前委会议根据群众的意见，决定取消亩数限制，改为“没收土地”。以后到上杭，又根据广东省委送来一份政纲，改为“没收五十亩以上的大地主的土地”。

在由瞿秋白主持的、具有重大历史意义的八七会议上，中共中央纠正了陈独秀右倾机会主义路线的错误，确定了土地革命和武装斗争的总方针，对土地政策作出了一些规定：第一，“没收大地主及中地主的土地，分这些土地给佃农及无地的农民”，“对于小田主则减租，租金率由农民协会规定之”。会议指出：在最近开始的暴动中，“本党不提出没收小田主土地的口号，是为着要使城乡间广大的小私有财产者之分子中立”。在大革命失败的形势下，作出这个规定，是有利于集中打击大中地主阶级的。第二，“没收一切所谓公产的族祠庙宇等土地，分给无地的农民”。关于没收公产土地进行分配，自此便成为党的一贯政策，以后不过规定得更加具体而已。第三，“农民运动的主要力量是贫农”。第四，“现时主要的是要用‘平民式’的革命手段来解决土地问题”，这就是充分发动群众，自下而上地分配土地。第五，“由农民协会取消重利盘剥者的债务、苛刻的租约与苛约”。这种只取消高利贷而不是废除一切债务的规定，也是正确的。

在讨论《最近农民斗争的议决案》时，毛泽东曾提出四条意见，主要精神是：一、“大中地主标准一定要定”；二、“对小地主应有一定的办法”；

三、“自耕农富农、中农的地权不同，农民要向富农进攻了，所以要确定方向”；四、对于会党土匪问题应有正确的策略。这几点意见很重要，但由于会议只开了一天，共产国际代表也不同意讨论，因而，会议便没有就这些问题做出决定。

这次会议的主要缺点，一是没有提出团结中农和如何对待富农的问题，二是提出了“土地国有”的主张。这个主张是来源于共产国际的指示。它作为土地革命的最终目标，固然是正确的，但作为实现民主革命的任务是不恰当的，因为它不利于调动广大农民的积极性，这一点列宁早已在《俄国社会民主党的土地纲领》一文中有过明确的说明。尽管如此，八七会议把土地革命作为一个中心议题提了出来，仍具有划时代的意义。

按照八七会议的决定，毛泽东、董必武、方志敏、张太雷等同志分赴湘、鄂、赣、粤领导秋收暴动。毛泽东回到湖南以后，在 8 月 18 日召开了改组后的第一次省委会议。会上对于土地革命的政策进行了讨论。当时易礼容主张只没收大地主土地，夏明翰主张全部没收，实行土地国有，毛泽东认为单是没收大地主的土地，不能满足农民的要求，必须没收一切地主的土地，同时对于他们应有一个妥善方法安插。根据八七会议精神和毛泽东的意见，会议提出：一、“没收大地主的土地交给农民。在革命势力发展的地方，农民有自动没收小地主的土地，我们可以不干涉”。这实际上已同意没收一切地主的土地。二、“此时党对农民的政策，应当是贫农领导中农，拿住富农，整个推翻地主制度的土地革命”。土地革命的阶级政策在这里已经具有雏形。三、对于被没收土地的地主，“只要他们能耕种，仍须拿与农民同等之土地给他们耕种，以消灭地主阶级”。给地主以生活出路的政策在这里也提出来了。这些规定明显比八七会议前进了一步。这次会议是在大革命刚刚失败、国民党反动派血腥屠杀共产党人和工农革命群众的白色恐怖下召开的，出于革命义愤和简单的报复情绪，会议也提出一些错误的口号，如“烧毁土豪劣绅大地主的村庄”“暴动杀尽土豪劣绅”，等等。

在 11 月临时中央政治局扩大会议上，以瞿秋白为代表的“左”倾盲动主义开始形成。这次扩大会议的意义，在于它通过了一个《中国共产党土地问题党纲草案》。这是中国共产党历史上第一个关于土地问题的党纲草案，对于土地革命的开展起了一定的推动作用。但是由于缺乏经验，这次会议在土地政策上也作了一些错误的决定：

第一，决定没收一切土地。它一方面说：“完全没收一切地主的土地，由农民代表会议自己支配给贫农耕种，耕者有其田”；另一方面又在“党纲草案”中说：“一切私有土地完全归组织成苏维埃国家的劳动平民所公有”；“一切没收的土地之实际使用权归之于农民”。瞿秋白 1928 年 4 月在《中国革命与共产党》（对党的“六大”的报告稿）中曾追述说：这次扩大会议作了三项新的决定，其中一项便是“没收一切土地，由农民代表会议自己支配给农民耕种”。这说明，11 月临时政治局扩大会议实际上作出了没收一切土地的决定。这项政策和土地国有是联系在一起的，它不是从我国国情和革命阶段的实际出发，而是照搬了苏联的经验。

第二，会议也肯定了错误的烧杀政策。在大革命失败以后，由于国民党实行反革命屠杀，一些群众提出一些报复口号是可以理解的。但作为党中央的会议正式作出这些决定，则是附和农民、小生产者的报复思想，对革命是不利的。

在当时“左”倾盲动错误的影响下，各地相继实行了一些过“左”的政策。例如广东的海陆丰在 8 月举行的第二次起义中，虽曾正确宣布“没收豪绅地主的一切财产，没收豪绅地主的一切土地，土地给耕种的农民”，但在 11 月第三次起义后，“不仅仅是大中地主加以没收，即小地主甚至自耕农的土地也加以没收”。这些过“左”的政策，树敌过多，孤立了自己，使起义只支持几个月便失败了。湖南醴陵地区在 1927 年 11 月暴动后，还实行过“共同耕种、共同消费”的过“左”政策。他们“打破私有制度，凡属田地一概没收”，“牛只肥料犁具猪一概公用”，“真是‘你的是我的，我的就是你的'"。这种农民社会主义的平均政策自然行不通，因此到1928年3月即告失败。1927年12月爆发的广州起义,也宣布了一些过"左"的纲领，如没收一切土地收归国有；杀尽一切地主豪绅；销毁一切田契租约债券；消灭一切田界,等等。1928年年初的湘南暴动,也实行了过"左"的烧杀政策，致使"湘南各县焚杀之余，经济破产，土豪打尽"，部队"自二月抵耒阳时起即未能筹到一文"，在敌人的围攻下不久也失败了。

1927年10月，毛泽东率领湘赣边界秋收起义部队上了井冈山，创建了井冈山革命根据地。经过打土豪、发动群众的准备阶段，到1928年2月，宁冈开始分田，六月龙源口大捷后，土地革命在根据地全面展开。土地的分配，对于发动广大群众支援红军作战，对于根据地的巩固和发展起了极其重要的作用。但是由于没有经验，在土地政策问题上也受了中央过"左"政策的影响。毛泽东在《井冈山的斗争》一文中,曾对这一点作过分析:第一，"对于土地是采取全部没收、彻底分配的政策"。这样做的结果，致使中间阶级与豪绅阶级"同被打击"，"白色恐怖一来，马上反水"。第二，对中小商人等小资产阶级的政策有些过"左"。这项政策在2月前本来是做得比较好的，3月湘南特委代表到边界批评"太右，烧杀太少，没有执行所谓'使小资产变成无产，然后逼迫他们革命'的政策"，于是政策一变，"烧杀虽仍不多，但对城市中等商人之没收和乡村小地主富农的派款，是做得十分厉害的"。"这种打击小资产阶级的过左的政策，把小资产阶级大部驱到豪绅一边，使他们挂起白带子反对我们"，成为根据地经济困难的原因之一。后来毛泽东"逐渐改变这种政策，情形渐渐好些"，特别是在遂川收到了比较好的效果，得到农民及小商人全体的拥护。第三，土地分配的标准开始是"所有乡村中男女老幼，一律平分"，以后"则依中央办法，改以劳动力为标准，能劳动的比不能劳动的多分一倍"。后来的实践证明，以劳动力为标准虽然对于发展生产有利，但无劳动力的家庭只能分到很少的土地，对于争取广大群众是不利的。按人口分配土地是对的，但是将全部土地按男女老幼一律平分，则是一种绝对平均主义的做法。平分土地为贫农雇农所欢迎，但因为是一律平分，中农的土地往往受到侵犯。当时比较好的地方，一是在平分土地中，地主富农也分到了一份同等的土地，给了地主富农以生活出路；二是“以乡为分配土地的单位。山多田少的地方，如永新之小江区，以三四乡为一个单位去分配的也有，但极少”。因为根据地多是山区，居住分散，村子很小，所以主要以乡为分配土地的单位，这以后成了土地革命中一贯的政策。

1928 年 12 月，毛泽东总结一年来土地革命的经验，主持制定了《井冈山土地法》。这个土地法主要作了如下规定：一、“没收一切土地归苏维埃政府所有”，以分配农民个别耕种为主，遇特别情况或政府有力时兼用“分配农民共同耕种”和“由苏维埃政府组织模范农场耕种”两种方法；二、“一切土地，经苏维埃政府没收并分配后，禁止买卖”；三、分配土地之后，除老幼疾病等情况外，“其余的人均须强制劳动”；四、主要“以人口为标准，男女老幼平均分配”，有特殊情形的地方可“以劳动力为标准，能劳动者比不劳动者多分土地一倍”；五、区域标准主要“以乡为单位分配”，遇特殊情形时可以几乡或区为单位；六、乡村手工业工人“得分每个农民所得田的数量之一半”；七、红军和赤卫队战士、政府和其他机关工作人员均得分田，“由苏维埃政府雇人代替耕种”。这是革命根据地第一个土地法，它第一次用法律的形式肯定了农民分配土地的神圣权利，对于推动土地革命的深入开展有重要意义。但是，它也存在一些问题。毛泽东 1941 年为它所加的按语曾说：“这个土地法有几个错误”，“（一）没收一切土地而不是只没收地主土地；（二）土地所有权属政府而不是属农民，农民只有使用权；（三）禁止土地买卖。这些都是原则错误，后来都改正了。关于共同耕种与以劳动力为分配土地标准，宣布不作为主要办法，而以私人耕种与以人口为分田标准作为主要办法，这是因为当时虽感到前者不妥，而同志中主张者不少，所以这样规定，后来就改为只用后者为标准了。雇人替红军人口耕田，后来改为动员农民替他们耕种。”

当时中央的过“左”政策，对其他根据地也发生了影响。在鄂东，1927 年 10 月黄麻暴动后成立的黄安农民政府，一开始便提出了“实行土地革命”，“保护商业贸易，保护中小商人”的“施政纲领”。1928 年第二次黄麻暴动后，便普遍实行“五抗”（抗交租、课、税、债、捐），与没收地主反动派土地财产同时进行。8 月收谷时节，实行“谁种的田归谁收去”，解决了这年的秋收问题。同时鄂东特委在松树岗开会，决定没收地主反动派的土地财产，照人口分给贫农雇农，自耕农（中农）的土地不进不出，富农的好土地也没收，小地主不反动的分以坏土地，但无所有权。这里好的方面，是没有没收一切土地，只没收地主反动派的土地和富农的好土地，中农的土地不动，避免了对富农的过分打击和对广大中农的侵犯。其缺点和错误，一是在消灭地主反动派的斗争中，“将经济上的摧毁、政治上的斗争、武装上的战争、和肉体上的消灭并重”，“放弃了对于有些小反动分子争取的可能”；二是对富农没收的界限不明确。只说富农的好土地也要没收，因富农的土地一般是比较好的，没收多少才合适呢？界限规定不明确，执行上便容易出现偏差；三是规定小地主只分给坏地，且无所有权，这也不恰当。

1928 年 8 月，邓子恢、张鼎丞领导成立了闽西永定县溪南区苏维埃政府，颁布了土地法。邓子恢经过调查研究，提出了没收和分配土地政策与办法：“以乡为单位，即本乡人民现有亲自耕种的土地，作为本乡的土地所有权，归本乡按人口（除反革命分子外）平均分配土地；又用抽多补少的办法（根据各户现耕的土地多少，按全乡每人平均应得的亩数为依据，有多的抽出来，不足的补给他）去实行分配。”他们首先在金沙乡做典型试验，先“进行人口和土地的调查登记，公平合理地分配，分配后写榜公布”，然后“召开群众大会，大家一致通过了，就正式宣布各人分得土地的所有权”。试点取得经验之后，他们立即在全区分配土地，很短的时间中，便在十多个乡、约有两万人的区域内完成了分配土地的工作。他们采取的以原耕为基础，抽多补少的办法，影响面比较小，因而得到了大多数群众的拥护。但是这种以全乡土地按全乡人口平均分配的办法，实质上也是一种绝对平均主义的办法，抽多补少便是实行数量上的平均，容易侵犯中农利益。不过因为闽西“田地平均百分之八十五在收租阶级手里，农民所有田地平均不过百分之十五”，中农很少，平分土地对他们影响不是太大。

在赣东北，1927 年 11 月方志敏领导了弋阳、横峰起义，召开了弋横 5 县党员会议，决定目前中心任务是土地革命，并在以后初步分配了土地。1928 年 12 月成立的信江苏维埃政府，规定了土地分配办法：“（1）以村为单位，平均分配土地。（2）凡是不反对苏维埃的人民均有得土地之权。（3）谁种归谁，抽多补少，抽肥补瘦，好坏均匀。”这说明，他们实行了和闽西相类似的方法。

在湘西，贺龙于 1928 年 8 月率领工农革命军第四军进驻石门、澧县一带，镇压了一批土豪劣绅和清乡委员，领导农民打土豪、烧契约，号召农民分配土地。但是由于敌人的进攻，部队失利，土地分配没有能够实行。

总之，在这个阶段，中国共产党确定了土地革命的方针，制定了第一个土地问题党纲草案，在各根据地实际分配了土地，并在实践中逐步摸索出若干正确的政策，特别是井冈山、鄂东、闽西、赣东北等地的某些成功做法，为以后的土地革命积累了宝贵的经验。

二

从 1928 年 7 月党的六大到 1931 年六届四中全会前后，是党的土地政策发展的第二阶段。

1928 年 7 月召开的党的六大，是党在土地政策上的一个转折点。会议讨论了土地问题，对土地政策和斗争策略作了一系列重要的规定：第一，改变了 1927 年 11 月中央临时政治局扩大会议关于没收一切土地的政策，明确规定“没收地主阶级的一切土地，耕地归农”。这是一项重要的改变，没收对象的问题在这里基本得到了解决。第二，指出工人阶级领导是土地革命胜利的先决条件,而“无产阶级在乡村中的基本力量是贫农”,所以“必须在农民组织上，巩固贫农与雇农的思想上与组织上的领导权”。第三，指出“中农是巩固的同盟者”，“联合中农是保证土地革命胜利的重要条件”，因此应该建立“从雇农起到中农止”的“农民群众的统一战线”。第四，特别提出了正确对待富农的问题，指出富农是“农民资产阶级”，“具有资本主义的与资本主义以前的半封建剥削的性质”，虽然“在农民运动发展的过程中，常表现消极中立或仇视的态度，最后常更快地走入反革命的营垒中去”，但农民与地主阶级的矛盾是主要矛盾，“主要的敌人是豪绅地主”，因此“故意加紧反对富农是不对的”。党支部策略路线是:“在富农还没有消失革命的可能性，因军阀官僚的压迫而继续斗争的时候，共产党应企图吸收富农于一般农民反军阀反地主豪绅的斗争之内。当富农动摇于革命与反革命之间的时期，在不妨碍贫农雇农斗争范围之内，党不应该故意加紧对富农的斗争，使其更快地转入反革命方面去，而变为革命的积极的仇敌。党在目前阶段中的任务，乃在使这种富农中立，以减少敌人的力量。”为了集中打击封建地主阶级，完成民主革命的主要任务，当时对富农采取这种策略是正确的。第五，大会虽然赞成“平分土地”的口号，但认为“同时应加以批评”。大会指出:“这个口号有一种小资产阶级的社会主义的幻想”，党必须使农民完全了解，现在决没有真正平等之可能，只有在无产阶级革命胜利之后才有这种可能，“在中农和小农私有制占农民人口多数的地方，‘平分土地’必将触犯广大的中农的利益，尤其不能强硬施行。”因为平分土地既有革命的一面，又有不利的一面，大会对于这一口号的态度基本是正确的。

大会在土地政策上存在的缺点和错误,主要是仍然规定“土地国有”,“没收的土地归农民代表会议（苏维埃）处理”，农民只有“使用”权。但是总的来讲，六大的一系列规定，基本上是以马克思列宁主义为指导，总结了各根据地土地革命的经验而作出的，是比较符合中国的实际情况的，它使党的土地政策进入了一个新的阶段。

在六大精神指引下，各根据地的土地革命蓬勃开展，并在实践中进一步丰富和发展了中国共产党的土地政策。

1929 年年初，红四军在向赣南、闽西的进军途中，发布了《红军第四军司令部布告》《共产党宣言》和《告商人及知识分子》等布告，4 月毛泽东在兴国主持制定了《兴国土地法》，6 月 3 日占领龙岩后又发布了《红军第四军司令部政治部布告》。这些布告和土地法根据“六大”精神和井冈山、闽西土地革命的经验教训，对土地政策作了一系列具体规定：一、改变了《井冈山土地法》没收一切土地的政策，规定“没收一切公共土地及地主阶级的土地”。毛泽东 1941 年在为《兴国土地法》所加的按语中说：这是“一点重要的变更”，“这是一个原则的改正”。二、宣布在废除农民对地主的一切债务时，“商人及工人农民相互间的债务不在此例”，避免了不加区别地废除一切债务的做法。三、再次申明“乱烧乱杀，在所必禁”，反对了错误的烧杀政策。

1929 年 7 月，在毛泽东指导下召开的中共闽西第一次代表大会，总结了前个时期闽西土地革命的经验，肯定了以前所实行的正确政策，并且作出了许多新的规定，例如《政治决议案》提出：一、“自耕农的田地不没收，田契不烧毁”，对他们“不要予以任何的损失”，这就保障了中农的利益不受侵犯。二、“富农田地自食以外的多余部分在贫农群众要求没收时应该没收”，并且在革命初期，“不没收其土地，并不派款，不烧契，不废除其债务”，这就避免了对富农的过分打击。三、“对农村小地主要没收其土地、废除其债务，但不要派款及其他过分打击”。将小地主和大地主区别开来，这对争取他们暂时中立，集中打击大地主是有利的。四、正式肯定了以原耕为基础、抽多补少进行分配的做法。在《土地问题决议案》中，还规定土豪地主反动派的家属在家并不反动、又无他种方法维持生活者，乡村中工商学各业生活不够者，“得酌量分与田地”，这对于争取反动派家属、稳定社会秩序，都是有利的。

这次会议的缺点，主要是《土地问题决议案》中虽然说了“自耕农的田地不没收”，但又说他们“所耕田地除自食外尚有多余，经当地多数农民要求，得县、区政府批准者，得没收其多余的部分”，这样就容易侵犯中农的利益。另外，没有规定地主本人也应分与土地，给地主以生活出路；对雇农也只是含糊地说“得酌量分与相当数量田地，或者不分”，而没有明确规定应分与土地。但总的来讲，闽西党的一大是一次非常重要的会议，它使中国共产党的土地政策比党的六大又前进了一步。正是在这些正确政策指导下，闽西根据地很快出现了“收拾金瓯一片，分田分地真忙”的大好形势。

1930 年 2 月，毛泽东在江西吉安陂头主持召开了红四军前委、赣西赣南两特委、五六两军军委联席会议，即“二七陂头会议”。这次会议批评了江西省巡视员江汉波不切实际领导分配土地的错误和以劳动力为标准分田的主张，确定了“立即没收土地分与农民”的“快”的原则，从而改变了这个地区土地革命一度停顿的落后状态。这是“二七陂头会议”的重大成绩。但是，会议也提出一些过“左”的政策，如“没收标准不限于豪绅地主，只要真实的群众要求，自耕农的土地亦得没收”。这样便容易侵犯中农的利益。

“二七陂头会议”以后，红四军政治部制定了一个《土地法》，指出“分田以抽多补少为原则，不得采取绝对平均主义，重新瓜分”。这里第一次明确提出反对绝对平均主义的问题，是非常重要的。

在鄂豫皖，中央代表曹壮父 1928 年 12 月来到鄂东传达六大决议，推动了土地革命的开展。1929 年 5 月底至 6 月初，鄂东北特委召开了黄安、麻城、黄陂、孝感 4 县县委和红三十一师师委第二次联席会议，制定了《临时土地政纲》。11 月召开的鄂豫边第一届工农兵代表大会，总结了土地革命的经验教训，又通过了《鄂豫边革命委员会土地政纲实施细则》，对土地政策作了具体的规定。这个《政纲》和《细则》的主要内容是：一、凡豪绅地主、反革命分子所有之土地及一切公产官地一律没收，分配给无地少地之农民、愿耕种之雇农、工人、小贩及其他职业者、红军官兵、革命职业家、退伍士兵和无反动嫌疑的豪绅反动派家属，凡鳏寡孤独残废及无力耕种者也“酌量分配土地”。二、“分配土地之多少以食粮需要（全家人每年需多少粮食吃）为主要条件。在此条件之外，当地如有宽余之土地得依耕种能力分配之”，同时“分配土地不可以土地面积为标准，须以出产多少为标准”。三、“没收和分配时，不得侵犯自耕农利益”，“中农在别乡之土地，交给别乡分配，本乡须以同量之土地分给该中农（如无土地调换则别乡不得分配其土地）”。四、富农“得享其土地”，“有自由耕种权”。它的缺点，主要是只规定“发给得分土地者土地使用证”，而没有明确规定新分得土地的所有权归属问题。

在这个大会之前，11 月还召开了鄂豫边党的第一次代表大会。会上通过的《鄂豫边区第一次全区代表大会群众运动决议案》，强调要“正确地运用党对富农的策略”和“正确地运用联合中农的策略”。对于富农，规定在斗争开始的地方，政策可以适当宽些，在斗争发展的地方（苏维埃区域）：“（一）分配富农剩余的土地。（二）对于反动之富农与地主一样处置。（三）同情革命的富农应有苏维埃的选举权而无被选举权。”对于中农，指出“联合中农是土地革命胜利的保障”，“今后应切实运用各种策略阻止无原则的妨碍中农利益”。

鄂豫皖根据地这一系列规定，基本上都是正确的，特别是只没收地主、反革命分子的土地和富农剩余的土地，中农土地不动的政策，反对了绝对平均主义，保护了中农利益，缩小了社会的波动面，是一条成功的经验。这充分说明，这里不仅正确地贯彻了六大精神，而且进一步丰富和发展了六大的土地政策的内容。

在湘鄂西，1929 年初收到六大决议以后，红四军的行动纲领也明确了。他们打开鹤峰城以后，即建立工农民主政权，派人四处发动群众，分配土地，使武装斗争和土地革命结合起来。12 月，鄂西特委召开了第二次代表大会，通过了《土地问题决议案》，规定“没收豪绅地主阶级的土地财产，归农民代表会议苏维埃处理，分配给无地少地的农民使用”。明确规定:“不动中农的土地”;“土地有余时可分一部分给富裕的中农”。对于富农，也只是规定没收他们“出租的土地”。

在赣东北，信江苏维埃政府于 1929 年 12 月颁布了临时土地法。他们以全部田亩的百分之五十按人口、百分之五十按生产成员的原则进行分配，雇农、兵士、工作人员、手工业工人、孤老残废也一样照人口分了田。在 1929 年冬召集的第一次信江工农兵代表大会上，他们又补充了土地法，规定“分配好土地可以自由买卖，可以出租出典，可以雇人耕种”。

在湘赣边，这时也再次分配了土地。但他们实行了没收一切土地平均分配的做法，土地所有权概属于苏维埃政府，而且规定孤儿寡妇及长期参军的红军兵士均不分配土地。比较好的地方，是对于不反对革命的反动派的家属也分给了土地。

在右江地区，红七军政治部 1929 年 12 月在《土地革命》中规定:“没收地主阶级的一切土地”,部分按人口、部分按劳动力的原则,分给农民耕种,“雇农自己愿意耕种的，要分给土地”。他们在大部分地区取消了重利盘剥，在一部分地区分配了土地，有耕种能力的地主富农也照样分了田。这里的主要缺点是在《土地革命》中规定土地没收后“归苏维埃公有”，仍没有解决土地的所有权问题。

在湘鄂赣、广东的东江、琼崖等地区，这时也没收了地主的土地进行分配。东江在土地法令中还作了“富农不反革命即不没收”的规定。

总起来讲，这个时期各根据地在六大精神指引下，克服了一些过“左”的倾向，实行了比较正确的土地政策，土地革命蓬勃开展，取得了很大的成绩。但是，不久以后便发生了两个大的反复，其一是对富农政策的改变，其二便是“立三路线”的出现。

从 1929 年 9 月以后，中国共产党对富农的政策发生了一个很大的变动。这个变动是由共产国际执委 6 月 7 日给中共中央一封《关于农民问题》的信引起的。这封信批评了六大提出的“不要故意加紧反对富农”和以后提出的“联合富农”的口号，说“中国同志正是这个问题上犯了最重大的错误”，认为中国的富农“在大多数情形之下，都是小地主，他们用更加束缚和更加残酷的剥削形式去剥削中国农民基本群众”，“在农村里，富农分子照例到处都是公开地站到反动势力方面，来反对农民群众底革命斗争”，因而应该组织农民群众反对富农。这封信是共产国际根据苏联在农业合作化中消灭富农的政策而写的，它过分夸大了中国富农剥削的残酷性和反革命性，把他们看得甚至比地主还坏，由此便产生了一系列过“左”的政策，结果给中国的土地革命带来了不良的影响。

接到共产国际的来信以后，中共中央立即作了《接受国际对于农民问题之指示的决议》，承认过去在富农问题上发生了“错误”。《决议》认为，中国的富农“在土地革命的过程中，就是动摇妥协以至反革命。所以党的策略决不应企图联合富农在反封建势力的战线之内，而应坚决地反对富农。”12 月 7 日中央发布“通告”，指出：“富农领导已经成为阻碍斗争之极严重的危险，必须坚决执行反富农的斗争，肃清富农在斗争中的影响。”与此同时及以后一段时间内，党的报刊上错误地发表了一系列所谓反对富农的文章，特别是慕石（王明）的《极可注意的两个农民意识问题》、洪钟的《农村中反富农的斗争》、韶玉（王明）的《再论反富农问题》等文章，系统地阐述了这种思想。此后，党在土地革命中便开始推行过“左”的反对富农的政策。

1930 年 6 月，李立三的“左”倾错误在党内占了统治地位。在此之前，李立三已在各种会议上和文章里提出了一些过“左”的主张。5 月在上海召开的全国苏维埃区域代表会议通过的《土地暂行法》，就明显地体现了他的“左”倾思想，如“禁止一切土地的买卖租佃典押”；主张“组织集体农场”，“实行集体生产”；对雇农“不必分与土地”，如分与土地，“须让他们集合起来，组织集体的农场”。另外，它还规定非农业人口不得分田，对于缺乏劳动力耕种的家庭（如孤儿、寡妇等）“最好采用社会救济的办法”，剥夺了他们分配土地的权利。

根据“立三路线”的主张，鄂豫皖、湘赣等地办了集体农场。鄂豫皖特委提议黄安办 5 个，麻城、黄陂、光山各办 3 个。黄安在长冲和七里坪，选好土地，把原来的农民迁出来，办了两个集体农场。但到 1931 年春中央分局成立以前，集体农场便取消了。在江西，1930 年 8 月召开的赣西南特委第二次全体会议，也贯彻了“立三路线”的过“左”政策。

但是，“立三路线”这些过“左”的土地政策，在推行中受到了以毛泽东为代表的广大干部群众的抵制。1930 年 8 月制定的《中国革命军事委员会土地法》，仍然肯定了过去的一系列正确做法，如雇农及无业游民“应该分与田地”，豪绅地主及反动派的家属、乡村中工商学各业“得酌量分与田地”，失业工人及城市贫民“得酌量在可能条件下分给之”，并明确规定：“为满足贫苦农民起见，应将所有没收田地，尽数分与他们，苏维埃不必保留”，只是“在某种情形之下，得将分不完的部分建设模范农场或临时出租”，这就基本上否定了“立三路线”的过“左”政策。这个土地法的主要缺点，一是它规定“没收一切私人的或团体的”其中包括富农的“田地、山林、池塘、房屋”，对富农的打击过重；二是仍然规定这些东西没收后“归苏维埃政府公有”，农民只有使用权而没有所有权。

11 月，毛泽东在峡江主持召开了总前委与江西省行委联席会议，讨论了土地问题，通过了《土地问题决议案》，指出“中国农业经济主要的形式是小农经济”，“因此土地革命不是马上把这些分割极小的经济单位，集合起来，实行社会主义集体农场的生产，这是经济条件所不许可的”，再一次批评了“立三路线”的过“左”政策。但是这次会议在批评“立三路线”把按人口分配和按劳动力分配并列作为分配标准的主张时，又过分强调了按人口彻底平分的原则。

在这段时间，毛泽东为了解决土地分配中的一些政策问题，作了兴国、东塘等处调查。1931 年 2 月 27 日，毛泽东以中央革命军事委员会总政治部主任的名义，给江西省苏维埃政府写了一封题为《民权革命中的土地私有制度》的信，针对当时农民很少动手耕田的现象，明确指出：“过去田归苏维埃所有，农民只有使用权的空气十分浓厚，并且四次五次分了又分，使得农民感觉田不是他自己的，自己没有权来支配，因此不安心耕种，这种情况是很不好的。省委应该通令各地各级政府，要各地各级政府命令布告催促农民耕田，在命令上要说明过去分好的田（实行抽多补少、抽肥补瘦分的）即算分定得田的人，即由他对所新分的田（疑漏字——引者），这田由他私有，别人不得侵犯，以后一家的田，一家定业，生的不补，死的不退；租借买卖，由他自由；田中出产，除交土地税于政府外，均归农民所有。”这就解决了土地革命中长期没有很好解决的土地所有权问题，纠正了不切合实际的“土地国有”的口号。根据毛泽东的指示，江西省苏维埃政府和闽西苏维埃政府不久都发了布告或通过了决议，明确宣布土地分配后即归农民所有。土地所有权的解决，大大提高了农民的生产积极性。毛泽东曾说：“红色区域在建立的头一、二年，农业生产往往是下降的。但是经过分配土地后确定了地权，加以我们提倡生产，农民群众的劳动热情增长了，生产便有恢复的形势了。”

总之，在这个阶段中，中共中央和各根据地在土地革命中提出了一系列正确的政策，较好地解决了依靠贫农以及没收对象、分田的数量标准和区域标准、土地所有权等问题。在对待中农的问题上，思想上一直是明确的；在对待富农的问题上，六大的精神和鄂豫皖、闽西等地初期的政策也是好的，特别是鄂豫皖和湘鄂西的中农土地不动、只没收地主土地和富农剩余的土地分配给贫农雇农的经验，更是宝贵的。因此，可以认为党的土地革命路线和政策在这个时期开始形成了。但是应该看到，有些政策虽然曾经是比较好的，但后来却改变了，例如对待富农的问题；有些政策虽然正确地提出来了，但实际上并没有得到贯彻，或在实践上走了样，例如闽西在对待中农问题上就是这样。7 月闽西党的一大虽然明确规定只没收地主阶级的土地和富农自食以外的多余部分土地，自耕农（中农）土地不没收，田契不焚毁；但 11 月召开的特委第一次扩大会议却又认为："到了农民全都起来，多数要求平分一切土地时，党应赞助贫农坚决地没收一切土地，焚烧一切田契以巩固党在贫农中的领导权。"这说明闽西党的一大规定的正确政策不仅没有得到贯彻，而且不久就改变了。这种政策上的反复和在实践中不能贯彻的情况，说明党的土地革命路线和政策在这个时期虽然已经开始形成，但还是很不成熟的。正是在这种情况下，后来王明路线的过"左"政策才得以顺利地推行。

三

从 1931 年 1 月党的六届四中全会到 1935 年 12 月瓦窑堡会议前夕，是贯彻王明"左"倾机会主义土地政策的时期。王明路线的过"左"的土地政策，主要是"地主不分田，富农分坏田"，企图从肉体上消灭地主，从经济上消灭富农。为了推行这个政策，他们为以后召开的第一次全国苏维埃代表大会起草了一个《土地法草案》。它的主要内容是：一、被没收土地的地主等"无权取得任何份地"；二、富农的土地"亦须同样没收与分配"，他们"可以分得较坏的'劳动份地'"；三、在基本农民群众愿意和直接拥护下可以实行"平均分配一切土地"；四、本法令应在苏维埃区域和新夺取的疆土内"立即施行"。

1931 年 4 月中旬，王明路线统治的中央派出四中全会代表团到了中央根据地。在他们主持召开的第一个会议上，通过了《接受国际来信及四中全会决议的决议》和《土地问题决议》。他们虽然在事实面前不得不“承认过去的解决土地问题一般的是正确的”，但又决定对于地主家属等“在原则上不分配土地”。闽西苏维埃政府也于6月颁布了《重新分配土地条例》，决定“豪绅地主及其家属的土地彻底清查没收”，“富农的土地同样没收”而另分给以坏田（山田、少水、远田）。

8月21日，苏区中央局通过了《关于土地问题决议案》，正式规定:“在分配土地时，地主豪绅及其家属根本无权分得土地”，“富农可以分得一份较坏的土地”。因为这个决议案仍然肯定了原来的一些做法，所以王明路线把持的中央11月10日发出《中央为土地问题致中共苏区中央局的信》，严厉批评这个决议案“有很多非阶级路线的观点和办法,必须立即加以纠正”，并详细阐述了过“左”政策：一、重申“地主阶级必须彻底消灭，绝对不能分田和租田给他及他的家属，凡是富农的土地都须没收，只有在他们自己耕种的条件下才分坏田给他们”。二、强调“好田必先给贫农雇农”，“不能因巩固与中农的联盟，便要牺牲贫农雇农的利益来迁就中农”，“你们处处以雇农贫农与中农并列，提出绝对平均绝对平等的原则，实际上反变成以中农为中心，使贫农雇农处在绝对不能平等发展的状态下了。这更加失掉无产阶级政党自己的阶级立场”。这封信，使王明路线那套过“左”的土地政策进一步系统化了。

11月，苏区中央局在瑞金召开苏区党第一次代表大会，通过了《政治决议案》，批评“分配土地给一切人”的原则是“模糊土地革命中的阶级斗争”，“犯了富农路线的错误”，重申“富农分坏田”，全面否定了以毛泽东为代表的正确路线和正确政策。在11月于瑞金召开的第一次全国苏维埃代表大会上，又通过了贯彻王明路线的《中华苏维埃共和国土地法》。这个土地法与3月发布的《土地法草案》内容基本相同，个别地方因为在执行中受到广大群众的抵制和反对，不得不作了一些修补，但它仍坚持原有的过

“左”政策，并强调各苏区内已经分配的土地，“如不合本法令原则者则须重新分配”。

在其他根据地，王明路线的过“左”政策也很快得到了贯彻。例如张国焘 1931 年春到了鄂豫皖根据地以后，6 月下旬就在新集召开全区党员代表大会，决定不管是否分配土地的区域，概须发动群众，按新规定来分配，实行“地主富农分坏田”等办法。鄂豫皖军委总政治部发布的《怎样分配土地的宣传提纲》更进一步规定：“平均分配一切土地，地主阶级与富农土地都没收，地主阶级不得取得丝毫土地，富农可以分坏的劳动份地。”

王明路线的执行者到湘鄂西以后，也立即贯彻王明路线的过“左”政策。湘鄂西中央分局 1931 年 5 月 10 日《给中央的综合报告》说：“中央分局成立后，即提出彻底平分一切土地”，“加紧反富农斗争”，“决定立刻没收富农的土地，给以坏的土地”。

曾洪易以中央代表资格于 1931 年 4 月到达赣东北以后，“把富农分到些好田，地主分到田叫富农路线”，“修改土地法，无条件收回地主分得土地，驱逐地主家属，……收回富农分得好地。于是使地主更加反动，富农不满，中农动摇，雇农、贫农陷于孤立”。全国第一次苏维埃代表大会召开以后，省苏维埃第二次执委会修改通过的《土地分配法》也跟着规定：富农的土地“须同样没收”，“只分得较坏的下田，”“被没收的地主无权取得任何土地”。

在湘赣边，1931 年 10 月召开的全省第二次代表大会通过的决议案，也强调“必须重新平分一切土地”，坚决执行王明路线的《土地法草案》，实行地主不分田，富农分坏田。有些地方还“把中农当作富农，以为有田几钱（亩）或两担谷借给别人就当做富农，使中农发生动摇”。

川陕根据地建立以后，开始曾以废除苛捐杂税、减租减息代替没收地主土地，中央复电指示要立即实行分配土地后，也按照王明路线的过“左”政策，规定富农的土地应予没收，“地主就不分土地给他，要他做苦工，富农分坏土地给他，要他自己耕种”，甚至规定富农小孩和妇女“要分最坏的土地”。

但是,王明路线的过“左”政策在贯彻中受到了广大干部和群众的抵制。例如在江西，就是一直拖到“全苏大会颁布了土地法令之后”，才“坚决执行豪绅地主家属不分田，富农分坏田”等过“左”政策。在湘鄂西，夏曦在 1932 年 1 月主持召开第四次党代表大会,推行王明路线的过“左”政策，受到多数代表的反对,其提案一时无法通过,不得不暂时休会。在洪湖地区，“四中全会后的土地政策，虽有变更”，然而“变动甚少”。在湘赣边，“省委主张混合为标准，下级未能很好的实行”，“有些地方负责人对于收回地主家属土地表现‘怀疑’‘顾虑’”。刘志丹、谢子长领导的陕北根据地，因与中央联系不便，一直没有执行王明路线的过“左”政策。

从 1933 年 6 月开始，中央根据地进入了以查田运动为中心的阶段，湘赣、湘鄂赣、赣东北等根据地也相继开展。这年春天，中央政府便在瑞金叶坪乡进行试点。6 月 1 日，中央政府发布了《关于查田运动的训令》。6 月 2 日,苏区中央局又发布了《关于查田运动的决议》(以下简称《决议》)。《决议》指出:“在许多区域中，土地问题还没有得到彻底的解决”，要求各地党组织“检举每一个隐藏着的地主与分得好田的富农，在得到大多数的群众拥护之下,没收地主的一切土地及房屋、农具等等,及收回富农的好地”。《决议》还要求各地党组织把查田运动和肃反与检举运动结合起来，在查田运动中，“清洗一切混入党和苏维埃机关的地主富农的暗探”。6 月至 7 月，中央政府召开了八县苏维埃负责人查田运动大会、八县贫农团代表大会等会议，经过广泛动员，查田运动全面展开。

毛泽东在领导查田运动的过程中，根据长期领导土地革命的丰富经验和广大干部群众的正确意见，对王明路线的过“左”政策尽力地作了抵制和斗争，强调不要侵犯中农利益，“不使中农弄成富农”，“过去弄错了现在翻过来的，如是中农一定要赔他的土地财产”;“富农与地主有分别”，不要把“富农弄成地主”,“消灭富农的倾向是错误的”;规定“查田运动是查阶级，不是按亩查田”，等等。为了指导查田运动正确开展，毛泽东按照阶级分析的科学方法，写了《怎样分析农村阶级》和《关于土地斗争中一些问题的决定》两个文件，于 1933 年 10 月经中央政府通过，作为划分农村阶级成分的标准。这两个文件，对如何划分地主、富农与富裕中农的界限，作了明确的规定，解决了长期以来没有解决的一个重大的政策问题。在 1934 年 1 月于瑞金召开的第二次全国苏维埃代表大会上,毛泽东又提出“依靠贫农，联合中农，限制富农，与消灭地主”的正确的阶级路线，第一次把过去所提的“反对富农”等口号改成了“限制富农”，从而为制定正确的土地革命政策打下了科学的基础。

但是，由于毛泽东当时处于被排挤、被打击的地位，在王明路线统治中央的情况下，他提出的那些正确的土地政策，无法得到贯彻执行。因此，查田运动虽然在毛泽东领导下取得了一些成绩，并尽量减少了王明路线造成的严重危害，但由于总的是在王明路线过“左”政策的指导下进行的，因而仍然发生了很多问题。

查田运动铺开以后的 7、8、9 三个月，运动进行得是比较“左”的，各地出现了不少问题。到 10 月毛泽东主持制定的上述两个文件正式发布以后，各地开始以文件为标准纠正错划阶级成分的错误，运动出现好转。但是 1934 年 3 月 15 日中央政府人民委员会发布的《关于继续开展查田运动的问题——人民委员会训令中字第一号》,却严厉地批评说:“在决定发表后，各地查田运动中又发生了许多严重的问题，许多地方苏维埃政府竟抛弃了继续开展查田运动的工作，而忙于‘纠正’过去在查田运动中甚至在查田运动前的一些过‘左’的错误，并且给了地主富农以许多反攻的机会。”训令决定:“在暴动后查田运动前已经决定的地主与富农，不论有任何证据不得翻案。已翻案者作为无效”；“在继续开展查田运动中，必须坚决打击以纠正过去‘左’的倾向为借口,而停止查田运动的右倾机会主义”,并说,“右倾机会主义是目前的主要危险”。这样，查田运动又出现了反复。

总之，王明路线的过“左”政策，造成了严重的后果。

第一，严重搞乱了阶级阵线，大量侵犯了中农利益。例如在中央苏区，“有些是把仅仅放几百毫子债，请过年把长工，或收几担租谷，而极大部分是靠自己劳动过活的中农，当富农打了，有些甚至完全没有剥削别人，仅仅是多有几十担田山，生活比较丰裕的中农，也当富农打了”，“有些地方把手工业主，商人，‘流氓’，(当)地主富农打了”，甚至“把稍微放点债，收点租，而大部分靠出卖劳动力为一家生活来源的工人当地主打了”。在瑞金城区，“一开始就按家按亩去查，查得中农恐慌，竟有中农跑到苏维埃来请求改变自己的成分。他们请求改为贫农，他们说：‘中农危险得很，挨上去就是富农。改为贫农咧，隔富农就远了点’。”在踏迳区，“插起牌子遍查，查得一部分中农恐慌逃跑，躲到山上”。在湘赣边，“有些地方将富农搞成地主、中农搞成富农，还有查到二、三代，甚至三、四代的，因而将其某些贫农搞成破产地主而没收其他土地财产，开除工作、党籍之事”。甚至“有一个贫农，查成分查了他七代，结果划成了地主”。

第二，把地主富农逼上绝路，增加了革命的阻力。由于不给地主以生活出路，不给富农以经济出路，结果逼得地主富农大批逃跑，“逃出来的替白匪军带路打先锋，没有逃出来的秘密破坏，通消息，造谣离间，因此内应外合”，“从中活动，组织政治土匪”。这种做法，实际上给了反革命以空隙，增加了我们许多困难。

第三，错误地清洗了一批地主富农家庭出身的干部和反对过“左”政策的好干部，打击了广大干部的积极性，损害了党的干部队伍。例如曾洪易在赣东北“大举清查阶级。不顾党员干部的斗争历史，工作的表现，与群众的关系，对党的忠实如何。凡是地主、富农出身的或其子弟，大都无条件地开除党籍撤销工作，给予所谓‘无情打击’。……凡此一切，都认为‘异己分子’”。这种情况在其他根据地也很普遍，如在湘赣边，这些所谓“异己分子”，一旦被查出来，便要“放在劳役队，甚至当作反革命”。即使是出身好的干部，如果不追随王明路线的过“左”政策，也会遭到清洗。如宁化县禾口区土地部长黄衍泮，就是因为反对查田运动的过“左”政策，并且不承认“错误”，就被当作“最坏的分子”清洗出去了。结果搞得人人自危，严重削弱了党和政府的力量。

第四，严重打击了群众的积极性，破坏了生产，造成了经济困难。因为“人人怕上升为富农、小地主，拼命吃穿，不想扩大生产”，所以“生产降低了”。这样，不能不造成粮食的紧张。1934 年 2 月 26 日，中央政府人民委员会作出《关于粮食突出运动的决定》；6 月 2 日，中共中央、中央政府人民委员会发出《为紧急动员二十四万担粮食供给红军致各级党部及苏维埃的信》；6 月 9 日，《红色中华》发表《红军等着我们的粮食吃》的社论；6 月 27 日，中央组织局、人民委员会发出《关于粮食动员的紧急指示——无论如何要在七月十五日前完成二十四万担谷的计划》；7 月 12 日，《红色中华》登出《红军等着二十四万担粮食吃！争取时间！只有五天了》的大标题。这充分说明，当时红军的粮食是多么缺乏和根据地收集粮食是多么困难。第五次反“围剿”斗争的失败，除了王明军事路线上的主要错误以外，与土地革命中实行这种过“左”的土地政策，严重打击了广大群众革命和生产的积极性，造成了根据地经济上的困难，也是有很大关系的。

随着第五次反“围剿”斗争的失败，红军被迫撤出各革命根据地，轰轰烈烈的土地革命不得不告一段落，王明路线那套过“左”的土地政策在大部分地区实际上也宣告结束。

四

从 1935 年 12 月瓦窑堡会议前夕到 1937 年 7 月全国抗日战争爆发，是中国共产党土地政策的转变时期。

1931 年九一八事变以后，中日民族矛盾上升为主要矛盾，全国出现了抗日救亡运动的高潮。这个新的形势，要求中国共产党制定正确的策略，把各个阶层的广大群众组织到抗日反蒋的战线上来。但是，王明路线统治的中央看不到这种客观形势的变化，仍在土地革命中坚持其过“左”的政策。在长征途中，1935 年 1 月召开的遵义会议，在实际上结束了王明路线的统治，确定了毛泽东在中央的领导地位，这就为政策的转变创造了前提。

1935 年 5 月以后，日本帝国主义逐步侵占了华北，并加紧准备侵占全国，而蒋介石政府仍坚持其不抵抗政策。在这个危急关头，中国共产党驻共产国际代表团在共产国际第七次代表大会关于建立反法西斯统一战线思想的指导下，于 8 月 1 日起草了《为抗日救国告全体同胞书》，即“八一宣言”，呼吁建立广泛的全民族的抗日民族统一战线，实行抗日救国十条方针。10 月，红军胜利到达陕北，为土地政策的转变提供了现实可能性，于是，中央在 12 月 16 日作出《关于改变对富农策略的决定》（以下简称《决定》）。这个决定正确地分析了全国政治形势的变化，指出在民族革命战争紧迫的形势下，“富农也可以参加反对帝国主义侵略及豪绅地主军阀官僚的革命，或采取同情与善意的中立态度”，不论哪种情形，对我们都是“有利的”，因此，加紧反对富农的策略“现在已经不适当了”。《决定》还总结了以前土地革命的教训，说：“我们在加紧反对富农的斗争中，常常造成消灭富农的倾向以至影响到中农群众，使他们不安，他们对于发展生产力减少兴趣。”因此《决定》指出：在国民党统治区，“我们应该联合整个农民，造成广泛的农民统一战线，故意排斥富农（甚至一部分地主）参加革命斗争是错误的”。在革命根据地，“对于富农，我们只取消其封建式剥削的部分，即没收其出租的土地，并取消其高利贷。富农所经营的（包括雇工经营的）土地、商业以及其他财产则不能没收，苏维埃政府并应保障富农扩大生产（如租佃土地、开辟荒地、雇佣工人等）与发展工商等的自由。……除统一的累进税外，苏维埃地方政府不能加富农以特别的捐款或征发。”这种政策的改变，对于争取富农参加广泛的抗日民族统一战线，奠定了一个良好的基础。然而，当时对地主的政策并没有及时改变，仍然说“当土地革命深入时，我们应该集中力量消灭地主阶级”，这就与主要矛盾已经转化的情况相矛盾了。

12 月下旬，中共中央在瓦窑堡召开了具有重大历史意义的政治局会议，通过了《关于目前的政治形势与党的任务决议》，批评了“左倾关门主义”，确定了抗日民族统一战线的政治路线和一系列政策。这是中国共产党历史上的一个重要转折点。会后，党中央积极开展抗日民族统一战线的工作，党的策略也从“反蒋抗日”转变为“逼将抗日”。为适应这个转变，1936 年 7 月 22 日，中央根据半年多来形势的新变化，发布了《关于土地政策的指示》，对土地政策作了几项重要的改变：对于地主，规定没收之后，“仍分给以耕种地及必需的生产工具和生活资料”，而且“生活状况很坏的小地主”的土地不没收，“一切抗日军人及献身于抗日事业者的土地，不在没收之列”。对于富农，规定“土地及多余的生产工具（农具、牲口等）均不没收”。这个文件的缺点，是它仍然规定“对于地主阶级的土地、粮食、房屋、财产，一律没收”；对于富农，“如果在基本农民要求之下，实行平分一切土地时，富农土地也应拿出一起平分”，仍与主要矛盾已转变的情况不相适应。但是，这个文件正式纠正了王明路线“地主不分田”、从肉体上消灭地主的过“左”政策，给了地主以生活出路，并且照顾了生活状况很坏的小地主和一切抗日军人及献身于抗日事业者的利益，从政策上鼓励了地主阶级积极参加抗日；对于富农，也从没收他们出租土地的规定变为不再没收他们的土地，这一切，对于建立广泛的抗日民族统一战线都具有重要的意义。

1936 年 12 月西安事变的和平解决，迫使蒋介石基本结束了内战政策，开始了国内和平的新局面。为了巩固初步实现的国内和平，进一步推动国民党转向抗日，中共中央采取了新的重大步骤。1937 年 2 月 10 日，中央发出《致国民党三中全会》电，声明在国民党抛弃内战、独裁和对外不抵抗政策，同意建立抗日民族统一战线的条件之下，中国共产党作出四项保证，其中第四项是“停止没收地主土地之政策，坚决执行抗日民族统一战线之共同纲领”。这项政策，是中国共产党为了和国民党建立抗日民族统一战线作出的一项有原则有条件的重大让步。毛泽东曾说:“为了和平、民主和抗战，为了建立抗日的民族统一战线”，作出“这些保证，是必需的和许可的”。这项政策，完全符合主要矛盾转化了的客观情况，完全符合建立抗日民族统一战线的需要,得到了全国人民的拥护。在国民党五届三中全会上，蒋介石在中国共产党的正确政策和全国人民抗日呼声的逼迫下，不得不在实际上接受了中国共产党提出的抗日民族统一战线的政策。从此，国共两党抗日民族统一战线基本形成。

七七事变和八一三事变之后，全国性的抗日战争正式爆发。为了正确贯彻执行党的统一战线政策，8 月，中共中央在陕北洛川召开了政治局扩大会议，即著名的“洛川会议”，通过了《抗日救国十大纲领》，正式提出了“减租减息”的土地政策。至此，中国共产党正式完全成了从土地革命时期到抗日战争时期土地政策的转变。这种转变，是以毛泽东为首的党中央的正确决定，它对于抗日战争的胜利是一项重要的保证。

五

从第二次国内革命时期中国共产党土地政策的演变可以看出，进入土地革命阶段以后，中央和各革命根据地为了领导土地革命的胜利开展，都在努力摸索符合中国实际情况的土地革命的政策。党的八七会议明确提出了土地革命的任务，11 月中央临时政治局扩大会议制定了关于土地问题的第一个党纲草案，六大及时规定了没收地主阶级的土地和依靠贫农、联合中农、不要故意加紧反对富农等政策。这一些，对于推动全国的土地革命起了重要作用。根据中央的指示，各革命根据地都先后分配了土地，并根据自己的特点，创造了一套土地革命的经验，丰富和发展了中央的规定。总的来讲，毛泽东领导的井冈山和中央苏区的土地革命开展得要好些。它比较早、比较全面地提出了一系列正确的政策，对其他根据地产生了积极的影响。其他根据地也创造了很多好的经验，例如鄂豫皖、湘鄂西等根据地关于中农土地不动，只没收地主土地和富农多余土地分配给贫农雇农的政策。这些好的经验，不能不影响中央苏区的土地革命，对于党的土地革命路线和政策的初步形成，起了极为重要的作用。这充分说明，党的土地革命路线和政策的初步形成，是中央和各根据地在马克思主义指导下共同努力的结果，是整个老一代无产阶级革命家和广大干部群众集体智慧的结晶。

但是，在第二次国内革命战争时期，中国共产党的土地政策问题并没有完全解决。其表现主要有以下几个方面：

首先是侵犯中农的利益。联合中农，是土地革命中最中心的策略。中农的向背关系土地革命的成败。中央和各地的土地法与文件中，虽然一直强调联合中农，团结中农，但实际上这个问题一直没有得到很好的解决。例如：对中农的划分长期没有个明确的界限，往往把富裕中农当成富农而加以打击。南阳会议《富农问题》决议案便是一个典型的例子。陈毅 1931 年曾说："过去党内流行一种替人打工为生，如长工之类为雇农，缺衣缺食为贫农，够吃够穿为中农，有余有剩为富农，以田出租为地主，此一分析有个好处，便是简单明了，人人易懂。但另一方面却包含了不够的地方，现在凡两元以上即打，或二十元至两百元以上即打。……"把"有余有剩"当作富农的标准，就不能不把很多富裕中农甚至中农划成富农。在分配土地时，把中农的土地拿来平分，也会侵犯中农的利益。张如心 1932 年谈到这种情况时说：平分土地"动摇了中农的土地，使一部分的中农在平分一切土地时，他的土地被侵犯了，这是土地问题中一个严重的错误"。特别是打乱平分，对中农的侵犯更为明显。江西省委 1931 年谈到土地革命中一些错误时曾指出:“最严重的是犯了排斥中农和侵犯中农利益的‘左‘倾错误(如中农分坏田,不要中农参加分田,不选举中农参加苏维埃政府等)。”有的地方为了照顾贫农雇农,还过多地增加中农的经济负担。过分地打击富农,也使中农受到影响,引起中农恐慌。正如毛泽东当时所指出的:“对富农不正确观念,也无疑要影响到中农上去。”

其次,对富农打击过重。中国的富农虽然带有半封建性,但一般都自己参加劳动,在这点上它又是农民的一部分。他们在农民群众反对帝国主义的斗争中,一般地可以参加,在反对地主的土地革命斗争中,也可能保持中立,富农的生产在一定时期中,对革命还是有益的。因此,不应把富农看成和地主无分别的阶级,不应过早地采取消灭富农的政策。党的六大对富农的策略基本上是正确的。但是,自从根据共产国际的指示加紧反对富农以后,对富农的政策便越来越左。在王明路线统治下,对富农的打击更为厉害。对富农经济上的过分打击,不仅使他们的状况比中农差,甚至连贫农雇农也不如。毛泽东在《长冈乡调查》中便说:“过去把富农田地、山林、房屋、耕牛、农具一概没收了,只分了些坏田破屋给他们,没有分山。现富农耕牛农具须向人租,富农的现款过去‘罚’的也有,现在‘罚’的也有,无所谓捐。现在富农家况比雇农差。”毛泽东指出:“长冈乡对富农的政策是错误的。”比经济上的打击更厉害的是政治上的打击。有的地方动不动就将一般富农当作反动富农而加以打击,有的甚至把富农当作豪绅地主家属一样驱逐。毛泽东曾指出:对待反动富农“这个问题,在许多地主弄得颇糊涂”。1934 年 5 月 20 日,中央政府人民委员会甚至正式作出了关于编制地富劳役队的训令,决定在军事必要时,可将富农和地主“编入同一劳役队内”。

再次,肉体上消灭地主。地主阶级是民主革命的对象,作为一个阶级应该消灭,对于地主分子个人则应给予生活上的出路。但是,多数地区在分配土地时对地主采取了没收一切土地财产而不分给劳动份地的做法。王明路线统治时期对此作了明确规定。有的地方还将豪绅地主及其家属统统驱逐出境。在查田运动中，一开始便有人提出“把已经查出的豪绅地主一概押到中心区域,编成劳役队”。1934 年 5 月 20 日中央政府的训令正式决定:“地主应编入永久的劳役队”，“在所有战区，进行反革命活动的地主富农应就地处决外，地主的家产全部没收，地主家属一律驱逐出境或移往别处。”对地主的这种肉体消灭政策，只能给革命事业造成危害。

由于第二次国内革命战争时期这些问题在实践上没有得到很好的解决，因而在解放战争时期从减租减息转变到土地改革以后，又一度出现了一些“左”的倾向。中国共产党真正解决土地政策问题，还是在 1942 年 12 月中央会议之后。毛泽东的《目前形势和我们的任务》《在晋绥干部会议上的讲话》，任弼时的《土地改革中的几个问题》等著作，便是党的土地政策成熟的代表作。正因为这时真正解决了土地政策问题，所以 1948 年以后的土地改革，特别是新中国成立以后的土地改革，进行得又快又好，在很短时间内便胜利完成了这个艰巨而复杂的伟大历史任务。

从第二次国内革命战争时期土地政策的演变还可以看出，在土地革命的整个过程中，右的倾向虽然也发生过，但是个别的、短暂的，“左”的倾向则是比较普遍的、经常的。出现这种情况，主要原因是什么呢?

第一，不是从中国土地占有情况和各阶级的具体特点出发，而是教条主义地照搬苏联的经验和做法。这是一系列过左政策产生的思想根源。中国共产党开始搞土地革命的时候，没有什么经验，不知道怎么搞，在这种情况下，学习苏联的一些经验是应该的、自然的。共产国际在对中国土地革命的指导上也是有成绩的。但是学习外国经验和执行国际指示必须结合本国的具体情况，如果脱离实际地生搬硬套，便是教条主义，必然会造成危害。在六大以前，这种教条主义已经存在。由于六大总结了各根据地土地革命的经验，所以六大以后一段时间内，土地政策的制订和贯彻执行比较正常，土地革命也开展得比较好。传达了共产国际关于农民问题的来信以后，这种教条主义又在富农问题上明显地表现出来。到了王明路线统治时期，这种教条主义更发展到了高峰。土地革命的过程充分说明，只有从实际出发，而不是从“本本”或什么人的“指示”出发，才能取得革命的胜利。

第二，用小资产阶级思想指导土地革命运动，这是一系列过左政策产生的阶级根源。由于生活方式和由此而来的思想方法上的主观片面性，小资产阶级在政治上容易左右摇摆，特别容易被“左”的革命词句和口号所迷惑。例如对待地主的过左政策，就是这种小资产阶级思想的反映。又如中农和贫农、雇农平等分配土地的原则，本来是得到了广大群众拥护的，王明路线把持的中央却批评这是“实际上反变成以中农为中心”，“失掉无产阶级政党自己的立场”，主张“好田必先给贫农雇农”，中农分中田。从表面上看，这是在照顾贫农雇农的利益，是很“革命”的，但实际上打击了广大中农群众的积极性，使土地革命不能顺利开展，结果主要受害的还是贫农雇农。在查田运动中结合进行的改造苏维埃，也是唯成份论的产物。有“左”倾思想的人在干部问题上总是要求纯而又纯，结果把很多出身虽然不好，但背叛了原来的阶级，并在斗争中经受了锻炼的好干部看作“阶级异己分子”，从各级苏维埃中洗刷了出去。这种做法虽然看起来也很“革命”，实际上对革命的危害却是非常严重的。

小资产阶级政治倾向的第二个特点，就是容易犯急性病，企图超越历史阶段，混淆民主革命与社会主义革命的性质，一步跨入社会主义。这是土地革命中一系列过左政策产生的一个重要根源。我们是不断革命论者，但同时又是革命发展阶段论者。把仅在将来有实现可能的理想，勉强地放在现时来做，离开了当前的现实性，离开了当时大多数人的实践，就会产生“左”倾机会主义。李立三不顾当时的战争环境和农民的觉悟程度，主张“组织集体农场”，“实行集体生产”，就是根源于这种思想。

第三，中国汪洋大海般的落后的小生产，是一系列“左”倾思想产生的社会基础。土地革命的主要力量是农民。农民作为劳动者，有反封建的革命的一面；但作为小私有者，又有自私、落后的一面。平均主义正是农民这种二重性的反映。这种思想在反封建方面是革命的，但是如果不加以正确的教育和引导，又会产生一些错误的倾向。例如在闽西，关于没收地主阶级的土地和富农自食以外多余部分土地的规定就行不通，原因就在于："穷怕了（的）农民，一旦看得有田分便只知拼命要求分田"，结果便按照占绝大多数的贫农的要求，没收一切土地进行平分。在湘赣边，边界特委虽然提出没收地主阶级土地的主张，实行的却是农民提出的没收一切土地平均分配的办法。在赣东北，平分一切土地的问题"在一切决议案中虽没有显明地指出，但在实际上大多数的地方都是一切土地拿出来平分的"。另外，一些地区之所以一而再、再而三地过重地打击地主富农，除了那种以为越左越革命的思想以外，这种平均主义也是一个重要的原因。毛泽东《在晋绥干部会议上的讲话》，曾专门讲了反对绝对平均主义的问题，他说："土地改革的一个任务，是满足某些中农的要求。必须容许一部分中农保有比较一般贫农所得土地的平均水平为高的土地量。我们赞助农民平分土地的要求，是为了便于发动广大的农民群众迅速地消灭封建地主阶级的土地所有制度，并非提倡绝对的平均主义。谁要是提倡绝对的平均主义，那就是错误的。现在农村中流行的一种破坏工商业，在分配土地上主张绝对平均主义的思想，它的性质是反动的、落后的、倒退的。我们必须批判这种思想。"

我国原来是一个落后的小生产占主要成分的国家。中国共产党不仅是处在这个阶层的广大包围之中，而且从党内来说，小生产者出身的党员也占了大多数，即使工人阶级也难免带有小生产者的痕迹。因此，绝对平均主义、以为越左越革命、宁左勿右等思想很容易滋长和泛滥，过左的土地政策使党在土地革命中多次吃了大亏。这是我们应当认真记取的一条历史教训。

（原载《中国社会科学》中文版 1980 年第 6 期、英文版 1981 年第 1 期，

后收入朱成甲主编、湖南人民出版社1983年出版的《中共党史研究论文选》)

【评文记事】

本文是自己在中共中央党校理论班学习时，听了盖军老师关于土地革命的课受到启发之后，又查阅了大量的档案文献资料写成的。在发表时没有说明这一点，是很不应该的。

过去讲土地革命，一般只讲毛泽东领导的井冈山、赣南闽西和中央苏区，对别的革命根据地很少提到。本文的优点，是对土地革命战争时期中国共产党领导的各个革命根据地都做了考察，并对他们的土地政策做了比较，从而打破了过去那种研究的框框，写得比较全面，并对其中一些问题做了比较深入的探讨。因而发表以后反映比较好，1984年获《中国社会科学》青年优秀论文奖。这也是我写的影响比较大的文章之一。

但是，由于当时看到的材料的限制，对有的革命根据地还没有做出应有的论述和评价，例如对彭湃领导的海陆丰革命根据地，论述得就比较少。事实上，海陆丰革命根据地是各个革命根据地中开展土地革命最早的，1927年11月召开的海丰县工农兵代表大会通过的《没收土地案》，也是各个革命根据地最早制定的土地革命的法规，其中规定的土地政策是比较好的。本文没有对海陆丰革命根据地的土地革命和土地政策加以充分的论述，是一个缺陷。

由于当时对毛泽东的个人迷信还比较浓厚，因而自己在写这篇文章时存在很多顾虑，对毛泽东的功绩谈得比较多，对他的错误则谈得比较少，例如他1930年6月在福建长汀南阳主持召开的红四军前委和闽西特委联席会议，即“南阳会议”通过的《富农问题》决议案，是当时各个革命根据地贯彻共产国际和中共中央关于严厉打击富农政策的一个非常典型的文件，本文却没有重点加以分析，这也是本文的一个缺陷。后来以此文为基础改写成的《中国近现代农民土地问题研究》第三章第二节《土地革命战争时期的土地革命》，就弥补了这些缺陷，写得比这篇文章全面和客观。

本文在收入朱成甲编的《中共党史研究论文选》中册时，作了部分修改。这里仍按原稿，只是为了全书体例统一，对行文和数字、注释、标点等作了规范化处理，但很多注释仍不够详尽。

关于红军长征史研究中的若干问题

对于红军长征史的研究，学界历来十分重视，研究得也很充分。但是，有的问题还不是很清楚，写得还不是很准确，还有继续研究的必要。下面，就谈谈自己对几个问题的看法。

一、“长征”一词最早是什么时候提出来的

1934 年 10 月红一方面军突围转移时，并未使用“长征”一词，当时的说法是“转移”“突围”“西征”。那么,是什么时候使用“长征”这一名词的呢？有的学者认为，“长征”一词是王明于 1934 年 11 月在莫斯科向苏联外国工人出版社中国部全体工作人员做报告时第一次使用的。但王明所使用的“长征”概念，指的是红七、红六军团的突围转移，并不是指红一方面军的战略大转移。1935 年 6 月 10 日,《前进报》第 1 期刊载博古的署名文章《前进！与红四方面军会合去！》,把红军的行动称为“长途远征”,开始有了“长征”概念的内涵。6 月 12 日,张国焘、徐向前、陈昌浩在给毛泽东、周恩来、朱德的报告中指出,“西征军（指中央红军）万里长征，屡克名城，迭摧强敌”，这是目前所见文献材料第一次将中央红军的行动称为“长征”。因为这份报告结尾署名“向前代草”，所以最早提出“长征”以及“万里长征”概念的是徐向前。到 7 月 10 日,《红星报》在第 25 期社论《以进攻的战斗大量消灭敌人创造川陕甘新苏区》中开始使用“万里长征”一词。此后,随着中央红军战略转移距离的不断延长,“长

征”的定语由“万里”逐步增大。10 月 19 日红一方面军胜利到达陕北吴起镇，毛泽东在对萧锋的讲话中第一次明确提出了“二万五千里长征”的概念，说红军长征共经过了 11 个省，“根据红一军团团部汇总，最多的走了二万五千里”。1935 年 11 月 13 日，中共中央在《中国共产党中央委员会为日本帝国主义并吞华北及蒋介石出卖华北出卖中国宣言》中明确提出：中国工农红军“经过二万五千余里的长征，跨过了十一省的中国领土，以一年多艰苦奋斗不屈不挠的精神，最后胜利地到达了中国的西北地区，同陕甘两省原有的红军取得了会合”。这是目前最早使用“二万五千里长征”概念的文献。从此,“长征”“二万五千里长征”，就为人们所熟知了。

但有的学者认为，“长征”一词是进入川西少数民族地区以后，红军总司令朱德在 5 月 22 日于冕宁发布的《中国工农红军布告》中最早使用的。这个布告写道：“红军万里长征，所向势如破竹。今已来到川西，尊重彝人风俗。真正平等自由，再不受人欺辱。希望努力宣传，将此广播西蜀。”也有的学者认为，“长征”一词是红军总政治部主任王稼祥、副主任李富春在 1935 年 2 月 23 日于贵州发布的《告工农劳苦群众书》中最早使用的，该文件说：“我工农红军从江西转移作战地区，长征到川贵边地域……。”

从上面的考证可以看出，王明虽然最早使用了“长征”一词，但他指的是红七、红六军团的突围转移，并不是指红一方面军的战略大转移。真正用“长征”一词称呼红一方面军的战略大转移，始于红军总政治部 1935 年 2 月 23 日于贵州发布的《告工农劳苦群众书》和朱德 1935 年 5 月 22 日于冕宁发布的《中国工农红军布告》。至于“二万五千里长征”，那是红一方面军长征胜利到达陕北以后才开始使用的。

二、红军长征的原因是什么

关于红军长征特别是红一方面军长征的原因，过去都归于“左”倾教条主义的危害，以及由它导致的第五次反“围剿”作战的失败。但有的学者认为，红军之所以进行长征，主要原因是经济问题。认为“左”倾冒险主义控制苏区后，其在政治、经济、军事各方面的错误使苏区由盛到衰，最终导致战争资源枯竭，红军失去立足之地。具体来说，其错误表现在以下几方面。一、“左”倾的土地、经济政策使苏区工农业生产发展受到限制；二、财政政策的失误导致苏区财政拮据，红军给养失去有力保障；三、苏区连年出现的粮荒使红军军粮常处紧张状态之中；四、庞大的军政队伍超过了苏区的负荷能力；五、不能有效打破敌人的经济封锁使苏区物资短缺现象十分严重。“上述情况表明，土地革命后期，在各种因素的共同作用下，苏区经济已经到了枯竭的边缘，红军除了转移，易地求食外，别无它途”。还有的学者认为，红军长征的根本原因是当时中国国内政治形势的变化：一、国民党新军阀统治在全国确立，蒋家王朝“大一统”局面出现，使中央红军和中央革命根据地存在和发展的一个重要条件消失，红军只有转移方能生存下去。二、共产党的政治主张逐步深入人心，红军和革命根据地日益发展壮大，及其所处的地理位置，有危及蒋介石统治之势。故蒋必欲花大力气消灭之。为保存和发展革命力量，红军必须转移。三、九一八事变后，中共及其领导下的红军为了挽救民族危亡，实现“北上抗日”的战略目标，不得不相应调整政策，实施转移。有的仍然认为，北上抗日是红军长征的大目标。

关于红军长征是为了北上抗日的说法，很多学者已经提出异议，指出那不过是一个宣传口号，求生存才是红军长征的真正目的。时局的变化，蒋介石必欲歼灭之等等，也并不是长征之前才出现的，蒋介石早就想将红军彻底歼灭之。至于经济原因，确实是红军长征的一个重要原因。因为革命根据地一般都是人口较少的落后地区，连年的战争已经使这些地区财源枯竭，没有办法再支撑下去。但这也不是红军长征前才出现的现象，经济的困难在长征之前早已出现了。因此，它也不是导致红军长征的直接原因。笔者认为，红军长征的直接原因还是军事的失败，经济的枯竭等是红军长征的深层原因。

三、红军长征是不是“战略转移”

长期以来，都说长征是一次“战略转移”。但有的学者认为不能这么说，理由如下：一、所谓“战略转移”，是指改变原来的战略方针而实施的大转移，而红军退出中央苏区时，并没有改变原来的战略方针，仍然坚持从前去湘鄂西的既定方针，与红二、六军团会合。二、战略转移必须是主动的、适时的、有计划、有步骤进行的，是有准备的行动，而当时中央红军在“左”倾错误领导下退出苏区时是被迫的、准备不充分的仓促行动，是不得已所为，故不能称之为战略转移，应称之为“大转移”更为准确。但有的学者对长征的评价很高，认为是中国共产党先后进行的第二次重大战略转移：第一次是社区性的转移，即将革命从城市转入农村；第二次则是地缘性转移，即通过长征将革命大本营从南方转到北方。

笔者认为，对这个问题可以从两个方面进行分析。从各路红军长征出发的动机方面来看，都不是主动的，而是被迫的；不是战略的改变，而仅仅是为了生存，因此不应该称为战略转移。但从客观上来说，各路红军经过长征，从南方转移到了北方，把革命的重心从南方转移到了北方，确实形成了一次战略转移。

四、红一方面军是什么时候开始长征的

关于这个问题，似乎已成定论，即 1934 年 10 月从江西出发开始长征的。但近年有的学者提出新的看法，认为黎平会议前的红军突围转移是“西征”而不是长征，“西征”和长征无论是在战略方向、实际领导还是在其评价和结果上都根本不同。黎平会议是中国革命转危为安的根本转折，是长征胜

利的起点。因此，黎平会议才是红军长征的开端。笔者认为，黎平会议虽然在红一方面军长征的历史上具有重要的地位，但黎平会议后的长征是西征的继续，不能把西征和长征截然分开，红一方面军的长征还是以 1934 年 10 月从江西开始比较合适。

至于红一方面军在江西是何时从何地开始长征的，也存在着争论。有的学者认为应以中革军委在瑞金发布长征出发命令和中央红军首脑机关离开瑞金出发为标准，因此红一方面军的长征是 1934 年 10 月 10 日从江西瑞金开始的。有学者认为，红一方面军长征开始的时间和地点应以红军在集中地队伍开始移动即渡过贡江为标志，因此，红一方面军长征开始的时间是 1934 年 10 月 17 日至 20 日，出发地点是于都河（ 贡江 ）北岸（ 以于都县城为中心 ）。还有的以红一方面军的集结地作为红军长征开始的地点，例如有的学者认为长征的出发地不只一处，红军是分别从福建的长汀、宁化，江西的瑞金、于都等地出发的。石仲泉认为，红军各部和中央机关分驻不同地方，接到转移命令后离开所在地。就此而言，这就是他们各自开始长征的出发地。但是，他们又不是从所在地直接离开中央苏区各自长征的，而是奉命都先到于都集结，作好最后的准备，然后才统一地离开中央苏区开始长征。因此，红一方面军的长征应该以离开最后的“集结出发地”于都为标志，同时不否认其他地方也是红军长征的“出发地”。在这个问题上，笔者同意石仲泉的意见，即应该把红一方面军离开最后的“集结出发地”于都作为长征开始的标志，但也不否认其他地方如瑞金、宁化等，也是红一方面军长征的出发地之一。

五、遵义会议是不是确立了毛泽东在党内军内的领导地位

长期以来，为了突出遵义会议的意义，都说这次会议确立了毛泽东在党内军内的领导地位。关于遵义会议的档案在 20 世纪 80 年代公布以后，很多

人看到毛泽东在遵义会议上只是被选为中央政治局常委，并不是党的主要负责人，会后确定的党的负责人是张闻天；他也不是军事上的最高负责人，在军事上仍然由周恩来负责，后来新成立的“三人团”也是以周恩来为团长，于是加上“实际上”或“事实上”3个字，说遵义会议“实际上”或“事实上”确立了毛泽东在党内军内的领导地位，这实际上是后退了一步。后来很多学者还指出，毛泽东在党内军内领导地位的确立是一个过程，遵义会议不过是一个起点。因此，在我2001年主编的《中国共产党的历程》第一卷中，改成遵义会议“开始了以毛泽东为核心的党中央对中国革命的正确领导”。

后来，有的学者又提出了新的看法，认为“遵义会议确立的是以张闻天为首的党中央的集体领导。毛泽东作为这一集体的一员起了特别重要的作用，但并未成为核心”。刘晶芳在《对遵义会议组织变动的再认识》一文中，还列举了毛泽东、周恩来等对张闻天领导地位的肯定，例如1964年4月16日，毛泽东在一次讲话中提到，我们党的历史上有五朝领袖，第五朝是洛甫（即张闻天）。同年7月10日，毛泽东在接见佐佐木更三、黑田寿男、细迫兼光等日本社会党中、左派人士的谈话中，又讲到五朝领袖，说第四代是张闻天。周恩来在1967年7月12日的谈话中也谈到党的五任领袖，说“第五任是张闻天，他当了10年总书记”。周恩来还在1972年7月5日的一次谈话中说道：“我们在扎西川滇黔三省交界叫‘鸡鸣三省’地方住了一天，把博古换下来，张闻天当总书记，我印象很深。”1978年12月中共中央批准的《关于“六十一人案”的调查报告》中也说：“1936年，张闻天同志是中央的总书记，他的批复应该看作是代表中央的。”1979年8月25日，邓小平在代表中央对张闻天所致的悼词中说：“就在这次会议上他被选为党中央总书记。”上海辞书出版社出版的《辞海》，关于张闻天的词条中也明确地写着：“1935年遵义会议上被选为中共中央总书记。”刘晶芳认为，上述史料说明，在相当长的时间里，张闻天从遵义会议开始当上党的总书记是公认的，党史上确有以张闻天为首的党中央。

既然毛泽东、周恩来等中央领导人和邓小平代表中共中央作的悼词中都承认张闻天在遵义会议后是党的总书记，我们为什么还要加以否认呢？虽然毛泽东遵义会议后在党内军内的集体领导中起了特别重要的作用，但既然张闻天是遵义会议后党的总书记，周恩来是遵义会议后党内军事上的最高领导人，就不能说遵义会议“确立了毛泽东在中共中央和红军的领导地位”。现在有的权威党史著作仍然这样说，并在列出遵义会议后新成立的“三人团”的名字时仍然把毛泽东排在周恩来的前面，笔者认为是不恰当的。事实上，正如很多学者所指出的，毛泽东在中共中央和红军中领导地位的确立，是一个很长的过程，遵义会议不过是一个起点而已。就拿军事领导职务来说，直到 1935 年 8 月周恩来病重，8 月 19 日中共中央政治局常委会议决定“由毛泽东负责军事工作”，毛泽东才掌管了党内的最高军事领导权，形成“毛主周辅”的军事领导体制。而在党内，毛泽东成为最高领导人那更是以后的事。因此，不能再继续说遵义会议“确立了毛泽东在中共中央和红军的领导地位”。

当然，也有不担任最高领导职务而确立领导地位的情况，就像中共十一届三中全会后的邓小平，他虽然没有担任中共中央的最高领导职务，但实际上重大问题都由他说了算，是中共中央最重要的领导者。遵义会议后的毛泽东和十一届三中全会后邓小平的情况有些类似，但也不完全相同，即还没有形成完全由他说了算的局面。因此，遵义会议后毛泽东在中共中央和红军中的领导地位虽然越来越突出，还不能说遵义会议“确立了毛泽东在中共中央和红军的领导地位”。

六、陈云的《(乙)遵义政治局扩大会议》手稿是不是传达提纲

关于陈云《（乙）遵义政治局扩大会议》的手稿，1985 年中共中央党

史资料征集委员会和中央档案馆编辑的《遵义会议文献》根据陈云认定，说是1935年2月或3月写成的遵义会议扩大会议传达提纲。但一些长期从事档案研究的同志对此有不同看法。齐得平等人认为手稿中有明显的不宜向下传达的内容：一是会议明确规定决议到支部讨论时，指出华夫即李德的名字；在团以上的干部中才能宣布博古的名字。而手稿不仅点了李德、博古的名字，还点出了周恩来的名字，甚至还写了凯丰不同意毛泽东、张闻天、王稼祥的意见；二是缺少应当传达的内容，如决议最后四段激励广大指战员认清形势、鼓舞斗志、增强信心的话；三是出现了一段在当时不可能有的对决议的批评，如认为决议只在一些比较抽象的条件上来决定根据地，没有具体的了解与估计敌情与可能，没有讲清达到这个目的的具体步骤。因此，他们认定陈云的这份手稿不是传达提纲，而是他1935年10月在莫斯科为向共产国际执委书记处报告中央红军长征经过和遵义会议情况写的汇报提纲的一部分，也就是说，提纲包括《（甲）英勇的西征》和《（乙）遵义政治局扩大会议》两部分。笔者认为，他们的分析是有道理的，《（乙）遵义政治局扩大会议》确实不像向下传达的提纲，而是向共产国际汇报提纲的一部分。

七、“四渡赤水”是不是“真如神”

长期以来，为了突出毛泽东的功绩，把毛泽东指挥的“四渡赤水”之战极力拔高。有的学者对此提出了不同看法，争论较大的主要是两个问题：

一是“四渡赤水”能不能称为战役？有的学者说四渡赤水并不是一个完整的战役，四渡赤水各有各的决策过程，属于一个时间段内的多次作战行动。有的学者还提出，战役应具备5个条件：（一）有一定的战略目的；（二）有统一的作战计划；（三）有一定方向上的行动；（四）在一定时间内行动；（五）包括若干次战斗。而四渡赤水只符合第5个条件，因此四渡赤水只能说是长征中的一个重要历史阶段，不能称为战役。

二是“四渡赤水”是不是“神来之笔”？有的学者认为并不都是“神来之笔”，因为四渡赤水战役中，红军有4个失误：战略行动上，不适当地强调进攻；渡江战略方针的制定实施，一开头就遇到了麻烦；一次关键性战斗受挫（土城之战），使红军一度丧失主动权；以己之短，击彼之长如鲁班场战斗。有的学者还说，四渡赤水的前三次与第四次的指挥风格与作战结果截然不同，真正由毛泽东指挥并体现其风格和精髓的应该是第四次渡赤水，即奇袭贵阳，因此对四渡赤水不能一概而论。

对于红军在四渡赤水中的失误甚至失败的原因，有的学者也作了分析，认为是对战略退却的现实缺乏足够的理解；未能始终如一地发挥运动战的特长；对实际情况了解不够，对困难认识不足；等等。有的学者还说，土城之战和一渡赤水仍是“左”倾影响在军事上的惯性表现，是遵义会议在组织上、军事指挥上转变的不完全性。有的学者还提出，对于四渡赤水战役的意义应给予客观的、一分为二的评价：四渡赤水的胜利证明了以毛泽东为核心的新的中央领导确能挽救危机中的红军；同时，四渡赤水的部分失利也说明了新的中央领导同样是人，而并非后人所说的是“如神”。

我也认为，四渡赤水只是连续的几个战斗，并不是一个完整的战役，因此不应再称为战役。至于对四渡赤水的评价，应该客观，还其历史的本来面目，不应该过多地溢美、拔高。

八、关于张国焘的“密电”问题

关于1935年9月9日张国焘发给随右路军行动的原四方面军总政委陈昌浩的“密电”问题，是长期以来争论不休的一个重大问题。

最早提出有这个密电的是毛泽东，但他没有说要“武力解决”。后来，关于“密电”中有“武力解决”内容的说法就多起来了。1981年，王年一在《党史研究资料》第12期发表《关于张国焘要“武力解决”中央密电的质疑》，指出至今没有找到张国焘要“武力解决”的电文，中央批驳张国焘关于反对一、三军团北上的言论中，也从未指出张国焘有过这样的密电。因此，“似可得出‘武力解决’之说并不可靠的结论”。不久，吕黎平在《党史研究资料》1982年第5期发表《对〈关于张国焘要“武力解决”中央密电的质疑〉的回答》，坚持这个“密电”是存在的。后来争论就越来越多，一是有没有这个“密电”；二是“密电”的内容究竟是什么？中共中央党史研究室在撰写《中国共产党历史》上卷时曾就这个问题请示中央，中共中央党史领导小组的意见是有这个“密电”，但“武力解决”的内容查无实据，应以毛泽东1937年批判张国焘时的发言为准。所以，中共中央党史研究室撰写的《中国共产党历史》上卷，就肯定有这个“密电”，内容按1937年批判张国焘时发言的提法，说是“南下，彻底开展党内斗争”。

但是，争论并没有停止。从2003年11月到2004年1月，范硕在《中华儿女》杂志连载了《红军长征中的“密电事件”揭秘》，引用了大量的回忆材料，说明1935年9月9日张国焘命令右路军“南下，彻底开展党内斗争”，甚至“武力解决”的密电是存在的。接着，朱玉、王年一在《西北师大学报（社会科学版）》2004年第6期上发表《也谈长征中的“密电”问题——请教范硕同志》的文章，认为张国焘命令右路军南下的电报是有的，但所谓“武力解决”或“南下，彻底开展党内斗争”的密电根本没有，无论是党的有关决议、历史文件，都证明这个密电是不存在的。

对于这场争论，石仲泉提出了三点看法：第一，应当承认有“密电”，这是毋庸置疑的历史。第二，“密电”的核心内容是“南下，彻底开展党内斗争”。第三，对“密电”问题不宜“炒作”。因此，中共中央党史研究室2002年出版的《中国共产党历史》第一卷上册虽然写了“密电”两字，但没有再写“南下，彻底开展党内斗争”的内容，只说“企图分裂和危害党中央”。前几年胡绳谈到这个问题时曾说，对这个问题要从政治上看，电报不一定讲得很明白，毛泽东的政治敏感性特别强，看出了电报中的真正用意。笔者认为这个分析是有道理的，即原来说的密电不一定有，但毛泽东担心张国焘会对红一方面军不利，于是就连夜北上了。

九、应该重视其他几支红军的长征

过去讲长征，一般是讲红一方面军的长征，对红二、四方面军和红二十五军的长征讲得很少。事实上，红二方面军和红二十五军的长征是非常成功的。

红二十五军的长征从 1934 年 11 月开始到 1935 年 9 月结束，时间虽然比红一方面军少两个月，路程也比红一方面军短得多，但同样艰苦。经过将近一年的转战，人数不但没有减少，反而增加了，即从出发时的 2980 人增加到了 3400 人，而且在长征途中成功地建立了鄂豫陕革命根据地，坚持了半年以上时间。经过长征，红二十五军由孤军成为劲旅，由偏师成为先锋，为红一、红二、红四方面军会师陕北作出了历史性贡献。因此，对红二十五军长征的成功经验，应该很好地加以总结。

红二方面军的长征同样是成功的。有的学者指出，红二方面军的长征具有以下几个显著的特点：一是红二、红六军团是在其他主力红军长征后，唯一留在南方、并完成了策应中央红军战略转移的任务后才开始北上长征的；二是红二、红六军团是在战略转移中根据实际情况逐步确定战略行动方针，以逐步转进的方式完成长征的；三是红二、红六军团是以大规模的运动战、游击战突破敌人的重兵围堵的。尤其是在贵州的乌蒙山区，红二、红六军团面对 130 多个团的敌人的围追堵截，采用“盘旋打圈子”的战术，与敌人来回周旋了 1 个月，转战 1000 余里，克服了无数艰难险阻，终于跳出了敌人的包围圈。三大主力红军会师后，朱德曾高度赞扬他们说：“你们是集运动战、游击战之大成。”另外，红二、红六军团在长征途中还建立了临时根据地，使人员和粮食、资材得到及时的补充。仅在贵州的黔大毕地区，就扩大了6000余名新战士，这不能不说是一个奇迹。综上所述，红二方面军长征在整个红军长征中起到了与众不同的特殊重要作用。因此，对于红二方面军长征的成功经验，应该很好地加以总结。

对于红四方面军的长征，过去由于张国焘的错误而讲得不多。有的学者已经指出，不能因为张国焘搞分裂主义而否认或抹杀红四方面军的功绩，红四方面军创建了川陕革命根据地，支援和策应了中央红军、红二方面军和红二十五军，为长征的胜利作出了贡献。石仲泉也认为，红四方面军在长征中的确作出了很大贡献：一是对中央红军北进川西发挥了重要的策应作用；二是对中央红军克服物资匮乏、补充兵员起了巨大的支援作用；三是在所经过地区发挥了强大的“宣传队”作用；四是在所经过地区也发挥了“播种机”作用；五是壮大了党领导的革命军队力量。事实上，红四方面军的指战员和其他红军一样英勇，在有的路段上甚至更为艰苦。例如很多指战员是三过雪山草地，留下了很多动人的事迹。因此，对于红四方面军的长征应该同样加以重视。对于红四方面军在长征中的英勇斗争的事迹，应该同样地大力宣传。

十、红军长征的路程究竟有多长

2003年年底，两位英国人——马普安和李爱德在重走长征路后，声称：“‘长征’其实不到官方长期宣传里程的2/3，大约3700英里(约6000公里)。”李爱德还对媒体记者说，如果要说二万五千里，也许就得把当时红军其他方面军所走的路程加在一起。国内很多学者都不同意他们的看法。例如有的学者从“二万五千里”的提出过程入手，对萧锋当时所在的红三军团和红一军团直属队行军情况和陈伯钧、童小鹏、萧锋的长征日记记录的行军里程进行比较分析，认为“二万五千里”的结论是完全符合历史事实的，并指出在计算红军长征行程时，有几个重要因素是绝对不能忽视的，如缺少地图走错路等。

但应该指出的是，二万五千里是指红一方面军中的部队走的最多的路线，并不是红一方面军全部都走了这么长的路线。1935 年 10 月 19 日毛泽东在对萧锋的讲话中就说“根据红一军团团部汇总，最多的走了二万五千里”。

还应该指出的是，二万五千里是指红一方面军走的路线，并不是所有红军都走的路线。有的文章已经指出，红二方面军走了两万余里，红四方面军走了一万余里，红二十五军走了不到一万里。如果将四支红军长征走的路线全部加起来，应该是约六万五千里。

十一、三大主力会师后究竟有多少人

对于三大主力会师后红军还有多少人，一直没有一个准确的说法。有的学者说，当年解放军档案馆后方档案库副主任和查对工作的具体组织者刘铁林，曾撰文披露 1981 年 5 月讨论《历史问题决议》（草案）时军委办公厅责成解放军档案馆对这一问题进行查对，计算的结果是：红二十五军于 1935 年 8 月到达陕北的总人数为 3400 人；红一方面军于 1935 年 10 月到达陕北的总人数为 8000 余；红二方面军（含红九军团）和四方面军（红四军、红三十一军）于 1936 年 11 月到达陕北的总人数各为 1.1 万；以上合计为 3.3 万余人。但这里边没有包括红四方面军的红九军、红三十军、方面军总部和直属部队，以及由原红一方面军的第五军团和原红四方面军第三十三军合并而成的红五军。这些部队后来虽然西渡黄河，组成西路军，并于 1937 年春失败，但也应该算在三大主力会师的人数之内。根据秦生考证，西路军总人数为 21000 余人。另外，也没有加上陕北红军的人数。红二十五军到达陕北后，与陕北红军合编为红十五军团，共 7000 多人。那就是说，陕北红军至少有 3600 多人。如果加上这些部队，红军三大主力会师时的人数，就应该是 58000 多人。事实上，到三大主力会师时，红十五军团和红一方面军都进行了扩编，人数都有增加。所以，在三大主力会师时，红军的总人数应该在 6 万至 6.5 万人左右。

（原载《安徽史学》2007 年第 1 期）

【评文记事】

这是提交 2006 年 10 月中共党史学会党校系统教学专业委员会在兰州召开的红军长征史学术研讨会的论文。2009 年 12 月，此文获第四届张静如中共党史党建优秀论文一等奖。此次收入对两个地方作了一些修改补充。

国民党军队追堵红军长征的部署与红军的战略方针

力量弱小的中国工农红军，在十分不利的情况下，终于冲破几十万国民党军队的围追堵截，克服数不尽的艰难险阻，会师陕甘，胜利结束长征，打开了中国革命的新局面，这确是人类历史上的一大奇迹。

当时，国民党拥有全国的政权和数以百万计的军队，费尽心机要围歼红军于长征途中，为什么最后以失败而告终呢？在五次反“围剿”中失败了的红军，为什么又能一路冲破国民党军队的围追堵截呢？除了其他诸多原因之外，国民党军队战略部署的不当与红军在大部分时间内战略方针的正确，无疑是一个重要的原因。一部红军长征史，不仅是红军与国民党军队力量与意志的较量，更重要的是智慧与战略方针的较量。

一

国民党军队追堵红军长征的第一个阶段，从 1934 年 10 月至 12 月，主要企图围歼中央红军于湘粤赣边境、湘江以东及以西地区，并企图围歼红二十五军于桐柏山区及入陕途中。

1934 年 10 月 10 日，中央红军开始长征。蒋介石得知消息后，对红军的意图曾一时捉摸不透。待中央红军突破第一道封锁线后，南昌行营急令西路军主力加强碉堡封锁，北路军之第六路军（薛岳）、第八纵队（周浑元）准备尾追，南路军主力立即尾追，并与西路军取得联系，务将红军“歼灭于湘、粤、赣边境地区”。这时蒋介石的打算是，以其主力由北向南压迫，迫使中央红军进入广东，而后由薛岳部尾随入粤，既消灭红军，又铲除陈济棠的地方势力，以实现其一箭双雕之计。但是，由于周恩来等红军领导人利用陈济棠同蒋介石的矛盾，已同陈济棠达成一项秘密协议，中央红军顺利通过第二、三道封锁线，进入湖南临武、兰山一带，使蒋介石的如意算盘未能实现。

1934 年 11 月 6 日、14 日，南昌行营根据中央红军的迅速西进，判定中央红军必循红六军团西征故道，沿五岭山脉“经桂北、黔东，向川南窜犯，图与川北之徐向前股及湘西萧、贺股匪，互成掎角之势。再行相互策应，制我川中”，“且行动必速”。因此总的部署是“乘各股匪军尚未聚集之前”，“分途围剿，各个击灭之”。为对付中央红军，蒋介石于 11 月 13 日任命何健为追剿军总司令，所有原西路军各部队及北路军第六路军薛岳部、第八纵队周浑元部、第五十三师李韫珩部、第二十三师李云杰部均归其指挥，同时电令贵州“剿匪”总指挥王家烈、广西“剿匪”总指挥白崇禧，各派有力部队分至湘黔、湘桂边境堵剿，务歼灭红军“于湘水、漓水以东地区”。第二日，何键将所辖部队分为五路追剿军，立即调整了追堵的部署。由于桂系军阀既害怕红军入挂，又害怕国民党中央军入桂，因此将主力南撤，让出了一条空隙，从而使中央红军先头部队迅速渡过湘江。但是，由于“左”倾领导者采取了大搬家的错误方针，红军带着大批的坛坛罐罐，行动缓慢，而且前后相距太远，后续部队未能过江时，湘、桂军便联合发动全面进攻，致使部队受到惨重损失，由出发时的 8 万多人减至 3 万多人。

早在 11 月 17 日，蒋介石为怕中央红军渡过湘江，“长驱入黔，会合川匪及蔓延湘西，与贺萧合股”，便下达了《湘水以西区域剿匪计划大纲》，指出中央红军一旦渡过湘江，便围堵于“黎平、锦屏、黔阳以东，黔阳、武冈、宝庆以南，永州、桂林以西，龙胜、洪州以北地区，以消灭之”，并指示在上述区域赶筑工事，作好各项准备。12 月 1 日中央红军渡过湘江后，何健撤销了五路追剿军，组成以刘建绪、薛岳为首的一、二两个兵团，命令各军立即赶往新宁、城步、武冈等地区。12 日，蒋介石再次命令各部队必须按“计划大纲”规定的区域“迅速完成碉堡，严守之”，并命令黔军、桂军、湘军等协同追堵。当时，李德等人仍坚持中央红军按原计划北进湘西，而毛泽东坚决主张放弃原定与红二、六军团会师的计划，甩开敌人主力，向敌人兵力薄弱的贵州进军。于是，中央红军到达黎平后，召开了中共中央政治局会议，决定转兵入黔，向以遵义为中心的川黔地区进军，建立新的根据地。接着，中央红军强渡乌江，进占遵义，一下子把十几万国民党军队甩到了湘西和乌江以南，使国民党军队围歼中央红军于湘水以西的计划未能实现。

在中央红军开始长征之后，位于鄂豫边的红二十五军也于 1934 年 11 月 16 日开始长征。当红二十五军越过平汉线以后，蒋介石急令豫鄂皖三省“追剿队”五个支队和东北军的一一五师跟踪追击，并令驻南阳、老河口等地的四十军和四十四师迎面堵截，企图围歼红二十五军于桐柏山区。随后又调六十师于卢氏堵截，以防红二十五军入陕。但红二十五军经过独树镇、庾家河等战斗，打破国民党军队的追堵，进入陕南，创建了鄂豫陕革命根据地。

二

国民党军队追堵红军长征的第二阶段，从 1935 年 3 月至 6 月，主要企图围歼中央红军于川、黔、滇边境地区，并阻止红一、四方面军会合。1935 年 1 月 10 日，蒋介石鉴于中央红军已进占遵义、桐梓，有北渡长江入川的趋势，即电令川军刘湘以有力部队推进川南，相机进出黔北堵截，令湘军何健以有力兵团向黔东追剿，又令粤军陈济棠、桂军白崇禧，各以有力部队向黔、桂边境推进，同时电令贵州薛岳和黔军王家烈向北追剿，以期在川黔边境消灭中央红军。19 日，又下达了川江南岸围剿计划，确定以追剿军急追，压迫红军“于川江南岸地区，与扼守川南行动部队及各要点之防治部队，合剿而聚歼之”。但中央红军于遵义会议后实现了战略方针的转变，在北上渡江途中于土城陷于不利时，立即转而西渡赤水，进至川滇边境，使国民党军队企图围歼中央红军于川黔边境的计划宣告落空。

根据中央红军进至川滇边境的新形势，蒋介石于 2 月 2 日将湘、黔、滇各军重新编组，将所有追剿部队编为一、二两路军，分别以何健、龙云为总司令，并调整部署，以主力集结滇黔边境，企图与川军一起围歼中央红军于川滇边境。19 日,蒋介石又具体部署各军,企图围歼中央红军于“叙、蔺以南，赤水河西，仁怀、毕节以北地区”。中央红军看到在这里渡江北上已不可能，而黔北空虚，于是突然掉头东进二渡赤水，重占桐梓、娄山关、遵义，击溃和歼灭敌人两个师又 8 个团，俘敌约 3000 人，获得长征以来的第一次大捷，使国民党军队企图围歼中央红军于川滇边境的计划再次落空。

3 月 1 日，蒋介石根据军事形势的变化，撤销南昌行营，设立武昌行营。3 月 2 日，蒋介石飞往重庆，亲自指挥。第二天，即电令川军及周浑元纵队等会攻遵义，并判断中央红军“似拟经湄、凤东渡乌江，希与萧贺合股”，因此，各军以歼红军“于乌江以西、黔巴大道之目的，除已依部分途追剿，并于巴黔大道及其以西数线，布防堵其回窜外，拟特于乌江沿岸，严密守备，坚固防堵”。特别指出各守备部队“均须构筑碉堡工事”，企图采用碉堡封锁和重点进攻相结合的战术。3 月 12 日，又为防止中央红军“西窜”，重新部署，拟将中央红军“歼灭于乌江以西，赤水河以东地区”。 3 月 16 日中央红军三渡赤水后，蒋介石又电令各军“分击和堵截”，以聚歼红军于古蔺地区，认为“剿匪成功，在此一举”，并于 24 日由重庆飞往贵阳督师。但当敌军尾追北上时，中央红军却又突然回师东向，四渡赤水，南渡乌江，并采取声东击西的战术，直趋贵阳，乘虚进入云南。蒋介石虽几经调整追剿部署，并于 5 月 4 日命令周、吴、李各纵队“不顾任何牺牲，追堵兜截，限歼匪于金沙江以南地区”，中央红军于 5 月上旬巧渡金沙江，终于跳出了几十万国民党大军的包围圈，实现了渡江北上的战略意图。

5 月 10 日，蒋介石由贵阳飞抵昆明督战，看到中央红军已过金沙江，正围攻会理，于是第二日命令川军、滇军及薛岳等部队急速增援，并沿大渡河北岸、雅砻江两岸及西昌等线赶筑碉堡，企图利用大渡河天险，“根本歼灭”中央红军于“金沙江以北，大渡河以南，雅砻江以东地区”。随后，又令刘文辉部于 1 个月内完成雅砻江、大渡河沿线碉堡，任命杨森为大渡河守备。并令各路川军加紧堵截红四方面军，以防两支红军主力“合股之计划实现”。但中央红军顺利通过彝民区，于 5 月底飞夺泸定桥，抢渡大渡河，使蒋介石要红军成为“石达开第二”的如意算盘宣告失败。

中央红军渡过大渡河后，蒋介石先是电令薛岳等部主力速向汉源等地挺进，并令川军各路加紧围歼；后又令薛岳等部主力向雅安推进，一路追击，并沿线筑碉，但红一、四方面军分别冲破层层阻截，6 月中旬于懋功地区胜利会师，从而打破了国民党军队阻挠两支红军主力会师的计划。

三

国民党军队追堵红军长征的第三阶段，从 1935 年 6 月至 10 月，主要企图困死红一、四方面军于川康边及陕甘地区，并阻止红二十五军与红一、四方面军主力会合。

红一、四方面军会师后，蒋介石认为懋功等川康边陲地区环境恶劣，南有终年不化之雪山，北有天然屏障之草地，飞渡不易，北堵南追，集中主力封锁，红军插翅难飞。因此，为困死红一、四方面军，并巩固川中，相机向陕南之红二十五军截击，蒋介石除令各路川军加紧封锁岷江外，同时令胡宗南部严守松潘及岷江两岸地区，并调薛岳部主力至绵阳一带。对各追堵部队，蒋介石反复强调碉堡封锁政策，严令“此后不论大小行动，不拘前线后方，停止不问久暂，无论何时何地，一遇停止，应即赶筑碉堡，时间稍长，尤应逐渐加强”。同时，还对藏民地区实行了坚壁清野等措施。

7月10日，红一、四方面军先头部队到达毛儿盖。7月16日，红二十五军为配合红一、四方面军重新开始西征北上。这时，蒋介石判断红一、四方面军可能由两条路线北进。为阻止红一、四方面军北上及与红二十五军会合，蒋介石除令川军杨森部加紧对懋功、刘湘等部加紧对大小金川的攻击外，急调薛岳部至川甘边界之文县、碧口及武都等地，与松潘之“剿匪军”第三路军胡宗南部密切联络，并急调安徽、河南、河北、江西等数万大军入甘，与东北军及宁夏马鸿逵部构成数道封锁线。他自以为这样的部署已不足为虑，但红一、四方面军右路军于8月底取得包座战斗的胜利，打开了向甘南进军的门户，然后，中共中央率红一、三军团毅然从巴西北上，迅速攻占天险腊子口，于9月18日胜利到达甘南哈达铺，打破了蒋介石企图困死红军于雪山草地的计划。与此同时，红二十五军亦冲破国民党军队的层层堵截，于9月15日到达陕北延川永平镇，首先胜利结束长征。

9月中下旬，蒋介石鉴于红一、四方面军一路北上，一路准备南下，立即令陕、甘、宁、川、康各军四面堵截，分路追击。为阻止由红一、三军团组成的陕甘支队北上，蒋介石在9月中旬除调毛炳文军驰赴陇南外，立即命泯县附近之新编四十师鲁大昌部加强工事，严整备战，王均第三军以主力扼守天水以南地区，何柱国军部署于六盘山一带，以有力一部扼守环县，并要各部队“在防地内编组民众，构筑交通，构设通信，建筑碉群，以占先制之机”。随后，又令天水之于学忠部及青海之马步芳部，分别在陇南及青海南部青河沿岸一带扼要防堵。为加强领导，蒋介石还于9月26日决定设立“西北剿匪总司令部”，自任总司令，并随后飞抵西安。但陕甘支队迅速突破渭水封锁线和两道公路封锁线，翻越六盘山，于10月19日抵达陕北吴起镇，胜利地结束了长征。接着，东出甘泉地区，与由先期到达的红二十五军及陕北红二十六、二十七军组成的红十五军团会师，并于11

月下旬在直罗镇战役中打破国民党军队的围剿，为将革命大本营放于西北奠定了基础。蒋介石得知陕甘支队到达陕北的消息后，心情忧郁，暴躁异常，一再感叹“六载含辛茹苦，未竟全功”。

为防止红四方面军南下，蒋介石于9月23日电令刘湘部以主力在北川、茂县一带扼要防堵，令川康各军同时加紧追剿。随后，又将红军所到之区划分为8个“绥靖区”，限期清剿。但红四方面军在10月上中旬发动绥（靖）崇（化）丹（巴）懋（功）战役，迅速攻占天全、芦山，给国民党军队以很大的打击。

四

国民党军队追堵红军长征的第四阶段，从1935年10月至1936年10月，主要分别追堵红二、六军团和红四方面军，并阻止红军三大主力会师陕甘。

1935年11月1日，国民党军事委员会委员长武昌行营撤销，同时成立四川行营，加紧对红四方面军的围剿。红四方面军攻占天全、芦山后，又于11月16日攻占名山东北要镇万丈关，但在刘湘部十几个旅的猛烈进攻下被迫撤出。1936年1月中下旬，在薛岳部与刘湘部川军的合力攻击下，红四方面军又被迫撤出天全、宝兴，于3月下旬先后撤至川康边的道孚、炉霍、甘孜地区，兵力由南下时的8万多人减至4万多人。

1935年10月10日，以陈诚为首的国民党军事委员会委员长宜昌行辕成立，加紧了对湘鄂黔根据地的进攻。11月19日，红二、六军团在130多个团的国民党军的大规模“围剿”下，被迫撤出湘鄂黔根据地进行长征。蒋介石得知消息后，立即调集12个师又1个旅的兵力随后追击，并以川军一部从遵义、贵阳、织金等地进行堵截。但红二、六军团避敌主力，迂回曲折地逐步前进，把尾追的敌人拖得疲惫不堪。至1936年9月，打破了国民党军队企图于毕（节）威（宁）大道及其以北地区进行围歼的计划，占领盘县、亦资孔地区。当他们接到朱德和张国焘关于要其北上与红四方面军会师的命令后，于是放弃了在南北盘江地区建立根据地的计划，开始向川康边转移。5 月，以龙云为总司令的滇黔“剿匪”总司令部成立，加紧对红二、六军团的堵截。但至 6 月底 7 月初，红二、六军团冲破层层堵截，胜利到达甘孜，与红四方面军会合，并奉中共中央电令将红二、六军团组成红二方面军，从而使国民党军队的沿途追剿堵截宣告失败。

1936 年 7 月初，红二方面军分为两个梯队，红四方面军分为左、中、右三个纵队，分别从甘孜等地北上。为阻止红二、四方面军北进，蒋介石急调鲁大昌新编第十四师、王均第三军、毛炳文第三十七军在甘南布防，企图构成西固至洮州、天水至兰州两道封锁线，并令马步芳、马步青在青海封锁黄河，以防止红军西进。根据这种情况，中共中央西北局于 8 月 5 日发布岷（州）洮（州）西（固）战役计划，将红二、四方面军编为三个纵队，在敌人兵力尚未集中以前，分别攻占渭源、通渭、礼源等地，进入甘南。

为阻止红军三大主力会师，蒋介石急令胡宗南第一军从湖南北进，抢占西兰公路，并令王均、毛炳文部加紧堵截，令宁夏马鸿逵部与固原一带的东北军南北夹击红一方面军。根据这种情况，中共中央和中央军委于 9 月 23 日制定了静（宁）会（宁）战役计划，打破了国民党军队的层层阻截。10 月 7 日和 8 日，红四方面军先头部队与红一方面军于会宁等地会师。10 月 22 日，红二方面军亦于将台堡地区与红一方面军会师。至此，历时两年多的长征胜利结束，蒋介石以几十万大军对红军长征的围追堵截全部落空。

五

从历时两年多的国民党军队对红军长征的追堵来看，其战略方针主要是在红军已到或可能前去的地区，借助天险，布置大军前堵后追，四面包围，合力夹击，企图将长征红军分别歼灭掉。在这个过程中，他们集中了中央军、湘军、粤军、桂军、黔军、滇军、川军、西北军、东北军、宁甘青的马家军及其他军队，真可谓来势汹汹，不可一世。为了达到围歼红军的目的，蒋介石再次采取在第五次“围剿”中起过作用的碉堡政策，在赣、湘、黔、川、康、陕、甘等地大筑碉堡，沿线封锁。与此同时，蒋介石还借重地方军阀的势力，让各省军队打头阵，以收红军和地方势力两败俱伤，他则既消灭红军又削平地方势力的一箭双雕、一石二鸟之效。他的这一套战略战术，的确给长征中的红军造成极大的威胁，在湘江东岸和川康边境曾使中央红军和红四方面军遭受重大的损失，在川黔边境也使中央红军未能达到渡江的目的。他的一石二鸟之计，也收到了很大的成效，不但给红军造成了沉重的压力，还借机打击了桂系，统一了贵州，控制了云南、四川，终于实现了其多年的梦想。

但是，蒋介石的这套围追堵截的战略战术也是有缺陷的。首先，他虽然调集了大批的军队，但是在红军所到和可能到的地方四面包围，范围必然较广，兵力必然分散，这就给红军造成了集中力量打破一点，从而突出封锁包围圈的可能。特别是当红军纠正了自己的“左”倾冒险主义、直线式进军等错误以后，这种前堵后追、四面包围的战略战术，对于机动灵活的红军来说更难以奏效。就连在第五次“围剿”中起过作用的碉堡封锁政策，也难以再发挥重要的作用。专门记述国民党军队追堵红军长征的《共匪西窜记》一书的作者胡羽高，也曾在此书的批语中批评其战略战术之失当。其次，蒋介石的一石二鸟、一箭双雕之计，也使各地方势力心存忌惮，寻机自保，分散和削弱了追堵的力量，给红军留下了一定的空隙。例如中央红军在长征初期进军比较顺利，就是与粤系、桂系地方势力与蒋介石之间存在矛盾有关的；中央红军顺利占领遵义，并在此得以休整，召开了具有重要意义的遵义会议，也是与薛岳部中央军趁黔军防堵红军之机抢占贵阳这一情况连在一起的。当时如果不是蒋介石借重并企图削弱地方势力，而是集中更多的中央嫡系部队参加追堵，红军的长征肯定还要困难得多。因此，蒋介石虽借追堵红军长征之机统一了西南诸省，但终于未能达到其围歼红军的目的，对他来说不能不是最大的失败。

对于长征中的红军来说，面对着强大的国民党军队和重重的艰难险阻，处境时时刻刻都是非常险峻的。国民党军队的战略战术以及他们之间的矛盾，虽然也给红军留下了突破其封锁包围的可能性，但红军如果不善于创造和利用敌人的矛盾与错误，制订出符合当时实际的正确的战略方针，同样是难以取胜的，必然遭到严重损失甚至失败。中央红军的湘江战役及红四方面军南下后的惨重损失，便是中共中央的“左”倾领导及张国焘的错误方针所必然导致的结果。这些错误如果不是及时得到纠正，中央红军和红四方面军的前途都是不堪设想的。然而，当红军纠正了这些错误，实施了正确的领导，便不难打破几十万国民党军队的围追堵截。中央红军的四渡赤水战役，采取了高度机动的运动战，声东击西、迂回曲折、灵活机动的战略战术，便反而弄得国民党军队扑朔迷离，处处挨打，疲于奔命。当时薛岳部的参谋便说:“红军的神机妙算，出进无常”，“使蒋、薛弄晕了头”，产生了“一系列的错误判断”，“薛部军官早已失去信心”。红军三大主力最终会师陕甘，胜利结束长征，并打开中国革命的新局面，与红军在长征的大部分时间中坚持了正确的战略方针，显然是分不开的。因此，一部红军长征史，不仅是中国人民军队的骄傲，也是学习正确的战略战术的一部丰富的教科书。红军长征这部人类英雄的史诗，不仅永远鼓舞着中国人民奋勇前进，在军事上也给后代提供了学习的楷模和吸取不尽的经验。

（1986 年 8 月初稿，11 月修改。这是提交中国人民解放军军事科学院等召开的纪念红军长征胜利 50 周年的论文，后收入军事科学出版社 1988 年出版的《历史的丰碑》，以及自己 1989 年在经济日报出版社出版的《中共党史论集》）

红军长征胜利的世界影响

红军长征的英雄事迹不仅传遍了全中国，而且很快传到世界许多国家。几十年来，外国的记者、作家、文学家等一直在不断地报道、研究、记述红军长征的光辉业绩，慕名前来参观、访问长征的人络绎不绝，有关红军长征的书不断在各国出版。可以毫不夸张地说，红军的长征是中国在世界上影响最大的重要事件之一，也是使他们感到震惊和赞叹不已的世界奇迹之一。

1936 年 8 月，当红二、红六军团还在长征途中的时候，与他们一起生活了 18 个月的瑞士传教士勃沙特（全名鲁道夫·阿尔弗雷德·勃沙特·比亚吉特），就在英国出版了《抑制的手》，记录了他在红军及长征中的奇异经历。1937 年 10 月，美国著名记者埃德加·斯诺在英国出版了《红星照耀中国》（即《西行漫记》），系统地介绍了红一方面军的长征，生动地描写了红军强渡大渡河、爬雪山、过草地的动人情景。其后，美国记者艾格尼丝·史沫特莱、美国作家海伦·福斯特（笔名尼姆·韦尔斯）、德国友好人士王安娜等人，在他们写的《伟大的道路——朱德的生平和时代》《红色中国内情》（即《续西行漫记》）、《中国——我的第二故乡》等书中，都介绍了红军长征中的事迹。20 世纪 70 年代，美国和英国同时出版了英国人迪克·威尔逊写的《1935 年的长征：中国共产党为生存而斗争的史诗》，美国出版了 I.G. 埃德蒙兹写的《毛泽东的长征：人类大无畏精神的史诗》。80 年代，英国出版了著名记者、作家哈里森·索尔兹伯里写的《长征——前所未闻的故事》，简·弗里茨写的《中国的长征：艰险的6000哩》，英国出版了安松·劳伦斯写的《中国：长征》。除此之外. 还有英国杭尔德著《向自由的长征》，法国迪皮伊著《毛泽东领导的长征》，日本宾户宽著《中国红军——困难与险峻的二万五千里》，冈本隆三著《长征——中国革命锻炼的记录》，苏联尤里耶夫著《中国人民历史上的英勇篇章》等。新西兰、澳大利亚、瑞士等十几个国家的记者，还拍摄、出版了名为《中国——长征》的大型画册。在许多关于中共党史、中国革命史、毛泽东等人的传记等著作中，也都有关于红军长征的论述。特别是斯诺的《西行漫记》和索尔兹伯里的《长征——前所未闻的故事》，一出版便在许多国家引起轰动。

国外关于红军长征的这些著作，对一些具体问题的看法虽然不尽相同，但对许多重大问题的评价，如第三次"左"倾冒险主义的危害，遵义会议及毛泽东的重要作用，张国焘分裂主义的错误，红军长征胜利的重大意义等，看法与我们比较一致，有的论述甚至比较深刻。综观这些书的内容，有以下几个突出的特点：

不仅充分肯定了长征在中共党史、中国革命史上的重要地位，而且从世界现代史、世界军事史、人类活动史的角度，充分肯定了长征的重要历史地位。

首先对长征作出高度评价的是《西行漫记》。书中明确指出："不论你对红军有什么看法，对他们的政治立场有什么看法（在这方面有很多辩论的余地），但是不能不承认他们的长征是军事史上伟大的业绩之一。在亚洲，只有蒙古人曾经超过它。而在过去三个世纪中从来没有发生过类似的举国武装大迁移，也许除了惊人的土尔扈特部的迁徙以外……与此相比，汉尼拔经过阿尔卑斯山的行军看上去像一场假日远足。另外一个比较有意思的比较是拿破仑从莫斯科的溃败，但当时他的大军已完全溃不成军，军心涣散。"书中还说："总有一天有人会把这部激动人心的远征史诗全部写下来。"史沫特莱在《伟大的道路》一书中，也认为长征是一部"史诗"，"事实、数字和一路上千山万水的名称，都不足以说明红军长征的历史性意义，它们更不能描绘出几十万参加长征的部队的不屈不挠的奋斗精神，以及他们所遭受的苦难”。里奥·胡柏曼、保罗·史威乔在此书的英文版序言中还说：“长征是军事史上独一无二的事件。与长征比较起来，汉尼拔的跨越阿尔卑斯山在‘历史的小剧院中’失掉了光彩，拿破仑自莫斯科的撤退也只是灾难性的失败，而长征则是最后胜利的前奏曲。”

其他的许多著作，也都对长征作出很高的评价，认为“长征是中共党史上最壮丽的一页”，是中国革命的“一个高峰”；是“现代历史中最重要的事件”；是“无与伦比的现代奥德赛史诗”，“是人类历史上一个伟大的业绩”；是激动人心的“壮丽史诗”，“是一曲人类谋求生存的凯歌”，“在人类活动史上是无可比拟的”，“是举世无双的”，等等。

一致认为长征不仅锻炼了红军，保存了党的领导机构，还在政治上取得了成功，推动了革命运动的发展，导致了中国革命的胜利，对中国历史和世界前途都产生了深远的影响。

很多作者认为：“长征的艰苦，锻炼了人们的纪律性和献身精神”，在激烈的战火中把部队“锤炼成钢铁战士”，部队到达西北地区以后，使它成了“历史上一支无与伦比的坚强队伍”，长征“是锻炼以后的中国领导人的熔炉”，“中国革命的熔炉”，它“塑造了一代新人”，“锻造了在毛泽东的领导下打垮蒋介石、夺取全中国的整整一代的人和他们兄弟般的革命情谊”。

有的著作还指出：“长征不仅仅是一次杰出的军事成就，还是一个具有深远影响的政治活动，它保证了整个中国共产主义运动的生存”，即保存了党的上层机构和当时的所有军政领导人。在长征中，共产党还终于摆脱了共产国际的压力，在未取得斯大林认可的情况下确立了毛泽东的领导地位，这在斯大林时代各国共产党的历史上，“是一个前所未有的事件”。“长征将毛‘造就’为一个把思想和行动结合在一起的人，将他推至于中国最有希望的政治领袖的地位边缘，而且给他提供了一支钢铁般的队伍”，他“在领导长征时充分显示了他的政治天才”，善于“将客观机遇同英勇斗争结合起来”，从而使形势“迅猛向前发展”，“大步前进”，“使中国共产党更新获得活力”。共产党和红军到达陕北以后，便“不仅赢得了巨大的声誉，而且获得了政治上的成功，在很大程度上促成了新的统一战线”，使革命运动迅速发展。有的书指出，正是由于上述军事上和政治上的成功，中国共产党在“十四年之后，就取得了全国胜利，把国民党赶下大海。这样，长征在性质上就由走投无路的撤退，变成走向胜利的序幕”；长征把 1934 年 10 月 16 日红军渡过浅浅的雩都河到 1949 年 10 月 1 日中华人民共和国成立，即共产主义在地球四分之一人口生活的土地上取得胜利“这段历史紧紧地联系在一起”，“使毛泽东及其共产党人赢得了中国”，因此，“本世纪中没有什么比长征更令人神往和更为深远地影响世界前途的事件了”。

关于长征和中国革命胜利之间的密切联系，有的书甚至指出:“如果没有长征，中国今天就不是共产党的天下”，“长征简直是将革命划分为‘公元前和公元后’的一条分界线。其后发生的一切事情，都要从这个举世无双的奇迹说起”。有的书还说:长征的精神使中国克服了前进中的错误，“走上了一条崭新的道路”，这就是现在所进行的“新长征”。

高度赞扬红军在长征中所表现出来的高度的英雄主义精神和崇高的道德品质，认为这是中国人民的一笔宝贵的财富，直到现在仍在鼓舞着中国人民奋勇前进。

《西行漫记》一书指出:“这是一次丰富多彩、可歌可泣的远征，……冒险、探索、发现、勇气和胆怯、胜利和狂喜、艰难困苦、英勇牺牲、忠心耿耿，这些千千万万青年人的经久不衰的热情、始终如一的希望、令人惊诧的革命乐观情绪，像一把烈焰，贯穿着这一切，他们不论在人力面前，或者在大自然面前，上帝面前，死亡面前都绝不承认失败——所有这一切以及还有更多的东西，都体现在现代史上无与伦比的一次远征的历史中了。”

《中国——我的第二故乡》一书说:“长征是艰苦的冒险，长征是人类的勇气与怯懦、胜利与失败的搏斗”，并特别指出；“这一行动要战胜敌人和恶劣的自然条件，需有坚定不移的勇敢精神”，而红军“都是有坚定的政治信念和不屈不挠精神的人”。

《长征——前所未闻的故事》多处谈到这个问题，认为长征“是考验中国红军男女战士的意志、勇气和力量的人类伟大史诗”，“是一次充满了集体英雄主义、献身精神和希望的举世无双的行动”，“是用热血和勇气谱写的史诗”，“这种传奇式的牺牲和坚忍不拔的精神是中国革命赖以成功的基础”；阅读关于长征的书，可以“了解那些为了中国革命事业而不惜牺牲的男男女女的品质”，“知道有文字记载以来最令人振奋的大无畏事迹”；长征“过去是激动人心的，现在它仍会引起世界各国人民的钦佩和激情”，“它将成为人类坚定无畏的丰碑，永远流传于世”，并说：“阅读长征的故事将使人们再次认识到，人类的精神一旦唤起，其威力是无穷无尽的”。书中还说：“长征已给中国的面貌留下了不可磨灭的印记，它极大地改变了中国的意识，使这个国家出现了许多世纪以来所缺乏的精神与面貌”，“它所表现的英雄主义精神激励着一个有十一亿人口的民族，使中国朝着一个无人能够预言的未来前进”。

莫里斯·梅斯纳在《毛泽东的中国及其发展——中华人民共和国史》中，也论述了这个问题，说长征加深了人们的“使命感”，增强了人们实现其理想和使命的“希望和信心”，“人们现在所熟悉的毛泽东主义的下述美德：奋斗不息、英勇牺牲、自我克制、勤奋、勇敢和无私，不仅为毛泽东个人身体力行，而且为一切长征老战士所具有，因为这些都是他们规范自己行动的美德，而且他们认为这些美德对于他们的幸存，对于他们所献身的革命的延续都至关重要。这种禁欲主义的价值观构成了后来被赞颂为‘延安精神’的那种精神的核心”。

总之，在许多国外记者、作家、学者的眼里，红军的长征是一个举世无双的伟大事件，它深刻地影响了中国现代的历史，现在仍在鼓舞着中国人民胜利前进,即使对于未来,它仍将会具有巨大的影响。他们的这些作品,向国外的读者介绍了红军长征的真实情况，使世界各国的人民了解了中国共产党和红军，扩大了中国共产党和红军在世界上的影响，其作用和价值是应该充分肯定的。

那么,国外的这些记者、作家、学者,为什么会对长征作出这么高的评价,给予这么多的赞誉呢？这主要是由长征本身的伟大、壮观、艰难、惊险所决定的，即使是政治观点不同的人，只要能稍微客观地来看待这一事件，也不能不为长征的难以令人想象的艰难行程、红军指战员们大无畏的英雄主义精神和气魄所感动、所折服。另外,红军长征是中国革命胜利的前奏曲,他们要探讨中国革命胜利的原因，不能不追溯到红军的长征，对长征作出客观而公正的评价。

现在，我们的国家已经发生了翻天覆地的变化，与红军长征时的那种艰难困苦的条件大不一样。但是，我们现在正在进行的社会主义现代化建设，同长征一样是一项前无古人的伟大事业，同样需要发扬长征精神，克服一个个困难。随着条件的变化，现在一些人对长征精神逐渐遗忘和淡漠了，不再具有远大的理想和对社会主义、共产主义事业的坚定信念，陷入琐屑行为之中,甚至沉溺于金钱的诱惑之中;不再具有不怕牺牲、不怕困难、一往无前的英雄气概和英雄主义精神，一碰到困难就悲观失望、怨天尤人,危急时刻也不敢挺身而出,而是畏缩不前;越来越缺乏顾全大局、严守纪律、亲密团结、艰苦奋斗的高尚品德，而是只顾自我，追求享受，甚至目无法纪，道德败坏，腐化堕落;完全丢掉了密切联系群众、依靠群众、乐于奉献、全心全意为人民服务的崇高思想和优良作风，脱离群众，以权谋私，甚至依靠人民给予的权力欺压百姓，作威作福。这些行为、思想和作风，与长征精神是格格不入甚至背道而驰的，与社会主义现代化建设的需要也是完全不相容的。要建设富强、民主、文明的社会主义社会，不仅需要加强物质文明建设，还需要不断加强精神文明建设。继承和发扬红军的长征精神，正是加强社会主义精神文明建设的重要内容和有效措施。从红军长征的英雄模范事迹中，不仅可以总结和吸取宝贵的历史经验，搞好社会主义现代化建设，还可以学到怎样树立人生观、正确地面对人生的深刻道理，将自己培养成为有理想、有道德、有文化、有纪律的高尚的人。

（本文原为笔者与张树军主编、辽宁人民出版社 1996 年出版的《红军长征史》结束语中的一节，写于 1996 年秋）

论抗日战争史研究中的若干重大问题

从20世纪80年代以来，抗日战争史研究取得前所未有的进展，获得巨大的成绩。但是，至今还有很多问题困扰着大家，限制或影响了研究的客观性、科学性和说服力。在这里，笔者想就抗日战争的性质、地位及有关的一些问题，谈一点自己的看法，以期引起大家的重视。

一、关于抗日战争的性质与研究角度问题

对于抗日战争的性质，从不同的角度可以做出不同的解释。例如从中共党史、中国革命史、中国现代史的角度，可以把它看作其中的一个历史阶段。在现有的中共党史、中国革命史、中国现代史中，大部分就是把它作为其中的一个历史阶段来写的。在这样的抗日战争史著作中，往往存在着这样的现象：第一，在内容上不是集中写日本如何侵略中国，给中国造成哪些严重破坏和中国如何反抗日本的侵略，而是用大量篇幅来写国共两党之间的斗争，或共产党如何正确，国民党如何错误，使人觉得抗日战争好像不是中日两国之间的战争，而是中国共产党、中国国民党和日本侵略者之间“两国三方”之间的战争；第二，对于中国的抗战，主要以反映中国共产党和敌后战场为主，对于国民党、国民政府和正面战场，以及其他党派团体的抗战，则写得比较简略，甚至有意地贬低和否定，致使他们的许多重要抗战事迹没有能够如实地反映出来。这就使人觉得不够全面和客观。

有的学者还为这种做法寻找政治根据，认为中国共产党写的抗日战争史，当然应该以反映自己领导的抗战为主，主要歌颂自己的功绩。为了说明中国共产党的正确，那就必须写出国民党的错误。国民党写的抗日战争史也没有写我们的功绩，我们为什么要替他们做宣传呢？这实际上把自己降到了国民党的水平。他们没有看到，现在的中国共产党已经不是在同国民党作斗争的非法政党或在野党，而是中国的执政党，是代表全中国人民利益和中华民族利益的党。作为中国的执政党写出的抗日战争史著作，就不能只从一个党的角度，不能仍然囿于以往那种国共斗争的模式，而应该从整个国家、整个民族的角度来撰写。

从抗日战争本身来说，它毫无疑问是一场中华民族反抗日本侵略的反侵略战争，是中国和日本两个国家之间的战争，是中日之间的一场民族战争。既然是民族战争、对外战争，就应该站在中华民族的角度对它进行研究，站在国家对国家的角度进行研究。这样写出的抗日战争史，就不应该只着重反映中国共产党和敌后战场的抗战，而应该全面反映包括国民党、国民政府和正面战场的全体中国人的抗战，整个中华民族的抗战；对于国共两党和两个战场，就不应该突出它们之间的摩擦和斗争，而应集中反映它们之间的团结抗战，在比例上也不能畸轻畸重，应该按照实际情况来写，在抗战初期，正面战场所占的比例毫无疑问应该更大一些。

笔者这样说，并不是否认国共两党之间的差别和斗争。国共两党虽然都是坚持抗战的，但在如何抗战的问题上主张是不同的，共产党的主张确实比国民党高明，国民党的主张确实存在很多错误。也正因为如此，才导致了国共两党力量在抗日战争时期的此消彼长，并导致了共产党在解放战争时期的胜利和国民党的失败。但国共两党之间的差别和斗争是中国内部的事情，是中华民族自己家里的事情，在抗日战争史里边不应写得过多，而应集中反映各个民族、阶级、阶层、党派、团体英勇抗战的事迹。因为在抗日战争时期，内部的差别和斗争无论如何是次要的，一致反抗外来侵略才是最重要的。

胡乔木在谈到怎么写中共党史的时候曾说："党史是要给人民看的，不要光讲怎么反'围剿'。……不要有宗派观念，只看到我们自己，还要讲到全国的抗日运动"，要使读者感到共产党写的历史"是尊重人民的，并不是眼睛只看着自己，就像照镜子，只看到自己"。写中共党史都要如此，写抗日战争史就更不能有宗派观念，眼睛只看着自己。

总之，对于抗日战争史的研究和宣传，应该尽快地从中共党史的研究模式中跳出来，从以往那种国共两党斗争的模式中跳出来，真正把抗日战争史作为一场民族战争来写，使各方面的人都觉得我们写出的抗日战争史著作是客观的、科学的，是能够接受的。

二、关于抗日战争的起点、时限和历史阶段的划分问题

关于中国抗日战争的起点和时限，现在国家已经明确从九一八事变算起，中国的抗战是 14 年，而不是 8 年。这是非常正确的。因为日本大规模地侵略中国，是从九一八事变开始的。在侵占了中国的东北以后，日本侵略者又不断地侵犯上海、华北等地，占领了中国的大片领土。东北人民、上海人民、华北人民及驻守这些地方的军队，从九一八事变、一·二八事变、华北事变等时候起，就举起了抗日的大旗。这个时期的抗战从全国来说虽然还是局部的，但中国人民的抗战毫无疑问已经开始了。如果不承认中国的抗战是从九一八事变开始的，是 14 年，就会给人一种日本从七七事变才开始侵略中国的印象，有意无意地淡化日本侵华的罪行；就会给人一种中国是从七七事变才开始抗战的印象，认为在七七事变以前的 6 年中国并没有抗战，这对于宣传中国的抗战是很不利的。另外，如果不承认中国的抗战是从九一八事变开始的，是 14 年，就实际上把七七事变以前东北、华北、上海人民的抗战，以及十九路军的抗战、长城抗战、察哈尔抗战、绥远抗战等中国人民的英勇斗争，都排除在了中国的抗日战争之外，这既不符合历史实际，也是非常不公平的。

但是，现在有的学者仍然坚持七七事变是抗日战争的起点，认为抗日战争是 8 年，而不是 14 年。为什么呢？因为习惯上把七七事变以前说成是第二次国内革命战争时期或土地革命战争时期，如果抗日战争从九一八事变算起，原来对历史阶段的划分就成问题了。其实，历史阶段的划分是人为的，是可以随着认识的变化而变化的。既然抗日战争以九一八事变为起点，是 14 年而不是 8 年，中国现代史、中国革命史、中共党史的历史阶段就应该重新划分。仍然把局部抗战的 6 年放在土地革命战争时期，显然是不恰当的。我认为在中国现代史中，应该把 1927 年 4 月 18 日南京政府成立到九一八事变的 4 年多时间划为一个历史阶段，把九一八事变到七七事变的 6 年划为一个历史阶段。在中共党史中，可以把 1927 年 7 月 15 日到九一八事变的 4 年多时间划为一个历史阶段，把九一八事变到七七事变的 6 年划为一个历史阶段。至于每个历史阶段叫什么名字，可以进行研究。但不管怎么叫，在九一八事变到七七事变的 6 年中都应该突出局部抗战的内容。例如在中共党史中，可以把九一八事变到七七事变的 6 年叫做“土地革命与局部抗战时期”。

这样划分历史阶段，有的人可能不同意，但这样划分对中国共产党更有利。因为在九一八事变到七七事变的 6 年中，国民党虽然也进行了一些抗战的准备，但总的是“攘外安内”，不抵抗；而中国共产党虽然主要是进行反“围剿”战争，但仍然派了很多人到东北抗日，由中国共产党领导的东北抗日联军是那个时期抗日的主力。因此，这样划分历史阶段，更能突出中国共产党在局部抗战中的作用。

三、关于九一八事变以后中国社会的主要矛盾与评价历史事件、人物的主要标准问题

与抗日战争起点是七七事变相联系，学术界长期以来也认为九一八事

变以后中国社会的主要矛盾仍然是阶级斗争，直到 1935 年华北事变以后民族矛盾才上升为中国社会的主要矛盾。有的学者甚至认为，直到七七事变后民族矛盾才成为中国社会的主要矛盾。之所以会形成这种观点，一是因为毛泽东等人当时就是这么说的；二是也受了中共党史研究模式的影响。因为九一八事变以后中国共产党虽然发表过抗日的声明，但主要任务并不是抗日，而是进行反对国民党“围剿”的战争，如果明确九一八事变后中国社会的主要矛盾是民族矛盾，就很难进行解释。

但是，正如有的学者所指出的，从九一八事变以后，抗日救亡就“成了全国政治生活的主流”，当时“虽然在江西中央苏区发生过‘围剿’与反‘围剿’的两次斗争，但是与全国人民风起云涌、波澜壮阔的抗日洪流比起来毕竟不是主流”。当时“某些地区‘剿共’战争的激化，并不表明中日民族矛盾不是主要矛盾，只是扭曲历史的一种表象。它并不像有人认识的那样，这是国内阶级矛盾为主的自然发展，而是悖国情违民意的倒行逆施”。有的学者还指出，那种认为九一八之后民族矛盾还不是中国社会主要矛盾的观点，“有意无意地把东北地区和华北地区割裂开来了”，“在我国 30 年代的历史上就把‘九一八’事变和华北事变视为一体的，而且特别明确指出不能以地方事件来对待东北问题和华北问题”。我认为这些分析是有道理的。从九一八事变起，就开始了日本企图变中国为殖民地的历史阶段，中华民族就面临着亡国灭种的危险，中日民族矛盾已经成为中国社会的主要矛盾，制约着中国的阶级动向和历史发展的进程。

事实上，认为九一八事变以后民族矛盾即成为中国社会的主要矛盾，和以九一八事变作为抗日战争的起点是密切地联系在一起，互为依据的。既然承认九一八事变是抗日战争的起点，又怎么能说在这之后中日民族矛盾还不是主要矛盾呢？当时东北四省都丢掉了，日本又步步向关内进逼，怎么能说中日民族矛盾还不是中国社会的主要矛盾呢？假如现在我国的东北被日本侵占了，中日之间的民族矛盾能不成为我国社会的主要矛盾吗？

当时红军进行的反“围剿”战争虽然激烈，但并不能改变民族矛盾已经成为中国社会主要矛盾的状况。

既然从九一八事变以后中国社会的主要矛盾是中日之间的民族矛盾，那么对于这个时期的历史人物和事件，就应该以这个主要矛盾为标准来衡量，看他（它）是不是有助于解决这个主要矛盾的，而不能再主要以国共斗争、阶级斗争的标准来衡量。这又对中国现代史、中国革命史、中共党史提出了新的任务。

四、关于抗日战争的领导者问题

在过去很长一个时期，我们的抗日战争史著作都说抗日战争是中国共产党领导的。后来觉得这样说不能令人信服，于是就不明确提抗日战争的领导者，只是说抗日战争是在中国共产党倡导的抗日民族统一战线的旗帜下进行的。这么说并不是不可以，但抗日战争作为中国近代以来第一次获得全面胜利的反侵略战争，作为中国从衰败走向振兴的重要转折点，没有领导者是说不过去的，对现在团结各方面的人士完成祖国统一大业，建设中国特色社会主义，也是不利的。

关于这个问题，学术界有各种各样的观点，笔者曾经比较倾向于胡绳提出的关于着重分析争夺领导权的过程说。但现在看来，这种观点也不一定恰当，因为它主要是强调国共两党争夺领导权的过程和领导权的转移，并没有说明抗日战争到底是谁领导的。

从形式上来看，抗日战争无疑是以蒋介石为首的国民党、国民政府领导的。因为国民党是当时的执政党，国民政府是当时代表中国的合法政府，直接领导和组织了全国的抗战。中国共产党领导的最大的抗日根据地陕甘宁边区，是经过国民政府批准建立的，是国民政府行政区划中的一部分。中国共产党领导的最主要的军事力量八路军和新四军，也是经过国民政府军事委员会批准建立的，是国民党、国民政府领导的国民革命军的一部分，“直接受南京中央政府与军事委员会之指导”。即使是中国共产党的政治主张，在七七事变以前就已经做出重大调整，“停止没收地主土地之政策，坚决执行抗日民族统一战线之共同纲领”。事实上，中国共产党的“抗日救国十大纲领”，在很多方面和 1938 年春国民党临时全国代表大会通过的《中国国民党抗战建国纲领》是一致的。

从实际领导作用来看，中国共产党和国民党则共同起了重要的领导作用。例如在政治领导方面，中国共产党倡导建立抗日民族统一战线，把全国各个民族、各个阶级阶层、各个党派团体团结到了一起，为抗日战争的胜利进行奠定了良好的基础。但国民党和国民政府坚持抗战，拒不投降，也对抗日战争的顺利进行起了重要的政治领导作用。1938 年春召开的国民党临时全国代表大会通过的《中国国民党抗战建国纲领》，就是一个对全国抗战起了政治领导作用的重要文件。后来虽然由于国民党和国民政府政策的错误和自身的腐败，这种政治领导作用明显下降，而中国共产党的政治影响越来越大，但谁也不能否认，国民党和国民政府自始至终对它领导的地区具有政治领导作用。1945 年 4 月 24 日毛泽东在中共七大上的口头政治报告中就曾说，国民党的影响现在“还相当大”。在组织领导和行政领导方面，中国共产党的领导主要限于敌后抗日根据地和解放区，而对国民党领导的广大地区，主要是由国民党和国民政府进行领导的。因此，应该承认抗日战争是国共两党共同领导的。这也是中共中央的很多文件和毛泽东等领导人公开承认并多次说过的。例如 1937 年 12 月 24 日，毛泽东在《在友军区域内应坚持统一战线原则》中说：“为达到扩大统一战线的目的，在共同负责、共同领导、互相帮助、互相发展的口号下，与各统一战线的地方工作当局协商，群众工作的进行，必须注意尽量取得他们的同意与合作，从抗战利益出发，说服他们采纳我们的意见与建议。万一不能同意时，不应勉强，而应暂时让步。”直到 1947 年 2 月 1 日，他在《对中国革命新高潮的说明》中还说：革命高潮在近半个世纪的中国历史上有过3次，第一次是辛亥革命，第二次是北伐战争，第三次是抗日战争，“第二次、第三次是共产党和国民党共同领导的”。

当然，国共两党在实际上谁也管不了谁，而是各自领导自己的党、区域和军队进行抗战。也就是说，实际上是国共两党分别领导了中国的抗日战争。但从抗日战争中国是战争的一方来说，或者从中国战场是一个统一的战场来说，抗日战争毫无疑问是共产党和国民党共同领导的。

有的人可能担心，如果说国民党也领导了抗日战争，会抬高国民党的历史地位，降低中国共产党的历史地位。其实，这种担心是多余的。第一，国民党也领导了抗战是历史事实，不是随便可以抹杀的。与其回避，还不如按照历史事实来说明这个问题。这不仅可以表明中国共产党实事求是的科学态度和宽大胸怀，也易于为更多的人所接受。第二，明确说国共两党共同领导了抗日战争，就旗帜鲜明地说明了中国共产党也领导了抗战，总比含糊其词不说谁领导更好。这不仅没有降低中国共产党的历史地位，相反还提高了中国共产党的历史地位。

五、关于中国共产党是抗日战争的中流砥柱问题

从纪念抗日战争胜利40周年开始，很多学者认为明确提中国共产党是抗日战争的领导者不大能说服人，于是就改成了中国共产党是抗日战争的中流砥柱的提法，一直沿用至今。但是细细推究起来，这个提法也是值得斟酌的。因为“中流砥柱”是一个文学语言，并不是含义明确的科学界定。如果说中国共产党是抗日战争的中流砥柱，那么国民党是不是抗日战争的中流砥柱？中流砥柱是一个还是两个或多个？如果认为中流砥柱只有一个，只有中国共产党是抗日战争的中流砥柱，没有中国共产党，中国就会垮掉，抗战就不会胜利，那就不符合历史事实，因为即使没有中国共产党，国民

党也会领导中国抗战的，最后也会取得胜利的。因此，如果说中国共产党是抗日战争的中流砥柱，也应该承认国民党是抗日战争的中流砥柱，因为它在抗日战争中也是起了重要作用，做出了重要贡献的。如果只讲一个，而不讲另外一个，就显得不够客观，不容易让人信服。

1995 年，笔者也曾宣传过中国共产党是抗日战争的中流砥柱，但总觉得有些理由并不怎么能说服人。2005 年 8 月 15 日《人民日报》发表的特约评论员文章《中国共产党是全民族团结抗战的中流砥柱》所列举的 6 条理由,有的也不怎么能说服人。例如第一条说中国共产党的中流砥柱作用“体现在它吹响了挽救民族危亡的第一声号角，举起了全民族奋起抗战的第一面旗帜，担当了武装抗击日本侵略者的先锋队”。中国共产党确实在九一八事变后就发表了抗日宣言，但当时的中国共产党正处在“左”倾错误统治时期，主要是在革命根据地进行反“围剿”战争，首先起来抗日的并不是共产党领导的军队，而是东北民众自发组织的抗日义勇军。因此，说中国共产党“举起了全民族奋起抗战的第一面旗帜，担当了武装抗击日本侵略者的先锋队”，理由就不是很充分。第二条理由说中国共产党的中流砥柱作用，“体现在它倡导建立并领导了抗日民族统一战线”。建立抗日民族统一战线确实是中国共产党倡导的，但很难说是由中国共产党领导的，因为国民党并没有接受、也不可能接受共产党的领导。第三条理由说中国共产党的中流砥柱作用“体现在它对整个抗日战争实施了正确的战略指导，为坚持抗战和夺取胜利提供了基本保证”。中国共产党对敌后战场的战略指导确实是正确的，但不能说“对整个抗日战争实施了正确的战略指导”，因为国民党并没有接受共产党的战略指导。如果真的接受了共产党的战略指导，就不会损失那么惨重。别的几条就不一一说了。文章中的一些话，也说得太绝对，因而引起了不少人的反感，在网上招来了无数的帖子，有的甚至讽刺挖苦、嘲笑谩骂。例如有的说什么“你相信吗？反正我不信”，“爱吹就吹吧”；“谁掌权谁就是中流砥柱！”“喉舌在你手里，怎么说都可以，谁是抗战的中流砥柱，百姓心中自己有数！何苦标榜自己！标榜了，百姓就承认了？”“时间都（回）到了21世纪，怎么还在骗人！实事求是？可悲的中国！”从这些帖子可以看出，并不是对中国共产党的功绩说得越大越好，作用说得越重要越好，关键是实事求是，客观公正，让人信服。如果人们不信服，不仅达不到预期的效果，甚至适得其反，连整个抗日战争史都不相信了。

六、关于抗日战争的主战场问题

长期以来，很多抗日战争史著作都说进入相持阶段以后，敌后战场就逐渐成为抗日战争的主战场，敌后军民成为抗战的主力军。但有的学者如北京大学的罗荣渠等认为，正面战场一直是抗日战争主战场。

说敌后战场从进入相持阶段以后就逐渐成为抗日战争的主战场，主要是根据当时公布的国共两党分别抗击日军的比例数字。但笔者认为，当时公布的那些比例数字是值得推敲的。例如根据延安总部1945年12月公布的数字，八路军、新四军在1938年就已经抗击了日军的58.5%，国民党军队只抗击了日军的41.2%，就很难令人信服。因为这一年八路军、新四军虽然已经发展到181700人，但有的部队并没有开到前线，真正在前线同日军作战的还没有这么多人。而国民党军队在这一年接连进行了徐州会战、武汉会战及广州作战等重大战役。其中徐州会战涉及山东、江苏、安徽、河南4省，中国参战的部队45万人，仅台儿庄战斗就歼灭日军1万多人；武汉会战更涉及安徽、河南、江西、湖北、湖南等省，中国参战的部队多达上百万人，日军投入的兵力也约有30万人，被歼灭2万多人。正面战场这么多的大战役仅抗击日军的41.2%，而十多万八路军、新四军却抗击了日军的58.5%，无论如何是很难令人信服的。其他年份的统计同样是值得推敲的，例如说1941年共产党军队抗击日军的75%，国民党军队只抗击

25%；1945 年共产党军队抗击日军 69%，国民党军队只抗击 31%，也都是很难令人信服的。

说正面战场一直是抗日战争主战场的根据，是日军的主要进攻方向始终是对着正面战场的。在 1940 年、1941 年前后，日军虽然加强了对华北、华中抗日根据地的“扫荡”“清剿”，但其主要军事目标还是为了摧毁国民政府。到 1943 年发动豫湘桂战役以后，日军运用于正面战场的兵力就更成为主要的了。

笔者认为，敌后战场和正面战场共同构成了一个统一的中国战场，两个战场都是中国战场的不可缺少的重要组成部分，都为抗日战争的胜利作出了重要的贡献，在作出令人信服的统计以前，如实地反映出两个战场的贡献就可以了，并不一定非要将两个战场分出主次不可。如果一定要分出个主次，那就必须拿出令人信服的统计材料。

七、关于国民党的“积极反共，消极抗日”方针问题

长期以来，几乎所有的抗日战争史著作，都说从 1938 年 10 月进入相持阶段以后，国民党就采取了“积极反共，消极抗日”的方针，许多著作还认为它积极反共就是为了对日投降作准备。这种说法来源于国共两党斗争的时期，在当时的情况下强调国民党反共的方面，贬低它抗日的作用，是可以理解的。但是，这种说法给人造成一种国民党只反共、不抗日的印象，实际上把它反共的方面夸大了，把它抗日的方面贬低了，并不完全符合历史的实际。

从 1939 年开始，国民党虽然加强了其反共的方面，接连发动了晋西事变、皖南事变等一系列严重的摩擦事件，但在整个抗日战争时期，抗日民族统一战线始终没有破裂。这就说明，国共两党之间的合作还是主要的，国民党的反共是有限度的。如果国民党真的全力“积极反共”，抗日

民族统一战线还能不破裂吗？另一方面，从 1939 年开始，国民党虽然加强了反共的方面，但抗日还是比较积极的。有的学者就指出，在 1938 年至 1940 年年底这段时间里，正面战场先后进行的大的战役有：南昌会战、随枣会战、第一次长沙会战、1939 年冬季攻势、桂南会战、绥西作战和枣宜会战等。这七次战役的规模都相当大，地域涵盖华东、华北、华中和西南广大地区，每次战役日军投入的兵力均在 8 万至 10 万人左右，中国军队投入的兵力至少则在 20 万以上。特别是 1939 年“冬季攻势”和绥西作战，都是国民党军队主动对日军发起的进攻，先后有 10 个战区 132 个师、9 个独立旅，共 100 多万人投入对日作战；仅枣宜会战，先后参战的就有第 5 战区 55 个师 40 万人，抗击了日军第 11 集团军 8 个师团 10 万余人的进攻，接近战略防御阶段四次大会战的规模。两年间，国民党军队共毙俘日军 263,251 人，同时也付出了 1,019,911 人的重大伤亡，与 1937 至 1938 两年的伤亡人数大体相等，这也是国民党在这一阶段抗战较为积极的一个表现。1941 年，国民党军队进行的大的战役还有上高会战、中条山会战、第二次长沙会战、枣宜战役等，其中上高会战给日军第 34 师团造成重大伤亡，被称为“上高大捷”。据有的材料说，日军从 1937 年 7 月到 1945 年 9 月，在华毙命的少将以上将领共 98 人，其中在 1937—1938 年被击毙的只有 11 人，1939—1941 年被击毙的却有 34 人，而国民党军队在抗日战争中牺牲的师级以上将领共 73 人，其中从 1937 年 7 月至 1938 年牺牲 25 人，1939—1941 年牺牲 24 人。如果说这个时期国民党军队的抗战是消极的，就不会击毙多么的日军将领，自己也不会牺牲那么多的高级将领。

在 1941 年 12 月太平洋战争爆发以后，国民党虽然进一步依赖外援，但并没有停止对日作战，在这之后的很多战役仍然是打得很坚决的。这个时期先后进行的大的战役有第三次长沙会战、中国远征军入缅作战、浙赣战役、鄂西会战、常德会战、中国驻印军反攻缅北作战和滇西作战、豫湘桂阻击战、老河口地区作战（豫西、鄂北会战）、芷江地区作战等。其中第三次长沙会战大败日军精锐第 11 军，日军自己也承认伤亡 6003 人（其中军官 349 人）。中国远征军的入缅作战，“历时近半年，转战 1500 公里，在许多局部战斗中，曾多次挫败日军，使日军遭到自南进以来少有的打击，给英军以及时、有效的支援，并创造了东吁防御战、仁安羌解围战以及斯瓦河沿岸阻击战等出色的战例，获得了中外人士的赞誉和钦敬，为世界反法西斯战争作出了一定的贡献”。在常德会战中，第 57 师固守孤城 12 昼夜，全师 8000 余人，除极少数人突出重围外，绝大多数官兵宁死不屈，全部牺牲。中国驻印军的反攻缅北作战和滇西作战，解放了缅北大小城镇 50 余个，收复了云南西部失地 83000 平方公里，基本上歼灭了日军第 33 军的第 18、第 56 两师团，打死其官兵 41142 人，并给缅甸方面军直属的第 2、第 53、第 49 师团以沉重的打击。“这是抗战以来正面战场唯一的一次获得彻底胜利的大规模进攻作战，也是自甲午战争以来第一次援助盟国进入异邦国土作战并获得胜利的一次大规模作战”。在芷江地区作战中，国民党军队取得彻底胜利，日军第 20 军当时的统计就说自己共死、伤、病 29019 人。即使在被称为“大溃退”的豫湘桂战役中，有的地区的作战仍然是很坚决的。

至于说国民党积极反共就是为了对日投降作准备，更没有事实根据。反共和抗日是国民党同时奉行的两大方针，它们之间并没有必然的联系。如果国民党真的要投降日本，还要作什么反共的准备吗？它直接投降不就完了吗？

八、关于抗日战争在中国近现代历史上的地位问题

对于抗日战争在中国近现代历史上的重要地位，大家都是充分肯定的。但是，在这方面存在两个问题：

第一，对于抗日战争地位和作用的重视往往只是口头上、理论上的，

实际上并没有把它放在那么重要的地位上。对于这一点，只要看一看有关的纪念设施和影视作品就很清楚了。全国唯一的一个中国人民抗日战争纪念馆，现在经过整修、扩建好多了，原来的规模据说还不如仅仅各进行了几个月的三大战役中某个战役的纪念馆；抗日战争纪念设施的数量，可能也远远不如红军长征纪念设施的数量。即使在著名的接洽日本投降的湖南芷江、接受日本投降和审判日本战犯的南京等地，也没有像样的纪念设施。在影视作品中，红军长征和三大战役都拍出了长篇巨制，可是对于轰轰烈烈的抗日战争却没有拍出这样的影视作品，在国内外有影响的影视作品至今只有一部《血战台儿庄》。中国台湾还拍了一部42集的电视片《一寸山河一寸血》，可是我们至今没有拍出一部这样的片子，这与抗日战争的重要地位相比太不相称了。

在著作方面，中国不仅与苏联等国相比相差甚远，即使与日本和中国台湾相比，中国内陆对抗日战争史著作的编纂，也显得逊色。日本虽然是战败国，但在战后集中力量编纂出了多卷本的《战史丛书》《中国事变陆军作战史》等书，中国台湾也曾编写出多卷本的《抗日战史》（100册）、《抗日御侮》等著作。但是，中国内陆出版的关于抗日战争史的著作，有影响、有分量的只有军事科学院军事历史研究部撰写的《中国抗日战争史》三卷本，张宪文主编的《中国抗日战争史（1931—1945）》一卷本等，其分量都无法与上述著作相比。

第二，在观念上，也往往认为解放战争特别是三大战役比抗日战争更为重要。这从上面所说的纪念设施和影视作品的情况，可以清楚地看出来。对于中国共产党的胜利来说，解放战争特别是三大战役当然更为直接，更为重要。但解放战争终归是一场国内战争。国内战争与对外战争相比，当然应该是对外战争更为重要。抗日战争史作为中国近现代历史上最重要的一场反侵略战争，它的地位无论如何都应该比任何一场国内战争的地位更高。对于中国共产党的胜利来说，抗日战争时期也是一个关键时期，它就是在抗日战争时期成熟起来的，没有抗日战争时期的大发展，也没有解放战争的胜利。

因此，应该对抗日战争给予更多的重视，放在更重要的地位。国家和政府应该组织力量，把基本的史实调查研究清楚，把应该修建或恢复的纪念设施尽快地兴建和恢复起来，并建成能代表中国的纪念馆和纪念设施，编写出能代表中国的权威著作，拍摄出能代表中国的影视作品。

九、关于中国战场在世界反法西斯战争中的地位问题

对于中国战场在世界反法西斯战争中的重要地位，大家也是一直充分肯定的。但是，在这方面也存在两个问题：

第一，是一方面努力肯定中国战场在世界反法西斯战争中的重要地位，另一方面国共两党之间互相贬低，只肯定自己一方的抗战。国民党一直说共产党是“游而不击”，只知道发展壮大自己的力量；共产党则说国民党从进入相持阶段后就“积极反共，消极抗日”。这就给人一种印象，国共两党谁都没有抗日。无怪乎有的外国学者说，你们自己都说对方没有抗日，还说什么在世界反法西斯战争中的地位和作用？要提高中国抗日战争在世界反法西斯战争中的重要地位和作用，就必须改变观念，全面地、客观地反映出全民族的英勇抗战，而不能再互相贬低。如果继续互相贬低，中国抗日战争在世界反法西斯战争中的地位和作用就永远提不高。

第二，是有的提法不确切，不能得到世界各国的认可。例如有的著作为了突出中国抗日战争的地位和作用，说中国的抗日战争是世界反法西斯战争亚太战场的“主战场”，甚至是在东方的“主要战场”，对于打败日本侵略者起了“决定性的作用”。强调中国的抗日战争在世界反法西斯战争中的重要地位和作用，这是完全应该的，但要说中国的抗日战争是世界反法西斯战争在东方的主战场，就要看在哪个意义上加以使用，才比较确切。

如果把主战场看做不是一个，只是表示它是主要的战场之一，那是没有问题的。因为在太平洋战争爆发以后，虽然形成了太平洋战场，但中国的抗日战争仍然是世界反法西斯战争在地方的主要战场之一，牵制了大量的日军，为最后战胜日本作出了重要的贡献。

如果认为主战场只有一个，中国的抗日战争是世界反法西斯战争在东方最重要的战场，太平洋战场只是次要战场，那就值得斟酌了。因为在太平洋战争爆发以前，中国是唯一一个反击日本法西斯的国家。但在太平洋战争爆发以后，日本用大量的兵力特别是海军的主力同美国等开战，中国就变成了反击日本法西斯的主要国家之一，其重要性实际上已经下降了。特别是从 1943 年开始，美国等在太平洋战场开始反攻，歼灭了大量的日军，最后把战火烧到日本本土，对促使日本投降起了重要的作用。据有关资料统计，日本在太平洋战争中共伤亡 1864710 人，其中仅瓜岛等八大战役就伤亡 737105 人（仅菲律宾战役就被打死、俘虏 484476 人），而中国战场从 1931 年九一八事变到 1945 年日本投降才共歼灭日军 150 多万人，按最新的统计，也只有 1611048 人，还没有太平洋战场歼灭的日军多。如果说中国战场是世界反法西斯战争在东方最重要的战场，太平洋战场只是次要战场，那就很难令人信服。

至于说中国的抗日战争对于打败日本侵略者起了“决定性的作用”，这种说法也值得斟酌。上面已经说过，美国在太平洋战场歼灭的日军远远比中国多，而且一直打到日本本土，如果说对于打败日本侵略者具有决定性作用的话，美国更起了决定性的作用。日本只承认败于美国，而不承认败于中国，其原因也在这里。

我们的抗日战争史著作还说，由于中国拖住了日军的主力，所以日军一直不敢北上攻打苏联。其实日本不敢攻打苏联，主要不是由于被拖在中国战场，而是因为苏军的战斗力很强，日军不敢去硬拼。为了北上攻打苏联，日军曾作过几次试探，结果都以失败告终。例如发生在 1938 年 7 月我国吉林省张鼓峰地区（位于今珲春市东南边陲）的日苏军事冲突，参战的日军是第 19 师团两个大队约 7000 人，但伤亡 1440 人，其中死亡 526 人，受到重创。1939 年 5 月发生在我国海拉尔南约 200 公里处诺门坎地区的日苏军事冲突，参战的日军有 15975 人，结果战死者 4786 人，受伤者 5455 人，伤亡率达 80%，装备损失率达 72%。从此，日军就不敢再北上进攻苏联了。从这里更可以看出，日本不敢进攻苏联，而敢于大规模进攻中国，就是因为中国的落后。

笔者这样说，并不是说中国的抗日战争在世界反法西斯战争的地位不重要，只是说要说得恰如其分。因为反法西斯战争是世界上很多国家参加并一直在研究的一场战争，只有说得恰如其分，才能为世界各国所承认。

十、关于抗日战争史的话语系统问题

长期以来，我们的抗日战争史著作都沿用了过去的很多提法，但细细推敲起来这些提法是不科学的。

其一，沿用了日本的一些提法。例如“九一八事变”“七七事变”以及“天皇”等等。有的学者已经指出，将日本的侵略行为称为“事变”，是来源于日本。按照昭和十一年（1936 年）出版的《广辞林》(金泽庄三郎编纂、三省堂出版）的解释，“事变”的含义有二:(一）不测的非常的变故、事件。（二）不得不出动警察进行镇压的意外骚动和暴乱。日本将它对中国的侵略行动称为“事变”，其中隐讳着二层祸心：一是将日本的侵略战争与中国人民的反侵略战争含糊地称为“纷争”“事变”，以“不适用战争法规”为由，抵赖侵略罪名，妄图逃避国际战争法的制裁；二是将日本发起对我国的侵略的原因，归罪于中国人民不承认日本的“领导地位”，“拒绝与日本合作”。言下之意，即中国人民不愿俯首称臣，所以日本“为惩罪中国人民而作战”。显而易见，“事变”一词高度概括了日本侵略者的强盗逻辑，充满着对中国人民的侮辱，有损我中华民族的尊严。但是，中国却一直沿用了这种抹杀日本侵略本质、侮辱中国人民的提法。至于“天皇”，本来是日本对他们的皇帝的尊称，中国使用这种称呼就很不应该了。特别是裕仁“天皇”是发动侵华战争的罪魁祸首，本来应该对他进行审判并处以极刑，我们却一直在尊称他为“天皇”,就更不应该了,应该改为“日皇裕仁”或别的什么称呼。

其二，沿用了国共斗争时期的很多用语，例如“国民党统治区”“国民党军”“国民党军队”，等等。“统治”一词的本身虽然没有褒贬，但从习惯的用法来说，却是贬义的。因此，“国民党统治区”的称呼，实质上就是贬义的。在抗日战争时期，国民党始终是坚持了抗战的，而且是当时领导中国抗战的最大的政党。当时因为中国共产党和它存在斗争，使用这种称呼是可以理解的。但在国共两党都已经发生巨大变化的今天，特别是现在正在努力改善国共关系和两岸关系的今天，仍然沿用这种含有贬义的称呼，就不应该了。因此，不如把“国民党统治区”改为“国民党区域”“国民党地区”或“国民党控制区”，更为客观和恰当。在抗日战争时期，毛泽东就是使用“国民党区域”的称呼的。例如他在 1945 年论及抗日根据地与国民党地区的区别时说:“利用抗战发国难财，官吏即商人，贪污成风，廉耻扫地，这是国民党区域的特色之一。艰苦奋斗，以身作则，工作之外，还要生产，奖励廉洁，禁绝贪污，这是中国解放区的特色之一。”连毛泽东都称为“国民党区域”，我们为什么一定要改为“国民党统治区”呢?

至于“国民党军”“国民党军队”等提法,胡乔木早就提出应该加以改变。他说:“我们说惯了国民党军队,但是,这些军队历来不是国民党直接指挥的。所以，正确的名称应该是国民党政府军。”按照胡乔木的意见改为国民党政府军也可以，但我认为还是叫它的正式名称国民革命军更好，最好不要再笼统地称为“国民党军”“国民党军队”。

在 2005 年 7 月 7 日于北京大学召开的纪念抗战胜利和世界反法西斯战争胜利 60 周年学术研讨会上，笔者在谈了上述意见之后，徐勇在总结中提出，抗日战争史研究应该更新过去的话语系统。笔者认为他讲得比我更明确。为了使抗日战争史的研究更加客观和科学，对于那些来源于日本或受日本影响的，来源于国共两党斗争时期的称呼和提法，应该加以清理，凡是不客观、不科学的都应该尽快地改过来。

十一、关于抗战人物的评价问题

与抗日战争的性质、地位以及领导者相联系的，还有人物的评价问题。即对于那些在抗日战争中作出了重要贡献的人物，是主要以他们对抗日战争的贡献为标准，还是主要以他们别的时期的行为，例如解放战争时期是否参加内战等为标准，来评价他们的功过是非呢？例如公认的国民革命军十大抗日名将张自忠、李宗仁、杜聿明、孙立人、薛岳、卫立煌、傅作义、戴安澜、张灵甫、王耀武，除了张自忠、戴安澜因壮烈牺牲，傅作义因起义得到肯定外，很多人后来成了“战犯”，几乎没有人知道他们在抗战中的英勇事迹。特别是张灵甫，因为《红日》《南征北战》的小说和电影，成为众所周知的反面人物，更没有人知道他还是抗日名将。对于无数的在抗日战争中牺牲的国民革命军基层官兵，就更没有人知道他们的事迹了。笔者认为，他们最后的这种结局，对他们是不公正的。前已说过，抗日战争既然是中国近现代历史上最重要的一场反侵略战争，其地位应该比国内的任何一场内战都更为重要。因此，对于那些抗战人物的评价，应该主要根据他们在抗战中的表现，而不应该主要以他们在别的时期的表现为标准。凡是在抗日战争中作出了重要贡献的历史人物，不管他们在其他时期做了什么，都应该得到肯定和赞扬，使他们在抗日战争中的英勇事迹彪炳史册，激励后人。

即使对于蒋介石，也应该作出公正的评价。蒋介石在分裂第一次国共合作以后，曾大批地屠杀共产党人和革命群众；在土地革命战争时期，曾多次组织对革命根据地和红军的“围剿”；在解放战争时期，曾发动大规模内战，组织对解放区的军事进攻，是长期与中国共产党势不两立的敌人。但是，他也是国共两党共同进行的北伐战争的领导者，特别是在抗日战争中，他也是中国抗战的领袖，领导了全国的抗战，特别是领导了国民党、国民政府和正面战场的抗战。在抗日战争期间和抗战胜利以后，很多人都是把他作为民族英雄看待的。因此，不管他在其他时期犯下什么罪行，对于他在抗日战争时期的功绩，应该客观地加以评价和肯定。

也就是说，对于那些抗战人物应该功过分明，即功是功，过是过，既不能以功掩过，更不能以过掩功。这不仅会使抗日战争史的研究更加客观和科学，对于团结各方面的人士，完成祖国统一大业，建设中国特色社会主义，也是有利的。

十二、关于进一步加强研究抗日战争史研究的几点建议

鉴于上面所说的问题，我在 2005 年 8 月中国社会科学院召开的纪念中国抗日战争暨世界反法西斯战争胜利 60 周年学术研讨会上曾提出 5 点建议：

第一，更新抗日战争史研究的话语系统，凡是来自于日本没有表明侵略性质的用语，或来自国共斗争时期而不利于团结各方面人士、改善两岸关系的用语，都应该加以更新，换成更加确切、客观的用语。

第二，更新抗日战争史研究的观念。即不应该再囿于过去那种国共斗争的观念，“扬共（产党）贬国（民党）”、“扬后（敌后战场）贬正（面战场）”，而是应该站在全民族的角度，全面、客观地充分反映出全民族包括国民党、国民政府、正面战场以及民主党派、中间势力的英勇抗战。否则，就不利于团结各方面人士，缓和两岸关系，完成祖国统一大业。笔者希望海峡两岸的学者能够联起手来，求同存异，共同撰写一部海峡两岸以至国外学者

都能接受的，比较客观、公正、有说服力的中国抗日战争史。

第三，更新那些不准确的材料和数字，对重大史实应该进一步做出准确的统计分析。要达到这个目的，一方面应下功夫收集有关的文字材料；另一方面应加强实地调查研究。例如关于日本侵华的罪行和给中国造成的惨重损失，就应该组织力量进一步加强调查研究，以便能够拿出更有说服力的证据。

第四，把学术研究和宣传区分开，不能把学术研究看成宣传，以宣传的要求和口径来限制学术研究。例如在宣传中，可以主要讲中国共产党及其领导的敌后战场的功绩，但在学术研究中，就必须客观地反映国民党、国民政府及正面战场的抗战。又例如现在广泛宣传的一些重要提法，在学术研究中也可以提出不同意见，不能因为看法不同就不让发表和出版。即使是宣传，也应该实事求是，客观公正，讲究科学性。只有这样，才能达到宣传的效果，否则别人就会不相信，甚至会对整个的抗日战争史内容产生怀疑，结果适得其反。

第五，把学术研究和处理中日关系的方针政策区分开来，不能让学术研究完全服从于现实的对日方针政策。因为处理中日关系的方针政策是从现实需要出发的，而现实需要是随着形势的变化不断变化的。如果担心对有些问题的研究会妨碍现实的中日关系就不让研究，当形势发生变化、需要立即对这些问题拿出研究成果的时候，就会无法应付。

现在，我仍然认为这些建议是正确的，应该努力加以解决。当然，也欢迎提出不同意见，对一些重大问题展开讨论和争鸣。因为只有展开讨论和争鸣，才能促进抗日战争史研究的进展，才能使抗日战争史研究更加科学、客观、公正，更有说服力。

十三、关于对抗日战争的纪念和反思问题

2005年对抗日战争胜利60周年的纪念比较隆重，很多论著和影视作品揭露了日本侵略者侵华的暴行及对中国人民造成的深重灾难，歌颂了中国人民英勇抗战的事迹，倡导继承和发扬抗战精神，这都是很好的。但笔者觉得有一个缺陷，即对日本为什么大规模侵华、中国为什么一次次失败、抗日战争有什么教训反思不够。

中国从近代以来在遭受日本侵略时之所以一次次失败，首先是因为中国经济和武器的落后。日本虽然是一个小国，但经济实力和军队的武器装备远胜于中国。中国虽然是一个大国，军队的数量远远超过日本，但经济实力和军队的武器装备却远远落后于日本。在现代战争中起重要作用的坦克、汽车、飞机、大炮、舰艇等武器装备，中国一样也不能制造。因此，中国军队的战斗力，与日军相比差得很远。有的材料甚至说，据日本方面估算，日军一个大队（相当于营）的战力相当于国民党军队一个师。在七七事变以后，中国虽然形成了全民族抗战，但在强大的日军进攻面前，仍然丢失了大片国土，就是由于两国、两军的实力相差太远的缘故。正因为如此，日本才不把中国放在眼里。如果中国不是那么落后，日本就不敢那么肆无忌惮地大规模侵略中国。

其次，是因为中国政治的腐败。日本原来和中国一样，也是一个落后的封建国家，曾经被迫与西方列强签订不平等条约。但在19世纪七八十年代，也就是中国的慈禧太后统治的年代，明治天皇大胆地进行资产阶级改革，在政治上实行西方的民主制度，在经济上努力实现工业化，迅速地变成一个强大的资本主义国家。而在中国，却残酷地扼杀了康有为等人发动的“戊戌变法”，极力维护封建专制制度。甲午战争发生时，北洋舰队的装备虽然不比日本舰队差，但政治和军队的腐败，却使北洋舰队一败涂地。后来北洋政府和南京政府时期中国在与日本冲突中的失败，也是与当时政治和军

队的腐败分不开的。

再次，是因为中国政府的软弱。现在我们说日本从明治维新后就逐步变成侵略成性的军国主义国家，侵占中国是其既定国策，但在如何侵略中国的问题上，日本统治集团内部并不是没有矛盾和分歧的。正因为日本统治集团内部存在着矛盾和分歧，侵略成性的军人才不断地在中国各地进行挑衅，制造事端，以作为扩大侵略的借口。而由于中国政府的软弱，使他们的这种手段屡屡轻易地得手。因而，使他们在日本统治集团内部的势力越来越强大，越来越占主导地位。如果中国在日本军人制造事端、进行挑衅时给予迎头痛击，使他们的阴谋不能得逞，他们的侵略气焰就不会那么嚣张，他们在日本统治集团内部就不容易占据主导地位。

最后，是因为中国政治和军队的不统一。在清朝末年，中国已经是派系林立，形不成全国统一的力量。北洋政府时期，更是军阀遍地，混战不已。南京政权建立后，中国虽然在形式上统一了，但各地方实力派仍然是各自为政。在蒋介石企图削弱地方派系的政策下，他们在同日军的较量中不能不力图保存实力，从而为日本各个击破，一步步蚕食中国提供了条件。例如九一八事变发生时，日军在东北的数量并不多，东北军在关外的 10 万人如果奋起抵抗，东北就不会那么轻易丢掉。又例如七七事变时，日军在华北的数量也不多，第 29 军的 10 万人如果全力抵抗，平津地区也不会那么轻易丢掉。但他们为了保存实力，都没有全力反击，东北军甚至根本就没有反击，而中央军又不全力支援，日军当然就会轻易得手了。

痛定思痛，中国值得总结的教训实在太多。日本的侵华战争虽然已经过去了 60 多年，但很多教训我们并没有进行深刻的总结。当年导致中国一次次失败的原因现在还存在不存在？如果存在，应该怎么克服和解决？怎样才能实现中华民族的振兴和腾飞？在中华人民共和国建立以后，我国在对日关系的处理上有没有失误之处？怎样才能处理好中日两国的关系？我认为，这都是应该进行深刻的思考和总结的，而且应该是纪念抗日战争胜利时的重点所在。

（原载《历史教学》2005 年第 11 期）

【评文记事】

这是提交中国社会科学院近代史研究所召开的纪念抗日战争胜利 60 周年学术研讨会的论文，在会上发言后得到很多学者的赞同，不久后在南开大学作学术报告时，《历史教学》杂志的蔡世华先生听后觉得很好，这样就发表在了《历史教学》上。《近代中国与文物》编辑部听说这篇文章后，也愿意刊登，这样又同时发表在了他们的试刊号上。后来很多网站加以转载，赞成的、反对的都很多，这是我写的影响最大的文章之一。

中共抗日根据地政权建设的特点和历史经验

中国共产党在抗日根据地建立的政权，和国民党建立的政权形成鲜明的对照，也和中国共产党在土地革命战争时期建立的工农民主政权有着明显的不同，有着突出的特点，创造了丰富的历史经验。关于这方面的特点和经验，很多学者已经作过论述，可以总结出很多，但笔者认为最突出的有以下七个方面。

一、建立议行并列的政权体制，加强对政府的监督

如何科学地设置政权体制，是政权建设首先遇到的大问题。政权体制的设置是否科学，直接关系到政权的稳定。

中国共产党领导的抗日根据地政权，有的学者认为是一个由参议会、政府和法院三部分组成的“两权半”政权。之所以说“两权半”，是因为抗日根据地均未设立检察机关和司法机关，一切有关的司法工作均由高等法院负责，法院在行使司法职权时虽然是独立的，但在政治上、行政上受政府领导，只是“半独立”。在这“两权半”的政权体制中，最有特点的是各级参议会的设立。

各抗日根据地的参议会是参照国民政府公布的《省临时参议会组织条例》建立的，一般分为三级，即边区、县和乡三级。边区和县级参议会休会期间均设有由议员互选产生的常驻委员会。乡级参议会休会期间不设常

驻议员,实行议行合一制,与边区和县的设置不同。关于各级参议会的职权,按照1939年2月1日陕甘宁边区第一届参议会通过的《陕甘宁边区各级参议会组织条例》,主要有以下几个方面:第一,选举各级政府主要成员;第二,制定施政纲领;第三,决定重大事项,制定法律法规;第四,监察及弹劾各级政府之政务人员,督促及检查各级政府执行参议会决议案之事项。

从上述规定可以看出,抗日根据地的参议会不仅仅是一个民意机关、咨询机关、议政机关,而且是边区、县、乡中最高的立法机关、权力机关、监督机关。不仅各级政府组成人员要由它选举产生,边区、县、乡中的大政方针要由它决定,各项法令、法规要由它制定和通过,更重要的是政府要向它负责,接受它的监督及弹劾。

古往今来的事实已经充分地证明,没有监督的权力是容易懈怠的,甚至是容易腐败的。因此,各抗日根据地的参议会对政府的监督作用是非常重要的,参议会对它的这项权力也是非常重视的。陕甘宁边区参议会副议长谢觉哉在1941年12月11日写的《边区、县参议会常驻委员会的工作》中就说:除了处理会内的日常事务外,参议会常驻委员会的第二项工作就是"监督同级政府对参议会决议之执行"。参议会大会议决的事项交给政府以后,必须监督政府"做得好","我们不允许议好了不做,或者做得遇到困难就拉倒"。为了更好地监督政府,参议会常驻委员会"有权听取政府工作报告","有权向政府提出建议和询问","有权派代表出席政府委员会会议",等等。

从当时的很多材料来看,各抗日根据地的参议会对政府的监督是有力的。这就说明,抗日根据地的参议会虽然是参照国民政府公布的《省临时参议会组织条例》建立的,但它和国民参政会有着根本的不同。与中外历史上的议会相比,它也有着根本的不同。徐特立在1941年11月1日发表的《边区参议会应有的任务》中就说:"历史上的议会只是一个言论机关,而实权在内阁,议而不行,无可如何!议会虽是由人民选举,而人民不能撤换议会，政府反有权解散议会，议会无权监督政府，检查政府的工作。我们的参议会由人民选举，还由人民撤换，参议会成为真正人民的代表。”参议会的一项重要任务，就是要“打破历史上形式主义的民主议会，建立真正有革命意义的，敢言而且敢做的议会，树立民族独立民权自由的基础”。

对政府具有有力的监督，这是抗日根据地政权建设的一个突出的特点，也是加强政权建设的一个重要的历史经验。

二、实行“三三制”，建立一个包容性更强、代表性更广泛的政权

政权人员如何组成，是政权建设遇到的第二个大问题，它既表明了政权的性质，也直接关系到它的阶级基础是否巩固和群众基础是否广泛。

与土地革命战争时期的工农民主政权不同，抗日根据地政权最显著的特点，是从1940年开始实行“三三制”，即在参议会和政府组成人员中，不仅有工农代表，还有其他阶级阶层的代表，即共产党员占三分之一，非共产党的左派进步分子占三分之一，不左不右的中间派占三分之一。

对于“三三制”，一般都把它理解为抗日根据地政权组成人员的分配问题。有的学者已经指出，从狭义上看，这种理解并没有错，而且明确这种人员的分配比例是重要的。但又不能把它简单地理解为人员的分配比例问题，实际上它包括了抗日根据地政权建设上一系列原则问题，即抗日根据地政权的性质、成员分配、组织形式、中共的领导地位、民主选举制度以及施政方针等问题，体现了当时中共中央和毛泽东关于抗日民主政权建设的完整思想。有的学者还指出，“三三制”的精神实质是反对“左”倾关门主义，建设一个包容性更强、代表性更加广泛的政府形象。有时也有让另一种势力来监督共产党，以防止自身腐败和激励工作效率的作用。从另外一个角度说，也带有对原来的农村各种势力重新安排权力结构的意思。这

些分析都是有道理的。中国共产党之所以在抗日根据地实行“三三制”，其实质就是为了反对在党内长期存在的“左”倾关门主义，实行更广泛的民主政治，建立一个包容性更强、代表性更加广泛的政权，以适应抗日民族统一战线的需要。另外还有一个方面也应该注意，那就是中国共产党实行“三三制”，也是为了约束自己，防止包办代替的一个有力措施。因为在一党领导的体制下,这种现象是很容易发生的。1942 年 3 月,谢觉哉在《“三三制”的理论与实际》一文中就指出:“‘三三制’是共产党约束自己的一个制度……。为甚么要这样？因要革命须要有坚强的领导的党，而处于优势的领导的党，很容易走到把持包办。把持包办，不但广大人民不满意于当政的党，党的本身，也很不利。党得不到群众的拥护，其党必归于失败。”

“三三制”的实行，取得了很好的效果。其中最突出的，是使边区各级政权有了广泛的代表性，有力地调动了社会各界团结抗战的积极性。晋察冀边区的领导人刘澜涛在做工作总结时曾提到:“地主士绅在社会的地位提高了。因之，他们也较活动了。(如灵寿某大地主自动组织宣传队实行选举。涞源某年过五旬之老地主,爬山越岭,冒着枪林弹雨参加涞灵战役等)。”一些跑到敌占区的地主开始回乡，乡绅富商也有了在根据地投资经营的积极性。华中根据地实行“三三制”以后，原地方精英与新四军和抗日政权出现少见的融洽气氛，特别是一些被选进或者聘任为参议员和区代表的乡绅，表现出了空前的抗日热情，有的将自己的儿女送到新四军，有的甚至捐出自己的田产，动员农民参军。而一些本来就有武装的地方精英，也纷纷把武装交出来，归到新四军里。乡绅的积极性起来以后，减租减息的阻力也相应地减小了。另外，“三三制”也使边区政权决策的民主性、科学性大大加强，提高了边区各级政权机关的工作效率。

有的学者指出，“三三制”是建立在对阶级结构客观深刻认识基础上的政治构架，真正体现了政权的民主性质，是毛泽东实事求是的杰作；是根据地进行中国特色民主政治建设的开创性尝试，显示了中国共产党建设一种中国特色的民主政治的诚意；有的甚至认为，只需在“三三制”的基础上稍加完善，辅之以民主建设，就能有一个比西方三权制科学实用得多的政治构架。当时林伯渠也曾认为：“中国完全有可能由这‘三三制’坦途走向民族解放以至于最终的人类解放。”后来由于种种原因，“三三制”虽然没有能够继续坚持下去，但对于怎么建立一个包容性更强、代表性更广泛的政权，提供了有益的借鉴。

三、实行普选制和竞选制，使广大群众具有监督权、罢免权

政权组成人员特别是主要的领导人如何产生，是政权建设遇到的第三个大问题。其中最重要的，是广大人民有无选举权、监督权和罢免权。

为了建设民主政治，把广大群众都动员起来，各抗日根据地都实行了普选制和竞选制，通过普选和竞选选出各级参议会参议员，然后由各级参议会选出政府组成人员。1939 年 1 月由陕甘宁边区第一届参议会通过的《陕甘宁边区选举条例》，明确地规定了“普遍、直接、平等、无记名”的投票选举制及选举方法。其中对竞选明确规定：“各抗日政党及各职业团体，可提出候选名单，进行竞选活动，在不妨害选举秩序下，选举委员会不得加以干涉或阻止。”随后，其他抗日根据地也做出了类似的规定。

由于实行了普遍的无差别的民主选举，根据地的广大人民群众焕发出极大的参政热情，选举成为人民的自觉行动。特别是由于允许竞选，选民就可以对候选人进行选择，以最终选出自己满意的人员，因而更调动了广大群众参加选举的积极性。林伯渠在陕甘宁边区政府对边区第一届参议会的工作报告里就曾说：“当着候选名单公布以后，每个乡村都热烈地参加讨论，有的批评某人对革命不积极，某人曾经反对过革命，某人曾经贪污过，某人曾经是流氓，某人曾吸食鸦片，等等。有的选民则公开涂掉其名字，

有的则到处宣传某人的坏处，等等。又如安塞四区一个乡长因工作消极，蟠龙区一、三、五乡乡长不能代表群众利益等，均遭反对为候选人。至于那些平日对抗战工作努力的分子，在选举中都当选了。”

由于实行了普选制和竞选制，广大选民不仅可以选出自己满意的人，而且可以随时罢免那些不合格的人，从而加强了群众对参议会和政府成员的监督。例如经过 1941 年的改选，延安县乡政府委员中连任者仅有 133 人，新当选者为 185 人，61 个乡长中有 41 个是新当选的；安定县 70%的乡、市政府人员是新任；绥德旧乡政府委员落选者达 1001 人。这说明，那些渎职和不称职的干部，在选举中被淘汰了。

广大群众对参议会和政府成员的监督，不仅表现在选举过程中，还体现在日常生活当中。例如在陕甘宁边区，“要是哪个工作人员办事不好，不忠实于群众利益，那末不管他是谁，人民都有权来批评他，甚至加以撤换”。平时，“农民也普遍的讨论关于政府工作的缺点，以及自身利益的许多问题。政府工作人员不是去压制他们，而是倾听他们的意见，来改正自己工作的缺点。老百姓常常这样说：‘现在的人胆子大了，连乡长也可以批评起来，过去是不敢这样说的’”。

由此可见，普选制是实行民主政治的基础，是激发广大群众积极性的有力措施。而竞选制，是选优汰劣的有力措施。普选制和竞选制的实行，也是抗日根据地政权建设的一个突出特点和重要经验。

四、实行“精兵简政”原则，达到执政成本与社会负担的均衡

政府组成人员是少而精，还是多而冗，也是政权建设的一个大问题，直接关系到政权的执政成本和社会负担。如果执政成本过高和社会负担过重，就会影响到社会的发展甚至政权的稳定。

在这方面，中共中央根据李鼎铭先生的建议，实行了著名的“精兵简政”政策。从1941年年底到1943年,各抗日根据地一般都进行了三次精简。这项政策的实行，其直接原因固然是为了克服当时的严重困难，但正如有的学者所说，其实质就是为了降低执政成本和减轻社会负担，以达到二者的均衡。经过这几次精兵简政，各抗日根据地的政权机关大大压缩，群众负担明显减轻。例如陕甘宁边区1945年征收的公粮，从1942年的20万担减少到12万担，减轻了五分之二。山东抗日根据地的脱产人员共减少了3万人，占原脱产人员的27%。再加上军队的精简，更减轻了人民的负担。另外，机关人员和军队减少了，对民力的征用也随着减少了。例如延安县1941年征用民力60025人，1942年减少至28493人，减幅52.4%；绥德县1941年征用民力74196人,1942年减至900人,仅为上一年的八十二分之一。

精兵简政也有利于提高各级政权机关的办公效率。因为重复的机构、冗余的人员被撤销了,扯皮现象、互相推诿现象、因人设事现象等大大减少,办公效率自然会随着提高。1943年中共中央西北局关于精兵简政工作的总结，就充分地肯定了这一点。

群众负担减轻了,办公效率提高了,政府的威望也就会提高。因此,“精兵简政”的直接目的虽然是减轻群众的负担，但在政权建设中的意义却是非常重大的。这既是抗日根据地政权建设的一个突出的特点，也是一条成功的经验。

五、严惩贪污腐败，保持良好作风，建设廉洁政权

一个政权有没有良好的作风,特别是是否廉洁,直接关系到民心的向背。因此，切实加强廉政建设，是任何政权都面临的一个重要课题。

为了使抗日根据地政权保持一个良好的作风，特别是为了把它建设成一个廉洁政权，中共中央和各抗日根据地采取了一系列有力的措施：

首先，对各级领导人的生活标准做出严格的规定，领导人一律不准搞特殊化，和群众一样过苦日子。例如在陕甘宁边区，从基层的乡长到最高层的边区政府主席，都实行津贴制度，收入不得超过普通工人工资的水平。当时国民党的县长每月薪俸为 180 元，而边区的县长每月津贴仅为 2.5 元，边区行政长官每月最高的津贴也只有 5 元。县政府每月办公费平均在 20 元至 30 元之间。在晋察冀，“边区政府主席每月生活费只有十八元，各县行政工作人员生活费普遍都在十元左右，一切个人的应酬、膳食、衣服且均为自备，而许多廉洁的县长还节约其生活费之一部捐助于抗战或群众团体”。在晋冀豫，“当一个县长，在山西五区是四十元，三区是二十元，冀西的尤为刻苦，在最初建立县政府的时候，他们没有化（花）过一块钱。后来算有了五元一角的月薪，最近因经济困难，连这五元钱又要取消了”。因为领导人一律不搞特殊化，所以即使生活再苦，群众也没有怨言。正如邓小平所说：“为什么过去很困难的局面我们都能度过？根本的问题是我们的干部、党员同人民群众一块苦。”

其次，严惩贪污腐败现象。在土地革命战争时期，中国共产党就制定了严厉的惩治贪污腐败的法令。在抗日战争时期，中共中央和各抗日根据地继续沿袭了土地革命战争时期的做法。例如陕甘宁边区一方面在《施政纲领》和《政务人员公约》中明确规定，政务人员必须“公正廉洁，奉公守法”，“不滥用职权，不假公济私，不耍私情，不贪污，不受贿，不赌博，不腐化，不堕落”；另一方面在 1938 年 8 月 15 日公布《惩治贪污暂行条例》，将贪污罪详细列举了 10 条表现，对犯有这些罪行者做出严厉的惩治规定：（一）贪污数目在 300 元以上者，处死刑或 5 年以上之有期徒刑；（二）贪污数目在 300 元以上 500 元以下者，处 3 年以上 5 年以下之有期徒刑；（三）贪污数目在 100 元以上 300 元以下者，处 1 年以上至 3 年以下之有期徒刑；（四）贪污数目在 100 元以下者，处 1 年以下之有期徒刑或苦役。同时，应追交其贪污所得之财物，无法追交时得没收犯罪人财产抵偿。1943 年 4 月

25 日，陕甘宁边区在各级政府干部任免、奖惩等条例中还规定：有贪污、腐化、营私、舞弊等行为者，不得任用为政府干部，并应予严惩。这些严厉的惩治措施，有力地遏制了腐败现象的蔓延。

最后，加强群众对各级干部的监督。古往今来的无数事实已经证明，仅仅有政权内部的监督，对于遏制腐败是远远不够的，必须有广大群众的监督。各抗日根据地在发动群众监督干部方面，做得也是成功的。这不仅表现在选举过程中，还表现在平常的工作中。正如谢觉哉所说："有广大人民的力量来监督政府，监督工作人员，人可以幸逃法网，但不能逃出人民的视线。坏事就不易发生。"彭真在谈到晋察冀边区的廉政问题时也说："至于贪污，政府依靠着广大群众之监督和协助，已相当的肃清或正在肃清"；"边区政府依靠着民众的检举，才相当保证了各县政府的廉洁，并间接保证了政府在群众中的威信"。

由于上述的有力措施，在各抗日根据地普遍形成了一种清正廉明的作风。1940 年 2 月 1 日，毛泽东在谈到陕甘宁边区和国民党地区的区别时就说："陕甘宁边区是全国最进步的地方，这里是民主的抗日根据地。这里一没有贪官污吏，二没有土豪劣绅，三没有赌博，四没有娼妓，五没有小老婆，六没有叫花子，七没有结党营私之徒，八没有萎靡不振之气，九没有人吃摩擦饭，十没有人发国难财。"1945 年，毛泽东在论及抗日根据地与国统区的重要区别时又说："利用抗战发国难财，官吏即商人，贪污成风，廉耻扫地，这是国民党区域的特色之一。艰苦奋斗，以身作则，工作之外，还要生产，奖励廉洁，禁绝贪污，这是中国解放区的特色之一。"

各抗日根据地的这种廉洁的作风，得到民主人士和广大群众的高度赞扬。1941 年 4 月的《陕甘宁边区政府工作报告》中即说："有些绅士经过我们县长几次'说情婉拒'，'进贿峻拒'之后而感叹起来（如陇东）。有些劳动人民见我们生活太苦，说：'你们如何不派点款，难道你们最低生活我们都不能负担吗？'（如绥德）有些外来参观者，实地看见了这些情况，才恍然说：‘天下竟有这样的官！’”

历史已经证明，严惩贪污腐败，建设廉洁政权，这是抗日根据地政权建设的显著特点之一，也是政权建设之所以成功的一条重要的经验。

六、切实为群众谋利益，把政府建成“帮忙政府”

是为人民还是为自己，这是由政权的性质决定的，也是政权建设的一个根本问题。

抗日根据地政权是人民政权，因此始终把人民的利益放在第一位，切切实实为群众谋利益。这种政权，被毛泽东誉为“帮忙政府”。他说：“有两种政府，一种只知道刮刮刮，另一种则帮老百姓的忙——边区政府就是这种帮忙政府。”抗日根据地政权的这个特点，体现在各个方面，其最突出的有三点：

首先，把人民的利益放在第一位，保障人民的一切民主自由权利。当时建立的抗日根据地政权，对人权、（参）政权、财权、自由权是非常重视的，各地颁布的施政纲领和有关条例，都对人民的这些基本权利作了明确的规定。例如 1941 年 5 月 1 日公布的《陕甘宁边区施政纲领》（即“五一纲领”）明文规定：“保证一切抗日人民（地主、资本家、农民、工人等）的人权、政权、财权及言论、出版、集会、结社、信仰、居住、迁徙之自由权，除司法系统及公安机关依法执行其职务外，任何机关部队团体不得对任何人加以逮捕审问或处罚，而人民则有用无论何种方式，控告任何公务人员非法行为之权利。”为了切实保障人民的人权、财权，陕甘宁边区在 1942 年 1 月 1 日还专门颁布了《边区政府保障人权财权条例》。即使对于少数人如地主、富农、资本家的基本权利，在一些法令法规中也做出了明确的规定。例如减租减息是抗日根据地的一项基本政策，但有些地方的农民在减租减息之后，不再交租交息，这就影响到地主、富农的地权、财权。为了纠正这种偏向，1942 年 1 月 28 日中共中央政治局通过的《关于抗日根据地土地政策的决定》明确规定：“减租减息之后，又须实行交租交息，于保障农民的人权、政权、地权、财权之后，又须保障地主的人权、政权、地权、财权。”正如有的学者所说，但把保障人民权利提到如此重要的地步，在中国共产党的历史上是前所未有的。

其次，一心一意为群众谋利益。既然是“帮忙政府”，就要千方百计为群众帮忙，为群众谋利益。早在 1934 年 1 月，毛泽东在土地革命战争时期就明确提出关心群众生活，注意工作方法的问题，即要帮助群众解决穿衣、吃饭、住房、柴米油盐、疾病卫生、婚姻等问题，实际上就是为群众谋利益。1942 年 12 月，毛泽东在《经济问题与财政问题》的报告中，更加明确地提出：“一切空话都是无用的，必须给人民以看得见的物质福利。……我们的第一个方面的工作并不是向人民要东西，而是给人民以东西。”他说要研究人民中间的生活问题、生产问题，并帮助人民具体地而不是讲空话地去解决这些问题，这“是每个在农村工作的共产党员的第一位工作”。中国共产党的领导人是这样号召的，各抗日根据地也是这样做的。这方面的事例不胜枚举。正因为抗日根据地政权不仅保护群众的利益，而且全心全意为群众谋利益，所以才得到广大群众的拥护。

最后，始终和广大群众打成一片。要为群众谋利益，就要和群众打成一片，倾听群众的意见，关心群众的疾苦。彭真在谈到晋察冀边区的工作时就说：“政府对于各种重大事项，都以各种形式发动民众讨论，民众经过行政会议，或其他自己的组织系统，可以自由向政府提出他们的意见，要求政府实行某些善政，或取消某些弊政，并可以得到满意的实际的回答。”因为政府的工作人员是民选的，所以十足地“平民化”，甚至和群众没有什么区别，从来不摆官架子，群众有什么意见和要求，也敢于和乐于向他们提出。

这样的“帮忙政府”，是根据地政权的最基本的特征，也是抗日根据地政权能够得到群众拥护的最根本的原因。

七、正确处理党政关系，实行正确的执政方式

抗日根据地政权是由中国共产党领导的，如何处理党政关系，直接关系到能否实行正确的执政方式，这也是抗日根据地政权建设不能回避的重要问题。

在抗日战争时期，中国共产党和抗日根据地政府的领导人，对正确处理党政关系是十分注意的，既坚持中国共产党的一元化领导，又不是党政合一，由党完全控制政府，而是实行党政分开，不去干涉政府的工作，使政府具有相当的独立性。为了真正做到这一点，当时中共中央的领导人和有关报刊明确地批判了“一党专政”“以党治国”等思想。1940 年 12 月，刘少奇在《论抗日民主政权》一文中指出：“有人说：共产党要夺取政权，要建立共产党的‘一党专政’。这是一种恶意的造谣与诬蔑。共产党反对国民党的‘一党专政’，但并不要建立共产党的‘一党专政’。共产党和八路军、新四军作为民主的势力，愿意为大多数人民、为老百姓服务，为抗日各阶级联合的民主政权而奋斗。这种政权，不是一党一派一人所得而私的。八路军新四军所到之处，如果能够建立政权的话，就要建立统一战线的革命各阶级联合的政权。即或因为人民的组织程度不够，而不得不委任临时的地方政府人员的话，那末，只要一有可能，当人民的组织已有相当的程度，人民能够选举自己所愿意的人来管理自己事情的时候，共产党和八路军、新四军就毫无保留地还政于民，将政权全部交给人民所选举的政府来管理。共产党并不愿意包办政府，这也是包办不了的。”1941 年 4 月 15 日，邓小平也指出：“党的领导责任是放在政治原则上，而不是包办，不是遇事干涉，不是党权高于一切。这是与‘以党治国’完全相反的政策。”1941 年 10 月 28 日《解放日报》发表的文章更加尖锐地指出：“目前推行民主政治，主要

关键在于结束一党治国。……因为此问题一日不解决，则国事势必包揽于一党之手；才智之士，无从引进；良好建议，不能实行。因而所谓民主，无论搬出何种花样，只是空有其名而已。唯有党治结束之后，全国人才，才能悉力从公，施展其抱负；而各党派人士亦得彼此观摩，相互砥砺，共求进步，发挥政治上最大的效果。有人说，国民党有功民国，不可结束党治，使之削弱。不知国民党今日的弱点，都是在独揽政权之下形成的。当其他党派起来竞争时，国民党只有更加奋勉、添加新血液、振起新精神，日趋进步。因此结束党治，不会使国民党削弱，只会使它加强起来。”

由于实行“三三制”，在参议会和政府内部，也有个中国共产党党员怎么和其他方面的人士合作共事的问题。对于这个问题，毛泽东在提出“三三制”的政策时就说得很清楚：“所谓领导权，不是要一天到晚当作口号去高喊，也不是盛气凌人地要人家服从我们，而是以党的正确政策和自己的模范工作，说服和教育党外人士，使他们愿意接受我们的建议。”1941年11月6日，毛泽东在《在陕甘宁边区参议会的演说》中，又批评了一些人的关门主义和宗派主义，明确提出：“国事是国家的公事，不是一党一派的私事。因此，共产党员只有对党外人士实行民主合作的义务，而无排斥别人、垄断一切的权利。”因此，在参议会和政府中工作的共产党员，都十分尊重其他方面的人士，使他们既有职也有权，对于他们的不同意见，耐心地听取，平等地和他们协商。因此，在“三三制”政权内部，党政关系处理得也是比较好的，参加参议会和政府的其他方面的人士都工作得十分舒畅。

从以上七个方面可以看出，抗日根据地政权是民主的、精干的、清廉的、为民的、包容性很强的、具有有力监督的、实行正确执政方式的政权。它虽然也有很多不完善的地方，但具有鲜明的特点，留下了丰富的历史经验。认真总结这些特点和历史经验，对于认清中国共产党为什么能得到民心，取得革命的胜利，今天应该如何建设中国特色社会主义民主政治，都是很有价值的。

（这是提交中共中央宣传部等召开的全国纪念抗日战争胜利60周年学术研讨会的论文，原载《历史教学》2005年第9期，《光明日报》2005年9月20日以《抗日根据地政权建设的特点和历史经验》为题刊登了其中的主要内容）

建立联合政府方针的提出及围绕它进行的谈判和斗争

在1945年召开的中国共产党第七次全国代表大会上，毛泽东作了《论联合政府》的政治报告，把建立联合政府作为一个重要的方针提了出来。当时为什么要提出这样一个方针，它是怎样提出来的，国共两党是怎样围绕它进行谈判和斗争的，以及它与七大的路线是什么关系，对它应如何评价等，都是值得认真研究的问题。

一、建立联合政府方针的提出

关于建立联合政府的口号，过去一般认为最早出现于1944年9月4日中共中央给林伯渠、董必武、王若飞的指示中，这个指示提出："目前我党向国民党及国内外提出改组政府主张时机已经成熟，其方案为要求国民政府立即召集各党各派各军各地方政府，各民众团体代表开国事会议改组中央政府废除一党统治，然后由新政府召开国民大会实施宪政，贯彻抗战国策实行反攻。""这一主张，应成为今后中国人民的政治斗争目标，以反对国民党一党统治及其所欲包办的伪国民大会与伪宪。"

正是根据中共中央的这个指示，林伯渠在随后致国民政府代表王世杰、张治中的信中，提出了立即结束国民党一党专政，召开紧急国事会议，成立各党派联合政府的主张。并于9月15日在国民参政会三届三次会议上所作的关于国共谈判的报告中，第一次公开提出了这一主张。报告说："我们认为挽救目前抗战危机准备反攻的救急办法，必须对政府的机构人事政策迅速来一个改弦更张。这几天参政员诸先生的各项询问，也正说明了我们政府的机构人事到政策都有很多毛病，不能适合今天抗战的要求。因此我坦白地提出希望国民党立即结束一党统治的局面，由国民政府召开各党各派，各抗日部队、各地方政府、各人民团体的代表，开国事会议，组织各抗日党派联合政府，一新天下耳目，振奋全国人心，鼓励前方士气，以加强全国团结，集中全国人才，集中全国力量，这样一定能够准备配合盟军反攻，将日寇打垮。”从此，中国共产党关于建立联合政府的主张，为国内外所知晓。

但从现在的材料来看，中共中央对于建立联合政府问题，早在这年8月就已经决定了。8月17日，董必武致电周恩来，询问如何对待国民党和民盟张澜、左舜生等商议加补参政员的问题，毛泽东在电文中指示说：“应与张左商各党派联合政府。”自此之后，中共中央便从各方面做工作，宣传和努力争取这一主张的实现。8月18日，周恩来致电董必武、林伯渠，请他们考虑，目前我党如向全国提议并向国民党要求提前召集各党派及各团体代表会议，改组政府，然后由此政府召开真正民选的国民大会，讨论反攻，实行民主，能否引起大后方（尤其是各党派）的响应和各地方实力派的同情，并嘱就此意见先行试探。8月23日，毛泽东在延安会见美国驻华使馆二等秘书谢伟思时，曾提出召开一次中国所有主要政治集团的会议，建立新的国民政府的主张，并希望美国政府对这一建议施加影响。

那么，中国共产党为什么会提出、又是怎么提出关于建立联合政府的主张的呢？

首先，它是中国共产党及各民主党派、国民党民主派及爱国民主人士要求改组政府、实行民主的一贯主张直接发展的结果。为了抗日战争能够胜利进行，从抗日战争一开始，特别是随着抗战相持阶段的到来，中国共产党及各民主党派、国民党民主派及爱国民主人士，就普遍要求实行民主。1939年

9 月国民参政会一届四次会议以后，全国普遍掀起了抨击国民党一党专政、强烈要求立即实行宪政的民主宪政运动。1943 年，随着国民党军事溃败和政治黑暗的加剧，全国各党各派和广大人民群众再次掀起了要求结束国民党一党独裁、实行民主政治的民主宪政运动的高潮，美国总统罗斯福也建议蒋介石“中国宜从早实施宪政”，“国民党退为平民，与国内各党派处同等地位，以解决纠纷”。1944 年中国共产党关于联合政府主张的提出，可以说是民主宪政运动发展的直接结果。

其次，同国民党坚持一党专政，而又在抗战中有功劳，力量占优势的客观条件有关。对于国民党的一党专政，本来是应该打倒的，但国民党还是坚持抗战的，在抗战中有功劳，还有很大的力量，群众也还没有抛弃它，所以不能在那时就提出“打倒”的口号,还要等待,还要准备继续与它合作，而在合作中促进它进行改良，以逐步满足革命和人民群众的要求。关于这个问题，1943 年 1 月 25 日毛泽东在致彭德怀的电报中曾加以说明。他说:“在德意日打倒后，国际国内形势均会发生根本变化，这一形势是利于人民不利于独裁的，但蒋在抗战中有功劳，同时人民心里厌恶内战，故我们应争取在抗战后与国民党建立和平局面，在民主民生上做文章。”1944 年 10 月 25 日毛泽东在中央党校的报告中，也明确地回答了为什么现在不提革命的口号，国民党既然这么坏为什么还要它的问题，他说“原因是日本人还在面前，这是基本原因。外国人也要它”，“不要轻视国民党的力量，虽然它已经没有希望了,它还有相当大的反动力量”。另外还要“照顾群众”,“群众还未觉悟，就要等候”。“现在要讲必要的等候，所以提‘改组政府和改组统帅’的口号”。这个口号，“是老百姓所同意的”。

最后，与欧洲一些国家反法西斯战争取得胜利，共产党参加政权，与各方面力量组成联合政府的经验和做法有关。到 1944 年，欧洲一些国家的反法西斯战争陆续取得胜利。1944 年 5 月，法国共产党领导的游击队和其他抵抗力量统一为“法国内地军”，拥有约 50 万名战士，解放了大片国土。

6 月，戴高乐将军组织的法兰西民族解放委员会改组为法国临时政府。8 月 24 日，戴高乐的部队进入巴黎，组成了新的临时政府。得到共产党人承认的全国抵抗运动委员会主席乔治·皮杜尔出任外交部长，政府成员半数以上是共产党、社会党、激进民主党、基督教民主党的成员，法国有史以来第一次有了共产党部长。也就在这个期间，中共中央提出了建立联合政府的主张。10 月 25 日毛泽东在中共中央党校的报告中说："大家看到，巴黎暴动，法国共产党力量非常大，人道报的发行数，等于各报的总数。现在法国是共产党领导的，我们大家应该学习他们的经验。"又说："法国广大人民在共产党领导下起来了，在南、希、意、罗也是如此，法西斯倒了，则政治是人民的。"从以上情况可以看出，中国共产党关于建立联合政府的主张，也是参照法国等欧洲国家共产党的经验和做法提出来的。

二、中共七大以前国共两党关于联合政府问题的谈判和斗争

中国共产党关于建立联合政府的主张提出以后，立即得到各民主党派、国民党民主派、爱国民主人士和广大人民群众的支持和拥护，但遭到国民党的反对。就在林伯渠公开提出建立联合政府的国民参政会三届三次会议上，蒋介石在报告中还一再强调所谓"军令统一，政令统一"，拒不接受联合政府的主张，顽固坚持一党专政。国民党中央社在发布林伯渠报告内容时，故意删去组织联合政府的内容，企图封锁消息。自此之后，国共两党围绕建立联合政府问题，展开了尖锐而复杂的斗争。

1944 年 10 月 10 日，周恩来在双十节作的《如何解决》的讲演中，再次公开提出："为挽救目前危机，为配合盟邦作战，并切实准备反攻起见，我们中国共产党人主张由国民政府立即召集全国各方代表，开紧急国事会议，取消一党专政，成立联合政府，改弦更张，以一新天下之耳目。"在这

个讲演中，他还提出了具体实施这一主张的下列步骤：第一，各方代表应由各抗日党派、各抗日军队、各地方政府、各民众团体自己推选，人数应按各方所代表的实际力量比例规定，代表总数可不必太多。第二，这国事会议，国民政府应于最近期间召开。第三，在国事会议上，必须通过切合时要，挽救危机的施政纲领，以彻底改变现在国民党政府所执行的军事、政治、经济、文化等错误政策。第四，在众所公认的共同施政纲领的基础之上，成立各党派的联合政府，以代替目前的一党专政的政府。第五，这一联合政府须有权改组统帅部，成立联合统帅部。第六，在联合政府成立后，应即重新着手筹备真正人民普选的国民大会，准备于最短期间召开，以保证宪政的实施。这些步骤，可以说是中国共产党最早提出的关于建立联合政府的具体主张。但就在同一天，蒋介石在演说中完全拒绝成立联合政府。所以 10 月 12 日周恩来同谢思伟谈话时指出，蒋介石的这个演说标志着对中共态度又趋强硬，眼前不存在国共谈判取得成果的希望，也不存在所许诺的改组政府的希望，但政府必须全面改组。

10 月 21 日，作为美国总统罗斯福的特使于 8 月间前来中国的赫尔利接替高斯，被任命为美国驻华大使。他来中国的使命是，防止国民政府的崩溃，支持蒋介石做中华民国的主席与军队的委员长，统一中国境内的一切军事力量等。根据周恩来的提议，董必武、林伯渠在重庆同赫尔利进行了三次谈话，要求赫尔利帮助中国建立一个真正的政治联盟作为联合政府，同时成立由中共参加的联合最高指挥部，统一指挥全国军队，并在国共之间平均分配美援。11 月 7 日，赫尔利飞往延安。从 11 月 8 日至 10 日，毛泽东、周恩来、朱德同赫尔利等进行了四次会谈，毛泽东在第二次谈话中提出，首先希望国民政府的政策和组织迅速来一个改变，必须改组现在的国民政府，改变现在政府的不适于团结全中国人民打日本的老政策。赫尔利拿出了一个他起草的包括 5 点建议的题为《为着谈判的基础》的文件，并说蒋介石已同意改组军队，已同意改组他的政府。11 月 10 日，毛泽东和赫尔利签署了包括5项内容的《中国国民政府中国国民党与中国共产党协定》草案，规定中国政府中国国民党与中国共产党应共同工作，统一中国一切军事力量；现在的国民政府应改组为包含所有抗日党派和无党无派政治人物的代表的联合国民政府，并颁布及实行用以改革军事政治经济文化的新民主政策，同时军事委员会应改组为由所有抗日军队代表所组成的联合军事委员会；联合国民政府应拥护孙中山先生在中国建立民有民享民治之政府的原则，所有抗日军队应遵守执行联合国民政府及其联合军事委员会的命令，由联合国得来的物资应被公平分配；中国联合国民政府承认中国国民党、中国共产党及所有抗日党派的合法地位。但是，赫尔利回到重庆以后，蒋介石对这5项协议草案根本不予承认，认为"建议案最终会导致共产党控制政府"，为此他提出了三条反建议：一、国民政府允许将中共军队加以改编，承认中共为合法政党。二、中共应将其一切军队移交国民政府军委会统辖，国民政府指派中共将领以委员资格参加军委会。三、国民政府之目标为实现三民主义国家。很清楚，蒋介石是要中共交出军队，然后派一些人到政府去做官。这是中国共产党根本不能接受的。正如毛泽东、周恩来12月12日致王若飞电中所说："牺牲联合政府，牺牲民主原则，去几个人到重庆做官，这种廉价出卖人民的勾当，我们决不能干，这种原则立场我党历来如此。"

1945年1月24日，周恩来应赫尔利的邀请到重庆与国民政府代表谈判。他临行前在延安机场发表谈话说：这次去渝，是代表党中央向国民政府、中国国民党、中国民主同盟提议：召开党派会议，作为国事会议的预备会议，以便正式商讨国事会议和联合政府的组织及其实现的步骤问题。到重庆后，他又对记者发表声明，重申中共中央的主张，指出当前全国人民期望的是立即废除一党专政，成立民主的联合政府。但当2月13日周恩来由赫尔利陪同会见蒋介石时，蒋竟以傲慢的态度宣称："联合政府是推翻政府，党派会议是分赃会议。"实际上拒绝把谈判再进行下去，周恩来只好于2月15

日返回延安。

3 月 1 日，蒋介石在重庆宪政实施协进会上发表的演说中宣称，他不能结束党治，也不同意成立联合政府，并公然宣布将在 11 月 12 日召集国民党一手包办下的“国民大会”。这是国民党抵制联合政府主张、坚持一党专政的一个严重步骤。周恩来 3 月 9 日在复王世杰函中指出：得知蒋之公开演说，“一切希望，均已断绝”，“此实表示政府方面一意孤行，使国内团结问题之商谈再无转圜余地”。

在这种情况下，为建立联合政府而斗争，就成了中国共产党的一项重要任务。正如毛泽东 1944 年 12 月 15 日在陕甘宁边区参议会所作的《一九四五年的任务》的演说中所说：只有“用人民的力量，促成由国民党、共产党、其他抗日党派及无党派人士，在民主基础上召集国事会议，组织联合政府，才能统一中国一切抗日力量，反对日本侵略者的进攻，并配合同盟国，驱逐日本侵略者出中国”。他还说：迅速建立民主的联合政府，“这是全国人民的总任务，中国人民不论在大后方，在沦陷区，在解放区，都要为此目标而奋斗。只要中国有一个真正实行民主政策的能够动员与统一中国一切抗日力量的联合的中央政府出现了，中国抗日战争的胜利与中国人民的解放，就会很快了”。既然建立民主的联合政府是全国人民的总任务，全国人民都要为此目标而奋斗，随后召开的党的七大，当然要将它作为一项重要内容了。

三、中共七大关于联合政府方针的论述

1945 年 4 月 23 日至 6 月 11 日，中国共产党第七次全国代表大会在延安召开。毛泽东在大会开幕词中说：“我们这个大会要打倒日本帝国主义，把全中国人民解放出来。这个大会是一个打败日本侵略者、建设新中国的大会，是一个团结全中国人民、团结全世界人民、争取最后胜利的大会。”

并明确提出:“我们党的任务不是别的，就是放手发动群众，壮大人民力量，团结全国一切可能团结的力量，在我们党领导之下，为着打败日本侵略者，建设一个光明的新中国，建设一个独立的、自由的、民主的、统一的、富强的新中国而奋斗。”这就是大会制定的路线。

4月24日，毛泽东在大会上作了题为《论联合政府》的政治报告。这个报告从1944年5月21日召开的中共六届七中全会第一次会议以后就开始准备，经过反复讨论和修改，报告草案于1945年3月31日在中共六届七中全会第七次全体会议上通过。在4月24日毛泽东作这个报告时，并没有按报告来讲，而是将《论联合政府》书面印发给了与会代表，他自己只讲了这个报告里头的一些问题，以及这个报告里面没有完全写明白的一些问题。

《论联合政府》的书面报告，在第一部分“中国人民的基本要求”中说:中国人民联合同盟国打败日本侵略者的时机，已经迫近了，但是中国现在仍然不团结，仍然存在着严重的危机，在这种情况下，“毫无疑义，中国急需把各派和无党无派的代表人物团结在一起，成立民主的临时的联合政府，以便实行民主的改革，克服目前的危机，动员和统一全中国的抗日力量，有力地和同盟国配合作战，打败日本侵略者，使中国人民从日本侵略者手中解放出来。然后，需要在广泛民主基础之上，召开国民代表大会，成立包括更广大范围的各党各派和无党无派代表人物在内的同样是联合性质的民主的正式的政府,领导解放后的全国人民,将中国建设成为一个独立、自由、民主、统一和富强的新国家。一句话，走团结和民主的路线，打败侵略者，建设新中国”。并且提出:“中国应否成立民主的联合政府，已成了中国人民和同盟国民主舆论界十分关心的问题。因此，我的报告将着重地说明这个问题。”由此可见，这个报告下面的各项内容，主要是围绕建立联合政府这个问题而阐述的。

在这个报告中，毛泽东明确提出，迄今为止，国民党内的主要统治集团，仍然坚持着独裁和内战的反动方针。好坏两个可能性、两个前途都存在着。国民党祭起所谓召开“国民大会”的法宝，一则抵制联合政府，二则维持独裁统治，三则准备内战理由。但不管国民党人或任何其他党派、集团和个人如何设想，愿意或不愿意，自觉或不自觉，中国只能走结束国民党一党专政、建立民主的联合政府这条路。这是一个历史法则，是一个必然的、不可避免的趋势，任何力量都是扭转不过来的。中国共产党人提出的结束国民党一党专政的两个步骤是：第一个步骤，目前时期，经过各党各派和无党无派代表人物的协议，成立临时的联合政府；第二个步骤，将来时期，经过自由的无拘束的选举，召开国民大会，成立正式的联合政府。总之，“为着彻底消灭日本侵略者，必须在全国范围内实行民主改革。而要这样做，不废止国民党的一党专政，建立民主的联合政府，是不可能的”。他还提出，为了促进联合政府的成立，应尽可能迅速地在延安召开中国解放区人民代表会议。

毛泽东在口头报告中，没有对联合政府问题作更多的论述，而是就其实质作了说明，指出这实质上是“洗脸”政策。他说对于国民党、蒋介石，我们的方针是让他“洗脸”，而不是“打倒”。“我们给国民党留余地，就不会犯错误；如果不留余地，实际的结论只有一条就是‘打倒’，那我们就会犯政治上的错误”。但要合作，“必须要洗一洗脸”，“你若不洗脸那就不好看，就不同你结婚，这就是我们的方针”。并说“要请委员长组织联合政府”，以前每请他一次他总摇头不大高兴，说联合政府就是叫“推翻政府”，说开党派会议是“分赃会议”，实在难得讲理。5 月 31 日，毛泽东在大会的结论中说：我们的方针，就是“放手发动群众，壮大人民力量，在我党的领导下，打倒日本侵略者及其走狗，建设一个新民主主义的中国”。在这条方针里边，“放手发动群众，壮大人民力量”，就是组织队伍；“在我党领导下”，就是说的总司令（指挥官）；“打败日本侵略者及其走狗”，就是说的敌人；“建设一个民主主义的中国”，就是说的目标。他说《论联合政府》报告的原稿上有“两三年将是中国情况大变化的关键”这样一句话，在发表时划去了。划去，不是因为这句话说得不对，那句话划掉是两三年，不划掉也是两三年。不是错了，而是不说为好。只是要有此精神准备，准备大事变的到来。

6月11日，中共七大闭幕，毛泽东在闭幕词中说，我们开了一个很好的大会，一个胜利的大会，一个团结的大会。我们做了三件事，第一件是决定了党的路线，这就是“放手发动群众，壮大人民力量，在我党的领导下，打败日本侵略者，解放全国人民，建立一个新民主主义的中国”。

从上述内容可以看出，关于建立联合政府的方针同七大的路线完全是一致的，是七大路线的一部分，是为实现七大路线服务的。说二者完全是一致的，是因为二者的目的都是为了打败日本侵略者，解放全国人民，建立一个新民主主义的中国。说它是七大路线的一部分，是为实现七大路线服务的，是因为这是当时团结一切可能团结的力量，实现七大路线的最好的、切实可行的途径。正如前述毛泽东所指出的，当时国民党在抗战中有功劳，人民群众还没有完全抛弃它，外国也还要它，它还有很大的力量，人民在抗战后希望和平，因此不能立即提出打倒它，还要与它合作，这样最好的办法就是促使它“洗脸”，即实行改良，并借此团结一切可以团结的力量。如果它同意建立联合政府，当然是有利于人民的；如果它拒绝建立联合政府，只能使自己陷于孤立。到那时再提出打倒它，人民就可以接受了，条件便成熟了。因此党的七大既制定了总的路线，指明了政策的基本点，又把建立联合政府作为会议的一项重要方针，是十分正确的。

四、七大召开以后国共两党关于联合政府的谈判和这一方针的终止

为了抵制中国共产党关于建立联合政府的主张，继续坚持一党专政，国民党在中共七大召开的同时，于5月5日至21日在重庆召开了第六次全

国代表大会。这次大会虽然也侈谈民主政治，但又把反对建立联合政府，准备发动内战和消灭中共作为中心议题之一。潘公展在会上所作的《关于中共问题的特别报告》中说："与中共的斗争无法妥协。今日之急务，在于团结本党，建立对中共斗争之体系，即创造斗争之优势与环境……当前对中共之争论，应集中于反驳联合政府，反驳抗日战争中有两条路线的论调，反驳中共具体纲领，与反驳对解放区人民代表大会。"这次大会对外公布的《对于中共问题之决议》，虽然也说"在不妨碍抗战，危害国家之范围内，一切问题可以商谈解决"，但在大会通过的另一个秘不公布的《本党同志对中共问题之工作方针》中，却说"中共一贯坚持其武装割据，借以破坏抗战"，"最近更变本加厉，提出联合政府口号，并阴谋制造其所谓解放区人民代表大会，企图颠覆政府，危害国家。凡我同志均应提高警觉，发挥革命精神，努力奋斗，整军肃政"。在18日的大会上，蒋介石甚至在其政治总报告中公然宣称："今天的中心工作，在于消灭共产党。日本是我们国外的敌人，中共是我们国内的敌人！只有消灭中共，才能达成我们的任务。"

但是，中国共产党关于建立联合政府的主张，已得到越来越多的人的拥护。7月1日，褚辅成、黄炎培、章伯钧等6位参政员访问延安。7月4日，在他们与中共领导人共同商定的《会谈纪要》中，明确提出停止国民党一党召集的国民大会的进行，从速召开各党派参加的政治会议，以讨论结束一党专政与建立民主联合政府等问题。在随后召开的国民参政会四届一次会议上，蒋介石虽然极力反对建立联合政府的主张，但引起了更多的人的不满。

8月15日，日本宣布无条件投降，抗日战争胜利结束。8月25日，中国共产党在《对目前时局的宣言》中，指出我国全民族面前的重大任务是："巩固国内团结，保证国内和平，实现民主，改善民生，以便在和平民主团结的基础上实现全国统一，建立独立自由与富强的新中国。为此，必须立即召开各党派和无党派人士的会议，成立举国一致的民主的联合政府。"国民党虽然想继续坚持独裁，发动内战，消灭中共，但迫于全国人民要求和平的压力，考虑到内战的时机还未成熟，于是不得不故作姿态，邀请中共领导人进行谈判。8 月 14 日，蒋介石电请毛泽东前往重庆，共同商讨“国家大计”。

为了争取实现和平，建立联合政府，8 月 28 日毛泽东、周恩来、王若飞等毅然飞往重庆，与国民党代表进行和平谈判。由于国民党对谈判并无诚意，未准备任何方案。为了使谈判能够顺利进行，中共代表在提出的谈判意见和方案中尽可能作了让步：第一，认为联合政府现不能做到，故此次并不提出，而只要求各党派参加政府；第二，召开党派会议产生联合政府之方式，国民党既认为有推翻国府之顾虑，故此次根本不提党派会议；第三，国民大会代表中共主张普选，因国民党代表认为不可能，中共虽不能放弃主张亦不反对参加，现在亦不在北方另行召开会议。这充分表明了中共代表对于和谈的诚意。但国民党代表却坚持蒋介石拟定的《对中共谈判的要点》，强调“军令统一”“政令统一”，并企图以此为借口要中共交出军队和解放区。中共代表为了实现和平，再次实行让步，终于促使国民党代表于 10 月 10 日签订了《政府与中共代表会谈纪要》(即“双十协定”)。这个纪要虽然没有明确提出建立联合政府的内容，但接受了中国共产党提出的以和平、民主、团结、统一为基础，长期合作，坚持避免内战的和平建国的基本方针，以及召开政治协商会议，讨论和平建国方案等提议。随后经过多次谈判，国共两党于 1946 年 1 月 5 日达成了《关于停止国内冲突的协议》。

1946 年 1 月 10 日，在国共两党发布停战令的同一天，由各党派参加的政治协商会议，按照“双十协定”在重庆开幕。国民党虽然继续坚持一党专政，并要求中国共产党交出军队和解放区，但经过中共和各民主党派、爱国民主人士的努力，终于通过了《和平建国纲领》和军事、宪章、政府组织、国民大会等项协议，实际上否定了国民党的一党专政、独裁制度和内战政策。正如 2 月 1 日中共中央《关于目前形势与任务的指示》所指出的："重庆政治协商会议，经激烈争论之后，已获得重大结果。决定改组政府，并通过施政纲领，宪章原则，又决定召开立宪国民大会，整编全国军队，实行军党分立，军民分治，以政治军及议会制、内阁制、地方自治、民选省长等项原则。由于这些决议的成立及其实施，国民党一党独裁制度即开始破坏，在全国范围内开始了国家民主化，这就将巩固国内和平，使我们党及我党所创立的军队和解放区走上合法化。这是中国民主革命一次伟大的胜利。从此中国即走上了和平民主建设的新阶段。虽然一定要经过许多曲折的道路，但是这一阶段是已经到来了。"随着政治协商会议的召开，中共中央开始酝酿南迁。1 月 28 日，周恩来从重庆飞回延安，向党中央汇报政协即将通过的协议时，便在中央政治局会议上提出：将来我们要参加国民政府、行政院，党中央要考虑搬到国府所在地去。2 月 2 日，中共中央书记处在讨论如何实施政协协议时，刘少奇提出华中（指苏皖解放区）我们应保留，也可能党中央将来搬去。对此朱德也表示同意。2 月 6 日，刘少奇在中央政治局会议上又说：如果改组政府确定了，党中央的工作重心会搬过去的。因此，党中央机关要考虑搬家问题，搬到离国民政府近一些的地方，不要对抗。3 月 12 日至 25 日，民主同盟秘书长梁漱溟访问延安，多次与毛泽东面谈，后来他说当时毛泽东曾告诉他说："中共中央准备搬到清江浦，我也准备参加国民政府，做个委员，预备在南京住几天，来回跑。"同一期间，周恩来在重庆也同民主同盟中央常委陶行知和政治协商会议联络秘书蒋匀田说过：中共中央和毛泽东即将南迁。这充分说明了中国共产党执行政协协议和争取和平的诚意，正如毛泽东 1946 年 7 月在中共一次集会上代表中央总结经验教训时所说：中共中央南迁淮阴（清江浦），证明中国共产党争取和平的诚意，而不像某些人所说，和平谈判是中共的一种策略手段。连当年追随蒋介石、参加伪国大的民主社会党的蒋匀田，在《中国近代史转折点》一书中论及此事时也说："从这一点说，也可证明当时中共对于组成联合政府之渴望，盼同民盟联成对国民党制衡的力量，以消除一党专政而趋向民主，亦确属实情。”

但是，蒋介石根本不顾中国共产党争取和平的诚意和全国人民要求和平的愿望，于1946年6月26日悍然撕毁停战协定和政协协议，大举围攻中原解放区，发动了向各个解放区的全面进攻，全国内战从此爆发。在这种新的情况下，中国共产党关于建立联合政府的主张无法实现了，中共中央也不能再南迁清江浦，只有针锋相对，以武装力量粉碎国民党军队的进攻，被迫走上了以武力相解决的道路。

五、建立联合政府方针的影响及其评价

如果国民党在1946年不发动内战，而是执行政治协商会议协议，按照中国共产党的主张组成由各党派参加的联合政府，就会如中共中央1946年2月1日《关于目前形势和任务的指示》所说，中国从此走上和平民主建设的新阶段，走上一条较缓和地解决国共矛盾的新道路。通过这条道路解放全国人民，建立一个新民主主义的中国，虽然要经过较长时间的曲折而复杂的斗争，但避免了一场全国性的大内战，对于中国共产党和全国人民来说，显然是一件大好事。对于国民党来说，更是比发动内战有利得多。成立联合政府以后虽然改变了它一党专政的局面，但它在联合政府中还是占据着主导地位，即使以后全国人民不再选它，也会有较优厚的待遇，用不着跑到台湾去，造成隔海相望几十年的惨痛局面。但是历史的发展是不依人的主观愿望为转移的。中国共产党虽然给国民党指出了一条光明的道路，但国民党由其阶级本性所决定，也由于它自恃有几百万军队，过高地估计了自己的力量，不顾全国人民的反对，悍然发动内战，结果仅3年多时间，便被赶出了中国大陆，这正是所谓“搬起石头砸自己的脚”，自取灭亡。

中国共产党关于建立联合政府的主张，虽然由于国民党发动内战而未

能实现，但它毫无疑义是正确的，影响是深远的，决不能因为它后来没有实现，就贬低它的意义，甚至否定它的正确性。首先，它表明了中国共产党追求民主、和平的真诚愿望，争得了各民主党派、国民党民主派、爱国民主人士和全国人民的支持和拥护，提高了中国共产党的威信和声望，新中国成立后中国共产党领导下的多党合作制的形成，与在这一场斗争中中国共产党与各民主党派、国民党民主派和爱国人士的密切合作，也有一定的关系。

其次，它孤立了国民党、蒋介石，造成了它们的被动，给了它们以很大的打击。正如 1945 年 5 月 31 日毛泽东在党的七大上的结论所说:《论联合政府》的报告发出后有很大影响。在大会后发行了 3 万份，有人接到后，一夜未睡觉，一直看完。蒋介石不喜欢，说是有史以来最大的耻辱。陈布雷看了，只说了两个字“内战”。许多代表看了都说，共产党说得头头是道，有办法。他们的大会原定 10 天结束，我们的报告发出后，把他们打乱了，又延长了几天，大会宣言已起草好了，乃又重新起草，即现在发表的这个。他们的有些东西是受了我们的影响的，如少数民族问题，他不得不讲讲民族问题了。我们减租减息，他们就来了个土地农民政策。这些都是反映了我们的东西而又来反对我们的。从毛泽东的这段谈话，可见联合政府方针影响巨大之一斑。

（本文是提交 1990 年 8 月中国现代史学会华北地区第三次学术讨论会的论文，原载《北京档案史料》1990 年第 4 期，后收入笔者 1994 年在广西教育出版社出版的《中国革命与建设史论集》）

抗日战争胜利的历史启示

现在，全国都在定期纪念抗日战争胜利。从抗日战争的胜利之中，可以得到哪些历史启示呢?

一、不能再让悲剧重演

中国是一个文明古国，曾经创造过灿烂的文明，长期处于世界的领先地位。可是从 1840 年的鸦片战争开始，中国就不断受到外国列强的侵犯，被迫签订无数的不平等条约，一次次丧权辱国，割地赔款，进入了长达 100 多年的屈辱的历史阶段。那时西方一些很小的国家，都可以在中国为所欲为，中国真是屈辱到了极点。在侵略中国的列强之中，给中国造成的危害最大的是两个国家:一个是俄国,割取了中国 150 多万平方公里的土地，相当于现有中国领土的 16%,差不多有 3 个法国那么大。另外一个就是日本，长期以来就想吞并中国，灭亡中国。下面，我们就看一看日本侵略中国的历史:

（一）日本侵略中国的罪恶历史

1874 年，日本派兵入侵台湾，中国被迫签订《中日北京专约》，赔偿 50 万两白银。

1879 年，日本吞并受中国保护的琉球国，改为冲绳县。

1894年，日本发动甲午战争，1895年逼迫中国签订自鸦片战争以来最严重的丧权辱国的条约《马关条约》，中国割让辽东半岛、台湾全岛及其附属岛屿，赔偿2亿两白银。后来日本虽然被迫退还辽东半岛，但又索取3000万两白银。按照当时的人口，日本每人都可以得到1两白银。日本就是用这笔赔款很快地发展壮大起来。

1900年，日本参加八国联军，与其他国家一起侵略中国，中国被迫签订《辛丑条约》，赔偿45000万两白银（分39年还清，本息共计98000多万两）。日本不仅获得大量赔款，还获得在北京和从北京到山海关一线驻兵的特权。

1904年，日本在中国辽东半岛发动日俄战争，获得俄国原来在辽东半岛（包括旅顺和大连）的租借权及附属的一切权益，长春至旅大铁路及一切支线和所属的一切特权。

1912年，日本又与俄国签订《日俄密约》，规定日本在中国的内蒙古东部有特殊权益。

1914年，日本派兵占领原被德国侵占的中国的胶州湾，控制了胶济铁路以至整个山东。

1915年，日本向中国提出企图独占中国的“二十一条”秘密条款。

1916年，日本积极支持中国的皖系军阀和奉系军阀，与其他军阀进行内战。

1919年至1928年，日本连续在中国制造“福州惨案”“长沙六一惨案”“青岛惨案”、上海“五卅惨案”、济南“五三惨案”等，肆无忌惮地屠杀中国人民。

1927年6—7月，日本首相兼外务大臣田中义一，在东京主持召开加紧推行侵华政策的东方会议，会后在上奏日皇的奏折中宣称：“欲征服支那，必先征服满蒙。欲征服世界，必先征服支那。支那完全被我国征服，其他为小亚细亚及印度南洋等异服之民族，必畏我而降于我，使世界知东亚为日本之东亚，永不敢向我侵犯，此乃明治大帝之遗策，是亦我帝国存亡上必要之事也。”这就是臭名昭著的“田中奏折”。对于这份奏折的真实性虽然存在着很大的争论，但它清楚地显示了日本独霸中国进而称霸世界的野心。

1931 年，日本发动九一八事变，迅速占领中国东北。

1937 年，日本发动七七事变，开始了全面的侵华战争。

（二）日本在中国的血腥暴行

日本在侵华期间，对中国人民犯下了不可饶恕的罪行。下面，只介绍九一八事变以后日本侵略者在中国的主要几项暴行。

1. 血腥地屠杀中国人民

大家都知道日军在南京进行的大屠杀，仅南京一地，就杀害了 30 多万中国人。

除了南京大屠杀以外，日军在中国各地还制造了无数的惨案，血腥地屠杀中国人民。例如 1932 年 9 月 16 日的辽宁抚顺平顶山惨案，集体屠杀村民 3000 余人；1937 年 12 月 8 日的江苏镇江屠城，屠杀民众上万人；1941 年 1 月 25 日的河北丰润潘家峪惨案，屠杀村民 1230 人；1942 年 12 月 5 日的河北滦县潘家戴庄惨案，屠杀村民 1280 余人；1943 年 5 月的湖南南县厂窖惨案，屠杀民众 3 万余人。

为了动摇中国军民的抗战信心，日军还对大后方的很多城市进行狂轰滥炸，仅重庆一地，就死亡两万六七千人，仅仅由于日机轰炸所造成的 1941 年 6 月 5 日的“大隧道窒息惨案”，就死亡 3000 人以上。

为了隔绝广大民众和抗日军队的联系，日军还在东北建立“集团部落”，在热河、辽西、晋东北的长城沿线，制造了长达数千里的“无人区”。仅热河南部的“无人区”，就有 30 万中国人被屠杀，380 万间房屋被烧光。

在对抗日根据地和解放区的“扫荡”“清剿”过程中，日军实行了残酷的“三光”政策，也屠杀了数不清的中国人。

1995 年，江泽民在莫斯科纪念世界反法西斯战争胜利 50 周年大会上的讲话中，向全世界宣布中国在抗日战争期间共伤亡 3500 多万人。但有的学者认为，抗日战争时期中国的人口损失至少在 5000 万人以上。

2. 违反国际公约，进行惨无人道的细菌战、毒气战

按照国际公约，细菌战、毒气战是被严格禁止的，日本也是签约国，本来应该遵守。可是在侵华战争中，日军却违反国际公约，大量地进行细菌战、毒气战。

关于处于哈尔滨平房地区的日军“七三一部队”制造细菌的罪行，大家都比较熟悉。除了“七三一部队”以外，日军制造细菌的部队还有东北的“一〇〇部队”，北京的“甲”字一八五五部队、南京的“荣”字一六四四部队、广州的“波”字八六〇四部队等。为了研制细菌弹和其他杀人方法，他们惨无人道用很多中国人进行活体实验。侵华日军细菌战中国受害诉讼原告团团长王选在南京举行的“纳粹屠犹和南京大屠杀国际研讨会”上披露，侵华日军在 1932 年至 1945 年期间曾经在中国设立了 60 个细菌部队及支队，残害了至少 27 万以上中国人，有的学者预计调查后受残害的人数会达到 200 万人。

在进行细菌战的同时，日军还大量地进行毒气战。据一位日本教授说，当日军遇到困难时，它就施放毒气，所以大大增强了日军的战斗力。据不完全统计，日本至少生产了 700 万枚以上的化学武器；在中国战场实施化学战超过 2000 次，造成近 10 万人的直接伤亡。例如 1940 年秋冬在百团大战中，施放毒气 11 次，使万余名中国官兵中毒。另外，日军还用毒气屠杀中国人民，例如 1942 年 5 月，日军在河北定县北坦村向地道内施放毒气，使躲在里边的 800 多人全部中毒死亡。

除了施放毒气以外，日本侵略者还在中国大量地种植鸦片，贩卖毒品，摧残中国人民的身体。

现在，日军的大量毒气弹还遗留在中国，继续残害中国人民。截至

1996 年年底，已在中国 11 个省的 36 个市、县发现了化学弹和化学毒剂，伤害 2000—3000 人，仅吉林通化地区经日本确认的毒气弹就有 70 万枚。

3. 残酷地掠夺和迫害劳工

为了弥补日本劳动力的不足，日本曾掠夺 4 万多名劳工到日本各地服役。另外，在中国各地修筑军事工程、办厂开矿的过程中，日军还大量地掠夺和奴役中国劳工，有的学者认为其总数达到 3700 万人，被迫害致死者近千万人。在全国各地，都有日本侵略者留下的“万人坑”，仅在辽宁抚顺煤矿，就有 30 余处“万人坑”。

4. 迫使中国妇女充当“慰安妇”

除了掠夺和奴役中国劳工外，日军还掠夺、逼迫 20 多万名中国妇女充当他们的性奴隶“慰安妇”，使她们的身心受到严重的摧残。

5. 残酷地掠夺中国的资源和财富

1991 年我国国务院发表的《中国的人权状况》指出：“日本全面侵华战争期间（1937—1945 年），中国有 930 余座城市被占领，直接经济损失达 620 亿美元，间接经济损失达 5000 亿美元。”这还不包括 1931 至 1937 年七七事变期间日本的掠夺和造成的损失。如果加上这个期间日本对中国经济的掠夺和造成的损失，那数量就更大了，有的学者估计日本侵略给中国造成的直接经济损失达 1000 多亿美元，相当于国民党政府 277 年的财政收入、26 年的工业总产值，是自鸦片战争以来历次帝国主义侵华战争索要赔款总数额的数 10 倍。当时被掠夺去的钢铁达 3350 万吨，煤达 5.86 亿吨，粮食达 5.4 亿吨，木材达 1 亿立方米。因此，有的学者认为日本的侵华战争，使中国工业化进程至少推迟了 50 年。

日军除了大量地掠夺中国的矿产资源、物质财富外，还有计划地掠夺中国的文物典籍，据有的学者统计，日军掠夺的中国文献典籍计有 23675 种，合 2742108 册，另有 209 箱；中国历代字画计有 15166 箱，另 16 箱；中国历代碑帖计有 9377 件；中国历代古物计有 28891 件，另有 2 箱；中国历代地图计有56128幅。仅在南京一地，就掠夺各种图书88万余册，其中有的具有十分重要的政治、经济及军事价值。现在我国的很多古代文献和文物字画，在国内都找不到，仍然存在日本。

日本不仅掠夺去了数不清的中国财富，还给中国的经济、文化设施造成及其严重的破坏，很多城市、农村、厂矿企业、文化教育设施都被夷为平地。

无数的事实已经证明，日本的侵华对中国人民造成了深重的灾难，打断了中国现代化的进程，严重地阻碍了中国社会的进步。可以说，日本的侵略是造成中国贫穷落后的最主要的原因，也是给中国人民带来深重灾难的最主要的国家。

但是，在每次日本侵略之后，很多人往往很快就忘记，有的当权者甚至为了巩固自己的地位，扩大自己的权势，反而投靠日本，甘愿做日本的走狗。例如大军阀袁世凯、段祺瑞、张作霖等，都卖身投靠日本，结果使日本在中国的权势越来越大。蒋介石当权以后，虽然从1928年的济南惨案以后就看清了日本的野心，认为中日必有一战，但仍然没有积极备战，而是采取了不抵抗的方针。结果，使日本的野心越来越膨胀，终于发动了侵略中国的大规模战争。这就说明,不记取历史的教训,就会导致更大的悲剧。

现在，很多人又把日本给中国造成的沉重灾难忘记了，整天贪图享乐，甚至贪污受贿，胡作非为。各地应该建立的纪念设施不仅没有建立起来，已经建立的很多纪念设施也被毁掉了。我国现在虽然比抗日战争时期强大多了，但决不能掉以轻心，不能忘记历史的沉痛教训。

二、只有国家强大外国才不敢侵犯

日本为什么敢于侵略中国？根本原因就是中国太落后，它根本不把中国放在眼里。

（一）中日国力与军队配备的对比

日本虽然是个小国，但是国力远远要比中国强大。在 1937 年全面抗战爆发以前，日本的年工业总产值 60 亿美元，中国 13.6 亿美元，为 4.4∶1；日本年产钢 580 万吨，中国 4 万吨，为 145∶1；日本年产铜 8.7 万吨，中国 700 吨，为 124∶1；日本年产飞机 1580 架，大口径火炮 744 门，坦克 330 辆，汽车 9500 辆（设备生产能力是 3 万辆），造舰能力是 52422 吨，这些东西中国都不能生产。

就军事力量而言，日本的陆军数量虽然比中国少，但拥有 91 个飞行中队，共 2700 架作战飞机，中国的作战飞机只有 305 架，为 8∶1；日本拥有舰艇 200 多艘，总吨位 190 万吨，名列世界第三位，中国只有新旧舰艇 66 艘，总吨位 59034 吨，为 13∶1。日本拥有很多艘航空母舰，中国却连简单的舰艇也造不出来。

就一个陆军师的兵力、兵器来说，日本有 21945 人，中国 10923 人，为 2∶1；日本步骑马枪 9476 支，中国 3831 支，为 2.6∶1；日本掷弹筒 576 具，中国 243 具，为 2.4∶1；日本轻重机枪 645 挺，中国 328 挺，为 2∶1；日本野山榴弹炮 64 门，中国 16 门，为 4∶1；日本团营炮 44 门，中国 30 门，为 1.5∶1；日本战车（坦克）24 辆，汽车 262 辆，自动货车 266 辆，一马曳车 555 辆，马匹 5849 匹，中国全都没有。日本 1 个师的武力装备，在战争之初相当于中国 1 个师武力装备的 3 倍；而在战争的中后期，已经相当于中国的 8—9 倍。

至于地方部队和八路军、新四军的武器装备，就更差了。八路军、新四军武器装备的来源五花八门，大多是旧杂式的长短枪，各地土造的也不少，弹药极其匮乏，每个战士往往只有几粒子弹，有的甚至用的还是大刀、长矛。在平型关战斗中，每个战士就只有 3 粒子弹。即使到 1940 年前后，全华北不过几十门直瞄火炮，轻重机枪也很少。

由于武器装备相差悬殊，战斗力存在着明显的差别。据日本方面估算，日军一个大队（相当于营）的战力相当于国民党军队一个师。据中国宋希濂将军估计，一个日军士兵的单兵作战能力相当于七到八名中国士兵，在战争期间，一个日军士兵凭借一支步枪，经常能阻击我一个连的运动。据迟浩田将军回忆，日军对我根据地进行“扫荡”，8个士兵5支步枪，1挺机枪，就可以赶着一个县城数万军民弃城而逃。

由于武器装备的差距悬殊，造成中国军队的巨大伤亡。在淞沪战场长达3个月的鏖战中，中国方面共投入70多万兵力，伤亡20余万人。整营整连阵亡不是罕见之事，每天经由兵站送往后方的伤员常在万人以上。从西部内地行军赶到东南、华北前线的川军官兵们从来没有见过坦克车，一些战士所拥有的武器还是大刀、长矛。他们上战场就像是羊入虎口，甚至还没见到敌人就战死疆场。据统计，仅仅是中央军校1929年至1933年毕业的25000名年轻军官中，就有10000名牺牲在全面战争爆发的前4个月，阵亡的比例高达40%。另据有的文章说，国民党军队的伤亡和日军伤亡的比例为10比1，最典型的松山战役，日军一个联队1200人，遭国民党军队一个军10万优势兵力的围攻，虽然最终日军除1人突围外其余的被全歼，但国民党军队死亡1万余人。

日军不仅在武器装备方面大大优于中国军队，它的战斗力也由于长期的武士道精神的教育和严格的训练，明显地高于中国军队。1937年林彪在平型关战斗结束以后写的《平型关战斗的经验》中曾说：“敌人实有许多弱点可为我乘。但敌人确是有战斗力的，也可以说，我们过去从北伐到苏维埃战争中还不曾碰过这样强的敌人。我所说的强，是说他们步兵也有战斗力，能各自为战，虽打败负伤了亦有不肯缴枪的。战后只见战场上敌人尸骸遍野，却捉不着活的。敌人射击的准确，运动的隐蔽，部队的掌握，都颇见长。”加上日军经常施放毒气，而中国军队没有防毒设备，战斗力就更悬殊了。

从这里更可以看出，日本不敢进攻苏联，而敢于大规模进攻中国，就是因为中国的落后。

（二）如何才能使国家强盛起来

从中日两国历史的对比中可以看出，要改变国家的落后状况，一是要大胆进行改革，二是要集中力量发展经济和科技。

日本原来和中国一样，也是一个落后的封建国家，曾经被迫与西方列强签订不平等条约。但在 19 世纪七八十年代，也就是中国的慈禧太后统治的年代，明治天皇大胆地进行资产阶级改革，在政治上实行西方的民主制度，在经济上努力实现工业化，军事工业以及交通运输都得到很大发展。1872 年建成第一条铁路，1882 年成立新式银行。为了满足现代化的需要，大量介绍西方的科学技术。到甲午战争前夕，国力已经大大超过中国。而在中国，当权者却在极力维护封建专制制度。在甲午战争之前，中日之战已经迫在眉睫，慈禧太后为了给她祝寿，却将原来准备购买军舰的钱用来修建颐和园，结果使北洋舰队在甲午海战中一败涂地。

1945 年日本被打败以后，经济、科技都遭到严重的破坏，非常困难。于是，日本政府全力发展经济和科技。他们敏锐地抓住 20 世纪 50 年代初期的朝鲜战争，60 年代初期世界技术革命的浪潮提供的大好机会，使经济、科技都很快得到恢复，并迅速发展成为世界经济和科技大国，走在世界的前列。可是我国在 1945 年以后，先是进行大规模的内战，中华人民共和国成立以后，又长期“以阶级斗争为纲”，大搞阶级斗争，在经济建设上也存在过度集中统一、高指标、瞎指挥等问题，结果迅速拉大了同日本的差距。直到 1978 年中共十一届三中全会以后，我国才总结历史的经验教训，大胆地进行改革开放，集中力量发展生产力，在短短几十年的时间里，就使我国的面貌发生了迅速的变化。

现在，我国确实比过去强大得多了，但是，也不能夜郎自大。我们千万不能掉以轻心，应该认清自己的差距，继续坚持改革开放，集中力量发展经济和科技，增强国力，真正使我们的国家强大起来。只要我们自己强大了，任何国家都不敢轻易地对我国进犯。

三、弘扬抗战精神，实现民族振兴

过去一谈抗日战争，主要是提倡民族精神、爱国主义精神、延安精神，等等，有的学者提出，还应该弘扬抗战精神。

什么是抗战精神？最早提倡弘扬抗战精神的南京大屠杀纪念馆馆长朱成山说主要包括四个方面、即不畏强暴的拼搏精神、舍身救国的奉献精神、统一抗战的团结精神、坚持到底的自强精神（或自强不屈的斗争精神），概括起来就是，“拼搏、奉献、团结、自强”的八字精神。中国人民抗日战争纪念馆馆长王新华说，抗战精神就是在民族危亡的关头，全民族各界群众不分党派，地不分南北，人不分老幼，团结在抗日民族统一战线旗帜下，不畏艰难困苦，不怕流血牺牲，同仇敌忾，奋起抗争，夺取胜利。概括起来，就是“团结奋斗的精神”。荣维木认为抗战精神的核心就是民族大团结。还有的人提出，抗战精神就是万众一心的精神、不屈不挠的精神、艰苦奋斗的精神、自我牺牲的精神。《人民日报》特约评论员文章《论伟大的抗战精神》指出，抗战精神是一种伟大的民族精神，是中华民族源远流长的爱国主义精神在抗日战争中的锤炼和升华。这种精神，来自中华儿女内心深处对祖国的无比热爱，蕴含着中华儿女不畏强暴、不甘屈辱的自强精神；蕴含着中华儿女万众一心、和衷共济的团结精神；蕴含着中华儿女舍生忘死、前仆后继的牺牲精神；蕴含着中华儿女百折不挠、奋斗到底的坚韧精神。《人民日报》社论《把伟大抗战精神化为振兴中华的实际行动》指出：“伟大的抗战精神，是中华民族源远流长的爱国主义精神在抗日战争中的升华，是伟大民族精神的具体体现。有了这种精神，就能自强不息、百折不挠，就能万众一心、众志成城，就能一往无前、不怕牺牲，就能压倒一切敌人、压倒一切困难、敢于斗争、敢于胜利。这种精神，是中华儿女用鲜血和生命浇灌的精神之花，是中国人民敢于和一切敌人血战到底的英雄气概，是中华民族‘富贵不能淫,贫贱不能移,威武不能屈’的浩然正气。这种精神，在民族优秀文化的沃土中孕育，在抗日战争血与火的洗礼中铸就，在全体中华儿女的团结奋斗中发展，是中国人民抗暴御侮的力量源泉。”我认为，可以将上述内容进一步概括为三个方面,即万众一心、同仇敌忾的团结精神，不畏强敌、舍身报国的献身精神，艰苦奋斗、自强不息的顽强精神。下面，就分别地作些介绍。

（一）万众一心、同仇敌忾的团结精神

由于几千年的封建专制统治，很多人只知有家，不知有国，国家观念非常淡薄，各个民族之间也是不团结的。从鸦片战争以后，中华民族的民族意识和国家观念，在一部分先进的中国人之中开始产生并逐渐增强。但直到抗日战争爆发以前，中华民族的民族意识和国家观念还没有在全体中国人之中形成，很多人仍然只知有家，不知有国。特别是清王朝灭亡以后，中国很快进入了军阀纷争的时代，手握大权的军阀们只知扩大自己的权势，根本不管国家的命运。所以外国人都说中国人是“一盘散沙”。日本敢于一次次地侵略中国，除了看到中国落后以外，还有一个重要原因就是看到中国四分五裂，团结不到一起。九一八事变与全国抗战初期中国的失败，也是与军队的不统一有关系的。日军发动九一八事变时，在东北只有 3 万多人，只相当于两个师团多的兵力，而东北军有 30 多万人，仅在东北的就有 10 万多人。日军发动七七事变时，在华北的兵力只有 8400 人，而二十九军有 10 万人。如果中国军队奋起抵抗，是不难将日军打败的。可是当时的东北军、二十九军最高将领为了保存实力，下令不抵抗，或只做局部的抵抗，结果导致东北和京津地区很快失守。

但在抗日战争中，面对中华民族的危亡，民族意识逐步在全体中国人之中形成，从而出现了团结救国的局面。不管是哪个民族，哪个阶级、阶层，哪个党派团体，都积极地参加到了全民族的抗日战争中来。正如蒋介石在1937年7月17日庐山讲话中所号召的，是“地无分南北，年无分老幼”，无论何人皆有守土抗战之责任，皆抱定牺牲一切之决心，从而使抗日战争具有前所未有的全民性。长期进行你死我活斗争的国共两党，也在爱国主义的感召下，抛弃前嫌，团结御侮，结成了广泛的抗日民族统一战线。身处海外的华侨华人，积极地捐款捐物，甚至直接回国参军参战，支援祖国抗战。正如著名民主人士晏阳初所言：“几千年来，中国人所怀抱的观念是‘天下’，是‘家族’，近代西方的民族意识和国家观念，始终没有打入我们老百姓的骨髓里。直到现在，敌顽攻进来的巨炮和重弹，轰醒了我们的民族意识，南北数千里燃烧的战线，才激动了我们的全面抗御、同仇敌忾的精神，我们从亡国灭种的危机中，开始觉悟了中国民族的整个性和不可分性。生则同生，死则同死；存则同存，亡则同亡，这是民族自觉史的开端，是真正的新中国国家的序幕。”中国这头“睡狮”的真正觉醒，可以说就是在抗日战争时期。正是全中华民族的大团结，促成了全民族的抗战，保证了抗日战争的胜利。

要实现祖国的统一，使全中华民族团结到一起，抗日战争史就应该努力反映全民族团结抗战的历史，不能再互相贬低。以往台湾出版的抗日战争史著作，只肯定国民党、国民政府和正面战场的抗战，贬低甚至完全否定中国共产党和敌后战场的作用，甚至说什么中国共产党一直“游而不击”，只知道发展壮大自己的力量。而大陆出版的抗日战争史，则往往只着重肯定中国共产党和敌后战场的作用，而贬低国民党、国民政府和正面战场的作用，说国民党、国民政府从进入相持阶段以后就“积极反共，消极抗日”。这就给外国人造成国共两党谁都没有积极抗日的不良印象。要想实现祖国的统一和中华民族的大团结，海峡两岸都应该改变抗日战争史的写作方法，全面、客观地努力反映出整个中华民族的团结抗战。

要实现全中华民族的大团结，除了加强爱国主义教育以外，各级政府还应该真正关心群众的生活，使广大群众真正感到国家是自己的。在抗日战争中，中国出了那么多的汉奸、伪军，除了他们缺乏爱国主义精神以外，感到国家与他们不相干，在谁的统治下都一样，也是一个重要的原因。因此，要实现全中华民族的大团结，除了加强爱国主义教育以外，还应该在实际工作中增强民族和国家的凝聚力。

（二）不畏强敌、舍身报国的献身精神

在长达 14 年的战争中，除了那些汉奸卖国贼以外，凡是有良知的中国人，无不以各种方式，贡献出自己的一份力量。在他们之中，有无数的人血洒疆场，壮烈牺牲；无数的人毁家纾难，捐资破敌；无数的人宁死不屈，以身殉国，涌现出了许许多多可歌可泣的英雄事迹。

早在九一八事变后，东北同胞就表示："宁教白山黑水尽化为赤血之区，不愿华胄倭奴同立于黄海之岸。"他们首先举起了抗日的大旗，纷纷组织抗日义勇军、抗日联军，与强大的日军展开了殊死的搏斗。1935 年秋，东北抗日联军第 3 军第 2 团政委赵一曼，为掩护部队突围，身负重伤，被俘后宁死不屈，从容就义。1938 年 10 月上旬，东北抗日联军第 5 军妇女团的冷云等 8 名女战士，为掩护大部队突围，在背水战至弹尽的情况下，誓死不屈，集体投江。东北抗日联军第一路军总指挥兼政委杨靖宇，在 1940 年 2 月英勇牺牲后，敌人剖开他的肚子，看到肠胃中只有树叶、草根和棉絮，十分吃惊，无法理解竟有这样坚强不屈的人。在同敌人的决死斗争中，东北抗日联军牺牲的支队以上的将领就有 42 人。

在著名的长城抗战、察哈尔抗战、绥远抗战中，也出现了很多动人的事迹。例如察哈尔民众抗日同盟军第二军军长兼察省警备司令、公安局长吉鸿昌，1934 年 11 月被国民党逮捕后，在就义前曾写下这样的就义诗："恨

不抗日死，留作今日羞;国破尚如此，我何惜此头！”表现出了一股惊天地、泣鬼神的浩然正气。

在关内的敌后战场上，广大的八路军、新四军、华南人民抗日纵队等人民军队的指战员，不顾人员少、装备差和敌强我弱的不利情况，奋不顾身地英勇杀敌。在平型关战斗中，115 师广大指战员同敌人展开激烈的肉搏，首先冲上去的第 5 连，百名壮士只剩下 30 多人，而第 9 连 150 人只剩下 18 名。1937 年 10 月，129 师一部在接到夜袭阳明堡机场的任务后，第 3 营营长赵崇德率部出击，一举焚毁敌机 24 架，有力地配合了太原保卫战，他自己也和许多战士在激烈的战斗和熊熊的烈火中光荣捐躯。1939 年 4 月，120 师在齐会战斗中，团政委朱昆吉三次负伤不下火线，最后身中 6 弹壮烈殉国。1941 年 9 月，晋察冀军区一个班在狼牙山反击日军的“扫荡”时，最后只剩下马宝玉等 5 人，当子弹打光后，为了不被日军俘虏，他们一起跳下悬崖。1941 年 12 月,八路军山东纵队两个连又一个排在坚守苏家岗时，与敌人反复冲杀，最后仅剩下的 30 多人全部抱敌投崖，与敌人同归于尽。1943 年 3 月，新四军一个连在江苏淮阴刘老庄战斗中，毙敌 170 多人，而全连 82 人也全部壮烈牺牲。据统计，八路军、新四军等人民军队在抗战中共伤亡 61 万多人，其中有大批共产党员，还有许多高级指挥员，如八路军副参谋长左权、新四军第 4 师师长彭雪枫等。朱德总司令在悼念左权烈士时曾写道:“名将以身殉国家，愿拼热血卫中华。太行浩气传千古，留得清漳吐血花。”这铿锵有力的诗句，正是千百万烈士爱国主义精神生动而又真实的写照。在抗日战争中，八路军牺牲旅以上将领 114 位，新四军牺牲团以上将领 43 位，共计牺牲 157 位将领。

在由国民党军队承担的正面战场上，许许多多的爱国官兵同样进行了英勇的斗争。七七事变发生后，参加过长城抗战的抗日名将佟麟阁表示:“衅将不免，吾辈首当其冲，战死者光荣，偷生者耻辱，荣辱系于一人者轻，而系于国家民族者重。国家多难,军人应马革裹尸,唯一死报国。”在卢沟桥抗战中，他腿部中弹，部下劝他稍退裹伤，但他说“情况紧急，抗战事大，个人安危事小”，带伤坚持战斗，旋即被敌弹击中头部，壮烈殉国。在 1937 年 8 — 11 月的淞沪会战中，守卫宝山的营长姚子青立誓“与敌偕亡”，最后弹尽粮绝，率全营壮烈殉国。第 524 团副团长谢晋元鉴于淞沪形势日趋紧张，嘱咐其妻儿回广东原籍生活时说：“生为人就要报效国家，为社会做些事，谋些大众的幸福，岂能被夫妻的朝朝暮暮所累！”他抱着与阵地共存亡的决心，率 800 壮士死守四行仓库，孤军奋战 4 昼夜，胜利地完成了掩护大军撤退的任务。在 1937 年 10 — 11 月的太原会战中壮烈牺牲的第 9 军军长郝梦龄原在大后方学习，战事爆发，他主动请求上前线，行前即抱定牺牲之决心。他在战地写给妻子的遗嘱中说：“此次抗战乃民族国家生存之最后关头，抱定牺牲决心，不能成功即成仁。”1938 年 3 月，在台儿庄战役中坚守滕县的川军第 122 师师长王铭章，“决以死拼，以报国家”，城陷后血刃数敌，壮烈殉国。1940 年年初在绥西战役中，第 35 军一部在扼守包头时，最后只剩下 3 名士兵，仍在一个财神庙的房顶上坚持战斗，当他们只剩下一颗手榴弹时，就抱在一起引爆自炸。这一壮举，连敌人也惊叹不已。在 1940 年夏季进行的枣宜战役中，第 33 集团军总司令张自忠将军亲临前线指挥，身受重伤仍苦撑不退，最后与身边官兵一起为国捐躯。临终前他对身边的人说：“我这样死得好，死得光荣，对国家、对民族、对长官，心里都平安。”1942 年 3 月，第 200 师师长戴安澜率部参加中国远征军赴缅参战时，表示了决以死战的坚定信念，5 月 16 日在前线指挥时胸腹两处中弹，以身殉国。周恩来在送给他的挽词中写道：“黄浦之英，民族之魂。”毛泽东在挽诗中写道：“外侮须人御，将军赋采薇。师称机械化，勇夺虎罴威。浴血东瓜守，驱倭棠吉归。沙场竟殒命，壮志也无违。”1943 年秋，在湖南常德保卫战中，一支 8000 人的中国军队，只有 83 人生还，其余的全部牺牲。在抗日战争中，国民党陆军共伤亡 321 万多人；空军阵亡 4321 人，毁机 2468 架；海军舰艇几乎全部损失。仅师级以上牺牲的将领就有 73 人（何应钦说是牺牲少将以上将领 206 人），其中有两名是集团军总司令。

当时不仅将士们在战场上英勇杀敌，就是很多群众也视死如归。例如冀中深南县王家铺村，日军在一次“扫荡”中抓了二十多名村民，威逼他们说出八路军的隐蔽处，但他们宁死不屈，守口如瓶。敌人一连杀掉 14 个人，也没有一个人吐露真情，保证了八路军战士的安全。又如山东莒县一个村庄被日军包围后，全体村民手拿各种生产工具与敌人誓死拼杀，竟杀死 120 个日本鬼子，自己也牺牲 140 多人，创造了抗日战争史上的一个奇迹。

正因为全国人民不畏强敌、不怕牺牲，奋勇杀敌，视死如归，日本帝国主义面对的不再是少数人，而是拥有四亿五千万人民的整个中华民族！是四亿五千万人民用血肉筑起的新的长城！在这种情况下，它只能遭到失败的命运。

现在，虽然处在和平发展的年代，但敌人侵略的危险仍然存在，不能高枕无忧，仍然要保持那种不畏强敌、不怕牺牲的斗争精神，在外敌一旦入侵时，就与之斗争到底。

（三）艰苦奋斗、自强不息的顽强精神

在抗日战争中，中国军民以劣势装备终于打败了强大的日本侵略者，其中重要的一条就是靠艰苦奋斗、自强不息的顽强精神。我们现在所说的延安精神，其核心就是艰苦奋斗。由于艰苦奋斗，使抗日根据地和解放区形成了一种清正廉明的作风，出现了一片新面貌。1940 年 2 月 1 日，毛泽东在谈到陕甘宁边区和国民党地区的区别时就说：“陕甘宁边区是全国最进步的地方，这里是民主的抗日根据地。这里一没有贪官污吏，二没有土豪劣绅，三没有赌博，四没有娼妓，五没有小老婆，六没有叫花子，七没有结党营私之徒，八没有萎靡不振之气，九没有人吃摩擦饭，十没有人发国难财。”1945 年，毛泽东在论及抗日根据地与国统区的重要区别时又说：“利用抗战发国难财，官吏即商人，贪污成风，廉耻扫地，这是国民党区域的

特色之一。艰苦奋斗，以身作则，工作之外，还要生产，奖励廉洁，禁绝贪污，这是中国解放区的特色之一。”正是靠着这种精神，中国共产党不仅战胜了强大的敌人，而且在斗争中不断发展壮大。

与中国共产党相比，国民党在这方面就做得比较差。自从建立南京政权以后，国民党的作风就开始变坏了。到抗战中期，因为物资极度短缺，大后方的官员趁机大发“国难财”，国民党的作风已经非常败坏，有的文章说那些上层分子“任意挥霍，大兴土木，高官厚禄，恬不知耻。迎新送旧，婚寿喜庆更是不惜大张筵席，极尽罗掘之能事”。1944 年 5 月 16 日,《华西日报》还揭露说:“吏治之坏,几可以说无有甚于今日者,其最明显的表现,就是贪官污吏到处充斥，官愈大，势愈厚，而贪污数目愈为惊人。”

由于国民党的腐败，严重地影响了军队的战斗力和群众对它的信任。当时担任中国红十字会会长的蒋梦麟，在他写的《新潮》中谈到他考察各地拉壮丁的情形时说：在贵阳一个壮丁收容所里，他曾经和广东来的壮丁谈话,得知从广东曲江来的时候有 700 人,可是现在只剩下 17 个人了。他问:“怎会只剩下 17 个人呢？是不是在路上逃跑了？”他们说:“没有人逃跑啊！老实说，能逃跑到哪里去呢？路上好多地方荒凉极了，不但没有东西吃，连水都没有得喝。我们沿途来，根本没有准备伙食，有的地方有得吃，吃一点；没有吃的，就只好挨饿。可是路却不能不走。而且好多地方的水啊，喝了之后，就拉肚子。拉肚子，患痢疾，又没有药，所以沿途大部分人都死了。”他说以他当时的估计，在 14 年抗战期内，未入军队而死亡的壮丁，其数量不少于 1400 万人。当时他曾将这个数字向军事高级长官们询问意见，他们竟异口同声地说:“只会多不会少。”像这样拉起来的军队,怎么会有战斗力！这样的做法，怎么会不严重地脱离群众，失掉群众基础！这也是国民党在抗战中丧师失地，并在解放战争中最终被赶出大陆的根本原因。

现在，我们的条件尽管比抗日战争时期好多了，但永远不能丢掉艰苦奋斗、自强不息的精神，应该居安思危，怀有一种忧患意识。一个民族如果丢掉了这种精神，没有忧患意识，那是没有希望的。不用外敌入侵，自己就会垮掉。

以上三个方面的精神，核心就是爱国主义，正因为爱国，所以才有万众一心、同仇敌忾的团结精神，不畏强敌、不怕牺牲的斗争精神，艰苦奋斗、自强不息的顽强精神。因此，弘扬抗战精神，说到底就是弘扬爱国主义精神。

《人民日报》社论《把伟大抗战精神化为振兴中华的实际行动》指出：弘扬抗战精神，就要化为振兴中华的实际行动：第一，必须紧紧抓住发展这个第一要务，聚精会神搞建设，一心一意谋发展；第二，必须团结一切可以团结的力量，最广泛最充分地调动一切积极因素；第三，必须坚决维护团结稳定的大局，为经济社会发展提供良好的社会环境；第四，必须全面推进党的建设新的伟大工程，努力把党建设好。我们现在纪念抗日战争的伟大胜利，弘扬抗战精神，就是要把抗战精神落实到振兴中华的实际行动上，使中华民族尽快地复兴。

四、正确认识和处理中日关系

从近代以来，日本就是影响中国社会发展的一个重要的外部因素，中国社会的发展及曲折与日本的干涉有着密切的关系。但是，直到中华人民共和国成立以前，没有一个政府能处理好同日本的关系。

现在，在中日关系中存在着很多问题甚至争端，例如钓鱼岛问题、东海油气田问题、遗留毒气弹问题、民间索赔问题，等等。日本的很多人一直否认侵略中国的罪行和给中国人民带来的苦难，一再修改历史教科书，日本政要还一直坚持参拜靖国神社，这都激起中国人民的愤怒。日本在侵略战争中伤害最大的是中国，但唯独没有进行战争赔偿的也是中国。日中友好协会会长宇都宫德马，每当有机会都会表达下面这段话：假使中国要日本拿出500亿美元的赔款，按当时日本的经济能力来说，也需要50年才能付清，那肯定会阻碍日本经济的成长发展，结果也不会有今天的日本，这一点是不应该忘记的。但是，日本的很多人都忘记了这一点，只是津津乐道给了中国多少贷款和经济援助。从中国改革开放以后，日本政府确实向中国提供了大量的日元贷款。仅从1979年至1995年分三批给中国的贷款，就累计16109亿日元，用于我国的“六五”“七五”和“八五”计划的重点项目，对我国社会主义经济建设发挥了积极作用。而且这种贷款的条件比较优惠，利率低（2.5%—3.5%），还款期长（包括10年存贷期在内的30年）。自1980年至1996年，日本政府还陆续向中国提供社会福利性质的无偿援助，包括农业、医疗、环境、培训等领域，如中日友好医院，中日交流中心，伤残康复、环境保护中心，等等，都提供了无偿经济援助。这是中日友好的象征，我们不应忘记。但是必须认识清楚的是，这些贷款和无偿援助的数额，与应该进行的战争赔偿相比，数目是很小的，而且对日本也是有利的。如果中国当年坚持要日本进行战争赔偿，它就不能否认自己侵华的罪行，日本的很多人也不能像今天这样嚣张。

现在，日本的右翼势力极力激化中日矛盾，恶化中日关系，并盼望中国出现反日的极端行动，以便以此为借口掌控日本政局。而中国的很多人则埋怨政府太软，甚至走向极端，除了在网上谩骂以外，在一些地方发生了很极端的事件，结果给日本右翼势力恶化中日两国关系提供了借口。我认为，对中日关系采取这种过激的态度是不对的，这样做正中了日本右翼势力的圈套，应该着眼于长远，以理智的态度来解决两国之间的分歧和争端。也就是说，我们要坚定民族立场，维护民族利益，但不能有狭隘的、极端的民族主义。

中日两国都是东亚的大国，历史已经证明“和则两利，斗则两伤”。

按照我的理解，对于历史问题，日本必须认真地反省，承认它侵略中国的罪行，以史为鉴，决不再做伤害中国人民感情的事情。对于现实问题，两国应该通过对话，增进相互之间的了解，平等协商，妥善处理。在这同时，进一步加强双方在广泛领域的交流和合作，加强民间友好往来，扩大共同利益。这样做，对两国都是有好处的，否则对两国都是不利的。

（原载《近代中国与文物》2009 年第 1 期）

关于解放战争后期研究中的若干问题

在关于解放战争后期历史的研究中，有不少重点、难点问题。在这里，谈一点自己对这些问题的看法。

一、人民解放军战略进攻的方针和部署是怎样酝酿、形成的

1947 年 6 月底，刘邓大军强渡黄河，逐渐形成了刘邓、陈谢、陈粟三路大军呈“品”字形部署实行战略进攻的态势。这个方针和部署，并不是在此之前就已经明确的，而是有一个在实践中逐步酝酿、发展和形成的过程的。

国民党军队重点进攻山东、陕北解放区后，在这两个解放区之间的广大中原地区兵力空虚，形成了两头强、中间弱的哑铃式布局。为了把战争从解放区引向国民党统治区，调动敌人的力量，粉碎敌人的重点进攻，中共中央军委和毛泽东在 1947 年 1 月间，就先后两次指示晋冀鲁豫野战军，要准备在五六月“向中原出动，转变为外线作战”。5 月 4 日，又通盘规划了南线的作战计划，确定“刘邓、陈粟两次任务是协力击破顾祝同系统”，“晋南（陈谢）、陕北两军任务是协力击破胡宗南系统”，并指示刘、邓准备于“六月一日后，独力经冀鲁豫出中原，以豫皖苏边区及冀鲁豫边区为根据地，以长江以北，黄河以南，潼关、南阳之线以东，津浦路以西为机动地区，

或打郑汉，或打汴徐，或打伏牛山，或打大别山，均可因时制宜，往来机动，并与陈粟密切配合”；陈、谢 4 个旅应随时待命，准备从下流或上流渡黄河，受彭德怀、习仲勋指挥，“歼灭胡宗南及其他杂顽，收复延安，保卫陕甘宁，夺取大西北”。5 月 8 日，又发出指示：“为着六七两月内，击破顾祝同系统之目的”，刘邓军应“争取于 6 月 1 日前休整完毕，6 月 10 日前渡河，向冀鲁豫区与豫皖苏区之敌进击，第二步向中原进击”，陈粟军应“准备于 6 月 10 日以后配合刘邓军大举出击”。经过充分准备，刘邓大军约 13 万人 6 月 30 日应从山东省临濮集以北至张秋镇之间强渡黄河，发动鲁西南战役，率先转入战略反攻。但直到这时，中共中央和毛泽东关于三路大军呈“品”字形展开进行战略进攻的方针，还未完整形成。

从 1947 年 6 月中旬起，中共中央在陕北靖边县小河村开始酝酿第二年的作战方针和任务。7 月 21 日至 23 日，中共中央前委扩大会议在小河村召开。会前的 7 月 19 日，毛泽东、周恩来、任弼时听取陈赓的汇报后，决定改变陈谢中队渡河西进的计划，“改为渡河南进，首先攻占潼洛郑段，歼灭该区敌人并调动胡军相机歼灭之；尔后向豫西、陕南、鄂北进击，创建鄂豫陕边区根据地，作为夺取大西北之一翼”，以“协助陕甘宁击破胡宗南系统，同时协助刘邓经略中原”。

7 月 23 日，中共中央军委指示刘邓：对附近之敌如有迅速攻歼把握则攻歼之，“否则立即集中全军休整十天左右”，“下决心不要后方，以半个月行程，直出大别山”。根据这一指示，刘邓大军于 8 月 7 日分三路迅速南进，千里跃进大别山。8 月 4 日，中央军委指示组成华东野战军西线兵团，在鲁西南策应刘邓作战。27 日，为配合刘邓大军南下，中央军委又指示西线兵团“大举越陇海路，向淮河以北前进”。9 月底，陈粟大军共 18 万人越过陇海路，挺进到豫皖苏边地区。至此，刘邓、陈谢、陈粟三路大军才形成了“品”字的阵势。

在三路大军逐鹿中原的同时，留在内线的华东野战军东线兵团（后改称山东兵团）和西北野战军，在东海之滨和西北沙漠地带有力地牵制和打击了敌人。这样，人民解放军“中间突破，三军配合，两翼牵制”的完整战略布局，渐次得以实现。

关于“战略进攻”的称谓，也是后来才确定的。1947 年 9 月 1 日，毛泽东在为中共中央起草的党内指示中，在谈到人民解放军第二年作战的基本任务时，还说是“举行全国性的反攻”，即认为是战略防御的最后阶段——战略反攻。但是，三路大军进入中原后的作战行动，已逐渐越出战略反攻的范围。因此，1947 年 12 月 25 日毛泽东在中共中央会议上指出：军事方面，蒋介石转入防御，我们转入进攻——以前讲“反攻”，不完全，以后都讲“进攻”。这样，以后才把三路大军南下的行动称为战略进攻。

人民解放军战略进攻的展开，有力地调动了国民党军队，粉碎了它的重点进攻，打乱了它的防御计划，使各解放区逐步连成一片，并创建了广大的中原解放区，为以后的淮海战役及渡江战役准备了条件。因此，这次战略进攻是中国革命战争的一个重要的历史转折点。

二、中国共产党的城市政策及工商业政策是怎样提出和发展的

中国共产党的城市政策及工商业政策的提出和发展有一个过程。过去党的注意力由于集中于战争和农村工作，虽然占领和管理过一些城市，但对于城市工作的经验没有来得及进行系统的总结和及时的推广，因此人民解放军在战略进攻中重新夺取一些城市之后，主要来自农民的人民军队和地方干部中的一些人，往往还是以游击战争的观点、农村的观点来看待城市，以致发生了一些违法乱纪的现象。随着人民解放军对城市特别是大城市的占领，制定明确的城市政策及工商业政策的任务便迫切地提了出来。于是，中共中央便根据形势的发展，及时地总结了城市工作的经验，制订了有关

城市政策和工商业政策。

石家庄是人民军队解放的第一个大城市。在进入该市前，中央工委及阜平中央局鉴于以往的教训，即训令部队及民兵的干部，注意保护机器、物资及一切建筑物，不准破坏，不准自由抓取物资，不准私人拿取一点东西，不准制新衣，大吃大喝，必须保持纯洁与艰苦的作风，因此部队进城的秩序是比较好的。但是，仍发生了一些问题。为了引起其他城市的注意，避免类似事件发生，中央工委于1948年2月19日发出《关于收复石家庄的城市工作经验》，通报收复石家庄过程中发生的问题及纠正的措施，指出“在石家庄的许多错误，是应该而且可以避免的”。2月25日，中共中央发出《关于注意总结城市工作经验的指示》，指出各地各军在攻占城市时，应即以中央工委2月19日通报所述的方针及方法“为基本的方针及方法”，并指出各地应加强请示汇报，责成各中央局分局前委在3至4个月内，“对于自己占领的城市，凡有人口五万以上者，逐一作出简明扼要的工作总结”。可以说，中共中央从这时起，就对城市政策重视起来了。

因为城市是工商业集中的地方，所以制定正确的工商业政策，是解决城市政策的一个重要内容。在农村土地政策中，中共中央就一直强调要保护城市工商业。1948年2月27日，毛泽东又为中共中央起草了《关于工商业政策》的党内指示，明确指出:“应当预先防止将农村中斗争地主富农、消灭封建势力的办法错误地应用于城市，将消灭地主富农的封建剥削和保护地主富农经营的工商业严格地加以区别，将发展生产、繁荣经济、公私兼顾、劳资两利的正确方针同片面的、狭隘的、实际上破坏工商业的、损害人民革命事业的所谓拥护工人福利的救济方针严格地加以区别。应当向工会同志和工人群众进行教育，使他们懂得，决不可只看到眼前的片面的福利而忘记了工人阶级的远大利益。应当引导工人和资本家在当地政府领导下，共同组织生产管理委员会，尽一切努力降低成本，增加生产，便利推销，达到公私兼顾、劳资两利、支援战争的目的。”这样，中国共产党的工商业政策便比较完整地提出来了。

随着实践的进行，中国共产党的城市政策也不断完善。例如，中共中央于 1947 年 10 月 10 日发布的人民解放军口号中，曾提出在军队所到之处实行“开仓济贫”。这种做法虽然在一定程度上有利于扩大党的政策影响，但又容易使社会财富分散，助长贫民依赖政府救济的心理，实行起来弊多利少，因此中共中央在 1948 年 4 月 8 日发出的《再克洛阳后给洛阳前线指挥部的电报》中明确规定：今后“不要提‘开仓济贫’的口号”。在这个电报中，中共中央总结了各地的经验教训，对城市政策提出了下列九点：一、极谨慎地清理国民党统治机构，只逮捕其中主要反动分子，不要牵连太广。二、对于官僚资本要有明确界限，不要将国民党人经营的工商业都叫做官僚资本而加以没收。对于完全官办的工商业，应该确定归民主政府接管经营的原则。但如民主政府一时来不及接管或一时尚无能力接管，则应该暂时委托原管理人员负责管理，照常开业，直至民主政府派人接管为止。对于这些工商业，应该组织工人和技师参加管理。如国民党人已逃跑，企业处于停顿状态，则应该由工人和技师选出代表，组织管理委员会管理，然后由民主政府委任经理和厂长。对于著名的国民党大官僚所经营的企业，应该按照上述原则和办法处理。对于小官僚和地主所办的工商业，则不在没收之列。一切民族资产阶级经营的企业，严禁侵犯。三、禁止农民团体进城捉拿和斗争地主。四、入城之初，不要轻易提出增加工资减少工时的口号。五、不要忙于组织城市人民进行民主改革和生活改善的斗争。六、大城市目前的中心问题是粮食和燃料问题，必须有计划地加以处理。七、国民党员和三青团员，必须妥善地予以清理和登记。八、一切作长期打算。严禁破坏任何公私生产资料和浪费生活资料，禁止大吃大喝，注意节约。九、市委书记和市长必须委派懂政策有能力的人担任。应该对一切工作人员加以训练，讲明各项城市政策和策略。从以上内容可以看出，中国共产党的城市政策这时已经比较全面地制定出来了。

后来，中国共产党的城市政策在实践中得到了进一步的发展和完善。1948 年 5 月 10 日，东北中央局发出《关于保护新收复城市的指示》，作出了在新占领城市实行短期的军事管理制度等决定，详细规定了攻城及入城部队、后方党政军民机关应遵守的事项，中共中央立即加以批准，并指示各地“应即照此颁发同样的文件，并切实执行”。8 月 6 日，中央批转了华北《金融贸易会议综合报告》，其中详细规定了城市中的金融贸易政策。11 月 28 日，陈云总结出了《接收沈阳经验》，提出应组成专门班子接收大城市，在接收中应实行“各按系统，自上而下，原封不动，先接后分”的方法，并提出了接收应解决的关键问题。12 月 15 日，中央复示同意组成专门接收班子的办法，认为经验很好。至此，中国共产党的城市政策已经比较完善了，所以以后接收城市的工作都比较顺利。

三、应该怎样看待“中间路线”“第三条道路”

民主党派中有些领袖人物和若干无党派民主人士，曾经代表民族资产阶级的想法，主张在中国实行“中间路线”，主张在国共两党的道路之外另走“第三条道路”，其实质是要在中国建立一个西方式的资产阶级共和国，以便自由地发展资本主义。对于他们所主张的“中间路线”和“第三条路线”，当前中共党史界有三种观点：一种是基本否定说，一种是基本肯定说，一种是具体分析说。那么，应该怎么看待这个问题呢？

解放战争时期，是以共产党为代表的人民革命力量与以国民党为代表的大地主大资产阶级的统治势力激烈较量的时期。国民党始终坚持独裁统治，既不允许人民革命力量存在，也不容许走英美式的资产阶级民主主义道路。人民革命的目的是实行新民主主义，然后实行社会主义，也不容许英美式的资产阶级民主主义。而主张实行“中间路线”、走“第三条道路”的民主党派领袖人物和无党派民主人士，由于他们代表的民族资产阶级本身存在着软弱性，不可能成为一支足以与共产党、国民党相抗衡的政治力量，也不可能得到广大人民群众的拥护，因此这条道路在中国是行不通的。历史的发展已经证明了这一点。

但是，由于这种政治主张既反对国民党的独裁统治，又不同意共产党的政治主张，它本身就存在着二重性。也就是说，在反对国民党独裁统治这一方面，它与共产党的主张是一致的，对历史的发展有积极作用；在不同意共产党的政治主张这一方面，它又与国民党的主张是一致的，不利于历史的发展。因此，它在不同的形势下提出来，就起了不同的历史作用。

对于"中间路线""第三条道路"的这种二重性和不同形势下的不同作用，于怀（乔冠华）在1948年1月19日写的《追击"中间路线"》一文，就作了透彻的分析。文章说："当反动力量占优势，并且向革命力量扑过去的时候"，中间路线的主张"所产生的客观作用主要的是牵制反动力量的；因为：尽管这种主张和想法在表面上，是要求双方同时让步，而自己并不附和两方中的任何一方，但在实际上，这种主张和想法的作用对于反动力量和革命力量二者比较言，更主要的是牵制反动力量，对于怀抱这类想法的人们自己言，则是拒绝为反动力量帮助，更简单地说，当时中间路线的实际意义，是对反动力量保持中间"。从1946年1月政治协商会议起到1948年人民革命力量占优势为止，"中间路线""第三条道路"的主张所起的主要作用，就是这样的积极、进步作用。

于怀（乔冠华）的文章还说："当革命力量取得了优势，并且在胜利地向前发展的时候"，中间路线的主张"所起的客观作用，主要的就要变成牵制甚至反对革命力量的了；因为：尽管这种主张在表面上是要求双方同时让步，而自己并不完全附和两方中的任何一方；但实际上，这种主张和想法的作用，对于反动力量言，是为它散布幻想；对于革命力量言，却是要它不再前进，总之对于革命是有害的；对于怀抱这类想法的人们自己言，则是拒绝为彻底进行革命而斗争；简单的话，这种情况下中间路线的实际意义，是对革命力量保持中间”。1948年人民解放军节节胜利、国民党统治临近崩溃以后，“中间路线”“第三条道路”的主张所起的作用，主要就是这种消极、不好的作用了。

因此，对于“中间路线”“第三条道路”的主张，既不能全盘肯定，也不能全盘否定，应该根据不同的政治形势具体分析它的作用。

四、人民解放军战略决战方针的酝酿和形成

关于人民解放军战略决战的方针，是1948年9月召开的中共中央政治局扩大会议初步制定的。会议根据战争形势的发展，提出要准备打若干次带决定性的大会战，敢于打前所未有的大仗，敢于同敌人的强大兵团作战，敢于攻击敌人坚固设防的大城市，全国的重心在中原，北线的重心在北宁路。随后进行的三大战略决战，就是在这一方针指导下逐步展开的。

经过1947年年底至1948年春的冬季攻势，东北野战军的军力已超过敌人，而且敌人被分割在长春、沈阳、锦州三个互不相连的地区内，形势在全国五大战场中对人民解放军最为有利，因此中共中央决定首先在东北进行战略决战。

关于东北的作战方针，早在1948年2月7日，中共中央军委和毛泽东就根据东北敌军有可能全部撤至关内的情况，指出：“以封闭蒋军在东北加以各个歼灭为有利”，要求东北野战军下一步作战应考虑以主力转至北宁路，截断敌军由陆上撤往关内的通道，抓住敌人予以各个歼灭。但是，东北野战军首长于4月18日致电中央军委，认为南下北宁路及入关作战很困难，主张先打长春，吸引沈阳之敌增援而歼灭之。7月中旬，东北局常委重新讨论了作战方案，认为攻长春和打援不能兼顾，“仍以南下作战为好”，随后东北野战军首长将上述意见报告中央军委。中央军委同意上述意见，并多次催促部队尽快南下。但东北野战军领导仍怀疑不决，对此中央军委提

出严肃的批评，并于 9 月 7 日强调指出：应将主力使用于锦州至唐山一线，并攻克锦州、榆关、唐山诸点，“而置长春、沈阳两敌于不顾，并准备在打锦州时歼灭可能由长、沈援锦之敌”。正是根据这一方针，东北野战军首先集中力量攻克锦州，同时解放长春；然后集中力量围歼廖耀湘第九兵团，随后攻占沈阳、营口，获得辽沈战役的胜利。

关于淮海战役，中共中央军委于 1948 年 7 月间即作出“冬春夺取徐州”的计划。9 月下旬济南战役临近结束时，华东野战军司令员粟裕提出举行淮海战役的意义，主张进攻并歼灭淮阴、淮安和海州、连云港地区的国民党军，为夺取徐州创造条件。中央军委接受了这一建议，于 10 月 11 日发出《关于淮海战役的作战方针》的指示，指出战役第一阶段的重点是集中兵力歼灭刘峙集团右翼劲旅黄百韬兵团。10 月 22 日，中原野战军主力占领郑州，并迅速东进。11 月 7 日，中央军委根据辽沈战役胜利和中原战场变化的情况，并采纳华东、中原野战军首长的建议，决定扩大淮海战役的原定规模，以华东、中原两大野战军协同全歼徐州敌军。正是按照这一方针，华东野战军于 11 月全歼了徐州以东的黄百韬兵团，中原野战军攻克了徐州以南的宿县，完成了对徐州的包围。这时，中央军委原计划攻打从徐州东援黄百韬的邱清泉、李弥两兵团，但淮海战役总前委根据战场形势，建议先打从华中远道来援徐州的黄维兵团，于是先在双堆集地区消灭了黄维兵团，并将从徐州撤出的杜聿明三个兵团围困在陈官庄地区，最后予以歼灭，从而获得了淮海战役的胜利。

关于平津战役，中央军委根据傅作义集团西撤或南逃的可能性，早在 1948 年 10 月底就指示东北野战军先遣兵团先行入关，11 月 18 日又电令东北野战军以最快速度包围唐山、塘沽、天津守军；12 月上旬，又令华北解放军包围张家口、新保安地区，从而截断了傅作义集团南逃、西窜的道路，为各个歼灭敌人创造了有利条件。随后，人民解放军根据中央军委先打两头、后取中间的原则，首先攻占了新保安、张家口和天津，最后和平解放了北平，从而获得了平津战役的胜利。

从以上可以看出，关于人民解放军战略决战的方针，是中共中央军委初步提出，然后根据战争形势的变化，吸取了各部队首长的意见，才逐步形成的。正是由于它集中了全党全军的智慧，适应了不断变化的战争形势，所以指导三大战役迅速取得了举世瞩目的胜利。

五、“将革命进行到底”的方针的提出和实施

“将革命进行到底”的方针，是毛泽东针对国民党统治集团的和平攻势，以及某些地方实力派和中间党派的右翼分子重新提出“中间路线”的情况，于 1948 年 12 月 30 日为新华社写的《将革命进行到底》的新年献词中明确提出来的。当时，国民党的和平攻势颇迷惑了一部分人，有的资产阶级右翼分子曾对此抱有幻想，劝说共产党应把人民革命战争“立即停下来”，反对“除恶务尽”；某些地方实力派和民主党派右翼分子，也幻想通过和谈实现同国民党、共产党三分天下的局面，或建立区域性的地方政府以裂土自保。正是针对这种情况，毛泽东明确提出现在摆在中国人民、各民主党派、各人民团体面前的问题，是将革命进行到底呢，还是使革命半途而废。如果“使革命半途而废，那就是违背人民的意志，接受外国侵略者和中国反动派的意志 ，使国民党赢得养好创伤的机会，然后在一个早上猛扑过来，将革命扼死，使全国回到黑暗世界”，因此不能怜惜恶人，必须将革命进行到底，即“用革命的方法，坚决彻底干净全部地消灭一切反动势力”，“在全国推翻国民党的反动统治，在全国范围内建立无产阶级领导的以工农联盟为主体的人民民主专政的共和国”。他劝各民主党派与共产党真诚地合作，“而不是建立什么‘反对派’，也不是走‘中间路线’”。1949 年 1 月 6 日至 8 日中央政治局会议通过的《目前形势和党在 1949 年的任务》的党内指示，重申了“必须将革命进行到底，而不容半途而废”的方针，要求在党内、

军内和人民群众中进行有力的教育和解释工作，继续揭露国民党的“和谈”阴谋。

那么，中国共产党以后为什么又同国民党进行谈判呢？这跟“将革命进行到底”的方针是否违背呢？中国共产党后来同意与李宗仁派出的代表团进行谈判，这是因为广大人民都盼望早日结束战争，如能谈判成功，通过和平的方针解决问题，就可以很快地实现和平，另外也可以争取李宗仁摆脱和断绝同蒋介石的关系，站到人民方面来。这样做，与“将革命进行到底”的方针并不违背，因为即使谈判成功，解放军也要渡过长江，统一全国，并不是同意“划江而治”，也不是同意保存国民党的统治，只是通过与战争不同的方式贯彻这一方针而已。后来国民党政府拒绝在《国内和平协定》（最后修正案）上签字，人民解放军也就胜利渡江，最后仍以战争的形式推翻了国民党的统治。这说明，中国共产党既有原则的坚定性，又有高度的灵活性。

六、关于建国方案的酝酿和制定

新中国的建国方案是经过长时间的酝酿、广泛的讨论，才逐步确定的。

早在抗日战争时期，毛泽东在《中国革命和中国共产党》《新民主主义论》中就提出，由中国的国情所决定，中国革命胜利以后既不可能建立资产阶级专政的资产阶级共和国，也不可能立即建立无产阶级专政的社会主义共和国，只能建立无产阶级领导的人民大众的新民主主义共和国。这个共和国在政治上实行以工人阶级领导的由几个革命阶级联合专政的新民主主义的国家制度。与此同时，毛泽东还提出了新民主主义共和国的经济纲领和文化纲领。

经过长期的革命实践，至全国胜利前夕，关于新中国的建国方案就更加清楚了。1949 年 3 月召开的中共七届二中全会，全面系统地阐明了新中国的基本经济纲领，认为国营经济、合作社经济、私人资本主义经济、个体经济和国家资本主义经济，构成了新民主主义的经济基础，并提出了对各个方面的基本政策。在这次会议上，还确定了“一边倒”的新中国外交政策。同年6月30日毛泽东发表的《论人民民主专政》，则阐明了新中国的政治纲领。他说我们的经验“集中到一点，就是工人阶级（经过共产党）领导的以工农联盟为基础的人民民主专政”。

而关于新中国的具体建国方案，是经过中国人民政治协商会议确定的。

早在1948年4月30日，中共中央在《纪念“五一”劳动节口号》中，就向各民主党派、各人民团体、各社会贤达，发出“迅速召开政治协商会议，讨论并实现召集人民代表大会，成立民主联合政府”的号召。同一天，毛泽东还致电国民党革命委员会主席李济深、中国民主同盟中央常委沈钧儒，提议先行召开三党会议，共商召开新政协事宜。各民主党派和民主人士热烈响应中共中央的号召，纷纷从国民党统治区、香港等地前往解放区。11月25日，中共中央代表在哈尔滨，与到达那里的民主党派人士，就成立新政协筹备会和新政协的性质、任务等问题进行了协商。北平解放后，各民主党派人士也集中到北平，参加新政协的筹备工作。

1949年6月15日至19日，新政协筹备会在北平召开第一次全体会议，决定设立6个小组，分别完成下列各项任务：（一）拟定参加新政协的单位及其代表名额；（二）起草新政协的组织条例；（三）起草共同纲领；（四）拟定中华人民民主共和国政府方案；（五）起草宣言；（六）拟定国旗、国歌及国徽方案。会后，各组即展开紧张的准备工作。9月17日，新政协筹备会召开第二次全体会议，基本通过了各小组起草的共同纲领等草案。

1949年9月21日至30日，中国人民政治协商会议第一届全体会议在北平召开，一致通过了《中国人民政治协商会议共同纲领》（以下简称《共同纲领》）。《共同纲领》规定：“中华人民共和国为新民主主义即人民民主主义的国家，实行工人阶级领导的、以工农联盟为基础、团结各民主阶级和国内各民族的人民民主专政”；“国家政权属于人民。人民行使国家政权的机关为各级人民代表大会和各级人民政府”，“各级政权机关一律实行民主集中制”。除此之外，《共同纲领》还规定了新中国经济、军事、外交、文化教育等各方面的基本政策，从而确定了新中国的基本制度。会议还通过了《中华人民共和国中央人民政府组织法》，选举产生了中央人民政府委员会；决定国都定于北京，采用公元纪年，以《义勇军进行曲》为国歌，国旗为五星红旗。

关于新中国的名字，原拟定为中华人民民主共和国，并许可简称中华民国。在 1949 年 6 月的新政协筹备会上，张奚若建议删去“民主”二字，黄炎培、张志让建议改为中华人民民主国，经过讨论，最后采纳了张奚若的意见，改为“中华人民共和国”。关于许可简称中华民国的问题，马叙伦等也建议取消。根据这个意见，9 月召开的政协一届会议，决定取消“中华民国”的提法。

关于国旗的图案，征集了许多图稿，毛泽东原来主张采用一颗星加一条黄河的那种，张治中表示反对。后来田汉从淘汰了的图案中看中了上海人曾联松设计的五星红旗，大家表示同意，只是去掉了原设计中的镰刀斧头。这个图案，从此成了中华人民共和国的国旗。

关于国歌，是徐悲鸿建议采用《义勇军进行曲》的。国徽由于没设计好，在政协会议上没有讨论。会后，国立北平艺专和清华大学营建系分别成立了张仃、梁思成等人组成的国徽设计组，最后以清华大学的方案为主进行了修改，1950 年由中央人民政府委员会第八次会议通过，9 月 20 日正式公布。

从以上可以看出，新中国建国方案的形成经过了长期的酝酿，并广泛征求了意见，集中了很多人的智慧，各民主党派和许多民主人士，许多干部和群众都为此作出了贡献。

七、国民党政权迅速崩溃、人民解放战争迅速胜利的原因

抗战胜利后，国民党的力量远远大于共产党的力量，蒋介石甚至被认为“民族英雄”，威望颇高。内战爆发后，蒋介石认为可以很快消灭共产党，共产党则认为打败国民党需要 5 年的时间。但为什么在 3 年时间中国民党政权就迅速崩溃，人民解放战争就迅速胜利了呢？对于这个问题，蒋介石及台湾的一些历史学家往往归诸于外国，或者说是由于美国没有尽全力帮助国民党，或者说由于共产党得到了苏联的援助，等等。国内的学者则主要从内因上加以探讨，中共党史学会于 1990 年 6 月在天津召开的全国解放战争学术讨论会上，不少学者便认为主要是由于国民党坚持反共、灭共政策，坚持内战、独裁、卖国政策，完全违背了中国人民的根本利益和历史发展规律，被人民所唾弃。

事实上，国民党政权迅速崩溃，人民解放战争迅速胜利的原因是多方面的。中国现代史学会1989年11月底在宁波大学召开的第六次学术讨论会，从以下三个主要方面进行了分析：

第一，国民党在抗战胜利后虽然颇有声势，但已经腐败，一系列的倒行逆施，使它很快失掉民心，从而众叛亲离，迅速土崩瓦解。其具体表现是：（1）坚持一党专政，个人独裁，撕毁政协协议，单独召开“国民大会”，违背了抗战时期已经兴起的民主潮流，遭到了共产党及大多数民主党派的反对，在政治上陷于孤立；（2）悍然发动内战，违背了全国人民盼望和平的心愿，遭到了全国人民的反对；（3）接收大员“五子登科”（房子、金子、票子、车子、女子），大小官员聚敛钱财，甚至动辄给人扣上“汉奸”的罪名，加以镇压、查抄、没收，使饱受苦难的原沦陷区人民大失所望，使他们感到“想中央，盼中央，中央来了更遭殃”；（4）一直不解决土地问题，失掉了广大农民；并且滥发纸币，造成恶性通货膨胀，物价飞涨，经济崩溃，使国统

区各阶层人民都怨声载道；(5) 错误地对待知识分子和青年学生，接连制造一二一、五二〇等惨案，促使他们积极投入反蒋斗争，打乱了其统治秩序；(6) 军事上指挥无能，内部不能协同一致，各自保存实力，大批将领起义、投诚，以致节节败退，最后兵败如山倒，使其经济基础迅速崩溃；(7) 统治集团内部分崩离析，特别是蒋李（宗仁）之争，成了其失败的催化剂。有的文章明确指出：南京政权的腐败是其迅速崩溃的根本，军事上的失败是直接原因，经济上的崩溃、思想文化上的没落反动、投靠美帝的卖国外交也都是重要原因。

第二，关键是有一个成熟的中国共产党。与国民党的腐败相反，中国共产党在抗战时期已经成熟起来，全党上下一心，团结一致，作风民主，纪律严明，并且有了一支强大的人民军队，从而成了全国人民的希望。它由于政治主张的正确和政治上的廉明，以及卓有成效的统一战线工作，得到了大多数民主党派、广大知识分子和青年学生及社会各阶层的拥护，争得了民心；由于及时地解决了土地问题，得到广大农民的支持，使解放战争有了雄厚的群众基础和力量源泉；军事指挥上更是得心应手，表现出高超的指挥能力，从而能够很快地扭转不利局面，使战争形势急转直下。在这方面，毛泽东的军事指挥艺术发挥了重要作用，真可谓“运筹于帷幄之中，决胜于千里之外”。

第三，国际形势在某些方面也较有利于共产党而不利于国民党。抗战胜利后，美苏两个大国都不希望中国爆发内战。美国虽然支持蒋介石，但又对蒋不满，没有直接参战，否则中国共产党的胜利要困难得多。苏联虽与南京政权订有条约，没有直接把东北交给共产党，但它对东北的占领和撤出，对共产党力量在那里的发展还是有利的。

以上意见虽不一定完全准确，但可以作为理解这个问题时的参考。

土地改革史若干问题论纲

一、土地改革在中国革命中的地位以及与武装斗争等方面的关系

以往的论著往往认为，中国民主革命的基本问题实质上是农民问题，而农民问题的核心是土地问题，土地改革是新民主主义革命的主要内容和基本任务。把这些从不同角度、针对不同问题讲的话连在一起，就给人一种印象，好似土地改革是中国民主革命的最重要的问题，无形中把土地改革的重要性夸大了。

在旧中国，农民人口占农村人口的百分之八十，农民的问题解决了，中国革命的问题也可以说是基本解决了。从这个意义上说，中国革命的基本问题实质上是农民问题是可以的。农民问题的核心，也确实是土地问题。但是，这两句话是从不同的角度讲的，不能直接联系起来。连在一起，就容易给人形成土地问题是中国革命最重要的问题的印象。而得出这样的结论，则是不恰当的。这是因为，中国革命的任务是反帝、反封建、反官僚资本主义统治，即推倒三座大山，土地问题不过是反封建斗争中的一项主要内容。正因为如此，笼统地说土地改革是新民主主义革命的主要内容和基本任务就不够确切，准确的提法应该是土地改革是新民主主义革命的主要内容之一和基本任务之一。也正因为如此，农民土地问题的解决必须服从于革命的总任务和革命的总形势，不能脱离革命的全局过分强调它的重

要性。如果在一定的时期内土地革命的开展或土地改革中的政策、做法不利于总任务的完成，不能同整个革命形势相配合，就不应该加以提倡。

土地改革与武装斗争的关系，是相辅相成、缺一不可的。从根本上来说，土地改革是民主革命的目的之一，武装斗争只是实现这一目的的手段；武装斗争的开展，必须以解放农民的土地问题、彻底发动农民群众为基础和保证。但从对革命的作用来讲，武装斗争又比土地改革显得重要。武装斗争是革命的主要形式和主要手段，只有武装斗争的胜利，才能完成推翻三座大山的革命任务，而土地改革作为发动群众的一个手段，其作用则是间接的。只有土地改革而没有武装斗争的胜利，革命的其他任务便不能完成。另外，武装斗争也是土地改革的保证，而土地改革只是发动群众参军、参战、支援武装斗争的一个手段。正如毛泽东所说："在中国，主要的斗争形式是战争，而主要的组织形式是军队。其他一切，例如民众的组织和民众的斗争等等，都是非常重要的，都是一定不可少，一定不可忽视，但都是为着战争的。在战争爆发以前的一切组织和斗争，是为了准备战争的，……在战争爆发以后的一切组织和斗争，则是直接或间接地配合战争的。"从革命的实践来看，也是这样。没有武装斗争的胜利和保证，土地改革就不能进行；而没有土地改革，在一定的时期和条件下还是可以开展武装斗争的。这是因为，土地改革虽然是发动组织群众、开展武装斗争的重要手段，但并不是唯一的手段，通过宣传群众的疾苦，在政治上打倒压在农民头上的黑暗势力，在经济上废除剥削农民的各种苛捐杂税，实行减息，等等，都可以在一定程度上达到发动群众、开展武装斗争的目的。土地革命时期以及以后一些地区的土地革命、土地改革，就是因为没有胜利的武装斗争的保护而陷于失败。相反，北伐战争的胜利进军，以后各根据地、解放区的建立和扩大，在开始阶段都没有依靠土地改革的开展。正因为如此，在一定的革命阶段，在具体的斗争过程中，土地改革的开展要服从武装斗争的需要，要看武装斗争是否提供了必要的条件和保证，而不能离开武装斗争的总形势，否则便会受到不应有的损失。

土地改革和政权建设的关系，同土地改革与武装斗争的关系相类似。当时的政权建设主要是农村政权建设，土地改革对政权的巩固当然有着重要的作用。但不开展土地改革，政权建设仍可以在一定程度上进行，如同武装斗争可以在一定程度上开展一样。而不掌握政权，土地改革则根本不能开展。一些地区的土地改革在开始时不能顺利进行，便是与没有改造好旧政权密切相关的。

至于土地改革和经济建设的关系也是如此。只有土地改革，而不同时加强经济建设，发动和组织群众搞好生产，就不能保证革命战争的进行。同样，只注重经济建设，而不开展土地改革解决农民的土地问题，经济建设也不能胜利完成保证革命战争的任务。

总之，土地改革在民主革命中虽然占有重要的地位，但应把它放到恰当位置上，摆正它同革命的其他任务及武装斗争、政权建设、经济建设等方面的关系，而不能将它的重要性加以夸大。只有这样，对它的一些政策、做法及与它有关的一些问题，才易于作出正确的评价。

二、减租、土地革命、土地改革的联系与区别

减租、土地革命、土地改革，是农民土地斗争的不同形式，在中国革命史上都曾实行过。

一般来说，减租、土地革命也属于土地改革的范围。但严格说来，它们之间是既有联系又有区别的。减租一般是指对租额的减少或限制。它与土地革命和土地改革的根本区别，是它一般不发生土地所有权的转移，比较易于实行。1942 年 1 月 28 日中共中央《关于抗日根据地土地政策的决定》就曾明确规定，在减租减息的同时必须保障地主的地权。但是，减租与土地革命、土地改革的联系又是密切的。第一，减租往往是从根本上解决土

地问题的准备，是土地斗争的初级阶段。在特殊情况下，它还可以成为解决农民土地问题的一种形式。在抗日战争时期，中国共产党就是把减租作为解决农民土地问题的一种方法来实行的。第二，减租虽然一般不发生土地所有权的转移，但可以使土地所有权受到削弱和限制。这是因为，“地租的占有是土地所有权借以实现的经济形式”，“是以土地所有权，以某些个人对某些地块的所有权为前提的”。减租的进行就削弱了地主的权利，限制了土地所有权的实现。通过减租，也往往会间接地引起土地关系的变化，造成土地所有权的转移。在抗日战争胜利以后，凡实行过减租的解放区，地主占有土地的比例都明显地下降了。第三，在特定的条件下，减租也可以直接成为土地改革的一种形式，造成土地所有权的改变。1946 年 5 月 4 日中共中央《关于清算减租及土地问题的指示》，就是号召农民通过减租清算等方式，从地主手中获得土地，实现“耕者有其田”。凡是贯彻了“五四指示”的地方，都基本上解决了农民的土地问题。但在一般情况下，在减租中却不宜提倡直接变更土地占有关系。例如，在抗日战争时期的减租过程中，中共中央就几次制止农民从地主手中夺取土地。通过减租清算变更土地关系，只能作为减租的一种特殊形态。如果把它推而广之，就会犯“左”的错误。

土地革命是发动农民直接从地主手中夺取土地，从而变革土地占有关系的一种形式，往往是通过暴力进行的。减租斗争发动或实行以后，贫苦农民往往不会只满足于减租，而会进一步提出土地要求，因而，土地革命往往是减租斗争发展到一定阶段的必然结果。与减租相比较，它也是土地斗争的一个高级阶段，可以迅速、直接地改变封建土地所有制，满足农民的土地要求。因为，到北伐战争后期，湖南等一些地方的农民便在发动减租的基础上，开始分配地主的土地，实行土地革命。到土地革命时期，各根据地更普遍地开展了土地革命。当然，这时所说的土地革命，已不单纯指变更土地所有关系的土地斗争了，而是和建立农村政权、开展武装斗争相联系，成为“工农武装割据”整个革命斗争的总称了。

到解放战争时期和中华人民共和国成立以后，中国共产党不再将改变封建土地所有制的斗争称为土地革命，而改为土地改革。这不仅仅是名称的改变，更重要的是内容和方法的改变。第一，这时不再将土地斗争、政权建设、武装斗争等整个革命斗争笼统地合在一起，而是随着斗争的开展将它们科学地加以区分，使土地改革专指改变封建土地所有制的土地斗争，使其更符合它本来的含义。第二，在土地斗争中，这时除了发动农民直接从地主手中夺取土地的方法以外，还采取了别的方法和形式。“五四指示”提出了通过反奸、清算、减租、退租、退息等斗争从地主手中获得土地的方法和形式，随后中共中央又提出了通过政府发行土地公债，征购地主超过一定数额以上的土地的办法。这些办法，与土地革命的目的是一样的，都是要推翻封建土地所有制，满足农民的土地要求，推动生产力的发展，但方式和途径是不一样的。因而，中共中央将这时的土地斗争不再称为土地革命，而称为土地改革，是完全正确的。从这里也可以看出，土地革命和土地改革的目的虽然是一样的，但专指改变封建土地所有关系的土地革命，仅仅是土地改革的一种方法、一种形式、一种途径，土地改革的内容要比这种意义上的土地革命广泛得多；而泛指“工农武装割据”的土地革命，又是对整个农村革命斗争的总称，土地改革的内容要比它严格得多、科学得多。因此，在研究土地改革史的时候，不能只盯住土地革命的这种方式，而忽略其他的方式。

三、贫农问题和无产阶级政党的正确政策

贫农，是农民中人数最多的一个阶层。与雇农合计，一般约占农民总数的50%—60%。但是，他们占有的土地却不到土地总数的20%，一般土地很少，耕牛农具缺乏，生活极端贫困，常年在饥饿线上挣扎，因而在

农民中最具有革命性，是无产阶级政党在农村的依靠力量。但是，贫农也是农民，虽然常常被称为半无产者，但并不具有无产阶级的思想觉悟，而同样存在着农民所固有的一些弱点。例如，由于生活贫困，普遍存在一种平均主义思想，不仅要求平分地主、富农的土地财产以及他们所经营的工商业，有的对较为富裕的中农也往往存在一种嫉妒心理，要求连他们的土地财产也一起拿来平分；由于生活在社会最底层，缺乏上学的机会，文化水平较低，少数人甚至沾染上一些流氓无产者的习气，在革命运动中容易产生过火行为；等等。因此，无产阶级政党在领导革命的过程中，既要坚定地依靠贫农，又要对他们加以教育和引导。

中国共产党在领导农民开展土地斗争的过程中，对于必须依靠贫农的认识，从一开始就是比较明确的，在实际工作中也是比较主意的。在一系列关于阶级路线的表述中，都是把依靠贫农放在首位的。但是，对于贫农的一些错误思想和行为也要加以教育和引导的问题有时注意和强调不够。在解放战争时期的土地改革中，有的地区、部门甚至一度推崇、支持群众的“自发性”，说土地问题的普遍解决，必须而且主要的是依靠群众的自发运动，甚至提出“群众要怎么办就怎么办”的口号。正是在这种思想的指导和影响下，晋绥边区农民临时委员会发出的《告农民书》公开号召：不论大小地主、化装成商人农民的地主，“大家都可以清算”；对于混进党、机关、团体及各种单位的地主，不管他是什么样的人，“大家要拿去斗，就可以拿去斗”；对于罪大恶极的反动地主，“不管他是甚（什）么样人，大家要怎样惩办就可以怎样惩办”；对于恶霸富农，也是“大家要怎样惩办就可以怎样惩办”；对于混进党政军民党和革命一切机关的阶级异己分子、投机分子、新恶霸、奸伪人员，同样“大家要拿去怎样斗争，（就）可以怎样斗；要怎样惩办，就可以怎样惩办”。在这种不要领导、不管政策、不顾影响和后果思想支配下搞起来的运动，怎么会不产生“左”的错误甚至混乱现象呢？当时严重侵犯中农利益、破坏工商业、乱打乱杀乱斗乱分等“左”的错误的发生，与这种对待群众（当然主要是贫农）的不正确态度显然是密切相关的。

毛泽东曾说：严重的问题是教育农民。在社会主义时期是这样，在民主革命的过程中也是这样。土地改革不仅要坚定地依靠贫农，还应同时加强教育和引导，否则就不容易搞好。

四、中农问题和“平分土地”口号的评价

如何对待中农，是土地改革中的一个核心问题，也是区别正确与错误的土地政策的主要标志之一。这是因为，中农的人口虽然大约只占农民总人口的20%—30%，但如果对它采取的政策和做法不当，却可以影响广大的贫农，影响到其他正确政策的贯彻，从而影响到土地改革的全局。

在土地改革的过程中，中国共产党总的来说从一开始就是强调团结中农，保护中农利益，禁止侵犯中农的。但是，由于错误的政策和做法，一些时期、一些地区侵犯中农利益的“左”的错误却屡屡发生。这些错误的政策和做法，除了政治上歧视中农，经济上加重中农负担，划成分时提高中农成分而加以打击，过分打击地主、富农而波及中农等表现外，一个重要方面就是实行平分土地，即以乡村为单位，不分阶级阶层、男女老幼，以总人口数除以总土地数，或打乱平分，或抽多补少，将土地加以平分。在土地革命时期，不少根据地曾实行过没收一切土地加以平分的办法；在解放战争时期，很多解决区又实行了平分一切土地的做法。

有的同志认为平分土地不一定侵犯中农利益，中农一般是能平进土地的。笔者认为这不符合实际情况，平分土地必然侵犯中农利益。从全国土地分配的状况来看，情况极为复杂，但大致有两种情况：一是中农占有土地的比例高于它人口占有的比例数，二是中农占有土地的比例低于它人口占有的比例数。在上述第一种情况的地区，平分土地时肯定会平出一部分中农的土地，

侵犯中农的利益，是显而易见的。在第二种情况的地区，从整个地区来说，虽然中农占有土地的比例总的低于它人口占有的比例，但由于中农是有差别的，其中总有一部分富裕的中农占有土地的比例高于它人口占有的比例，因而平分土地时也总有一部分中农要被平出一部分土地。中农是被团结的对象，即使平出了少数中农的土地，也是不应该的。

平分土地不仅在实践上是有害的，从理论上分析也是错误的。正如有的同志所指出的，第一，它与土地改革的目的相违背。实行土地改革的目的本来是为了改变封建土地所有制度，推动生产力的发展，而平分土地不仅分配了地主的土地和富农的部分土地，还往往侵犯中农的利益，因而就超出了反封建的范围，背离了土地改革的目的。第二，它与土地改革的阶级路线相违背。土地改革的阶级路线本来是依靠贫农，团结中农，削弱富农，消灭地主阶级，平分土地由于会侵犯中农利益，因而便违背了团结中农的路线。

当然，像对待历史上曾经发生过的许多事情一样，对平分土地也应该进行具体的、历史的分析。它是农民在历史上长期使用过的口号，易于为贫苦农民所接受，便于发动群众；在实行了平分土地的地方，封建土地所有制自然也不存在了。因此，在土地改革中曾提出这个口号，实行这种做法，是可以理解的。但是，在今天重新评价这一问题的时候，我们不能因为中国共产党曾提出这个口号，实行这种做法，并曾得到贫苦农民的拥护，就去继续肯定它，而应实事求是对它作出评价。

五、富农问题及应该对富农采取的政策

如何对待富农，也是土地改革中的一个核心问题。对它采取的政策正确与否，不仅会影响到对地主的政策，还会直接影响中农的态度。在中国共产党的土地政策中，对富农的政策变化最大、最多，然而长期未能解决

好这个问题。中华人民共和国建立后虽然作了正确规定，但还是很快就把富农消灭了，而且是把地、富、反、坏连在一起的。

中国共产党对富农性质的认识和采取的政策，大体分为九个阶段。第一阶段是六大以前，这时基本上还未将富农单独划分出来。第二阶段是从六大开始，指出富家是“农民资产阶级”，党的任务是使“富农中立”，“故意加紧反富农的斗争是不对的”。第三阶段从 1929 年 6 月六届二中全会开始，根据共产国际的指示，认为富农常常“动摇妥协以至反革命”，因而“应坚决地反对富农”，以后更提出了“富农分坏田”的错误政策。第四阶段从 1935 年 12 月中共中央《关于改变对富农策略的决定》开始，认为应根据形势的变化，只没收其出租的土地，并保障其扩大生产与发展工商等的自由。第五阶段从 1936 年 8 月中共中央《关于土地政策的指示》开始，决定对富农的土地及其多余的生产工具均不没收。第六阶段以 1942 年 1 月 28 日中共中央《关于抗日根据地土地政策的决定》为标志，重新提出富农是“农村中的资产阶级”，应奖励富农生产与联合富农，但富农的租息也应照减。第七个阶段从 1946 年 5 月 4 日中共中央《关于清算减租及土地问题的指示》开始，允许通过减租等动其部分土地，但应保全其自耕部分。第八个阶段以 1947 年 10 月 10 日颁布的《中国土地法大纲》为标志，号召彻底平分土地，并征收富农的牲畜、农具等财产的多余部分。第九个阶段是中华人民共和国建立以后，以 1950 年 6 月 28 日颁布的《中华人民共和国土地法》为标志，提出“保存富农经济”的政策，只征收大量出租土地的半地主式富农出租的土地，其他富农的土地和财产均不侵犯。

上述的认识和政策，有的是正确的，有的是错误的，有的是理论上正确而实际上没有执行或违背了的，有的是有合理成分而基本错误的，有的是有错误成分而基本正确的，应分别进行具体分析。

那么，富农的性质究竟是什么，对富农应该采取什么样的政策呢？我认为，由于旧中国经济的复杂性，中国的富农经济既不是纯粹的封建半封建性质的，也不是纯粹资本主义性质的，而是既带有半封建性，又带有自耕农的小生产性，各方面发展都不充分的资本主义的经济形态。因而，中国的富农既不是半地主、小地主，也不是纯粹的农业资本家、农民资产阶级，又不是纯粹的小生产者，而是介于地主、小生产者之间的一个比较富裕的、正在发展中的农业资产阶级或阶层。随着条件的变化，它很容易向其他两方面转化。

对于这样一个复杂的、带有多种经济成分、反映不同阶级性质的阶级或阶层，笔者认为在政治上采取中立政策，在经济上采取保存政策，是比较适宜的。所谓政治上中立富农的政策，即像六大及 1935 年 12 月《关于改变对富农策略的决定》、1950 年 6 月的《中华人民共和国土地法》等文件中所规定，在政治上不故意反对富农，根据其不同的表现采取不同的政策。所谓保存富农的经济政策，即像 1935 年 12 月《关于改变对富农策略的决定》和中华人民共和国建立后土改中的做法，在革命战争年代只没收其超过自耕和雇工经营能力的出租土地，在新中国成立后将半地主式富农与一般富农相区别，只没收其大量出租的土地，而一般保留其小量出租的土地，保护其所有自耕和雇人耕种的土地及其他财产，保障其扩大生产与发展工商业的自由。这是因为，一提反对富农或削弱富农，在实践上很容易导致从经济上消灭富农，甚至波及中农，影响广大农民生产的积极性。而采取上述政治上中立富农，经济上保存富农的政策，既可以削弱以至消灭其半封建性的成分，又可以调动广大农民搞好生产的积极性。

有的同志不同意这种看法，认为在中国真正的富农很少，有很多是被错划了的富裕中农，分析富农的性质不能从这种错划了的结果出发，而应从富农的标准出发。笔者认为这种看法是脱离中国实际的。富农是一个世界通用概念，但在不同的国家，富农的标准是不完全一样的。中国在土地改革中确实曾将一些富裕中农错划为富农，但不能说大部分是划错了的。土地改革已经过去了几十年，今天来分析富农这个问题，只能根据土地改革中划出的富农进行分析，而不能离开这个实际，从固定的概念和既定的标准出发。

有的同志说，在革命战争年代只没收富农超过雇工和自耕能力的出租的土地，而不没收其雇工经营的土地甚至不平分土地，就不能满足贫苦农民的土地要求。他们认为在革命战争年代，争取战争的胜利，是全国人民最高的利益，一切都应该服从于它。正是在这种时候，我们允许农民征收富农多余的土地财产，以便更多一些地满足贫苦农民的要求，发动农民的高度革命热情，来参加和支援革命战争，这在当时是必须的和正确的。这种看法是有一定道理的。但是，说允许农民征收富农的多余的土地财产，并没有一个明确的政策界限，因而在实际上很容易引起不好的后果。以“多余”为标准，这个标准具体是指什么呢？是指超过富农雇工和自耕能力的“多余”，还是超过全体人口的平均水平的“多余”呢？从土地改革的实践来看，显然不是指前一种“多余”，而不以是不是封建、半封建剥削为标准，反而以全体人口的平均水平为标准，实质上是一种平均主义，实行的结果必然导致从经济上消灭富农，这和革命的目的、土地改革的目的都是不一致的。另外，说应更多一些地满足贫苦农民的要求，这个“满足”的标准又是什么？是在反封建范围内的相对满足，还是超出反封建范围以至彻底平分的满足？实际上，由于中国耕地的缺少，即使彻底平分，也不能真正满足贫苦农民的土地要求。满足不满足都是相对的，它应和土地改革的目的相联系，即在反封建的范围内去尽量满足贫苦农民的要求。超出这个范围，虽然暂时能使贫苦农民多分到一点土地，但由于和革命的目的、土地改革的目的不一致，必然带来不好的影响。多年来平均主义盛行，农民生产积极性不高，怕致富怕冒尖，与对待富农的错误政策恐怕不是没有关系的。

六、地主中的不同类别及应采取的不同政策

地主是封建土地所有制的代表，是土地改革的对象，在土地改革中应消

灭地主阶级和以他们为代表的封建土地所有制度，这是毫无疑问的。但是，对于地主也应采取正确的政策，否则便不利于土地改革的开展。

首先，应该把地主当作人看待，采取给出路的政策。地主阶级要消灭，但不等于要从肉体上消灭地主个人。地主也是人，也要吃饭，因此在消灭他们的封建剥削，没收分配他们的土地的同时，也应该分给他们一份和农民同等数量和质量的土地。这样做，对于争取广大群众，稳定社会秩序，发展农业生产，都是有利的。在井冈山时期和赣南闽西土地革命的初期，毛泽东就是这样做的。但是，到王明“左”倾土地政策统治时期，便实行地主不分田，甚至把他们统统编入劳役队，进行过分地打击，实质上是企图从肉体上把他们消灭。结果有的小地主饿死，有的则跑到敌人军队中去，给敌人通信、带路，甚至带领敌军回来报复，给革命造成不应有的损失和阻力。以后中共中央纠正了这种错误政策，并于 1936 年 7 月 22 日在《关于土地政策的指示》中明确作了规定。在解决战争初期，采取的政策也是正确的，但是到 1947 年春，一些根据地对地主的政策又“左”了起来，乱斗乱杀，扫地出门，无休止地挖浮财。虽然政策上没有规定不分给地主土地，但实际上仍把地主逼上绝路。直到 1947 年年底、1948 年年初中共中央一再制止以后，这种情况才逐步纠正过来。

其次，地主阶级是有区别的，也应对他们采取不同的政策。

其一，地主有大、中、小之分。大地主一般占田较多，与官府、军队相勾结，有的甚至自设武装、法庭、监狱，恃强凌弱，强取豪夺，无所不用其极，民愤极大。中地主便没有这样的大势力，而小地主往往只占田几十亩，生活比农民稍为富裕，一般作恶也不多。在土地改革中将他们加以区别，首先打击大、中地主，特别是大地主，在初期甚至不没收小地主的土地，对于分化瓦解的地主阶级，集中力量打击主要的敌人，以及对于争取和发动群众，都是有利的。中共五大《关于土地问题决议案》、中共“八七”会议《关于最近农民斗争的决议案》、中共中央 1946 年的“五四指示”，都是这么规定的。但是也有一个时期，并没有分别对待，而是大、中、小一锅煮，这种做法起码是不正确的。

其二，地主有一般地主与恶霸地主的区别。一般地主，主要是靠田租剥削农民，有的还给农民一些小恩小惠，因此一般民愤不大。而恶霸地主，有的虽然也占有不少土地，有的则没有多少土地，主要是靠暴力欺压农民，有的甚至无恶不作，农民恨之入骨。对于一般地主，应该采取对地主的一般政策；对于恶霸地主，则应主要根据他们的罪行来定罪；有些土地不多、并不主要依靠田租剥削农民的恶霸分子，并不一定将他们划入地主之列。这样区分一下，对于分化瓦解地主阶级，准确地判定恶霸分子的罪行，可能都是有利的。

其三，地主有租佃地主和经营地主的区别。所谓经营地主，是一般地主，即租佃地主的总称，指完全或主要靠雇佣劳动经营农业的地主。他们的经营方式虽然带有浓厚的封建性，但往往主要是资本主义性质的。1942年1月28日中共中央《关于抗日根据地土地政策的决定》曾明确规定："一部分用资本主义方式经营土地的地主（所谓经营地主），其待遇与富农同。"但是1950年的《土地改革法》，以劳动是区别富农与地主的主要标准为根据，又规定他们"仍照地主待遇"，否定了他们与租佃地主即一般地主的区别。美籍华人黄宗智在其所著的《华北的小农经济与社会变迁》一书中曾说："这样区别劳动与不劳动的人，从革命的立场上来看，可能是正义的，但却容易混淆社会经济史上一个极其重要的事实：经营式农场一般是解放前农村中最成功的农业经营形式，与出租地主性质不同。"这样说是否恰当，当然可以讨论，但或许不是没有一点道理。从发展生产的角度来看，将经营地主与一般租佃地主区别开来，像1942年中共中央的决定那样将他们与富农同等对待，可能更为好一些。

其四，地主有顽固地主与开明地主的区别。所谓顽固地主，一般是抗拒土地改革的；而开明地主，则一般是拥护土地改革的。在抗日战争中，各根据地都有一批开明绅士参加“三三制”政权，积极拥护中国共产党的各项政策，为抗日做出了贡献。对这些开明地主即开明绅士，无疑应该采取较为宽大的政策。1946 年中共中央的“五四指示”曾明确规定，对于在抗日期间与我们合作而不反共的开明绅士及其他人，在运动中应谨慎处理，适当照顾。但到 1947 年春土地改革逐步进入高潮以后，不少地区却没有执行这一规定，对他们不但没有宽大的保护，有的甚至更为严厉，结果有的被逼而死，造成了很不好的影响。

事物是千差万别的，即使是同一阶级的人也是各不相同的，因而只有区别对待才是马克思主义的政策，不加区别地一刀切，效果总是不好的。1948 年 4 月 1 日，毛泽东在总结土地改革的总路线时，除强调有步骤以外，还突出地强调要有分别地消灭封建制度，就是必须分别地主和富家，分别地主的大中小，分别地主富农的恶霸分子和非恶霸分子，在消灭封建制度的大原则下面，不是一律地而是有所分别的决定和实行给予这些不同情况的人们以不同的待遇，是非常正确的。

七、如何评价土地改革对发展社会生产力的影响和作用

关于土地改革对中国社会生产力的影响和作用，国内的论著都是充分加以肯定的，国外的学者则往往持有不同看法。

对于这个问题，笔者认为首先应该肯定土地改革对中国社会生产力的巨大推动作用。土地改革的发生固然有政治的原因，但最根本的原因仍在于封建土地所有制严重束缚了社会生产力的发展。在封建土地所有制下，广大贫苦农民没有土地或只有很少土地，收获的一半甚至一多半被地主所攫取，辛苦一年而不得温饱，因而缺乏生产的积极性，使中国的农业生产停滞不前。早在历史上，广大农民便曾不断掀起夺取土地的斗争。中国共产党领导的土

地改革，正是历史上农民土地斗争的继续和发展。经过土地改革，推翻了封建土地所有制，广大贫苦农民得到了梦寐以求的土地，被压抑的生产积极性像泉水一样一下子迸发出来，这就不能不有力地推动社会生产力的发展。只要看一看全国土地改革完成后广大农村那种热火朝天、积极搞好生产的场面，便不会怀疑土地改革对发展社会生产力的积极作用。当时的统计数字已经表明，土地改革后农业生产的恢复和发展是很快的。

但是，土地改革中的一些错误做法，对于社会生产力的发展确实产生过一些不好的影响和消极的作用，这也是不能否认的。这种消极的影响和作用，有的国外学者认为是由于把地主的土地分配给农民后地块缩小了，生产规模缩小了；有的则认为是由于以下两个原因：第一，土地是授予最贫困的阶级，其中包括无地劳动者，他们一般并不是最好的农民，又太贫困，无法在土地上投资很多；第二，富裕农民虽然还可以独自去耕种自己的土地，可是政治上的软弱地位一定会影响他们中某些人搞好经济条件的兴趣。笔者认为，土地改革的消极影响和作用，并不在于土地分配后地块缩小了，生产规模缩小了，因为中国的农业生产向来是小规模的，地主和富农虽然占有较多的土地，但主要是分散租给农民耕种的，大规模的农场和先进的设备很少；也不在于土地是授予最贫困的阶级，因为土地改革前地主、富农的土地，大部分也是由他们耕种的，他们那时更为穷困，更无法在土地上进行投资。他们当中虽然有的不是最好的农民，但不能说他们大都不是最好的农民。至于富裕农民由于政治上的软弱地位影响了他们某些人搞好生产的兴趣，则倒是存在的。但是，造成这种影响的并不在于土地改革本身，这主要是由于土地改革中采取了一些错误的政策和做法造成的。这些错误的政策和做法的消极作用和影响，主要表现为以下两个方面。

第一，土地改革中的过火行动直接破坏了生产力，从而影响了社会生产力的发展。由于政策不明确、指导思想不对头、组织引导不当以及流氓分子的煽动等原因，一些地方在土地改革中发生了破坏工商业、破坏生产设施等过火现象。由于对地主、富农特别是富农打击过重，造成了中农的恐慌，也曾使一些中农乱宰杀牲畜，毁坏生产工具。至于地主、富家由于抗拒或报复，有意地进行破坏，那更是必然发生的现象。所有这些对生产力的直接破坏和损害，不能不影响生产力的发展。

第二，土地改革中对富农的过分打击，特别是几次实行按人口平分土地，使农民的平均主义思想在部分人中得到发展，影响了部分农民特别是中农发展生产的积极性。农民中本来就存在着浓厚的平均主义思想，由于在土地改革中采取了按人口平分土地等做法，更使一些农民认为平均主义就是革命的，甚至误认为平均主义就是共产党的政策，因而经过土改，在一部分农民中形成了一种富裕可怕、可耻，贫穷革命、光荣的错误思想，这不仅使一些中农不愿、不敢发展生产，怕富裕了又被“平均”,还使一些贫苦农民也不积极发展生产,盼望或等待再来一次“平均”。这种平均主义思想的泛滥和对富裕的胆怯甚至恐惧，就使一些得到土地的农民的积极性受到限制，其影响是深远的，直接影响了很长一个时期。而以后采取的许多平均主义性质的政策，以及越穷越光荣、越革命等错误的宣传，更助长了这种思想的发展。这种思想对社会生产力发展的消极影响，是应该充分加以认识的。

以上只是一些不成熟的看法，有的只是提出问题而未能加以发挥和论证。不当之处，欢迎批评指正。

（原载《近代史研究》1987 年第 3 期）

【评文记事】

这是在 1986 年 9 月中国土地改革理论讨论会上的发言提纲的一部分，是自己在研究土地改革史过程中产生的一些认识，理论性比较强，是自己写得比较满意的一篇文章。

关于土地改革史研究中的几个问题

在土地改革史研究中，对一些问题一直存有争议。下面，谈谈自己对几个主要问题的看法。

一、北伐战争时期应不应当普遍开展土地革命

关于这个问题，我和梁尚贤在《试论大革命时期的土地斗争》（载于《历史研究》1983 年第 2 期）一文初稿中，曾提出在北伐战争时期普遍开展土地革命，没收分配地主阶级的土地，一般来说是不适宜的，后来因为担心受到批评，把这部分内容删掉了。但是，我一直觉得这种看法是正确的。

第一，当时是国共合作时期，为维持和巩固统一战线，应照顾国民党的政策，一般来说不宜单独支持农民普遍开展土地革命。当时在国共两党的统一战线中，由于中国共产党力量还不够强大以及本身还不够成熟，国民党在很多方面占着主导地位，掌握着大部分领导权。国民党中的右派一直是反对实行土地革命的，其左派如邓演达等人虽然主张解决农民的土地问题，但他们一直是奉行孙中山先生的土地主张的，在当时只同意进行“政治没收”，即只同意由政府没收大地主及豪绅、恶霸、反革命的土地分配给农民，并不同意发动农民没收全部地主阶级的土地进行分配。至于国民党中为数众多的中派，态度更是动摇不定的。因此，在当时发动农民开展土地革命，没收地主阶级的土地进行分配，显然得不到国民党左派的支持。

在这种情况下，就不能不考虑国民党的意见，不能不考虑统一战线的需要。在抗日战争时期，中国共产党为了建立抗日民族统一战线，曾主动地将土地革命政策改为减租减息，以照顾国民党的意见，在第一次国共合作时期，为什么就不能照顾国民党的意见，继续实行减租减息，或只实行“政治没收”，以维持和巩固统一战线，继续进行反对封建军阀的斗争呢？

第二，在北伐战争时期普遍开展土地革命，从时机上来说是不适宜的。到 1927 年三四月间，蒋介石反革命叛变的危险迫在眉睫，国共合作破裂的危险已经出现。为了继续进行反对封建军阀的斗争，为了共同对付蒋介石的叛变，中国共产党的主要矛盾应该是全力维护与坚持同武汉国民党政权的合作，而不是撇开武汉政府单独支持农民普遍开展土地革命。到蒋介石四一二政变后，这个问题就更加明显了。解决农民的土地问题虽然也是很重要的，但这是一项长期的任务，并不是当时的主要矛盾。倘若国共合作破裂，土地革命也必然不能进行下去。因此，从当时的时机来说，普遍没收地主阶级的土地进行分配是不适宜的。

第三，在北伐战争时期普遍开展土地革命，从条件上来说也是不具备的。进行土地改革要有一定的条件做保障，即一定的武装力量与政权的建立。而在当时，这些条件都不够具备。首先，国民党掌握了大批的军队，中国共产党直接掌握的正规武装很少。当时农民自卫军数量虽然很多，但枪支很少，缺乏坚强的组织和必要的训练，难以抵御反动武装的进攻，保障土地革命的进行。其次，在农民运动发达的地方，“一切权力归农会”，乡村政权落在农民手里，但县以上的政权基本掌握在国民党右派手里，他们一旦右倾、反动，农民无力反击。最后，当时中国共产党虽有很大发展，但仍然十分薄弱，各地乡农协基本没有党员，无法掌握整个局势的发展。在这种情况下，怎么能领导农民普遍开展土地革命呢？毛泽东当时是极力主张开展土地革命的，但他也认为大部分地区条件不成熟，应进行“政治没收”，只有湖南可以没收地主阶级的土地进行分配。

第四，从当时没收地主阶级土地的后果来看，消极作用也是明显的。在这些地区虽然暂时解决了农民的土地问题，但激起了国民党右派的普遍恐慌和强烈反对，马日事变的发生与汪精卫等人的叛变，不能说与此没有关系。关于马日事变等发生的原因，夏曦当时便认为“就是土地问题”，柳直荀后来也说：“湖南农民最激烈的斗争就是关于土地问题的斗争”，“这样一来，地主大震，因此有五月二十一日之事变”。当然，不能因此就说国共合作破裂、大革命失败是由分配地主土地引起的，国民党右派的叛变在当时是势所必然，大革命的失败也有很复杂的原因。但是，当时农民分配土地给国民党右派提供了叛变的借口和加速了国共合作的破裂，确是不能否认的。

有的同志说，农民的减租减息斗争必然发展到土地革命，如果不支持农民分配地主土地的斗争，就不能彻底发动农民群众，因此应该支持农民开展土地革命。我认为，这种理由也是不充分的。第一，支持个别地方农民分配地主土地的斗争，与主张普遍开展土地革命不是一回事。在国共合作的情况下，说服农民暂时不分配地主的土地，以维持统一战线，也是合理的。抗日战争时期，中国共产党就曾几次说服农民暂时不要提出土地要求，这并没有妨碍发动群众。第二，在海陆丰、广宁、花县、惠阳等地的农民运动和 1927 年春以前的湖南农民运动中，并没有开展土地革命，只是开展减租减息，农民运动不是也轰轰烈烈吗？在抗日战争时期，只实行减租减息，农民群众不是也积极参军参战、支援前线吗？没收地主阶级的土地进行分配，是土地改革的最高目标，但它只是革命斗争的一部分，必须同整个革命斗争的形势相联系、相配合，不能脱离实际条件抽象地谈论土地斗争。

有的同志还说，不能说要统一战线就不能开展土地革命，要土地革命统一战线就必然破裂，事实上是要巩固统一战线就必须开展土地革命，大革命失败的原因就是农民的力量不够强大，我们不能抛开农民去维持统一战线。笔者认为，当时统一战线同土地革命的矛盾是明显存在的，同意不同意开展土地革命甚至是国共两党斗争的一大焦点。当时如果没有土地革命的开展以及农民运动的“左”倾，中国共产党与武汉国民党政权统一战线的破裂，可能就不会那么快。否认统一战线与土地革命的矛盾，说要巩固统一战线就必须开展土地革命，是脱离当时的实际情况的。另外，说当时不宜全面开展土地革命，也并不等于抛开农民，如果不顾斗争的实际情况，在条件不具备的情况下硬要支持农民去开展某一项斗争，反而是不对的。至于大革命失败的原因，那是很复杂的，不能认为是当时没有开展土地革命而造成的。在革命与反革命的力量相差那么悬殊的情况下，即使中国共产党早一点去组织农民开展土地革命，大革命的失败也难以避免。

总之，笔者认为讨论大革命时期的土地斗争，应该从当时的实际出发。根据当时的情况，中国共产党将农民的减租减息转为土地革命的时机，应该是马日事变之后，即国共合作破裂的前夕。而陈独秀等领导人当时不但没有认识到国共合作破裂的必然性，更没有大胆地、独立地鼓励农民开展土地革命、武装斗争，相反，还去继续迁就国民党，结果造成了惨重的损失。

二、如何评价中央苏区的查田运动

中央苏区的查田运动，可以说从“一苏大”（中华苏维埃共和国第一次全国代表大会）以后就开始了，一直到中央红军撤出苏区为止，前后持续了将近 3 年之久。但其中间阶段，是从 1933 年 6 月到 1934 年春、夏这大约一年的时间。争论较大，也是这个阶段。

“一苏大”通过的《土地法》提出，各苏区内已经分配的土地，如不符合本法令原则，“则必须重新分配”。自此之后，中央苏区便陆续开展了查田运动。1932 年 3 月 23 日，《红色中华》发表的会文写的《土地革命中的富农》一文，就提到在“查田”的时候要严厉地打击富农，可见这时查田已经开始了。1932 年 5 月 25 日，江西省工农兵第一次代表大会通过的《土地问题决议案》提出，在苏区各乡各区应组织查田委员会，新区也同样要查田。1933 年 1 月 10 日，湘赣省苏维埃政府土地部发布训令第一号，也号召开展查田运动。这个时期的查田，都是以“一苏大”通过的土地法为根据的，一律贯彻了“地主不分田，富农分坏田”的“左”政策，因而都是“左”的。

1933 年 6 月 1 日，中华苏维埃共和国临时中央政府主席毛泽东等发布了《关于查田运动的训令》。6 月 2 日，苏区中央局听了毛泽东和胡海的报告之后，作出了《关于查田运动的决议》。从此，中央苏区的查田运动进入高潮。8 月，毛泽东作出《查田运动的初步总结》。9 月 1 日，临时中央政府发出第二十七号布告，规定了查田运动的十条办法。9 月 8 日，苏区中央局作出《关于查田运动的第二次决议》。10 月 10 日，临时中央政府批准并公布了毛泽东起草的《怎样分析阶级》和《关于土地斗争中一些问题的决定》两个文件。1934 年 1 月下旬，“二苏大”在瑞金召开，对查田运动进行了总结并作了指示。3 月 18 日，人民委员会主席张闻天发出训令中字第一号，号召反右和纠正《关于土地斗争中一些问题的决定》发表以后各地出现的问题，查田运动自此进入这个时期的第二个阶段。

1934 年 3 月以后的查田运动,做法明显是“左”的,一直没有争论。那么,对于自 1933 年 6 月至 1934 年 3 月这一段时间的查田运动,应该如何评价呢?笔者认为，毛泽东虽然在这个时期提出了许多比较正确的政策，努力纠正王明“左”倾政策造成的错误，也取得了一定的成绩，但总的来讲，这个阶段的查田运动仍然是“左”的。

第一，这场查田运动开展的目的，是为了按照“一苏大”通过的土地法，“彻底地”解决土地问题，其标准本身就是“左”的。1933 年 6 月 1 日，毛泽东亲自签署发布的《关于查田运动的训令》指出:“现在各苏区，尤其是中央苏区，尚有广大区域，没有彻底解决土地问题。这种区域，在中央苏区差不多占百分之八十的面积，群众在二百万以上。”在“一苏大”

以前，中央苏区便普遍开展了土地革命，没收分配的地主阶级的土地。从1932年开始，又相继开展了查田运动，贯彻了“一苏大”的“左”倾土地政策。由于运动发展的不平衡，肯定还会有些落后的地区，土地问题还解决得不彻底，但这些地区决不会达到百分之八十。说百分之八十的地区还没有彻底解决土地问题，明显地是按照“地主不分田，富农分坏田”的“左”的政策来衡量的，这就实际上否定了过去的土地革命的成绩。在这种指导思想下开展的运动，不能不是“左”的。

第二，毛泽东虽然一再强调不要侵犯中农利益，不要把富农弄成地主，并主持制定了两个好的文件，但运动中仍然贯彻了“地主不分田，富农分坏田”的政策。关于要保护中农和区别富农与地主，王明的土地政策也是强调的，因而不能把是否强调这一点，作为与王明过“左”政策区别的标志。王明的过“左”的土地政策核心是“地主不分田，富农分坏田”，而恰恰这两条错误政策，在查田运动中都贯彻了。例如6月1日的《训令》便提出，要“没收地主阶级的一切土地财产”，“富农则分与较坏的劳动份地”。10月10日公布的两个文件中，也曾规定地主“不得分配土地”，而富农应“分给坏田”。这些规定，到1948年中央重新颁布这两个文件时都删掉了。

第三，从实践来看，这个时期的查田运动总的来说也是“左”的。特别是7月、8月、9月这三个月，严重侵犯了中农利益，过分地打击了地主、富农，毛泽东、刘少奇都曾批评过这些情况。两个文件发布以后，虽然纠正了一些“左”的错误，但由于仍然规定“地主不分田，富农分坏田”，这方面的“左”的错误便不可能得到彻底纠正。另外，这个时期结合查田运动进行的肃反运动，改造党组织、苏维埃及红军的运动，也是“左”的。

有的同志不同意这种看法。认为查田运动的目的不是重新分配土地，而是“查阶级”，因而与其他查田运动不同；另外，这个时期的查田运动是毛泽东领导的，他是抵制王明“左”倾路线的，他在文件中保留“地主不分田，富农分坏田”的提法是违心的，因而对于查田运动应该基本肯定，或应作具体分析，不能轻易否定。笔者认为，这些理由是不充分的。第一，查田运动虽然首先是“查阶级”，但查阶级的目的是什么呢？还是要将所谓隐藏的、漏划的地主、富农查出来，没收他们已分得的好地而重新分给坏地，还是要贯彻“地主不分田，富农分坏田”的政策。第二，这个时期的查田运动是毛泽东领导的，与其他时期的查田运动确实应该区分开。对于毛泽东制定或强调的正确政策，确实应该充分肯定，这都是毫无疑义的。但是，查田运动贯彻了“左”的政策，也是客观存在的。在这里，我们应该把对毛泽东的评价与对查田运动的评价区分开，不能因为运动是毛泽东领导的，就一概加以肯定；也不能因为查田运动是“左”的，就否定毛泽东的正确方面。在当时“左”倾错误占统治地位的情况下，有些问题也不是毛泽东个人所能左右得了的。当然，从总体上否定查田运动，并不是说这个运动中的一切都是错误的，对于运动中的一些具体政策和做法，还应做具体分析。

三、减租减息的时间界限及永佃权问题

在抗日根据地减租减息具体政策的变化中，减租减息的时间界限及永佃权问题，是两个比较突出的方面。

关于减租减息的时间界限问题，开始时各根据地大都没有明确的规定，因此引起了一些问题，如有的地方减租减到很多年以前，致使地主拿出全部财产都退不清佃户的租息；有的地方规定不管以前以后，债息不得高于 1 分或 1 分半，致使有钱人不愿往外借钱，贫苦农民借不到债。另外，由于减租减息牵扯到清理旧债、赎回典当地、抽地换约等问题，在这些方面也发生一些偏差，如晋冀鲁豫有的地方抽地抽到光绪年间，晋察冀有的地方清算到 80 年以上的老账，某县流浪儿突然变成拥有几百亩的暴发户，有些地主却变为破落户。这些问题的存在，显然是不利于减租减息的顺利进行的。

针对这种情况，中共中央于 1942 年 1 月 28 日作出的《关于抗日根据

地土地政策的决定》的附件，便只规定“多年欠租，应予免交”，未提再减旧租的问题，而减息则是“对于抗战前成立的借贷关系”而实行的政策。同年 2 月 2 日作出的《中央关于如何执行土地政策决定的指示》也明确规定：“减租是减今后的，不是减过去的，减息则是减过去的，不是减今后的，大体上以抗战前后为界限。”并说：“抗战以后，是借不到钱的问题，不是限制息额的问题，各根据地，都未认清这个道理，强制规定今天息额不得超过一分或一分半，这是害自己的政策。今后应该听任农村自由处理，不应规定息额。目前农村只要有借贷，即使利息是三分、四分，明知其属于高利贷性质，亦于农民有济急之意。”这样，就明确了减租减息的时间界限，可以避免开始时发生的一些问题。但是，这个指示本身也是存在矛盾的，即在规定减租是减今后的，不是减以前的同时，又规定在减租问题上，“应当允许农民清算旧账（包括算公账与私账），从此作为发动群众的手段。到了群众已经充分发动，才把双方争论加以调整，使归于平允”。以后一些地方继续在减租中清算旧租，显然与这个规定是有关系的。

关于永佃权的问题，在减租减息初期各根据地大都是强调要加以保障的。1939 年 2 月晋察冀边区政府颁布的减租减息条例，便曾强调地主未得租佃户、伴种户同意，不得将土地收回，或转租、转伴种于别人。在 1940 年 2 月颁布的修正条例中，对此更作了具体、详细的规定。它的好处是保证了农民的土地使用权，但限制了地主对出租土地的收回和买卖，对于地主转变为富农和富农经济的发展都是不利的。因此，到 1941 年 2 月晋察冀边区政府公布的第二次修正条例和施行细则中，就没有再提这个问题，只规定“租用土地之契约，其定有期限者，必须自耕三年，始允任意出租于他人，如在三年内出租者，原承租人有依原定契约之租额租用之优先权”。1942 年 1 月 28 日中共中央作出的《关于抗日根据地土地政策的决定》，明确规定“地主有对自己的土地出卖、出典、抵押及作其他处置之权”，但地主作这些处置之时必须顾得农民的生活，并在这个决定的附件一中，作了详细的规定。这样，就避免了原规定所引起的问题。

但是，这项政策并没有长期贯彻下去，到 1942 年年底便开始转变了。这年 12 月 28 日，《解放日报》发表了题为《保障佃权是贯彻减租交租的关键》的社论，说有极少数地主借故撤田威胁农民，而佃户则担心“今年减租，明年没地种”，不敢减租，因此，“为着有效的保障佃权，贯彻减租政策，必须由政府订出保障佃权的具体有效办法”。1943 年 1 月 20 日，晋西北行署即制订了《防止非法夺地办法》。到 1943 年 11 月 15 日，《解放日报》在《开展群众减租运动》的社论中更进一步提出：“在农民群众减租运动中，保障农民佃权是一个极为重要的步骤。过去经验证明，保障佃权不仅是制止某些违法地主威胁农民反对减租的主要手段和使农民敢于进行斗争的前提，而且是提高农民生产情绪，改良农作法和增加生产的不可缺少的条件。”

怎么看待这项政策的变动呢？笔者认为 1942 年 1 月 28 日中共中央《关于抗日根据地土地政策的决定》及其附件中的规定是对的，即“在租佃契约上及习惯上有永佃权者，应保留之，无永佃权者不得强迫规定”（附件一第八条）。也就是说，不应笼统地强调保护佃权。关于这个问题，彭真在 1941 年 9 月向中央政治局作的《关于晋察冀边区党的工作和具体政策》的报告中，曾说得很清楚。他说：保障农民永佃权的口号曾有人提过，并且因为得到广大佃农的拥护而流行很广，因而似乎成为普遍适用的东西，“实际上这个口号若一般的提出并不完全妥当”。因为农民在减租后会因此“不交租，并且借口保障永佃权，拒绝地主收地，实际即变相地暂时没收了地主的土地。有的佃农已无力耕种，任土地陷于半荒芜状态。有的地主因贫而不能自养，需要自耕以糊口，但永佃权却一律不允许地主收地自耕或转租”。他说，在抗战初期，一切佃户有永佃权的口号在当时曾成为农民用来防止地主因减租而无端收地之有力武器，但“在根据地日渐巩固，斗争日渐深入，需要厘定抗日民主政治下正常的租佃关系时，便不能不加以调整订正了”。

四、如何评价“五四指示”、全国土地会议和《中国土地法大纲》

对于 1946 年 5 月 4 日中共中央作出的《关于清算减租及土地问题的指示》，即“五四指示”，一般都是加以肯定的，认为它适时地提出了没收地主阶级土地分配给农民的政策，但也有其不彻底性，即对富农、中小地主等照顾过多。过去,笔者也是这样认为的。看了杜敬同志《关于“五四指示”和〈中国土地法大纲〉的几个问题》一文后，才发现这种看法是不符合文件的具体内容的。

细看一下“五四指示”，它虽然强调解决农民的土地问题，实现耕者有其田，但确实没有提出没收地主阶级的土地，只是提出“没收分配大汉奸土地”，强调通过反奸、清算、减租、减息、退租、退息等斗争从地主手中获得土地。文件明确指出，这种解决土地问题的方式“和内战时期在解决土地问题时所采取的方式大不相同”，对减租减息政策虽“有重要的改变”，但并“不是全部改变，因为并没有废止减租政策”。另外，“五四指示”发出后中共中央曾多次提出由政府发行公债，征购地主超过一定数额以上的土地的办法，并充分肯定了陕甘宁边区的经验。如果“五四指示”已提出没收地主土地的政策，就没有必要再征购地主土地了。

“五四指示”没有提出没收地主阶级土地的政策,并不影响它的正确性。第一，它根据形势的发展和农民的要求，适时地将抗日战争时期的减租减息政策，改变为通过反奸、清算、减租、减息、退租、退息等斗争，从地主手中获得土地,实现耕者有其田的政策。凡是贯彻执行了这一指示的地方,都基本上解决了农民的土地问题。第二，它纠正了在此之前一些地方发生的平分土地等“左”的错误，规定了一系列正确的政策，如决不可侵犯中农的土地；坚决保护工商业；除罪大恶极的汉奸分子及人民公敌外，一般应施行宽大政策，不要杀人或打死人，也不要多捉人；必须极力争取可以教育的知识分子；不可无底止的清算和斗争；等等。第三，“五四指示”指出边缘地区不能和中心区一样，一般不要发动群众起来要求土地，就是减租减息亦应谨慎办理，这与后来中共中央关于土地改革要分几类地区，采取不同政策的精神是完全一致的。

关于文件应使富农和地主有所区别，对富农不能不有所侵犯时亦不要打击得太重；对于抗日军人及抗日干部的家属之属于豪绅地主成分者，对于在抗日期间与我们合作而不反共的开明绅士及其他人等，应谨慎处理，适当照顾；对待中小地主的态度应与对待大地主、豪绅、恶霸的态度有所区别等规定，笔者认为不但不是错误的，而且是体现了辩证法的非常好的政策。如果这些政策能一直贯彻下去，可以避免很多“左”的错误，团结更多的人。当然，文件中关于一般不变动富农的土地，对中小地主的生活应给予适当照顾等规定，从后来的标准来看是过宽了一些，但这在当时仍是正确的，是从实际出发的。这正如它未提出废除封建土地所有制这个不彻底性一样，是由当时的历史条件所决定的。

关于全国土地会议和《中国土地法大纲》，以往的论著虽然也指出它存在的缺陷，但大都是加以肯定的。笔者则认为，全国土地会议和《中国土地法大纲》虽然有其功绩，但其错误比通常所说的要大得多，它规定的主要做法是错误的，可以说是功过参半。

全国土地会议和《中国土地法大纲》的功绩，首先在于它根据形势的发展，纠正了“五四指示”的不彻底性，明确提出“废除封建性及半封建性剥削的土地制度”，并规定了保护工商业等正确政策；其次是会后有的地方制止了前段时间土地革命中的“左”的错误，如太行二分区寿阳等县的杀人过多及河北武安县十里店村的侵犯中农，等等。至于它的错误，则主要有以下几个方面。

第一，全国土地会议错误地估计了形势，没有看到当时土改中的主要问题是“左”倾，反而认为是右倾，强调继续反右。过去，一般认为会前的土改中虽然存在“左”的问题，但主要问题是右倾，笔者认为这种看法是不符合实际的。在1947年春以前主要贯彻“五四指示”的阶段，运动总的来说还是比较正常的，如果说有些地方发动群众不够是右倾的话，那么，平分土地、侵犯中农、破坏工商业、杀人过多等“左”倾，如晋察冀地区的土改复查、晋冀鲁豫的“割封建尾巴”“割韭菜”运动（在此之前已开始）、东北的挖财宝斗争、晋绥的群众自发运动，都造成了不好的影响。在这种情况下召开的全国土地会议，却仍认为右倾是主要的，强调党内思想斗争仍“以反右为主”，原来已经过左的做法就必然越来越“左”了。

第二，全国土地会议没有纠正“群众要怎么办就怎么办”的错误理论和尾巴主义，并介绍和肯定了“搬石头”等错误做法。在会前，“群众要怎么办就怎么办”，片面强调贫雇路线等问题，在一些地方已经很突出，会上不但不加以纠正，反而继续反对“富农路线”，反对右倾情绪，片面强调照顾贫雇农利益，并介绍和肯定了整党中“搬石头”等错误做法。正如薄一波所说：“大会后，各地对依靠贫雇农团结中农有错误了解，强调雇农路线时发生盲目鼓吹贫雇农的现象。”

第三，《中国土地法大纲》未强调防止侵犯中农利益，反而作出了不分新区老区一律按人口彻底平分土地的错误决定。团结中农，是土改必须坚持的阶级路线。防止侵犯中农利益，是土改中一个十分重要的问题。可是，《中国土地法大纲》对此只字未提，反而作出了按人口彻底平分土地的决定，平分土地必然要侵犯中农的利益。特别严重的是，当时老区已基本上解决了土地问题，中农占了大多数，地主、富农已没有多少土地，在这种情况下再次平分，实际上有很多是分中农的土地，所以更要侵犯中农利益了。

第四，《中国土地法大纲》取消了“五四指示”中的许多正确规定，也必然导致“一刀切”的“左”的错误。前已说过，“五四指示”中有很多关于区别对待的规定是很好的，可是《大纲》中一条也没有了。不强调对不同对象区别对待，采取不同的政策，在实践中就难以避免“左”的现象。

全国土地会议结束和《中国土地法大纲》颁布以后，虽然个别地方的“左”的错误得到纠正，但大部分地区的“左”倾错误却进一步发展起来，这不能说不是其错误所导致的结果。1947 年 12 月会议以后中共中央所采取的正确措施，虽然是对实际运动中“左”倾错误的纠正，但同时也是对全国土地会议和《中国土地法大纲》错误的纠正。

（原载《东疆学刊》（哲学社会科学版）1988 年第 1—2 期合刊）

中国共产党胜利和国民党失败的主要原因

中国共产党取得全国革命胜利的过程，也就是国民党丢失全国政权的过程。因此，中国共产党取得全国革命胜利的原因和经验，就是国民党丢失全国政权的原因和教训。下面，笔者就把这两个方面对照起来讲一讲。

一、国共两党及学术界对中国共产党取得全国革命胜利、国民党丢失全国政权原因的分析

毛泽东在《论人民民主专政》中，讲到中国革命胜利的原因时强调了"三大法宝"，他说："我们有许多宝贵的经验。一个有纪律的，有马克思列宁主义的理论武装的，采取自我批评方法的，联系人民群众的党。一个由这样的党领导的军队。一个由这样的党领导的各革命阶级各革命派别的统一战线。这三件是我们战胜敌人的主要武器。这些都是我们区别于前人的。依靠这三件，使我们取得了基本的胜利。"1964 年 8 月 18 日，毛泽东在关于哲学问题的谈话中又说：我们的"弱点是什么？军队数量是一百二十万，没有大城市，没有外援。国民党有大量外援。延安同上海比，延安只有七千人，加上机关部队二万人，只有手工业、农业，能同大城市比？我们的长处是有人民支持。国民党脱离人民。你地方多，军队多，武器多，可是你的兵是抓来的，官兵之间是对立的。当然，他们也有相当一部分很有战斗力的军队，并不都是一打就垮。他们的弱点就在这里。我们联系群众，

他们脱离群众”。1947 年周恩来在《全国大反攻，打倒蒋介石》一文中谈到中国共产党为什么能取得胜利，为什么一定能够成功时讲了三个原因：“第一，人民拥护我们作战，相信我们是为他们做事的。”“第二，我们的军队，是为人民的，是人民的子弟兵。”“第三，党中央和毛泽东同志领导得好。”

国民党败退台湾以后，蒋介石也总结了在大陆失败的种种原因。他认为国民党的缺点，“第一就是党的工作只在党部里面做，而不能向民众中间发展。党的工作离开了民众，就只有形式，没有内容。党的组织离开了民众中间的工作，就只有躯壳没有灵魂。”“第二个缺点，就是论派系不论政策，论地域的关系，不论工作的需要。”进而，他认为国民党在大陆失败，原因在于：“第一，是内部不能精诚团结，因之予奸匪以挑拨的可乘之机。”“第二，是违反国父遗教，大家不以服务为目的，而以夺取为目的。”“第三，是丧失了革命的党德，不能以个人自由与能力，贡献于革命大业。”“第四，是丧失了民族的自信心，不知道民族道德的力量，和民族精神的伟大。”所以，他认为“我们此次失败并不是被共匪打倒的，实在是我们自己打倒了自己！”

台湾的学者往往从外部寻找原因，如有的说国民党在大陆失败的原因有三条：一是“经济与财政状况之恶化”，二是“政治与社会之紊乱”，三是“戡乱军事之失败”，其中最重要的是第一条，而第一条形成的主要原因是“美援不至”。有的还说从 1946 年 8 月起的 8 个月，“美国禁止一切军事物资运至中国，该项禁运，实为国军之致命伤！……论大陆失败之原因，此为最关要之一端”。抗战中及抗战以后国民党政府同美国人的合作，“成功部分所获之善果，不足以抵消不成功部分的恶果，因而有中华民国政府被迫退出中国大陆搬迁台湾的悲剧发生”。有的则归咎于日本的侵华，说日本如果不发动侵华战争，国民党早就把共产党消灭了，抗日战争给共产党造成发展的机会。有的还引用毛泽东感谢日本人的话，作为这种观点的根据。但是，也有一些有识之士，认识到是由于内部原因，即国民党的腐败，认为他们的失败不是被共产党打垮的，而是自己把自己搞垮的。有的则认为主要是没有解决农民的土地问题，丢掉了广大农民。

美国人并不认为国民党的失败是由于美援不够，而认为国民党失败的最根本原因就是党的腐败。例如美国国务卿艾奇逊在1949年写给杜鲁门的信中，就说“国民党军队不是被打败的，而是自行瓦解的”，原因就是国民党的“腐败”。

日本的学者也不认为国民党的失败是由于美援不够，例如兴登在《中国与日本的主要问题》一书中认为：国民党军事上的失败绝不是由于美国援助不够，也不是由于共产党从苏军那里接受了日本武器的援助。这是由于共军方面的较好的策略、较好的战术、较好的纪律和训练、较好的给养、较高的政治自觉以及上述非军事因素。

国内很多学者认为，国民党失败的根本原因就在于党的腐败以及组织涣散、派系争斗，有的学者还分析了国民党政权腐败的三个政治根源：一是国民党的性质发生根本性的变化 ，丧失了革命精神与活力；二是以蒋介石为代表的统治集团立党为私 ，放弃孙中山的革命的三民主义 ，在思想上失去制约腐败的力量：三是政治体制制度化贫弱 ，权力制约失衡 ，基层组织无力。

有的学者认为国民党在大陆统治的迅速崩溃，未解决农村问题、特别是农民的土地问题，是一个根本的原因。

有的学者认为财政经济的总崩溃导致南京政权的败亡，认为抗战胜利后，国统区的经济由于美国的经济侵略、四大家族的残酷掠夺和内战的巨大消耗而陷入严重危机，币制改革使经济加速崩溃。财政经济的总崩溃，既推动国统区民众奋起而为生存斗争，也加剧了国民党内部各派矛盾的激化和军事与政治的危机，导致南京政权败亡。

有的学者认为国民党的失败是以下几个方面综合起作用的结果：（1）南京政权缺乏统治基础。1927年后国民党失去了工农的支持；作为该政权社会基础的土豪劣绅又不能同其真正合作；民族资产阶级在绑架、勒索政策和官僚资本的吞并下逐渐与南京政权分手；军队也因清党而失控，素质低下、纪律败坏，不堪依靠，从而失去建立一个国家的起码条件。（2）尽管国民党建立起一个现代形式的政权，但派系纷争、贪污腐败、行政效率低下与该政权相始终，统治机器一直不能正常运转。（3）地方割据势力始终作为一支强大的异己力量存在，使南京政权的统治受到严重削弱；解放战争时期，占军队多数的地方军队的瓦解，是直接促进其军事崩溃的一个重要原因。（4）抗日战争使国民党政权遭到全方位重创，加之共产党的有力竞争，该政权崩溃的步伐大大加快。（5）南京政权处在中国由传统到现代、由乱到治的转型时期。社会动荡不定、战乱频仍；人口迁徙极为频繁，人口过剩的巨大包袱伴随政权始终；政府未能在不同的利益集团间公平地分配社会资源和财富，产生大量的社会问题，导致整个社会陷于恶性循环的混乱中。对外，南京政权还要时时应付来自列强的严峻挑战。在国内外诸方面、多种压力下，加速了该政权的崩溃。

有的学者把中国放在由传统向现代转型的现代化进程的大背景下考察，提出国民党的失败是由于未来得及制度创新终致发生合法性危机，最终被以中共为代表的自下而上兴起的革命力量击败。有的认为南京政府对社会的抽取超过了社会可资抽取资源的限度，引发社会对抗；政府在集权的同时不向社会尽提供公共物品的义务，也无力通过制度创新完成变革，结果丧失政治转型的历史机遇，失去合法性基础。

有的学者从现代化的角度，分析了中国共产党能够领导全国人民夺取全国胜利的三个原因：一是把对社会结构的彻底改造任务与争取国家独立和领土完整的任务有机地结合起来，从而实现了“现代化领袖获得了权力的转变”；二是能够按照其制定的彻底改造社会结构的纲领和路线，脚踏实地地深入到农村变革中去，从而为进一步在整体上推动中国社会转型和现代化奠定了牢固的社会基础；三是以毛泽东为代表的中国共产党人从文化层面上把现代性和民族性有机地融为一体，从而为中国的现代化提供坚强的精神支柱。这说明，建立新民主主义社会进而走社会主义现代化道路，是中国人民符合世界历史和中国社会发展规律的选择，也是在理论上和实践上对马克思主义的丰富和发展。这一成功的选择，使中国的社会转型和现代化完成了由“被动式的”向“主动式的”的转变。

2003年年底网上有一篇文章，从9个方面分析了国民党失败和共产党胜利的原因：一、政治独裁腐败失掉民心；二、日本入侵给共产党以发展壮大之机；三、苏联提供便利使共军在东北站住脚；四、美国对华政策的错误；五、共产党的统一战线及谍报活动；六、战后经济破溃；七、军事战略的重大失误；八、国民党内部的派系斗争；九、共产党解放区实行土改赢得广大农民的拥护。

综上所述，中国共产党胜利和国民党失败的原因是多方面的，有政治、经济、军事、外交等各方面的原因，可以说是各方面力量综合作用的结果。其中军事因素是共产党胜利和国民党失败的直接原因，解放军的团结一致、奋勇杀敌，毛泽东的高超的指挥艺术以及出色的谍报工作，与国民党军队的派系林立、萎靡不振，蒋介石指挥的拙劣等形成鲜明的对比，三大战略决战和渡江战役的进行最终决定了共产党胜利和国民党失败的命运。外交因素也是重要的原因，苏联对中国共产党给予大力支持和援助，而美国因对蒋介石政权丧失信心而不再给予支持，也是共产党胜利和国民党失败的重要原因。抗日战争的爆发，也的确给了中国共产党以发展的机会。限于篇幅，下面只讲一讲在党的作风、执政方式、经济发展和民心向背四个方面，中国共产党的成功和国民党的失败。

二、国共两党作风的鲜明对比

一个政党的作风，是其建党宗旨和性质的外在表现，反映了它的精神风貌，是群众感受最深的方面，因而是他们评价一个政党好坏优劣的重要标准。中国共产党从建立时候起，特别是毛泽东在农村革命根据地领导建党开始，就不仅重视从思想上、组织上建党，从而成功地把一个以农民为主体的党，建成了一个以马克思列宁主义武装的、组织上巩固和统一的无产阶级政党，而且一贯重视党的作风建设，培育出了区别于其他任何政党的三大优良作风，这就是“理论和实践相结合的作风，和人民群众紧密地联系在一起的作风以及自我批评的作风”。在这同时，还培育出了一种清正廉洁的作风。

在井冈山时期，就“什么人都是一样苦，从军长到伙夫，除粮食外一律吃五分钱的伙食。发零用钱，两角即一律两角，四角即一律四角。因此士兵也不怨恨什么人”。到了延安以后，党、政、军系统在 1942 年以前仍然实行军事共产主义的供给制度，没有级别，没有工资，仅在生活津贴上略有差别。如 1941 年前的边区议长、政府主席，其月津贴是边币 5 元，分区专员 4 元，县长 2 元半，一般人员 1 元半至 1 元（当时 1 公斤猪肉是边币 3 元）。在伙食上，1942 年后分成大、中、小灶，但相差不大。当时，党的领袖和普通群众住一样的窑洞，穿一样的粗布，吃一样的小米黑豆饭。这种情况，在毛泽东致文运昌的信中也得到反映。抗战爆发后，毛泽东的表兄文运昌因家庭生活困难，想到延安投靠毛泽东。1937 年 11 月 27 日，毛泽东写信婉言劝他不要来，因为“我们这里仅有衣穿饭吃，上自总司令下至火夫，待遇相同，因为我们的党专为国家民族劳苦民众做事，牺牲个人私利，故人人平等，并无薪水”。

当时党的高级领导人处处以身作则，丝毫不要特权，不搞特殊化。例如延安最早有两部汽车，朱德一辆，延安“五老”使用一辆，“最大的官”毛泽东并没有给自己配备汽车，完全从军事工作及照顾老同志出发。

周恩来当时任国民政府军政部副部长，每月能领到几百元薪金，但他只留 5 元津贴，其余的都交了党费。他长期战斗在大后方，在物价一日三涨的重庆，过着十分艰苦的生活，但反对任何特殊照顾。有一次从重庆返回延安途中在洛川吃饭时，警卫员看到他一路劳累，日渐消瘦，便买了一盘带肉的炒菜，以“改善”伙食。周恩来发现后，当即把荤菜退回，要了一份素菜，并严肃地说：“延安生活还很苦呀！有盘素菜就很不错了！”他在繁忙之中，还组织南方局和八路军办事处同志种菜养猪，常说艰苦奋斗是中国共产党的本色。

1942 年年底，患有严重胃病的刘少奇从中原局回到延安，吃小米对他极不适应，常常胃痛得浑身冒汗，夜不能寐。秘书、警卫员见他面容憔悴，一致要报告供给部要求分配些大米白面，他执意不许，并说：“延安的条件就这样艰苦，同志们都能挺住。我作为党的领导同志更应以身作则，怎么能要组织的特殊照顾呢？如果我带了这个头，会给群众造成什么样的影响，你们想过吗？”他的《论共产党员的修养》在《解放日报》发表后，报社给他送去 2000 元稿费，他硬是退了回去。

在各个根据地和解放区，党的领导人和军政首长也一样严格要求自己。例如 1942 年，华北发生灾荒，为救济太行山一带的灾民，彭德怀也和士兵一起以野菜充饥，连个人的一点生活费也捐了出来。晋察冀抗日根据地，边区政府和各县行政工作人员除发很少的生活费外，一切个人的应酬、膳食、衣服均由自备，许多廉洁的县长还把节约下来的一部分生活费捐给抗日事业和群众团体。

这种廉洁的作风，得到广大群众、民主人士和外国记者的高度赞扬。1941 年 4 月的《陕甘宁边区政府工作报告》中即说：“有些绅士经过我们县长几次‘说情婉拒’‘进贿峻拒’之后而感叹起来（如陇东）。有些劳动人民见我们生活太苦，说：‘你们如何不派点款，难道你们最低生活我们都不能负担吗？’（如绥德）有些外来参观者，实地看见了这些情况，才恍然说：‘天下竟有这样的官！’”爱泼斯坦则记下他在边区看到的永远不会忘记的一幕，一位老农拍着原来同村出身贫苦的年轻县长的背对他说：“你看这家伙背了多少筐粪到我们地里？有谁以前看见过这样的官？从前，当官的闻的是他们姨太太的香水味，怎能闻这鲜大粪呢？”那位县长希望不要用这样赤裸裸的语言同一位外国“贵宾”谈话，但老人对于什么是值得称道的有他自己的想法，因此不听劝告继续讲下去。爱泼斯坦感慨道：“在中国几千年的历史中，以前从来没有过这样的官员，也没有人见到过这样的情景。”

这种廉洁的作风，形成了一种战胜敌人和一切困难的强大力量。正如邓小平所说：“为什么过去很困难的局面我们都能渡过？根本的问题是我们的干部、党员同人民群众一块苦。”

当然，由于中国共产党的根据地、解放区掌了权，也有一部分思想不纯的人滥用手中的权力，腐化堕落。这种情况，在土地革命时期就已经出现。对于这些腐败分子和腐化堕落现象，中国共产党毫不留情，以极其严厉的措施，始终坚决地予以打击。例如 1933 年 12 月 15 日，由毛泽东等署名发出的《关于惩治贪污浪费行为》的中华苏维埃共和国中央执行委员会第 26 号训令，明确规定惩治贪污浪费行为的办法如下：（一）凡苏维埃机关、国营企业及公共团体的工作人员利用自己地位贪污公款以图私利者，依下列各项办理之：（甲）贪污公款在 500 元以上者，处以死刑。（乙）贪污公款在 300 元以上 500 元以下者，处以 2 年以上 5 年以下的监禁。（丙）贪污公款在 100 元以上 300 元以下者，处以半年以上 2 年以下的监禁。（丁）贪污公款在 100 元以下者，处以半年以下的强迫劳动。（二）凡犯第一条各项之一者除第一条各项规定的处罚外，得没收其本人家产之全部或一部，并追回其贪没之公款。（三）凡挪用公款为私人营利者以贪污罪论罚，照第一第二两条处治之。这个规定，应该说是很严厉的。1937 年 3 月 13 日，毛泽东以中华苏维埃共和国中央执行委员会主席的名义，将它再次颁布，令各级政府遵照执行。

到了延安以后，各根据地和解放区也陆续颁布了一系列与上述训令大致相同的惩治贪污腐败的法令。例如 1938 年 8 月 15 日，陕甘宁边区政府公布了《惩治贪污暂行条例》，将贪污罪详细列举了 10 条表现，规定犯有这些罪行者以下列之规定惩治之:(一)贪污数目在500元以上者，处死刑或5年以上之有期徒刑;(二)贪污数目在300元以上500元以下者，处3年以上5年以下之有期徒刑;(三)贪污数目在100元以上300元以下者，处1年以上至3年以下之有期徒刑;(四)贪污数目在100元以下者，处1年以下之有期徒刑或苦役。同时，应追交其贪污所得之财物，无法追交时得没收犯罪人财产抵偿。另外还规定，边区所属的部队、机关、企事业或群众团体的人员，有下列行为之一者，即以贪污论罪：1. 克扣或截留应行发给或缴纳财物者；2. 买卖公物，从中舞弊者；3. 盗窃侵吞公有财物者；4. 强占、强征或强募财物者；5. 意图营利、贩运违禁或漏税物品者；6. 擅移公款作为私人营利者；7. 违法权募税捐者；8. 伪造虚报收支账目者；9. 勒索敲诈收受贿赂者；10. 为私利而浪费公有财物者。《晋冀鲁豫边区惩治贪污暂行办法》规定：凡贪污达500元以上者处死刑，贪污50—500元间者，处6个月以上至10年以下的徒刑；不满50元者处6个月以下徒刑或劳役。各级政府人员发生贪污事件以法惩处时，其直接上级须受连带处分。《淮北苏皖边区惩治贪污暂行条例》还规定：公务员对贪污知情不报者，按情节轻重以渎职罪论处。

在当时被处理的一部分腐败分子以及其他犯罪分子中，有的职务比较高，有的在过去的革命斗争中是有功劳的，在处理时也有各种压力。例如曾担任过旅长职务的抗日军政大学第六队队长黄克功，对陕北公学的女学生刘茜求婚未遂，竟开枪打死刘茜。案发后，陕甘宁边区高等法院顶住压力依法处黄克功死刑。黄克功给毛泽东写信，说他参加过井冈山的斗争和长征，是有功劳的，请求宽大处理。于是，毛泽东直接写信给法院院长雷经天，说不能因为黄克功有光荣的斗争历史就可以得到宽恕。如果赦免了黄克功，“便无以教育党，无以教育红军，无以教育革命者，并无以教育做一个普通的人”，“共产党与红军，对于自己的党员与红军成员不能不执行比较一般平民更加严格的纪律”。又如参加过五次反“围剿”和长征，在平型关战役中荣立战功的某团政委刘振球，官僚主义严重，生活腐化，贪图享乐，先后贪污公款 500 余元，并拒绝中共组织对他的教育，也被开除党籍并依法处置。陕甘宁边区甘泉县张家畔税务分局局长肖玉璧，在任职期间利用职权贪污公款 3050 元，被边区高等法院判处死刑。

由于中国共产党严厉打击贪污腐化行为，使中国共产党和国民党，各根据地、解放区和国民党统治区形成鲜明的对比。毛泽东在 1945 年论及抗日根据地与国统区的重要区别时说："利用抗战发国难财，官吏即商人，贪污成风，廉耻扫地，这是国民党区域的特色之一。艰苦奋斗，以身作则，工作之外，还要生产，奖励廉洁，禁绝贪污，这是中国解放区的特色之一。"

国民党原来也是一个革命的政党，在辛亥革命和北伐战争等革命斗争中曾立下不朽的功勋。但从 1927 年蒋介石叛变革命以后，它就逐步蜕变成了维护蒋介石一党专政和个人独裁的工具，党的作风也开始败坏。1928 年 11 月，一位观察力敏锐的外国人乔治·索凯尔斯基指出，"奢侈和豪华"已成为国民党官员特有的生活方式。到 1930 年，国民政府各级官员的贪污已比较普遍。深有感触的邓演达认为，"官吏的贪污比从前北洋军阀时代更加厉害"，以致"农民的生活水平一天比一天低；工人的实际工资一天比一天减少；工商业的破产到处可见"。到 1938 年，蒋介石也认为国民党已经变得"空虚薄弱，消沉腐化"，"党员几乎成了一个特殊的阶级"。到抗战中期，因为物资短缺，国民党的很多官员利用手中的权力，营私舞弊，严重腐化。当时正在重庆、后来成为美国著名历史学家的费正清就认为，到 1943 年，国民党已失去民心。国民党特务头子唐纵在 1945 年 6 月 30 日日记中也承认："本党政治的腐化不但引起党外的反感，亦且失了党内的同情，如果没有显著的改革，全国人心将不可收拾。"

抗日战争胜利以后，蒋介石的威望一时达到顶点，沦陷区的人民渴望着正统的国民党中央派人前去接收。可是，被派到沦陷区的国民党接收大员，到那里不是安定社会秩序，恢复和发展生产，解决广大群众的苦难，而是贪婪地搜刮民财，巧取豪夺，把原沦陷区搞得乌烟瘴气，怨声载道。据统计，上海的接收机关多达89个，杭州有28个，天津至少23个，北平至少有29个。如此众多的接收机关，虽说分工不同，职权不同，但接收起来都想多占则同。对于同一接收对象，“一接再接，甚至三接四接”的现象到处发生。李宗仁在回忆录中便说，当时在北平的所谓“接收”，确如民间报纸所讥讽的，实在是“劫收”。这批接收人员吃尽了抗战8年之苦，一旦飞入纸醉金迷的平津地区，如饿虎扑羊，贪赃枉法的程度简直骇人听闻。他们金钱到手，便穷奢极欲，大肆挥霍，把一个民风原极淳朴的故都，旦夕之间便变成罪恶的渊薮。最令当时平津居民不能忍受的，便是这批接收官员为便于敲诈人民，故意制造恐怖气氛，随意给人以汉奸罪名而加以逮捕。一时汉奸帽子乱飞，从小商人至大学教授随时有被戴上汉奸帽子坐牢的可能。因而凡是抗战期间没有退入后方的人，都人人自危。由于大肆搜刮，很多接收大员立成巨富，例如海军司令部派至天津的接受大员刘乃沂上校，不到半年成为巨富，“有大小别墅五六处，姨太太五六个，汽车数辆，金条数百，珍珠数桶，成为当时接收中的一大丑闻”。

国民党接收大员的这些贪污腐败行为，使国民党在原沦陷区的威信一落千丈。原沦陷区的人民群众讥称那些“接收”大员是“五子登科”，即只知道掠夺金子、房子、车子、票子、女子；“三迷成风”，即财迷、色迷、官迷成风；“三洋开泰”，即捧西洋、爱东洋、要现洋。当时，北平流传着这样的民谣：“盼中央，望中央，中央来了更遭殃”，“想老蒋，盼老蒋，老蒋来了米面涨”。对此，负责经济接收的重要人物邵毓麟曾向蒋介石当面进言：“像这样下去，我们虽已收复了国土，但我们将丧失了人心！”他预言“在一片胜利声中，早已埋下了一颗失败的定时炸弹”。蒋介石也承认：“由于在接收中许多高级将领发接收财，奢侈荒淫，沉溺于酒色之中，弄得兵骄将傲、纪律败坏、军无斗志。可以说，我们的失败，就是失败于接收。”他后来在下野后的自我总结中，也承认国民党的腐败使军队丧失了战斗力，尤以许多中上级军官利用抗战胜利后到各大城市接收的机会，大发横财，做生意，买房产，贪女色，骄奢淫逸，腐败堕落，弄得上下离心，军无斗志。这是国民党军事上失败的根本所在。

到 1948 年，国民党的经济已经崩溃，可是各级官员和他们的子女仍在巧取豪夺，连蒋介石也气愤地说："在古今中外任何革命党都没有像我们今天这样颓唐腐败；也没有像我们今天这样的没有精神，没有纪律，更没有是非标准，这样的党早就应该被消灭被淘汰了。”结果一年之后，国民党真的被淘汰了。

国民党之所以不能解决腐败问题，一个重要原因就是官官相护，越大的官越不能处理，甚至有意包庇。例如财政部直接税署署长高秉坊，是收税的主管大员，利用职权在全国各地直接税分局占有货物，挪用长汀、泰和、衡阳、郁林、贵州、浙江、兰州等地直接税分局巨额公款，贪污重大，被拘送法院后，许多达官贵人为他活动。1945 年 6 月 30 日，重庆实验地方法院判决高秉坊死刑，一时人心大快，但法院的判决没有立即执行，仍有高官替他竭力活动，10 亿元的贪污案变为 700 万元保证金舞弊案。高被判徒刑后还带家眷和厨师，在重庆石板坡监狱内修建的洋房里过着舒服的“守法”生活。对于这种互相包庇的现象，诗人臧克家愤怒地写道："法律的网，捕获了一个高秉坊，可是，向高处望望，一个又一个坐在高座上……当官场还是一个大污池，跳下去的，别再想一条清洁的身子！一个人的血洗不清罪恶和贪污，法律在今天，和人民一起在深深的受着屈辱……”

从以上可以看出，中国共产党的作风建设是成功的，而国民党的作风建设是完全失败的。国共两党作风建设的成败，成为两党成功和失败的重要因素。

三、国共两党执政方式的鲜明对比

在土地革命战争时期，中国共产党按照共产国际的指示，仿照苏联的经验，在革命根据地曾实行过工农民主专政，即排斥民族资产阶级和上层小资产阶级，只依靠工人阶级和农民阶级的专政，犯了关门主义错误，导致了第五次反“围剿”的失败。长征到达陕北以后，中国共产党总结经验教训，纠正了关门主义的“左”倾错误。抗日战争爆发以后，国共两党实行了第二次合作。为了团结各阶级各阶层一起抗日，中国共产党在各根据地和解放区普遍实行了“三三制”，即在各级政权组成人员中，共产党员只占三分之一，进步分子占三分之一，中间分子和其他分子占三分之一。《陕甘宁边区五一施政纲领》第五条明确规定：“在候选名单中确定共产党员只占三分之一，以便各党各派及无党无派人士均能参加边区民意机关之活动与边区行政之管理。在共产党员被选为某一行政机关之主管人员时，应保证该机关之职员有三分之二为党外人士充任。共产党员应与这些党外人士实行民主合作，不得一意孤行，把持包办。”中国共产党不仅这样说，而且认真履行自己的诺言，努力使抗日政权中党员数量保持在三分之一左右，使政权成为抗日民族统一战线的典范。如晋察冀边区易县384个区代表中，共产党员占27%，余者皆为进步分子和中间分子。唐县64个县议员中，中共党员占39%，其他进步分子和中间分子各占35%和25%。1943年1月，晋察冀边区第一届参议会选出7名驻会参议员，其中共产党员只有2名；9个政府委员中，中共党员只有3人。在1942年11月2日晋西北临时参议会开幕大会上，全体议员145人，共产党员占49人，略过三分之一，中共中央晋绥分局副书记林枫代表分局讲话，指定共产党参议员退出了2人。

为了团结各阶级各阶层一起抗日，中国共产党在各根据地和解放区加强了民主政治建设。其中一个重要措施，就是实行普选。在选举资格上，年满18岁，不分阶级、党派、职业、男女、宗教、民族、财产和文化程度的差别，都有选举权和被选举权，充分体现了民主的广泛性。在选举形式上，县、区、乡三级政权采取了普遍、直接、平等、无记名的投票选举制。由于解放区人民群众文化水平很低，各地还采用了“背箱子”“投豆子”“香火烧小孔”等灵活多样、易于操作的方法，满足了广大民众的政治参与需求。这一措施，极大地调动了各地民众的政治热情，据晋冀鲁豫边区昔（阳）东县 29 个村的统计，1940 年举行的村选中，参加投票的村民占总数的 80%以上，有的村甚至高达 95%。晋察冀边区有选举权的公民 70%参加了选举，中心区域更是高达 90%以上。

人民不仅享有选举权，还享有监督、罢免、创制和复决权。按照各抗日根据地参议会组织法和政府组织法的规定，人民对他们的代表（参议员）和行政司法人员有监督、检察批评、控告之权；一定数量的村民对参议员还有罢免权。这些权力的行使一般是结合选举集中进行的（平时也可行使），在每一次选举中，各级政府都要向人民报告自己的工作，听取人民对政府工作的批评意见；人民也要认真检查各级民意机关、行政司法部门及其工作人员的工作，或褒或贬，或新选或剔退，切实行使了监督罢免权。各地常常出现民众罢免有罪行和犯错误的行政人员，农会代表请愿惩治贪污的村长、区长，民众召集斗争大会批斗贪污腐化分子的事例。如“高平、陵川等县的民众，曾集合数千人，跋涉山川到长治专署递交请愿书，要求撤换不法县长刘涵森”。阳城县专门成立行政民运联合视导团，深入农村对村民提出的不合理负担、村干部失职、减租减息不当、硬派民夫、派款摊粮等问题予以处理。涉县第一区军政民联合委员会于 1939 年 11 月 9 日召开全区民众大会，正式罢免“违背政府法令、包庇汉奸、睡宿娼妓、贪赃枉法、破坏抗日群众团体”的原区长刘 ××，并决定另选新区长。从 1939 年冬到 1940 年秋，在冀中区 9 万中共党员中清除 2730 名异己分子、投机分子和落后分子；在北岳区 15 个县清除 759 人。这类事情，在当时各根据地报纸上多有报道，充分显示了农民日益成熟的民主意识。谢觉哉说：“有广大人民的力量来监督政府，监督工作人员，坏人可以幸逃法网，但不能逃出人民的视线。坏事就不易发生。”彭真说到晋察冀边区的廉政问题时也说：“至于贪污，政府依靠着广大群众之监督和协助，已相当的肃清或正在肃清。”“边区政府依靠着民众的检举，才相当保证了各县政府的廉洁，并间接保证了政府在群众中的威信。”

在各根据地和解放区的施政纲领中，都有保护人权的明确规定。例如《陕甘宁边区五一施政纲领》第 6 条规定，实施抗日民主政治：“保证一切抗日人民（地主、资本家、农民、工人等）的人权、政权、财权及言论、出版、集会、结社、信仰、居住、迁徙之自由权。”

人民不仅享有广泛的民主权利，党的各级领导人也十分注意发扬民主作风。对此，到过延安的外国人多有报道。1944 年，美联社、《曼彻斯特导报》《基督教箴言报》记者冈瑟·斯坦因作为中外记者团成员访问延安时看到，毛泽东和朱德走动时，“并无副官或秘书跟在身边，穿的是没有徽章的制服，这种制服对于一切等级的人，都是一律的”；毛泽东“总会有时间和一切领域之实际的领导者，和非党人士，和纯朴的农民，以及和任何向他请教或有所咨商的人，进行谈话”；中共的党员，对于毛泽东的理论学说和实际政策，是“以一种无限的热情”和“为任何中国人所罕有的那种纪律性，加以信服的”，这“主要是自发的，因为党员天天可以看到，在制定政策时，毛泽东如何探寻与采用他们的意见”；士兵对八路军总司令朱德将军“咸敬爱如‘父’”。

一般说来，军队中是等级森严、最缺乏平等精神的地方。美国记者斯特朗抗战初期曾在八路军总部住了 10 天，却留下大不相同的印象。她注意到，朱德、贺龙、刘伯承等将领之间“不存在内部的倾轧，没有吵架或者粗暴的行为”，战士们在谈到他们的指挥官的时候，脸上流露出来“喜悦神色”；完全不存在官僚主义，上下级之间亲密团结，从等级最低的士兵到最高级的指挥员都发挥出“主动精神”。韦尔斯也评价朱德，与其说他“是一位至高无上的司令官，还不如说他是一位民众的领袖”，“他的性格和习惯都是十分民主的”。黄炎培见了毛泽东、朱德、贺龙、彭德怀、聂荣臻、林彪、刘伯承等党和军队领导人之后说，在一般人想象中，这些人一定脱不了飞扬跋扈的姿态，料不到，“这几位先生都是从沉静笃实中带着些文雅，一点没有粗犷傲慢样子”；与这些人见面谈笑，“真是古人所说‘如坐春风中’”。

美军驻延安观察组组长戴维·包瑞德上校也承认，“许多人，包括我本人，对延安共产党政权基本上持赞赏态度的一个原因是，那里的一切事物所具有的外貌是绝大多数美国人都倾向于赞同的”。这种“外貌”，就是指美国人推崇的民主与平等的观念。延安是一个民主、平等的大家庭。这里没有高低贵贱之分。

美国研究远东问题的专家、《外交政策汇报》与《新共和杂志》等期刊的特约撰稿人、哥伦比亚大学教授罗辛格在被问到对中共领袖们的印象时说：“南京的官员们，实际毫无事做，却像煞有介事地摆出忙劲头；但中共的领袖，和蔼可亲，能和你作娓娓的长谈。”

埃文斯·卡尔逊除了向罗斯福总统密报外，还不顾外交官的身份，与云集在汉口的欧美记者讲解他的所见所闻，毫不掩饰自己对共产党政治、军事的赞许，直至遭到上司的指责，最后辞去军职。1938 年 12 月回国后，他“像一个着了魔的人”，向公众发表演说，为几家杂志撰稿，最后还出版了《中国军队》和《中国的双星》两本书，产生了极为广泛的影响。那位仅在延安访问过 10 天的美国记者斯蒂尔作如此感慨：“真的，我要是在延安住上十一天，那我一定也将变成为一个共产主义者。”

当时延安的物质生活是极其贫苦和艰苦的，但由于延安具有浓厚的民主空气，吸引了全国成千上万的青年，他们冲破重重阻力，纷纷奔向延安。从西安到延安，蜿蜒起伏的七百多里山路，成为追求救国真理的人们用意志和鲜血铺就的一条信仰之路、理想之路。在投奔延安的有志青年中，甚至有一部分原是国民党军政人员，有的还是国民党党员、三青团员、青年党党员或特工人员，他们基于对蒋介石消极抗日、积极反共的义愤，毅然脱离国民党，奔向延安，投入抗日救国的洪流。1938 年，印度援华医疗队的几位大夫，乘坐着满载医疗器械和药品的汽车在赴延安的途中，看到在崎岖的山路上一队队时隐时现赶赴延安的青年队伍时，队长爱德华先生不仅赞叹："奇迹，奇迹，这简直是奇迹！这是 20 世纪中国的耶路撒冷！"何其芳更用文学的语言形象地描述了这种状况："延安的城门成天开着，成天有从各个方向走来的青年，背着行李，燃烧着希望，走进这城门。学习，歌唱，过着紧张的快活的日子。然后一群一群地，穿着军服，燃烧着热情，走散到各个方向去。"

与中国共产党的民主政治建设相反，国民党却大力提倡法西斯主义，实行一党专政，个人独裁。1933 年 9 月，蒋介石在江西就对一批党的干部宣称："法西斯主义的一个最重要的观点是绝对信任一个最贤明和有能力的领袖，除了完全信任一个人外，这里没有其他领袖和主义。因此，在组织内，尽管有干部、立法委员和行政官员，但在他们中间却没有冲突；这里有的仅是对一个领袖的信任。领袖对一切事物有最终决定权。"他要求每个党员必须立誓忠于领袖，为领袖及其团体行动，奉献自己的一切。这是法西斯主义在中国的翻版。大约在 1935 年，蒋介石对蓝衣社训话时进而声称："法西斯主义是目前中国最需要的。""在中国现阶段的紧急形势下，法西斯主义是最适合的一种奇妙的药方，而且是能够救中国的唯一思想。"

抗日战争爆发以后，国民党迫于各党各派的压力，曾设立一个国民参政会，吸收各党各派的代表参加，中共党员也有 7 人被聘为参政员，这对于动员各党各派积极参加抗战，起了一定的作用。但是，国民党只把国民参政会看作一个咨询机关，不给予任何实质性的权力。相反，从 1939 年开始，国民党极力宣扬"一个主义、一个政党、一个领袖"的论调，千方百计压制和削弱中国共产党及各个民主党派的力量。抗日战争胜利以后，国民党甚至于 1947 年 10 月悍然宣布最大的民主党派中国民主同盟为非法团体，迫使中国民主同盟宣布解散，从而使大部分民主党派与它分道扬镳。当时，中国民主同盟公开表示："时局愈来愈黑暗、愈危险了。继较场口、下关这一大串血案而起的，是政治暗杀手段，我们民盟中央执行委员李公朴先生七月十一日在昆明已被暗杀了……这说明中国今天是无法无天的黑暗政治世界，民主人士的生命在今天没有丝毫的保障，近来封闭杂志，烧毁报馆，杀戮编辑，已经成了一种公开普遍的风气，民意已经完完全全地被摧残了。""这不止有损政府威信，实际国家已不成国家。"在全部民主党派中，跟国民党走的最后只剩下中国青年党和中国民主社会党，中国民主社会党还因此发生了分裂。各民主党派是民族资产阶级和上层小资产阶级的代表，国民党抛弃了民主党派，也就等于抛弃了民族资产阶级和上层小资产阶级，从而严重地孤立了自己。

抗战胜利以后，各党各派在重庆召开了政治协商会议。为了争取和平，避免内战，中国共产党做出巨大的让步，虽然仍然提出建立联合政府的主张，但这种主张和七大时的主张已经有了很大的不同，即承认在未来的联合政府中以国民党为主，共产党只是以一个党派的名义参加政府，因此提出"和平民主新阶段"的口号，并酝酿将党中央搬到离南京比较近的清江浦。这是国民党难得的一次历史机遇。如果国民党接受这个主张，虽然不能再实行一党专政、个人独裁，但在未来的联合政府中仍然以它为主，更不会在几年以后被推翻。但是，国民党不久就撕毁政协协议，发动内战，企图继续维持它的一党专政、个人独裁，结果搬起石头砸了自己的脚，几年后就被赶出了中国大陆。

为了维持个人独裁，国民党极力打击地方实力派，削弱党内其他派系的力量。在近代中国，从各派军阀演变来的地方势力具有强大的力量，国民党建立南京政权后，这些地方势力虽然服膺于南京政权，但仍然保有很大的势力，从而在国民党内形成很多派系。作为中央政权，蒋介石本来应该尽可能地整合地方势力，使全国形成一股力量，可是蒋介石为了实行个人独裁，把南京政权当作私家财产，认为卧榻之侧岂容他人酣睡？千方百计地削弱、消灭地方势力。各地方势力为了维持自己的利益，也就和南京政权展开或明或暗、或文或武的斗争，千方百计保存实力。正如李宗仁所说：杂牌部队“绝对不打硬仗，处处企图保存实力，不被消灭。如此，自然无法表现其战斗力，同时军纪亦易废弛。于是，中央愈蓄意加以消灭。演变的结果：中央当局便视‘杂牌’部队为痈疽，而‘杂牌’部队亦视最高统帅为仇雠，而形成一种互为因果的死结”。在国共大决战中，地方势力的军队纷纷倒戈，投向中共，这也是国民党军事失败的一个重要原因。1948 年 4 月，桂系首领李宗仁在行宪国大上当选为南京政府副总统，为了防止他当选，蒋介石曾施尽各种手段。李宗仁当选后，蒋介石也不给他实权，事事仍由自己操纵。李宗仁在回忆中说：“在蒋先生幕后控制下，政治无法改革，军队无法调遣，人事无法整顿，军政费无从支付，经济上完全崩溃，守江谋和的计划无法实施。”因而，蒋、桂矛盾急剧恶化。正是在这种急剧恶化的派系斗争中，南京政权终于被断送。

为了维持一党专政、个人独裁，国民党千方百计地钳制舆论，封锁消息。从 1927 年至 1937 年间，南京政府查禁的书籍或杂志约有 1800 种。仅国民党中央出版署 1936 年列出的已被查禁的社会科学出版物就有 676 种。这种钳制舆论的做法，引起了舆论界的普遍不满。例如《大公报》1935 年 2 月 16 日的短评说，几乎所有报纸都不敢对政府事作严正批评。“遍看中国都会与地方报，几乎找不出一个贪官污吏。越大官，越没错。难道中国政治，真清廉了吗？”各地报业人员连“小公务员也惹不起，何况大官。舆论也需保护，就可知中国言论界之地位了，何况保护还只是一句话”。1935 年 11 月，就连国民党的机关报《中央日报》，也曾专门发表一篇谴责政府钳制舆论的文章，宣称：“如此荒谬的检查制度，完全是在制造混乱，如果继续下去，中国人民将变成聋子与瞎子。一个充满聋子与瞎子的国家何以立国并自立于世界？”到解放战争时期，一批报刊又因批评内战而被查封。

1948 年 7 月 17 日，《观察》杂志主编储安平在该刊的《告别辞》中极度失望而愤懑地说：“我们愿意坦白说一句话，政府虽然怕我们批评，而事实上，我们现在则连批评这个政府的兴趣也已没有了。即以本刊而论，近数月来，我们已很少刊载剧烈批评政府的文字，因为大家都已十分消沉，还有什么话可说？说了又有什么用处？我们替政府想想，一个政府弄到人民连批评它的兴趣也没有了，这个政府也就够悲哀的了！可怜政府连这一点自知之明也没有，还在那儿抓头挖耳，计算如何封民间的报纸刊物，真是可怜亦复可笑！我们愿意在此告诉一切关心我们的朋友们，封也罢，不封也罢，我们早已置之度外了。假如封了，请大家也不必惋惜，在这样一个血腥遍地的时代，被牺牲了的生命不知已有多少，被烧毁了的房屋财产也不知已有多少，多少人的家庭骨肉在这样一个黑暗的统治下被拆散了，多少人的理想希望在这样一个黑暗的统治下幻灭了，这小小的刊物，即使被封，在整个的国家的浩劫里，算得了什么！朋友们，我们应当挺起胸膛来，面对现实，面对迫害，奋不顾身，为国效忠，要是今天这个方式行不通，明天可以用另个方式继续努力，方式尽管不同，但我们对于国家的忠贞是永远不变的！”正如储安平所说，《观察》杂志真的在 12 月下旬被查禁了。

从以上可以看出，中国共产党的执政方式是成功的，而国民党的执政方式是完全失败的。国共两党政治方式的成败也成为两党成功和失败的重要因素。

四、国共两党经济发展方面的鲜明对比

中国共产党领导的各个根据地和解放区，都处在农村和山区，以农业生产为主。因此，党和政府努力采取各种措施，发展农业生产。例如在陕甘宁边区，政府鼓励农民开垦荒地，努力扩大耕地面积，增加粮食生产。到 1945 年，耕地面积比 1937 年增加 563 万亩，增长指数为 165.3，人均耕

地面积达到 8.9 亩；1944 年即比 1937 年多产粮食 70.1 万石，人均增加粮食 0.4 石，达到 1.25 石。到 1945 年，边区农民大部分做到了“耕三余一”（即耕种 3 年可剩余 1 年的粮食），部分农民好的做到了“耕一余一”。与此同时，努力推广棉花种植，发展畜牧业，到 1944 年，边区棉花的自给率已经达到 87%，骡马从 1938 年的 1468 匹猛增到 12 万余匹。为了发展生产，政府还积极鼓励举办农业贷款，提高农业生产技术，兴修农田水利工程，实行互助合作，努力发展手工业、商业和运输业等。这些措施，对发展农村经济取得了很大成效。

随着生产的发展，群众的生活水平普遍有了提高，各个根据地和解放区出现了一片新面貌。到陕西、山西两省访问了 5 个月的美国《巴尔的摩太阳报》记者武道就认为，“人民大众生活的进步”是“最动人的事情”。他看到，“人口相当稀疏的陕西东北部和山西西北部的人民，已经不再简单地靠小米和黑豆混日子，同时，也再没有衣着不足的苦痛了”。西北的农民通常穿得破破烂烂，但爱泼斯坦发现，在边区虽然“偶尔也看到有人穿打补丁的衣服，但绝不是破烂”；中国到处是乞丐，但是，他们在边区和各解放区的 5 个月中，行程 1000 英里，大概经过百来个村镇，没有见到一个乞丐；在整个旅程中，也没有看到过一个农民或士兵显得营养不良。著名民主人士李公朴在考察了晋察冀根据地之后也说，只要一踏进晋察冀边区的境界，随时随地反映在眼帘里的是“民众的活跃”；晋察冀人民再也不是在喘息中挣扎，而是“兴奋地在战地中求生”。虽然是处在敌后的战斗环境里，人们反而提高了劳动的兴趣，“没有一个懒汉！”“没有一寸荒地！”这是晋察冀的生产口号。

在发展农业生产的同时，中国共产党和各级政府还注意保护和发展私营经济。毛泽东曾强调指出：“公营经济和合作社经济是应该发展的，但是目前的农村根据地内，主要的经济成分，还不是国营的，而是私营的，而是让自由资本主义经济得到发展的机会，用以反对日本帝国主义和半封建制度。这是目前中国的最革命的政策，反对和阻碍这个政策的施行，无疑义地是错误的。”在《论联合政府》的报告中，毛泽东针对一些人的疑问明确指出：“有些人不了解共产党人为什么不但不怕资本主义，反而在一定条件下提倡它的发展。我们的回答是这样简单：拿资本主义的某种发展去代替外国帝国主义和本国封建主义的压迫，不但是一个进步，而且是一个不可避免的过程。它不但有利于资产阶级，同时也有利于无产阶级，或者说更有利于无产阶级。现在的中国是多了一个外国的帝国主义和一个本国的封建主义，而不是多了一个本国的资本主义，相反地，我们的资本主义是太少了。”在七大上的口头政治报告中，毛泽东又进一步指出：“我们这样肯定要广泛地发展资本主义，是只有好处，没有坏处的。……我们不要怕发展资本主义。”

根据这个精神，《陕甘宁边区经济建设的纲领、政策和方针》对边区的劳动政策作了如下规定：“第一，保障工人生活上必要的改善，以发展生产，增加抗战力量。第二，加薪减时要有一定的限度，我们反对资本家过分的剥削，但也不应反对资本家发财。第三，八小时工作制是将来的理想，目前不应过于强调，一般的以十小时为宜。第四，对劳资契约与劳动纪律，工人必须遵守，使厂方能继续维持生产。”其他根据地和解放区也制定了“劳资两利”的政策，既保障了工人应有的权益，也维护了资本家的合法权益。

对于中国共产党保护和发展资本主义的做法，国民党特务头子唐纵在1945年6月30日日记中高度赞扬说：“在第七次大会毛泽东的政治报告，主张保持私有财产制度并发展资本主义，这是中共一个很大的转变。这一个转变在中国收得很大的效果，后方许多工商界和国民党内部失意分子，过去对于共产党恐怖的心理，已完全改观。”

在解放战争时期的土地改革中，曾一度发生侵犯工商业的“左”的错误。中共中央发现以后，立即作了纠正，制定了保护工商业的措施。为恢复生产，繁荣经济，人民政府明令取消敌伪实行的一切苛捐杂税及办法，大量发放工商业贷款，为私营工商业调拨原料，推销产品，因此，解放区一些城镇的工商业恢复发展得很快。烟台是一个拥有 20 万人口的城市，在日伪统治下倒闭商号 800 家。1945 年 8 月下旬解放后，人民政府迅速将过去被敌伪没收吞并的企业发还原主，鼓励他们努力经营。如张裕葡萄酒公司是华侨资本最早经营的新式酿酒厂，日本侵华后被日伪政权没收。当地解放后，人民政府即将其发归原主，继续经营。烟台全市原有 57 家织布厂，到 1945 年 12 月已有 45 家复工生产。28 家铁工厂则全部复工。解放仅 3 个月，全市商号即由原来的 3216 家增加到 5742 家；出口贸易也大幅度增加。这样，不仅满足了城乡广大人民生产生活的需要，大批失业工人也恢复了工作，生活有了明显改善。 华北重镇张家口在 1945 年 8 月解放后，一年之内人民政府发放工商业低息贷款 1 亿元，全市商号由 1980 家增加到 3301 家。1946 年 3 月，拥有 30 万人口的安东已有公营和私营的工厂及作坊 100 余家开工生产，复工工人达到 1.3 万余人。

为了发展经济，毛泽东在 1947 年年底提出了“发展生产、繁荣经济、公私兼顾、劳资两利”的总目标。后来，又发展成为“公私兼顾、劳资两利、城乡互助、内外交流”的“四面八方”政策。在七届二中全会上的报告中，毛泽东根据张闻天对东北解放区经济成分的分析，指出新民主主义的经济由国营经济、合作社经济、私人资本主义经济、个体经济、国家资本主义经济 5 种成分构成，即多种经济成分并存，要使各种经济都得到发展。这样，就调动和发挥了各方面的积极性。因此，各根据地和解放区的经济不但得到恢复，还得到一定程度的发展，从而有力地支援了革命战争的进行。

据到过延安的外国记者斯坦因说，连重庆国民党的不少领袖都承认，“共产党已获得了使他们在经济领域中享有盛名的惊人的伟大成就。中国某些大的经济问题，似乎在近代史上第一次走向解决的途中。这是共产党政权力量的伟大源泉之一，而且是它的前途的佳兆”。

而在国民党统治区，则是另外一种景象。国民党政府不仅不采取措施发展生产，而且想方设法进行榨取，从而造成物质短缺，物价飞涨。到解放战争时期，国民党为了发动内战，加重了对各方面的榨取，通货膨胀更加严重。经济学家伍启元在《从经济观点论内战问题》一文中就说："结果经过了九年的通货膨胀，物价变动，社会财富重分配，和其他的重大变动，中国经济变成了一个贫富相距甚远和尖锐对立的经济。战前的中层阶级在通货膨胀和压低待遇双重压力之下，除了做了既得利益集团附庸的贪官污吏外，差不多全部沦为赤贫。占人口85%以上的农民，则在兵祸、匪祸、征粮、出丁、水旱天灾等重重压迫之下，已在饥饿线上作垂危挣扎。在这极大多数同胞无法生活的时候，通货膨胀等政策却扩大了既得利益集团的力量，增加了既得利益集团的财富，……在这样的一个社会中，无论有没有共产党，那能不发生内部的战乱？共产党力量所以膨胀，可以说是受这种经济政策之赐。"

恶性通货膨胀政策，引发了国民党统治区经济的严重危机。为了支持内战，国民党政府更加大量印发钞票。到1948年8月，货币发行额比战前的1937年6月的发行额增长了47万多倍。法币的超量发行，招致了货币的迅速贬值和物价暴涨。以战前的1937年6月为标准，载至1948年8月，法币贬值400万倍；物价上涨近500万倍。以法币100元购买力为例，在1937年能买两头牛，到1947年只能买1个煤球，而到1948年就只能买1/500两大米了。

在法币完全崩溃，国民党统治区财政金融完全破产的形势下，国民党政府不得不在1948年8月20日实行所谓"币制改革"，发行金圆券。规定以法币300万元折合金圆券1元的比价，限期将法币兑换成金圆券。并限期收兑人民的黄金、白银、银币及外国币券；限期登记管理本国人民存放在国外之外汇资产；限制物价，冻结在1948年8月19日的水准上。以1∶3000000的兑换率兑法币，以及强制收兑金银外币，是对国民党统治区各阶层人民财产的再一次洗劫；强制管理在国外之外汇资产，又是对民族工商业资产的变相没收。通过这些办法，财富进一步集中到四大家族官僚资本的手中。但是，这些措施也挽救不了国民党日益严重的财政危机。在法币变为废纸以后，不到 3 个月，金圆券的发行数量就已突破 20 亿元的限额，1948 年 12 月超过 80 亿。到 1949 年 5 月，发行量达到 68 万亿。在这种情况下，国民党政府不得不于 1948 年 11 月 1 日宣布取消“限价”，致使经济更加混乱，物价的上涨更加猛烈，“改革币制”的计划全盘失败。1949 年 7 月，国民党残余势力又在广州发行所谓“银圆券”。但是，银圆券和金圆券一样，同样没能挽救国民党财政经济的总破产。

通货膨胀造成了国统区空前的经济危机，使广大人民的生活日益恶化，工人大批的失业，知识分子的生活也十分悲惨，不少大学教授也因薪水不足难以维持生计，有的困难到无以维生的地步。1946 年 2 月，北平法学院 66 岁的教授宁协万，为生活所迫，不得已以自杀，向国民党政府提出最严厉的抗议。连国民党特务头子唐纵也不无绝望地在日记中写道：“全国公务员、教职员和大多数老百姓都生活不了，天灾人祸，物价高涨，大家都在死亡线上挣扎。此时强者铤而走险，弱者转死于沟壑。”

国民党经济的崩溃，说明它已经无力再维持下去，垮台成为历史的必然。

五、民心向背的鲜明对比

中国共产党的宗旨是为人民服务，因此从党成立以后，就始终把解除人民的疾苦、为人民谋利益作为自己奋斗的目标。当然，也有一些干部对此认识不深，只知道向群众派任务，向群众要这要那，而不关心群众的痛痒。对于这种现象，毛泽东在 1934 年 1 月召开的第二次苏维埃代表大会上曾提出尖锐的批评。他说：“要得到群众的拥护吗？要群众拿出他们的全力放到战线上去吗？那末，就得和群众在一起，就得去发动群众的积极性，就得关心群众的痛痒，就得真心实意地为群众谋利益，解决群众的生产和生活的问题，盐的问题，米的问题，房子的问题，衣的问题，生小孩子的问题，解决群众的一切问题。”“一切这些群众生活上的问题，都应该把它提到自己的议事日程上。应该讨论，应该决定，应该实行，应该检查。要使广大群众认识我们是代表他们的利益的，是和他们呼吸相通的。”在延安时期，中国共产党的各级组织和政府真正做到了这一点。

中国是一个农业国，农民占了人口的大多数。特别在各个根据地和解放区，农民更是绝大多数。对于贫苦农民来说，他们最大的困难就是没有土地或只有很少的土地，最大的愿望就是解决土地问题。因此，中国共产党不仅一直非常重视农民问题，而且从一开始就努力解决贫苦农民的土地问题。在大革命时期，就领导占领地区的农民开展减租减息。在土地革命战争时期，又领导农民开展土地革命，使贫苦农民得到了他们梦寐以求的土地。到抗日战争时期，因为要团结地主和富农一起抗日，把土地革命政策改为减租减息政策。但到解放战争时期，又领导根据地和解放区的农民开展了轰轰烈烈的土地改革，成功地解决了贫苦农民的土地问题，满足了他们最大的愿望。

在解决土地问题的同时，中国共产党各级组织和政府还取消了国民党政府原来征收的多如牛毛的苛捐杂税，努力减轻农民的负担。当然，在某些时期例如红军到了陕北以后一直到抗日战争前期，由于陕甘宁地区本来就很穷，一下子去了那么多军政人员，农民的负担还是比较重的。对于这个问题，中共中央一直给予高度重视，努力加以解决。例如 1941 年 6 月间的一天，在边区政府召开县长联席会议时，会议室遭到雷击，参加会议的延川县代县长李彩云被雷电击死。消息传出去后，一个农民却说：“老天爷不睁眼，咋不打死毛泽东？”保卫部门要去追查，可是毛泽东想到，一个农民为什么对他这么痛恨呢？这肯定有什么原因。于是制止保卫部门前去追查，而派人前去进行调查。当他了解到这一年多征了公粮群众负担过重有意见时，就要求有关部门减少当年的公粮征购，并决定开展大生产运动，以减轻群众的负担。

1942 年春，又发生这样一件事情。中央社会调查部送阅的《情况汇报》反映：清涧县的一个农妇因为丈夫被雷电击死，大骂“世道不好”，大骂共产党“黑暗”，大骂毛泽东“领导官僚横行”，等等。社会调查部把这个农妇押到延安，保卫处决定将其枪毙以稳定群众情绪。毛泽东知道此事后，立刻叫来社会调查部的有关干部，批评他们不做调查，不认真研究，就随随便便抓人、捆人、杀人，指出那是国民党的黑暗做法，是反动派在旧中国长期搞的一套官僚做法。 在社会调查部的干部离去后，毛泽东让人把那个农妇带来了解原因。在农妇说出她们沟畔的 20 户人家当中缴不上公粮的不止一家，而她的丈夫想挖一孔好窑洞为老母治病还要卖两只羊请村长吃饭这些事后，毛泽东当面表扬农妇敢说真话，并派专人送农妇回去，向当地政府说明这位农妇不仅没有罪过，而且是一个敢说真话的好人。他还要求边区政府对清涧县的公粮问题做一次认真的调查研究，该免的要免，该减的要减。最后他还要求社会调查部对此作出深刻反省。

为了减轻群众的负担，中共中央还采取了以下措施：

第一，精兵简政。这个办法是李鼎铭先生 1941 年 11 月在陕甘宁边区第二届参议会上提出的。12 月，中共中央即发出精兵简政的指示。到 1942 年年初，陕甘宁边区政府的工作人员已减少 40%。1942 年 6 月，又进行了第二次精兵简政。经过精简，各根据地和解放区的部队数量和机关行政人员大大减少，从而大大节约了开支。

第二，开展大生产运动。这是毛泽东听了群众的骂声之后做出的决策。当时，“自己动手，丰衣足食”成为各个根据地和解放区的响亮口号。毛泽东、周恩来、朱德、任弼时等党和军队的领导人，都在运动中以身作则，带头从事生产。毛泽东、朱德开垦了菜地，自己种菜。周恩来、任弼时参加了纺毛线比赛，任弼时夺得第一名，周恩来被评为纺线能手。到 1944 年，延安中直机关（包括军委机关）的各项经济收入，可解决 14000 多人的供给问题（含家属子女），占财政供给的63.5%，边区政府发给的只占34.4%。这就大大地减轻了群众的负担。

第三，在行政司法工作中也尽量减轻群众的负担。如《陕甘宁边区民事诉讼条例草案》和《陕甘宁边区刑事诉讼条例草案》都规定，提起诉讼可采用书面的和口头的两种形式，而且“不收诉讼费”“不收送达费”和“抄录费”，老百姓打官司不要钱。

由于采取了切实的措施，各根据地和解放区群众的负担大大减轻。例如1942年，国统区民众人均负担公粮75公斤，而经过大生产运动后的陕甘宁边区民众，平均仅负担17公斤，约是国统区民众负担的四分之一。

为了了解群众的疾苦和意见，党和政府的领导人坚持深入调查研究。例如在延安整风运动中，张闻天向中共中央提出申请，组织“延安农村调查小组”，于1942年1—4月到陕甘宁边区神府县直属乡贺家川进行调查；1942年4—9月，他又在晋西北兴县高家村进行调查研究，整理出了《贺家川八个自然村的调查》和《兴县十四个村的土地问题研究》等调查材料。1945年10月毛泽东参加重庆谈判回到延安后，在柳树店中央后勤疗养院养病，只住了一周，就把前前后后的村庄都跑遍了，和各村的农民都谈过话。陪同人员提醒他，为了安全起见，在没有对当地老乡的情况进行研究前，最好不要到处走动。毛泽东却回答：“难道我住在一个地方，连周围的情况都不能知道？”

这些情况给到过延安的外国记者留下很深的印象。1946年，美国纽约《先锋论坛报》记者斯蒂尔访问延安后深有感触地说：“不到延安实在不能深触到中国问题的心脏，到了延安使我对中国问题的认识深化了。我觉得在延安的访问中，有三件事使我感动而且深刻起来。第一件事是我体味到共产党常常说的‘为人民服务’，我在延安所见到的各种具体事实，我认为这是货真价实的。”

广大群众从切身体会中，也感到共产党是真心为老百姓服务的，而国民党是维护大地主大资产阶级利益的，于是在东北解放区流行着这样一首民谣：“中央好，中央强，中央打仗为哪桩？中央打仗为花姑娘；八路军好，八路军强，八路军打仗为哪桩？八路军打仗为老乡。”为了保卫自己的胜利果实，广大群众积极地参军参战。仅山东解放区，在解放战争时期就向部队输送了95万兵员，先后组建了9个纵队和1个军，并动员1106万多民工、民兵，出动43.5万副担架，使用146.8万辆大小车辆和76.5万头牲畜，运送11亿多斤粮食和数不清的弹药、器材、柴草、副食、被服等各种物资，支援前线作战。民工们千里跋涉，随军转战17个省市，走遍了大半个中国，参加了几十个战役。仅淮海战役期间，山东解放区就组织民工218.3人，其中随军常驻民工9.5万人，二线常备民工13.2万人，后方临时民工167.2万人，运送粮食2.3亿多斤，为淮海战役的胜利提供了有力的后勤保障。对于山东人民为解放战争所作出的伟大贡献，是每一个经历过的人都深为感动、没齿难忘的。陈毅元帅就曾多次说过：“淮海战役的胜利，是人民群众用小车推出来的。”“我陈毅死在棺材里，也忘不了山东人民对我们的支援。他们在解放战争中做出了许多可歌可泣的英雄事迹。”

国民党政府虽然也认识到农民土地问题的重要性，曾多次颁布减租减息的法令，并于1930年颁布过一个规定很详细的《土地法》，但因为他们和地主阶级有着密切的联系，从来就不敢实行这个《土地法》，不敢解决农民的土地问题。对于农业生产，他们也不管不问。相反，他们却千方百计地从农民身上榨取。例如从光绪十四年到1928年的40年中，四川、山西、河南等地的田赋约增长10倍多，奉天更增至74倍。除了田赋正税，还有名目繁多的田赋附加，1933年江苏的田赋附加税竟达到147种，田赋附加和正税的比率达到2603.45∶100。不仅税率高，很多地方还进行预征，四川的岳池、顺庆、资中、遂宁、潼南、隆昌、南充、宜汉等地，都在1931年、1932年征到了1950年甚至以后，温郫9县甚至预征到了1961年，也就是说，那里的农民已经预交了19年至30年的赋税。除了田赋附加，还有多如牛毛的苛捐杂税，1949

年以前江西省的苛捐杂税竟占到粮食总产量的51.9%强，“由此可见国民党统治时代乡村农民的负担是何等的重！”再加上恶霸地主及当权者利用职权不出赋税，并且贪污中饱，有些地主富农赋税也较轻，更“使农民的负担特别加重”。除了这些苛捐杂税，农民还要负担沉重的军费。陈翰笙在《现代中国的土地问题》一文中说，1930年河南东部及中部的军事征缴为田赋的4016%，即相当于田赋的40倍之多。除了这些榨取，国民党政府还从农村大量征兵，征不到就抓壮丁。到1946年国民党发动内战以后，向农民的征粮、征兵就更多了。加上各地又接连发生严重自然灾害，1946年各地饿死人数达1000万人。1947年夏秋之间，又有15个省份分别遭到水旱虫雹等灾害，各地饥民共达1亿人以上。很多农民以草根、树皮和“观音土”充饥，甚至易子而食。因此，冯玉祥在1947年5月26日曾气愤地说：“人民是中华民国的主人，胜利以后，又随便征粮，随便征兵，粮征走了，人民吃什么？儿子抓走了，他这一家怎么过呢？人民都死光了，政府还有什么用？‘天视自我民视，天听自我民听’，违背了民意，就是违背了天意，违背了天意，还有能不失败的吗？”

前已说过，国民党在抗战胜利以后的接收大失民心。而1946年国民党撕毁政协协议，不顾全国人民的反对，悍然发动内战，更是失掉了人心。联合社记者报道说：“沿海各地及东北各主要城市人民渴望和平，其反对内战从未有如此一致者，农民、学生、商人、记者、菜馆职员以及妇女老人，莫不异口同声地说：我等应停止此种无意义之战争，恢复平常生活，一般流离失所，饥饿乏食之人民，面上无不有此同样表示。”著名作家朱自清在1946年写道：中国经过艰苦的抗战，一般人都挣扎地生活着。胜利到来的当时，我们喘一口气，情不自禁地在心头描画着三五年后可能实现的一个小康时代……但是胜利的欢呼闪电似的过去了，接着是一阵阵闷雷响着。这个变化太快了，幻灭得太快了。

经济的崩溃，物价的飞涨，更激起了广大群众的反对。1947年5月，南京爱国学生率先发起了“反饥饿、反内战、反迫害”的斗争，得到了上海、苏州、杭州学生的响应和声援。在这一时期，在学生中有一首广为流传的《你这个坏东西》的歌曲，歌中唱道："你这个坏东西，市面上柴米油盐不够用，你一大批一大批送上战场去，只管你内战为自己，……别国在和平里复兴建设，只有你整天在内战上玩把戏，你这个坏东西，真是该枪毙！"随后，"反饥饿、反内战、反迫害"的斗争在各地兴起，形成了"第二条战线"，有力地配合了解放战争的进行。

国民党为什么会失掉民心呢？共产党为什么会赢得民心呢？对于这个问题，傅作义在起义通电中说得很清楚，他说："我们在实行所谓戡乱的时候，每天说的虽是为人民，而事实上一切问题，却是处处摧残和压迫人民。我们的部队，在乡村是给大地主看家，在城市是替特权、豪门、贪官污吏保镖。我们不仅保护了这些乡村和城市的恶势力，而且还不断地在制造和助长这些恶势力。种种错误的恶因，反映在政治上，就是腐烂；反映在经济上，就是崩溃；反映在文化教育上，就是控制和镇压青年学生的反抗；反映在社会上，就是劳苦大众的生活，一天一天的贫困，上层剥削阶级奢侈淫靡的享受，一天一天的增高；反映在外交上，就是依附美国；反映在军事上，就是由优势变成劣势。所有这些都是因为违反了人民的利益，所以得不到人民的支持，最后为人民所抛弃。中国共产党为什么成功呢？这是因为共产党以工农大众和全国人民的利益为基础，在乡村彻底解决了土地问题，得到广大农民的拥护；对城市工商业，实公私兼顾，劳资两利，铲除官僚资本，保护民族工商业的发展。共产党的民主联合政府的主张，已经得到全国各民主党派和人民的拥护。"

古语说：得人心者得天下，失人心者失天下。中国共产党之所以能夺取全国政权，国民党之所以丢掉全国政权，根本的原因就在于民心的向背。

（写于 2004 年 3 月 21 日，这是当时在中共中央党校为讲授中共党史所写的一个讲稿）

社会主义时期
中共党史专题研究

对国史研究中争论较大的几个问题的思考

在对 1949 年到 1978 年的国史研究中，有很多问题一直争议较大，下面谈一点自己的看法。

一、关于抗美援朝战争的评价

过去，中国的史书都说是美国支持韩国入侵北朝鲜，发动了朝鲜战争。随着俄罗斯档案的公布，沈志华等写出《朝鲜战争爆发的历史真相》等一系列文章，澄清了朝鲜战争发动的真相及决策的经过。在对中国抗美援朝战争的评价和经验教训上，也发生了激烈的争论。1999 年，袁晞在《随笔》上发表《朝鲜战争真相》一文，认为美国并不想和中国打一场大战，抗美援朝战争并没有必要，结果得不偿失，不仅伤亡了几十万人，而且阻滞了中国经济和社会的进步，无限期延缓了统一台湾的目标。有的文章还认为中国参加抗美援朝，阻碍了联合国席位的恢复，把中国长期隔绝于世界体系之外，等等。原志愿军总部作战科长孟照辉立即发表《谁在掩盖抗美援朝战争的真相？——简评〈真相〉》一文，对上述观点进行反驳。军事科学院研究抗美援朝的专家齐德学也在网上和网友交流，谈《朝鲜战争真相的真相》，肯定抗美援朝的成就。可是，马上就有人在网上撰文反驳他的观点，例如寒树就在《韩战反思：用谎言编织的胜利（2）》一文中，对齐德学的很多观点进行了批驳。2002 年 9—12 月，“网易”网上的“第三只眼”栏目，还开展了一场“由朝鲜战争引发的大争论”。

在对抗美援朝战争的评价上，至今仍然分歧很大，大致可分为获得伟大胜利、有得有失、得不偿失、严重损失等观点。有的学者认为，中国在三个方面即军事、经济和政治上都付出了巨大代价。军事方面：中国志愿军损失 426200 人，跟美军的损失是 2.62∶1，代价远远超过了美军。经济方面：中国消耗作战物资 570 余万吨，支出军费 62 亿元人民币；按照 1950 年的设想，1951 年中国的军费开支要从 1950 年占预算总支出的 43.6%降到 30%，结果不仅没有降，反而涨到了 45.64%，影响和挤压了国内经济的恢复，同时使得中国在经济上更多地依赖于苏联和东欧。政治方面：最大的代价就是解放台湾的计划搁浅了，因为不可能实施原来的作战计划。朝鲜战争之前，杜鲁门已经准备放弃台湾了，对蒋政权表示失望。当时第七舰队已经开回夏威夷了，朝鲜战争一开打，美国第一个行动不是出兵朝鲜，而是派第七舰队开进台湾海峡。最关键的是联合国通过决议制裁中国。

现在对朝鲜战争的研究，国内最有影响的著作是香港中文大学出版社出版的沈志华教授的《毛泽东、斯大林与韩战》。这本书在 2003 年由广东人民出版社在中国大陆出版，并被新闻出版署列为纪念毛泽东诞辰 110 周年的重点图书，书名叫做《毛泽东、斯大林与朝鲜战争》。书中认为中国最大的教训不在于出不出兵，因为《中苏和平友好条约》签订以后，斯大林要中国支持朝鲜战争，中国出兵是必然的事，最大的教训在于中国没有及时结束战争。1951 年 1 月 13 日，当中国人民志愿军打到三八线附近时，联合国提出一个结束朝鲜战争的提案，建议立即停火，召开会议以解决远东问题，其中包括台湾的地位和中国在联合国的代表权问题。美国已经同意这个方案，但毛泽东过于乐观，认为不能停火，结果把停战的最好时机错过了。等 1953 年停战时，台湾问题、中国在联合国的代表权问题等都不能谈了。笔者认为，他说的是正确的。

二、关于向社会主义过渡设想改变的原因

在新中国成立前夕和新中国成立初期，毛泽东等党和国家的领导人都说过，新民主主义革命胜利之后，要经过 15 到 20 年，甚至 30 年的新民主主义建设阶段，然后再向社会主义过渡。可是到 1952 年，这个设想就改变了，决定马上就向社会主义过渡。很多人都认为，新民主主义社会理论是中国共产党的独创，是完全适合中国国情的，如果能较长时期地坚持这个理论，就可以避免后来所犯的很多错误和发生的很多曲折，中国的发展水平肯定要比现在高得多。所以，对这个理论很快改变甚至被抛弃表示惋惜。那么，毛泽东等人为什么在新中国成立以后很快改变了原来的设想呢？

对于这个问题，《中国共产党的七十年》认为主要有四个原因：第一，因为我国已经有了相对强大和迅速发展的社会主义国营经济，这已经成为社会主义改造的重要开端和重要依靠力量；第二，因为已经积累了利用和限制私营工商业的许多经验，这实际上成为对资本主义经济进行社会主义改造的最初步骤；第三，因为已经积累了在农村中开展互助合作的许多经验，这实际上也成为对个体农业进行社会主义改造的最初步骤；第四，国际环境也是促使党提出向社会主义开始过渡的一个因素。中共中央党校编写的《毛泽东思想基本问题》，也列举了四个原因：第一，经过三年的实践，毛泽东感到，实现国家工业化离不开社会主义改造；第二，经过三年的实践，毛泽东认为在新民主主义建设的过程中可以逐步过渡到社会主义；第三，经过三年的实践，毛泽东和党中央找到了对私人资本主义和个体农业、手工业进行逐步的社会主义改造的办法；第四，国际环境和苏联过渡时期理论和实践的重要影响。

除了上述原因外，有的学者还提出新民主主义社会理论的罅漏，是导致新中国成立后迅速改变的重要原因，这表现在三个方面：一是在新民主主义革命和社会主义革命转变的时间问题上存在模糊性，即在新民主主义

革命胜利之后立即进行社会主义革命呢，还是经过一段新民主主义社会再进行社会主义革命呢，对于这个问题一直不明确，这就容易导致认识的改变；二是对于新民主主义社会性质的认识具有不确定性。毛泽东在 1944 年 3 月的讲话中曾认为新民主主义就是新资本主义，但到 1948 年 9 月的中央政治局会议上，又批评这种观点，认为还是叫新民主主义经济好；新中国成立以后，他又批评“巩固新民主主义秩序”的提法。这种认识的摇摆，是导致改变新民主主义社会理论的一个不可忽视的因素；三是新民主主义社会形态的短暂性，即认为 15 年到 20 年甚至 30 年就要向社会主义过渡，作为一个历史阶段，这个时间太短暂了。之所以存在上述罅漏，笔者认为最根本的问题，是过分强调了新民主主义社会的过渡性，而没有充分认识在中国这样一个半殖民地半封建社会、经济文化都十分落后的国家，需要新民主主义社会的充分发展，才能建立社会主义社会，即没有把新民主主义社会作为一个独立的社会形态，独立的社会发展阶段，就像把我国的半殖民地半封建社会看作一个独立的历史发展阶段一样。既然没有把它看作一个独立的历史发展阶段，一个独立的社会形态，当然就可以很快地加以改变了。

有的学者认为主要受了苏联的影响，有的学者认为是受了“不断革命论”的影响，有的学者认为毛泽东的新民主主义论本身就具有政纲与政策两重的性质，会随着形势的变化而变化。这就是说，毛泽东提出新民主主义论，本来就包含策略的思想。当新中国成立以后力量对比发生变化了，关于新民主主义社会的设想也就必然会发生变化。

笔者认为以上分析都有道理。除了这些原因外，还有两个重要原因：一是工业化的需要。国民经济恢复以后，党和国家决定实行第一个五年计划，努力实现工业化。要实现工业化，就要集中全国的人力、物力、财力，而要做到这一点，就要进行社会主义改造。这是决定提前进行社会主义改造的经济动因。二是“五反”运动的影响。毛泽东原来还一直强调，私人资本主义是有利于国民生计的，应该允许和提倡它的发展。可是后来一进行

“五反”运动，揭露出资本家那么多罪恶，使人感到资本主义没有什么好处，全是坏处，应该尽快地加以消灭。这也是导致认识改变的一个重要原因。

三、关于“高饶事件”及评价

“高饶事件”是中共执政以后党内高层第一次政治斗争，当时被定为“高饶反党联盟”，“文革”中被作为党内“十次路线斗争”之一。1981 年通过的《关于建国以来党的若干历史问题的决议》，都没有再用“联盟”和“路线斗争”的提法。邓小平也明确说过，高岗没有拿出一条什么路线，确实没有什么路线。但是，“反高饶斗争”仍然是被肯定的，认为“高饶”是“阴谋分裂党、篡夺党和国家最高权力”，实际上回到了 1954 年中共七届四中全会的结论。

最近几年，“高饶事件”的当事人或知情者一些口述史料，披露了一些过去不大了解甚至未曾听说的情况，如张秀山的《我在第二次全国组织工作会议上的发言》，张明远的《我的回忆》。“二张”当年被作为高岗的“五虎上将”（张秀山、张明远、马洪、赵德尊、郭峰）的成员，其中张明远的《我的回忆》，对高岗在东北时期在整顿党风和干部工作方面的一系列措施作了正面的肯定。他说：“现在回想起来，当时东北局对干部工作的确十分重视，采取的各项措施是得当的，选拔干部的标准也很明确，那就是：德才兼备。”“高岗作为东北局的带班人，基本上也遵循了这些原则。”“总之，东北局的领导班子很得力，大家团结一致，配合默契，共同把东北的工作搞得有声有色。”“由于领导重视，措施得力，几年来东北地区培养了大批经济干部，如果以 1949 年 4 月工业干部的基数为 100，到 1953 年 6 月就达到 1036，壮大了 10 倍还多，不仅保证了东北地区提早开始有计划的经济建设，而且只要工作需要，东北局就毫不犹豫地派最好的干部支援其他地区，帮助全国的经济恢复和发展。在干部问题上，东北地区对全国、对中央的贡献有目共睹。”“总的来说，我认为东北局在干部问题上基本遵循了‘五湖四海’和用人唯贤的原则。”有的文章说：“值得注意的是，以上论述，是半个世纪以来大陆公开出版物对高岗‘野心家’‘阴谋家’反面形象的第一次认真的、全面性的颠覆。书中还有更多的对高岗肯定的话语，本文不再一一转述。惟以此观之,《我的回忆》对这段被颠倒的历史的再颠倒，实在是具里程碑的作用，值得史学界重视。”《百年潮》2004 年第 11 期刊登的原高岗秘书、监管组负责人赵家梁口述，张晓霁整理的《高岗之死》，以及赵家梁的《高岗第一次自杀经过》,也澄清了关于高岗自杀的真相。另外，前些年出版的《杨尚昆日记》也披露了一些比较重要的细节，史料价值较高。

近年来,关于“高饶事件”的一个较大的突破,就是不单把“高饶事件”视作一场政治权力斗争，而把它置于一个更大的背景下观照，即毛泽东放弃新民主主义社会的构想，开始向社会主义过渡。

前面说过，从 1951 年开始，在是否继续新民主主义社会、是否开始搞农业合作化等问题上，毛泽东同刘少奇、周恩来发生了分歧，对刘少奇、周恩来主张继续坚持新民主主义不满。另一方面，则是对紧跟他的新思路的高岗赞赏有加，重用有加。1952 年年中，即调高岗到京，担任国家计划委员会主席（当时有“五马进京，一马当先”之说，即指五个大区中央局主要负责人调北京工作,高岗的任职是最为重要的）。1953 年中央重新分工，高岗分管计划工作，在政务院 20 个经济部门中管了 8 个部（重工业部、一机部、二机部、燃料工业部、建筑工程部、地质部、轻工业部、纺织工业部），一时有“经济内阁”之称。一批一褒，一轻一重，反映出来的是毛泽东不再打算实行他本人提出的“新民主主义”，而要否定刘少奇、周恩来等人继续实施新民主主义建国纲领的主张，将国家发展的轨道扳到他的新思路上来。

尽管“高饶事件”的研究有了一些突破，但是仍有许多史实不清而令人生疑。一些研究者在研究过程中提出不少疑问。比如，毛泽东既然支持、欣赏高岗，为何后来又要反高岗？有人说，主要是高岗同苏联的非正常关系引起毛泽东的警觉。事实上毛泽东在第一次访苏时斯大林就告知了高岗和苏联的关系，如果真有警觉，在这以后毛泽东为什么还要重用高岗？又比如，毛泽东为什么不出席中共七届四中全会，只允许对高岗进行不点名的批评，并要刘少奇也在全会上作检讨？七届四中全会后却立即分别召开高岗、饶漱石问题座谈会，对证有关反对刘少奇、周恩来的活动事实？是什么原因促使毛泽东做出这么大的改变？

四、关于社会主义改造的评价

对于这个问题，评价基本有三种：一种是充分肯定，如历史决议做出了高度评价，认为毛泽东提出的过渡时期总路线是完全正确的，我国创造性地开辟了一条适合中国特点的社会主义改造的道路；第二种是基本否定，经济学界持这种观点的比较多；第三种是在基本肯定的基础上对失误进行足够的分析。对这个问题的争论，实际上是围绕如何看待当年的社会主义改造和今天的改革开放的关系展开的。充分肯定论多是从肯定新中国成立后的成就的必要性上来考虑的，认为三大改造和改革开放是国家在不同时期推动社会发展的重大决策，都是必要的，不能以改革开放否定三大改造，如果否定了三大改造，就否定了社会主义制度，新中国成立后前 30 年的成就基本上没有了。基本否定论则认为“早知现在，何必当初”，改革开放实际上已经否定了三大改造。有的认为社会主义改造的指导思想就是错误的，即没有从中国实际出发，而是照搬了苏联的高度集中的经济体制。于光远甚至认为，中国的社会主义改造虽然从步骤上和形式上都有自己的创造、自己的特点，没有照搬苏联的经验，但步骤上形式上的巨大成功，掩盖着对中国历史前进的指导思想上的严重失误，社会主义改造后建立起来的社会主义社会，不只是一个发育不全的早产儿，它还是一个畸形儿。第三种看法则对三大改造和改革开放都做出肯定的评价，又认为应该站在改革开放的高度，深刻总结三大改造的经验教训。如有的认为社会主义改造不仅是从1955年夏季以后搞快了，从1953年就搞快了；不仅搞快了，而且搞早了，等等。

从政治上来讲，社会主义改造的成就当然是不能否定的，正像前边所说的肯定论者所说，如果否定了三大改造，就否定了社会主义制度，新中国成立后前30年的成就基本上没有了，这在政治上是不利的。另外，在社会主义改造过程中，确实有中国的特点，把马克思、列宁提出的和平赎买资产阶级和利用国家资本主义走上社会主义道路的设想，成功地运用到了中国，并提出了一系列从低级到高级的过渡形式，比较顺利地实现了这样一场复杂、困难和深刻的社会变革，这也是应该肯定的。

但是，从历史发展的长过程来看，社会主义改造从理论到实践存在的失误和不足，也是显而易见的，而且不只是历史决议已经指出的要求过急、工作过粗、改变过快、形式也过于简单划一等“四过”的问题，在指导思想和对国情的认识上也存在严重的偏差：例如，进行社会主义改造的时间是不是可以再晚一些？等新民主主义有了比较充分的发展，向社会主义过渡的时机更加成熟，条件更加具备之后再来过渡，是不是会更好一些？再例如，在社会主义改造的指导思想和方法上，完全忽视甚至否定私营经济、个体经济的积极作用和存在价值，将它们加以消灭；完全否定原来实行的市场经济体制，迅速建立起一个高度集中统一的计划经济体制，是不是严重的失误？是不是脱离中国的国情？如果不承认这一点，就很难说清现在为什么又要发展私营经济、个体经济，为什么又要实行市场经济体制。那种说社会主义改造和改革开放都是必要的说法，恐怕很难自圆其说。

因此，对于社会主义改造，既应该从政治上作出评价，也应该从历史发展的长过程来进行探讨。

五、1956—1966 年间的基本线索和基本评价

关于这十年的基本线索，不同的学者从不同角度，概括为三个阶段、六次变化、两种趋向。

所谓三个阶段，是从党的方针的曲折变化及评价上来分的：第一阶段是从 1956 年到 1957 年，总的来说执行了八大的正确方针，取得很大的成就，但也犯了反右派斗争严重扩大化的错误；第二阶段从 1957 年到 1960 年，偏离了八大路线，发生了严重失误，主要是犯了“大跃进”的全局性的错误；第三阶段从 1961 年到 1966 年，总的来讲贯彻了经济调整的“八字方针”和一系列正确政策，使国民经济出现好转，社会主义建设取得很大进展，但阶级斗争扩大化的错误在部分领域又继续发展，最后导致了“文化大革命”的爆发。

所谓六次变化，也是从党的方针的曲折变化来说的：第一次变化是八大前后提出一系列全面进行社会主义建设的方针和政策，这是党在战略部署上的巨大变化；第二次是反右派斗争以后不久改变了八大的方针，政治上发生阶级斗争扩大化，经济上以急躁冒进代替稳步前进的方针，出现了“大跃进”的全局性错误；第三次是第一次郑州会议开始的纠“左”努力，表明党的指导思想和指导方针实际上由急躁冒进开始向稳步前进的方向转变；第四次是庐山会议反右倾，中断了纠“左”的进程，不但把阶级斗争引进党内，犯了将阶级斗争扩大化的错误，而且继续进行“大跃进”，使国民经济陷入更加困难的局面；第五次是从 1960 年下半年开始，对国民经济实行调整，同时在政治和文化教育领域也作了若干调整；第六次是八届十中全会以后阶级斗争扩大化继续发展，最后导致“文化大革命”。

所谓两种趋向，是《中国共产党的七十年》一书提出来的一个新论断，即认为当时党的指导思想上存在两个不同的发展趋向，一个是正确的或比较正确的，另一个则是错误的。但这两种趋向和两条路线斗争不同，不是

截然分开的，很多时候是相互渗透和交织在一起，不但共存于全党的共同探索过程中，而且往往共存于一个人的认识发展过程中，有时这种趋向比较占上风，有时那种趋向比较占上风，或者不同趋向在不同领域同时存在。这个论断的提出，使这十年的历史线索比较清楚了，对理解这十年的历史很有帮助。

对于这个时期的成就和失误，邓小平在 1979 年曾总结说："三十年来，不管我们做了多少蠢事，我们毕竟在工农业和科学技术方面打下了一个初步的基础，也就是说，有了一个向四个现代化前进的基地……总之，我们还是建立了实现四个现代化的物质基础。"当然，在肯定巨大成就的同时，也应该肯定我国在这 30 年间确实犯了很多严重的错误，特别是从 1957 年以后，世界上掀起了技术革命的浪潮，很多资本主义国家都借这个机会渡过困难，重新发展起来；我国周边的一些国家和地区，如亚洲"四小龙"，也借这个机会迅速崛起，而我国却关起门来大搞阶级斗争，结果拉大了与发达国家甚至周边国家和地区的差距。因此，对于这个时期的成就和失误，应该实事求是地进行分析。

六、中共八大路线很快改变的原因

对于中共八大的路线，大家都是充分肯定的。但是，这么好的路线为什么很快就改变了呢？有的学者从主观和客观两个方面作了分析：客观上是由于对探索建设社会主义的新路子缺乏经验，对经济发展规律和经济基本情况认识不足；主观上是由于在胜利面前滋长了骄傲自满情绪，急于求成，夸大了主观意志和主观努力的作用，以及个人专断的发展和民主集中制的削弱。有的学者从八大本身的局限性作了分析，认为八大虽然提出了正确的路线，但对于社会主义制度建立以后如何向前发展，思想、理论准备不足；虽然提出了很多正确的方针，但没有具体化。但有的学者不同意这种分析，认为八大在当时的条件下做出了它能作出的最大的贡献，达到了它所能达到的最高水平，所以要分析它没有能够坚持下去的原因，必须从广泛的社会历史背景出发，做出具体的考察和分析，如毛泽东对八大路线存有疑义，传统思维方式、领导方法和工作方法的惯性冲击等等。

笔者认为，中共八大路线没有能够坚持下去，可以从直接原因和深层原因两个方面加以分析。直接原因就是反右派斗争严重扩大化和波匈事件的发生，使毛泽东等人错误地认为阶级斗争还是主要矛盾，从而改变了八大的正确路线。如果没有这些突发事件，八大路线也许就不会那么快地加以改变。深层原因则有很多，如对社会主义建设缺乏经验，没有完全搞清楚什么是社会主义和怎么建设社会主义，没有认清社会主义社会的主要矛盾和主要任务，阶级斗争的惯性冲击，个人专断作风的发展和集体领导制度的破坏，监督制度的不健全，等等。从这两个方面加以分析，对这个问题是不是可以看得更清楚些?

七、对反右派斗争的评价和反右派严重扩大化的原因

关于反右派斗争，历史决议做出了肯定的评价，认为反击是完全必要的，只是犯了严重扩大化的错误。近几十年所有公开出版的著作，几乎都是这么写的。但私下里，绝大多数人对反右派斗争是否定的。因为在中共十一届三中全会以后，99%以上的右派分子都作了改正。一个99%以上的人都搞错了的运动，怎么还能肯定呢？事实上，历史决议只是说对极少数右派分子“进行反击是必要的，是完全正确的”，并没有说开展这场运动是必要的，是完全正确的。笔者认为，对极少数右派分子进行反击是必要的，也是不可避免的，但反右派斗争作为一场运动是应该否定的。

关于反右派斗争严重扩大化的原因，李维汉认为有三个方面：一是对社会主义社会矛盾的发展缺乏充分的思想准备和研究；二是对阶级斗争的

形势估计得过于严重；三是毛泽东主观主义和个人专断作风的发展，党内民主和国家政治生活的不正常。薄一波认为有以下三个方面：一是对右派进攻的形势作了过分严重的估计；二是具体地划分右派分子的标准下达晚了；三是不应该把反右和肃反弄到一起。《中国共产党的七十年》一书认为，是由于对反右派斗争的猛烈发展没有谨慎地掌握，以及大鸣、大放、大辩论、大字报这种运动方式的运用。有的认为是由于混淆了社会主义的具体制度和根本制度的区别，把对一些具体制度的意见误认为是反对社会主义的根本制度；有的认为应该从经济生活，从生产方式的矛盾运动中去寻找原因；有的认为与没有健全的法制有关；有的认为"指标现象"，即下达反右派指标是扩大化的重要原因；有的认为策略的失误是一个重要的原因，如混淆了两类不同性质的矛盾；有的还结合国际共产主义运动的历史经验进行了分析；等等。笔者认为，这些分析都有道理，但直接导致严重扩大化的重要原因主要有三个：

一是毛泽东策略的变化。5 月 15 日，毛泽东写出《事情正在起变化》的重要文章，首次提出了"右派分子"和"反右派"的概念，决定对右派分子进行反击。16 日，中共中央发出毛泽东起草的《关于对待当前党外人士批评的指示》，再次提出"放手让他们发表，并且暂时（几个星期内）不要反驳，使右翼分子在人民面前暴露其反动面目"。这说明，在 5 月中旬，毛泽东和中共中央已经决定要对"右派分子"进行反击，可是没有公布，而是继续让他们放，甚至反复动员很多人去放。直到 6 月 8 日，中共中央才发出毛泽东写的《组织力量反击右派分子的猖狂进攻》的文件，并在《人民日报》发表毛泽东写的《这是为什么？》的社论，正式发出"反右派"的动员令。从毛泽东提出"右派分子"和"反右派"概念的 5 月 15 日，到公开发动反攻的 6 月 8 日，一共 24 天。就在这 24 天之中，全国不知多少人放出了"右派"言论，被划为"右派"。

二是断章取义，无限上纲。很多人本来只是对某个领导、某个具体问题不满或提出一些意见，也把它看成“反党反社会主义”，划为右派。有很多所谓右派言论，甚至完全是断章取义造出来的。如果当时不是断章取义，无限上纲，而是实事求是，很多人就不会被打成右派。

三是下达“反右派”的指标。各个地方各个单位的情况是不同的，要反击右派，本来应该从各个地方和各个单位的实际情况出发，有多少就反多少，没有就不要反，可是一规定指标，没有右派的地方和单位也硬要找出多少右派,这就不能不造成严重的扩大化现象。现有的很多材料已经证明，有很多人成为“右派”，就是因为为了完成指标硬凑上去的。如果当时不下达指标，就不会把那么多的人被打成右派。

八、“大跃进”运动发生的原因及评价

对于“大跃进”运动发生的原因,不同的学者从不同的方面进行了分析，总起来讲主要有以下一些原因：在主观方面，一是长期落后挨打的历史和遭受包围的现实，使党的领导人急于改变贫穷落后的面貌；二是过分夸大人的主观能动作用和社会主义制度对生产力的促进作用；三是在缺乏经验的情况下，不切实际地套用了革命战争年代的经验。在客观方面，一是高度集中的政治经济体制；二是民主制度的不健全；三是小生产汪洋大海的影响。客观方面的前两个原因，使不同意见很难发表出来，发表出来也很难制止主要领导人的决策。

这些分析都是有道理的，但没有看到毛泽东个人的心理作用。在 1957 年的莫斯科会议上，毛泽东听到赫鲁晓夫提出十五年赶上美国的口号，于是提出了十五年赶上英国的口号。这个口号向全世界公布以后，就给毛泽东造成沉重的心理压力，总怕到时候完不成，于是在 1958 年发动了“大跃进”。在“大跃进”运动中，他的这种心理压力和运动的速度互相推动，即越着急就越要求快，越要求快就越着急。薄一波在分析“大跃进”发动的

原因时，就谈到这个方面，笔者认为是符合实际的。过去研究历史不提倡研究人物的心理，其实这也是一个重要的方面。

对于“大跃进”运动，现在一般都是否定的，并把它作为毛泽东晚年犯的两大错误之一。但是，也有人极力肯定“大跃进”的成就，说“大跃进”期间建了多少工厂，修了多少水利工程，等等。对于“大跃进”期间取得的成就，当然不能否定，例如胡绳就曾说:“大跃进”期间并非一无所获。但是，对于这些成就，笔者认为不能过分地夸大。不管当时建了多少工厂，修了多少水利工程，造成的破坏远比这些大得多。从国民经济来说，李先念曾说“大跃进”对国民经济的破坏高达 1200 亿元，这不是那些新建的工厂和水利工程能够弥补的。除了对国民经济造成的严重破坏以外，笔者认为“大跃进”还造成三个严重的后果：

第一个是直接导致了三年严重困难时期，导致了人口的大量非正常死亡。过去说造成三年严重困难的原因，一个是严重的自然灾害；第二个是苏联撕毁合同和逼债。有的学者仔细查阅了这三年的天气情况，认为这三年小的灾害虽然也有，但并没有什么大的自然灾害。刘少奇当时就曾说，是“三分天灾，七分人祸”。至于说苏联撕毁合同和逼债，那更是牵强，这不可能造成这么严重困难的局面。所以，这两个方面都不是主要原因，主要原因就是由于“大跃进”带来的严重破坏。

在三年严重困难时期，最突出的问题是很多人都在挨饿，人口大量非正常死亡。对于这方面的确切数字，国内从来没有公布过。据国家统计局原局长李成瑞计算，这三年期间的非正常死亡人数应为 2200 万（2158 万）。

第二个严重后果是对自然环境的巨大破坏。在大炼钢铁运动中，很多地方没有焦炭，就上山砍树。原来很多山都是树木葱茏，可是经过这一场浩劫，都剃了光头，造成严重的水土流失。现在很多地方的自然环境这么坏，与“大跃进”期间的严重破坏是分不开的，而且这种破坏是很难恢复甚至永远无法恢复的。

第三个严重后果是对人文环境的严重破坏。在“大跃进”运动中，很多地方为了修水利，盖工厂，把大量的庙宇、石碑、牌坊等建筑、文物都拆掉了，把一些古墓都平掉了。这种破坏，也是永远无法恢复的。

九、中苏大论战发生的原因及评价

这场大论战牵涉到对外关系，所以一直是一个非常敏感的问题。原中联部副部长张香山好多年前曾作过一个内部讲话，对这场大论战作了分析和评价。这些年也发过一些文章，在有的书里也作过论述，但总的来说，对这个问题的研究是很不够的。

对于这场大论战，1989 年 5 月邓小平在会见戈尔巴乔夫的时候曾作过总结，他说:“从 1957 年第一次莫斯科会谈，到 60 年代前半期，中苏两党展开了激烈的争论。我算是那场争论的当事人之一，扮演了不是无足轻重的角色。经过 20 多年的实践，回过头来看，双方都讲了很多空话。”戈尔巴乔夫说:“我的年龄比你小，那场争论我们不想对此做出评价，而是指望你来做出评价，我同意你的基本想法。”邓小平接着说:“从 60 年代中期起，我们的关系恶化了，基本上隔断了。这不是指意识形态争论的那些问题，这方面现在我们也不认为自己当时说的都是对的。真正的实质问题是不平等，中国人感到受屈辱。”

从邓小平的这个总结可以看出，这场大论战真正有实质意义的内容，是反对苏联的大国主义和大党主义，维护自身的独立和尊严。因为从 1958 年开始，苏联就提出中苏两国在中国合作建立长波电台、联合舰队等问题，表现出苏联的大国主义和大党主义，涉及中国的主权问题，这当然是中国共产党不能同意的，特别是为中国的独立和主权完整奋斗了大半生的毛泽东不能同意的，由此造成了中苏两党的裂痕，加上意识形态的分歧，毛泽东对赫鲁晓夫的蔑视，最后就发展到大论战的发生。

但正如邓小平所说，中苏两党在大论战中都讲了很多空话，而且有很多话“我们也不认为自己当时说的都是对的”。这就是说，当时双方既说了很多没有用的话，也说了很多错话。当时我们对苏联、南斯拉夫等国的评论，对他们所谓修正主义的指责，有很多是根据我们对马克思主义的教条主义理解，根据我们当时的僵化思想甚至“左”的思想提出来的，实际上是他们的改革措施，也是我们在十一届三中全会以后所实行的。这方面的指责，当然是错误的。

这场大论战的后果是极其严重的，有的学者认为在国际上造成了共产主义运动的分裂，社会主义阵营的解体，并导致一些党出现严重分裂和极左思潮的泛滥，给各国的革命和建设带来严重的影响；在国内则推动了“左”倾思想的迅速发展。从国内来看，它造成的后果确实是严重的。“文化大革命”的理论基础，在这场大论战中实际上已经基本具备了。因此，国外反修和国内反修互相推动，“文化大革命”的发生就成为不可避免的了。

既然中苏大论战造成那么严重的后果，就不能不引出一个问题，这场大论战的开展有没有必要？我们有没有责任？苏联的大国主义和大党主义是毫无疑问的，但我们与之斗争是不是可以采取另外一种方式？俗话说“一个巴掌拍不响”，如果当时我们能冷静对待，不采取那种激烈的方式，这场大论战是不是就开展不起来了？笔者认为，这些问题都是需要进一步研究的。

十、对“文化大革命”的评价

对“文化大革命”，历史决议本来已经有了结论。可是，这些年来一直有不同的看法。主要存在两种倾向：一种是把“文化大革命”期间的所有事情都说成是坏的，有的人甚至把“文革”和纳粹联系起来；另外一种倾向则是有一种“文革情结”，继续为“文革”唱赞歌。例如，有的人认为对“文化大革命”不应该彻底否定，有的人甚至认为“文化大革命”好得很，因为在“文化大革命”中广大群众有很大的民主权利，这对很多干部搞特权是一种制约，现在腐败风之所以这么厉害，就是因为没有搞“文化大革命”，如果再来一次“文化大革命”，腐败问题一下子就解决了。网上这方面的言论很多，最有代表性的是一篇题为《重新评价文化大革命》的长篇文章，其中说“文化大革命以群众运动的方式，也就是用文斗完成了政权的大变革，这在中国来说是史无前例的”，并说“文化大革命的目的达到了，因为它解决了它想要解决的问题，如：唯我独尊、胡作非为、横行霸道的贪官污吏受到清肃、制裁、被赶下台；官僚主义和有不正之风的当权派以及旧思想、旧文化受到批判；民主监督得到加强；人民的基本权利如四大等被写入宪法；群众的思想得到解放，政治意识得到提高。由此来看，文化大革命确实是一次伟大而成功的思想意识形态和上层建筑领域的革命”。还有一篇写于1993年、1996年又作过修改的《关于正确评价毛泽东及毛泽东思想的历史地位问题》的长篇论文，其中认为“无产阶级专政下继续革命”的理论“从根本上说是科学的和正确的，而不能认为从根本上是错误的”。同一作者写的另外一篇《关于对文化大革命的正确评价问题》的论文也说：“文化大革命”虽然犯了严重的阶级斗争扩大化的错误，但“是必要的”，应该“继续把无产阶级文化大革命进行到底，而决不应当采取那种彻底否定的方针”。

笔者认为，以上两种倾向都是错误的。首先，应该坚持历史决议彻底否定“文化大革命”的评价，不能认为“文化大革命”是好的，更不能主张再来一次“文化大革命”，因为“文化大革命”造成的破坏太严重了。社会主义建设只能有秩序地进行，如果再来一次“文化大革命”，再出现那种无法无天的局面，会给我们的国家造成更大的破坏，甚至无法收拾。有的人认为可以通过“文化大革命”解决腐败的问题，那也是不切合实际的，因为腐败的滋生就是从“文化大革命”开始的。如果再来一次“文化大革命”，可能会导致更加严重的腐败局面。还应该看到，有的人肯定“文化大革命”，目的是企图将中国重新拉回到“文化大革命”时期或“文化大革命”

之前的道路上去，这是我们无论如何不能同意的。另一方面也应该看到，“文化大革命”是毛泽东在探索社会主义建设道路过程中犯的错误，他发动这场运动的本意还是好的，不能把“文化大革命”和纳粹等联系起来。“文化大革命”之所以能很快发动起来，也充分说明我们国家和党内确实存在着很多黑暗面，广大群众是不满的，应该从中认真地总结经验教训，解决仍然存在的问题，避免这样的悲剧再次发生。

十一、关于中共九届二中全会设国家主席之争

“九一三事件”发生后，设国家主席被认定为林彪集团的“反党政治纲领”。按照当时中共中央文件的说法，林彪阴谋篡夺党和国家最高权力，急于当国家主席，抢班夺权。20 世纪 80 年代以来，在林彪事件的研究中，对设国家主席和中共九届二中全会的问题存在很大争议。这些争议既牵涉价值判断，更牵涉事实判断。

第一，设国家主席是不是林彪一个人的意见？ 有的学者认为，设国家主席和要毛泽东担任国家主席的建议，既不是林彪一个人提出来的，也不是林彪一个人始终坚持的，而是当时中共全党的意愿，是中央政治局大多数成员（包括周恩来，也包括江青集团的“顾问”康生）的意见。

第二，林彪是不是想当国家主席？长期以来，一直有一种说法：林彪提出设国家主席是他自己想当国家主席，也就是想“篡党夺权”“抢班夺权”。这个说法出自毛泽东。1971 年毛泽东南巡讲话说：“有人看到我年纪老了，快要上西天了，他们急于想当国家主席，要分裂党，急于夺权。”有研究者认为，林彪已经是法定的“接班人”，即使他想当国家主席，也不能被说成是“篡党夺权”“抢班夺权”。而且说林彪想当国家主席，除了吴法宪在“九一三事件”后的一个交代外，并没有什么别的证据。

第三，九届二中全会是因为设国家主席一事而起风波的吗？已经公开的

文献和各种口述材料表明，中共九届二中全会并不是因为设国家主席一事而起风波的。从起草九大报告开始，陈伯达、吴法宪就与张春桥之间展开了斗争。在九届二中全会上，陈、吴等人又向张春桥等发难。有的学者认为，毛泽东并不是因为林彪坚持设国家主席和要他当国家主席而发怒的，而是因为看到江青集团受到了攻击。所以，毛泽东说反张春桥实际上就是反对他。

笔者认为，中共九届二中全会上的斗争，实际上是林彪集团和江青集团之间的争权夺利，毛泽东为了支持江青集团，于是拿设国家主席一事对林彪集团进行压制。因此，设不设国家主席，以及由谁来担任国家主席，都不是斗争的实质，不过是一个借口而已。

十二、关于林彪事件

关于林彪事件，中央早有定论，但近年又有人提出很多不同意见。林彪之女林豆豆（林立衡）四处活动为父平反，说是叶群和林立果害了林彪，林彪本人根本就不知道有个《五七一工程纪要》。吴法宪夫人陈经圻在接受香港“凤凰卫视”的“鲁豫有约”节目采访时，认为所谓“林彪、四人帮反革命集团”，则纯属子虚乌有。吴法宪之女吴金秋认为，根据她多年调查研究了解的情况，很多当事人的第一手材料已经被销毁，“九一三事件”可能永远是一个谜。她强调没有充分的根据证明林彪企图出逃苏联。2004 年 8 月，香港明镜出版社出版了上下两集、900 多页的《重审林彪罪案》一书，共分林彪事件的再认识、关于“林副主席一号令”问题、关于“设国家主席”问题论析、关于林彪阴谋政变杀毛问题、关于林彪“叛国投敌”问题、“文革”中林彪事件的一些思考、林彪事件的影响、附录 8 部分，封面上赫然写着“颠覆官方两大统治者的污辞”的话。有的人说：“里面收集了近期活跃于各网站上的文史大腕如丁凯文、王年一、何蜀、余汝信及对那段历史有过亲身经历的张云生、迟泽厚等人在不同时期发表的一些对似乎早已拍板定案的林彪罪案的再思考，再认识。”其中收了王年一的 6 篇文章，他认为“九一三事件”是毛泽东逼出来的。此书主编丁凯文说：我们这个书里要言前人所畏言，说官方所不敢说的东西。官方给林彪戴的这些帽子，他们搞的这些证据几乎都是站不住脚的，因为没有任何证据能说林彪自己想当国家主席。从所谓的篡党夺权，阴谋政变，到什么另立中央这些罪名，通通都是强加到林彪头上的。中共搞出一些冤案，是根据需要，而不是根据事实。温相在《林彪事件始末——兼驳丁凯文等人》一文中，分 13 个问题驳斥了丁凯文一书中的说法，认为这种翻案的手法虽说不是什么新鲜事，但他们所提供的证据和他们证据之下的逻辑实在令人难以信服。朱学渊在《一堆糊涂虫说林彪》一文中，也反驳了为林彪翻案的种种观点，认为林彪从军事天才变成毛泽东的佞臣，为毛泽东清除了异己，而在毛泽东为尽早结束“文化大革命”开始疏远他之后，又企图杀害毛泽东，最后落得机毁人亡。

十三、关于对胡耀邦的评价

胡耀邦是中共十二大选举出的中共中央总书记，曾在平反冤假错案、发动真理标准大讨论和 20 世纪末的思想解放运动，坚持中共十一届三中全会的路线、方针、政策，推动改革开放等方面，作出了突出的贡献，并在很多方面表现出了领导人的优秀品质。1989 年 4 月 22 日，中共中央举行的胡耀邦追悼大会的悼词中说：“胡耀邦同志作为马克思主义者，他的一生是光辉的。在长达 60 年的革命生涯中，他始终如一地对党和人民的事业忠心耿耿，呕心沥血，艰苦奋斗，立下了不朽的功勋。”“他为坚持党的十一届三中全会以来的路线，坚持四项基本原则，坚持改革开放，建设具有中国特色的社会主义，作出了多方面的重大贡献。”同日新华社播发《六十年革命生涯功勋卓著为人民鞠躬尽瘁名垂千古——胡耀邦同志伟大光辉的一生》的文章也说：“他的历史功绩和优秀品德永载史册。”

1987 年胡耀邦被迫辞去中共中央总书记的职务，但是，邓小平等党和国家的领导人对他的功绩仍然是充分肯定的。1988 年 9 月中秋节之前，中央搞了一次活动，参加的有政治局、书记处以上的领导干部。邓小平招呼胡耀邦坐到自己身边，很亲切地和他讲话，问了问他的身体，说：“你把身体养好，以后还可以为党工作多年呢，你的经验和有些思想还是宝贵的财富呢！”陈云说：“耀邦的长处就是党务工作，抓党建是一把好手。”1989 年年初，邓小平最后一次评价胡耀邦说：“胡耀邦同志在七五年整顿的时候就和我保持一致，和‘四人帮’做过斗争，这在当时是不容易的……以后，平反和真理的讨论上，耀邦也是站在人民这一边的，和‘凡是派’做了很顽强的斗争，这都是他的历史功绩，是不容抹杀的，他这个人党性很强，没有私心，这点很难得，我了解他。他的组织路线一直是沿着三中全会的精神走的，……等他身体恢复以后，我看他可以……多抓一下党风的建设问题，他还可以过问一下中纪委的工作，他在这方面还是很多人都佩服的。”

2005 年 11 月 20 日，是胡耀邦 90 周年诞辰，中共中央决定召开纪念会，并由人民出版社出版张黎群等编写的《胡耀邦传》。香港夏菲尔出版有限公司也出版了陈利明编写的、80 万字的《胡耀邦传》，另外，香港世界科学教育出版社还出版了史义军编写的《胡耀邦年谱长编》，这部书共 156 万字、分 3 册；时代国际出版公司出版了郑仲兵主编的《胡耀邦年谱资料长编》（上下册），这两部长编是迄今为止关于胡耀邦的最全面、详尽的一部生平资料集。

但是，对于胡耀邦生平与思想的研究，对于他的历史功绩和高贵品质，以及与他有关的很多问题，都研究得很不够，应该大力加强。

【评文记事】

这是 2001 年 7 月在中国现代史学会于延安召开的学术研讨会上所作的《关于中国现代史研究中争论较大的一些问题》的后半部分，部分内容曾发表于《史学月刊》2002 年第 1 期。

关于农业合作化运动的几个问题

农业合作化运动已经完成几十年了，但是对于其中的一些问题，至今仍存在着争论。下面仅就其中几个主要问题，谈点自己的看法。

一、如何评价 1950 年至 1951 年关于农业合作化的那场争论

在 1950 年和 1951 年，刘少奇曾对高岗、中共中央东北局和中共山西省委积极发展合作化的主张提出批评。后来，他的这种批评也受到批评，他自己还作了自我批评。如何评价这场争论，一直是分歧很大的问题，现在应该如何看待呢?

要正确评价这场争论，首先应分析一下争论的由来。东北土地改革完成以后，大部分农民的生活有了改善，一部分农民包括有的党员买了土地和车马，雇了长工，少数农民则因种种原因生活下降，开始出卖土地或给别人当雇工。面对这种情况，应该怎么办？特别是允许不允许党员雇工？这是应该明确回答的问题。1949 年 12 月 10 日，高岗在东北农村工作座谈会的总结发言中提出：要使绝大多数农民上升为丰衣足食的农民，“必须使绝大多数农民‘由个体逐步地向集体方向发展’，组织起来发展生产，乃是我们农村生产领导的基本方向”。他虽然批评了农业社会主义思想，提到允许单干、雇工和土地的买卖、出租，但重点是强调对其加以限制，强调

组织起来，为此他宣布了 5 条奖励互助合作实际上歧视单干的具体经济政策。他还说，现在的互助合作，“还可以进一步提高与发展”。《东北日报》在 1950 年 1 月 4 日刊登了高岗的这个总结发言，并把这些思想概括为“把互助合作组织提高一步”。座谈会后，中共中央东北局就有关党员雇工问题向中央写了请示报告。

1950 年 1 月 23 日，刘少奇签发了中央组织部答复东北局的信，表示应该允许党员雇工，“在今天农村个体经济的基础上，农村资本主义的一定限度的发展是不可避免的，一部分党员向富农发展，并不是可怕的事情”。当晚，他还与安子文等同志谈了对东北农村出现新富农及互助合作问题的看法，他说：“今天东北的变工互助是建筑在破产、贫苦的个体经济基础上的，这是一个不好的基础。……现在的变工互助能否发展成为将来的集体农庄？我认为是不可能的。这是两个不同的阶段。不能把新民主主义阶段同社会主义阶段混为一谈。由个体生产到集体农庄，这是生产方式上的革命。没有机器工具的集体农庄是巩固不了的”。因此，“要防止急性病”，应该使有三匹马一副犁一挂大车的中农“得到大量的发展”，对富农也“要让他发展”，“百分之十的农户有了三匹马，将来才好搞集体农庄”。他还说，“认为（当）党员便不能有剥削，是一种教条主义”。据高岗说，他收到刘少奇这个谈话记录后面交毛泽东，毛泽东即批给陈伯达看，对这个谈话的不满形于颜色，后来，这个谈话记录就成为高岗反对刘少奇的一个重要借口。

继东北提出把互助合作组织提高一步的主张之后，山西也提出了同样的主张。1950 年 11 月 14 日，中共山西长治地委在《人民日报》发表《组织起来的情况与问题的报告》，认为土改后农村出现两极分化趋势，有些互助组涣散解体。为了防止两极分化，必须提高互助组织，试办土地入股的农业生产合作社。随后中共中央华北局派去调查组，对地委的观点和某些做法表示了不同意见，但中共山西省委支持地委的主张。1951 年 4 月 17 日，山西省委向中央和华北局写了《把老区互助合作组织提高一步》的报告，提出“老区互助组的发展，已经达到了一个转折点，使得互助组必须提高，否则就要后退，必须在互助组内部，扶植与增强新的因素，以逐步战胜自发的趋势，积极地稳健地提高农业生产互助组织，引导它走向更高级一些的形式”，并提出通过“征集公积金，增强公共积累”的办法，来“战胜农民的自发因素”。5 月 4 日，华北局批复山西省委并报告中央，肯定山西省委“抓紧对互助组领导，注意研究所发生的问题是对的”，但是用积累公积金和按劳分配来逐步动摇、削弱直至否定私有制基础“是错误的”。刘少奇在接到华北局报告并听取有关汇报以后，连续对山西省委报告的观点进行了批评。

1951 年 5 月 7 日，刘少奇在全国宣传工作会议的报告中，批评中共山西省委的报告是空想的农业社会主义思想。他说：山西省委讲的农业合作社当然“是有社会主义性质的，可是单用这一种十家人家组织的农业合作社、互助组的办法，使我们中国的农业直接走到社会主义是不可能的，那是一种空想的农业社会主义，是实现不了的。……因为仅仅依靠农村的条件不能搞社会主义，农业社会化要依靠工业”，“有了工人阶级的领导和帮助，有了国家工业化，才能供给农民大量的机器，然后实行土地国有化、农业集体化才有可能”。他指出：“现在那种农业合作社，个别的可以组织，而且要在完全自愿的基础上”，“如果有这样十家八家很热心，他们自己搞了，也是有一些好处的，不要反对”，但是“如果认为这样就叫社会主义，并号召农民起来组织农业合作社，发动群众运动，就要犯大错误，那就叫空想的农业社会主义”。同年 7 月 3 日，他又在对山西省委报告的批语中说：关于“应该逐步地动摇、削弱直至否定私有制基础，把农业生产互助组织提高到农业生产合作社，以此作为新因素，去‘战胜农民的自发因素’”的意见，“这是一种错误的、危险的、空想的农业社会主义的思想”。7 月 5 日，他在给马列学院学生讲课的讲稿《中国共产党今后的历史任务》中，再次批评山西省委的报告是“对农民自发力量表示害怕”，“企图在互助组内逐步动摇、削弱，直至否定私有制走上农业集体化。这是完全的空想”。这种想法“在目前是冒险的，‘左’的，带破坏性的，在将来是右的，改良主义的”。

这年 7 月，毛泽东找刘少奇等谈话，明确表示他支持山西省委的意见，批评了互助组不能生长为农业生产合作社的观点和现阶段不能动摇私有制基础的观点，说既然西方资本主义在其发展过程中有一个工场手工业阶段，即尚未采用蒸汽动力机械、而依靠工场分工以形成新生产力的阶段，则中国的合作社，依靠统一经营形成新生产力，去动摇私有制基础，也是可行的。9 月，毛泽东倡议召开了全国第一次互助合作会议，会后起草了《关于农业生产互助合作的决议（草案）》。12 月 15 日，毛泽东起草了中共中央关于印发这个决议草案的通知，要求各地照此草案在党内外进行解释，并组织实行，把农业互助合作当作一件大事去做。

对于毛泽东的批评，刘少奇是同意的。1953 年 10 月 27 日他在第二次全国组织工作会议上的讲话，以及 1954 年 2 月在中共七届四中全会上作的自我批评中，都承认他对山西省委报告的批评是“不正确的”或“基本上是不正确的”。

对于当时的这场争论，应该如何评价呢？

首先，应该肯定刘少奇对东北和山西的批评是有缺点的。正如薄一波在《若干重大决策与事件的回顾》一书所谈，刘少奇与安子文等人的谈话“确有一些不妥当的话语，比如对‘富农党员’的讲法，显然是‘走了火’的，共产党员不能有剥削行为，这是党的性质所决定的，不能认为这是‘一种教条主义’”。又如刘少奇对山西省委报告的批评，存在以下缺点；第一，把报告中的主张笼统地说成“错误的、危险的、空想的农业社会主义思想”“帽子太大，难于为当时党内大多数干部理解和接受”；第二，“没有指明我国当时虽不具备普遍建立高级形式的农业生产合作社的条件，但并不排斥可以寻找向高级社过渡的具体形式”；第三，“过分强调了合作化要以工业化和现代化为前提”，“基本上是照搬苏联的，并不符合我国国情”。此外，他

“对一个省委关于农村发展方向大事的报告有不同意见，既未同毛主席商量，也未经中央集体讨论，就在多种场合进行严厉批评，这也不能不说是一个缺点，至少是不够慎重的”。

但是，正如薄一波在书中所说，刘少奇对安子文等人的谈话，“本质上还是对的”（周恩来 1954 年 2 月 16 日在七届四中全会上的讲话所说）；他对山西省委报告的批评，“尽管有上述缺点”，“在主导方面是正确的。他提出不能过早地采取否定私有制的步骤，符合二中全会决议和《共同纲领》，符合当时我国的实际情况”，而且“及时抓住了刚刚露头的妨碍我国农村经济健康发展的三个重要的思想认识问题”。这些思想认识，一是过分害怕农民自发倾向引起的两极分化，二是把农民的绝对平均主义当成社会主义，三是离开工业发展去谈论农业社会主义改造。由于刘少奇的观点受到批评，这些重要的思想认识问题未能引起全党的注意，结果过早过急地采取了社会主义改造的步骤，带来了一系列问题。“如果土改后不急于立即向社会主义过渡，不立即动摇私有制，而是继续实行新民主主义政策，在充分发挥土改带来的农民个体所有制的积极性之后，才去动摇私有制，同时根据我国国情对我国农业社会主义改造道路究竟应当怎样走作广泛深入的探索，那样，不仅对生产力的发展可能更有利些，而且也可能不至于搞成后来那样千篇一律的农业集体化模式”。笔者认为，薄一波对这场争论的评价是公允的，总结也是深刻的。

二、如何评价 1953 年的整顿

1953 年 10 月 15 日和 11 月 4 日，毛泽东在第三次农业互助合作会议前及会议期间，同中共中央农村工作部负责人作了两次关于农业互助合作问题的谈话，对于 1953 年的纠偏与缩减作了严厉的批评。他说：“‘积极领导，稳步发展’，这句话很好。这大半年，缩了一下，稳步而不前进，这不大妥当。”他说休整一下也有好处，但“问题是有些阵地退多了一些，有一些不是退多了，而是本来可以发展的没有发展，不让发展，不批准，成了非法的”。他还说：“发展农业生产合作社，现在是既需要，又可能，潜在力很大。如果不去发掘，那就是稳步而不前进。脚本来是走路的，老是站着不动那就错了。有条件成立的合作社，强迫解散，那就不对了，不管哪一年，都是错的。‘纠正急躁冒进’，总是一股风吧，吹下去了，吹倒了一些不应当吹倒的农业生产合作社。倒错了的，应当查出来讲清楚，承认是错误，不然，那里的乡干部、积极分子，就憋着一肚子气了。”也是在这两次讲话中，毛泽东对中共中央农村工作部负责人，作了“群居终日，言不及义，好行小惠，难矣哉”的尖锐批评，并提出了“对于农村的阵地，社会主义如果不去占领，资本主义就必然会去占领。难道可以说既不走资本主义道路，又不走社会主义的道路吗？”的名言。毛泽东的上述批评是否正确？应该如何评价 1953 年对农业合作化运动中急躁冒进偏向的纠正和对合作社的缩减呢？

首先，应该肯定从合作化发展的过程来讲，发展一批之后集中进行一次整顿完全是必要的。运动总是波浪式前进的。农业合作化的整个过程，历年都是秋冬农闲时发展较快，来年春夏结合生产主要进行整顿和巩固。毛泽东 1955 年 7 月 31 日在《关于农业合作化问题》的著名报告中也说过：“各省各县，在发展了一批之后，必须有一个停止发展进行整顿的时间，然后再去发展一批合作社。那种不许有停顿、不许有间歇的思想是错误的。”

其次，从 1952 年到 1953 年春合作化发展的情况来看，这次纠偏和缩减也是完全必要的。由于 1951 年年底中共中央发出了《关于农业生产互助合作的决议》（草案），中央人民政府政务院在《关于 1952 年农业生产的决定》中又号召大量发展互助组和合作社，并提出“老解放区要在今明两年把农村百分之八九十的劳动力组织起来，新区要争取三年左右完成这一任务”，1952 年全国各地特别是华北、华东地区的合作化有了迅猛发展。到 1952 年年底，全国组织起来的农户已有 4542.3 万户，达到全国总农户的

40%，比 1951 年增长了一倍多。其中常年互助组达到 175.6 万个，参加农户达 1144.9 万户，比 1951 年增长了近两倍；农业生产合作社达到 3644 个，参加农户达 59029 户，比 1951 年增长了约 30 倍。

在农业合作化迅猛发展的过程中，许多地方不可避免地发生了急躁冒进的倾向。其主要表现，一是盲目追求数量和速度。如河南鲁山县由两个社一跃而为 71 个社，马楼乡一下就搞了 10 个社，经检查便有 6 个不够条件。山东聊城县第七区 8 个自然村中组织了 83 个互助组，名义上组织起来的农户达到了 92%，但形式主义和假的互助组有 35 个，占农户的 42.2%。西北地区不少互助组也是形式的、凑数的，“硬编组”，“抄单单”，一个村一个早上就搞起十几个互助组，“出门是互助组，到地里都不见互助组了”。甘肃武威县古城区“一声号令”之下，三五天内就成立了一百多个互助组，山丹县一个干部两小时内就组织了 16 个互助组，定西县石源乡一个干部甚至把农民排成队，报数后 5 个人编一组，有的地方还像编“保甲”一样挨门挨户抄名册。江西有的地方也是挨户编组，有的甚至按性别、年龄、勤懒区分，出现了一些“妇女组”“青年组”“老头组”“残废组”“懒鬼组”。二是盲目追求高级形式，扩大集体经济成分。如山东许多地区盲目举办合作社，扩大互助组和公共财产，胶河县第八区 208 个互助组不管条件如何，普遍将牲口、农具折价归组。山西武乡县下郝村一个社为了超过别的社，竟提出了“层层包围，内外夹攻，包干包打，一夜成功”的口号，一夜之间把社员的 160 只羊抓到了社内。湖北浠水县马龙乡一个互助组成立时，甚至把全组田地、耕牛、农具、菜园都伙起来、伙种伙吃，不评工不记分，收的粮食按人分配，桌子椅子及小家具也一律伙着用，缺衣服的统一制发，提出的口号是“生产平等，生活平等！”

不顾客观条件和实际需要盲目追求数量和高级，便必然发生强迫命令的现象。如河北大名县堤上村的两个社，发展社员时干部向群众说：“社会主义、资本主义，两条道路看你走哪条”，“咱村就这两个社，不入这个入那个，凭你自由选择，反正得入一个”；文集村干部在大会上讲：“谁要不参加社就是想走地主、富农、资产阶级、美国的道路”；有的干部还威胁群众说：“不入社，以后社里不借给你东西使，叫你自己打井”，群众被迫入了社，但 50 多户社员“如果允许自由退社的话一天就能退出四十户”。甘肃省山丹县有的干部跟群众说：“这是公家的政策，今年非组织起来不行”，“谁不参加变工，就是二流子，就是不愿意解放自己”，强迫群众参加。江西省也发生了较普遍的包办代替、强迫命令的偏向，开会动员时有的干部说什么“不参加就不散会”，“不参加互助组就不贷款救济”，“不参加就是不拥护毛主席”，“是死脑筋、死落后……”，个别地区甚至规定不参加互助组就要开除农会会员资格；强迫编组后为怕散伙，便规定“入组各人自愿，退组罚工三天”，吉水县泥田乡甚至规定退组要经区政府批准，群众说“参加互助组好像受了管制”，有的讥之为“劳改队”。这样搞的互助合作组织当然效果很坏，如有的互助组设置岗哨来对付干部，“干部来了一齐干，干部一走一齐散”。

正是为了解决上述问题，中共中央在 1953 年 3 月 16 日发出的《关于春耕生产给各级党委的指示》中，详细列举了急躁冒进倾向的各种具体表现，明确指出：“为正确地组织领导农民，发挥农民的生产积极性，必须切实纠正农业生产互助合作运动中正在滋长着的急躁冒进倾向。”同年 4 月 23 日，邓子恢在全国第一次农村工作会议的总结报告中也明确指出：“今天在全国范围来说，急躁冒进是主要的偏向，是主要的危险”。“互助合作运动必须采取稳步前进的方针，绝不能操之过急”，要对现有的互助合作组织加以整顿，“有些合作社确实太大的，领导不了的，应该分开来；某些合作社不够条件的要改组；有些合作社是形式主义，根本没有合作，只是挂个牌子的干脆不要；基本上办得好但有些毛病的，要帮助它巩固下来；有些办得好的就帮助它前进”。他强调说：“我们是稳步前进，不是稳而不进，甚至连宣传都停止了”，“决不要因为目前农村中的紧张情况而停滞不前”，“必须切实把互助合作办好，做出好的榜样来”。应该说，中共中央的指示和邓子恢的报告是正确的。

最后，这次整顿总的来看效果是好的，作为整顿重点的华北地区，在1952年以前共建立1592个社，秋收后新建立7691个社，共计9283个社，到1953年7月，有7100个社经过了检查整顿，有2621个社即占36%的社，因条件不具备而转为互助组。原有135个50户以上的大社，根据具体情况进行了紧缩和分办，如山西长治地区从原有的61个减为30个。中共中央华北局在1953年7月给中央的报告中说：“纠正冒进倾向的结果，农民生产情绪已趋安定，原部分地区卖土地、牲畜、杀猪、宰羊、伐树等混乱现象已停止，抗旱播种的任务顺利完成”；“从总的情况看来，这次纠正冒进偏向一般是及时的，稳当的，既保护了个体经济的积极性，亦未伤害互助合作的积极性”。

当然，在这次大规模的整顿中，问题和偏差是不可避免的，确实像毛泽东所指出的，有的不该砍的社砍掉了，有的该发展的社没有发展。正如华北局的上述报告所说：“由于时间短，任务急，步骤安排不够周密，有些社整顿的比较粗糙，个别地方曾发生了一些偏向，有些该停办的未停办，而不该停办的反被强迫停办了……”。例如河北，1953年农业社从1952年的1082个发展到5800多个，通过这次整顿，有2150多个社（占总社数的1/3以上）“反”掉了，剩下了3645个。特别突出的是华北，省、地区三级干部“三下大名府”，把大名县的400多个社一阵风吹散了350多个，只剩下60多个。一下子砍掉这么多社，确实是不应该的。

但是，从全国的情况来看，1953年农业生产合作社、互助组还是有较大的发展。其中常年互助组由1952年的175.6万个发展到181.6万个，参加农户由1144.9万户发展到1332.8万户，从1952年占参加互助组农户的25.2%增加到29%。特别是农业生产合作社，由1952年的3644个发展到15068个，增加了4.1倍；参加的农户由59029户发展到274852户，增加了 4.7 倍。而且经过整顿，这些合作社在质量方面有了很大的提高。因此，从总的情况来看，1953 年的这次整顿是应该肯定的。

三、如何评价 1955 年春的整顿及邓子恢的主张

1955 年夏季以后，毛泽东在《关于农业合作化问题》《农业合作化的一场辩论和当前的阶级斗争》等报告中，点名或不点名地几次批评中共中央农村工作部和邓子恢是“小脚女人”，主张“下马”，犯了“右倾”错误，批评 1955 年春天的整顿是“不妥当的”，是“右倾”。“文化大革命”中，林彪、“四人帮”更把这些罪名安到刘少奇头上，说他“策划了‘反冒进’的罪恶活动”，“制订了‘停’、‘缩’、‘整’的反动方针，并亲自批准了大砍合作化的计划”，并煞有介事地说“两个多月的时间，全国就有二十万个合作社被砍掉了”。事实已经很清楚，这次整顿计划根本不是刘少奇批准的，也并没有 20 万个合作社被砍掉。那么，应该如何评价 1955 年春天的整顿，以及邓子恢的主张呢？

1953 年 11 月 4 日，毛泽东提出到 1954 年秋收前，要发展 3.2 万多个合作社，1957 年可以发展到 70 万个，但有可能发展到 100 万个，也许不止 100 万个。同年 12 月，中共中央通过了《关于发展农业生产合作社的决议》，号召必须对农业合作化“积极领导，稳步前进”。到 1954 年春，全国发展了 9 万多个社，参加农户 170 多万户，提前并远远超额完成了毛泽东的计划。在这年 4 月召开的第二次全国农村工作会议上，中共中央农村工作部提出到 1955 年发展到 30 万个或 35 万个，1957 年发展到 130 万个或 150 万个合作社，参加的农户达到全国总农户的 35%左右，大约在 1960 年前后，基本完成合作化的计划。在 1954 年 10 月召开的全国第四次互助合作会议上，中共中央农村工作部又提出到 1955 年春发展到 60 万个合作社的计划。但经过一个冬春，合作社一下子发展到了 67 万个，比 1954 年春

增加了5倍多。

合作化这样高速度的发展，不少地区难免发生急躁冒进的现象，例如：有的采取了吓唬法、硬迫法、限制法等强迫命令的做法；有的把“快、多、大、好”作为指导运动的口号，把“村村点火，户户冒烟”当作发展运动的方式；有的社一夜之间就把入社的农户从总户数的10%发展到70%。这种一哄而起的做法自然带来一些不良后果，那就是：才建的社，就有人要求退出；办了新社，垮了老社；办了合作社，垮了互助组。这种情况，对生产发生了不利的影响，助长了农民的动摇心理，并且使阶级敌人有机可乘，造谣生事。个别地区还出现畜价狂跌、滥宰牲畜和乱伐树木等严重的现象。

这种情况，在浙江表现得最为明显。1954年，全省只有3800多个合作社，到1955年春一下子发展到5.5万多个，增加了13倍多，有的县一下子增加了70倍。在这个过程中，有的是靠强迫命令，如吴兴县善连区召开全区斗争富农大会，干部在会上说：“走社会主义道路，就办社。不入社，跟他们一样！”许多地方按合作社的产量，给个体农民定产，有的地方个体农民比合作社定的还高，个体农民不得不入社。由于入社不自愿，春耕生产准备工作很差，维持不下去的，约占总社数的10%，办社条件不够的还有30%。在这些社中，群众生产没有积极性，如嘉兴县一个社共56户，经常下田劳动的只有七八户，农民批评这些社是：“做起活来，像日本佬放火；走起路来，像文秀才祭祖；吃起饭来，像上山爬土；评起工分来，像武松打虎。”因此到了月底，已有264个社垮台。耕牛全省减少了5700多头，社内的约占60%。加上统购统销后的粮食问题、市场问题，以致在1955年春全省出现了普遍的紧张状态。

正是针对以上情况，中共中央于1955年1月发出了《关于整顿和巩固农业生产合作社的通知》，指出合作化运动应基本转入控制发展、着重巩固的阶段，基本上完成计划的地区要“停止发展，全力转向巩固”，未完成计划的地区要“有准备地在巩固中继续发展”，但计划过高的要“适当收缩”，不具备条件的社要“进行整顿”。1955年3月，中共中央农村工作部根据这个精神，发出了《关于巩固现有农业生产合作社的通知》，并建议浙江省委进行“收缩”。1955年四五月间，中共中央农村工作部又召开了第三次全国农村工作会议，提出“一般停止发展”，“全力巩固”。经过整顿，全国砍掉了2万个社，仍留下65万个。浙江整顿后留下3.8万多个，仍是原来的10倍，增长速度是各省市最快的。因此，总的来说这次缩减的数字是不多的，而且经过整顿，合作社的质量大大提高，留下的社大部分得到初步的巩固，80%—90%的社这年都增了产。

邓子恢虽然当时提出“一般停止发展”，“全力巩固”，但他并不是主张不发展，不过是主张在整顿之后再发展，在发展时速度应放慢一些。1955年3月21日他在党的全国代表会议的发言中提出的部署是：大体从1955年至1956年组织农户21%，连原有60万个社共办80万个，从1956年到1957年组织农户35%左右，共办社120万个左右，争取1960年达到组织农户80%以上，实现全国范围内的农业合作化。这个速度，实际上仍然是比较快的。

上述情况说明，1955年春的整顿并不是“大砍合作社”，压缩的2万个社中虽然可能有不应该压缩的，或者有应该允许发展而没有发展的，但成绩是主要的，总的效果是好的。邓子恢和中共中央农村工作部，也不是主张合作化“下马”，不要搞合作化，而是想发展一批巩固一批，使运动发展得更稳妥一些，这个指导思想是正确的，并不是“右倾”。如果按照他们的部署来搞，以后的许多问题就可以避免。毛泽东对他们所作的错误批评，只能说明他已产生了急躁冒进的情绪，而正是由于他的急躁冒进，使后来的运动产生了一系列问题。

四、如何评价农业合作化后期的运动

原来，毛泽东也是主张“要在一个相当长的时期”完成农业合作化的。

但到 1955 年四五月间召开的第三次全国农村工作会议以后，他改变原来的设想，认为邓子恢和中共中央农村工作部提出的发展数字“少了”，主张增加一倍，即翻一番。在 7 月召开的省市委书记会议上，毛泽东开始批判邓子恢和中央农村工作部，对合作化的要求越来越快。此后半年时间中，他三易计划：7 月在省市委书记会议上作的《关于农业合作化问题》的报告中，提出到 1960 年基本上完成初级合作化，1960 年以后再逐步发展到高级化；10 月在中共七届六中全会上所作的《农业合作化的一场辩论和当前的阶级斗争》的报告中，提出多数地区可以“三个浪潮，三个冬春”完成初级合作化；到 12 月他在《中国农村的社会主义高潮》序言二中，又提出“一个年头”完成初级合作化，到 1959 年或 1960 年就可以基本上实现高级合作化。1956 年 1 月根据他的意见制定的《一九五六年到一九六七年全国农业发展纲要》（草案）更进一步提出，先进地区要在 1957 年、其余地区要在 1958 年基本上完成高级形式的农业合作化。群众运动的发展虽然往往冲破原来的设想，需要不断修改原来的计划，但这种越来越快、越快越好的要求，明显地是过急了。

过急的要求和对正确主张的错误批判，必然形成一种强大的压力，使运动的发展速度过快。事实上，农业合作化的速度比越来越快的要求发展得还要快。到 1955 年 6 月为止，全国入社的农户仅占总农户的 14.2%，到 10 月便达到了 32%，一下子增加了一倍多。到 1956 年 1 月，又猛增到 80.3%。这说明，初级农业合作化基本上是在这半年多的时间中完成的。从 1955 年 10 月到 1956 年 1 月四个月发展的合作社，等于 1955 年 6 月以前五年半时间发展总和的 7 倍。特别是边远省份一些合作化基础较差的地区，发展的速度就更快了。如果这时及时地停顿下来，切实地加以整顿和巩固，由此而引起的一些问题还是不难解决的。但当时恰恰相反，不但没有停顿和巩固，反而从 1956 年 2 月开始又接着掀起了办高级社的高潮。到 2 月底，加入高级社的农户便从 30.7%猛增到 51%，到年底达到 87.8%，全国基本上实现了高级农业合作化。毛泽东虽然讲过，大约办了 3 年左右的初级社就基本上具有转变的条件了。从上面的数字可以看到，在 1956 年 2 月加入高级社的农户中，将近四分之三加入初级社的时间仅仅半年左右。事实上，当时有的地方刚刚成立初级社，甚至根本没有经过初级社，就一步登天，由互助组直接转入了高级社。在这么短的时间内，很难说明他们已经具备了转高级社的条件。更为严重的是，这些高级社还没得到很好的巩固，1958 年又全部转为“大”而“公”的人民公社，这个步子就更快了，更加脱离了生产力的发展和群众的觉悟程度。

运动发展速度过快，步骤过急，必然出现工作过粗的现象。在 1955 年夏季以后的合作化高潮和 1956 年由初级社转入高级社的过程中，这种现象就比较普遍。不少地方没有始终一贯地严格按照自愿互利的原则办事，采用政治强制和行政手段强迫命令多，采用说服、示范和吸引的办法少；许多经济政策没有落实，对实行公有化的生产资料作价偏低，甚至无代价入社，作价没有兑现，实际上对农民进行了剥夺；实行公有化的面过宽，错误地将社员私有家畜、家禽及零星的林木、果树也强行入了社，如湖南许多社认为“一切都要公有化”才行，宣布“三棵树以上就入社”，有的甚至把社员的晒衣坪、南瓜棚也入了社。湖北有的地方把社员自喂的鸡鸭都入了社，还宣布不准搞“小生产”。这些做法，引起了部分农民的不满，因而发生了一些不爱护林木糟蹋破坏生产资料的严重情况。由于发展步骤过急，经营管理也跟不上，以致影响了社员的生产积极性。

由于运动发展的速度过快，步骤过急，采取的形式必然过于简单划一。首先，不顾平原和山区的区别、经济发达的省份和落后的边境地区的区别、贫下中农和富裕中农的区别，在发展速度上一刀切，将一切地区的绝大部分的农牧户，包括一些暂时还不愿入社的富裕农民牧民拉入了社内。实践已经证明，在山区、边境少数民族地区搞得过急是不利于经济发展的。在全国主要地区集体经济占优势的条件下，可以允许上述地区保留一部分个体经济。就是在先进地区，也应该长期保持国营经济、集体经济、小量个体经济并存的结构。如果不是当时一刀切，不少地区的农业生产可能发展得要快一些。其次，片面地强调社越大越好，不讲条件地盲目贪大。在转高级社的过程中，各地同时扩社并队，办了很多联村社、联乡社、规模过大的社。例如，河北24249个社中，联村联乡社占32%，这些社的农户占入社总农户的60%以上；全省平均每社340户，千户以上的占总数的23%。社的规模过大，不但造成了土地占有和收入悬殊的社与社之间的平均主义，穷社共了富社的产，而且造成了生产管理上的困难，以致生产秩序混乱，形成“派活乱点兵，做活一窝蜂”的现象，使社员产生消极情绪。

这些问题的存在，直接影响了当年的农业生产。我国虽然没有出现苏联合作化中那样明显的下降和破坏，但由于后期的急躁冒进，仍然对农业生产造成了一些影响。这一年除大豆、烤烟、茶叶超额完成了计划外，其他都没有完成计划，粮食虽有增产，但只完成97.3%。棉花减产147万担，比上年下降4.8%。许多地方的副业生产下降1/3到1/2。牲畜除占比重很小的骆驼外，各种牲畜都没有完成计划。生猪仅完成65%，比上年减少350万头，比1952年还下降535万头，其余水牛、驴、骡减少70万头。最突出的是东北3省和淮河以北的山东、河南、河北、陕西4省，从1954年6月到1956年6月，大家畜共减少190万头。虽然产生这种状况的一个重要的原因是1956年遭受了较严重的自然灾害，但与急躁冒进造成的问题不是没有关系的。

五、农业合作化的经验教训

从我国的农业合作化运动中，可以吸取哪些经验教训呢？

第一，在必要和可能的情况下，适当改变生产关系以解放生产力是正确的，但生产关系变革的速度必须和生产力发展的水平相适应。我国在土地改革以后，逐步引导农民走合作化的道路，对农业生产的发展是有利的。但是，以后片面强调了变革生产关系可以促进生产力发展的一面，没有看到生产关系的变革超出了生产力发展的水平，也会影响和阻碍生产力的发展，计划一年比一年快，要求一次比一次急，同时规模上过分强调大，工作上不加区别地一刀切，便在一个长期间内遗留了很多问题，管理体制和社队规模与生产力的发展水平、干部的管理水平不相适应。在后来的合作社及人民公社中，经营管理水平一直是一个突出的薄弱环节，特别是在贯彻按劳分配和建立健全生产责任制方面，长期没有显著的改进和突破，使农民的积极性不能不受到挫伤和压抑。因此搞了二十多年之后，不得不重新建立农业生产责任制，这个教训是很深刻的。如果在农业合作化中不急躁冒进，我国的农业生产必定能较早地获得较快的发展。

第二，必须同时注意两种倾向，特别在大的群众运动中，要注意防“左”。中共中央在 1953 年正式公布的过渡时期总路线，说要在 10 年到 15 年或者更长一段时间内，基本上完成国家工业化和对农业、手工业、资本主义工商业的社会主义改造。合作化运动的前期和中期，基本上还是稳步前进的，但是以后只强调反右，不准反“左”，甚至把正确的东西也当作右倾来批。合作化后期的急躁冒进，与 1955 年对“右倾保守”的错误批判是有直接关系的。问题发生以后又没有引起足够的重视，实际上便种下了 1958 年“大跃进”错误的种子。我国是一个贫穷落后的国家，“左”的急躁冒进、急于求成的情绪很容易滋长，特别是在大的群众运动中，这种情况更往往难以避免。因此时刻注意防止两种倾向，特别在大的群众运动中注意防止“左”的倾向，是十分重要的。

第三，要注意防止和批判农业社会主义思想的影响，克服平均主义。1951 年 7 月 13 日刘少奇在对中共山西省委的报告批语中提出这个问题，不是没有道理的，可惜以后只注意所有制的改造，对这个问题没有给予重视。认为“公有化”程度越高越先进，越平均越是社会主义，片面强调办大社，1958 年进一步强调“一大二公”，大刮“共产风”，这种脱离了生产力发展水平的“公有化”和平均化，实际上都是这种思想影响的表现。我国是一个农业国，农业社会主义思想和平均主义有着广泛而深厚的社会基础，重视这个问题并注意消除其影响，是不容忽视的。

第四，发展农业以及搞社会主义，不能采取一种模式，一种途径，应尊重群众的意愿，让群众自愿选择，不能通过行政命令和群众运动，硬要群众采取什么模式。按照马克思主义的理论，在革命成功后是应该逐步把农民组织起来走集体化道路的。全国土地改革完成以后，在少数条件成熟的地方进行合作化的试验也是应该的。从当时的情况来看，广大农民对组织临时互助组和长年互助组也是欢迎的。但对于交出土地、牲畜和大农具，组织农业合作社，很多农民是犹豫的、存有疑虑的，在这种情况下，本应让农业合作社、互助组、个体农民展开竞争，让农民通过比较自由选择，充分发挥各种经济形式的作用。在当时生产力水平、干部组织管理水平还很低的情况下，在土地改革后广大农民生产积极性非常高涨的情况下，让多种经济形式并存并充分发挥其作用，是只有好处而没有坏处的。可是当时认为只有办合作社才是走社会主义道路，只有把农民组织进合作社才能促进农业的发展，解决粮食供求之间的矛盾，于是采取行政命令、群众运动等手段，在很短的时间把农民组织到初级农业合作社之中，并接着实现了高级合作化和人民公社化。实践已经证明，这条道路并不成功。如果当时尊重农民的意愿，在一个较长的时期内让多种经济形式并存，互相竞争，让农民自愿选择，以后就可能走上多种形式的合作社、互助组、家庭农场等多元化的道路，农业、副业和商业等可能会得到较快的发展，许多问题也可能会得以避免。

【评文记事】

此文写好后，因担心受到批评，未敢发表。1981 年 6 月《中共中央关于建国以来党的若干历史问题的决议》作出后，即按照历史决议的调子进行修改，发表于《黄石师范学院学报》1982 年第

2期。1993年收入自己在广西教育出版社出版的《中国革命和建设史论集》时，仍恢复原稿并作了较大的修改。由此可见，要写出一点有价值的东西，必须不怕批评。如果前怕狼后怕虎，就写不出什么有价值的东西。

人民公社化的经验与教训

人民公社，这个曾被誉为通向共产主义天堂的“金桥”，从 1958 年以迅猛之势出现于中华大地，到改革开放后实行政社分开、基本上被取消为止，在这几十年的岁月中，曾围绕着它展开过一场场激烈的争论，进行过一场场惊心动魄的斗争，在实践面前，它不得不一次次改变着自己的面貌。但四分之一多个世纪过去了，它并没有把人们带入天堂，而是留下了无数的教训。时至今日，我们应该怎样看待它的产生、发展以至消失，又从中可以吸取些什么呢？

一、主观愿望的产物

实践已经证明，人民公社的成立并不是当时形势发展的必然趋势，不是我国经济和政治发展的必然产物，也不是群众自发搞的，而是毛泽东等中央领导人提倡和发动的结果，是急于求成、急于过渡的“左”倾思想与社会主义空想论的产物。

早在 1957 年 1 月 7 日，陈伯达便在《关于福建莲塘乡农业生产合作社的一些问题向中央和主席的报告》中提出，可以把乡（村）社合一和把供销合作社、信贷合作社并到农业生产合作社。中共中央书记处认为这两个问题牵扯较大，决定暂不实行。但二三月间毛泽东在跟陈伯达的一次谈话中认为，乡社合一将来就是共产主义雏形，什么都管，工农商学兵。可见，毛泽东在这时已经同意乡社合一的主张了。而乡社合一，正是人民公社的一大特点。

建立大社，尽快过渡，更是毛泽东的一贯思想。在 1958 年 3 月召开的成都会议上，他就提出为了适应农田水利化和以后耕作机械化的需要，应将小社并为大社，并一再肯定“好大喜功，急功近利，鄙视既往，迷信将来”（张奚若对中共党内骄傲情绪的批评）是正确的，提出可以考虑一个省首先进入共产主义的问题。正是根据他的提议，会议通过了《关于把小型的农业合作社适当地合并为大社的意见》，在全国掀起了小社并大社的热潮，从而为人民公社的成立铺平了道路。

1958 年 4 月底，刘少奇等到广州向毛泽东汇报筹备八大二次会议的情况时，他们又谈了向共产主义过渡的问题及设想。据陆定一在 5 月召开的中共八大二次会议上发言说，毛泽东和刘少奇谈到几十年以后我国的情景时曾经这样说：那时我国的乡村中将是许多共产主义的公社，每个公社有自己的农业、工业，有大学、中学、小学，有医院，有科学研究机关，有商店和服务行业，有交通事业，有托儿所和公共食堂，有俱乐部，也有维持治安的警察，等等。若干乡村公社围绕着城市，又成为更大的共产主义公社。前人的乌托邦的梦想将被实现，并将被超过。于是会后有些地方在传达时，提出可以试办个别公社。到 6 月间，中共中央和毛泽东便“选定了‘人民公社’这样一个比较最能表现这一组织的内容和最能受到群众欢迎的名称”。这样，关于人民公社的设想和名称，便都有了。

这年 7 月 1 日，陈伯达在《红旗》第 3 期发表的《全新的社会，全新的人》中，第一次公开提出了人民公社的名称，说“把一个合作社变成为一个既有农业合作又有工业合作的基层组织单位，实际上是农业和工业相结合的人民公社”。接着他在 7 月 16 日出版的《红旗》第 4 期上发表的《在毛泽东的旗帜下》中，再次明确地提出：“毛泽东同志说，我们的方向，应该逐步地有次序地把‘工（工业）、农（农业）、商（交换）、学（文化教育）、兵（民兵，即全民武装）’组成为一个大公社，从而构成为我国社会的基本单位。”毛泽东的号召，立即促成了全国第一批人民公社的产生。成都会议后于 4 月 20 日由 27 个小社组成的河南遂平县卫星集体农庄，就是在这时改名为人民公社的。河南新乡县七里营等人民公社，也是于此时宣告成立的。

但是，人民公社这时在全国并不普遍，还在等待着更强有力的政策支持。于是，毛泽东于 8 月上旬视察了河北、河南、山东等地。在河南他与吴芝圃等谈话时说：“人民公社这个名字好，包括工、农、兵、学、商，管理生产，管理生活，管理政权。人民公社前面加上个地名，或者加上群众喜欢的名字。”在山东，当他听到谭启龙汇报历城县北园乡准备办大农场时又说：“还是办人民公社好，它的好处是，可以把工、农、商、学、兵合在一起，便于领导。”从此，“人民公社好”的口号传遍全国，人民公社像雨后春笋般地涌现了出来。

8 月 29 日，在北戴河召开的中共中央政治局扩大会议，正式通过了《关于在农村建立人民公社问题的决议》，认为“人民公社将是建成社会主义和逐步向共产主义过渡的最好的组织形式，它将发展成为未来共产主义社会的基层单位”，“我们应该积极地运用人民公社的形式，摸索出一条过渡到共产主义的具体途径”，并且兴高采烈地欢呼：“看来，共产主义在我国的实现，已经不是什么遥远将来的事情了！”这个决议，使人民公社化迅速进入全面高潮。到 9 月 29 日仅 1 个月的时间，全国便建起了人民公社 23000 多个，加入农户 1.1 亿多户，占总农户的 90％以上，基本实现了人民公社化。

人民公社的基本特点是一大二公，政社合一。大，即规模大，一般是一乡一社、一区一社，有的一县一社甚至几县一社。如到 9 月底便有 13 个省 94 个县建立了县人民公社或县联社，河南修武县 13 万人建立了一个以县为单位的人民公社。公，即公有化程度高，一是所有制成分提高，如河南人民公社的“生产资料由集体所有制变成全民所有制，进一步彻底消灭了私有制的残余（社员自留地、牲口、少量大件生产工具，主要家庭副业如猪、羊、小片林木等归社）"；二是实行工资制和供给制相结合的分配制度，大办公共食堂，吃饭不要钱，少数社甚至"已实行衣、食、住、行、生、老、病、死、学、育、婚、乐都由公社包干供给"。政社合一，即工、农、商、学、兵五位一体，政治、经济、文化、军事全面结合，政权与生产组织合二为一，而且劳动组织军事化，行动战斗化，生活集体化，家庭劳动社会化，并且提倡破除"资产阶级法权"，缩小商品交换。实际上，这是通过群众运动的形式，提高所有制、扩大供给制、缩小商品交换，把广大农民组织到了一个个大集体之中，让他们在生产力极端低下、物质非常贫乏的基础上，过上了一种军事共产主义色彩很浓的人人劳动、平均分配的平等生活。

对此，毛泽东是很欣赏的。1958 年 12 月，他在中共八届六中全会上曾指示印发《三国志》中的《张鲁传》，作为文件供与会者参阅，并写了一段很长的按语，其中说："我国从汉末到今一千多年，情况如天地悬隔。但是从某几点看起来，例如，贫农、下中农的一穷二白，还有某些相似。"该传"张鲁祖孙三世行五斗三世，行五斗米道。行五斗米道，'民夷便乐'，可见大受群众欢迎。其法，信教者出五斗米，以神道治病；置义舍（大路上的公共宿舍），吃饭不要钱（目的似乎是招徕关中区域的流民）；修治道路（以犯轻微错误的人修路）；'犯法者三原而后行刑'（以说服为主要方法）；'不置长吏，皆以祭酒为治'，祭酒'各领部众，多者为治头大祭酒'（近乎政社合一，劳武结合，但以小农经济为基础），这几条，就是五斗米道的经济、政治纲领。"这说明，人民公社的建立与古代的大同理想是连在一起的。

二、第一次后退与庐山会议前后的斗争

到 1958 年 12 月，全国已成立 2．6 万多个农村人民公社，参加的有 1.2 亿多户（包括一部分城镇的非农业户），更彻底地实行了公社化。

由于急于向共产主义过渡，普遍提高所有制和实行供给制，在人民公

社建立的过程中，各地普遍刮起了“共产风”。一是穷富拉平；二是积累太多，义务劳动太多；三是“共”各种“产”，无偿地平调生产大队、生产队及社员个人的劳力、土地、财产，没收社员的自留地、林木及一部分鸡鸭、猪羊、生活用具等。“一平、二调、三收款”，造成了很大的混乱，引起了广大农民的恐慌，极大地影响了农民的生产积极性。加上在“大跃进”中主要劳力都被迫去大修水利、大炼钢铁，农村中劳力缺乏，很多农作物及果木产品没有收回来。公共食堂吃饭不要钱，造成了极大的浪费，到 1958 年年底至 1959 年年初，很多地方的公共食堂已经无法维持，农民不但没有进入“共产主义天堂”，反而开始了长达几年的挨饿的艰难生活。

鉴于这种情况，毛泽东与中共中央连续召开了一系列会议，采取了一些纠正的措施。1958 年 11 月 2 日至 10 日，在郑州召开了有部分中央领导人、大区负责人和部分省市委书记参加的工作会议（即第一次郑州会议），指出必须划清集体所有制和全民所有制、社会主义和共产主义两种界限，并批驳了陈伯达等要求废除商品生产、实行产品调拨的错误主张。11 月 28 日至 12 月 10 日，接着在武昌召开了中共八届六中全会，通过了《关于人民公社若干问题的决议》，指出不应当无根据地宣布人民公社“立即实行全民所有制”，甚至“立即进入共产主义”，仍应保留按劳分配制度和商品生产、商品交换。1959 年 2 月 27 日至 3 月 5 日，中共中央在郑州召开了政治局扩大会议（即第二次郑州会议），指出必须纠正“平均主义倾向和过分集中倾向”，制定了《关于人民公社管理体制的若干规定（草案）》，提出应实行公社、管理区（或生产大队）、生产队（大体相当于原高级农业社）三级管理和核算，以队（实际上是生产大队）为基础。4 月 2 日至 5 日，又在上海召开了八届七中全会，通过了《关于人民公社的十八个问题》，规定“生产小队也应有部分的所有制和享有一定的管理权限”。这些会议和措施，对于纠正“共产风”和盲目提高所有制的做法，起了一些积极的作用。但是，这些会议和规定，都是在充分肯定人民公社的前提下召开和作出的，因而不可能从根本上纠正当时的“左”倾错误。

1959年7月2日至8月16日，中共中央在庐山先后召开了政治局扩大会议和八届八中全会。会议的前期还是为了总结经验，继续纠正错误。但是当7月14日彭德怀给毛泽东写信中肯地批评了1958年以来的一些“左”倾错误之后，毛泽东却认为这是要从根本上否定人民公社，“右倾”已经成了主要危险，转而在全党开展了一场捍卫人民公社等“三面红旗”的“反右倾”斗争。

在“反右倾”运动中，各地严厉地批判了所谓否定人民公社的“优越性”，否定供给制和公共食堂等方面的“右倾”言论和思想，并批判了一些地方出现的“生产小队基本所有制”，“包产到户”，利用“小私有”“小自由”发展家庭副业等纠正“左”倾错误、渡过生活难关的正确做法，不顾实际地继续坚持生产大队（相当于高级社）所有制和公共食堂，有的领导甚至还在考虑人民公社从基本队有制向基本社有制过渡的条件和时间问题，如谭震林在1959年12月主持召开了浙、皖、苏、沪四省市关于人民公社过渡问题的座谈会。为了维护人民公社“一大二公”的所谓优越性，在人民群众普遍挨饿的极端困难的情况下，中共中央还在1960年3月18日发出《关于加强公共食堂领导的批示》，在1960年5月15日发出《关于切实注意劳逸结合保证持续大跃进的指示》，以及坚持“工资制与供给制相结合的分配制度”的《关于农村人民公社分配工作的指示》，并于这年3月要求大办城市人民公社。

但是，“反右倾”运动不但不能挽救生活极端困难的广大农民，反而进一步促进了“共产风”的泛滥，助长了一些干部的贪污、浪费、官僚主义、瞎指挥、特殊化、浮夸风及强迫命令，加剧了农民的生活困难和不满情绪。例如湖北省沔阳县通海口公社的“共产风”，更是“年年季季在刮”，“边处理边刮”。刮“共产风”的单位“上自省级，下至小队，一杆到底，根深蒂固”；刮“共产风”的范围，“大自土地、粮食、房屋，小至镰刀、筷子、夜壶，什么都刮”；生产队以下的“共产风”，“更是一阵接一阵，干一件什么事情，搞一个什么运动，就刮一次，就是一次大破坏。比如，搞木轨化，就拆房子、献木料；搞五有化，也是拆房子盖猪圈；盖了猪圈没有猪，又得拉社员的猪子；搞车子化，就砍光社员的树；搞大协作，就乱调人，乱吃饭，乱拿工具。公社化以来，城关管理区全区性的‘共产风’就有二十五次”。这一次次的“共产风”，造成严重的损失。仅通海口公社“‘共产风’中所拆毁的房屋、死亡的耕牛、损坏的农具、家具这几项，若按人口平均，每人要损失 50 元左右，多的达到 100 多元，这个损失，就相当于一年到两年的分配收入”。

在这种情况下，中共中央不得不再次号召各地纠正“共产风”等错误，并于 1960 年 8 月 10 日发出《关于全党动手，大办农业，大办粮食的指示》。自 1960 年 11 月至 1961 年 6 月，中共中央制订了一系列重要文件：1960 年 11 月 3 日，发出了《关于农村人民公社当前政策问题的紧急指示信》及《关于贯彻执行〈紧急指示信〉的指示》；11 月 15 日，发出了《关于彻底纠正“五风”（共产风、浮夸风、命令风、干部特殊风和对生产瞎指挥风）问题的指示》；1961 年 1 月 20 日，发出了《中央工作会议关于农村整风整社和若干政策问题的讨论纪要》；3 月 13 日，发出了毛泽东关于纠正平均主义的一封信；3 月 22 日，将《农村人民公社工作条例（草案）》发到全国农村进行讨论；6 月 19 日，发出了《关于坚决纠正平调错误、彻底退赔的规定》。这些文件强调纠正“五风”，号召整风整社，对于纠正当时的“左”倾错误起了积极的作用。但是，又强调人民公社“越来越表现出无比的优越性。当前的整个形势是大好的”，“三面红旗是吹不倒的”，对于那些所谓“借端攻击人民公社”的言论必须选择适当时机“予以反击”，并坚持以生产大队为基本核算单位，强调继续实行工资制和供给制相结合的分配制度，办好公共食堂。这样，人民公社的体制虽然从成立时的公社所有制后退到了生产大队所有制即高级社的水平，“共产风”等基本得到了纠正，但这种体制和分配制度仍然是超越于当时的生产力水平的。

三、第二次后退与大抓阶级斗争

由于以生产大队为基本核算单位的管理体制和工资制、供给制相结合的分配制度，仍然超越于当时的生产力发展水平，不符合农民群众的要求，所以不得不再次后退。1961 年 6 月 15 日，中共中央将《农村人民公社工作条例（修正草案）》发到全国农村讨论和试行。在这个修正草案中，取消了关于实行工资制和供给制相结合的分配制度以及办好公共食堂的条款。10 月 7 日,中共中央又发出《关于农村基本核算单位问题的指示》,提出“就大多数的情况来说，以生产队为基本核算单位，是比较好的”，并于 1962 年 2 月 13 日发出《关于改变农村人民公社基本核算单位问题的指示》，明确规定以生产队为基本核算单位，生产队的规模大体上以二三十户为宜，规模过大的应当进行调整。这样,人民公社的名称和框架虽然继续得以保留，但管理体制实际上已后退到了初级农业社的水平。

将基本核算单位由生产大队后退到二三十户规模的生产队，这是人民公社管理体制上的一项重要的改变。但是，由于生产上的瞎指挥，管理上的混乱，分配上的平均主义，很多地方的社员生产积极性仍然不高。加上几年来农民生活极端困难，大批的人由于挨饿得了肝炎、水肿，甚至被活活饿死。为了调动群众的积极性，并渡过难关，安徽、河南、广西、广东、湖南等一些地方，从 1961 年起，分别实行了“定产到田，责任到人”，“包工、包产到户”等各种形式的农业生产责任制，有些地方甚至出现了包工、包产或借地耕种、自种自收的现象。在 1962 年 5 月召开的中共中央会议上，邓子恢在发言中肯定了“责任到田”，“包产到户”等生产责任制，并在向党中央和毛泽东写的《关于当前农村人民公社若干政策问题的意见》中，提出在社会主义条件下，“允许社员在一定范围内经营一些小自由、小私有，是只有好处，没有坏处的”。但是在这年 8 月召开的北戴河会议上，他被指责为支持农民搞单干,刮“单干风”;随后又在中共八届十中全会上遭到批判。

中共农村工作部被认为“十年没有办一件好事”，11 月 9 日被撤销。9 月 27 日，中共八届十中全会通过了《关于进一步巩固人民公社集体经济、发展农业生产的决定》，并正式通过了《农村人民公社工作条例（修正草案）》，强调坚持以生产队为基础的三级所有制，巩固和发展集体经济。从此以后，人民公社的这种体制一直被延续了下来。

以生产队为基础的三级所有制，终究比公社所有制和生产大队所有制接近生产力发展的水平，因而在一定程度上促进了生产的恢复和发展。从 1962 年到 1965 年，农业生产的恢复和发展还是比较快的。但是，中共中央和毛泽东在“以阶级斗争为纲”思想的指导下，把农村中的问题看得过于严重，认为到处存在着严重的尖锐的阶级斗争，存在着资本主义和社会主义两条道路的斗争，因此错误地决定在全国农村开展一场大规模的社会主义教育运动，并把它看成是决定社会主义成败的根本问题。1963 年 5 月 10 日，中共中央发出《关于抓紧进行农村社会主义教育的批示》;5 月 20 日，接着印发了《中共中央关于目前农村工作中若干问题的决定（草案）》（即“前十条”）；9 月，又讨论制定了《中共中央关于农村社会主义教育运动中一些具体政策的规定（草案）》（即“后十条”）。为了开展农村社教，采用人海战术，抽调了大批的工作队下乡。随着运动的进展，对农村阶级斗争的形势估计得越来越严重，以致在 1964 年 9 月 18 日正式发布了“后十条”的修正草案，并于 10 月 24 日发出《关于社会主义教育运动夺权斗争问题的指示》，使许多地方出现了打击面过宽、斗争过火的错误，伤害了大批的农村基层干部。后来中共中央虽然在 1965 年 1 月 14 日发出的《农村社会主义教育运动中目前提出的一些问题》（即“二十三条”）中，对这些问题有所纠正，但又提出社教运动的根本性质是社会主义和资本主义的矛盾，运动的重点“是整党内那些走资本主义道路的当权派”，从而进一步发展了阶级斗争扩大化的理论，为“文化大革命”的发动作了思想上、理论上的准备。

随着经济的恢复和“左”倾思想的发展，毛泽东在发动“文化大革命”的同时，又一次提出了他的空想社会主义的主张，企图通过“文化大革命”来实现他的“美好理想”。1966年5月7日，他在给林彪的信（即“五七指示”）中提出：“公社农民以农为主（包括林、牧、副、渔），也要兼学军事、政治、文化。在有条件的地方，也要由集体办些小工厂，也要批判资产阶级。”正是根据这一指示以及“文化大革命”中越来越发展的极“左”思潮，到处“割资本主义尾巴”，大搞“穷过渡”，大批“资产阶级法权”，并把“农业学大寨”运动纳入了两个阶级、两条道路、两条路线斗争的轨道，从而挫伤了农民的生产积极性。在“以粮为纲”的思想指导下，十年动乱期间粮食产量虽然有所增长，但林、牧、副、渔等发展长期停滞，大部分农民的生活长期没有得到改善，广大贫困地区甚至连温饱问题都没有解决，很多地方的农民劳动一天只能得到几分钱，辛苦劳动一年还要倒欠队里的款，生产大队、生产队甚至连买纸、打油的钱都没有，毛泽东的“美好理想”又一次没有实现。

四、新条件下的“冒进”与最后的结局

1976年10月粉碎“四人帮”以后，本应立即拨乱反正，落实各项政策，使农村工作走上正常发展的轨道。但此时的中国却陷入了两年徘徊的局面。

早在1975年10月召开的全国农业学大寨会议上，华国锋就提出“普及大寨县是全党的战斗任务”，而普及大寨县的一个重要内容，“就是要把全国每个县都建设成坚持毛主席的无产阶级革命路线、坚持社会主义道路的战斗堡垒”。所以在普及大寨县的过程中，各地都大抓阶级斗争，大砍“资本主义尾巴”。不仅如此，中共中央和国务院还极力强调将核算单位由生产队向大队过渡。在1976年12月召开的第二次全国农业学大寨会议上，陈永贵在代表国务院所作的报告中提出，“要充分发挥人民公社一大二公的优

越性，巩固和发展人民公社制度”，“促进公社、大队两级经济的发展，为逐步过渡创造条件”。1977 年 12 月 19 日中共中央转发的《普及大寨县工作座谈会讨论的若干问题》的汇报提纲，更明确地提出：“实现基本核算单位由生产队向大队的过渡，进一步发挥人民公社‘一大二公’的优越性，是前进的方向，是大势所趋。各级党委应当采取积极热情的态度，做过细的工作，因势利导，努力创造条件，逐步向以大队为基本核算单位过渡。”

根据这个精神，有的地方开始搞过渡的试点，北京等省市甚至决定过渡一批大队，如陕西省长安县召开万名党员动员大会，各队敲锣打鼓报名，到 1978 年 1 月 6 日，县委已批准过渡 67％的大队；吉林省伊通县计划过渡 34％，县委成立了过渡办公室，省委也在那里试点。1977 年 6 月 22 日，国务院还批转了农林部、轻工业部《关于把农村手工业企业划归人民公社领导管理的报告》，认为这对于“进一步发挥人民公社制度的优越性”，“缩小三大差别”，具有重要的意义。

1978 年 12 月召开的中共十一届三中全会，是一次具有历史意义的会议。会议认为必须集中主要精力把农业生产尽快搞上去，提出必须切实保障人民公社、生产大队、生产队的所有权和自主权，坚决实行三级所有、队为基础的制度；不允许无偿调用和占用生产队的劳力、资金、产品和物资；必须认真执行按劳分配的社会主义原则，克服平均主义；社员自留地、家庭副业和集市贸易是社会主义经济的必要补充部分，任何人不得乱加干涉，并原则通过了《农村人民公社工作条例（试行草案）》。1979 年 9 月 28 日，中共十一届四中全会又通过了《中共中央关于加快农业发展若干问题的决定》。这些会议和文件，对于恢复和发展农业生产，起了重要的作用。但是，当时的出发点还是维护和巩固人民公社制度。正是由于这个原因，1979 年 7 月 29 日国务院还发出了《关于农村基层供销社划归人民公社经营试点的通知》。

但是，随着联产承包责任制的实行，人民公社的体制越来越不适应，政社分开成为必然的趋势。1982 年 12 月 31 日，中共中央在《当前农村经济政策的若干问题》的文件中，明确提出："政社合一的体制要有准备、有步骤地改为政社分设，准备好一批改变一批"。随后，政社分设的工作逐步推开。到1986年9月，全国农村人民公社政社分开、建立乡政府的工作全部结束。9月26日，中共中央、国务院在《关于加强农村基层政权建设工作的通知》中指出："这是我国农村继普遍推行联产承包责任制以后，又一项具有深远意义的改革。这项改革已经取得了初步成效，开始改变党政不分、政企不分的状况，加强了党的领导和基层政权的建设，适应了农村经济体制改革的新形势，促进了农村经济的发展。"随着政社的分开和乡政府的建立，人民公社制度实际上也就被撤销了。

五、关于人民公社兴衰的几点感想

人民公社在它存在的近30年时间中，并不是没有办得好的。凡是领导坚强、政策对头的社队，集体经济都得到了显著的发展，人民生活也得到了较大的改善。这些地区和单位，到现在大部分仍然是比较先进的地方。即使在那些搞得不好的地区，通过近30年间水利的兴修，土壤的改良，以及对农民科学知识的传播，也为实行农业生产责任制以后的迅速发展和繁荣奠定了基础。如果没有这个基础，实行农业生产责任制以后短短几年的大变化，是很难出现的。因此，对人民公社不应全盘否定，它还是有其功劳的。

但是，从全国的大多数地区来看，人民公社是办得不成功的，虽然它从1961年起就后退到了初级社的水平。如果拿它创办的最初目的，即准备向共产主义过渡来说，那更是完全失败的。

从人民公社的历史中，我们应该吸取些什么经验教训呢？

首先，生产关系一定要适合生产力的发展水平，不能急于变革，急于过渡。在农业合作化运动后期，本来就存在着要求过急、工作过粗的毛病，不适当地将初级农业合作社一下子改变成了高级农业合作社。而普遍建立高级社以后，还没得到巩固，生产也没得到发展，便在仅隔一年多的短暂时间中，忽然大办起了人民公社，并想通过它很快过渡到共产主义社会，实现大同社会的理想。但是，美好的社会并不是只凭主观愿望就可以实现的，历史并不是想让它发展多快就可以发展多快的。人民公社刚刚成立，就在实践中碰了壁，造成了严重的损失，不得不从成立之初的公社所有制后退到生产大队所有制，再后退到生产队所有制，仍然回复到初级社的水平。但即便如此，就全国大部分地区来说，它仍然与生产力的发展水平不相适应，所以在农业生产责任制发展起来以后，不得不在实际上加以撤销。这说明，仅凭主观愿望靠通过变革生产关系来实现一个超越实际的空想，是根本不可能的。

其次，不管搞什么工作，都要深入进行调查研究，通过典型试验，不能靠群众运动，大轰大嗡。在农业合作化开展初期，中共中央是强调调查研究、典型试验、稳步前进的。但是当运动开展起来以后，就不是依靠办好合作社来吸引群众自愿参加，而是靠行政命令和群众运动，在很短的时间内在全国实现了初级农业合作化。以后，又以更快的速度实现了高级农业合作化、人民公社化。但实践已证明，这种通过群众运动、大轰大嗡来实现一场深刻的社会变革的方法，是不成功的。从表面上来看虽然很快达到了目的，但实质上是欲速则不达，到后来不得不重新从头做起。如果在办初级农业合作社时，就严格按照典型试验、吸引群众自愿参加的办法，稳步地加以发展，以后的很多问题都可以避免，我国的农业生产会比现在快得多。

再次，搞社会主义应该多种模式、多种途径，不能一种模式、一种途径。我国的农业合作化，虽然有自己的创造，但基本上是照搬苏联的模式。后来搞人民公社，也基本上是按照苏联办集体农庄的模式，虽然加上了不少中国的特点。这种模式，只注意发展集体经济，不注意发挥个体经济的作用，甚至强调越纯越好；只注意发展农业，不注意发展林、牧、副、渔等其他各业，在农业中也只是强调发展粮食，以粮为纲；只注意产品的计划性，忽视商品经济的发展，割断了同商品经济的联系；只注意分配上的公平，实质上是实行平均主义，而忽视按劳分配的原则；等等。因而，不能不挫伤群众的积极性，出现“干活磨洋工”“干不干一个样”等现象，使农业经济的发展失去了活力，甚至越走路子越窄。如果采取互助组、合作社、家庭农场等多种形式并存的方法，让其互相竞争，同时发挥多种经济成分的作用，而不是一种模式；在实行计划经济的同时，积极发展商品经济；在发展粮食生产的同时，大力发展林、牧、副、渔各业；在注意分配公平的同时，真正实行按劳分配的原则，农民的生产积极性肯定会提高，农业生产的发展肯定会加快。

最后，要善于倾听群众的呼声，发现了缺点、错误要及时改正，不能硬要坚持，甚至加以发展。人民公社成立之后普遍出现的问题，凡是稍微了解实际情况的人是有目共睹的，毛泽东自己也曾提出一系列纠正的措施，但是当彭德怀在庐山真实地反映群众呼声，中肯地提出批评之后，却反过来横加挞伐，继续坚持“左”倾错误，从而加剧了当时已经充分显露出来的严重困难。后来邓子恢提出实行各种形式的农业生产责任制，受到广大农民的欢迎，毛泽东却认为这是搞资本主义，大加批判，并提出狠抓阶级斗争。当实践已经证明公社所有制和生产大队所有制已经行不通之后，有的领导同志还三番五次提出实行过渡，毛泽东甚至想通过“文化大革命”实现他的“五七”理想。所有这些，都造成了很不好的后果。如果在彭德怀提出批评后不是反右而是继续反“左”，认真解决人民公社发展中的问题；如果在邓子恢提出实行各种形式的农业生产责任制之后，根据群众的要求充分加以肯定，而不是坚持错误的一套甚至还不时想加以发展，人民公社的问题可能会较早地得到解决，各种形式的农业生产责任制可能会在60年代初就普遍实行。

（原载《党史研究与教学》1992年第5期）

“四清”运动中重划阶级成分始末

重划阶级成分，是“四清”运动中的一个重要问题。现在已经出版、发表的关于“四清”运动的论著虽然很多，但大部分论著都没有谈到这个问题。因此，对这个问题很有探讨的必要。

一、重划阶级成分问题的提出

早在“四清”运动开展以前，中共中央就多次把农村中因大饥荒引起的很多问题归结为民主革命不彻底，认为是阶级敌人在搞破坏。例如1960年11月15日，毛泽东在对中央精简干部和安排劳动五人小组《关于中央一级机关抽调万名干部下放基层情况的报告》的批示中，把农村问题归结为“坏人当权”，说“民主革命尚未完成，封建势力大大作怪，对社会主义更加仇视，破坏社会主义生产关系和生产力”。当时，河南省信阳地区因虚报浮夸等严重错误，导致大批地饿死人，引起广大干部和群众的不满，可是中共信阳地委在1960年12月22日给省委并报中央、中南局的报告中，颠倒黑白地说其性质“是反革命复辟，是民主革命不彻底”，提出要像土改一样大搞整风运动，进行民主革命补课。1961年1月1日，中共中央在《对信阳地委关于整风整社运动和生产救灾工作情况的报告的批示》中，却认为这是“一个很好的文件”，要“迅速掀起整风整社的高潮，彻底孤立和打倒反革命复辟势力”。

尽管中共中央认为很多地方民主革命不彻底，但当时并不主张在农村重划阶级成分。1961年6月15日《中共中央关于讨论和试行〈农村人民公社工作条例（修正草案）〉的指示》在谈到整风整社的政策时强调："今后在整风整社中，不要预先划分社、队的类别，和干部的类别，也一般地不要在群众中重划阶级成分。各个社、队和干部的问题，属于什么性质，应该经过整风整社工作以后，实事求是地慎重地作出结论，不要拿'民主革命不彻底'的框子到处去套。"

"四清"运动开展以后，随着对阶级斗争形势估量得越来越严重，重划阶级成分的问题被逐渐提了出来。在1963年5月于杭州召开的制定《中共中央关于目前农村工作中若干问题的决定（草案）》即"前十条"的会议上，刘澜涛就提出西北许多地方的土改很不彻底，个别地方地主阶级根本未打倒，很猖狂，毛泽东立即表示："我们现在有些地方是民主革命尚未成功，有些地方是社会主义革命尚未成功。"那些地主阶级根本未打倒的地方，"是重新革命的问题"。

毛泽东肯定这个问题以后，在1963年7月10日至20日国务院农林办公室召开的部分中央局农办和省市委农村工作部的同志参加的座谈会上，就对要不要重划阶级成分，以什么标准和时间划阶级成分的问题进行了讨论。7月20日写成的《关于组织农村革命阶级队伍的若干问题（草稿）》（贫农、下中农组织问题座谈会讨论纪要），反映了这次座谈会上意见，其主要内容是：（一）一致认为"前十条"即《中共中央关于目前农村工作中若干问题的决定（草案）》的规定是正确的，一般不应重划。但是，在组织阶级队伍的过程中，对原来划定的成分进行个别的审查和调整是必要的，需要重新审查和调整的包括这样几种人：（1）确实是漏划的地主、富农；（2）合作化前内定的成分不准的，把贫农和下中农定为上中农，或者把上中农定为贫农、下中农；（3）合作化以后，依靠投机剥削等手段而上升的新生资产阶级分子，新生富农。（二）合作化前夜，没有在土地改革时候的贫雇农和中农的基础上，重新划过贫农、新、老上中农和新、老下中农 5 部分人，或者虽然划过，也划得很不准确，在这些地方，是否有必要按合作化前夜的情况，重新划分 3 部分人？（三）对于一部分和平土改的地区和民主革命、社会主义革命不彻底的 3 类队，是否要重划阶级？有的主张划，有的认为划清两头，即地、富、反、坏和可以参加贫农下中农组织的人就行了。（四）内定的新、老上中农和新、老下中农，是否要经过本人和向群众公布？（五）以什么标准来划新上中农？（六）以什么标准划分新生资产阶级分子和新生富农？是否给他们戴新生资产阶级分子或新生富农的帽子？大家认为新生资产阶级分子或新生富农，主要是指合作化以后，由农民内部分化出来的少数依靠投机倒把、贪污盗窃、雇工放债等剥削手段而发财致富的分子，据会议提供的 4 个典型调查材料，这种分子占农民人口的百分之一左右。但是大家觉得，对于构成新生资产阶级分子和新生富农的剥削时间和剥削分量，似乎应该有一个统一的规定。有的人说，如果按照《中央人民政府政务院关于划分农村阶级成分的决定》连续 3 年剥削，其剥削收入超过其全家收入百分之二十五为标准，则真正构成这种分子的，是极个别的。因为投机倒把等活动主要是从 1961 年开放农村集市（有的地方 1962 年才开放）、恢复自留地、开荒和搞家庭副业以后发展起来的，时间还不到三年。有的人说，以贪污的钱或投机剥削获取暴利的钱为标准，也是很难确定一个统一的标准。对于是否戴上新生资产阶级分子和新生富农的帽子；有的主张内部掌握，不公开戴帽子，只进行批判；有的主张经过民主评议和一定的批准手续，公开宣布戴上帽子；有的主张不笼统地戴新生资产阶级分子和新生富农的帽子，应按其问题的性质，是什么问题就戴什么分子的帽子，如贪污盗窃、投机倒把分子等；有的说，戴这种帽子也要十分慎重，可戴可不戴的不戴，经过教育悔过自新，洗手不干的，也可以不戴。（七）土改时漏划的地主、富农如何分别处理？多数认为，凡是漏划的地主、富农都应划出来，对地主的浮财和房屋，有的主张依法没收，有的说也可以不作处理；有的认为，对于漏划的富农，可划可不划的不划。（八）

对于地主、富农的子女是否定成分？一致认为，对于地主富农子女应该区别对待，但是一律不能加入贫农、下中农组织。对于他们的成分，则有几种不同的意见：对于表现坏的，有的认为可以戴地富分子的帽子，有的认为戴地富分子的帽子名不正，言不顺，可以按照他们错误的性质，是什么性质就戴什么帽子。对于表现好的和一般的，有的认为可以定为“农民”成分，有的人主张三代不能改变成分。（九）已经改变了成分的地富分子表现坏的，一致认为，应该给他们重新戴上地富分子的帽子。（十）一致认为，为了防止以后阶级成分发生混乱，经过这次社会主义教育运动，把农村各阶级的成分，重新登记和审查一下，建立阶级档案，作为一项阶级斗争和阶级教育的基本建设，是完全必要的。

直到 1963 年 9 月中共中央召开工作会议，讨论制定《中共中央关于农村社会主义教育运动中一些具体政策的规定（草案）》即“后十条”时，对于要不要在农村重划阶级成分，仍然存在不同意见。据田家英 9 月 27 日写给谭震林并转邓小平的信说：合作化以后，依靠不正当收入而富裕起来的贫下中农，是否要改划成分，讨论中有相反的两种意见。绝大多数同志主张不再改划。第四稿中曾写是否改划，由各省自己决定。但是华东的同志们不赞成，认为应当有统一的规定，应当确定一般不改划。现在的稿子是照华东的意见写的。老中农中间要不要分出中中农，这个问题也有两种相反的意见。许多同志不主张用“中中农”这个词，但又认为确实有既非上中农，也非下中农的一部分人。对于有反动言行的地富子女，是否戴地富帽子问题，因为这些人在土改中年龄还小，好些同志不赞成给他们戴地富帽子，主张犯什么罪戴什么帽子，中南组有些同志不同意。会议最后通过的“后十条”，明确指出：“鉴于目前在区分农民各阶层的成分当中，存在着一些问题，很有必要在一切从事农村工作的同志中间，重新学习一九三三年发布的中央关于划分农村阶级的两个文件和一九五〇年政务院的补充决定以及政务院的若干新决定，以便统一认识，统一分析阶级的标准。

当然，这并不是说，现在要在农村中重新划分阶级。在这次运动中，除了个别情况特殊的地区以外，都不重划阶级”。这就是说，直到这时，中共中央仍然认为在“四清”运动中，不需要重新划分阶级成分。

但是随着对阶级斗争形势的估计越来越严重，到 1964 年上半年，重划阶级成分的问题又被提了出来。1964 年 3 月 6 日至 31 日，在中共中央召开的全国农村社会主义教育运动座谈会上，对这个问题又进行了讨论。据会后整理的《全国农村社会主义教育运动座谈会上讨论的一些问题（资料）》说：关于民主革命不彻底的问题：据有些地区反映，经过运动发现了一些民主革命不彻底的地方。大体有三种情况，第一种，和平土改；第二种，土改时漏划了不少地主、富农；第三种，根本没有土改（主要是一些半农半牧地区）。也有一些地方，经过调查和运动的实践，发现民主革命不彻底的地方，比原来估计的要少一些，但是由于敌人对干部实行软硬兼施的办法，拉出去或者打进来，以致使干部蜕化变质，或者基层组织被篡夺了领导权，这一类情况比前几年增多了。有些地方的问题比较复杂，不能简单地同民主革命不彻底的问题等同起来。有的同志提出，确实是民主革命不彻底的地方，应当补课，并且按照土地改革法办理。也有的同志认为，这些地区，由于情况已经发生变化，是否完全按照土地改革时规定的办法处理，还需要研究。民主革命不彻底的地方的地主、富农和在这次运动中清查出来并且戴上帽子的地主、富农，对他们的财产如何处理？有的地方主张像土地改革时期一样，该没收的没收，该征收的征收。有的主张只没收或征收他们占有过多过好的房屋、大型农具，照章入社，其他浮财一律不动。关于农村阶级成分：有的同志认为，在农村试行建立阶级档案，华北局已经决定，有的同志还介绍了自报公议、三榜定案、审定阶级成分的做法。也有的同志认为，过去土地改革进行得比较彻底，当时划分的阶级成分也基本上符合实际情况，不需要普遍地审定阶级成分，只将下中农划出来，将有破坏活动的漏划地主、富农清查出来，对于成分不明的人进行必要的审定就行了，普遍地审定阶级，工作量很大，而且会引起震动。讨论中还提出了有关审定阶级成分中的一些具体问题:(1)摘掉帽子的地主、富农应该定什么成分？（2）地主富农子女没有参加过剥削的，定什么成分？（3）在边远山区新生了雇佣盲流人员大量开荒种地,自己不劳动或者很少劳动,剥削量很大的人,是不是划为新地主或者新富农？（4）划不划新上中农？（5）上中农的轻微剥削如何计算？（6）要不要划分新下中农？（7）有些地方解放了几次，定成分应当按照哪一次解放的时间计算？（8）关于清理和审定成分，有的主张公开审定，有的主张内部审定，有的主张基本内部审定，有的主张只审定敌我两头，有的主张普遍审定。

对于一些领导干部主张进行民主革命补课的意见，毛泽东再次给予肯定和支持。1964年3月28日、29日,毛泽东在邯郸听取陶鲁笳、林铁等同志汇报,当听说试点中有的大队地富掌权,有的大队发生和平演变时说:“土地改革时,有的根本没有革命，有的是夹生饭。”1964年3月30日、4月1日，毛泽东在听取刘澜涛、李葆华、刘建勋等同志汇报时说：这次社会主义教育运动绝不能着急，一定要搞彻底，不要滑过去。两年不行搞三年，三年不行搞四年。过去民主革命没有搞彻底的，现在要补课；社会主义革命如果滑过去，将来又要补课。1964年4月18日，毛泽东在长沙同张平化、李瑞山、王延春谈话，当张平化说陶铸、王任重让他请示城市街道成立劳动人民协会进行划阶级的问题时，毛泽东说：“我赞成嘛！农村有阶级，工厂有阶级，城市无阶级,那是全民党全民国家了。城市也有阶级,过去没有划就是了。”这就是说,不仅农村要进行民主革命补课，城市也要重划阶级成分。

二、重划阶级成分政策的贯彻

毛泽东提出重划阶级成分的问题以后，中央和很多地方的一些领导立即表示拥护，并在一些地方开始贯彻。1964年6月2日，彭真在谈“五反”

情况及部署时说，划阶级，主要搞清楚阶级成分、家庭出身、政治面貌这三项。城市划分阶级问题，每个中央局先调查一二三个典型，最后集中起来，由中央搞个文件。在1964年5—6月份召开的中央工作会议上，很多地方的领导都强调要重划阶级成分。例如，中南组说，城市“五反”的内容要进一步发展，要划阶级，一切敌人的一切破坏都要给以坚决打击，封建主义、资本主义、修正主义的根子要通通挖掉。西北组也提出，一定要讲阶级、划阶级、评审阶级、进行阶级登记，还要搞阶级档案，搞阶级斗争展览。西南组认为，在农村重划阶级很有必要。东北、内蒙古认为，在城市郊区和农村，盲流和外来户的比重很大，查清阶级成分十分重要，并要求冀、鲁、豫、苏、皖等省给予帮助。西藏、新疆提出，牧区没有划过阶级，这次运动中需要划清楚。据1964年6月6日根据中央工作会议小组会议简报整理的《各组对农村社会主义教育运动提出的问题》说:华北已经进行阶级登记，搞阶级档案，并提出在城乡进行阶级大清理，不要怕工作量大，不要怕出乱子，领导安排得好是可以不出乱子的。

对于重划阶级成分，有的领导虽然表示同意，但提出要试点，要有个统一的规定。例如，在这次中央工作会议上，中南、西南组认为，在农村重划阶级是一项新工作，要经过试点。西藏希望由中央作出专门的规定和指示。湖北希望中央根据解放后的情况制定一个文件，能有一个如何划分阶级成分的规定为最好，不然，也可以先划几条大杠杠，经过实践再补充。华北建议中央统一制定城市、农村阶级档案的规格和管理办法。在6月4日下午谭震林主持的“后十条”修改小组会议上，赵紫阳提出划阶级的问题，究竟怎么样搞法，还要明确一下。穆林提出怎么划分阶级成分，究竟搞不搞，应该明确。冯纪新提出在划阶级这个问题上，在东北问题比较大，东北土改的时候没有划分中农、上中农，现在分上中下困难比较大一些。陶鲁笳说山西也没有普遍划，我们采取了两种办法，一个叫登记；另一种是重划阶级。安子文说不重新划阶级，登记一下还是可以的嘛。在1964年6

月17日召开的中央书记处379次会议上，邓小平也说：划阶级的问题，对我们来说还是认识不够。过去毛主席讲的主要是农村的，城市里面更复杂一些。城市里面一个大框框下面有许多小框框。还有一个15年的过程，看怎么处理，怎么对待，请6个中央局都注意一下。

在开始进行重划阶级成分的地方，立即遭到一些群众的反对。例如1964年5月《有关农村四清运动来信的综合情况》中便说：有些群众对重划阶级成分有意见。有些来信，对在运动中重划和补定的阶级成分不服，提出申诉。但经过反复的酝酿和讨论，1964年9月10日《中共中央关于农村社会主义教育运动中一些具体政策的规定（修正草案）》即“后十条”，还是明确提出要重划阶级成分。“修正草案”指出：鉴于目前在区分农民各阶层的成分当中，存在着一些问题，很有必要在一切从事农村工作的同志中间，重新学习1933年发布的中央关于划分农村阶级的两个文件和1950年政务院的补充决定以及政务院的若干新决定，以便统一认识，统一分析阶级的标准。农村的阶级成分，一般地，应当以土地改革时期划分的成分并且参照合作化以前变化了的成分，作为依据。“由于现在农村相当普遍地存在着阶级成分比较混乱的情况，在社会主义教育运动中，很有必要认真地进行一次清理阶级成分的工作，就是说，经过群众的充分讨论，对每一个家庭的成分进行审查和评定，并且建立阶级档案。凡是过去划错了成分的，都要改正过来。在某些民主革命很不彻底的地区，或者根本没有划过阶级的地区，还应当重新划分阶级”；“在北方，在南方，都有一些地区民主革命不彻底或者很不彻底，在这次社会主义教育运动中，必须认真地进行民主革命的补课工作”。9月18日中央印发这个“修正草案”的通知再次指出：“民主革命不彻底的地区，都必须认真地进行民主革命的补课工作。在土地改革时候漏划了的地主、富农，必须清查出来，他们所有的过多的房屋和家具，应当没收，分配给生活困难的贫下中农，也可以归集体所有，集体使用。”

1964年10月28日，中共中央在《关于放手发动群众，进一步深入开展城市社会主义教育运动的指示（草稿）》中，进一步指出要“在城市全体居民中划分阶级”。这个文件一再强调说：“在运动过程中，要专门划出一段时间进行划分阶级的工作，以便划清阶级阵线。”“中央决定，在这次运动中，所有城市的机关、企业、学校、街道和其他一切单位，都要无例外地发动群众进行一次划分阶级的工作。”“划分阶级，主要是把国民党的官僚、军官、特务、逃亡地主、富农和其他坏分子划出来，把资产阶级分子划出来。对于广大职工群众来说，这又是一次具体生动的阶级教育。”

在贯彻重划阶级成分政策的过程中，最积极的是贵州。1964 年 12 月 12 日，中共贵州省委向中央作出《关于在民主革命不彻底的地区进行农村社会主义教育运动的请示报告（草稿）》（以下简称《报告》）。《报告》指出，我省在社会主义教育运动中，需要进行民主革命补课地区的比例很大（起码一半以上），这是全省带有普遍性的问题。根据这种情况，要在和平土改和土改不彻底地区重新划分农村阶级。对地主、富农，在政治上应彻底斗倒。在经济上，应按土改法和“六十条”的规定，把他们应没收的土地、房屋、牲畜、农具等，予以没收并重新分配。主要政策是：（一）房屋、家具。对于清查出来的漏划地主、富农的房屋家具，依法没收；土地改革时划出来的地主、富农，应当没收而没有没收的房屋和家具，应重新没收。漏划地主、富农放的债一律废除。对有投机倒把、盗窃集体财产等破坏活动的，应当老账、新账一起算。对待富农，在政治上与地主应稍有区别，但在经济上应当同地主一同看待。（二）土地。生产队范围内的土地，都归生产队所有。地主、富农土改时没有没收的土地，应按土地法，依法宣布没收。（三）山林。应当入社而没有入社的山林，属于地主、富农的予以没收；属于农民内部的重新折价入社。（四）大牲畜、农具和副业。地主、富农所有的大牲畜，运动中清查出来的地主、富农所有的大农具，应当没收，归集体所有。（五）重新划分农村阶级成分，并且建立档案。在划阶级中，首先把地主、富农划出来。应在这次划阶级中，把中农阶层中的上中农、中农和下中农区分开来。合作化以后因放债和搞投机倒把而上升为新富农或新生的资产阶级分子的，是依靠什么发财的，就定什么性质，就戴什么帽子。(六)对地主、富农和反革命分子利用封建迷信进行恢复家族统治和反革命活动的，要坚决打击。对利用封建迷信骗钱害人的道士、端公、鬼师、弥拉、巫婆等应当取缔，严重的要戴上坏分子的帽子，政治上进行斗争，经济上彻底清算，造成人命死亡的要法办。(七)对混入内部的地、富、反、坏分子所发展和组织的共产党组织，应宣布解散，重新建党。对于敌人篡夺了党组织的领导权，而多数党员不够条件的，应重新登记审查，对其中不符合党员条件者清洗。对于部分领导权核心已经烂掉，但多数党员是好的，可以采取改组的办法。(八)对于专区以上原定的少数民族中的上层统战人物，应重新进行审查，凡少数作恶多端，民愤很大，或有现行反革命活动的，应即予以处理。这就是说，要在全省普遍地重划一次阶级成分。中央书记处收到中共贵州省委的这个报告后，印发了这个报告，肯定了中共贵州省委的做法。

但是，在 1965 年 1 月 14 日发出的中共中央政治局召集的全国工作会议讨论纪要《农村社会主义教育运动中目前提出的一些问题》，即"二十三条"中，没有再提重划阶级成分，而是说："十多年来，老实劳动、不做坏事的地富反坏分子，已经戴上帽子的，可否摘帽子？ 没有戴帽子的，可否不再给戴？都由群众审议决定。"

"文化大革命"开始以后，重划阶级成分的政策和做法便不了了之，但有的地区仍然开展了重划阶级成分的工作。例如新疆克孜勒苏柯尔克孜自治州、阿合奇县，内蒙古鄂温克族自治旗，云南保山、临沧、德宏、文山、红河等 10 个地州，江西的莲花县，就在"文化大革命"中重划了阶级成分。

三、重划阶级成分的实行

重划阶级成分的政策贯彻以后，很多地方在农村中重划了阶级成分。

按照中共贵州省委的报告，贵州肯定是重划了的，可惜一直没有看到这方面的材料。下面，是其他一些地方重划阶级成分的情况。

（一）西安市的重划阶级成分

据尹颖尧 2004 年的硕士论文《西安市农村社会主义教育运动研究》，西安市重划阶级成分的情况如下：

首先，降低“杠子”标准。所谓“杠子”，是指小土地出租者的标准。长安地区在土改时，曾规定小土地出租者占有土地最高标准数为 60 亩，划定的地富成分占当时总农户的 2.5%。为了达到毛泽东提出的地主、富农应占 8% 的要求，长安地区把“杠子”降低到 40 亩，即出租土地在此标准以下者，可划分为小土地出租者，出租土地在此标准以上者，一般应划为地主兼其他成分或其他成分兼地主。由于“杠子”标准的大幅度调整，许多群众错定为富农与地主。

其次，重新计算“剥削量”。“剥削量”也是确定地主和富农的一个非常重要的标准。当时规定剥削量达到 25% 的农户是富农，35% 以上的就是地主。可是剥削量是靠群众的回忆来决定的，从而使得整个“评定结果”弹性较大，即很多家庭的剥削量往往被夸大，从而被错定为富农与地主。

在这次“民主革命补课”中，通过调整“杠子”、算“剥削”量，长安地区共“补订”漏划地主、富农成分 3884 户，新划定地、富、反、坏分子 2355 人（其中遭逮捕 21 人，拘留 20 人，管制 104 人，群众斗争 2210 人），是土改时期的 1.31 倍。“民主革命补课”后，地主、富农成分占总农户（按土改时计算）的 8.59%。在中共中央十一届三中全会后，经复查，这些人中的 94.7% 都属于冤、假、错案而得到平反。

（二）长安县的重划阶级成分

首先，补划走资派中的漏划地富分子，即“双料货”，清除混在人民内部的阶级敌人，划清阶级阵线。社教工作团确定，长安县的地富户数应控制在6%—7%，最高不要超过8%。根据上述规定原则，经过一系列的深挖批斗，又补定了相当于土改时1.2倍的户数为地富成分，占土改时农户总数的8.6%，地富人数达到土改时人口总数的9.2%，超额完成预定指标。在经济上，一律采取不能让这些人占便宜的政策。补划为地主的，财产一律没收，富农则追回其入社时多余的生产资料折款，没收其多余的房屋。

其次，清除混入各级党政组织中的阶级敌人，纯洁党和干部队伍。当时共查出四类分子4305人，其中党员占2.3%，生产队正副大队长占3.6%，生产小队长占1.1%，公社书记和社长占2.4%，还有县级机关中的一部分人。夺回了932个单位的领导权，占单位总数的15.7%。其中，县级机关占30.4%，生产大队占33%。另外，还处理了阶级报复案26起，敌特嫌疑线索案41起，确定了反革命基础六种人1819人。

在上述补划、清查的基础上，进一步清理了专政对象，落实了专政措施。运动结束时共确定专政对象11361人，占人口总数的1.5%。其中戴帽子的5622人（地主分子3245人，富农分子1362人，反革命分子774人，坏分子130人，右派分子111人），未戴帽子和摘掉帽子的3458人，反革命基础六种人1931人，依法逮捕72人。凡专政对象，逐人建立档案。各级都建立起治保委员会和监督改造小组，实行包监督劳动、包改造、包日常管理和专政对象保证书的“三包一保证”措施。

为将长安革命进行到底，在社教中还划出了一个农村“落后层”，这部分人大体占人口总数的13.8%，按60万人口计算，共有82800人。据斗门公社张家大队调查，这些人是有过投机倒把、放过高利贷而没有受到打击的人；“四类分子”的本门户族、亲朋故友或受过其小恩小惠的人；严重“四不清”家属或受过其利惠的人；历史上有些问题或有某些污点，被“四不清”干部和“四类分子”抓住小辫子的人；主要亲属被法办，对我党不满的人；历史上有盗窃行为被处分过的人；多次发生不幸遭遇，对生活失去信心的人；资本主义倾向严重，热衷于小自由的人；虔诚教徒；开除回家的学生、职工。

“四清”和民主补课造成很多人的恐慌，共发生自杀事件182起，154人自杀身亡，28人自杀未遂。在208人中，新老“四类分子”42人，伪警宪13人，“四不清”干部81人，“四不清”家属10人，新选贫协主席1人，社员36人，共产党员25人。

（三）苏南地区的重划阶级成分

在“四清”运动中，无锡阳山农场在清经济工作结束以后，即开始全面清理和重划阶级成分。具体分为四步：首先是组织工作队、骨干积极分子和群众，从上到下，从内到外，学习“二十三条”、《中央人民政府政务院关于划分农村阶级成分的决定》等文件，明确清理阶级成分的意义、目的，统一政策思想，明确要求做法；其次是按照政策，工作队对所掌握的材料归类整理，分析研究，排出重点对象；再次是分别召开骨干积极分子和社员会议，发动群众对照政策，民主评议，把漏划的地主、富农分子初步内评出来；最后是核实定案，上报批准，然后公开宣布。经过清理，全场共清查出漏划的地主、富农14户，经群众审议，决定重新戴上地主、富农分子帽子14名，清查出漏管的“四类分子”4名，原属贫农错划为中农或其他成分的，进行了更正；中农中的下中农，重新划了出来。由于“四清”运动中重划阶级成分是以“左”倾错误思想为指导的，因此，存在严重的失误。以常熟县为例，据不完全统计，在1966年9月被社教总团划为地主或重新戴回地主帽子的50个人中，仅有两名在后来的复查中维持结论，其余48人都作了改正，说明错误的严重程度。

还有很多地方，当时也重划了阶级成分。例如福建的龙岩地区、安徽的霍邱县、四川的三台县、陕西的永寿县，等等。

从上面重划阶级成分的情况可以看出，它造成了严重的后果。首先，把很多不是地主、富农的家庭错定成了地主、富农，使他们受到不应有的打击，并使他们的子女也受到了牵连。其次，对农民的心理产生了巨大的冲击，打破了原来比较稳定的农村社会格局。在重划阶级成分之前的“四清”运动中，农民认为运动是针对干部的，事不关己，那时他们最关心的是运动能否满足他们对财、物的要求。但到了“民主革命补课”时，这种对财、物的关注转移到对自己成分的在意了，这给所有人都带来巨大的压力，使他们呈现出愿意进行更大规模、更激烈的阶级斗争的热情，这就不能不打破原来比较稳定的农村社会格局，成为“文化大革命”爆发的社会基础。最后，制造出很多新的社会矛盾和人与人之间的仇怨。这些矛盾和仇怨在“文化大革命”爆发后都显现了出来，使各地的“文化大革命”更加曲折和复杂。在重划阶级成分中错定的阶级成分，后来虽然大部分得到改正和平反，但它造成的后遗症在短期内是很难消除的。

四、“四清”运动中重划阶级成分的原因

既然重划阶级成分的政策是错误的，它是怎么制定出来的呢？在当时为什么要实行呢？这有着复杂的原因。

首先，它是无休止地强调阶级斗争的必然结果。中华人民共和国建立以后，毛泽东和中共中央虽然也重视经济建设，但从没有忽视阶级斗争，有时候对阶级斗争的形势估计得还很严重。到 1962 年中共八届十中全会以后，毛泽东更加强调阶级斗争，提出阶级斗争必须“年年抓，月月抓”。1963 年 5 月在杭州讨论制定《中共中央关于目前农村工作中若干问题的决定（草案）》即“前十条”的会议上，他更进一步提出要“以阶级斗争为纲”。越强调阶级斗争，就会越觉得阶级斗争不彻底，“民主革命不彻底”。既然“不彻底”，就要进一步强调阶级斗争。于是，就形成一个恶性循环。其实，任何事物都不是绝对的，而是相对的，阶级斗争也不例外，它是没有“底”的。如果说在土地改革以后，有的地方由于发动群众不够，民主革命不彻

底，这种现象是存在的。但是在农业合作化中，农民包括地主、富农的土地和大牲畜、大农具都收归集体了，以后又经过人民公社化等一系列运动，还说民主革命不彻底，需要进行民主革命补课，重划阶级成分，就很难说得过去了。但既然强调阶级斗争，就会有人认为不“彻底”，主张进行更加彻底的斗争，这就是中华人民共和国建立以后，运动一个接一个，阶级斗争永无休止，而在“四清”运动中又提出要重划阶级成分的重要原因。

其次，它是中央领导与地方领导互相推动的结果。所谓“民主革命不彻底”，应重划阶级成分，首先是一些地方领导提出来的。当毛泽东听到这些意见后，由于没有进行深入的调查研究，也相信了他们的汇报，认为存在这种情况。而当毛泽东肯定这个问题以后，更多的地方领导又迎合他的意见，更加强调很多地区民主革命不彻底，应重划阶级成分。于是，毛泽东和中共中央更加相信这种情况的存在，于是最终确定要在城乡重划一次阶级成分。因此，对这个政策的制定，不仅毛泽东和中共中央有责任，迎合毛泽东，向中央夸大阶级斗争形势、反映虚假情况的各地领导也有责任。如果不是这样互相推动，这项错误的政策就不会出笼。

最后，它是贫苦农民平均主义思想的反映。在过去发表的《论我国历史上的平均主义思想》一文中，笔者曾指出：“平均主义，也称绝对平均主义，是一种要求平分和平均享用一切社会财富的思想。它的根源‘是个体农民的思想方式’，或者说‘是手工业和小农经济的产物’。在中国历史上，它源远流长，影响深远，直至今天，仍有着相当的影响。”由于这种思想的存在，有的贫苦农民看到别人的经济状况比自己好，心里就不平衡，盼望着平均。在不断加强阶级斗争思想的影响下，有的贫苦农民也会认为原来的“民主革命不彻底”，盼望重划阶级成分，以满足自己平均主义的愿望。因此，重划阶级成分反映了部分贫苦农民平均主义的思想，这是这项政策得以出笼的深刻的社会根源。

（原载《安徽史学》2010年第3期）

“四清”运动中中共中央对阶级斗争形势的估计越来越严重的原因

在“四清”运动中，中共中央对阶级斗争形势的估计是非常严重的，而且越来越严重，除了反修斗争的推动以外，这与各地的汇报及夺权典型经验的推广是分不开的。

一、“四清”运动中中共中央对阶级斗争形势的估计

一般认为，毛泽东是在 1962 年召开的中共八届十中全会上强调阶级斗争的。事实上，他和中共中央在此之前从没有忽视阶级斗争，对阶级斗争的形势一直估计得很严重。1960 年 11 月 15 日，毛泽东在对中央精简干部和安排劳动五人小组《关于中央一级机关抽调万名干部下放基层情况的报告》的批示中，把农村问题归结为“坏人当权”，说“民主革命尚未完成，封建势力大大作怪，对社会主义更加仇视，破坏社会主义生产关系和生产力”。1961 年 1 月 18 日，毛泽东在中共八届九中全会上的讲话中，甚至说“各地大约百分之二十左右烂掉了”。并说据林彪报告，军队烂掉“百分之四”，“领导权落到敌人手中了”，“这种情况在城市、工厂、学校也一定有”，“凡是三类县、社、队，大体上都与反革命有关”。1961 年 1 月 29 日，毛泽东在南京同江渭清等同志的谈话中，进一步指出一部分县也“烂掉了，被敌人拿去了”。

毛泽东在中共八届十中全会上强调阶级斗争，特别是 1964 年 5 — 6 月

的中共中央工作会议以后，中共中央对阶级斗争形势的估计就越来越严重了。1964 年 6 月 8 日，毛泽东在中央工作会议上的讲话就说：“总之，我看我们这个国家有三分之一的权力不掌握在我们手里,掌握在敌人手里。”（有的记录为：修正主义“已经搞了，像白银厂、小站，不是吗？国家有三分之一的权力不拿在我们手里”）

毛泽东关于“三分之一的权力不掌握在我们手里”的结论提出以后，很多同志接受不了，表示怀疑。刘少奇在到各地视察时，批评了这种怀疑，并对毛泽东的结论做了进一步发挥，说三分之一在很多地方还打不住，甚至百分之四十或更多。

1964 年 7 月 2 日，刘少奇在河北地委书记座谈会上的讲话中说：“有些基层干部问题严重，政权不是在共产党手里，你们讲有百分之三十，恐怕大体合乎实际。”

7 月 15 日，刘少奇在南京批评了南通专区关于三分之一单位的领导权不在我们手里这种估计不适合南通的情况，三分之一的领导权不在我们手里和团结百分之九十五有矛盾的看法，说“也许南通地区没有三分之一，有百分之二十、百分之十。你们同志特别好，警惕性特别高。问题是要实事求是嘛。南通同志，你们去过没有，去检查过没有，根本没有去查，就说没有那么多。我看，也许不止三分之一。地县委这样估计，也许是百分之三十、百分之四十，也许更多，也许是百分之十,百分之二十。在你们这种估计下，总不会是少的，一定会是多的”。关于三分之一的领导权不在我们手里是不是和团结百分之九十五以上的干部有矛盾的问题，他说并“不矛盾”。“总而言之，实事求是，不要有什么框框，不要套。你那里没有百分之三十，经过检查，有根据可以相信，要查清楚，实事求是。你没有查，怎么晓得没有？超过百分之三十，也不要紧，搞出那么大，是大成绩嘛！不是百分之三十，是百分之四十，成绩最大。”

7 月 17 日，刘少奇在南京再次批评说：“有人怀疑三分之一单位的领导权不在我们手里这种估计。你们怀疑可以，有意见坦白提出来、大胆提出来，不要心里有，不好讲，因为毛主席是这样估计的。毛主席是这样估计的，要留心，要经过实践证实，实事求是，有这么多，就这么多，没有这么多，就没有这么多。毛主席是从全国范围、各行各业来估计的，可能有些行业不止三分之一，如文化教育这方面，可能更多一些。"

7 月 21 日，刘少奇在中共中央华东局、上海市委负责干部会议上的讲话中，再次强调说："毛主席说，我们的基层单位有三分之一的领导权不在我们手里。这个话有人怀疑，完全可以，但你们也没有去查。实事求是，多少就是多少。我也希望没有三分之一，问题是三分之一打不住。有多少搞多少。有这么多基层组织领导权不在我们手里，他有他的一套，他有理论、有文艺向我们进攻，这就是资本主义复辟。有些不是复辟问题，原来是地主、资本家没有打倒，坏人在那里统治。有的土地改革不彻底，华东地区比其他地区更不彻底。过去是饶漱石搞的，退押就没有退，怕影响上海资产阶级，影响统一战线，……城市文化艺术单位、中小学校，农村里的学校还不只三分之一，三分之一打不住。某些大学的系、班，老教授在统治，在领导。最近，毛主席批示，文艺刊物大多数，十几年来不执行党的政策，这就不是三分之一了，而是大多数。所以，革命非搞不可。"

7 月 24 日，刘少奇在河南省委和各地、市委第一书记座谈会上又批评说："主席说，现在有三分之一的基层单位的领导权不在我们手里，是有根据的。你们自己没有调查，怎么知道没有三分之一？什么模范大队，一查是坏分子领导的。"

8 月 1 日下午，刘少奇在中共中央召集的党内报告会上向中央各部门的负责干部作关于社教问题和两种劳动制度、教育制度问题的报告时，再次强调了阶级斗争形势的严重性。他说："我们的有些基层单位原来就是阶级敌人把持的，在那里，阶级敌人并没有被打倒，被推翻。有不少的地区土地改革不彻底，或者基本上没有土地改革。有些单位是敌人打进来把持了领导。有些单位领导人原来是我们的，但是被敌人拉下水了，当了阶级敌人的代理人，这在公私合营企业中就不少。还有一些单位的领导人，贪污盗窃很严重，已经蜕化变质了，实际上在那里反共反人民。从有些材料来看，我们有些干部很容易被地富反坏、资本家收买，听说有的只有几包香烟，请他吃了几回酒、几顿饭，就基本上过去了，以后当然他可以越陷越深。有些人讲，这个和平演变过去，是舒舒服服就过去了，有吃又有穿，也得到其他的东西。毛主席讲，我们的基层单位，有三分之一的领导权不在我们手里。看来有些地方少一些，有些地方还可能多一些。最后实事求是去查清楚，看到底有多少？有多少算多少。据我看，包括蜕化变质的，也不会少于三分之一”。

8 月 10 日，刘少奇在湖南省直属机关及地市委负责干部会议上的讲话中讲三分之一的政权不在我们手里的问题时说："主席之所以说这个话，他是有根据的。要查清楚，实事求是，……少于三分之一我也不反对。我看，恐怕有些地方三分之一还打不住，还不止三分之一，可能超过。当然，有些地方多些，有些地方少些，不管多少，必须实事求是，农村中犯有一般性的四不清错误的干部，各省都说是多数，有百分之六七十。严重四不清，贪污盗窃、多吃多占，几百几千的也不少，我看也不少于三分之一。有些单位的领导人贪污盗窃严重，已经蜕化变质了，跟敌人搞在一起，反共反人民。"

8 月 21 日，刘少奇在广西区直属机关和地市委书记会议上作"关于城乡社会主义教育问题的讲话"时又批评说："毛主席讲，现在还有三分之一的地方和单位的领导权不在我们手里，恐怕怀疑的人不少，讲没有那么多，是夸大了。你也没有去查过，只坐在办公室里面，你有什么资格去怀疑呢？你去查一查看嘛，有三分之一。你只要查三个，看有一个没有嘛。""我看有些地方不到三分之一，有些地方三分之一打不住，还超过三分之一。特别是有些行业，比如文化教育，中小学校，文化机关，我看就不只三分之一。

在农村里面，干部犯一般的四不清错误的是多数，不是少数人。严重的四不清，多吃多占、贪污盗窃很严重的，我看也不少于三分之一。”

不仅刘少奇对阶级斗争形势估计得越来越严重，毛泽东对阶级斗争形势的估计也越来越严重了。1964年12月5日毛泽东在谢富治关于沈阳冶炼厂的蹲点报告上的批示：“我们的工业究竟有多少在经营管理方面已经资本主义化了，是三分之一、二分之一，或者更多些，要一个一个地清查改造，才能知道。”12月20日下午，毛泽东在中央政治局常委扩大会议上的讲话中说：“有许多烂掉的县，还有烂掉的省。比如安徽不是烂掉了吗？青海不是烂掉了吗？贵州不是烂掉了吗？甘肃不是烂掉了吗？河南‘左’得要死，作假。”

经过毛泽东、刘少奇的一再强调，“三分之一的政权不在我们手里”甚至更多的估计，成为当时全党对阶级斗争形势的权威认识。

二、各地的夸大汇报是中共中央对阶级斗争形势估计越来越严重的一个重要原因

中共中央为什么对阶级斗争形势的估计越来越严重呢？笔者认为，除了反修斗争的推动等原因外，从“四清”运动本身来看，与各地的夸大汇报及给中共中央提供的大量材料是分不开的。

1963年2月8日，中共湖南省委《关于社会主义教育运动情况的报告》便强调：当前阶级斗争是激烈的，“敌人的阴谋活动，最突出的是发展反革命组织，进行反革命宣传，千方百计地腐蚀干部，篡夺领导权。有些生产队，领导权已经落在地主、反革命手里”。2月15日，毛泽东批示印发这个报告，说这个“报告很好”。正是根据这个报告以及《中共河北省委关于在农村贯彻党的八届十中全会决议，开展整风整社运动情况的报告》等材料，毛泽东提出要开展社会主义教育运动，即“四清”运动。

不久，湖北就汇报了基层政权被篡夺了三分之一的情况。1963 年 6 月 14 日，毛泽东在同河北林铁等谈话时就说：你们跟湖北差不多，湖北同志讲他们（那里被篡夺的基层）是占三分之一，有的土改就不彻底，有的后来变了，有的是富裕中农当权，这就是说，有三分之一不是社会主义的，他们挂的是社会主义牌子，实行他们的一套。

在 1964 年 5 — 6 月召开的中共中央工作会议上，各地的领导一方面积极拥护毛泽东关于三分之一的政权不在我们手里的论断，另一方面又提供了很多阶级斗争形势越来越严重的情况。例如 5 月 27 日，刘子厚在华北组的发言中说：这一段“四清”证明，农村的阶级斗争是激烈的、复杂的，社队“四不清”问题很普遍很严重。根据部分生产大队的排队，坚持走社会主义道路的占百分之二十，阶级界限不明、方向不清随大流的占百分之五十，发展资本主义而且问题比较严重的占百分之三十，有的已经演变为反革命的两面政权。第三类单位中搞资本主义、修正主义的占百分之三十左右，蜕化变质、称王称霸，对群众实行暴力统治的占百分之十左右，地富反坏钻入党内直接或间接掌权的占百分之十左右，政治上软弱无力或严重不团结的占百分之五十。6 月 10 日，东北组的同志在发言时也说：主席指出的“现在有三分之一的权力不在我们手里”这个问题很值得严重注意。各地都有类似白银厂、天津小站的单位，这个问题如不及时解决，势必使革命遭受巨大损失，并将贻害子孙后代。

随着“四清”运动的大规模展开，各地向中央汇报的阶级斗争情况就更加严重了。例如 1964 年 12 月 14 日由中共山东省委报送中央的《曲阜工作团的报告》，说从这一段运动初步摸到的情况来看，基层组织不纯的问题是十分严重的，比原来估计的要严重得多。据十处公社 315 个大队的初步排队，领导权掌握在地富反坏分子和严重蜕化变质分子手里的 209 个大队，占 66%。据 10 处公社 1628 个生产队的排队，领导权不在我们手里的 510 个队，占 31.3%，生产大队和生产队的干部，绝大部分都有不同程度的问题。

据 9 处公社 258 个大队的初步摸底，在 882 名大队干部（支书、大队长、会计）中，原来就是坏人的 150 名，占 17%；被敌人拉出去，已蜕化变质的 219 名，占 25%；严重“四不清”的 277 名，占 31.4%；有一般“四不清”问题的 215 名，占 24.3%；初步查对没有问题的只有 21 名，占 2.3%。据上述公社 1424 个生产队的 3457 名干部（队长、会计）排队，原来是坏人的 352 名，占 10%；蜕化变质的 445 名，占 12.8%；有严重“四不清”的 895 名，占 26%；有一般“四不清”的 1692 名，占 49%；无问题的 73 名，占 2.2%。这个排队，也只是初步的，问题究竟如何，要通过今后的运动，才能完全搞清楚。但现在可以看到一个大势，就是基层组织领导权不在我们手里的不是够不够三分之一的问题，而是比三分之一多多少的问题。曲阜全县 4 万多个大队，还没有发现一个问题不严重的，包括那些原来的红旗单位在内。农村已开始出现了一种特殊阶层。这种特殊阶层中的人物，是一些新资产阶级分子，新恶霸，新反革命，他们一方面上面有根子支持，另一方面与老的地富反坏相勾结。在政治上欺压打击社员，特别是贫下中农社员，保护“四类分子”的利益，成为“四类分子”的政治代理人。在经济上实行各种封建的资本主义的剥削，破坏集体，个人发财致富，成为不劳而获的寄生虫。要搞社会主义教育运动，要革掉这个特殊阶层的命，挖掉三个根子，是一场极尖锐的斗争。

1964 年 12 月 18 日，参加中央工作会议的中南组的同志也说：从广东的情况来看，领导权不在我们手里的不止三分之一，中山县的 22 个大队中，已经烂了和基本烂了的有 11 个，占 50%；全省 37 个蹲点大队中，属于派进来的占 20%，烂掉和基本上烂掉的占 50%。公社一级已经烂掉的也不少于三分之一。广东的几个红旗单位问题都很大。有的是反革命两面政权，有的也已经烂掉或者基本上烂掉了。这些红旗单位的特点是善于迎合我们，面对群众则实行法西斯式的统治。赵辛初同志蹲点的湖北省麻城县福田河区张店公社，原是全区的“红旗”，但是，8 个公社干部已烂掉 6 个。公社下面有 4 个大队，3 个已经烂掉或者基本上烂掉了。

各地对阶级斗争形势的这种严重估计，不能不影响到中共中央领导人的认识。毛泽东关于三分之一的单位烂掉了的结论，就是根据各地的汇报和材料得出来的。1964 年 8 月 20 日，当薄一波汇报说“最近出去到处走了一下，看了一下，正如主席估计的，有三分之一的单位烂掉了”的时候，毛泽东就说：“什么是我发明的？都是大家告我的，是群众发明的。”

三、典型夺权经验的推广是中共中央对阶级斗争形势估计越来越严重的另外一个重要原因

在“四清”运动中，不仅各地都推广了一批典型的夺权经验，中共中央也推广了一批典型的夺权经验，其中最重要的是以下几个：

（一）甘肃省白银有色金属公司的夺权经验——“白银经验”

白银有色金属公司，位于甘肃省白银市，是我国“一五”计划期间 156 个重点建设项目之一，是一个有 11000 多人的大型铜、硫生产联合基地。自 1954 年开始兴建，1962 年部分建成投入生产。在“四清”运动开始以前，即 1963 年 2 月 7 日，中共甘肃省委工作组向中央报送了《关于白银有色金属公司问题的调查报告》，把这里的问题描述得非常严重。2 月 25 日，薄一波向中共中央、毛泽东报送了《关于研究和处理白银有色金属公司问题的请示》，说根据现有材料，甘肃省白银公司“实质上已为资产阶级所篡夺”，“其错误性质是属于敌我矛盾的，必须采取革命手段，改组领导班子，才能保证从根本上解决问题”。3 月，冶金工业部和中共甘肃省委便派去一个 50 多人的工作组，到白银公司夺权。1964 年 5 月 30 日，中共甘肃省委和冶金工业部党组给中共中央报送的《关于夺回白银有色金属公司的领导权的报告》说：白银有色金属公司这个大型企业的领导核心烂掉了，这个

社会主义全民所有制企业的领导权被地主、资产阶级篡夺了，这个公司成了一个地主、资产阶级分子统治的世界，即挂着共产党的招牌的国民党统治的世界。6月23日，中共中央批发了甘肃省委和冶金工业部党组的报告，明确指出：像这样一个刚建设起来的社会主义全民所有制的大型联合企业，“没有多久，很快就被地主、资产阶级集团篡夺了企业的领导大权，变成为地主、资产阶级集团统治的独立王国。这样一个严重的事件，很值得大家深思”。这年12月19日，中共中央又批转了冶金部副部长高扬文在白银公司蹲点的报告，再次肯定了白银公司夺权的经验。正如有的学者所指出的，“白银经验”作为运动中涌现出来的第一个夺权样板，“对全国运动急速向‘左’的方向发作，影响很大”。

（二）河北省抚宁县桃园大队的夺权经验——“桃园经验”

1963年11月，王光美根据刘少奇要她下去锻炼的指示，到河北省抚宁县卢王庄公社桃园大队蹲点。她认为那里的阶级斗争形势很严重，虽然名义上是工作组副组长，但实际上领导了那里的夺权斗争。1964年7月5日，王光美在中共河北省委工作会议上作了《关于一个大队的社会主义教育运动的经验总结》的报告，说党支部书记吴臣把持的桃园大队党支部，“过去基本上不是共产党。他把持的这个政权，基本上是一个反革命的两面政权”。随后，她在随同刘少奇到各地视察时，先后在山东、安徽、江苏、上海、河南、湖北、湖南、广东、广西、云南等省市区以及中央和国家机关的干部大会上，作了同样的报告。9月1日，中共中央正式批转了这一报告。在批语中，中共中央认为这个报告“是在农村进行社会主义教育的一个比较完全、比较细致的典型经验总结”，“这仅仅是一个大队的经验”，“是有普遍意义的”。9月5日，中共中央又转发《河北省委批转抚宁工作队关于卢王庄公社社会主义教育运动情况的报告》，说要发给县以上各级党委和所有工作队队员阅读，认为“抚宁工作队在卢王庄公社进行的社会主义教育，基本上是成功的，获得了很大的成绩，他们总结出来的经验也是好的，值得各地同志参考和学习”。从此，“桃园经验”传遍全国，成了对全国“四清”运动影响最大的一个“经验”。

（三）天津市小站公社的夺权经验——“小站经验”

小站公社位于天津市南郊，以袁世凯小站练兵和盛产驰名中外的小站稻闻名，1964 年 1 月开始开展“四清”运动。3 月 5 日，陈伯达来到小站蹲点。他认为西右营村党支部书记张凤琴、小站镇党总支书记张玉仑、坨子地水稻专家姜德玉都存在严重问题，都是“反动阶级有计划地打入我们内部，长期窃取党政大权，建立反革命的两面政权，进行反革命复辟活动”，于是领导开展了对这三个“反革命集团”的夺权斗争,并追他们上面的根子，将中共南郊区区委宣传部部长陈喜荣，区委农村工作部部长于荫田，原中共天津县三区区委组织委员吴海亮，区财贸办公室主任边华英等区、社两级领导干部 11 人，定为三个“反革命集团”在上边的根子，中共南郊区区委书记刘晋峰被定为“总根子”。 8 月 4 日，陈伯达致信中共中央，送上他炮制的三个“反革命集团”的“社会关系分布图”及其“集团头子”的“历史大事记”。 8 月 12 日，中共中央转发了陈伯达的信及所附材料。9 月 25 日，中共天津市委按陈伯达的要求，向中共中央华北局和中央上报了《关于小站地区夺权斗争的报告》。这份报告对小站地区夺权斗争的经验进行了总结，即有名的“小站经验”。 10 月 24 日，中共中央发出《关于社会主义教育运动夺权斗争问题的指示——转发天津市委关于小站地区夺权斗争的报告》，并要求转发此报告给“县以上各级党委和社会主义教育工作队队员阅读”，认为“这个报告总结出来的经验是好的”。

除这三个典型经验外，中共中央在 1964 年还批转了很多领导干部的蹲点报告和讲话，例如谢富治关于沈阳冶炼厂的蹲点报告《沈阳冶炼厂资本主义经营管理方法种种》，陈正人在洛阳拖拉机厂蹲点的报告，以及王任重在农村社教工作会议上的讲话，等等。这些报告和讲话，都把阶级斗争的形势说得很严重。例如王任重 1964 年 11 月 5 日在农村社教工作会议上的讲话说："问题的严重性不仅在于基层，而且在于我们领导机关。社、区、县、地、省的各级领导机关，都有一批人烂掉了；还有些单位整个组织都烂掉了。……从孝感县的情况来看，这个县的几个主要领导人或者已经烂了，或者接近烂了，不是烂了一个指头，而是烂了几个指头，多数指头，或者从头烂到了尾。"

以上的典型经验和蹲点报告、讲话，对中共中央领导人的认识也产生了重要的影响。例如刘少奇关于三分之一的政权不在我们手里还"打不住"的结论，就受到"桃园经验""小站经验"的深刻影响。他在到各地视察时，曾一再称赞"桃园经验"。1964 年 8 月 1 日下午，他在中共中央召集的党内报告会上向中央各部门的负责干部作关于社教问题和两种劳动制度、教育制度问题的报告时，还以"小站经验"为例，说："最近陈伯达同志跟周扬同志到天津南面去蹲点，那个地方就是十几年来一直被三个反革命集团统治着，都是劳动模范。所以，那里地主富农的统治并没有被推翻。"由此可见这两个"经验"对他的影响。

（原载《党史研究与教学》2010 年第 6 期）

结束过去　开辟未来

——论十一届三中全会的伟大历史转折

1978 年 12 月召开的十一届三中全会，是新中国成立以来党和国家历史上的一次伟大的转折。那么，为什么说它是一次伟大的转折呢？几十年来，各种著作有各种各样的说法。1989 年 5 月 16 日，邓小平在同戈尔巴乔夫谈话时曾说过一句话，叫“结束过去，开辟未来”，把这一句话借用过来形容中共十一届三中全会，是再恰当不过的了。它的伟大转折作用，就体现在它结束了一个以阶级斗争为纲、以苏联模式为准则的历史时期，开辟出了一个新的历史时期，并形成了一条新的发展道路，开创出了一个新的理论。下面试从这三个方面对此作一些探讨。

一、新时期的起点

1977 年 8 月 12 日，华国锋在党的十一大的政治报告中宣布：第一次无产阶级“文化大革命”的胜利结束，使我国社会主义革命和社会主义建设进入“新的发展时期”。1981 年 6 月党的十一届六中全会通过的《关于建国以来党的若干历史问题的决议》也说：1976 年 10 月粉碎江青反革命集团的胜利，从危难中挽救了党，挽救了革命，使我们的国家进入了“新的历史发展时期”。从此，人们一直把粉碎“四人帮”和“文化大革命”的结束，当作社会主义现代化建设新时期的开端。但是严格地讲起来，新时期是从中共十一届三中全会才开始的。

从 1957 年开始，我们党在指导思想上就发生了偏差。先是反右派斗争严重扩大化，接着在党的八届三中全会上否定了八大对国内主要矛盾的分析，提出我国社会的主要矛盾，仍然是无产阶级和资产阶级两个阶级、社会主义和资本主义两条道路的矛盾。在 1958 年和 1959 年，接连发动了“大跃进”、人民公社化和反右倾运动。经济情况好转以后，1962 年党的八届十中全会又大讲阶级斗争，接着就是城乡“四清”和文化战线上的大批判，一直发展到“文化大革命”的十年浩劫。“文化大革命”结束以后，确实出现了一次结束过去的“左”的错误，开辟一个社会主义现代化建设新时期的历史契机。但是，担任主席的华国锋却继续坚持“文化大革命”的错误理论和路线，坚持毛泽东晚年的“左”的错误。他当时提出了两个著名的口号：一个是“两个凡是”，就是“凡是毛主席作出的决策，我们都坚决维护；凡是毛主席的指示，我们都始终不渝的遵循”。也就是说，对于毛泽东晚年的错误，也不能纠正，必须加以坚持和维护。另外一个口号，就是“抓纲治国”，即仍然“以阶级斗争为纲”，通过阶级斗争来治理国家。在 1977 年 8 月召开的党的十一大上，华国锋虽然宣布“文化大革命”已经结束，重申实现四个现代化是我国在新时期的根本任务，但仍然继续肯定“无产阶级专政下继续革命”的错误理论，并说这种性质的政治大革命今后还要进行多次。这样，拨乱反正工作不能不阻力重重，平反冤假错案的工作不得不一再推迟，各项工作出现了在徘徊中前进的局面。正如《关于建国以来党的若干历史问题的决议》所说：由华国锋“来领导纠正党内的左倾错误特别是恢复党的优良传统，是不可能的”。从粉碎“四人帮”到中共十一届三中全会召开前的两年，只能看作是“文化大革命”时期的延续，或者后来新时期的酝酿，而不能看作新时期的真正开始。

到中共十一届三中全会，情况就完全不一样了。这次全会系统地总结了新中国成立以来的经验教训，作出了一系列重大的决策，提出了一系列新的方针政策。

第一，全会确认了对“两个凡是”的批评和关于实践是检验真理的唯一标准的讨论，重申了马克思主义关于解放思想、实事求是、一切从实际出发、理论联系实际的原则。邓小平在《解放思想，实事求是，团结一致向前看》的讲话中，首先强调的就是解放思想、实事求是，指出“解放思想是当前的一个重大政治问题”，“不打破思想僵化，不大大解放干部和群众的思想，四个现代化就没有希望”。全会公报也尖锐地提出：“一个党，一个国家，一个民族，如果一切从本本出发，思想僵化，那它就不能前进，它的生机就停止了，就要亡党亡国。”与此同时，全会还提出要努力研究新情况、新事物、新问题，在新的历史条件下发展马列主义、毛泽东思想。这样，就从根本上解除了“两个凡是”错误方针的束缚，恢复了马克思主义的思想路线，为克服多年来的“左”倾指导思想，恢复党的优良传统，按正确方向寻求中国自己的社会主义道路，奠定了思想基础。

第二，全会认真讨论了全党工作重点转移的问题，毅然停止了“以阶级斗争为纲”和“无产阶级专政下继续革命”的口号，决定及时地、果断地把全党工作的着重点和全国人民的注意力转移到社会主义现代化建设上来。这样，就恢复了马克思主义的政治路线。这是一个极其重要的决定，是最根本的拨乱反正,其他一系列重要的方针政策都由此而来。邓小平曾说，这是三中全会的三个根本转变之一，即“从以阶级斗争为纲转到以发展生产力为中心”。

第三，全会决定为“文化大革命”中及其以前遗留下来的一大批冤假错案平反昭雪，决定健全党的民主集中制，健全党规党法，严肃党纪，恢复和发扬党的优良传统和优良作风，并选举产生了中央纪律检查委员会，增加了新的中央领导成员，实际上形成了以邓小平为核心的第二代中央领导集体。这样，就恢复了马克思主义的组织路线，为正确的思想路线和政治路线的贯彻提供了组织保证，并为全面平反冤假错案创造了条件。

第四，全会认真讨论了民主和法制问题。邓小平在讲话中明确提出：“民主是解放思想的重要条件。”全会认为，由于过去一个时期内，民主集中制没有真正实行，离开民主讲集中，民主太少，当前这个时期特别需要强调民主。为了保证人民民主，必须加强社会主义法制，使民主制度化、法律化，使这种制度和法律具有稳定性、连续性和极大的权威，做到有法可依，有法必依，执法必严，违法必究。这样，就把民主法制建设提到了重要的地位上来，与过去不重视民主和法制的情况有了根本的不同。正因为如此，有的人认为这是我国民主发展建设史上的一个伟大转折点，从此以后我国的民主法制建设才进入一个新的发展时期。

第五，全会认真讨论了改革和对外开放的问题。邓小平在讲话中尖锐地指出：“如果现在再不实行改革，我们的现代化事业和社会主义事业就会被葬送。”全会认为：“实现四个现代化，要求大幅度地提高生产力，也就必然要求多方面地改变同发展生产力不适应的生产关系和上层建筑，改变一切不适应的管理方式、活动方式和思想方式，因而是一场广泛、深刻的革命。”为此，全会提出了一系列改革的措施，并提出了对外开放的方针，认为应该在自力更生的基础上积极发展同世界各国平等互利的经济合作，努力采用世界先进技术和先进设备。这也是极其重要的决定。邓小平所说的十一届三中全会的其他两个根本性的转折，就是“从封闭转到开放，从固守成规转到各方面的改革”。外国学者也认为，中国从此“开始了改革开放的时代”，“进入国际社会，而且中国的国际地位也同时提高了”。

中共十一届三中全会的召开，意义不仅在于从根本上否定了“两个凡是”的错误方针，结束了两年来在徘徊中前进的局面，而且从根本上否定了“文化大革命”的错误理论和实践，否定了从 1957 年以来的“左”的指导思想，纠正了 20 年来的“左”的错误，使党的工作全面回到了正确的轨道，并且作出了一系列新的重大决策。这样，这次全会就标志着“以阶级斗争为纲”的历史时期的结束，成为实行改革开放、全面进行社会主义现代化建设的新的历史时期的起点。正因为如此，全会结束以后，拨乱反正全面展开，冤假错案迅速平反，不正常的社会关系得到调整，失调的经济比例关系得到缓和，党的建设得到加强，改革开放开始起步，各方面出现一片生气勃勃的景象。短短几年时间，就实现了各项工作的历史性的转变。

从中国共产党发展的历程来说，过去一般分为两个大的历史时期，即新民主主义革命时期和社会主义时期。但社会主义时期，又可以十一届三中全会为界，分为前后两个时期，即社会主义建设的前期和社会主义建设的后期。中共十一届三中全会以后的几十年，就成为党的历史上的第三个重要的历史时期，也是各方面突飞猛进、发生翻天覆地巨大变化的一个新的历史时期。而中共十一届三中全会，正是这个新的历史时期的起点。

二、新道路的起点

中共十一届三中全会的伟大意义，不仅在于它开始了一个新的历史时期，还在于它开始开辟出一条新的道路，是中国特色社会主义道路的起点。

在第二次世界大战以前，世界上只有一个社会主义国家，这就是苏联。它不仅是后来所有社会主义国家的榜样，也为所有社会主义国家提供了一种建设社会主义的模式，这就是苏联模式。我国建立社会主义制度以后，由于缺乏经验，也毫无例外地采取了这种模式。这种模式，便于集中全国的人力物力进行大规模的经济建设，因而在第一个五年计划期间曾发挥重要的作用，取得巨大的成就。但随着社会主义建设的开展，它的弊端就越来越明显地暴露出来，成为一种同社会生产力发展要求不相适应的僵化的模式。1984 年党的十二届三中全会通过的《关于经济体制改革的决定》指出：“这种模式的主要弊端是：政企职责不分，条块分割，国家对企业统得过多过死，忽视商品生产、价值规律和市场的作用，分配中平均主义严重。这就造成了企业缺乏应有的自主权，企业吃国家‘大锅饭’、职工吃企业‘大锅饭’的局面，严重压抑了企业和广大职工群众的积极性、主动性、创造性，使本来应该生机盎然的社会主义经济在很大程度上失去了活力。”在政治体制上，这种模式也存在不少弊端，妨碍甚至严重妨碍社会主义优越性的发挥。对此，邓小平在《党和国家领导制度的改革》的讲话中，曾作过深刻的分析。他说：“从党和国家的领导制度、干部制度方面来说，主要的弊端就是官僚主义现象，权力过分集中的现象，家长制现象，干部领导职务终身制现象和形形色色的特权现象。”我们过去发生的各种错误，固然与某些领导人的思想、作风有关，但是组织制度、工作制度方面的问题更重要，即使像毛泽东这样伟大的人物，也受到一些不好的制度的严重影响，以致对党对国家对他个人都造成了很大的不幸。在其他体制方面，也存在不少问题，总的来说都是权力过分集中，影响了广大干部群众积极性的发挥。1978 年 9 月邓小平在视察黑龙江谈到改革的必要性时就说，我国的体制，包括机构体制等，基本上是从苏联来的，是一种落后的东西，人浮于事，机构重叠，官僚主义发展，有好多体制问题要重新考虑。他还说，我们的体制不适应现代化建设，总的来说上层建筑不适应新的需求。我们必须懂得这一点。懂得这一点，就有希望。

从 1956 年开始，我们党就发现了苏联模式的一些弊端，在毛泽东领导下，开始探索一条适合我国情况的社会主义建设道路。从 1956 年毛泽东《论十大关系》的发表，经过党的八大，到 1957 年毛泽东《关于正确处理人民内部矛盾问题》的发表，取得了很多积极的成果。但是，这种正确的探索很快就发生了曲折，不但没有打破苏联模式，还在不少方面作出了错误的发展。“文化大革命”结束以后，本来应该尽快纠正这方面的错误，恢复从 1956 年开始的正确探索，努力走出一条新的发展道路。但是，华国锋仍然继续坚持原来的模式，坚持高度集中统一的经济体制和政治体制，并且又犯了急于求成、片面追求高速度的急躁冒进的错误，致使已经严重失调的经济比例关系更加失调。

早在中共十一届三中全会之前，邓小平就开始考虑什么是社会主义、如何从中国实际出发建设社会主义的问题。1978 年 9 月视察东北三省时，他就到处讲社会主义不能是“穷社会主义”，必须大力发展生产力，不断提高人民的生活水平。社会主义的优越性,就体现在生产力能够比较快地发展，人民生活能够比较快地提高上。因此，他一再强调要尽快地实行工作着重点的转移，一心一意搞建设。针对长期存在的权力过分集中的弊端，他提出既要发挥中央、地方的积极性，也要扩大基层企业的权力。

经过对历史经验的总结，1978 年 12 月 13 日，邓小平在《解放思想，实事求是，团结一致向前看》的讲话中，明确提出了要从实际出发确定我国的四个现代化道路的问题，并说要做到这一点，首先就要解放思想。他说：“只有思想解放了，我们才能正确地以马列主义、毛泽东思想为指导，解决过去遗留的问题，解决新出现的一系列问题，正确地改革同生产力发展不相适应的生产关系和上层建筑，根据我国的实际情况，确定实现四个现代化的具体道路、方针、方法和措施。”这次全会决定停止“以阶级斗争为纲”，实行工作重点的转移，集中力量发展生产力，并作出一系列改革开放的重大决策，实际上不但开始突破 20 年来我国原有的模式，而且开始打破苏联模式，从中国实际出发，走出一条适合中国情况的社会主义现代化建设的新道路。

在中共十一届三中全会以后，我们党沿着这条新道路继续前进。会后不久，邓小平即在 1979 年 3 月所作的《坚持四项基本原则》的讲话中明确地提出：“过去搞民主革命，要适合中国情况，走毛泽东同志开辟的农村包围城市的道路。现在搞建设，也要适合中国情况，走出一条中国式的现代化道路。”1981 年 6 月通过的《关于建国以来党的若干历史问题的决议》，明确肯定从“三中全会以来，我们党已经逐步确立了一条适合我国情况的社会主义现代化建设的正确道路”，并总结出了 10 个主要点。到 1982 年 9 月召开的十二大，邓小平就在开幕词中明确提出：“我们的现代化建设，必须从中国的实际出发，无论是革命还是建设，都要注意学习和借鉴外国经验。但是，照抄照搬别国经验、别国模式，从来不能得到成功。这方面我们有过不少教训。把马克思主义的普遍真理同我国的具体实际结合起来，走自己的道路，建设有中国特色的社会主义，这就是我们总结长期历史经验得出的基本结论。”建设中国特色社会主义，是中共十一届三中全会思想、路线的顺理成章的、合乎逻辑的进一步延伸和发展。因此，中共十一届三中全会虽然还没有提出建设中国特色社会主义的命题，但这条道路的基本思想那时已经有了，应该把它看作这条新道路的起点。对于这一点，外国学者也看得很清楚，苏联学者M.雅科夫列夫在《邓小平政治肖像》一文中即说："这次中央全会为中共和中国制定了新的经济政策和新的政治方针。从此中国人民走上了建设具有中国特色的社会主义的道路。”

中国特色社会主义新道路的开辟，逐步冲破了原来固定不变的苏联模式，消除了原来僵化的政治经济体制的弊端，激发出了广大群众的积极性、主动性、创造性，使原来缺乏活力的社会活了起来，变得生气勃勃，使中国找到了一条符合实际的新的发展道路，解决了在经济文化比较落后的中国如何建设社会主义这个重大的问题。

大家都一致认为，改革开放是中国的第二次革命，也是建设中国特色社会主义道路的突出特征。中共十一届三中全会作为改革开放的起点，建设中国特色社会主义道路的起点，实际上也就是中国第二次伟大革命的起点，吹响了中国第二次革命的进军号。

三、新理论的起点

新时期、新道路需要新理论的指导，这个新理论就是邓小平理论。

长期以来，毛泽东思想是我们党的指导思想，毛泽东是党的主要领导人。在社会主义建设时期，毛泽东对如何建设社会主义进行了艰苦的探索，取得了很多积极的成果。但由于各种原因所致，毛泽东在晚年犯了严重错误，提出了一些错误的思想和理论，在长时期内指导了全党和全国人民的实践，造成了严重的后果。因此，在“文化大革命”结束以后，当我们党集中力量进行社会主义现代化建设的时候，就急需一个新的理论来指导，即纠正毛泽东晚年的错误，继承和发展毛泽东思想，在新的历史条件下创立一个新的理论。正是适应这个需要，邓小平理论应运而生。而它的起点，就是中共十一届三中全会。

在我们党从1956年开始的对社会主义建设道路的探索中，特别是从20世纪60年代初期开始，邓小平提出了很多有价值的思想。但是，直到毛泽东去世之前，我们党的思想理论，无论是正确的还是错误的，都是以毛泽东为代表。邓小平提出的正确思想，应该属于毛泽东思想中集体智慧那一部分，还没有形成一个独立的思想体系。在1975年的全面整顿中，邓小平确实提出了与当时占统治地位的“无产阶级专政下继续革命”的理论完全不同的一整套思想，但这次整顿很快被打断了，也没有形成一个完整的新的理论，只能看作是邓小平理论诞生前的酝酿。1977年7月邓小平重新恢复工作以后，继续发展了他在1975年全面整顿中提出的那些新的思想，但这些新的思想直到中共十一届三中全会才加以系统化。1978年12月13日，邓小平在中共十一届三中全会前的中央工作会议闭幕会上所作的《解放思想，实事求是，团结一致向前看》的重要讲话，就是他在此之前所进行的新探索、新思考的集大成之作。这个讲话，实际上就是中共十一届三中全会的指导思想，因而得到了中共十一届三中全会的确认。

作为一个科学体系，邓小平理论当然是在以后的实践中，逐步形成和发展起来的。但是，这个理论的很多重要内容，在邓小平的这个讲话中和中央全会上已经提出来了。例如：

关于社会主义的发展道路。1978年9月邓小平在视察吉林时，就号召摆脱那种僵化的、教条主义的思想束缚，从现实情况出发，让实践去检验，冲破不切实际的条条、框框、本本，用新的思想代替旧的思想，独立地思考中国的现实问题。在《解放思想，实事求是，团结一致向前看》的讲话中，他又强调要解放思想，实事求是，及时地研究新情况，解决新问题。这就是说，要打破思想僵化，打破教条主义，一切从实际出发，走自己的道路。解放思想，实事求是，这是邓小平理论的精髓，也是开辟一条新的发展道路的思想基础。前面已经说过，建设中国特色的社会主义新道路，就是以这次全会为起点的。

关于社会主义的发展阶段。1978 年 9 月 16 日，邓小平在听取中共吉林省委常委汇报工作时已经明确指出：“现在在世界上我们算贫困的国家，就是在第三世界，我们也属于比较不发达的那部分。”在中共十一届三中全会上，陈云在发言中指出，新中国成立快 30 年了，还有要饭的，要根据现状，找出解决的办法。王震在发言中也说，全国解放已经 30 年了，我们还很落后，贵州农村的生活水平，有的还不如长征经过的时候。这都说明，这时虽然还没有提出社会主义初级阶段的思想，但已经有了这种思想的萌芽。

关于社会主义的根本任务。邓小平在 1978 年 9 月视察东北三省时，就明确提出社会主义必须大力发展生产力，逐步消灭贫穷，不断提高人民的生活水平，要迅速地坚决地把工作重点转移到经济建设上来，一心一意搞建设。三中全会讨论的中心问题，也是坚决实行全党工作重点的转移，集中力量发展生产力的问题，并把发展生产力、实现四个现代化，作为我们党在新时期的“总任务”。关于社会主义的根本任务，可以说这时已经比较明确了。

关于社会主义的发展动力。邓小平在 1978 年 10 月中国工会九大的致辞中，已经明确提出了改革的任务。在《解放思想，实事求是，团结一致向前看》的讲话中，他又明确提出：“如果现在再不实行改革，我们的现代化事业和社会主义事业就会被葬送。”正是根据这个思想，这次全会提出了权力下放，扩大企业和生产队的自主权，实行生产责任制等改革的措施，特别是提出了让一部分地区、企业和工人农民先富起来这样一个“大政策”。在政治上，邓小平和全会都突出地强调要发展民主，加强法制。不少同志在会上明确提出，为了迅速地发展经济，对于用行政方法管理经济的办法和不合理的体制，必须下决心改革，并很好地解决工作作风问题。这都说明，这时实际上已经把改革当作社会主义发展的动力，想以此来推动社会主义的发展。

关于社会主义建设的外部条件。1978 年 9 月 16 日，邓小平在听取中共吉林省委常委汇报工作时已经明确提出，世界天天发生变化，新的事物不断出现，我们关起门来不行。10 月 10 日，他在同德意志联邦共和国新闻代表团谈话时进一步指出：要“实行开放政策”，“关起门来，故步自封，夜郎自大，是发达不起来的”。在中央工作会议上的几次谈话中，邓小平也一再强调要争取有利的国际环境。中共十一届三中全会也认真讨论了这个问题，一致认为为了加快经济建设，就要大量使用外国的资金，引进先进技术，许多同志还提出了很多好的建议，如向外国借款，让外国人到中国来办工厂，合资、合作办厂、买专利、请专家等各种方式都可以利用。可以说，把对外开放看作社会主义建设的外部条件，这时也比较明确了。

关于社会主义建设的政治保证。1978 年 11 月 25 日，邓小平在中央工作会议期间，就针对“天安门事件”平反以后群众的反映，提出要及时地加以引导，注意维护毛泽东的威信。在 12 月 13 日的重要讲话中，他又一再强调毛泽东的伟大功绩是不可磨灭的，要领导和教育全体党员、全军指战员、全国各族人民科学地历史地认识毛泽东的伟大功绩，在新的历史条件下坚持和发展马列主义、毛泽东思想。会后不久，他就在 1979 年 3 月 30 日的讲话中，又明确地重申了四项基本原则，认为任何一项都不能动摇。后来形成的党在社会主义初级阶段的基本思想，即以经济建设为中心，坚持改革开放，坚持四项基本原则，也就是“一个中心、两个基本点”的思想，这时已经基本上提出来了。

关于社会主义的领导力量和依靠力量。对于建设社会主义要依靠共产党的领导，依靠广大的群众，邓小平一直是明确的。1978 年 10 月 10 日他在全国工会九大的致词中，就号召要全心全意依靠工人阶级，工人阶级也要在党中央的领导下，为实现四个现代化作出贡献。在《解放思想，实事求是，团结一致向前看》的讲话中，他更进一步强调要加强党的建设，以更好地实施党的领导，并突出地强调要依靠广大的群众。他说：“只要我们信任群众，走群众路线，把情况和问题向群众讲明白，任何问题都可以解决，任何障碍都可以排除。”

从以上内容可以看出，经过对历史经验的深刻总结和时代特点的敏锐观察，一个新的理论在中共十一届三中全会前后已经开始产生。

中国特色社会主义理论的产生，是马克思主义同我国实际相结合的第二次飞跃。因此，中共十一届三中全会不仅是邓小平理论的起点，还是马克思主义同中国实际相结合的第二次飞跃的起点。

正因为中共十一届三中全会是新时期、新道路、新理论的起点，作为中共十一届三中全会指导思想的邓小平的《解放思想，实事求是，团结一致向前看》的重要讲话，也就成为这个新时期、新道路、新理论开始的标志。因此，江泽民在党的十五大报告中明确指出：“这篇讲话，是在‘文化大革命’结束以后，中国面临向何处去的重大历史关头，冲破‘两个凡是’的禁锢，开辟新时期新道路、开创建设有中国特色社会主义新理论的宣言书。”

新时期、新道路的开辟和新理论的创立，说明我们党在社会主义建设问题上已经成熟。在新民主主义革命时期，我们党经过长期的曲折探索，到遵义会议才开始成熟起来，因此遵义会议成为民主革命时期的伟大转折。在社会主义时期，我们党也经过了长期的曲折探索，到中共十一届三中全会才找到一条正确的道路，开始成熟起来。从此，我国的社会主义现代化建设才得以顺利开展，并在短短几十年的时间中，取得了举世瞩目的辉煌成就。因此，中共十一届三中全会完全可以同遵义会议相提并论，是一个划时代的根本转折，对它的意义怎么估价都不会过分。

（原载《解放日报》1998 年 12 月 14 日，1999 年获中共中央宣传部评选的“五个一工程”一篇好文章奖）

中共人物及思想研究

毛泽东为什么说陈独秀是五四运动的“总司令”

——从关于纪念五四运动雕塑的争论说起

2001年，有关部门在五四运动的发源地——原北京大学红楼的东面，即皇城根遗址公园建立了一座名为“翻开历史新的一页”纪念五四运动的雕塑。2006年9月14日，《北京日报》发表陈铁健《请还陈独秀“总司令”一个应有的位置》的文章，认为这个雕塑把那时作为“学生”的毛泽东头像及毛泽东1925年所写《沁园春·长沙》词稿突出居中，却没有被毛泽东誉为“五四运动总司令”的陈独秀的头像，这是歪曲历史事实的做法。2007年5月22日，《北京日报》发表雕塑设计者写的《质疑〈请还陈独秀“总司令”一个应有的位置〉》的文章，说雕塑上面是有陈独秀的像的，即使这件雕塑上真的没有陈独秀的图像，就那么严重吗？并盼望陈铁健“能知错就改，因为还原历史真相乃是史学工作者义不容辞的责任”。在此之后，很多人又对这篇《质疑》文章提出了质疑，有的认为设计者所说的左下方的图像根本看不清楚，有的认为那个图像根本不是陈独秀。我认为设计者的质问是没有道理的。即使如设计者所说左下角那个图像是陈独秀，但把他放到那么一个不突出的位置，就是不妥当的。如果真的没有陈独秀，当然就更“严重”了，因为作为一个纪念五四运动的雕塑，却没有被毛泽东誉为“五四运动总司令”的头像，难道还不“严重”吗？

对于五四运动的总司令和领导者，学术界一直有不同的看法，有的认为是李大钊，有的认为是陈独秀和李大钊，有的认为是资产阶级革命派，有的认为这场运动完全是自发的。但毛泽东在1942年、1945年，曾先后两次明确指出陈独秀是“五四运动的总司令”和“五四运动时期的总司令”。1942 年 3 月 30 日，他在《如何学习中共党史》的讲话中说：“在五四运动里面，起领导作用的是一些进步的知识分子。大学教授虽然不上街，但是他们在其中奔走呼号，做了许多事情。陈独秀是五四运动的总司令。现在还不是我们宣传陈独秀历史的时候，将来我们修中国历史，要讲一讲他的功劳。”1945 年 4 月 21 日，他在《中国共产党第七次全国代表大会的工作方针》的报告中又说：陈独秀这个人“他是有过功劳的。他是五四运动时期的总司令，整个运动实际上是他领导的，他与周围的一群人，如李大钊同志等，是起了大作用的。我们那个时候学习作白话文，听他说什么文章要加标点符号，这是一大发明，又听他说世界上有马克思主义。我们是他们那一代人的学生。五四运动替中国共产党准备了干部。那个时候有《新青年》杂志，是陈独秀主编的。被这个杂志和五四运动警醒起来的人，后头有一部分进了共产党，这些人受陈独秀和他周围一群人的影响很大，可以说是由他们集合起来，这才成立了党。我说陈独秀在某几点上，好像俄国的普列汉诺夫，做了启蒙运动的工作，创造了党，……有功劳。……关于陈独秀，将来修党史的时候，还是要讲到他。”中华人民共和国建立以后，毛泽东视察安庆时还称赞过陈独秀早期对传播马列主义是有贡献的，后期犯了错误，类似俄国的普列汉诺夫。由此可见，毛泽东对陈独秀在五四运动中的地位和作用是充分肯定的。

毛泽东的上述两次讲话，所说的时限是不同的。第一次说陈独秀是“五四运动的总司令”，具体指的是五四运动。第二次讲话说陈独秀是“五四运动时期的总司令”，则不仅是指五四运动本身，还把五四运动前后的新文化运动及中国共产党的成立都包括进去了，即陈独秀不仅是“五四运动的总司令”，还是从新文化运动到中国共产党的成立那个时期的总司令，时限比第一次讲话更宽，评价也比第一次讲话更高。

那么，毛泽东为什么要把陈独秀誉为五四运动以至整个五四运动时期的“总司令”呢？就五四运动本身来说，主要有以下几个方面的原因：

首先，由陈独秀发起的新文化运动，为五四运动奠定了思想基础。1915年9月15日，陈独秀主编的《青年》杂志创刊（1916年9月1日改名为《新青年》)。其发刊词《敬告青年》，是一篇向旧思想、旧道德和旧文化宣战的战斗檄文。在这篇战斗檄文中,陈独秀竖起了民主和科学两面大旗，说:“国人而欲脱蒙昧时代，羞为浅化之民也，则急起直追，当以科学与人权并重。”所谓科学，就是要崇尚理性，尊重事物的发展规律，反对迷信和愚昧;所谓人权就是民主，要提倡个性的解放，摒弃“忠孝节义”的吃人礼教，反对封建伦理道德的专制统治，实现政治、经济、宗教和妇女的解放。他说为了国家之振兴，社会之进步，必须造就一代“新鲜活泼之青年”，即“新青年”，这种新青年有六条标准，即自主的而非奴隶的、进步的而非保守的、进取的而非退隐的、世界的而非锁国的、实利的而非虚文的、科学的而非想象的。1919年1月，陈独秀在《“新青年”罪案之答辩书》中更加旗帜鲜明地提出:我们要“拥护那德谟克拉西（Demoevccy）和赛因斯（Science）两位先生”，“只有这两位先生，可以救治中国政治上、道德上、学术上、思想上一切的黑暗”。这些思想，真是振聋发聩，石破天惊！于是以《新青年》杂志为核心，迅速在全国掀起了一场声势浩大的新文化运动。这场运动以民主、科学为旗帜，向腐朽的中国传统封建文化发起了猛烈的冲击，由此引发了一场伦理革命、宗教革命、教育革命、文学革命，使中国的思想界特别是青年学生解除了思想的禁锢，获得了一次思想的大解放。五四运动的发生，正是这次思想解放运动的重大成果。

其次，陈独秀和《新青年》杂志为五四运动培育出了一大批骨干力量。由于陈独秀和《新青年》杂志在当时有着崇高的威望和广泛的影响，所以很快吸引了全国一大批先进的青年。1936年毛泽东在同斯诺的谈话中，说他在师范上学的时候，就开始读《新青年》杂志，“非常佩服胡适和陈独秀的文章”，把他们作为自己的“楷模”，陈独秀对他的影响“也许比其他任何人的影响都大”。周士钊在回忆中也说：毛泽东是当时最热爱《新青年》的读者之一，“有很长一段时间，每天除上课阅报之外，看书，看《新青年》；谈话，谈《新青年》；思考，也思考《新青年》上所提出的问题。他完全同意《新青年》的论点”，并于1918年4月酝酿成立了“新民学会”。像毛泽东这样在《新青年》影响下成长起来的先进的青年人，在全国各地都有一大批。他们在《新青年》的影响下成立的社团和创办的报刊，如雨后春笋，纷纷出现。例如北大学生许德珩等成立了国民社，创办了《国民》杂志；傅斯年和罗家伦等人成立了新潮社，创办了《新潮》杂志；周恩来等人在天津成立了“觉悟社”，创办了《觉悟》杂志；等等。这批先进青年和社团、报刊，在五四运动中都起了重要的作用。如果没有他们的领导和带动，五四运动是很难在那么短的时间内就形成一场伟大的群众运动的。

最后，陈独秀是五四运动的思想指导者和精神领袖，在很多问题上具体指导了运动的进行。五四运动的发生，是由于中国外交代表在巴黎和会上的失败，中国人民“公理战胜强权”的幻想的破灭而引起的。而这种幻想的破灭，与陈独秀1918年12月22日和李大钊共同创办的专门报道评论巴黎和会和山东问题、推动政治运动的刊物——《每周评论》分不开的。在发刊词中，陈独秀明确提出《每周评论》的主旨，“就是‘主张公理，反对强权’八个大字”。在这个刊物上，陈独秀发表了大量很有战斗力的文章。12月29日，陈独秀明确提出欧战后东洋民族的两大“觉悟与要求”：对外，“是人类平等主义，是要欧美人抛弃从来歧视颜色人种的偏见”；对内，“是抛弃军国主义，不许军阀把持政权”。这实际上是竖起了后来成为五四运动纲领的两面旗帜，即反帝反封建。1919年1月19日，陈独秀又在《除三害》中提出了进行国内斗争的具体方式：一是“要有相当规模的示威运动”；二是“社会中坚分子，应该挺身出头，组织有政见的有良心的依赖国民为后援的政党”。5月4日前夕，当得知5月4日当天将有学生示威游行的行动时，陈独秀立即在当天出版的《每周评论》上发表《两个和会都无用》的战斗檄文，尖锐地指出“巴黎的和会，各国都重在本国的权利，什么公理，什么永久和平，什么威尔逊总统十四条宣言，都成了一文不值的空话。……非全世界的人民都站起来直接解决不可”。这实际上是发出了五四运动的动员令。“要有相当规模的示威运动”,非人民“站起来直接解决不可”等号召，在当时都极具政治号召力。

五四运动发生后，陈独秀立即投入了这场运动，和蔡元培、李大钊等人一起，努力引导运动的正常进行和深入开展。从5月4日至6月上旬，他一个月发表了7篇文章和33篇《随感录》。5月11日，他针对学生运动只注重罢免曹（汝霖）、章（宗祥）、陆（宗舆）3个卖国贼的情况，列数政府从21条以来的一系列卖国行为，指出斗争矛头不能仅仅指向这3个卖国贼，更应指向造成这些“根本罪恶”的北京政府。并明确指出:“我们中国现在有什么力量抵抗外人？全靠国民团结一致的爱国心。”5月18日，他针对北京的运动只是局限在学生阶层和有些人把民族斗争视为山东一省问题的错误认识，又号召全民起来奋斗。 5月26日，他针对反动当局不断镇压和逮捕学生，而运动中又出现妥协和厌倦倾向的情况，指出国民“应该有两种彻底的觉悟”:“（一）不能单纯依赖公理的觉悟。（二）不能让少数人垄断政权的觉悟。”并提出了“强力拥护公理”“平民征服政府”的鲜明有力的战斗口号。6月9日，为了推动运动进一步深入，陈独秀竟亲自起草《北京市民宣言》传单，印成中英两种文字，于11日亲自到闹市区散发，结果被捕。在这个《宣言》中，陈独秀明确地提出了五条“最低要求”，不仅要收复山东权利，并且“取消民国四年七年两次密约”；不仅免除曹、章、陆3个卖国贼，还要免除掌握当时暴力专政机关的徐树铮等人的官职，“取消步兵统领及警备司令部两机关”，“北京保安队改由市民组织”，“市民须有绝对集会言论自由权”,充分表现出反日和反对封建专制统治的彻底性。陈独秀的被捕，在全国引起很大的反响。7月，毛泽东在《湘江评论》创刊号就发表《陈独秀之被捕及营救》一文,对陈独秀的被捕表示强烈的抗议，热情赞扬陈独秀“为思想界的明星”，并高喊“我祝陈君万岁！我祝陈君至坚至高精神万岁！”这都有力地说明，陈独秀在五四运动中是起了领导作用的。

如果从五四运动时期来说，陈独秀的领导作用还表现在以下两个方面：

首先，陈独秀是马克思主义的积极传播者，培养出了一大批中国早期的马克思主义者。他传播马克思主义，当然没有李大钊早。但他创办的《新青年》杂志，是当时传播马克思主义的最主要的阵地。当时李大钊传播马克思主义的许多文章，就是在陈独秀创办的《新青年》杂志上发表的。例如李大钊传播马克思主义影响最大的《我的马克思主义观》，就是发表在1919年10月、11月的《新青年》杂志上的。李大钊主编的“马克思主义专号”，也是刊登在《新青年》杂志上的。可以毫不夸张地说，《新青年》是中国近现代历史上影响最大的刊物，教育、引导了整整一代人，其作用是任何别的报刊不能替代的。

从1919—1920年陈独秀由激进民主主义者转变成马克思主义者以后，也开始积极宣传马克思主义，在《新青年》等杂志上发表了十余篇宣传马克思主义的文章，重点介绍了唯物史观、剩余价值学说、阶级斗争学说和无产阶级专政学说等马克思主义的基本原理。在科学社会主义学说方面，他首先区分了“真假社会主义”，精辟地分析了为什么要讲社会主义、为什么能讲社会主义、应讲何种社会主义3个问题。1920年9月他发表的长篇论文《谈政治》，就是一篇宣传马克思主义的代表作。更为可贵地是，他不仅自己著文宣传，还组织翻译马克思主义的基本著作，例如他到上海后，就委托陈望道译《共产党宣言》，恽代英译《阶级斗争》，李季译《社会主义史》，李汉俊译《马克思资本论入门》等书，这些书于1920年先后出版，寄送全国各地，对推动马克思主义的学习和宣传起了重要的作用。毛泽东在1936年同斯诺谈话时曾说，他就是读了中译本的《共产党宣言》《阶级斗争》《社会主义史》等书以后，才成为一个马克思主义者的。这“三本书特别深刻地铭记在我的心中，使我树立起对马克思主义的信仰”。因此，陈独秀在宣传马克思主义方面，其贡献和影响是巨大的。

其次，陈独秀是中国共产党的最主要的创始人，把一大批先进的中国人带进了中国共产党。从 1920 年 2 月移居上海以后，陈独秀就开始了中国共产党的筹建工作。这年 8 月，他在上海成立了中国共产党的第一个组织——上海“中国共产党”。从此之后，他通过写信联系、派人指导或具体组织等方式，积极推动各地共产党早期组织的建立。因此，他在上海成立的共产党组织，实际上起到了中国共产党发起组的作用。现在很多著作仅仅说陈独秀是中国共产党的创始人之一，这是很不够的，应该说他是中国共产党的最主要的创始人。在创立中国共产党的最主要的“南陈北李”两个人中，他的功劳远远大于李大钊，这也是陈独秀虽然没有参加第一次代表大会，仍然被选为中央局书记，即最主要的领导人的根本原因。毛泽东、董必武、蔡和森、周恩来、瞿秋白、吴玉章、李立三、李达、陈望道等在谈到自己参加共产党时，均称无不受到陈独秀的影响和教诲。1936 年毛泽东在同斯诺谈到他到上海参加中共一大的经过时说:“在我一生中可能是关键性的这个时期，陈独秀表明自己信仰的那些话给我留下了深刻的印象。”因此，可以毫不夸张地说，如果没有陈独秀，就没有中国共产党在 1921 年的成立。仅仅这一条功劳，陈独秀就可以名垂千古，光照千秋。

从上面的分析可以看出，毛泽东把陈独秀誉为“五四运动的总司令”和“五四运动时期的总司令”，是符合当时的历史实际的。因此，在纪念五四运动的雕塑中，不仅应该有陈独秀的位置，而且应该把他放在非常显著的位置。这也说明，需要“知错就改”的不是陈铁健，而是这个雕塑的设计者，因为还原历史真相也是雕塑工作者义不容辞的责任。

（原载《武汉理工大学（社会科学版）》2008 年第 5 期）

李大钊的革命精神和崇高品质

——纪念李大钊 100 周年诞辰

李大钊诞生 100 周年了，牺牲也已经 60 多年了。当他第一个举起马克思主义的旗帜，宣传科学社会主义，创建中国共产党，领导各项革命斗争的时候，革命队伍里的人还很少，斗争非常艰难，他为此献出了自己宝贵的生命。从那时到现在，我们的国家发生了很大的变化。但离得越远，他的好处就觉得越多，越认识到他思想的价值、人格的伟大。正如列宁在评价车尔尼雪夫斯基时所说的：当时，他们看起来是些单枪匹马的人物，“事实上，正是他们才是那个时代的伟大的活动家，我们离开那个时代越远，就越感到他们的伟大”。

自古以来，中国的知识分子便关心国家的命运，以天下为己任，“先天下之忧而忧，后天下之乐而乐”。李大钊是中国知识分子的优秀代表，完全继承了这个优良传统。在青少年时代，他就具有强烈的爱国主义思想，“矢志努力于民族解放事业”。为了“求得挽救民族、振兴国群之良策”，他研究、学习了中国近代许多优秀的东西，又到国外如饥似渴地吸收了许多西方的先进思潮，思想有过复杂的经历和变化，有的还是比较复杂的。但不管他吸收了哪些东西，有一点始终不变的，那就是他对祖国的炽烈的爱，对人民群众的命运的真切的关心。

从洪秀全、康有为、严复、孙中山到和李大钊同时代的许多先进分子，都曾向西方寻求救国救民的真理。李大钊也曾经是一个真诚的民主主义者，希望通过建立资产阶级共和国，实行资本主义的经济制度和代议制度，实现祖国的独立和富强。但他选择道路时，是时时刻刻从祖国的命运、人民的幸福和解放出发的。因而他很快就对篡夺了辛亥革命胜利果实的北洋军阀的专制统治产生了怀疑，表示出“隐忧”和“哀痛”，疾呼“共和自共和，幸福何有于吾民也！”同时，他的思想中较早地具有了唯物辩证法的因素。他相信社会是前进的，新的比旧的好，因而代替代议制的，一定是比代议制更好的制度。正因为如此，他能在十月革命胜利后独具慧眼，比同时代的人更早地看到社会主义的兴起是时代的潮流，十月革命给中国指出了新的道路。也正因为如此，在中国他接触马克思主义虽然并不是最早的，但以 1919 年 5 月发表的《我的马克思主义观》为标志，他成了中国的第一个马克思主义者。

在马克思主义传播的初期，一般还只偏重于理论的宣传，同时社会上还流行着各种各样的学说，很多人不相信马克思主义适用于中国。在这种情况下，李大钊不仅重视马克思主义基础理论的研究，力求正确地领会和宣传马克思主义，还强调马克思主义要与中国的实际相结合，把马克思主义“拿来作工具，用以为实际的运动”。在批判胡适“多研究些问题，少谈些主义”的实用主义的著名论文中，他不仅批驳了马克思主义不适合中国国情的论调，并且明确地提出马克思主义“原有适应实际的可能性”，一个社会主义者“必须要研究怎么可以把他的理想尽量应用于环绕着他的实境”。这些认识，在当时是十分可贵的。可以说，在毛泽东同志正确解决这个问题之前，李大钊是最早重视和强调马克思主义与中国实际相结合这个重要问题的人。他能较早地认识到这个问题并不是偶然的。早在 1914 年他还是民主主义者的时候，他就写了《国情》一文，强调正确认识中国的国情，不能“求国情于外人”。其次是因为他重视人民群众的力量，强调革命运动要同民众相结合，特别是农民。后来他于 1926 年写的《土地与农民》一文，是非常精彩的。美国学者莫里斯·迈斯纳在其《李大钊与中国马克思主义的起源》一书中，说李大钊具有民粹主义色彩，国内也有人宣传这种观点。

事实上李大钊与俄国的民粹主义者是根本不同的，他重视农民，强调青年们“到民间去”，正是他把马克思主义与中国实际相结合的一个很精彩的表现。

李大钊是一个学者，通过研究探索救国救民的真理走上了革命道路。当他成为一个革命战士以后，他就把主要的精力投入到了各项革命工作中，不知疲倦地为党的事业而奋斗。他一方面积极从事党的创建、北方党组织的建立以及工人运动、统一战线、争取国民军、指导少数民族的解放斗争等各方面的实际工作，几乎在所有各条战线上都留下了光辉的业绩；另一方面又努力用马克思主义解决中国革命的一系列重大理论问题，探索中国革命的正确道路，为党制订正确的路线、方针、政策提出了许多重要的思想。他明确提出帝国主义是中国革命的主要敌人，中国国民革命是世界革命的一部分，在民主主义成功之后紧接着就是社会主义，在国民革命中当先锋的只有无产阶级，在估量革命动力时不能不注意到农民是其重要的成分，应联合孙中山等资产阶级民主派建立革命的统一战线，等等，这些思想对于党的新民主主义理论的形成以致后来毛泽东思想的产生，都有着重要的作用和影响。正是由于他在理论上的重大建树和在各项实际工作中的巨大作用，人们才把他与陈独秀并称为“南陈北李”，在大革命中敌人又恐惧地把他与孙中山并称为“南赤北赤”。

李大钊作为一名战士在各条战线上英勇奋斗的同时，并没有丢掉自己的本色，仍然作为一个教授和学者，在社会科学的各个领域里辛勤地耕耘着。他是中国第一个运用辩证唯物主义观察社会、认识社会和改造社会的马克思主义哲学家，又是中国马克思主义史学的奠基人。在政治学、法学、教育学、伦理学、经济学、图书馆学等各个领域，他都做了很多开创性的工作。他还是一个文学家，写了很多脍炙人口的诗文。他的文章风格挺拔，笔力雄健，议论纵横，充满激情，独具一格。王森然在20世纪30年代写的《近代二十家评传》一书便说，陈独秀在编辑《新青年》杂志时，“以矫激之笔致，犀利之文辞，中国新文坛气势为之大昂”。他去世后，一部分遗文被李乐光烈士等冒着生命的危险收集并保存下来，周建人等也在极端困难的情况下默默地进行着收集工作，但在新中国成立前一直未能出版。现在看来，他对马克思主义的一些理解，对中国革命一些重大问题的论述，对社会科学各领域的开拓，由于当时条件的限制，有的还显得比较粗糙，或者“未必精当”，但他第一个用马克思主义指导中国革命和占领各学科领域的功绩，是不可磨灭的。正如鲁迅在《〈守常全集〉题记》中所说：他的遗文“将永在，因为这是先驱者的遗产，革命史上的丰碑”。

李大钊的道德、气节和操守也是非常崇高的。从青少年时代起，在他身上便凝结了许多中国知识分子的优秀品质和传统美德。当他成为一个马克思主义者以后，这些优秀品德得到了升华，达到了新的高度。他为人忠厚，谦和质朴，宽以待人，和蔼可亲；他勤于治学，勇于任事，踏踏实实，不务虚名；他诲人不倦，循循善诱，是青年的可敬的导师；他自奉俭约，生活艰苦，却把大部分收入用于革命事业，以致北京大学发薪金时不得不先扣下一部分交与他的夫人；他勇于斗争，坚持原则，在危急关头更从不逃避，总是不畏艰险，挺身而出。当他被捕以后，面对敌人的严刑拷打，他神色不变，丝毫不暴露党的机密，独自承担全部责任，希望解救同时被捕的青年。最后，他从容地走上绞刑架，为中国的共产主义事业献出了自己宝贵的生命。正因为他处处都可为人之楷模，不管是同志、朋友还是敌人，对他没有不佩服的。凡是与他接触过的人，都对他给予极高的评价。在五四时期，即有人写诗赞扬他与陈独秀是“双悬照古今”的“日月”；毛泽东也说他们“两人都是当时中国知识界最出色的领导人”，并说自己“在李大钊手下担任北京大学图书馆助理员的时候，曾经迅速地朝着马克思主义方向发展”；在少年中国学会中，“大家把他视为道德上的最高典范”；他与孙中山接触后，孙中山说他“是他的真正的革命同志，是他‘特别敬佩和尊敬’的人”；连曾与他共同奋斗、后来在政治上分道扬镳的章士钊、张申府，也说他是“宅心仁厚的良友”，“现代中国的一个完人”，说“不论他的思想，他的行动，他的为人，他的待友处家，都是无可訾议的”。

李大钊曾亲笔书写过一副对联送给友人，就是“铁肩担道义，妙手著文章”。这副对联原是明朝杨继盛写的,原文是“铁肩担道义,辣手著文章”。杨继盛也是河北人，嘉靖进士，曾任兵部员外郎，因弹劾奸相严嵩十大罪状被下狱，受尽酷刑后被杀，是明朝的著名志士。李大钊特地选择了这副对联，说明了他对杨继盛等古代仁人志士的景仰。他将原联中的“辣”字改为“妙”字，也使这副对联更加生动、贴切。这副著名的对联，正是李大钊一生的有力概括和生动写照。有人借这副对联把李大钊称为“道德文章楷模”，他是当之无愧的。

当然，客观地全面评价起来，李大钊并不是一个完人。他虽是伟大的无产阶级革命家，却仍然有点书生气。他临危不惧、舍身成仁的气节和精神是令人无比钦佩的，但他那时的斗争策略如果更灵活一些，听从朋友们的劝告离开北京，就不会牺牲得那么早。

我们今天纪念李大钊，一方面要学习他的革命精神和高尚品质，继承和发扬光荣的革命传统，建设好我们的社会主义国家。李大钊的精神遗产是我们党的一笔宝贵的精神财富，每一个人都应该从中学到很多宝贵的东西，汲取很大的精神力量。在改革开放的历史条件下，学习先烈的革命精神和优秀品质，继承和发扬光荣的革命传统，尤为重要。另一方面也要对李大钊进行实事求是的分析，作出客观的评价。像李大钊这样重要的历史人物，本身就是党的历史的一部分。越是实事求是地进行评价，并生动地、如实地写出他们的思想、活动、经历和特点，党的历史就越有教育意义和说服力。现在高兴地看到李大钊研究已呈现出一派蓬勃兴旺的景象，出现了许多可喜的成果。希望通过这次讨论会，能把李大钊研究更加引向深入，不断取得新的成绩。

【评文记事】

这是1989年夏自己为胡乔木在北京大学召开的纪念李大钊100周年诞辰学术讨论会上的讲话起草的讲话稿，后经胡乔木修改，收入《胡乔木文集》第2卷、《胡乔木谈中共党史》。因为是一个讲话稿，所以引文未作注释。为留作纪念，特将自己起草的原稿收于此书。

为农民利益鞠躬尽瘁

——纪念“农民运动大王”彭湃110周年诞辰

2006年10月22日，是中国共产党早期的著名领导人、中国农民运动的著名领袖、伟大的无产阶级革命家、忠诚的共产主义战士彭湃110周年诞辰。

彭湃是中国共产党内最早重视并实际从事农民运动的著名领袖。当中国共产党成立后按照马克思主义关于无产阶级革命的理论全力从事工人运动的时候，彭湃却把注意力转向了农村，认为农民占了中国人口的绝大多数，世世代代受压迫剥削，有着很强的革命性，是中国革命的一支重要的力量，不把广大农民组织起来，中国革命就不能成功。因此，他从1922年6月开始，就“下决心到农村去做实际运动”。在他的努力下，终于克服种种困难，把贫苦农民逐渐组织起来。1923年元旦，海丰县总农会成立，会员达2万户，计10万人。5月，他将海丰总农会改组为“惠州农民联合会”，7月又将“惠州农民联合会”改组为“广东省农会”。从此，海丰农民运动的影响扩展到广东全省，广东其他地区的农民也逐渐组织起来。正如中共中央领导人瞿秋白所说：“彭湃同志是中国农民运动第一个战士。当他已经开始在广东做农民运动的时候，那时候做领导工作的同志，还在否认中国革命问题中农民土地问题的存在呢！”

彭湃不仅很早就重视农民问题和从事农民运动的实践，而且把马克思主义和当时中国农村的实际相结合，创立了一套新型的农民运动模式。这种模式的主要内容和特点是：第一，一切为了农民，一切从农民的利益出发。

1923 年 1 月 1 日，彭湃在《海丰总农会临时简章》和《约农会简章》中明确提出 4 个“图”，即“图农民生活之改造”“图农业之发展”“图农民之自治”“图农民教育之普及”（同年 7 月在《广东农会章程》中把“图”改为“谋”）。这 4 个“图”，纵观农运全局，是彭湃提出的农民运动的总纲领，基本包含了农民运动的全部目的要求和农民的全部利益。第二，经济斗争和政治斗争并进，从农民最直接的经济利益入手，但最终目的是夺取政权。他于 1923 年 2 月 9 日在一封信中就提出：“所采取的政策：（一）对付田主，（二）对付官厅。即经济的斗争与政治的斗争并进，使农民有经济斗争的训练及夺取政权的准备。”第三，重视工农联盟，争取工人阶级的支持。从 1922 年开始，他就主张工农结合，并大力宣传。1923 年 5 月 1 日，他在《海陆归三县农会“五一”宣言》中明确指出，工人和农民处于同样的被压迫被剥削的地位，因此应该团结起来，打倒共同的敌人。第四，重视建立农民武装，并号召农兵团结。1924 年 8 月 27 日，他领导成立广东农民自卫军，并担任总指挥。他明确指出：“不建立农民的武装队伍，不把好的武器发给他们，我们的工作就得不到必要的结果。”到 1926 年 4 月，广东全省有农民自卫军 3 万余人，成为一支重要的革命力量。第五，注意培养骨干力量。他不仅在海丰很注意这一点，而且在 1924 年 6 月向国民党中央提议开办农民运动讲习所，并担任第一届农讲所主任。1925 年 9 月，他又主办第五届农民运动讲习所，为全国的农民运动培养出了大批的骨干。第六，注意斗争的策略和工作方法。1926 年 6 月 2 日，他在第六届农民运动讲习所的讲演中，根据自己的切身体会和经验，提出了开展农民运动应注意的 12 个方面，从而使开展农民运动的同志更容易接近和发动农民。彭湃创立的这个农民运动模式是从来没有的，立即成为全国农民运动的光辉榜样，被迅速推广至广东全省以至全国，为以后全国各地的农民运动所仿效，有力地推动了全国农民运动以及国民革命的发展。1926 年 9 月，毛泽东高度赞扬说：“全中国各地都必须办到海丰这个样子，才可以算得革命的胜利，不然任便怎么样都算不得。全中国各地必须都办到海丰这个样子，才可以算得帝国主义、军阀的基础确实起了动摇，不然也算不得。”他还称赞彭湃是“农民运动的大王”。

彭湃不仅勇于实践，而且善于进行理论总结。从 1926 年 1 月 1 日起，他在国民党中央农民部主办的《中国农民》第 1、3、4、5 期上，连续发表了他写的《海丰农民运动报告》。这年 10 月，广东省农民协会将《海丰农民运动报告》改名为《海丰农民运动》，出版单行本，周恩来亲笔为它题写了书名。这本书详细地论述了海丰农民的政治地位、经济地位和文化状况，分析了海丰农村各个阶级及农民所受的苦难，记述了自己从 1922 年至 1924 年在海丰从事农民运动的全过程，深刻地总结了海丰农民运动的经验，从而成为中国共产党最早的一部从理论和实践的结合上阐述农民运动理论和方法的重要著作，而且“是中国农民运动第一本最有价值的著作”。它不仅是中国共产党关于农民运动的教科书，对后来毛泽东写的一系列关于农民问题的文章和《湖南农民运动考察报告》，也产生了重要的影响。

1927 年蒋介石在上海发动了“四一二”反革命政变，随后汪精卫在武汉发动“七一五”反革命政变，中共中央决定举行南昌起义，回击反革命政变。彭湃参加了以周恩来为书记的前敌委员会，领导南昌起义，后挥师南下广东。在这个革命紧急关头，由于彭湃长期在海陆丰奠定了坚实的革命基础，海陆丰两县民众在中共海陆丰地委领导下，于 4 月、9 月两次举行武装起义。彭湃 10 月底回到海陆丰，又领导了第三次武装起义，并创建了海陆丰革命根据地。在革命根据地创建的过程中，他在很多方面都走在其他地区的前面，使这个根据地具有鲜明的特点：第一，在全国最早打出苏维埃的旗帜，建立了全国最早的县级苏维埃政权。1927 年 11 月中下旬，陆丰县、海丰县苏维埃政府，就在彭湃的领导下相继建立。第二，政权建设很完备，创立了很多民主建政的成功经验。第三，最早制定出比较正确的土地分配制度，在全国最早实行了土地革命。在 1927 年 11 月召开的海陆丰两县工农兵代表大会上，彭湃就提出照人数多少分；照人的力量（老幼强弱）分；照家庭经济有无别种经济收入分；照土地贫瘠分；分田地的时期不限定等分配田地的5项标准。大会不仅通过了这些标准和《没收土地案》，而且在会后很快分配了地主阶级的土地。第四，重视武装斗争，而且最早形成了一套正规部队、地方部队和赤卫队三级武装斗争的系统，总结出了“用群众作战方法来消灭敌人”“诱敌深入”“集中力量各个击破敌人”等一套成功的游击战争的战略战术。第五，不仅重视党的组织建设，而且非常重视党的思想建设，创造了一套党的建设的成功经验。1928年1月彭湃领导东江特委开办的党校，在全党也是最早的。

彭湃领导建立的海陆丰革命根据地，为其他革命根据地树立了光辉的榜样，一再为中共中央所肯定，在全国产生了广泛的影响。1927年12月，中共中央机关刊物《布尔什维克》发表题为《中国第一个苏维埃》的长篇文章，对海陆丰苏维埃政权给予高度评价。12月31日，中共中央还曾指示湖南省委：“应在湘赣边境或湖南创造一个深入土地革命的割据局面——海陆丰第二。”1928年1月3日中共中央临时政治局通过的文件也说：“海陆丰苏维埃政权之丰富的材料，他的胜利，他的经验，应当充分地运用到一切农民暴动中去。”接着，文件列举了海陆丰在9个方面的经验。随着中共广东省委编写的5万多字的小册子《海陆丰苏维埃》在全党的发行，海陆丰革命根据地的影响就更大了。后来的所有历史著作都高度赞扬毛泽东创建的井冈山革命根据地的重大意义，但在当时，海陆丰革命根据地的影响要比井冈山大得多。

1927年5月，彭湃在中共第五次全国代表大会上被选为中央委员，不久又被推举为中央临时政治局委员。在1928年召开的中共第六次全国代表大会及一中全会上，又被选为中央政治局候补委员。同年增补为中共中央政治局委员，并于11月被调到上海担任中共中央农委书记。正是在这个岗位上，他于1929年8月24日由于叛徒的出卖被捕，30日在国民党龙华淞沪警备司令部英勇就义，年仅 33 岁。第二天，中共中央在《告全国人民书》中，对彭湃等烈士的重大历史贡献和英勇斗争事迹做出高度评价，指出：“他们这样的革命斗争的历史早已深入全国广大劳动群众的心中，而成为广大群众最爱护的领袖。谁不知广东有彭湃，谁不知彭湃是中国农民运动的领袖。”9 月，瞿秋白在苏联编辑出版《纪念彭湃》一书，在该书的前言中高度赞扬彭湃说：“他是做群众运动工作的模范，他是能真正深入到群众里面去的同志。他的勇敢、果决的精神，工作的能耐，在从来未有的中国白色恐怖之下工作，这是党内同志无论哪一个都是极端地佩服他的。他是中国劳苦的农民群众顶爱的、顶尊重的领袖。”

彭湃出身于大地主阶级的家庭，生活条件优越，又是日本留学生，本来可以过优裕的生活，可是他对这些毫不留恋。为了农民阶级的解放，他坚决背叛自己的阶级，毅然脱下长布衫，换上破旧的农民装，深入到贫苦的农民群众之中，发动和组织农民，并首先把自己的土地分给农民。为了广大农民的解放，他鞠躬尽瘁，献出了自己的一切。今天，我们怀着深厚的感情纪念这位农民运动的著名领袖和伟大的革命家，就是为了学习他敢于追求真理，为理想而英勇献身的精神；学习他勇于实践，不怕任何困难，一往无前的精神；学习他善于将马克思主义与中国实际相结合，敢于创新的精神；学习他的高尚人格和风范，更好地解决农民问题，尽快地实现社会主义现代化，建设好中国特色社会主义。

（原载《汕尾日报》2006 年 10 月 17 日）

王明与抗日民族统一战线的提出

王明以在土地革命战争时期执行“左”倾冒险主义，又在抗日战争时期犯右倾错误而闻名于世。与此同时，他作为中国共产党的领导人之一及中共驻共产国际代表团的负责人，在这期间也做了许多有益的工作。对于他在这方面所做的一些工作，特别是他对于抗日民族统一战线的提出和宣传，应该实事求是地加以肯定。

王明在 1945 年 4 月 20 日写给任弼时请他阅转毛泽东并扩大的中共六届七中全会各位同志的信中曾说：“在一九三二年至三五年期间，……我逐渐对一些政治问题和组织问题起了些思想上的变化；而在有些政策问题方面与当时当权的其他教条主义同志有些原则的分歧。”他所说的“变化”和“分歧”，一个重要方面就是统一战线问题。他信中所列举的许多事例虽然不尽属事实或不够准确，但他在这个期间对于统一战线问题确实在思想上发生了一些变化，较早地提出了抗日民族统一战线的思想。

一

在王明 1931 年 9 月至 10 月间出国到苏联以前，他是主张“打倒一切”的，只要下层的统一战线，对于上层的中间势力、反蒋派别等不仅极力排斥，而且把他们看作“最危险的敌人”。出国之初，他仍然是这种思想。但是，他在别国革命经验的启发下，思想上逐渐发生了一些变化。

1933 年 1 月 17 日，王明在共产国际及中共驻共产国际代表团其他同志的帮助和支持下，起草了以毛泽东、朱德名义发表的《中华苏维埃临时中央政府工农红军革命军事委员会为反对日本帝国主义侵入华北愿在三条件下与全国各军队共同抗日宣言》，其中指出了日本帝国主义开始侵入华北的新形势，驳斥了国民党政府及其政客关于因为中华苏维埃的存在，使他们不能动员一切力量来进行国防建设，使蒋介石不愿意与日本军阀作战的谎言，明确宣布："在下列条件之下，中国工农红军准备与任何武装部队订立作战协定，来反对日本帝国主义的侵略。（一）立即停止进攻苏维埃区域，（二）立即保证民众的民主权利（集会、结社、言论、罢工、出版之自由等），（三）立即武装民众创立武装的义勇军，以保卫中国及争取中国的独立统一与领土的完整。"其中虽然强调"要求中国民众及士兵"拥护这个号召，其根本目的也是为了"揭破国民党的出卖民族的政策，证明苏维埃政权是中国民众反帝国主义的民族革命战争之唯一的和真正的代表者"，但既然提出三条件下可以共同抗日，实际上就开始突破下层统一战线的框框，有了向建立抗日反蒋统一战线转变的萌芽。

1933 年 1 月 26 日，王明接着以中共中央名义发出了《致满洲各级党部及全体党员的信——论满洲的状况和我们党的任务》（简称"一二六指示信"）。其内容如下：一、分析了日本占据满洲后的政治、经济形势，提出了联合一切可能的力量，建立全民族的反帝统一战线的方针。信中说："在满洲群众运动现在发展的阶段上，我们总策略方针，是一方面尽可能地达成全民族的（计算到特殊的环境）反帝统一战线，来聚集和联合一切可能的，虽然是不可靠的动摇的力量，共同地与共同敌人——日本帝国主义及其走狗斗争。"二、分析了东北抗日武装的不同情况，提出了对他们应分别采取的不同态度。信中指出满洲的反日游击队主要有四种：第一种是纯由旧吉林军队所组织者，其领导属于张学良部下的各将领（马占山、李杜、丁超、苏炳文、朱霁青等），他们服从国民党的指挥，是不可靠的、动摇的，而且战斗力较低；第二种如王德林这一部队，不是大部的旧吉林军，大部分是农民、小资产阶级甚至是工人的反日义勇军，国民党的影响较小；第三种是各种农民的游击队（大刀会、红枪会、自卫团），其中有工人、小资产阶级和知识分子参加，其成分多数是农民；第四种是赤色游击队，这是中国共产党领导下的工人、农民、兵士及其他革命分子的队伍，是一切游击队中最先进最革命具有最大战斗力的队伍。针对以上情况，信中指出："在实际执行统一战线的策略时，必须具体地注意地计算到客观的环境和主观的因素，须分别地对付各种不同的对象，如对上述的第一种游击队（朱霁青本人的队伍，这里不包括群众的反日义勇军，这些义勇军是暂时的和形式上的服从他的指挥）主要是从下面和兵士组织统一战线。并且在有共同作反日斗争必要时，订立具体的作战行动和协约。对第二种游击队，除下层统一战线外，在某种程度和范围内，或能实行上层的统一战线。对第三种游击队，根据其反对反动领袖的斗争，以及我们在他们中间的革命政治影响的程度而决定具体的实行统一战线的程度和范围，甚至可与他们订立某种反帝联盟的形式。"三、强调要夺取统一战线的领导权，保持党的独立性。信中说在建立统一战线的过程中，"要坚决地为夺取和巩固我们党——无产阶级唯一的彻底革命的党——在满洲反日游击运动及各种革命群众运动中领导权而斗争。""无论什么时候，都坚持和保存自己政治上和组织上的独立性"，要"坚决地无情地反对右倾分子"，"但同时要和'左'倾关门主义"作斗争。四、改变了过去"北方会议提出的要普遍地组织工人罢工、农民没收地主土地、军队实行兵变组织红军、建立苏维埃政权"等"左"的做法，根据东北的特殊情况，提出党在目前的中心工作是没收日本帝国主义及一切民族叛徒的财产；保障工人农民、小资产阶级和朝鲜、蒙古等少数民族的基本权益，改善群众生活；在伪军中组织兵变，在反日武装斗争中团结好的游击队编成人民革命军；建立选举的民众政权和反日会等，强调了斗争策略的灵活性。

当然，这封信的内容也有很多错误，仍保留了许多“左”的思想。例如在提出建立全民族的反日统一战线的同时，又提出要“准备进一步的阶级分化及统一战线内部阶级斗争的基础，准备满洲苏维埃革命的前途”；在肯定马占山、李杜等部队是抗日武装的同时，过分强调了他们的缺点，错误地认为他们是“依靠着地主资产阶级及富农”，“绝对仇视工农的各种带群众性质的革命运动”；同时对一切中间势力缺乏正确的分析，认为张学良及一切军阀“是帝国主义最狡猾的奸细”，“整个国民党的各个派别，一贯地继续对各帝国主义的基本政策——投降政策”，他们“对满洲的反日运动，执行着最可耻最狡猾的策略”，如冯玉祥、阎锡山等“军阀官僚”，实际上要建立“变相的第二个满洲国”，而国家主义派、社会民主党、托陈取消派、罗章龙派等都是“反革命的团体”，他们对于满洲事变采取的是“投降叛卖政策”。信中虽然提出要尽可能地联合一切可能的、虽然是不可靠的动摇的力量，但又强调“必须牢记着下层统一战线必须是我们活动的基础”，重点仍在下层统一战线。另外，信中还强调在党内斗争中“首先是反对右倾”，并认为“这是主要危险”，要“开展无情的斗争”，等等。但是，这封指示信既然提出要尽可能地联合一切可能的、虽然是不可靠的动摇的力量，建立广泛的反帝统一战线，就在实际上突破了原来提倡的下层统一战线的框框，第一次提出在东北建立全民族的反帝统一战线的策略方针。提出针对不同的抗日武装采取不同的态度，在群众斗争中注意斗争的灵活性，并提出在统一战线中要保持党在政治上、组织上的独立性，夺取无产阶级领导权，也是有重要意义的，比过去推行的“左”倾政策是一个很大的进步。这封信在东北传达以后，东北的中共党组织改变了临时中央所规定的一些“左”的做法，反对“左”倾关门主义，主动地团结和争取各种抗日力量，收编和改造各种义勇军，从而推动了东北抗日游击斗争的开展和反日统一战线的形成。这年 6 月 9 日，中共上海中央局以中共中央名义将这封信发给了全党。

在“一二六指示信”发出的前后，王明还于 1933 年 1 月撰写了《东北情形与抗日统一战线策略》(又名《东三省情形和日本对中国的新进攻》)一文，其基本内容和思想与指示信大体相同，不同的是它明确地批评了“中国共产党的东三省组织，犯了许多策略上的错误”，即“不懂得和不善于实行反日的统一战线的策略”。文中提出了一些“一般的政治口号”，并说为了实现这些口号，“首先就要正确地和敏捷地实行特殊的一般民族统一战线的策略、首先是反日的统一战线的策略，并且要取得和保证无产阶级在这个统一战线中的领导作用”。

1933 年 10 月 27 日，王明、康生给中共中央政治局写来一封长信，主要是说反日运动和组织民族革命战争的策略问题，还附了一个《中国人民对日作战的具体纲领》。信中说：“所谓‘抗日救国’，是目前中国民众最中心最主要的问题，谁能在实际上证明他能解决这个政治问题，谁就能取得广大民众的拥护，谁就成为政治斗争的胜利者。”目前中国的政治环境，“非常迫切的需要广大的非常灵活的具体运用这一民族革命战争的策略”。信中还说，他们起草《中国人民对日作战的具体纲领》，其目的主要有下列几点：1. 给全国民众一个具体的明显的容易懂的对日作战的行动纲领；2. 尽最大可能团结一切反日力量，来建立真正广大的民众的反日统一战线；3. 尽可能地取得公开或半公开的活动的可能，以便在实际的群众斗争上来揭穿国民党卖国的真相，在事实上将反日斗争和反国民党的斗争联系起来。《中国人民对日作战的具体纲领》主要提出了以下几点：1. 全体海陆空军总动员对日作战；2. 全体人民总动员；3. 全体人民总武装；4. 立刻设法解决抗日经费；5. 成立工农兵学商代表选举出来的全中国民族武装自卫委员会；6. 联合日本帝国主义的一切敌人。这个具体纲领经宋庆龄、何香凝等 1779 人于 1934 年 4 月 20 日签名发表后，在国内外产生了广泛的影响。王明、康生 10 月 27 日这封信的基本思想，可以说比 1 月 17 日的宣言又进了一步，统一战线的对象已从愿意实行三条件的武装部队，扩大到愿意抗日的除国民党以外的党派、团体等中间势力及其上层人物。

中共六届五中全会以后，中共中央于 1934 年 2 月 12 日给满洲省委发出了一封指示信。这封信虽然一再肯定“一二六指示信”是正确的，但重点是批评满洲省委没有正确地了解“统一战线内部的阶级斗争的基本路线”，“而发生机会主义的曲解，把阶级利益与民族利益对立起来”，例如“在义勇军中时常拿上层勾结代替下层的统一战线”,“过分地估计了有产阶级‘敌视’日本强盗的作用”，“对反革命派别的作用的估计是不足的”，“甚至有些同志根本否认反革命派别的欺骗作用”，这“实际是减轻了以至否认了统一战线，特别是下层统一战线的必要”。总之，满洲省委对指示信“作了右倾曲解的错误”，在“反对‘左’倾关门主义的时候，放松了反对右倾尾巴主义的主要危险”，表现出来就是“或则没有统一战线，或则只有上层联合，放弃艰苦的下层统一战线的群众工作”。这封信，实质上是不同意“一二六指示信”中关于建立广泛的反日统一战线的主张，继续主张只实行下层统一战线。

针对中共中央的不同意见，王明、康生于 1934 年 9 月 16 日写信给中共中央政治局说：我们正准备给满洲省委关于几个问题的文件，例如游击战争与政权问题、职工运动问题等，在此之前希望中央不要再给满洲省委关于游击运动等策略问题的文件，因为两方面的文件时常有不一致的意见，使满洲同志发生难以解决的困难，另外省委组织非解决不可。信中说：“在这运动中我们要利用一班可能反蒋的力量，即是军阀国民党内部一切反蒋的力量，我们都必须尽量利用。”与此同时，中共驻共产国际代表团直接派吴平（杨松）到东北，重申关于巩固和扩大反日统一战线和“积极实行游击战争”的主张。

关于团结一切反蒋力量结成统一战线的思想，在中共驻共产国际代表团 1934 年 11 月 14 日给中共中央的信中就更加明确了，并且明确提出了“反日反蒋”的口号。信中说：“根据中国国际形势，敌我力量对比，广大群众需要利用敌人内部矛盾，必须首先提出反日反蒋口号，团结一切力量，不仅工农小资产阶级，而且积极主动地联合统治 [阶级] 内部反日反蒋派别，组织一个反对最凶恶的敌人——蒋的广大运动……”。这封信虽未说明是谁写的，但即使不是王明写的，也是经过他同意的。因此可以断定，关于建立抗日反蒋统一战线的思想，他到 1934 年年底以前已经形成了。这个思想的提出，突破了下层统一战线的框框，对于统一战线思想的发展和后来抗日民族统一战线的形成，都是有意义的。

二

1935 年 7 月至 8 月间，共产国际七大在莫斯科召开，提出了建立广泛的反法西斯统一战线的主张。在此前后，王明的统一战线思想，在共产国际的帮助下，又有了较大的发展。

1934 年 5 月 28 日共产国际七大筹备委员会成立后，王明即参加了这个委员会并参加了大会的筹备工作。据苏联索伯列夫《共产国际历史纲要》一书说，王明参加这个筹备委员会以后，曾同贝拉·库恩、罗佐夫斯基、诺尔林一道，一度坚持“左”倾政策，认为“社会民主党仍是资产阶级的主要靠山”，“右倾仍是共产主义运动的主要危险”，仅同意一定的策略变化，对共产国际的战略转变抱有抵触情绪。经过筹备委员会的帮助，他们才转变了立场。

根据共产国际七大关于建立反法西斯统一战线的精神，王明、康生于 1935 年 6 月 3 日给中共吉东特委负责同志发出了一封秘密指示信（通常简称“六三指示信”），论述了在东北如何开展游击运动等问题。其中提出，关于游击队问题，“首先是扩大游击运动与联合一切反日力量共同抗日”，因此，“第一，要打破各地的关门主义，吸收一切愿意参加武装抗日的分子来扩大游击队的组织”；“第二，要实行全民的统一战线”，“现在东北各种反日队伍一般的都有建立反日统一战线的必要与可能，我们不应机械地背诵过去四种游击队的方式，而现在是要普遍地与各种反日武装队伍建立下层与上层统一战线，团结一切反日武装，共同抗日”，并说要“使上层与下层统一战线联结起来”，认为在各地建立抗日联军总司令部，“是上层勾结或者说只有有了巩固的下层基础才可以结成上层战线，是错误的”。此信在1935年秋经中共吉东特委传达到东北各地的党组织以后，北满与吉东两地区党组织与抗联部队的主要领导人之间，由于对这封信及其补充信件的认识不一致曾发生争论，在学术界对于这封信的主导思想与基本内容的估量上也有分歧。但是，从这封信的内容本身来分析，应该认为它基本上是正确的，并且是对“一二六指示信”的发展和深化。信中虽然对东北抗日游击运动的实际情况缺乏全面、具体的分析，并且提出了一些片面的、不切实际的主张，但其基本精神与不久召开的共产国际七大和发表的“八一宣言”是一致的，并且是从东北的特殊情形出发的。从这封信贯彻执行的实际情况来看，它对于促进东北抗日民族统一战线的发展，对于促进抗日联军的形成以及党的领导机构的相应改变，也起了积极的作用。

1935年6月至7月间，王明还根据共产国际七大精神和国内发生华北事变的新形势，起草了中华苏维埃中央政府、中共中央《为抗日救国告全体同胞书》。这个文件后经中共驻共产国际代表团集体讨论修改，并经斯大林、季米特洛夫同意，在巴黎《救国报》上公开发表，这就是著名的“八一宣言”。这个宣言客观地分析了九一八事变特别是华北事变以后国内的政治形势，指出中华民族已处在千钧一发的生死关头，揭露了日本帝国主义灭亡中国的野心，并痛斥了国民党蒋介石集团的投降卖国政策，明确提出了停止内战、一致抗日的要求，并号召组织全中国统一的国防政府和全中国统一的国防联军。宣言中说：“我同胞抗日救国事业之所以还未得到应有胜利的原因，一方面是由于日寇蒋贼的内外夹攻，另一方面是由于各种抗日反蒋势力互相之间存在各种隔阂和误会，以致未能团结一致”，“因此，今当我亡国灭种大祸迫在眉睫之时，共产党和苏维埃政府再一次向全体同胞呼吁：无论各党派间在过去和现在有任何政见和利害的不同，无论各界同胞间有任何意见上或利益上的差别，无论各军队间过去和现在有任何敌对行动，大家都应当有'兄弟阋于墙外御其侮'的真诚觉悟，首先大家都应当停止内战，以便集中一切国力（人力、物力、财力、武力等）去为抗日救国的神圣事业而奋斗，苏维埃和共产党特再一次郑重宣言，只要国民党军队停止进攻苏区行动，只要任何部队实行对日作战，不管过去与现在他们与红军之间任何旧仇宿怨，不管他们与红军之间在对内问题上有何分歧，红军不仅立刻停止敌对行动，而且愿意与之亲密携手共同救国。"为达此目的，宣言提出了组织全中国统一的国防政府和全中国统一的抗日联军等 10 条行动方针，并郑重宣布："苏维埃政府和共产党愿意做成立这种国防政府的发起人"，"红军绝对首先加入联军，以尽抗日救国的天职"。

从上述内容可以看出，"八一宣言"显然比 1933 年 1 月 17 日的"愿在三条件下与全国各军队共同抗日宣言"，以及 1934 年 4 月 20 日发表的《中国人民对日作战的基本纲领》的思想，大大地前进了一步。它不仅冲破了关门主义的小圈子和下层统一战线的框框，而且把联合的对象扩展到了除蒋介石等少数卖国贼和汉奸以外的一切抗日的党派、团体、阶级和阶层，统一战线的范围进一步扩大了。这充分反映了全国人民团结一致抗日救国的愿望，适应了抗日救国的新形势，因此它是中国共产党历史上一个非常重要的文件。它发表后，在国内外产生了广泛的影响，不仅鼓舞了青年学生、知识分子、海外侨胞的爱国热情，推动了民族资产阶级和地方实力派与中国共产党的合作抗日，而且在客观上推动了国共两党间的直接接触，为国共两党重新合作开辟了道路。

对于"八一宣言"在推动抗日民族统一战线的建立方面的积极作用和王明起草宣言的工作，中共中央领导和党的文献都是加以肯定的。例如从 1930 年 1 月到 8 月中共中央北方局代表周小舟、吕振羽到南京与国民党代表曾养甫、谌小岑谈判的过程中，周小舟曾带有毛泽东、朱德、周恩来、林伯渠等给宋子文、孙科、冯玉祥、程潜、覃振、曾养甫等人的信件，每封信都附有“八一宣言”。又据李德回忆说，1937 年 12 月王明回国后，“毛泽东赞扬了王明在起草 1935 年 8 月 1 日宣言时的积极行动”。1945 年 4 月党的六届七中全会通过的《关于若干历史问题的决议》也指出，“八一宣言”号召成立国防政府和抗日联军“都是正确的”。毛泽东在他的许多著作中，也是把“八一宣言”同 1935 年 12 月瓦窑堡会议决议、1936 年 12 月对西安事变通电、1937 年 2 月致国民党三中全会电等并列的。

1935 年 7 月 25 日至 8 月 20 日，共产国际第七次代表大会在莫斯科召开，季米特洛夫作了《法西斯的进攻和共产国际为工人阶级的反法西斯主义的统一而斗争的任务》的报告，大会根据这个报告通过了《论共产国际在帝国主义者准备新的世界大战的情况下的任务》的决议，都强调应根据国际形势的发展，在无产阶级统一战线的基础上建立广泛的反法西斯统一战线。8 月 7 日，王明在第 23 次会议上讨论季米特洛夫的报告时，用一天一晚的时间作了《论殖民地和半殖民地的革命运动与共产党的策略》的长篇发言（后曾改名为《论反帝统一战线问题》《论反帝统一战线》在巴黎和国内分别出版）。在这个发言中，王明分析了帝国主义的加紧进攻与殖民地革命力量日益发展的形势，指出建立、扩大和巩固反帝统一战线，是殖民地半殖民地国家中共产党员的最重要任务，强调了在中国建立反日民族统一战线的必要性和重要性。发言中说：“事实已经证明而且正在证明：在目前的中国，反帝的人民统一战线问题，不仅具有头等的意义，而且我可以说，具有决定一切的意义”，因此，“我们的党应当继续发展反帝人民统一战线的策略，应当把这个策略极彻底地、极大胆地、极广泛地和极坚决地运用起来，以便把全中国人民在最短期间内真正联合起来，去进行抗日救国的共同战斗”。

怎么实行和发展这个抗日救国的策略呢？王明在发言中重申了“八一宣言”关于组织全中国统一的国防政府和全中国统一的国防联军的主张，

并提出了国防政府抗日救国的十条政纲，提出必须在党的工作的各方面都要实行转变，不仅应当反对非苏维埃区党的组织中对于人民反帝战线和工会统一等问题上所表现的很厉害的关门主义倾向和传统，而且也应当重新审查苏区经济政策方面的许多问题，例如对富农的政策应当改正，对小的和最小的土地出租者的关系应当改变，对税收政策、财政制度、工商业政策等都应当加以审查，“使这些政策和制度，具有更加明显的、全民的和民族的性质”。

王明的这个发言虽然也有错误，如在谈到国内革命力量时有所夸大，但总的是符合共产国际七大的精神的，是正确的。

共产国际七大结束以后，赴共产国际报告遵义会议情况的陈云到了莫斯科，带来了中央红军失利的消息，从而使对国内革命形势一直乐观的王明，对国内的形势有了较切实的估计，也使他的统一战线思想逐渐发生了新的变化。1935 年 8 月 25 日至 27 日，中共驻共产国际代表团召开会议，王明在会上作了《为争取建立反帝统一战线和中国共产党的当前任务》的报告，指出中央制定新策略的出发点，一是中国发生了深刻的政治危机，二是“红军和苏区本身存在弱点”，“仅仅依靠红军力量，还不能战胜日本帝国主义及其走狗，而从政治趋向的观点看来，还有很大一部分人民没有脱离其他政权和其他党派的影响，他们今天还不拥护苏维埃，而在其他政党中，国民党在当前则是一个最大和最有影响的党”。因此，党的任务是吸收一切可能的、哪怕是暂时的动摇的同盟者及同路人，甚至不排除同蒋介石建立统一战线的可能性，只要“他真正停止反对红军的战争并调转枪头去反对日本帝国主义者”。这说明，联蒋抗日的思想这时已经萌芽了。

但是，王明并没有立即放弃抗日反蒋的主张。1935 年 10 月 1 日《救国报》在发表《为抗日救国告全体同胞书》的同时，发表了由王明等共同起草的《中国人民之曙光》的社论，仍公开提出：“要救国必须抗日，要抗日必须反蒋，要抗日讨蒋必须有全国反日反蒋力量的大团结。”但是，王明在不久以后就明确提出了“联蒋抗日”的主张。1935 年 11 月 7 日，王明在《救国报》第 15 期上发表《答反对反帝统一战线者》一文，驳斥了蒋介石及其谋士关于中国共产党“无论如何都不愿与我和我们的军队发生关系，因此我们不得不与红军作战”的“诳话”，明确指出：“中国共产党、苏维埃政府和红军，已屡次宣言，表示我们准备与任何军队和任何将领，订立战斗协定去共同进行反日斗争，南京政府的军队也在内。至于讲到蒋介石个人，那么，我们公开宣称：虽然他作了无限卖国殃民的罪恶，但是，如果他真正停止与红军作战，并掉转抢头去反对日本帝国主义的话，那么，中国共产党和苏维埃政府不但给他以向人民和国家赎罪的自新之路，而且准备与他及南京军队一起，在共同的一条战线上，去反对日本帝国主义。”

这年 11 月，王明还写了《中国共产党的新任务》和《中国共产党新政策的基础》两篇文章，1936 年正月将这两篇文章合在一起，并撰写了一篇《小引（论两种统一战线）》，以《新形势与新政策》为名发表于《救国时报》，并在苏联出版了中文小册子。组成这本小册子的两篇文章驳斥了反日统一战线反对者的各种论调，强调了建立抗日救国的民族统一战线的重要性、必要性，从四个方面论述了中国共产党这个新政策产生的根据，重申了“联蒋抗日”的思想，并详细论述了为了适应建立抗日救国统一战线的新形势，中国共产党在经济政策如土地政策、工商业政策，以及在劳动问题、政治制度、对外政策等方面，都应实行转变和怎样实行转变的问题。“联蒋抗日”思想的提出，对于抗日民族统一战线的形成，是有重要意义的。

三

王明虽然在 1935 年年底提出了“联蒋抗日”的思想，但他对蒋介石能否停止内战、团结抗日还是抱有怀疑的。因而，当国民党在 1935 年年底一二九运动后残酷镇压示威学生，并于 1936 年 2 月发表反动宣言后，王明又一度停止“联蒋”的宣传，重新宣传“抗日反蒋”的主张。王明1936年4月30日在《救国时报》上发表的《怎样准备抗日？》等文章，正反映了他这种态度的变化。王明在这篇文章中，不仅痛斥“蒋介石、何应钦、宋哲元等‘杀同胞以媚外，卖祖国而求荣’的下流无耻，与秦桧张邦昌和曾国藩等都如出一辙”，而且揭露和批判了蒋介石“准备抗日”“安内攘外”的口号，指出他“实际上是对日本毫无准备”，而且借“准备抗日”的口号“实际上实行卖国降日”，所得到的“就是降日和卖国”。但是，王明这时的宣传同以前“反蒋抗日”的宣传毕竟是有所不同的。他在批判了蒋介石之后，仍然认为在一定的条件下，蒋介石和南京政府还是有“可能”参加抗日的，因而他在批判了“安内攘外”的口号之后，实际上又规劝蒋介石说：“不能再采取这种自杀的政策”，要“赶快调转枪口”，“如果不停止自杀的‘内剿’，那就谈不上什么抗日了；……当局如果有立即抗敌的决心，那就必须立即停止‘剿匪’”。

1936年7月23日，季米特洛夫在共产国际执行委员会书记处会议上指出：“中国共产党目前的任务不是扩大苏区和红军，而是寻求将绝大多数抗日的中国人民团结起来的道路。”并说蒋介石虽然不愿意建立统一战线并害怕统一战线，“但应创造这样一种局面，要在蒋介石的军队和国民党中进行这样的运动，使蒋介石不得不同意抗日统一战线。这一运动的发起者和组织者，只能是中国共产党”。在这里，季米特洛夫实际上提出了“逼蒋抗日”的思想。同月，共产国际执行委员会还召开会议，放弃了七大所决定的必须把扩大苏维埃运动和人民反帝运动联结起来，把国内战争同民族战争结合起来，以建立反帝统一战线的方针，反对国内战争，强调民族战争，主张巩固蒋介石和国民党的领导地位，以统率全国军队，结成苏联和南京政府的反日联盟。这是苏联对华政策的反映。根据苏联外交政策的需要和共产国际的决定，王明于这年7月写成了《新中国论——为中共成立十五周年纪念和中共新政策实行一周年而作》（又名《为独立、自由、幸福的中国而奋斗》)。

《新中国论》重申了“联蒋抗日”的主张，并明确提出了“抗日民族统一战线”的口号，指出中国共产党的新政策，就是“八一宣言”所提出的“建立抗日民族统一战线”的政策。文章指出:“我们共产党员应该把国民党和蒋介石不与日寇一样看待，因为中国人民的基本敌人是日寇，在现在阶段上一切服从抗日。此外，也不能把整个国民党及其部队，看成是日本帝国主义的同盟军和助手；尤其主要的是，为的真正的和严重的武装抵抗日寇，必须要国民党军队或其有决定意义的大多数部队来参加。”并说:“如果蒋介石今天能够同意与我们进行共同斗争去反对外国仇敌对于我们国家和人民利益底侵犯，那末，为的反对共同的和强大的敌人，为什么我们不可以与蒋介石建立统一战线呢？”

这篇文章系统地论述了中国共产党要组织什么样的抗日民族统一战线、抗日联军和国防政府的问题，指出:“建立抗日民族统一战线，具体地应当表现在共产党与国民党及其他组织在共同的抗日斗争纲领的基础上订立政治的协定；同时，保存各党派在政治上和组织上的完全独立性”；“全中国统一的国防联军，应当是红军与国民党军队及其他军队根据共同反日武装斗争的政治协定而组成的联合军队，……所有参加的武装力量，均完全保存其原有政治制度，均保存其原有的军官成分和政治工作人员成分”，“没看得到同盟军方面自愿的同意，任何一个参加联军的部队，没有权利去干涉另一参加部队的内部事情”；“全中国统一的国防政府，应当是一切参加抗日民族统一战线的党派和组织的真正的代表机关”，“这个政府不是任何一党一派的政权，而是抗日民族战线的政权”。

这篇文章还强调了共产党在抗日民族统一战线中保持政治上和组织上的完全独立性的问题，提出要反对陈独秀等机会主义错误的倾向。文章说，关于保存各党派独立性的问题，“对于我们共产党员，就是说，在为建立反日民族统一战线的斗争或者已经建立了这种统一战线的条件之下，我们不仅一分钟也不应当允许减弱我们自己的共产党及其组织，而且特别应当用尽一切力量比以前任何时候都更加在思想上政治上和组织上巩固党，更加保障党的纯洁和统一。”“因此，必须坚决反对那些可以在实际上使共产党与某种反日斗争的政治同盟相混合的一切倾向，必须反对那些以为可以不加选择地允许一切宣布赞成或实际参加反日的人入党的提议。同时必须反对那些实际上可以造成重复一九二七年陈独秀等机会主义错误的倾向，这种错误的实质，就是……使共产党丧失独立性和使工人阶级及其政党变成民族资产阶级的尾巴。”

1937 年，王明又写了《拯救中华民族的唯一出路》（又题为《中华民族之出路》《团结救国论》《救中国人民的关键》）、《日寇侵略的新阶段与中国人民斗争的新时期》《苏联社会主义革命二十周年与中国人民的对日抗战》等文章，继续宣传共产国际七大和“八一宣言”的精神。王明自 1935 年下半年以来写的这些文章，对于使国内人民了解共产国际七大的精神，使国内外人士了解“八一宣言”的精神及中国共产党团结抗日的主张，起了一定的作用。他在这些文章中提出的一些好的主张，如“联蒋抗日”的主张，对于中国共产党从“反蒋抗日”到“逼蒋抗日”政策的转变以及国内抗日民族统一战线的形成，也是起了一定的促进作用的。

四

但是，在肯定王明对抗日民族统一战线的提出和宣传作了许多有益工作的同时，也应当指出，王明从推行“左”倾冒险主义到较早地提出和宣传一些关于建立抗日民族统一战线的主张，这种思想的转变并不是自觉的，而是在共产国际和中共驻共产国际代表团其他同志的帮助和推动下，在苏联对华政策的影响下，逐步地实现的。在他提出和宣传抗日民族统一战线一些正确主张的同时，仍然在不少方面坚持和宣传了他原来所推行的“左”

倾冒险主义的主张，因而在他的一些文章中往往存在着不协调的矛盾观点。而且，从1936年下半年起，就出现了右倾思想的萌芽，从而造成了不好的影响。

原来作为“左”倾冒险主义代表的王明，这时为什么会变得右起来了呢？其中一个重要原因，是与苏联和共产国际的指导思想有直接关系，也是王明教条主义的必然结果。在德、意、日法西斯战争危险日益加剧的情况下，苏联为了避免两面作战的被动局面，急需在东方寻找一个力量阻止日本帝国主义对苏联的入侵。当时斯大林认为，中国共产党的力量还比较弱小，不足以完成这一任务，只有蒋介石和国民党才能完成这一使命。因而，苏联不仅于1935年春同南京政府恢复了外交关系，于1937年8月21日同南京政府签订了《中苏互不侵犯条约》，在军事上大力援助蒋介石，还要中国共产党联合蒋介石一起抗日，并以国民党为中心结成抗日民族统一战线，对蒋介石、国民党多加迁就和服从，支持蒋介石和国民党，尽量避免发生摩擦。1940年斯大林在接见苏联驻华武官、军事使团团长兼蒋介石总军事顾问崔可夫时所说的一番话，以及共产国际在王明回国前召开的一些会议的指导思想，充分说明了这一问题；斯大林在接见崔可夫时曾说：“照理，中国共产党人要比蒋介石对我们来说更亲近些。照理，主要援助应该给予他们。……但是，……中国共产党和中国工人阶级太孱弱。要把群众争取过来需要时间，到底需要多长时间，很难说。……欧洲的局势，希特勒的节节胜利预示着英国和美国可能逐渐增加对蒋介石的援助。这就可望，由于有我国的援助和英美盟国的援助，蒋介石即使不能打退日本的侵略，也能长期拖住它。”“你的任务，我们驻华全体人员的任务，就是要紧紧束缚日本侵略者的手脚；只有当日本侵略者的手脚被捆住的时候，我们才能在德国侵略者一旦进攻我国的时候避免两线作战。”与此相一致，共产国际1936年7月召开的执委会会议，也主张巩固蒋介石、国民党的领导地位，以统率全国军队，结成苏联和南京政府的反日联盟。在

1937 年 8 月 10 日共产国际执委会书记处开会讨论中国国内形势和中共政策的时候，季米特格夫还在代表书记处的发言中说，中国红军是一支农民队伍，就是党内，工人成分也很少；中国共产党过去领导红军为建立苏维埃而斗争，现在同是这些人，却要实行另一种新政策。他不仅称赞王明在会上的报告“有点儿鼓动性”，需要把“这篇很好的报告”改写成文章。在这种情况下，长期住在苏联的王明的思想，不能不受到影响。

事实上，王明的右倾主张正是对苏联和共产国际领导人思想的贯彻。他在 1936 年 7 月写的《新中国论》中提出红军在统一战线中要“服从统一的军事指挥”，就是同月召开的共产国际执委会议精神的贯彻；他在 1937 年 9 月 1 日写的《日寇侵略的新阶段与中国人民斗争的新时期》中把这一个统一发展成为“五统一”，就是这年 8 月召开的共产国际执委会书记处会议精神的体现。就是这篇文章本身，也是王明根据共产国际领导人的意见改写成的。至于王明以后回国贯彻“国际路线”，则更是根据共产国际领导人关于“需要很了解国际形势的新人去援助中共中央”的意见决定的。正因为如此，毛泽东直截了当地指出：“斯大林对中国作了一些错事。第二次国内革命战争后期的王明‘左’倾冒险主义，抗日战争时期的王明右倾机会主义，都是从斯大林那里来的。”

（原载《党史研究与教学》1988 年第 5 期）

【评文记事】

王明在历史上犯过严重错误，但也有历史功绩。比较早地提出抗日民族统一战线思想，就是他的主要历史功绩。对于他的历史功绩，也应该给予充分的肯定，本文好像是最早肯定他这方面历史功绩的文章。

王明、博古比较研究

在中共历史上，王明和博古是土地革命战争时期“左”倾教条主义的两个代表人物，在抗战初期又同样犯了右倾错误。因此，往往把他们相提并论。其实，他们虽然有很多相同之处，也有很多不同之处。下面，就对他们作一个比较，并谈谈他们之间的关系。

一、相同之处

王明和博古的相同之处是很多的，其主要相同之处是：

第一，他们都很有才华，较早地受到革命思想的影响，成为有志的革命青年和学生领袖，在革命斗争中渐露头角。

王明原名陈绍禹，1904 年生于安徽六安县（今金寨县），1920 年秋进入设在六安县城的安徽省立第三甲种农业学校（简称“三农”）学习。在那里开始受到革命思想的影响。1924 年 8 月进入武昌商科大学预科学习，不久就和同学詹禹生发起组织安徽青年学会、豫皖青年学会，担任事务部主任（一说是事务处长），兼任皖籍同学会会刊《皖光》编辑，并开始在《商大周刊》《皖光》等杂志发表文章。1925 年积极参加声援五卅运动的活动，被推选为武昌学生联合会干事和湖北青年团体联合会执行委员兼宣传干事，加入中国国民党,并于 9 月加入中国共产主义青年团,10 月加入中国共产党。

博古原名秦邦宪，1907 年生于江苏无锡，比王明小 3 岁。1921 年 9 月进入苏州江苏省立第二工业学校（后定名江苏公立苏州工业专门学校，简称“二工”“苏工专”）预科，开始在那里接受了进步思想。1924 年夏参加上海大学孤星社（后改名为中国孤星社），7 月参加“锡社”，8 月成为中国孤星社苏州委员会委员，并开始在《无锡评论》《锡钟》《血泪潮》等杂志上发表文章。1925 年春相继参加中国国民党和中国共产主义青年团，随后积极参加声援五卅运动的活动，7 月被推为锡社执行委员、组织部主任，10 月加入中国共产党。

也就是说，王明和博古都在很年轻的时候加入了中国共产党，成为在青年中有影响的人物。

第二，他们都曾到莫斯科中山大学学习，被培养成了教条主义者，理论水平很高，并成为所谓“二十八个半布尔什维克”小宗派的成员。

王明是 1925 年 11 月到莫斯科中山大学学习的，很快受到副校长米夫的赏识，1926 年 9 月担任中大学生公社主席。在反对中共旅莫支部、“教务派”“江浙同乡会”“托派”“工人反对派”“先锋主义”以及中共代表团的活动中，他都起了重要作用，成为“支部派”的领袖，并逐步在此基础上形成了以他为首的教条主义宗派小集团，即所谓的“二十八个半布尔什维克”。1927 年 9 月毕业后留校工作，担任支部局宣传干事，兼任翻译、教员。1928 年，作为工作人员参加了在莫斯科召开的中共六大和共产国际六大。

博古是 1926 年 10 月前往莫斯科中山大学学习的，比王明晚一年。除反对中共旅莫支部的斗争未参加外，他也积极参加了中山大学所有的派别斗争，成为以王明为首的教条主义宗派小集团的重要成员。他虽然没有参加中共六大和共产国际六大，但以工作人员的身份参加了赤色职工国际第四次代表大会。

在学习中，他们的俄文都学得很好，理论也背得很熟。莫斯科的同学生涯，既奠定了他们的友谊，也奠定了他们共同的思想基础。

第三，他们都以极左的态度积极参加了反对“立三路线”和中共六届三中全会“调和主义”的斗争。

1929 年 3 月，王明回国，在上海中共沪西区委、沪东区委、《红旗》报、全国总工会宣传部《劳动》三日刊、中共中央宣传部等单位工作。1930 年 5 月，博古也回国，在全国总工会宣传部及《劳动》三日刊工作。不久，他们之间有了联系。他们思想一致，在某些问题上与主持中共中央宣传工作的李立三观点不同。当他们得知共产国际远东局对李立三 1930 年 6 月 11 日主持中共中央政治局通过的、作为“立三路线”形成标志的《新的革命高潮与一省或几省的首先胜利》的决议有不同意见时，立即与王稼祥、何子述决定反对这个决议。7 月 9 日，王明首先在中央工作人员政治讨论会上发言，对 6 月 11 日的决议提出意见。博古等也接连发言。中共中央政治局主席向忠发和李立三非常恼火，立即宣布撤销王明的中共中央宣传部秘书等职务。不久，王明又受到 6 个月的留党察看处分，博古等人受到党内严重警告处分。

1930 年 9 月，中共中央按照共产国际的指示，由瞿秋白主持召开六届三中全会，纠正李立三的“左”倾错误。但由于没有把李立三的“左”倾错误定为“路线错误”，招致了共产国际的不满。10 月，共产国际给中共中央来信，不仅批评李立三的路线错误，还批评了中共六届三中全会。当王明、博古从回国的留苏学生中得知这一消息后，立即改变他们拥护六届三中全会的态度，决定进一步反对李立三的路线错误和六届三中全会的“调和主义”。11 月 13 日，王明、博古联合给中央政治局写了题为《对帝国主义与国民党“围剿”苏区的意见》的信，说“李立三同志的路线是反马克思主义的反列宁主义的路线，是右倾机会主义和左倾机会主义的混合物”，是“和国际路线不能并容的”。信中虽然也说“三中全会有重大的意义”，但中心内容是指责三中全会犯了一系列错误，并说“这些错误不是偶然的，而是立三同志为领导的路线，在某种程度上在某种意义上的继续”，“三中全会最大的缺点就在对于国际路线完全相反的立三同志的路线没有充分地揭露其机会主义的实质"。11 月 17 日，他们再次联名给中央政治局写信，说他们的"政治意见是绝对正确的"，受到的批评和处分是不应该的，并提出撤销对他们的处分等三条要求。共产国际代表米夫到上海后，中共中央政治局于 12 月 16 日被迫作出《关于取消陈绍禹、秦邦宪、王稼祥、何子述四同志的处分问题的决议》。不久，王明被任命为在各省委中最重要的中共江南省委书记，博古被任命为中国共产主义青年团中央宣传部部长。在米夫的支持下，他们反对"立三路线"和六届三中全会"调和主义"的斗争取得了胜利。后来，王明说"博古在反立三路线斗争中站第二位"。毫无疑问，他就是反"立三路线"的第一人了。从此，反"立三路线"成了他们的政治资本。

第四，他们都少年得志，没有经过多少实际斗争的锻炼，就在 20 多岁成为中共中央的主要领导人。

1931 年 1 月 7 日，中共六届四中全会在上海召开。在米夫的支持下，王明被选为中共中央委员、中共中央政治局委员，并从 2 月开始，成为中共中央政治局常委，一跃成为中共中央的主要领导人。因此，中共六届四中全会成了王明"左"倾教条主义上台的标志。这时，他只有 26 周岁。

博古虽然没有在中共六届四中全会上进入中央委员会，但从 4 月开始成为中国共产主义青年团中央书记。中共中央特科负责人顾顺章被捕叛变后，由于敌人加紧了追捕，中共中央政治局常委向忠发、周恩来、王明不便于活动，而顾顺章不认识博古，于是决定让博古参与中共中央的日常工作。这样，王明、博古都进入了中共中央的最高领导层。6 月中共中央政治局主席向忠发被捕叛变后，形势更加紧张，中共中央政治局常委周恩来、王明不能再公开活动，于是决定王明前往莫斯科担任中共驻共产国际代表，周恩来前往中央苏区，成立了由博古、洛甫、康生、陈云、卢福坦、李竹声 6 人组成的临时中央政治局，主持中共中央的工作。过去的很多论著都说，是王明提议博古进入临时中央政治局并负总责的。但据王明说，临时中央政治局开始是轮流当主席的，后来就逐渐由博古一个人当主席了。不管是由王明提议，还是逐渐确定，博古实际上成了临时中央政治局的主要负责人。这年，他只有 24 岁。

王明、博古担任中共中央主要领导人时，都没有经过多少实际斗争的锻炼，主要是依靠共产国际的支持。他们这么年轻就成为中共中央主要领导人，在中国共产党内是很少见的。

第五，他们都执行了“左”倾教条主义错误，成为“左”倾教条主义的主要代表人物。

1930 年 11 月底，王明抛出题为《两条路线》的小册子，以比李立三更“左”的立场反对李立三的错误，以比反“立三路线”更坚决的态度反对中共六届三中全会及其以后的中央。他在中国社会性质上，夸大资本主义在中国经济中的比重；在阶级关系上，夸大现阶段反资产阶级、反富农斗争的作用，否认中间营垒的存在；在革命性质上，夸大民主革命中的“社会主义成分”的意义；在革命形势和党的任务问题上，强调全国性的“革命高潮”和党在全国范围内的进攻路线，认为“直接革命形势”即将在包括一个或几个中心城市在内的主要省份发生；在反对错误倾向问题上，极力强调当时党内的主要危险是所谓“右倾机会主义”、“实际工作中的机会主义”和“富农路线”。这本小册子后来改名为《为中共更加布尔塞维克化而斗争》，成为“王明路线”的纲领。

博古的思想与王明是完全一致的。1931 年 9 月 20 日临时中央政治局通过的《由于工农红军冲破第三次“围剿”及革命危机逐渐成熟而产生的党的紧急任务》的决议，就是由王明起草的。临时中央政治局 1932 年 1 月 9 日通过下发的《中央关于争取革命在一省与数省首先胜利的决议》，以及后来由博古主持的临时中央政治局和 1934 年 1 月中共六届五中全会新选出的中央政治局通过的决议，制定的方针政策，与王明的《两条路线》以及《由于工农红军冲破第三次“围剿”及革命危机逐渐成熟而产生的党的紧急任务》

的决议的精神，也是完全一致的。因而在延安整风中，王明、博古在被批判时是并列的，被称为“王明、博古宗派”，犯的是“‘左’倾机会主义路线错误”。

第六，他们在抗日战争初期都在中共中央长江局工作，犯了右倾错误。

1937年王明回到延安后，在12月14日召开的中央政治局会议上补选为中央书记处书记，会议决定由周恩来、王明、博古、叶剑英组成中共中央代表团，负责与国民党谈判；由周恩来、博古、项英、董必武组成中共中央长江局，领导南部中国共产党的工作。在12月23日召开的中共中央代表团与长江局第一次联席会议上，王明被推为中共中央长江局书记。从此，王明、博古又走到了一起。

对于王明在中共中央长江局即在武汉时期的错误，毛泽东在1941年9至10月间同王明的谈话，以及10月8日在中央书记处工作会议上的发言中，曾指出有四个方面：（一）对形势估计问题——主要表现乐观；（二）国共关系问题——王明忽视在统战下的独立性与斗争性；（三）军事战略问题——主要是反对洛川会议的独立自主的山地游击战的方针；（四）组织问题——长江同与中央的关系是很不正常的，常用陈（绍禹）、周（恩来）、博（古）名义打电报给中央与前总，有些是带指示性的电报，不征得中央同意用中央名义发表了许多文件，这些都是极不对的。

王明在以上四个方面的错误，博古也同样是存在的。王明在中共中央长江局工作期间起草的很多文件，都是经过博古等人参与讨论或一起署名的。例如1937年12月25日在武汉以中共中央名义发表的、由王明起草的《中共中央对时局的宣言》，博古就参加了讨论。又如1938年3月24日，未经中共中央同意，王明擅自将自己起草的《中共中央对国民党临时全国代表大会的提议》送交国民党，同时报中共中央一份。中共中央收到王明起草的《中共中央对国民党临时全国代表大会的提议》后，感到这个提纲没有明确提出克服困难坚持抗战到底和坚持反对妥协投降、悲观失望的倾向问题、武装群众的问题及改善民生的问题，为补救其错误，于第二天另外起草了《中共中央致国民党临时全国代表大会电》，提出 8 条意见。可是直到 4 月 1 日，王明才与博古等致电中共中央说：“我们根据政治局决议原则所起草的致国民党临时全国代表大会建议后于 24 日已送去，国民党临时代表大会昨夜已开幕，你们所写的东西既不能也来不及送国民党，望你们在任何地方不能发表你们所写的第二个建议书，否则对党内党外都会发生重大的不良政治影响。”再如 1938 年 6 月 15 日王明与博古等在《新华日报》联名发表的《我们对于保卫武汉与第三期抗战的意见》，虽然也提到“积极进行民众动员与民众组织”，“领导和帮助民众武装和实行武装民众”，“领导和辅助民众武装和发展游击战争”，但都认为应该在国民党中央政府的统一领导下来进行，而没有强调应独立地去开展敌后游击战争和创立敌后根据地等。

第七，他们都在延安整风中受到批判，同时离开中共中央书记处。

1942 年 9 月 10 日至 10 月 22 日，中共中央政治局扩大会议讨论了党的历史上，特别是土地革命战争时期的路线问题，确认土地革命战争后期，王明、博古领导的中共中央犯了“左”倾路线错误。毛泽东在会上作了反对主观主义和宗派主义的主题报告，指出苏维埃运动后期的“左”倾机会主义是主观主义的统治，比“立三路线”的危害更为严重。

1943 年 9 月上旬至 10 月上旬，中共中央召开政治局会议，批判抗战初期王明的右倾错误。会议概括了王明右倾错误的表现，认为错误的实质是放弃无产阶级在抗日民族统一战线中的领导权，并分析了错误产生的根源。对王明的这些错误，博古也同样是犯了的。

1943 年 12 月 28 日，中共中央发给各中央局、各中央分局并转各区党委的《中央关于〈反对统一战线中机会主义〉一文的指示》，明确批评王明的“右倾机会主义（投降主义）路线”，甚至认为王明、博古是“反党宗派”，进行了“反党活动”。这个指示说：我党七次大会时，即将总结我党 22 年的经验，“将批判我党在过去某些历史时期中曾经严重地危害过党与革命的反布尔塞维克主义的‘左’倾及右倾的机会主义，批判王明、博古宗派及其机会主义的路线的形成，四中全会的篡党，五中全会的达到顶点，以及遵义会议的开始克服，但在一九三七年十二月会议至一九三八年九月六中全会期间，这个宗派又利用长江局进行其反党活动，并且王明本人长期地坚持其错误路线，反而说中央路线是错误的，是违背前共产国际方针的。……各地在我党七次大会决议发表以前可以在中央局至区党委的领导机关中及在这些领导机关周围已被历史证明无特务嫌疑的高级干部中，初步传达初步讨论内战时期王、博宗派的‘左’倾机会主义路线及严重损失（白区损失十分之十、苏区及红军损失十分之九）。抗战时期（一九三八年）这个反党宗派的右倾机会主义（投降主义）路线错误及严重损失（项英的失败，华中、华北在受其影响时期的损失）。”这后一个时期，王明的主要错误是：“一、主张速胜论、反对持久战。”“二、迷信国民党，反对统一战线的独立自主。”“三、主张运动战，反对游击战。”“四、在武汉形成事实上的独立中央，并提倡党内闹独立性，破坏党纪军纪。”

此后，毛泽东等人又多次对王明的错误进行批判。例如 1944 年 4 月 12 日、5 月 20 日，毛泽东在延安高级干部会议上和中央党校第一部，就党内高级干部对历史问题的讨论作了《学习与时局》的讲演，批评了王明等人的“左”的和右的错误。1945 年 4 月 20 日中共六届七中全会讨论通过的《关于若干历史问题的决议》，又着重总结和分析了土地革命战争时期王明“左”倾冒险主义的错误。在 1945 年 4 月 23 日至 6 月 11 日召开的中共第七次全国代表大会上，毛泽东在讲话和报告中批评了王明在抗战初期的右倾错误。这些批判虽然主要是针对王明的，但同时也是针对博古的。

王明、博古不仅在延安整风中多次受到批判，而且在组织上也受到了处理。1943 年 3 月 16 日至 20 日，中共中央召开政治局会议，讨论通过了《中共中央关于中央机构调整及精简的决定》，决定中央书记处由毛泽东、刘少奇、任弼时 3 人组成，推选毛泽东为中央政治局主席、中央书记处主席。从这时起，王明、博古不再是中央书记处成员，同时离开了中共中央的领导岗位。

第八，他们在离开中共中央主要领导岗位以后，在法律、宣传等不同的岗位上为革命继续作出了贡献。

王明离开中共中央书记处以后，1946 年 6 月参加中央法律问题研究委员会，开始从事法律工作。1948 年 12 月，他担任中央法律委员会主任。1949 年 10 月，他又担任中央人民政府政务院法制委员会主任、政治法律委员会副主任，直到 1954 年 9 月法制委员会被取消。在这期间，他参加了起草全国宪法及创立新民主主义的法律理论工作，为法律的制定作出了贡献。

从 1941 年 3 月开始，博古就负责筹办《解放日报》，从 5 月开始统一领导正式创刊后的《解放日报》和新华社,并负责中共中央的对外宣传工作。离开中央书记处以后，他继续负责这方面的工作。1946 年 2 月，还飞赴重庆参加国共谈判。在这些岗位上，特别是宣传工作岗位上，他也作出了自己的贡献。

二、不同之处

王明与博古虽然有很多相同之处，但也有很多不同之处。

第一，他们在党内的地位不同。

王明从中共六届四中全会开始，就是中共中央政治局委员，不久又成了中共中央政治局常委，成为中共中央的主要领导人。那时，博古还不是中共中央委员，只是在 1931 年 4 月才成为中国共产主义青年团中央书记。中共中央特科负责人顾顺章被捕叛变后，他才参与处理中共中央的日常工作。在抗日战争初期，两人虽然都是中共中央书记处书记，但王明很快就担任了中共中央长江局书记，博古只是长江局委员。所以在这两个时期，王明的政治地位都比博古高。

但是王明于 1931 年 10 月离开中国到苏联以后，博古逐渐成了临时中央政治局的主要负责人。在 1934 年 1 月召开的中共六届五中全会上，博古又被选为中共中央总书记，而王明仍然是中共中央政治局常委，即书记处书记。直到 1935 年 2 月 5 日中共中央常委重新分工。

第二，他们在错误中所起的作用、应承担的责任不同。

王明比博古大 3 岁，政治地位比博古高，斗争经验比博古更丰富，因此从莫斯科中山大学开始，王明在与博古的关系中就起着主导的作用，博古基本上是王明的追随者。1930 年在反对“立三路线”和中共六届三中全会“调和主义”的斗争中，王明是为首的。这年 11 月王明抛出的《两条路线》的小册子，是此后“左”倾教条主义的纲领，博古的“左”倾错误基本上是按照这个小册子的精神和思想执行的。在抗日战争初期，王明是中共中央长江局书记，他们的右倾错误也是以王明为首的。因此，在他们所犯的“左”右倾错误中，王明一般是起着主要的作用，应承担主要的责任。

但是，从 1931 年 10 月王明出国到遵义会议前的“左”倾错误，博古则应负主要责任，不能把这些错误都算到王明头上。过去有很多论著都说王明到莫斯科以后，仍然在遥控中共中央，主要责任还在王明。事实上，这是缺乏说服力的。其一，王明从 1931 年 10 月到莫斯科以后就脱离了中国革命斗争的第一线，从那时起到遵义会议期间的实际工作都是由博古主持的，理应由博古负主要责任；其二，王明和博古后来也发生了分歧，王明还对博古主持的临时中央政治局和 1934 年 1 月六届五中全会选出的新的中央政治局多次提出批评，因此不能把博古主持的临时中央政治局和新选出的中央政治局所犯的错误都算到王明的头上；其三，莫斯科和上海及中央苏区相隔万里，通信联系都很不方便，王明即使要遥控，也天高皇帝远，鞭长莫及。在这方面，中共中央党史研究室编写的《中国共产党历史》第一卷上册，就处理得比较好。该书没有再提王明遥控的问题，而是如实地指出了临时中央政治局和新的中央政治局的责任。谁的责任就由谁负，这才是实事求是。周玉文、张学进、佘湘在《秦邦宪与王明路线》一文中，还指出博古不仅完全继承了王明的衣钵，深入地贯彻了“王明路线”，而且在统一战线、苏区军事领导和军事路线、宗派主义、对革命形势的估量及苏区各项具体政策上，“发展”了“王明路线”，因而在博古主持工作期间，“博古应负责任比王明要稍大一些”。这也是符合实际情况的。

第三，王明较早地认识到了一些“左”倾错误，思想上发生了转变，曾多次对博古主持的工作提出批评。

由于王明在共产国际工作，能够比较早地了解共产国际及苏联政策的变化。因此，随着苏联对外政策及共产国际主张的转变，他的思想也开始发生变化，与博古主持的临时中央政治局和新的中央政治局发生了分歧，并多次对临时中央政治局和新的中央政治局提出批评。在笔者和周国全合著的《王明传》中，就谈到了这些分歧和批评。

例如1933年11月30日，王明在《中国苏维埃区域底经济政策》一文中，提出了一些修改对富农、土地、工商业、劳动政策等方面的“左”倾错误的意见，指出当时不能从苏区经济中铲除资本主义，而应利用它振兴苏区的经济；不能消灭富农和频繁地重新分配土地，应当保护、发展工商业和允许自由贸易等，与博古主持的临时中央政治局的认识是不一致的。

又如1934年4月20日，王明、康生在写给中共中央政治局的信中，指出在党内两条路线斗争问题上有“不可忽视的严重的弱点”，批评了党内路线斗争的扩大化和斗争方法的不策略，其中主要的是：一、对于缺点和错误的过分和夸大的批评，时常将个别的错误和弱点都解释成为路线的错误；二、对于党内斗争的方法有时不策略，比如在中央苏区反对罗明路线时，有个别同志将各种错误都说成罗明路线的错误，甚至于把那种在政治上和个人关系上与罗明路线不必要联系在一起的错误，都解释成罗明路线。这样在客观上不是使罗明孤立，而恰恰增加了斗争中可以避免的纠纷和困难。

再如1934年8月3日，王明和康生在给中共中央写的一封长信中，对博古主持召开的六届五中全会通过的《政治决议案》中关于粉碎六次围剿的斗争“是阻止中国走殖民地道路的斗争”、“是争取苏维埃中国完全胜利的斗争”、要扩大百万红军、争取一省数省的首先胜利等提法提出了批评，认为中国革命是一种长期性的艰苦斗争，六次“围剿”不仅不是最后决定中国命运的斗争，并且也不是决定胜负的斗争；把扩大百万红军的口号作为目前实际行动的口号，会不可避免地发生许多难以解决的困难（像武装、干部、供给等），同时还可能发生把地方武装都集中到红军来的现象，因之不能不减弱在敌人后方两翼的广大的游击战争；一省数省的首先胜利和占领中心城市是不同的，占领中心城市必须在红军有了攻取敌人中心城市的新的军事技术等条件下才有可能，但这些条件目前还是没有的。在这封长信中，王明等人还针对博古等人的打倒一切和关门主义主张，对统一战线问题提出了自己的意见，认为目前必须首先提出“反日反蒋”的口号。在这个口号之下，团结一切有可能参加这个运动的力量，来反对目前革命最主要最凶恶的敌人。

1935年7月底，王明根据共产国际七大的精神，起草了以中华苏维埃中央政府、中国共产党中央委员会的名义发表的《为抗日救国告全体同胞书》（即《八一宣言》）提出停止内战、一致抗日，建立抗日民族统一战线的主张，对于抗日民族统一战线的建立和第二次国共合作的形成，起了重要的推动作用。当时，博古还处在长征途中，集中力量突破国民党军队的围追堵截，其思想与王明是不同的。

对于王明的思想转变，是应该肯定的。但是也应该指出：第一，他并没有从根本上认识到自己所犯的“左”倾错误，因而他的思想转变是不彻底的；第二，博古主持的临时中央政治局和新的中央政治局所犯的错误，与他原来所提出的“左”倾主张是完全一致的，他不做自我批评，只知批评别人，这种态度是不好的。

第四，他们在延安整风中的态度不一样，因而结局也不一样。

在延安整风中，王明基本上是拒绝检讨的，不承认自己的错误。在1941年10月7日晚，当毛泽东指出王明在抗战初期犯了右的错误时，王明不但不承认错误，反而抓住不久前季米特洛夫关于考虑如何改善国共关系的电报，批评中央。在10月8日的中央书记处会议上，王明还针对毛泽东批评的4个方面，逐条进行了反驳。当王明听毛泽东说要在中央政治局会议上讨论他提出的问题，要他说明自己武汉时期的错误及对目前政治问题的意见时，便突然于10月12日宣布有病，不再参加政治局会议。经过其他同志做工作，王明于1945年4月20日写信给任弼时，请他阅转毛泽东并扩大的七中全会各位同志，表示赞同《关于若干历史问题的决议》，高度赞扬了毛泽东及毛泽东思想的正确与功绩，并检查了自己在土地革命战争时期的错误。但在1949年3月召开的中共七届二中全会上，他又对一些同志对他的批评进行反驳。当会议决定要他写一个检讨错误的声明书时，他以种种理由拒不书写。1956年他到苏联治病以后，就再也没有回国。中苏关系恶化以后，他更根据苏联领导人的意旨，撰写《中共半世纪与叛徒毛泽东》等文章和书籍，对毛泽东等中共领导人进行恶毒的攻击，千方百计地为自己的“左”右倾错误辩护，在错误的道路上越走越远。

博古的态度就与王明完全不同。当他在延安整风中受到批评后，多次认真地作了检查。在1941年9—10月的中央政治局扩大会议上，博古作了两次发言，承认1932年至1935年的错误他是主要负责人。遵义会议时是公开反对的。自己只学了一些理论，拿了一套公式教条来反对人家。过去党的许多决议照抄国际的。在1943年9月和11月召开的中央政治局会议上，博古再次作了检查，表示在教条宗派中除王明外，他是第一名；在内战时期，他在国内是第一名；抗战时期的投降主义，以王明为首，他是执行者和赞助者；然后，检讨了教条宗派形成的历史和个人的错误。1945年4月30日，博古在中共七大讨论政治报告时发言，再次检讨了自己的教条主义错误。他说，在革命阶段问题上，他们在内战时期混淆了民主革命与社会主义革命的界限，在抗战时期则将新民主主义革命回返到旧民主主义革命；在农民是革命的主干问题上，不了解与轻视农民在中国革命中的伟大作用，在内战时期过度地强调城市与工人的作用，坚持城市观点，在抗战时期则牺牲农民的迫切要求以迁就大资产阶级；在革命领导权问题上，在内战时期是在教条地空喊，在打倒一切之下把同盟者缩小到只有贫农中农的地步，在抗战时期则从空喊转变为公开否定，提出所谓“共同领导”的口号；在政权问题上，在内战时期死啃所谓工农民主专政的旧公式，在组织形式上完全因袭无产阶级专政形式的苏维埃形式，在抗战时期则把本质上、组织形式上并未改变、只有施政政策有若干改变的国民党政府，认为是全国统一的国防政府和政治制度彻底民主化的开始，强调要时时、处处、事事帮助这种类型的政府，反对建立敌后的抗日民主政府；在革命发展前途上，是民粹式的企图跳过资本主义发展阶段。

从上面的检讨可以看出，博古的检讨是诚恳的，而王明的检讨是不诚恳的。由于他们的态度不同，对他们的批判也是不同的。开始时，毛泽东着重批判的是九一八事变以后的“左”倾错误，主要是针对博古的。由于王明不但没有作一点自我批评，反而批评别人，所以批评的对象逐渐转移到王明身上，并由批判他在土地革命战争时期的“左”倾错误，发展到批判他在抗日战争初期的右倾错误。1941 年 10 月底毛泽东起草的《关于四中全会以来中央领导路线问题结论草案》，原来只写了博古，后来在修改时才加上王明的名字，而且放在博古前面，将这条路线的主要负责人改为“王明同志和博古同志”，认为“王明同志与博古同志领导的这条路线是在思想上、政治上、军事上、组织上各方面都犯了严重原则错误的，集各方面错误之大成，它是形态最完备的一条错误路线”。1943 年 12 月 28 日中共中央发给各中央局、各中央分局并转各区党委的《中央关于〈反对统一战线中机会主义〉一文的指示》，不仅明确地批评王明的“右倾机会主义（投降主义）路线”，甚至认为王明、博古是“反党宗派”，进行了“反党活动”。但由于王明、博古对错误的态度不同，在这之后，毛泽东等人对土地革命战争时期“左”倾错误和抗战初期右倾错误的批判，就只着重批判王明，对博古很少提了。博古在 1946 年 4 月 8 日遇难后，中共中央和权威的中共历史著作就不再将博古与王明并提，而将土地革命战争时期的“左”倾错误只说成是以王明为代表的。

三、几点启示

从上边王明与博古的比较中，可以得到很多启示，笔者认为最重要的有两条：

第一，要认真学习理论，但不能搞教条主义。

不学好革命和建设的理论，就不能搞好革命和建设，这是很多人的实践已经证明了的。因此，王明和博古怀着满腔热情到中山大学学习，是完全正确的。他们在学习期间，确实对马克思主义的理论学得比较好，对马列主义的词句背得滚瓜烂熟，这对以后的工作都打下了一个很好的基础，对此也是应该肯定的。但是，他们不懂得马克思主义的真谛，不知道处处要从实际出发把马克思主义的理论和中国的实际结合起来，只知死背教条，这就不能不犯教条主义的错误。王明在 1945 年 4 月 20 日写给任弼时，请他阅转毛泽东并扩大的七中全会各位同志的信中检讨说，他在《两条路线》（即《为中共更加布尔塞维克化而斗争》）的小册子中“所提出的对当时中国革命运动的许多意见，是从何而来呢？是从分析当时中国的具体情况和根据当时中国人民的具体要求而来的吗？绝不是的。它是从抄袭各种决议而来的”。并说：“我之所以犯教条主义的“左”倾路线的错误，也不是偶然的，这是由于丝毫不懂马克思主义理论及基础，完全不懂中国社会和中国革命的实际情况，全不研究中国的政治、军事、文化的历史事实和历史经验，以及简直不懂国际经验和民族传统的结果。尤其是由于没有群众工作经验和没有群众观点，以及小资产阶级社会出身的劣根性作祟的结果。”1945年4月30日，博古在中共七大讨论政治报告时，也检讨了自己的教条主义错误，说在革命根本问题上，战略问题上，由于机械地搬用马克思主义的个别结论与词句，无视中国革命具体实践，就曲解了马克思主义，政治上走“左”右倾机会主义；在策略基本原则上，则根本忽视和违背了策略必须根据具体情况决定，利用矛盾、争取多数、反对少数，团结中有斗争，斗争为着团结，从群众中来，到群众中去等原则。他们在这方面的教训是深刻的，有力地说明不管你理论背得多么熟练，如果脱离了实际，就必然犯教条主义的错误。

第二，犯了错误不要紧，但不能坚持错误不改。

古语云：“人非圣贤，孰能无过。”也就是说，一个人犯错误是难免的。即使是伟大的人物，也难免犯错误。特别是在革命和建设的初期，没有经验，不知道应该如何进行革命和建设，更难免犯错误。但古语又云：“过而能改，善莫大焉。”也就是说，犯了错误，如果能及时认识错误，改正错误，那是非常好的事情，就应该加以肯定。在这方面，博古就做得比较好。1935年2月他被免去中共中央总书记的职务后，并没有存在很大的抵触情绪，也没有消极，一直在尽心尽力地做着中共中央分配给他的工作。即使是在延安整风运动中受批判以后，他一方面诚心诚意地检讨自己的错误，另一方面仍然努力做好自己的工作，在宣传战线上做出了出色的成就。因而，他很快得到了中共中央其他领导人的谅解。王明的态度则与博古明显不同。他对自己错误的检讨，只有1945年4月20日写给任弼时，请他阅转毛泽东并扩大的七中全会各位同志的那封信，而且只检查了自己在土地革命战争时期的错误。即使这次检讨，他在晚年写的《中共半世纪与叛徒毛泽东》一书中，也说是被迫的，并不是真心实意的。因为他一直不诚心检讨自己的错误，而且反反复复，显得态度很不老实，所以始终得不到中共中央其他领导人的谅解，最后郁郁而终，死于别国他乡。他们在这方面的教训，也是深刻的，有力地说明不管你原来职位多高，如果犯了错误不承认，不改正，就不会得到别人的谅解。

（原载《中共党史研究》2010 年第 9 期）

关于毛泽东生平与思想研究中的若干问题

近几年，关于毛泽东生平与思想的研究取得不少进展，特别是随着互联网的发展，大家可以在网上自由发表意见，使过去很多不能公开发表的观点也发表了出来，形成一种繁荣兴旺的研究局面。但这方面的内容太多，在短时间内不可能全面介绍，下面，仅向大家介绍几个问题的研究动态，供大家学习和研究时参考。

一、关于毛泽东的历史地位

关于这个问题，1981 年中共十一届六中全会通过的《关于建国以来党的若干历史问题的决议》虽然早就阐明了，但一直存在着激烈的争论，特别是在网上。其中有的文章还比较客观，但也存在“左”右两种倾向。

从“左”的方面来说，有的人极力肯定毛泽东晚年的错误，继续神化毛泽东和毛泽东思想。例如有个人用“真由美”的笔名在网上发表了一系列题为《毛泽东是神不是人》的文章，光我看到的就有 9 篇，说毛泽东根本不是人，而是神，而且比神还伟大。还有个人在为纪念毛泽东一百周年诞辰而作，后来又多次修改的《关于正确评价毛泽东及毛泽东思想的历史地位问题》的长篇论文中说：“党的十一届六中全会决议并没有真正解决正确评价毛泽东及毛泽东思想历史地位的问题，甚至犯了一个十分严重的错误。”对于无产阶级专政下继续革命的理论和那条阶级斗争要年年讲、月月讲、天天讲的基本路线，他极力肯定，认为这个理论和这条基本路线，应当说是“根本正确的”，而不是“根本错误的”。在毛泽东思想之后，根本“谈不上有一个独立的邓小平思想理论的发展阶段”，“只有毛泽东思想才称得上是当代中国的马克思主义，并且也是当代世界的马克思主义，才能称得上马克思主义发展史上当之无愧的第三个里程碑！”这是一篇继续坚持“文化大革命”时期的“左”的思想，完全肯定毛泽东晚年的错误，否定邓小平理论的代表作。

有的文章还认为“中国已走入资本主义歧途。工农人民大众正重吃二遍苦、受二茬罪”，并正在沦为美欧帝国主义的殖民地，原因就是邓小平搞的是“假社会主义”“修正主义”，“中国要得救，就必须打倒共产党内走资派，解决当代修正主义为患问题”，而要做到这一点，就必须坚持毛泽东“以路线斗争为纲的继续革命路线”,继续“把文化大革命搞好”。也就是说，根本没有什么邓小平理论，邓小平搞的完全是错误的，而毛泽东晚年的理论与实践都是正确的，现在还要靠毛泽东的思想和战略来挽救中国的命运，还要继续搞“文化大革命”。

2003 年是毛泽东 110 周年诞辰，有的人又发表了一些神话毛泽东的文章，甚至认为“神话毛泽东并没有什么不妥的地方”，有的人说“有人认为神化毛泽东抬高了毛泽东，我却认为神化毛泽东是低估了毛泽东。”“有谁比得上毛泽东？前不见古人,后不见来者。”还有人说“神也比不上毛泽东”，等等。

从右的方面来说，是极力否定毛泽东的功绩和毛泽东思想的指导作用，甚至对毛泽东和毛泽东思想加以攻击和诬蔑。例如有的文章说：毛泽东的道路不是通向“现代文明社会，而是指向一个从精神到物质从物质到精神全被专制统治一体化了的荒诞世界”。有一个人还专门写了一篇《反毛泽东论——什么是毛泽东思想以及他如何复辟奴隶制度》，说毛泽东建立的“中国式的社会主义，只是重新包装了的封建专制制度，以另一种形式复活的奴隶制度”，“中国要想繁荣安定，就一定要摆脱毛泽东的思想”。有的人甚至根据毛泽东在“文化大革命”中的错误，说毛泽东“犯有反革命叛乱罪，颠覆政府、推翻中华人民共和国罪”。

2003年毛泽东110周年诞辰前后，在很多文章神话毛泽东的同时，也有很多文章极力贬低甚至攻击、诬蔑毛泽东。

以上这两种倾向都明显地是错误的。毛泽东晚年虽然犯了严重错误，但是他的功绩是不能否定的。当然，我们在肯定毛泽东的历史功绩时，也不能再像过去那样无限拔高和夸大，更不能神化，而应该采取科学的、实事求是的态度。

二、关于晚年毛泽东的争论

晚年毛泽东研究，兴起于20世纪80年代后半期，90年代成为毛泽东研究中的热点。1988年，中共中央党史研究室专门成立了“毛泽东晚期思想研究”课题组，并且召开了“毛泽东晚期思想学术研讨会”。1989年1月，春秋出版社出版了萧延中主编的论文集《晚年毛泽东》，标志着学术界关于“毛泽东晚期思想”的研究正式成为一个重大课题。20世纪90年代初，石仲泉和龚育之先后发表意见，对“毛泽东晚期思想”这一概念表示异议，认为“晚期思想”这个概念，“与毛泽东思想的界定存在相当一部分的包含关系”，“这就不能不与毛泽东思想概念发生内涵与外延的两重交叉”，因而“似违背了逻辑常理”。又由于这个概念实际上无法区别毛泽东晚年的正确思想与错误思想，实际上是使这一时期毛泽东的正确思想和错误思想“都统属于主要指毛泽东晚年错误思想的‘毛泽东晚期思想’的概念之下”，“结果必然有把毛泽东的正确思想误为错误思想之嫌”，“不仅无助于人们严格区分毛泽东思想和‘毛泽东晚期思想’这两个概念，而且可能有损于毛泽东思想的形象和对这部分理论的正确理解，以及对其科学价值的研究”。但更多的人仍认为这个概念是可用的。甚至龚育之本人在1997年发表的《十五大精神和党史研究》一文也使用了“毛泽东晚年思想”这个概念。

关于“毛泽东晚期思想”的内涵，大多数学者都沿用了1988年“毛泽东晚期思想研究”课题组召开的讨论会上提出的观点：“毛泽东晚期思想是毛泽东晚年在探索中国建设社会主义的过程中提出并付诸实践的思想和理论，主要是关于建设什么样的社会主义和怎样建设社会主义的思想和理论。实践证明，这个体系基本上是脱离中国实际的，基本倾向是错误的，但其中也包含着某些正确的思想。”有的学者则赞同另外一种表述：“毛泽东晚期思想是在探索中国式的社会主义道路的过程中提出的具有深刻矛盾的体系；是错误方面逐渐居于主导地位，但又包含着一定的正确思想和合理因素的复杂体系；是长期作为党的指导思想，并且在国际国内产生过重大影响，具有很强的实践性的体系。”

关于“毛泽东晚期思想”的上限从何时算起，至少有四种意见：第一种意见认为晚期应该自1956年4月《论十大关系》发表之后；第二种意见认为应该把1957年夏季反右派斗争扩大化作为上限；第三种意见认为晚期起自1966年5月“文化大革命”的发动；第四种意见是认为从人生的自然规律来看，1971年林彪事件之后，毛泽东才开始进入晚年时期，而1956年至1971年只是其老年时期。

关于“毛泽东晚期思想”的阶段划分，学术界的意见可以被归纳为“两类三种”。所谓“两类”是指“三阶段论”和“四阶段论”；“三种”指除了“三阶段论”之外，在“四阶段论”中又细分为两种不同的观点。各个观点的具体内容如下：

持“三阶段论”的学者认为：毛泽东晚期思想的第一阶段是由1956年《论十大关系》的发表到1962年中共八届十中全会的召开。在这段时期，毛泽东的思想开始由正确转向错误，提出了一套极左的带有空想社会主义成分的思想。第二阶段是1962年至1966年“文化大革命”开始前。这期间,毛泽东的“左”倾冒进思想遭到挫折,加上党内外的不同意见有所发展,国际共产主义运动中的矛盾的激化，使毛泽东误认为这些都是修正主义的体现，因而提出“以阶级斗争为纲”，并力图通过“社会主义教育运动”反修防修。第三阶段是从1966年至1976年,毛泽东对形势的估计越来越严重,发动了自下而上的“文化大革命”，形成了“无产阶级专政下继续革命”的理论。

在“四阶段论”中，一种意见认为应该把“三阶段论”中的第一个阶段再划分为两段，即1956年至1957年为一个阶段，这个时期以“十大关系”“两类矛盾”“双百方针”等为标志，主要是探索建设社会主义民主的问题；1958年至1962年为另一阶段，以“三面红旗”为标志，毛泽东提出了一套空想社会主义理论。第二种意见是许全兴在其著作《毛泽东晚年的理论与实践》中提出来的。他认为，1956年至1976年这20年间，毛泽东的晚期思想可分为以下四个阶段：第一阶段，从1956年至1957年。毛泽东受国际事件的影响，对国内阶级斗争的形势作了错误的估计，抛弃了原来提出的一些有关社会主义建设的正确思想，犯了阶级斗争扩大化的错误。第二阶段，从1958年至1960年。毛泽东的急于求成思想和平均主义、空想主义思想急剧膨胀并开始被付诸实践，致使高指标、共产风、浮夸风蔓延到全国。但是，此时的毛泽东还能纠正一些自己的极左思想。第三阶段，从1961年至1965年。这是毛泽东对前一时期思想的调整阶段。他致力于反修防修，大搞“社会主义教育运动”，阶级斗争扩大化的错误日趋严重。第四阶段,从1966年至1976年。这是毛泽东发动自下而上的“文化大革命”的阶段，“左”的错误发展到了全国。

关于“毛泽东晚期思想”的特点,学者们指出主要有以下两个方面:(1)复杂性。这种复杂性主要指的是毛泽东晚期思想中正确与错误交叉并存的情况。例如有的基本正确但又不够完善；有的基本错误但也包含某些片面真理；有的本来是基本正确的，却在发展过程中走过了头，反而变成了谬误。正是这种思想上的复杂性，导致了毛泽东晚年理论与实践关系的复杂性，造成只有极少数正确的理论被付诸实践，其他一些基本正确的理论在实践上没能贯彻，大量的错误理论肆意蔓延的严重后果。（2）内在矛盾性。学者们从多个角度论证了毛泽东晚年的这种矛盾性，比如从认为“大规模的急风暴雨式的群众阶级斗争已经结束”到“阶级斗争必须年年讲、月月讲、天天讲”；从“既反冒进又反保守”到认为“冒进是马克思主义的，反冒进离右派只有 50 米”；从坚持群众路线，反对个人崇拜到认为“应当坚持正确的个人崇拜”，并在实践中大搞个人崇拜；从认为“既要反左又要反右”到坚持“真正的左比右好”；从提倡发展生产力到以阶级斗争为纲；从承认“价值法则”到限制“资产阶级权利”；等等。此外，不少学者认为毛泽东晚年思想中动机目的与方针方法的内在矛盾性也是一个值得研究的问题。

关于毛泽东晚年思想的集中表现“无产阶级专政下继续革命的理论”，中共中央的文件已经作了深刻的分析，并彻底地加以否定。但是，仍有一些人继续肯定这一理论。例如邓力群就认为，不能因为“文化大革命”有错误，“就说无产阶级专政下还要进行革命的理论错了。要把‘文革’的内乱、所造成的严重错误，和毛泽东的无产阶级专政下要进行革命，反修防修，防止和平演变，反对资本主义复辟，加以区别”。

关于晚年毛泽东的研究著作，有萧延中编的《晚年毛泽东》，香港中研出版事业公司编的《知识分子评晚年毛泽东》，李锐的《毛泽东的早年与晚年》，王若水的《新发现的毛泽东——仆人眼中的伟人》，许全兴的《毛泽东晚年的理论与实践：1956—1976》，王立胜的《重新认识毛泽东》等。

三、关于毛泽东晚年的错误及原因和教训

对于毛泽东晚年犯的错误，《关于建国以来党的若干历史问题的决议》主要讲了政治上的阶级斗争扩大化、经济上的急于求成、作风上的个人专

断等方面。如果再具体分析一下，可以归纳为以下八个方面：

（一）理论与实践相脱节，坚持解放思想、实事求是的思想路线不够一贯。有时理论上甚至就是错误的，例如“无产阶级专政下继续革命”的理论，直接导致了“文化大革命”的错误；有时理论上讲得很精彩，但实践上不去做，甚至完全相反，例如强调加强民主集中制、一切从实际出发，等等；有时把解放思想与实事求是脱离开来，脱离实际地强调所谓的解放思想，例如1958年他提出的破除迷信，解放思想，由于脱离了实际，并不是真正的解放思想，结果导致一系列错误。

（二）对基本国情和时代主题的判断有偏差。对基本国情判断的错误，一是在我国从1956年进入社会主义初级阶段以后，仍然根据列宁关于过渡时期的理论，认为我国仍然处在从资本主义向社会主义的过渡时期；二是虽然也认识到我国的经济文化都十分落后，是“一穷二白”，1958年又提出要“跑步进入共产主义”。在时代主题的判断上，没有看到世界形势的新变化，仍然将重点放在战争和革命上，认为世界大战不可避免，要准备早打、大打、打核战争，因此在“文化大革命”中提出要加强“备战”，要“深挖洞，广积粮”，“三线”建设要坚持“山、散、洞”的方针，直接影响了对国内工作的指导，造成了大量人力、物力的极大浪费。

（三）对我国社会的主要矛盾的判断有偏差。从1957年9月开始，就抛弃了中共八大关于我国社会主义社会主要矛盾的正确分析，认为我国社会的主要矛盾，仍然是工人阶级和资产阶级、社会主义道路和资本主义道路的矛盾，甚至提出“阶级斗争要年年讲、月月讲”，“以阶级斗争为纲”，“阶级斗争，一抓就灵”，“无产阶级专政下继续革命”的理论，造成阶级斗争的严重扩大化，忽视了生产力的发展。

（四）在社会主义建设的模式上，开始是完全照搬苏联模式，后来虽然想探索一条适合中国情况的社会主义建设道路，但始终没有打破这种模式，在某些方面甚至有所发展，例如在所有制问题上盲目求纯，急于消灭非公有制经济，限制商品经济和价值规律的作用；在经济体制上强调高度的集中统一，结果使国民经济严重缺乏活力。另一方面，他想建设的社会主义社会，又带有空想的色彩。1958 年他关于人民公社的许多设想，1966 年作的“五七指示”，就明显地表明了这种特征。

（五）在政治建设上，仅仅把民主看作一种手段，而不是一种制度，因而是可要可不要的东西，长期忽视民主政治建设和法制建设，强调人治，甚至发展到个人专断、个人崇拜、个人迷信，使整个党内和国家缺乏正常的民主政治生活。毛泽东曾说，制定那么多法律干什么，我们的领导是靠政策，靠会议，有什么问题开个会，把政策贯彻一下就行了。这样，就使党和国家的领导缺乏监督和制约，不能有效地防止严重错误的发生。

（六）在经济建设上，抛弃了中共八大确定的既反保守、又反冒进，在综合平衡中稳步前进的正确方针，违背经济规律，片面强调高速度，急于求成。在发展经济的方法上，不是依靠科学技术，采用经济手段，而是依靠群众运动，大轰大嗡。在“大跃进”中，高指标、瞎指挥、浮夸风、“共产风”严重泛滥，给经济建设造成严重的破坏和损失。

（七）在思想文化建设上，过分强调意识形态领域的阶级斗争，强调要进行“思想领域的社会主义革命”。在思想文化建设方面，他曾提出“百花齐放，百家争鸣”的正确方针，并提出这方面的问题，只能用批评的方法、说理的方法去解决，不能用简单的方法去解决。但是，他又强调要开展意识形态领域的阶级斗争，进行“思想领域的社会主义革命”，这就违背思想文化工作的规律，造成阶级斗争的严重扩大化。新中国成立以后党在意识形态领域所犯的“左”的错误，造成的严重灾难，都与这个指导思想有关。

（八）在对外关系上，片面强调自力更生，没有更大胆地开展对外经济技术交流，想尽办法学习外国的先进科学技术和管理经验，加上帝国主义国家的封锁和包围，使我国长期处于封闭和半封闭的状态，脱离世界发展的潮流，因此拉大了同世界发达国家的差距。

邓小平曾说:“从一九五七年开始,我们就犯了‘左’的错误。总的来说,就是对外封闭,对内以阶级斗争为纲,忽视发展生产力,制定的政策超越了社会主义的初级阶段。”在实践上,就造成20年的停滞局面。

对于像毛泽东这样一个伟大的马克思主义者、理论讲得那么深透的哲学家,为什么晚年会犯那么严重的错误,很多人更不理解。这就提出一个问题,毛泽东晚年犯错误的原因到底是什么?有哪些教训?

对于这个问题,理论界、党史界曾进行过探讨,例如廖盖隆认为主要有两个原因:一个是中国历史上长期的封建主义的影响;另外一个是斯大林“严重破坏社会主义法制”的社会主义旧模式的影响。李锐认为有以下几个方面:一是当代国际共产主义运动的冲击;二是中国小农经济的影响;三是封建专制主义的影响;四是中国传统文化的负效应;五是个人崇拜与标新立异的心态;六是狭隘的经验主义和实用的教条主义。

对于这个问题,我们中央党校的几位教师在教学中都从不同方面作了分析。金春明教授从主客观两个方面进行了分析,他认为客观原因还有国际共产主义运动史上由于没有正确解决领袖和党的关系问题出现的一些严重偏差产生的消极影响,以及封建专制主义遗毒的影响。许全兴教授认为毛泽东晚年犯错误有理论根源、认识论根源、社会历史三个方面的原因。

所谓理论根源,主要是他对什么是马克思主义、什么是社会主义的理解并不完全正确。毛泽东是哲学家,他自认为他的理论和实践有哲学根据,其实从1957年以后,他在哲学原理的理解和运用上有重大偏差。这主要表现在四个方面:第一,在物质与精神的关系上,过分夸大了精神的反作用,夸大了人的主观能动性,忽视了客观规律性,忽视了物质条件,忽视了物质利益。第二,在生产力与生产关系的矛盾上,过分夸大了生产关系的反作用,试图想主要通过变革生产关系去解放和促进生产力,而忽视了生产力自身发展的规律和动力。在变革生产关系上,又忽视了生产力对生产关系的决定作用,忽视了劳动资料(尤其是劳动工具)在规定生产力性质上起的决定作用。第三，在阶级斗争与发展生产力的关系上，忽视物质生产力在社会发展中的最终决定作用，忽视发展生产力是巩固和发展社会主义制度的根本，陷入了想主要通过阶级斗争和上层建筑领域中的革命来巩固社会主义制度的片面性。第四，在矛盾同一性与斗争性的关系上，过分强调斗争性，忽视了对立面之间的同一性。总之，在对辩证法的理解和运用上存在着简单化、公式化的倾向。

关于认识论根源，主要是他晚年背离了他一贯倡导的实事求是的思想路线，陷入严重的主观主义。其具体表现有两个方面：一个是经验主义。毛泽东有丰富的经验，这是他的优点。但经验有两重性，若把一定条件下的经验到处套用，优点也可能转化为缺点。毛泽东的经验主义，一是忽视经济建设的特点，企图用解决军事问题、政治问题的方法来解决经济问题，企图用搞革命的群众运动的方式来搞现代经济建设，用革命战争年代的军事共产主义来建设社会主义；二是习惯于以阶级斗争观点来看待社会问题和党内矛盾，结果使阶级斗争严重扩大化；三是搞社会主义的理论准备不足，他强调走自己的路是对的，但忽视了对社会主义发展一般规律的研究，忽视了对现代经济一般规律的研究；四是对知识的某种轻视和对知识分子的不放心，也是经验主义的一种表现。主观主义的另外一个表现是教条主义。毛泽东一生都在反教条，进行独创性的探索，走自己的路，但他也没有完全摆脱教条主义的束缚。这表现在两个方面，一是把自己的理论、经验教条化、神圣化、绝对化，由欣赏对自己的个人崇拜到提倡对自己的个人崇拜，不容许提出不同意见；二是把马列的个别论断绝对化，最明显的是对马克思在《哥达纲领批判》中有关资产阶级法权（现译为“权利”）的误解和对列宁的“小生产是经常地、每日每时地、自发地和大批地产生资本主义和资产阶级”的论断的误用。

关于社会历史原因，至少有三个方面：第一，社会主义建设理论不成熟，搞社会主义没有经验。1964 年 8 月 20 日，毛泽东在同人谈话时说，我们不会搞社会主义，大家都没有搞过嘛！我没有搞过，你们会吗？搞了十几年，有了成功的经验和失败的经验，现在才有些经验。但他说的有些经验，主要是指阶级斗争的经验，今天看来仍不够正确。第二，中国原来是一个经济、政治、文化不发达的国家，农民占全国人口百分之九十，这种社会特点难免会使中国共产党及毛泽东掺进某些小生产者的思想和心理。“大跃进”、人民公社化运动、个人崇拜、家长制、缺乏民主传统、轻视理性、轻视知识等错误，都与中国原来是一个小生产者的社会密切相关。第三，高度集权的政治体制、高度集中的计划经济体制、民主和法制的不健全，是造成重大决策失误体制方面的原因。中国和毛泽东在不少方面重犯了苏联和斯大林的错误，就是因为两国存在着共同的社会基础，有着相同的国家体制。

笔者认为这些分析都有道理。除了以上原因之外，是否还有以下六个方面的原因：

第一，调查研究少了，对国情和形势的认识发生了偏差。在民主革命时期，毛泽东是很重视调查研究的，写了很多农村调查报告，对国情有深入的了解。正是在正确认识国情的基础上，他实现了马克思主义与中国实际相结合的第一次历史性的飞跃。可是到社会主义时期，调查研究就比较少了，也没有以前那样深入。有些地方的领导同志，专门揣摩他的心思，捡他爱听的说，汇报工作时只讲好的，不讲坏的，更使他了解不到真实的情况。在这样的情况下，他对国情和形势的判断不能不发生严重的失误。1959 年他在庐山会议上与彭德怀严重分歧的产生，一个重要原因就是他不了解真实的情况。在 1960 年年底和 1961 年年初，他自己也说过：“我们党是有实事求是的传统的。最近几年，调查做得少了，不大摸底了，大概是官做大了，我这个人就是官做大了，从前在江西那样的调查研究现在就做得很少了。请同志们回去，大兴调查研究之风，1961 年要搞一个‘实事求是年’。”当时，他派了三个调查组下去调查，领导制定了《农业六十条》。

但是，这种调查研究后来没有坚持下去。他在晚年所犯的严重错误，与缺乏调查研究，对国情和形势的判断发生偏差有着密切的关系。

第二，历史传统的影响太大。毛泽东一生酷爱古书，深谙历史典籍，对传统文化有着深入的研究。这种爱好对他有两方面的影响，一方面是使他熟悉传统文化，为西方文化的中国化、马克思主义与中国实际相结合，打下了一个很好的基础；他对历代政治斗争谋略的熟悉，使他在与敌人斗争时显得得心应手。另一方面也使他受到传统文化中的消极方面的影响。例如他重视人治，轻视法治，提倡个人崇拜，就与封建思想的影响有密切关系；他对人民内部、对党内、对同志之间一些矛盾的处理，不免有搞权术之嫌；他所要建设的社会主义模式中的空想色彩，也与中国历史上大同思想的影响有密切关系。

第三，国内外形势和突发事件的影响太大。这种影响有两个方面，一是因为中国各方面都比较落后，给他造成一种很大的思想压力，往往要求过快过急。所以当赫鲁晓夫在 1957 年世界各国共产党、工人党会议上提出“十五年赶上美国”的口号时，他立即提出“十五年赶上英国”的口号。他制定的“赶超”战略，就与这种思想压力有关。另外一个方面，是受突发事件的影响太大。例如 1957 年夏季从整风运动到反右派斗争的转变，是由极个别右派分子的错误言论引起的；对八大路线的改变，是由国外的波匈事件和国内的反右派斗争引起的；20 世纪 60 年代工作中心的改变，即由以经济建设为中心转向大搞阶级斗争和反修防修，是由越南战争和苏联政策的转变引起的。这种急剧的转变既说明了中国共产党思想的不成熟，对社会主义建设的理论准备不足，也说明太注重这些突发事件的影响。

第四，与毛泽东的浪漫气质和性格特点有关。毛泽东是一个诗人，具有浪漫的气质，理想色彩比较浓，思想活跃，这对于搞文学创作是不可缺少的。但以这种气质来搞社会主义建设，有时就不免使理想主义压倒现实需要，他在建设社会主义模式上的空想色彩，就与这种气质有关。另外，毛泽东的性格是不怕压力，喜欢挑战和斗争，而且很倔，有股拗劲，不服输，并且犯了错误只能自己说，别人不能说，即使他已经认识到错误，但别人一说，他反而要坚持下去。在与敌人斗争时，他这种性格是一个优点。但在人民内部，在党内，在同志之间，他这种性格就往往使矛盾扩大化，使本来不应该发生的斗争发生并尖锐起来。例如在庐山会议上他曾说："人不犯我，我不犯人；人若犯我，我必犯人，这个原则现在我也不放弃。"彭德怀写给他的信本来是供他个人参考的，即使有不妥之处，完全可以通过交换意见加以解决，或者进行批评，但他却把这封信看作是向党进攻，向他发出挑战，是"犯"了他的，立即发起反击，把彭德怀等人打成"反党集团"。这个问题的发生，就与他的上述性格有着直接的关系。

第五，受农民的影响太大，甚至终生都保留着农民的很多特点。农民有很多优点，但也有很多缺点。毛泽东一生崇拜农民，学习了农民的很多优点，并依靠农民取得革命的胜利。但是，他对农民的缺点则缺乏深刻的认识。他虽然说过"严重的问题是教育农民"，但对农民缺点的认识仍然不足，也没有提出多少有效地教育农民的措施。在他身上，同样存在着农民具有的弱点，如眼界和心胸不够开阔，有时候甚至有些狭隘，等等。他晚年所犯的错误，与他身上所具有的农民的弱点是分不开的。所以，有的人说他是一个"农民革命家"，"本质上仍然是一个农民"。我们虽然不能这么说，但这种说法也不是没有一点道理。

四、什么是毛泽东思想

大家都知道，毛泽东思想这个概念，最早是王稼祥在 1943 年 7 月 5 日为庆祝建党 22 周年而发表的《中国共产党与中国民族解放的道路》一文中提出来的，1945 年 5 月 14 日，刘少奇在中共七大上做了全面阐述。但很多人可能不知道，中华人民共和国建立以后，毛泽东曾对毛泽东思想的含义亲自作了界定。1951 年 7 月 20 日，他在批阅中共中央西北局干部会报告《为加强马克思列宁主义和毛泽东思想的宣传而斗争》时，对其中“毛泽东思想”的表述进行了改写，改后的内容是：“毛泽东思想，就是马列主义和中国革命相结合的思想，这种思想是中国共产党的指导思想，是中国人民革命运动的指针。”经毛泽东亲自修改肯定的 1960 年《中共中央军委扩大会议关于加强军队思想政治工作的决议》说：“毛泽东思想是在帝国主义走向崩溃、社会主义走向胜利的时代，在中国的具体实践中，在党和人民的集体奋斗中，应用马克思列宁主义的普遍真理，创造性地发展了的马克思列宁主义。毛泽东思想是中国人民革命和社会主义建设的指针，是反对帝国主义的强大思想武器，是反对修正主义和教条主义的强大思想武器。”1966 年，林彪在《毛主席语录》再版前言中，把上述内容概括成了一句话：毛泽东思想是“帝国主义走向全面崩溃，社会主义走向全世界胜利的时代的马克思列宁主义”。这个定义，明显地把毛泽东思想的内涵夸大了。

“文化大革命”结束以后，指导“文化大革命”的“无产阶级专政下继续革命”的理论被推翻，于是很多人也认为毛泽东思想是错误的，应该抛弃。为了肯定毛泽东的历史地位和毛泽东思想，1981 年中共十一届六中全会通过的《关于建国以来党的若干历史问题的决议》对毛泽东思想的内涵重新作了界定，指出“毛泽东思想是马克思列宁主义在中国的运用和发展，是被实践证明了的关于中国革命的正确的理论原则和经验总结，是中国共产党集体智慧的结晶”。也就是说，只有被实践证明是正确的思想才是毛泽东思想，已经被证明是错误的思想不是毛泽东思想，应该把毛泽东思想和毛泽东个人的思想特别是他晚年的错误思想区别开来，毛泽东思想不包括他晚年的错误思想。但是，至今仍有很多人对这个定义想不通。有的人认为，毛泽东思想就是毛泽东的思想，既包括他正确的思想，也包括他错误的思想。

除了以上看法外，对于什么是毛泽东思想，还有很多各种各样的看法。例如 1993 年 12 月，郑言实在《关于正确评价毛泽东及毛泽东思想的历史地位问题——为纪念毛泽东主席诞辰一百周年而作》的长篇文章中，认为《关于建国以来党的若干历史问题的决议》对毛泽东思想所下的定义不能算作是一个真正完全科学的和正确的定义，仍然认为“毛泽东思想是帝国主义走向崩溃、社会主义走向胜利的时代的马克思列宁主义”，是马克思主义发展史上的“第三个里程碑”，有“重大的国际意义”。有的人认为，毛泽东思想的精华就是“无产阶级专政下继续革命”的理论，“离了阶级和阶级斗争，及无产阶级专政下继续革命的学说，谈什么毛泽东思想，谈什么毛泽东的丰功伟绩？！”“造反有理是毛泽东思想的精髓”。或者说“毛泽东思想＝实事求是＋无产阶级专政下继续革命的理论”。有的人认为全部毛泽东思想，可以归纳为“走群众路线，造反有理，要斗私批修，为人民服务”。有的人还认为“一句话高度概括毛泽东思想，就是‘全心全意为人民服务’”。有的人认为“彻底消灭压迫和剥削，实现真正的人民当家作主和人人平等幸福，这就是毛泽东思想”。有的人还认为根本就不存在什么毛泽东思想。

这些观点当然是错误的，对于毛泽东思想的科学内涵，我们还是应该按照党的历史决议来理解。

五、关于毛泽东思想的来源和属性

原来我们都认为毛泽东思想的来源就是马克思列宁主义，它是马克思主义在中国的新发展。有的外国学者也同意这种看法，“左派”学者、美国霍普金斯大学的佩弗和密执安大学的沃尔特，就认为毛泽东思想不仅来源于马克思主义，而且是对马克思主义的发展。但也有很多外国学者提出了一些新的看法，主要有以下四种：第一种是“异端”论，认为毛泽东思想主要来源于中国文化遗产和列宁主义，同时又偏离或超越了列宁主义；第二种是“民族传统”论，认为中国传统思想在毛泽东思想的形成和发展中占主导地位；第三种是“两源”论，又称“有缝隙的马克思主义”，认为毛泽东思想既根源于马克思主义，又同18、19世纪的西方思想及中国文化遗产有关；第四种是“乌托邦主义”论，认为毛泽东的社会目标是马克思主义的，但达到这一目标的方式既不是马克思主义、也不是列宁主义的，而是乌托邦主义。国内也有的学者认为，毛泽东思想有两个来源，一个是马克思列宁主义，一个是中国传统文化。有的还提出三源说，其中又有两种看法：一种看法认为毛泽东思想是马克思列宁主义普遍原理、中国革命具体实践和中国传统文化思想精华三者的辩证统一；另一种看法认为，马克思主义是毛泽东思想的“基本来源”，“中国民族文化传统的精华”是其“重要来源”，此外，毛泽东“吸取了孙中山的‘革命’观念”、“资产阶级民主主义革命的纲领”、“《实业计划》的合理思想”，等等。

在马克思列宁主义之中，笔者认为也应该分清主次。因为中国革命是在俄国十月革命的影响下，并且是在列宁民族殖民地理论的指导下开展起来的，所以毛泽东思想的很多内容直接来自列宁主义。毛泽东的新民主主义理论，特别是新民主主义革命论，大部分内容都是从列宁那里来的。可以说，毛泽东思想的主要来源是列宁主义，而不是直接来自马克思和恩格斯。因此，对于毛泽东思想的很多内容，影响比较大的是列宁主义，而不是马克思主义。当然，毛泽东等人在新中国成立以后也读了一些马克思、恩格斯的著作，接受了马克思、恩格斯的一些观点。但就毛泽东思想的形成来说，列宁主义还是主要来源。

2002年11月9日初稿，2008年8月29日修改

【评文记事】

这是在中共中央党校给硕士研究生讲授毛泽东思想时的一个讲稿。为避免重复，此次收入删去了第六个问题即关于毛泽东思想的科学体系的不同观点。

毛泽东思想的科学含义和科学体系

我主要讲一下毛泽东思想的科学含义和科学体系这两个问题。

一、毛泽东思想的科学含义

对于毛泽东思想，1981年通过的《关于建国以来党的若干历史问题的决议》下了一个新的定义，一共三句话：“毛泽东思想是马克思列宁主义在中国的运用和发展，是被实践证明了的关于中国革命的正确的理论原则和经验总结，是中国共产党集体智慧的结晶。”后来十二大在上述第二句“关于中国革命”几个字的后面加上“和建设”几个字，变成“关于中国革命和建设的正确的理论原则和经验总结”。这句话说明毛泽东思想是中国革命和建设经验的总结，而且是被实践证明了的正确思想。也就是说，应该把毛泽东思想同毛泽东个人的思想相区别，特别是同毛泽东晚年的错误思想相区别。对于历史决议的这种做法，很多人感到不理解，认为毛泽东思想就应该是毛泽东的全部思想，既包括他的正确思想，也包括他的错误思想，为什么毛泽东的错误思想不包括在毛泽东思想之中呢？直到今天，仍有不少人对这个定义不理解，有的甚至认为这样做有点不合常理。那么，应该怎么理解这个问题呢？

第一，应该看到当时对毛泽东思想作出这个界定，是因为毛泽东晚年犯了严重错误，有的人提出要否定毛泽东思想，而毛泽东思想作为党的指导思想，是不能否定的。如果否定毛泽东思想，就会像赫鲁晓夫否定斯大林一样，必然引起混乱。另一方面，当时党中央的领导人又提出“两个凡是”的方针。按照这个方针，毛泽东晚年的错误就不能纠正，历史就不能前进。这是一个非常难解决的问题，以上两种方法都行不通。为了解决这个难题，邓小平提出把毛泽东思想与毛泽东个人的思想区分开来的办法，即既纠正他晚年的错误，又坚持毛泽东思想，实践证明这是唯一可行的办法。因此，决议对毛泽东思想下的这个定义，并不是一个通常的学术意义上的定义，如某某思想就是指某某人的思想，既包括他的正确思想，又包括他的错误思想，而是一个在特定的政治背景下所下的政治性的定义。

第二，从毛泽东思想的本身含义来讲，它不能包括错误思想。因为毛泽东思想的产生，本身就是马克思主义和中国实际相结合的产物，是中国革命经验的正确总结。那些离开马克思主义或者离开中国实际这两个要素的任何思想，尽管是毛泽东本人提出来的，也都不能包括在毛泽东思想之中，不能称之为毛泽东思想。毛泽东晚年的错误，既不符合马克思主义，又脱离中国实际，自然不是毛泽东思想。正如有的学者所说，毛泽东思想不包括错误的结论，不是不讲理，而是很讲理，因为前提中就包含着结论。这就是说，把毛泽东个人的思想特别是他的错误思想同作为科学体系的毛泽东思想相区别，是科学的，在理论上是站得住脚的。

第三，毛泽东思想作为党的指导思想，不能包括他的错误思想。如果把他的错误思想包括在毛泽东思想之中，而我们又要以它为指导，那么我们应该怎么做呢？难道今天还应该按照“无产阶级专政下继续革命”的理论去做吗？还应该七八年再来一次“文化大革命”吗？还应该继续斗“走资派”吗？如果那样，就会使大家无所适从，只能引起思想和社会的混乱。

第四，毛泽东思想只是中国共产党在革命和建设过程中，把马克思主义和中国实际相结合产生的新的思想理论的代名词，或者说它只是一个符号。虽然毛泽东在它形成和发展的过程中起的作用最大，以他的名字命名，但并不是指毛泽东个人的思想。如果当时不叫它“毛泽东思想”，而叫作别的思想，如“中国的马克思主义”，等等，就不会产生这种混淆。

这就是说，从毛泽东思想的本身含义来讲，它不应该包括错误的思想；从党的指导思想来讲，它不应该包括错误的思想；从党的前途命运和国家的长治久安来讲，它也不应该包括错误的思想。

上述历史决议对毛泽东思想下的定义的第三句话，说毛泽东思想是集体智慧的结晶，为什么这么说呢？这是因为毛泽东思想不像有的思想那样，是一个人坐在屋子里面研究出来的，一个人冥思苦想想出来的，而是在中国革命的实践中逐步产生、形成和发展起来的。中国共产党在长期的革命斗争中积累起来的丰富而独特的经验，是形成和发展毛泽东思想的最深厚的基础，因此它必然是集体智慧的结晶。另外，在毛泽东思想形成和发展的过程中，党的许多卓越领导人作出了巨大贡献。对于这些巨大贡献，《〈关于建国以来党的若干历史问题的决议〉注释本》列举了四个方面：第一，他们探索中国革命基本理论问题的成果，为毛泽东汇总成完整的理论体系作了许多准备工作。例如对于中国进行民主革命的理论，李大钊、邓中夏、蔡和森、瞿秋白、周恩来等同志都作过重要的论述，为毛泽东最后创立新民主主义理论作了准备。第二，他们对中国革命斗争经验在某些方面提出的卓越见解，被毛泽东汲取或概括在他的著作之中，成为毛泽东思想的有机的内容。例如周恩来在 1929 年秋主持起草的给红四军的“九月来信”，其中不少重要思想被毛泽东吸收在古田会议决议中；刘少奇关于白区对敌斗争的许多策略思想，被毛泽东吸收在《论政策》等文章中；朱德在井冈山提出的许多游击战的战术思想，被毛泽东加以理论概括，形成了完整的“十六字诀”；张闻天在 1948 年 9 月对新民主主义社会多种经济成分的分析，被毛泽东吸收在七届二中全会的报告中。第三，他们参与了毛泽东的一些重要思想的提出和研究，毛泽东的有些著作就是毛泽东和他们一起合作写成的。例如《论联合政府》的报告，经过中央政治局的反复讨论和研究;《工作方法六十条（草案）》，就是在1958年年初的杭州会议和南宁会议上，由毛泽东和中央及地方的领导同志共同汇集起来的。第四，他们根据马列主义的基本原理对中国革命这些或那些方面的经验所作的系统的总结，或者补充、丰富、发展了毛泽东论著中的许多观点，或者对毛泽东的观点作了精辟的阐述，或者运用毛泽东的观点去说明了新的问题，或者与毛泽东的某些观点交相辉映。例如周恩来和刘少奇关于白区工作的论述，周恩来关于统一战线、文化工作和外交政策的论述，刘少奇关于党的建设和工人运动的论述，朱德关于军事工作的论述，陈云关于经济工作的论述，等等，有许多内容是毛泽东著作中没有充分展开的。

对于毛泽东思想是集体智慧的结晶这个问题，有的人认为这是其他人"捞功"，即从中捞取功劳，是强加上去的。其实，这个结论并不是后来硬加上去的，毛泽东自己早就多次说过。1945年在党的七大确定用毛泽东思想的提法，而且写到党章里头，规定它是党的指导思想的时候，毛泽东曾说："你们一定要用个毛泽东思想，我也可以同意，因为党总要找个代表。毛泽东思想不是一个人的，都是从大家来的，我把它综合起来，把它概括起来，你们叫毛泽东思想也可以。"直到"文化大革命"中，当周世钊向他提问关于毛泽东思想的问题时，毛泽东还说："七大时，马克思列宁主义与中国革命实践结合的正确思想体系，可以说已经到了成熟的地步了，于是，大家觉得很有必要给这个思想体系安个名称。党中央当时确定把这种正确思想体系叫做'毛泽东思想'，决不是说'毛泽东思想'就完全是我一个人的思想。它是包括一班人的正确思想在内的。明确地说，'毛泽东思想'是包括我们这一代无产阶级革命家的正确思想在内的思想，只不过是用我的名字来代替罢了。但我一直不同意用我的名字来代称。我曾多次批示不用'毛泽东思想'，而用马克思列宁主义。可是他们不听，这叫我有什么办法呢？"这说明，毛泽东本人也认为毛泽东思想是集体智慧的结晶。

有的学员在学习中提出，说毛泽东思想是集体智慧的结晶，那么毛泽东的错误是不是集体所犯的错误呢？有些错误，如“大跃进”“文化大革命”等，毛泽东当然要负主要责任，因为这些运动主要都是由他发动的，甚至是背着中央领导集体发动起来的，如“文化大革命”就是这样，党中央的主要领导人如刘少奇、周恩来、邓小平等开始都不知道毛泽东要搞什么，这些错误当然要由毛泽东负主要责任。但是，这些错误同时也是党犯的错误，是中央领导集体犯的错误，不能把错误都归咎于他一个人，因为发动这些运动的文件、决定，毕竟最后都是由党中央的会议通过的。邓小平就曾经说过：“讲错误，不应该只讲毛泽东同志，中央许多负责同志都有错误。‘大跃进’，毛泽东同志头脑发热，我们不发热？刘少奇同志、周恩来同志和我都没有反对，陈云同志没有说话。在这些问题上要公正，不要造成一种印象，别的人都正确，只有一个人犯错误。这不符合事实。中央犯错误，不是一个人负责，是集体负责。在这些方面，要运用马列主义结合我们的实际进行分析。”所以，决不能把党在历史上犯的错误归咎于毛泽东一个人。

二、毛泽东思想的科学体系

什么是“体系”？按照词典的解释，体系就是有关事物或思想构成的一个整体。毛泽东思想的科学体系，就是以马克思列宁主义的世界观、方法论为核心，由很多关于中国革命和建设的正确理论构成的一个完整的思想。它和马克思列宁主义相比，不是枝枝节节的丰富和发展，而是在很多领域做出了丰富和发展，构成了一个新的思想体系；和毛泽东晚年的错误相比，它也明显地是一个科学的体系。

在中国共产党的历史上，最早提出毛泽东的理论和策略有个体系的，是延安的理论工作者张如心。1942 年 2 月 18 日至 19 日，他为反驳叶青对毛泽东《新民主主义论》的歪曲和诬蔑，在《解放日报》上发表《学习和掌握毛泽东的理论和策略》一文，其中指出：“毛泽东同志的理论和策略在历史上逻辑上都有它的一贯系统性和完整性，为了便于说明和研究起见可以相对地有条件地把它划分为下列三个组成部分”，即思想路线和思想方法论，政治路线或政治科学，军事路线和军事科学，“这三个组成部分内在有机地构成毛泽东的理论和策略的体系”。在这之后，陈毅在 1942 年 7 月为纪念党的 21 周年发表的《伟大的二十一年》一文中，从关于中国社会性质、革命的动力、前途及革命战略和策略问题，关于革命战争问题，关于苏维埃政权问题，关于建党问题，关于思想方法问题等 5 个方面，对毛泽东的思想作了概括。1945 年 5 月张闻天在七大的发言中，把毛泽东思想的内容概括为 9 个方面，即关于中国半殖民地、半封建的社会性质的思想，关于中国新民主主义革命的思想，关于中国革命不平衡性、曲折性与长期性的思想，关于首先建立以农民为主体的革命根据地以发展全国革命的思想，关于正确解决中国农民土地问题的思想，关于建立民族民主统一战线及其内部又联合又斗争的思想，关于人民战争的全套战略战术的思想，关于反对主观主义、教条主义与经验主义的思想，关于建党、建军、建政的思想。刘少奇在中共七大《关于修改党章的报告》中，也对毛泽东思想的科学体系作了系统的论述，把毛泽东思想的内容概括为 9 个方面，即关于现代世界情况及中国国情的分析、关于新民主主义革命的理论与政策、关于解放农民的理论与政策、关于革命统一战线的理论与政策、关于革命战争的理论与政策、关于革命根据地的理论与政策、关于建设新民主主义共和国的理论与政策、关于建设党的理论与政策、关于文化的理论与政策。新中国成立以后最有代表性的概括，就是 1981 年《关于建国以来党的若干历史问题的决议》。这个决议说毛泽东思想有多方面的内容，并提出 6 个方面独创性的理论，即新民主主义革命理论、社会主义革命和社会主义建设理论、革命军队的建设和军事战略理论、政策和策略理论、思想政治工作和文化工作理论、党的建设理论。这 6 个方面，既有宏观方面的概括，也有微观方面的概括；既有纵向的概括，也有横向的概括。除此之外，决议还提出实事求是、群众路线、独立自主这三个方面内容，是贯穿于上述各个组成部分的立场、观点、方法，即毛泽东思想的活的灵魂。这个概括主要是从毛泽东思想的独创性的角度来概括的，是迄今为止对毛泽东思想科学体系的最权威的概括。

除此之外，有的著作还参照马克思主义的三个组成部分，从哲学、经济学、科学社会主义三个方面，对毛泽东思想进行了概括；有的从政治、经济、军事、文化、党的建设及国际关系六个领域，进行了概括；有的从新民主主义革命理论、新民主主义社会理论、社会主义改造理论、社会主义建设理论、世界观和方法论（包括唯物史观、创新思维、活的灵魂）等五个方面进行了概括；有的还认为毛泽东思想是由三个既互相联系又互相区别的等级结构构成的有机系统，这三个等级结构第一个是经验水平层次，即毛泽东思想中包含的经验成分和因素；第二个是具体理论层次，即毛泽东思想中关于革命和建设的具体理论成分和因素；第三个是世界观和方法论，即毛泽东思想中的哲学世界观和方法论成分。

中共中央党校党史部编写的《毛泽东思想基本问题》的教材，在第二个历史决议的基础上，对毛泽东思想一共归纳成了 9 个方面的理论。这 9 个方面概括起来，就是两大基本理论，即新民主主义理论和社会主义理论；三大法宝，即统一战线、人民战争和人民军队、党的领导和党的建设；三大保证或需要解决好的三个重要问题，即思想政治工作、政策和策略、国际关系与外交方针；一个灵魂，即实事求是、群众路线和独立自主。

我们归纳的这 9 个方面，是有内在联系的，共分为 4 个层次。第一个层次是关于中国革命和建设的两大基本理论，第二个层次是三大法宝，第三个层次是三大保证或需要解决好的三个重大问题，第四个层次就是贯穿在上述各个方面的立场、观点和方法，即毛泽东思想的活的灵魂。这是我们根据党校教学需要所作的一次归纳，并不是对毛泽东思想科学体系作的一次全面概括。至于怎样概括才比较全面和准确，大家可以进行研究。

下面，笔者就从这四个方面，对于毛泽东思想的主要内容和应该掌握的重点，作一个简略的介绍。

（一）两大基本理论

所谓两大基本理论，就是新民主主义理论和社会主义理论。

新民主主义理论分为新民主主义革命论和新民主主义社会论两大部分。新民主主义革命论主要讲的是中国革命是一场什么性质的革命，以及怎样进行革命的问题。它主要包括三个方面的内容：第一，革命性质论；第二，革命步骤论；第三，革命道路论。新民主主义社会论，主要讲的是新民主主义革命胜利以后应该建立一个什么样的社会，以及怎样建设这样一个社会的问题。

社会主义理论也包括两个部分，即社会主义改造理论和社会主义建设理论。

关于社会主义改造理论，主要包括三个方面的内容：第一，社会主义工业化和社会主义改造同时并举，改变了过去那种只有实现了工业化才能进行社会主义改造的看法，提供了一种社会主义改造的新模式；第二，提出一系列从低级到高级的过渡形式和方针政策，以及在对农业的社会主义改造中坚持自愿互利、典型示范和国家帮助等原则；第三，变革生产关系要和发展生产力紧密结合，始终重视生产力的发展。当时提出的任务是“一化三改”，并把“一化三改”形象地比作“一体两翼”，即变革生产关系和发展生产力是不能分开的。

关于社会主义建设的理论，主要有以下四个方面的内容：

第一，关于社会主义社会的矛盾和正确处理人民内部矛盾的理论。毛泽东指出，社会主义社会仍然存在矛盾，基本矛盾仍然是生产力和生产关系、经济基础和上层建筑的矛盾。社会主义社会的矛盾分为敌我矛盾和人民内部矛盾两种类型，大规模的阶级斗争已经基本结束，正确处理人民内部矛盾是我国政治生活的主题，并提出一系列正确处理人民内部矛盾的方针、政策和方法。这一理论是对马克思主义的重大发展，使毛泽东思想的政治理论达到新的高度。

第二，关于经济建设的理论。毛泽东提出，在社会主义改造基本结束以后，要实行工作重点的转移，集中力量发展社会生产力，正确处理经济建设中的若干重大关系，走出一条中国工业化的道路，并提出一整套“两条腿走路”的方针，以及“以农业为基础，以工业为主导”的方针。与此同时，毛泽东等人还提出改进经济体制的设想，并提出要发展商品生产和商品交换，重视价值规律的作用。

第三，关于完善人民民主专政，加强民主政治建设的思想。1956 年召开的党的八大，把制定完备的法律，健全我国的法制，作为国家工作的迫切任务提了出来。1957 年 7 月，毛泽东明确地提出了“造成一个又有集中又有民主，又有纪律又有自由，又有统一意志，又有个人心情舒畅、生动活泼，那样一种政治局面”的目标。在七千人大会上，他又专门讲了坚持民主集中制的问题，强调发扬民主的重要性。

第四，关于发展社会主义科学文化教育的理论。对于科学文化教育，毛泽东一直是非常重视的，提出要努力学习外国的先进技术，并发出“向科学进军”的号召；提出推陈出新，百花齐放、百家争鸣，古为今用、洋为中用等发展文化的方针，以及“应该使受教育者在德育、智育、体育几方面都得到发展，成为有社会主义觉悟的有文化的劳动者”的教育方针。与此同时，还提出要重视知识分子的作用，建立一支宏大的工人阶级的知识分子队伍。

尽管毛泽东没有完全弄清楚“什么是社会主义，怎么建设社会主义”这个根本问题，没有形成系统的社会主义建设的理论体系，在探索社会主义建设道路的过程中发生了严重的失误，甚至犯了严重的错误，但他对社会主义建设道路所作的有益探索，提出的很多有价值的思想，都是应该肯定的。

（二）三大法宝

毛泽东曾把统一战线、武装斗争、党的建设概括为中国共产党的三大法宝。不过有的论著根据新的形势，把武装斗争改成了“人民战争和人民军队”，把党的建设改成了“党的领导和党的建设”。

（三）三大保证或需要解决好的三个重大问题

要顺利进行革命和建设，光有“三大法宝”是不够的，还需要有三大保证，或需要解决好三个重大问题，这就是思想政治工作、政策和策略、国际关系和外交方针。这三个方面的任何一个方面出了问题，都会影响到革命和建设的顺利进行。

关于思想政治工作，主要包括以下两个方面的内容：一是思想政治工作是一切工作的生命线，重视思想政治工作是中国共产党的优良传统，各个方面都要加强思想政治工作；二是思想政治工作的基本内容和原则，如思想政治工作要围绕党的中心任务，结合经济工作和其他工作去做，要坚持理论和实践相结合、解决思想问题和解决实际问题相结合、身教与言教相结合，坚持民主原则，等等。毛泽东不仅突出地强调思想政治工作的极端重要性，还进一步明确了思想政治工作的任务和内容，规定了思想政治工作的基本方针、原则和方法，从而使思想政治工作成为一个具有中国特色的理论体系，在革命和建设的过程中发挥了重要的作用。

关于政策和策略理论，主要包括以下三个方面的内容：一是政策和策略是党的生命，是取得革命和建设胜利的根本保证。二是制定和执行政策策略的根本原则，如要从实际出发，制定正确的政策和策略，要坚持原则性和灵活性相结合，等等。三是中国共产党在革命和建设过程中提出的许多政策策略原则，如在战略上藐视敌人，在战术上重视敌人；既要善于斗争，又要善于妥协；不要四面出击；要调动一切积极因素；等等。

毛泽东不仅在许多方面把马克思主义的政策策略思想深化、系统化了，而且在总结中国革命和建设经验的基础上，提出许多新的政策策略思想。这些政策和策略充满辩证法的光辉，是对马克思主义政策策略思想的重大丰富和发展。

关于国际关系和外交方针，主要包括以下三个方面的内容：一是毛泽东对国际形势的观察和分析，如提出要在对国际关系的正确分析上确定对外政策，提出中间地带理论和“三个世界”的理论；二是毛泽东领导建立的独立自主的新型外交，如维护国家的独立、主权和领土完整，倡导和奉行和平共处五项原则；三是对外政策的主要目标是反对霸权主义、维护世界和平。毛泽东对国际形势的正确观察和分析，以及提出的一系列正确的外交方针和原则，也对马克思列宁主义的国际关系和外交理论做出了丰富和发展。

（四）毛泽东思想的活的灵魂

这是贯穿于上述各个方面的立场、观点和方法，是辩证唯物主义和历史唯物主义在中国革命和建设中的创造性运用和发展，具有鲜明的中国特色。它的主要内容包括三个方面：

第一，实事求是。这是毛泽东思想世界观和方法论的基础，是活的灵魂三个基本内容的核心，是毛泽东思想的精髓。它包括以下四个方面的内容：一是一切从实际出发，做到理论和实际相统一；二是要坚持以实践为基础的能动的革命的反映论，即坚持辩证唯物论的认识论。在这个问题上，毛泽东特别强调充分发扬人的能动性，明确地提出“两个飞跃”“两变”的思想，即从感性认识到理性认识、从理性认识到实践的飞跃，物质可以变为精神，精神可以变为物质；三是要坚持以对立统一规律为核心的辩证法。在这个问题上，毛泽东揭示了矛盾问题的精髓，指出不仅要研究客观事物的矛盾的普遍性，尤其重要的是研究它的特殊性，对于不同性质的矛盾，要用不同的方法去解决；四是要坚持马克思主义的领导方法和工作方法，如一般和个别相结合，等等。实事求是是党的思想路线，是应该深刻领会和认真坚持的。

第二，群众路线。这是中国共产党对马克思列宁主义关于人民群众是历史的创造者原理的创造性运用，是党的根本的工作路线，它主要包括三个方面的内容：一是一切为了群众，全心全意为人民服务，这是党的根本宗旨，也是党的领导机关和每个共产党员想问题、办事情的出发点和归宿；二是一切依靠群众，而不能脱离群众，不管什么工作，都要依靠群众，充分调动人民群众的积极性、创造性；三是从群众中来，到群众中去，这是中国共产党的最根本的领导方法和工作方法，是正确制定和执行党的路线、方针、政策的基本保证。毛泽东的上述论述，把马克思主义的认识论同党的群众路线统一起来了。

第三，独立自主，自力更生。这是马克思主义的一个根本原则，是一切从实际出发、实事求是、依靠群众进行革命和建设的必然结论，主要包括以下两个方面的内容：一是要独立自主地领导革命和建设，而不能依靠外国；二是要坚持自力更生为主、力争外援为辅的原则，即既要坚持自力更生，又要尽可能多地争取外国的援助。在这个问题上，毛泽东继承和发扬了中华民族自强不息的精神，把马克思主义的独立自主原则与中华民族自强不息的精神结合起来了。

实事求是、群众路线、独立自主这三个方面，是密切地、有机地联系在一起的，它们共同构成了毛泽东思想的活的灵魂。其中实事求是讲的是唯物论、辩证法，是马克思主义科学世界观的基础，是毛泽东思想的出发点和根本点；群众路线是实事求是思想路线在党的领导工作中的运用，是党的根本的工作路线；独立自主是实事求是思想路线在党际、国际关系中的运用，是党处理对外关系的根本方针和原则。可以说，群众路线和独立自主是实事求是思想路线的展开，从不同方面体现了实事求是的思想路线。

因此，要正确理解实事求是、群众路线、独立自主这三个方面的关系。

（这是笔者在中共中央党校讲授“毛泽东思想基本问题”的讲稿，缩写稿曾收入红旗出版社 2002 年出版的《党员干部“三基本”读本》，并收入毛胜主编、中共文献出版社 2013 年出版的《毛泽东思想研究资料》上册）

论毛泽东的武装斗争思想

——兼评叶青《毛泽东思想批判》一书的有关言论

毛泽东是中国人民解放军的缔造者，伟大的马克思主义军事家。他将马克思主义关于暴力革命的学说与中国革命斗争的实际结合起来，领导中国革命武装力量由小到大，由弱变强，打败一个个强大的敌人，谱写了中国以至世界战争史上壮丽的篇章；并系统总结武装斗争的经验，写下一篇篇光辉著作，精辟地论述了关于武装斗争的种种问题，留下丰富的、宝贵的文化遗产。

对毛泽东的武装斗争思想，国内外无不给予高度的评价，就连他的许多对手也极为重视。可是加入过共产党、后来又叛变共产党、担任过国民党中央代理宣传部部长的叶青，却在台湾出版的《毛泽东思想批判》一书中，对毛泽东的武装斗争思想横加诬蔑、极力贬低。本文在论述毛泽东武装斗争思想的同时，也对叶青此书中的有关言论，顺便加以评论。

一、毛泽东武装斗争思想产生的社会历史条件

历史上任何著名的思想都不是凭空产生的，都是一定的社会历史条件的产物，毛泽东的武装斗争思想也不例外。

首先，毛泽东武装斗争思想的产生，与中国革命以武装斗争为主的特点分不开。

旧中国是一个半殖民地、半封建的国家，帝国主义、封建主义以及官

僚资本主义三座大山，沉重地压在中国人民的头上。它们操纵着国家政权，拥有庞大的军队，残酷地压迫、剥削人民。加上几千年以来都是封建社会，有着长期的封建专制主义传统，因此，中国和资本主义各国不同，不是一个独立的民主的国家，在内部没有民主制度，在外部没有民族独立，人民无议会可以利用，无组织工人举行罢工的合法权利，不能开展和平的、合法的斗争，要推翻三座大山，赢得革命的胜利，只有以武装的革命反对武装的反革命，开展武装斗争。

毛泽东在参加革命活动之初，由于受到改良主义的影响，并不主张开展武装斗争。他在1919年7月14日写的《〈湘江评论〉创刊宣言》，就主张实行“呼声革命”“无血革命”,开展温和的“忠告运动”,不主张实行“炸弹革命”“有血革命”。但是，随着对中国社会认识的深化，随着向马克思主义者的转变的实现，他很快改变了观点。1920年12月1日，他在致蔡和森等人的信中，明确表示赞同蔡和森提出的用俄国方法改造中国与世界的主张，指出用和平的手段、教育的方法在“理论上说得通，事实上做不到”。为什么？因为政权掌握在资本家手中，共产党人非取得政权，便不能掌握教育权；况且，要资本家信共产主义是不可能的事，欲用和平方法去达共产目的，不知何日才能成功。因此，“俄国的革命，和各国急进派共产党人数日见其多，组织日见其密，只是自然的结果”，“并不是有更好的方法弃而不采，单要采这个恐怖的方法”。

中国共产党创立之后，起初主要从事工人运动和农民运动。但这些群众运动很快遭到反动武装的镇压。因此，中国共产党不得不转向武装斗争。大革命时期，第一次国共合作实现以后，中国共产党和国民党一起领导了轰轰烈烈的北伐战争。大革命失败以后，中国共产党独立开展了长达10年的武装斗争，接着与国民党一起进行了抗日战争，随后，又进行了推翻国民党蒋介石统治的规模空前的全国解放战争。正是这长达二十多年的武装斗争，孕育了毛泽东的丰富的武装斗争思想。

其次，毛泽东武装斗争思想的产生，与近代中国特殊的阶级结构、社会构成分不开。

世界历史演变到近代，西欧各国及俄国都发展成为资本主义国家甚至比较发达的资本主义国家，工人阶级的力量比较强大，革命斗争无不以城市的工人阶级为主体，因而形成马克思、恩格斯、列宁以城市为中心、以工人阶级为主体的武装斗争思想。而近代的中国与这些国家截然不同。中国自古是一个农业国，到了近代，新式工业虽然已经产生并逐步有了发展，但很不发达。城市工人阶级虽然已经形成并逐步壮大，但在整个人口中所占比例很小，百分之八十甚至九十的人口仍是农民。这样，在中国开展武装斗争的主要依靠力量就是工人阶级加农民，特别是广大的农民；主要场所就不是城市，而是广阔的农村。因此，在近现代中国形成的武装斗争思想，必然不同于马克思、恩格斯、列宁提出的传统的马克思主义武装斗争思想。

在北伐战争时期，中国的武装斗争也是以城市为中心，以夺取大城市为目标的，并在城市中接连发动工人武装起义。大革命失败后，共产国际仍然指示中国共产党以城市为中心，主要依靠城市工人阶级的力量继续开展革命斗争。在中国共产党内，王明等“左”倾教条主义、冒险主义者，把共产国际的指示和苏联的经验神圣化，坚持以城市为中心，只强调依靠工人阶级的力量，而不重视农民的力量，甚至认为着重依靠农民是背离马克思主义，会走偏方向。他们这种脱离中国国情的指导思想不断碰壁，使革命斗争一次次遭到挫折和失败。

在党的领导人中，毛泽东由于熟悉中国的国情，并出身于农村，了解农民的力量，从大革命时期就主张依靠农民、武装农民。1926 年 5 月，他在第六届农民运动讲习所向学员指出，搞革命就要刀对刀、枪对枪，要推翻地主武装团防局，必须建立农民自己的武装，刀把子不掌握在自己人手里，就会出乱子。1927 年 2 月，他在著名的《湖南农民运动考察报告》中，高度赞扬农民武装的作用，公开提出要“推翻地主武装，建立农民武装”。他说手持梭标的农民武装，“是使一切土豪劣绅看了打颤的一种新起的武装力量”。在当时的湖南省，“应使这种武装力量确实普及于七十五县二千余万农民之中”。1927 年大革命失败以后，他立即奔赴湖南领导湘赣边界的秋收起义，随后领导开辟了井冈山、赣南闽西和中央革命根据地。从此，他以广大农民为主体，领导开展了轰轰烈烈的武装斗争，开辟出农村包围城市的具有中国特色的正确革命道路。与此同时，他总结正反两方面的经验教训，提出一系列与以农村为中心，以农村包围城市的战略相适应的独特的武装斗争思想。正是由于处在中国这样一个以农民为主体的国度，并且长期领导以农民为主体、以农村为主要战场的武装斗争，毛泽东形成了他的独具中国特色的武装斗争的思想。

最后，毛泽东武装斗争思想的产生，也与毛泽东本人的经历和才能分不开。

毛泽东长期从事武装斗争，是中国共产党武装斗争的主要领导者，而且具有深厚的理论水平和长于思考、善于总结的才能。他有一句名言：实践出真知。按照辩证唯物主义的观点，一个人的思想，与他的亲身经历和长期实践是密不可分的。毛泽东有着长期从事武装斗争的实践，而且一直是武装斗争的直接或主要领导者，遵义会议以后，又逐渐成为全党武装力量的最高领导者。在民主革命时期长达 22 年的武装斗争生活中，他指挥了数百次大大小小的战役，与国内外敌人进行了反复的较量，留下了辉煌的记录。这样的经历，为毛泽东提供了重要的条件，使他能够统观全局，深刻了解敌我双方的长处和缺点，提出别人所不能提出的武装斗争思想。1964 年 3 月 24 日，毛泽东在一次谈话中，曾经说到自己是从实践中学会打仗的。他说：“学会打仗，是用了十五年的功夫。我开始不会打仗，也没有想过要打仗。大革命失败了，……逼上梁山，非拿起枪学打仗不行。也没有住过什么军事学校，住过军事学校的是少数。学会打仗，主要是蒋介石这个‘老师’教给我们的。他把苏区打垮，叫我们进行二万五千里长征。

三十万军队，到达陕北时，只剩下两万多人。而这两万多人，还并不都是长征来的，是经过陕甘边境的庆阳、关中的云阳发展和东征发展来的。当时我说,这两万多人比三十万人强了,而不是弱了。走了两万五千里,腿‘讲话’了，‘发言’了。这样我们脑子就要想一想，遵义会议就开成了，才改过来，学会了打仗，什么都是逼出来的。”

但是，在中国共产党的领袖群中，与毛泽东同样长期从事武装斗争，同样长期担任重要领导职务的，也不乏其人，为什么唯独毛泽东才能提出系统的、杰出的武装斗争思想呢？这就与毛泽东深厚的理论水平和长于思考、善于总结的才能有关。毛泽东熟悉马克思主义的理论，有很高的马克思主义水平;熟悉中国古代兵法,有着广泛的军事知识;长于思考,善于总结，有着很强的理论概括能力。因而，他能够超出其他领导人，深刻总结中国革命武装斗争正反两方面的经验教训，作出高度的理论概括，提出系统的、杰出的武装斗争思想。

从以上可以看出，毛泽东的武装斗争思想，完全是中国革命的特点和近代中国的社会历史条件，与他的独特经历和杰出才能相结合的产物。如果没有这些客观的以及自身的条件，毛泽东是不可能形成这些重要思想的。

二、毛泽东关于武装斗争是中国革命斗争的主要形式的思想

毛泽东武装斗争思想的重要内容，首先是他关于武装斗争在中国革命斗争的重要地位和作用的论述。

马克思、恩格斯、列宁等人在他们的著作中，都曾论述过武装斗争的问题，恩格斯还专门写过关于武装斗争的小册子。但是中国共产党在自己的幼年阶段，由于偏重于吸取欧洲及俄国马克思主义政党重视群众运动的经验，而且片面吸取孙中山不重视发动群众、专搞武装斗争而屡遭失败的

教训，于是集中力量于工人运动、农民运动，不甚重视武装斗争。正如1938年毛泽东在《战争和战略问题》一文中所指出的，中国共产党从1921年成立直至1926年参加北伐战争的五六年内，对于武装斗争是认识不足的。那时不懂得武装斗争在中国的极端的重要性，不去认真地准备战争和组织军队，不去注重军事的战略和战术的研究。在北伐战争中，忽视了军队的争取，片面地着重于民众运动，其结果，国民党一旦反动，一切民众运动都塌台了。1927年以后的一个长时期中，许多同志把党的中心任务仍旧放在准备城市起义和白区工作方面，不重视发动广大农民开展武装斗争。因此，这些城市起义和白区工作也屡遭挫折和失败。

鉴于这些教训，毛泽东充分认识到武装斗争在中国革命斗争中的重要性，并反复地对这一点作了论述和强调。在八七会议上，毛泽东明确提出“枪杆子里面出政权”的著名论断。他说：“从前我们骂孙中山专做军事运动，我们则恰恰相反，不做军事运动专做民众运动。蒋、唐都是拿枪杆子起的，我们独不管。现在虽已注意，但仍无坚决的概念。比如秋收暴动非军事不可，此次会议应重视此问题，新政治局的常委要更加坚强起来注意此问题。湖南这次失败，可说完全由于书生主观的错误，以后要非常注意军事。须知政权是由枪杆子中取得的。”这个论断，是对马克思主义暴力革命理论的生动概括。

在《战争和战略问题》这篇著名著作中，毛泽东从理论的高度明确提出：“革命的中心任务和最高形式是武装夺取政权，是战争解决问题。这个马克思列宁主义的革命原则是普遍地对的，不论在中国在外国，一概都是对的。”与此同时，他还根据中国是一个半殖民地半封建的国家，无议会可以利用，无组织工人举行罢工的合法权利这个特点，指出：“在中国，主要的斗争形式是战争，而主要的组织形式是军队。其他一切，例如民众的组织和民众的斗争等等，都是非常重要的，都是一定不可少，一定不可忽视，但都是为着战争的。”

1926年11月30日，斯大林在《论中国革命的前途》的报告中论述中国革命问题时曾说："在中国，是武装的革命反对武装的反革命。这是中国革命的特点之一，也是中国革命的优点之一。"毛泽东充分肯定斯大林的这一分析，认为这一论断是完全正确的，完全适合中国的情况，并进一步指出："在中国，离开了武装斗争，就没有无产阶级和共产党的地位，就不能完成任何的革命任务。"

毛泽东还总结中国共产党以及国民党的战争史说："经验告诉我们，中国的问题离开武装就不能解决"；"谁有枪谁就有势，谁枪多谁就势大"。辛亥革命后，一切军阀都爱兵如命，他们都看重"有军则有权"的原则。蒋介石为了反革命，创造了一个庞大的"中央军"。在军则有权，战争解决一切，这个基点，他是抓得很紧的。对于这点，我们应向他学习。"共产党员不争个人的兵权（决不能争，再也不要学张国焘），但要争党的兵权，要争人民的兵权"。他针对那些嘲笑共产党人是战争"万能论"的人明确回答："对，我们是革命战争万能论者，这不是坏的，是好的，是马克思主义的。"他说：有了枪就可以造党、造干部、造学校、造文化、造民众运动，枪杆子里面出一切东西。

1939年10月，毛泽东在《〈共产党人〉发刊词》中，明确地把武装斗争确定为党的三大法宝之一。他认为，武装斗争问题是共产党在中国革命中的三大基本问题之一，武装斗争是中国共产党在中国革命中战胜敌人的三个主要的法宝之一，是战胜敌人的两个基本武器之一。"没有武装斗争，就不会有今天的共产党。这个拿血换来的经验，全党同志都不要忘记"。

抗日战争胜利后，是和平还是内战，是民主还是独裁，两种命运摆在中国人民的面前。为了争取和平，中国共产党制定了"和平、民主、团结"的方针，毛泽东不顾个人危险，毅然飞往重庆与蒋介石进行谈判。但是，另一方面也针对国民党一心发动内战的阴谋，决心在国民党发动内战时，以武装斗争进行自卫。在重庆谈判中，毛泽东对国民党要共产党交出军队的无理要求，进行了坚决驳斥。他说：“人民的武装，一支枪、一粒子弹，都要保存，不能交出去”;“如果他们（指国民党反动派——引者）要打，就把他们彻底消灭。”

在这些著作、言谈中，毛泽东把武装斗争的重要性，从理论上到实践上，从现实斗争到历史经验，可以说讲得非常全面、透彻。他的这些思想武装了全党，为中国革命斗争提出明确的指针。

可是，叶青在《毛泽东思想批判》一书中，对毛泽东的这些论述，却极力加以诬蔑和贬低。他说：武装夺取政权既不是普遍原则，也不是中国特点，都是错误的，而且是自相矛盾的；毛泽东不过是一个“军阀主义者”“武力主义者”，他的理论是“好战主义”“军事主义”“革命战争万能论”“好战理论”，而且“富有侵略性”。

其实，叶青的这些观点才是错误的。

第一，暴力革命即通过武装斗争夺取政权的理论，是马克思主义的一个基本理论。所谓革命，是指一个阶级推翻另一个阶级，一种社会制度代替另一种社会制度的大变动。古往今来，这种大变动一般都是通过武装斗争实现的。特别是无产阶级革命，“只有用暴力推翻全部现代的社会制度才能达到”。当然，马克思主义并不否认用和平手段取得政权的可能性，并不否认在个别国家和地区，可以不通过武装斗争而通过别的途径获得政权。但是，这些可能性的存在并不能否定武装夺取政权是一个普遍原则。叶青在其书中所举的英国 1688 年“光荣革命”的例子，其实并不是一个阶级推翻一个阶级的真正的革命，不过是资产阶级内部的一场“政变”而已。用这个例子来否定武装夺取政权的普遍原则，实在是软弱无力。

第二，说武装斗争是中国革命斗争的一个特点，这根本没有什么错，恰恰是抓住了中国革命斗争的本质。因为在中国这样一个半殖民地半封建的国家，根本没有和平斗争的可能，人民革命只有通过武装斗争才能达到目的。这就是中国不同于其他资本主义国家的特点。连这个特点都不承认，那只能说明叶青对于中国社会的特殊性没有丝毫认识。

第三，武装斗争既是普遍原则，又是中国特点的说法，并不存在什么矛盾。说武装斗争是普遍原则，这是指各个国家革命斗争的共性。而每个国家武装斗争的形式、革命的道路又是各不相同的，这就是个性。共性存在于个性之中，个性之中又包含了共性。叶青看不到武装斗争的共性和个性之间的这种辩证关系，说明他对于马克思主义一窍不通。

第四，称毛泽东是一个“军阀主义者”，他的理论是“好战理论”，更是完全错误的。叶青之所以诬蔑毛泽东是一个“军阀主义者”，不过是因为毛泽东说所有军阀都“爱兵如命”，“有军则有权”，因此共产党也要重视武装斗争。毛泽东此言，完全是从反面来总结教训，以说明武装斗争重要性的例子。以此来断定毛泽东是“军阀主义者”，不是太可笑了吗？至于说毛泽东的理论是“好战理论”，毛泽东在自己的文章中早就给予驳斥。叶青在几十年之后再来重复这些老调，说明他根本没有什么新的货色。说到底，不过是一种只允许蒋介石、国民党进行屠杀和“围剿”，而不准共产党进行反抗和斗争的“强盗理论”。如果共产党不是坚持敢于反抗和斗争的“好战理论”，早被蒋介石、国民党消灭了，哪里还有革命的胜利呢？

三、毛泽东关于人民军队建设的思想

“没有一个人民的军队，便没有人民的一切。”关于人民军队建设的思想，是毛泽东武装斗争思想的重要内容。

（一）人民军队必须坚持为人民服务的宗旨

坚持什么样的建军宗旨，这是关系到建立一支什么样的军队的根本问题。在井冈山斗争时期，毛泽东就指出由于红军废除了雇佣制，提出为穷苦人的翻身解放而打仗，因而“使士兵不是为他人打仗，而是为自己为人民打仗”;“红军士兵大部分是由雇佣军队来的，但一到红军即变了性质”。

后来，毛泽东更加明确地提出人民军队必须坚持为人民服务的建军宗旨。1944 年 9 月 8 日，他在《为人民服务》的讲演中明确指出:“我们的共产党和共产党所领导的八路军、新四军，是革命的队伍。我们这个队伍完全是为着解放人民的，是彻底地为人民的利益工作的。”1945 年 4 月 24 日，他在《论联合政府》的报告中又说:这个军队之所以有力量，是因为所有参加这个军队的人，“不是为着少数人的或狭隘集团的私利，而是为着广大人民群众的利益，为着全民族的利益，而结合，而战斗的。紧紧地和中国人民站在一起，全心全意地为中国人民服务，就是这个军队的唯一的宗旨”。1947 年 10 月，他为中国人民解放军总部起草的《中国人民解放军宣言》又公开宣告:“本军作战目的，迭经宣告中外，是为了中国人民和中华民族的解放”;“本军是中国人民的军队，一切以中国人民的意志为意志”。

这样，就为人民军队的建设提出了根本的指导思想和明确的方向。正因为中国共产党领导的军队是人民的军队，以全心全意为人民服务为宗旨，所以明显地区别于其他一切军队，为广大人民所拥护。

（二）必须坚持党指挥枪的原则

是党指挥枪，还是枪指挥党，这也是关系到人民军队能否保持自己性质的一个重大问题。所以，毛泽东历来都强调，要坚持党指挥枪的原则。

在向井冈山进军的途中，毛泽东就领导进行了著名的三湾改编，建立了支部建在连上、班排设立党小组、营团设立党委的制度，确立了党对军队的领导。1928 年 11 月 25 日，毛泽东在《井冈山的斗争》中，充分肯定这一制度，指出:“红军所以艰难奋战而不溃散，‘支部建在连上’是一个重要原因。”在著名的古田会议决议案中，毛泽东再次肯定支部建在连上的原则，指出:“每连建设一个支部，每班建设一个小组，这是军中党的组织的重要原则之一”。同时，又批评了单纯军事观点，认为“这种思想如果发展下去，便有走到脱离群众、以军队控制政权、离开无产阶级领导的危险，像国民党军队所走的军阀主义的道路一样”，因此必须明白地规定“军事工作系统和政治工作系统的关系”。这个决议案对于纠正党内军内的错误思想，加强党对军队的领导，起了重要的作用，发生了深远的影响。

1935 年 9 月，当红军长征到达四川西部时，发生了张国焘分裂红军并同党中央分裂的错误。毛泽东总结这一事件的教训，1938 年 11 月 6 日在《战争和战略问题》中，明确提出“我们的原则是党指挥枪，而决不容许枪指挥党”的著名论断。

党指挥枪原则的确立，保证了党对人民军队的绝对领导，从一个重要的方面保证了人民军队的无产阶级武装力量的性质。

（三）人民军队既是战斗队，又是工作队和生产队

给人民军队确定什么样的任务，也是关系到能否保持这支军队的性质、使它起什么作用的一个大问题。从一开始，毛泽东就提出人民军队除打仗之外，还有做群众工作的任务。1929 年，他在古田会议决议中提出：“中国的红军是一个执行革命的政治任务的武装集团。特别是现在，红军绝不是单纯地打仗的，它除了打仗消灭敌人军事力量之外，还要负担宣传群众、组织群众、武装群众、帮助群众建立革命政权以至于建立共产党的组织等项重大的任务。红军的打仗，不是单纯地为了打仗而打仗，而是为了宣传群众、组织群众、武装群众，并帮助群众建设革命政权才去打仗的，离了对群众的宣传、组织、武装和建设革命政权等项目标，就是失去了打仗的意义，也就是失去了红军存在的意义。”

到抗日战争时期，由于国共合作共同反对日本侵略，人民军队停止使用“打土豪”“筹款子”的方法，但是国民党顽固派的经济封锁及克扣军饷等手段，使陕甘宁边区、敌后抗日根据地和人民军队的财政和后勤供应面临巨大困难，于是毛泽东又提出人民军队参加生产的任务。1943 年 11 月 9

日，他在《组织起来》的讲话中说："我们的军队如果只会打仗，那是不能解决问题的。现在我们边区的军队已经学会了生产；前方的军队，一部分也学会了，其他部分正在开始学习。只有我们全体英勇善战的八路军新四军，人人个个不但会打仗，会作群众工作，又会生产，我们就不怕任何困难，就会是孟夫子说过的：'无敌于天下'。"

人民军队虽然担负着群众工作和生产两大任务，但它首先是一个战斗队。1949 年 3 月 5 日，毛泽东在党的七届二中全会作的报告中，虽然强调随着中国革命的全国性胜利的到来，战斗任务的逐步减少，人民军队工作队的作用将会大大增加，但他仍然强调："人民解放军永远是一个战斗队。就是在全国胜利以后，在国内没有消灭阶级和世界上存在着帝国主义制度的历史时期内，我们的军队还是一个战斗队。对于这一点不能有任何的误解和动摇。"

这样，就为人民军队提出了明确的任务，并阐明了它的战斗队、工作队、生产队三个形态之间的关系。

（四）强有力的政治工作是战胜敌人的重大因素

重视政治工作，是人民军队区别于其他军队的一个重要标志。从红军建立之初，毛泽东就注重加强其内部的政治工作。在古田会议决议案中，他就提出要加强教育，纠正各种错误思想，后来，他又反复指出这一工作的重要性。1938 年 5 月，他在《论持久战》中强调："军队的基础在士兵，没有进步的政治精神贯注于军队之中，没有进步的政治工作去执行这种贯注，就不能达到真正的官长和士兵的一致，就不能激发官兵最大限度的抗战热忱，一切技术和战术就不能得着最好的基础去发挥它们应有的效力。"1946 年 10 月 1 日，他明确提出："一切军队必须加强政治工作。"1947 年 10 月 25 日，他又在《目前形势和我们的任务》的报告中指出："强有力的革命的政治工作，这是我们战胜敌人的重大因素。"

在强调加强政治工作的同时，毛泽东还具体提出了政治工作的三个基本原则，这就是：官兵一致的原则、军民一致的原则、瓦解敌军和宽待俘虏的原则。他说要贯彻这三大原则，一个重要的问题，就是克服军阀主义的毛病，尊重士兵、人民和俘虏的人格。为了搞好军民关系，毛泽东特别强调要搞好拥政爱民的工作。他说："军队须和民众打成一片，使军队在民众眼睛中是自己的军队，这个军队便无敌于天下"。

中国共产党领导的军队由于始终坚持强有力的政治工作，注意改善官兵关系、军政关系、军民关系，因而始终保持着自己的人民军队的性质，受到广大人民的拥护和爱戴。

（五）既要实行民主制度，又要加强纪律性

实行民主制度，同时又有严格的纪律性，也是人民军队区别于其他军队的一个重要标志。

为了搞好官兵关系，调动广大士兵的积极性，从红军创立之初，毛泽东就在军队中实行民主制度。1928 年 11 月 25 日，他在《井冈山的斗争》一文中说："红军的物质生活如此菲薄，战斗如此频繁，仍能维持不敝，除党的作用外，就是靠实行军队内的民主主义"；"中国不但人民需要民主主义，军队也需要民主主义。军队内的民主主义制度，将是破坏封建雇佣军队的一个重要的武器"。

抗日战争和解放战争时期，毛泽东继续强调要坚持和发扬红军的这种民主制度。1944 年 6 月 12 日，他在和中外记者西北参观团成员谈话时说："统一在军事上尤为重要，但是军事的统一，亦应建筑在民主基础上，在军官与士兵之间，军队与人民之间，各部门军队互相之间，如果没有一种民主生活、民主关系，这种军队是不能统一作战的。"1948 年 1 月 30 日，他还专门写了强调人民军队内部民主制度建设的题为《军队内部的民主运动》的党内指示。

但是，强调实行民主制度，并不是搞极端民主化。毛泽东强调在人民军队中实行政治、经济、军事民主的同时，又一再反对极端民主化的倾向，强调加强纪律性。在古田会议决议中，他就提出要“从理论上铲除极端民主化的根苗”，在组织上则“厉行集中指导下的民主生活”，并明确规定：“党的纪律之一是少数服从多数。少数人在自己的意见被否决之后，必须拥护多数人所通过的决议。除必要时得在下一次会议再提出讨论外，不得在行动上有任何反对的表示。”

为了加强人民军队的纪律性，毛泽东在井冈山时期就规定了三大纪律、六项注意。后来，又将它扩充为三大纪律、八项注意。在解放战争时期，毛泽东起草了《中国人民解放军总部关于重行颁布三大纪律八项注意的训令》，对三大纪律、八项注意的内容再做“统一规定”，要求“严格执行”。为了加强军队的纪律性，毛泽东还作了如下题词：“军队向前进，生产长一寸，加强纪律性，革命无不胜。”

人民军队内部民主制度的实行和纪律性的加强，既充分调动了广大士兵的积极性，改善了官兵关系，又保持了军队的集中统一，增强了战斗力。几十年的历史证明，这确是加强人民军队建设的两项重要措施。

（六）必须保持军队的优良作风

一支军队的作风如何，直接关系到军队各方面的建设。因此，从人民军队一创立，毛泽东就注意培养其艰苦奋斗的作风。在井冈山斗争时期，红军的物质生活很困难。“什么人都是一样苦，从军长到伙夫，除粮食外一律吃五分钱的伙食”。

在后来的斗争中，毛泽东一再强调要发扬这种优良的传统和作风。为此，他为抗大题词，勉励学员以“团结、紧张、严肃、活泼”为校训，规定抗大的教育方针为：“坚定正确的政治方向，艰苦朴素的工作作风，灵活动机的战略战术”，并为抗大第二期毕业学员题词：“勇敢、坚定、沉着。向斗争中学习。为民族解放事业随时准备牺牲自己的一切！”1939 年 5 月 1 日，他在延安庆祝五一国际劳动节大会上讲话说：“我们民族历来有一种艰苦奋斗的作风，我们要把它发扬起来。要把现在许多人中间流行的那种自私自利，贪生怕死，贪污腐化，萎靡不振的风气，根本改变过来。”1947 年 9 月 1 日，他又根据战争形势的发展，明确提出：“必须发扬勇敢战斗、不惜牺牲、不怕疲劳和连续作战（即短期内接连打几仗）的优良作风。”

正是由于人民军队形成并保持了多种优良作风，所以才无往而不胜。直到中华人民共和国建立以后，毛泽东还经常教育全党、全军艰苦奋斗，“保持过去革命战争时期的那么一股劲，那么一种革命热情，那么一种拼命精神，把革命工作做到底”。

（七）加强整训，提高素质

如何形成坚强的战斗力和良好的素质，也是建设人民军队不容忽视的一个重要问题。

为了提高军队的战斗力，在井冈山斗争时期，毛泽东就提出“加紧政治训练”，并“设法避开一些战斗，争取时间”训练军事技术。为了训练下级军官，还办了教导队。古田会议决议也专门谈了士兵政治训练的问题，并提出要“从斗争的工农群众中创造出新的红军部队”。

后来，毛泽东多次提出要利用作战间隙开展群众性练兵运动。1938 年 5 月，他在《抗日游击战争的战略问题》一文中说：“部队的休息和训练是必要的，敌取守势时是我最好的休息和训练的时机。不是一事不做专门关起门来休息和训练，而是在扩大占领地，消灭小敌，发动民众的工作中，争取时间达到休息和训练的目的。”1946 年 12 月 15 日，他又指出：“应利用作战间隙着重练兵”；“兵贵精不贵多，仍是今后建军原则之一”。

1947 年冬至 1948 年春，人民解放军普遍开展以诉苦、“三查”（查阶级、查工作、查斗志）、“三整”（整顿组织、整顿思想、整顿作风）方法进行的新式整军运动。1948 年 3 月，毛泽东在《评西北大捷兼论解放军的新式整军运动》一文中，充分肯定了这一经验，指出人民军队以上述方法进行新式整军运动，“将使自己无敌于天下”。从此，新式整军运动成为人民军队增强自己素质、提高战斗力的一个重要方法。

由于毛泽东为人民军队的建设确立了正确的指导思想和方式方法，中国共产党领导的人民军队成为一支真正代表人民利益的军队，成为一支战无不胜、攻无不克的军队，为中国革命的胜利作出不可磨灭的贡献。正如朱德在党的七大作《论解放区战场》的报告时指出的：因为这支军队“是为人民服务的军队，是人民的军队，因此就能够把保卫祖国当成自己的神圣职责，因此也就能充分发扬军队中的民主主义。这种人民的军队是真正的民主国家的军队，是具有最高度政治觉悟的军队，是真正有战斗力的军队”。

叶青在《毛泽东思想批判》一书中，对毛泽东关于人民军队建设的思想也进行了攻击，说强调政治工作是“政治主义”，“不外以思想提高官、兵和军、民底战斗意志去拼命，以人海抵抗火海。这是以精神战胜物质的唯心论战法。马克思主义的唯物论被放弃了”。还说什么这种“政治主义”并不能使革命战争获得成功，红军退出江西进行长征就是铁证，这种革命战争论已“为实践所否定”。

叶青说加强政治工作的目的是提高官兵和军民的“战斗意志”，这倒是对的，但说是为了让官兵和军民“去拼命，以人海抵抗火海”，就纯粹是诬蔑。毛泽东早就指出：“战争的目的不是别的，就是‘保存自己，消灭敌人’。”如果只是让官兵和军民去拼命，去牺牲，革命队伍怎么能发展壮大，革命怎么能取得胜利呢？只有蒋介石、国民党，才是为了维护自己的统治，不惜驱赶广大官兵和老百姓去做炮灰。

至于叶青讲革命的政治工作不能使革命战争取得胜利，那更是胡说。红军虽然在第五次反“围剿”战争中失败，被迫进行二万五千里长征，但到达陕北以后，很快又发展壮大起来。再经过十多年的英勇战斗，终于取得抗日战争、解放战争的胜利。况且红军在第五次反“围剿”战争中的失败，也不是因为按毛泽东的思想加强政治工作所造成，而是王明“左”倾冒险主义所导致的结果。叶青的胡话，连他自己也未必相信。否则，对中国共产党最后的胜利，国民党最后的惨败，他为什么只字不提呢？

四、毛泽东关于人民战争的思想

是单纯依靠军队进行战争，还是军队和人民相结合，依靠人民进行战争，这是两种根本对立的军事思想。依靠广大人民进行战争，即坚持人民战争，这是毛泽东军事思想的核心。

（一）战争的伟力之最深厚的根源，存在于民众之中

毛泽东向来主张一切工作都要依靠群众，军事工作也不例外。在土地革命战争时期，毛泽东就依靠人民群众，领导粉碎了敌人的一次次军事“围剿”。1934 年 1 月 27 日，他在《关心群众生活，注意工作方法》的报告中指出：“革命战争是群众的战争，只有动员群众才能进行战争，只有依靠群众才能进行战争。”他还说：“真正的铜墙铁壁是什么？是群众，是千百万真心实意地拥护革命的群众。这是真正的铜墙铁壁，什么力量也打不破的，完全打不破的。反革命打不破我们，我们却要打破反革命。”

抗日战争开始后，在国共合作的抗日民族统一战线中，发生了全面抗战路线和片面抗战路线的斗争。国民党主张片面抗战，即单纯依靠国民党政府及主要由国民党统率的正规军队进行抗战。毛泽东明确提出全面抗战路线，即依靠人民群众，广泛发动人民群众参战的全民族抗战的路线。他说：“单纯的政府抗战只能取得某些个别的胜利，要彻底地战胜日寇是不可能的。只有全面的民族抗战才能彻底地战胜日寇。”

1938 年 5 月，他又进一步提出“兵民是胜利之本”。他说：“战争的伟力之最深厚的根源，存在于民众之中。日本敢于欺负我们，主要的原因在于中国民众的无组织状态。克服了这一缺点，就把日本侵略者置于我们数万万站起来了的人民之前，使它像一匹野牛冲入火阵，我们一声唤也要把它吓一大跳，这匹野牛就非烧死不可。”在党的七大上，毛泽东再次强调必须依靠人民群众。他说：“我们需要一个正确的政策。这个政策的基本点，就是放手发动群众，壮大人民的力量，在我们党领导之下，打败侵略者，建设新中国。”只要我们依靠人民，“那就任何困难也能克服，任何敌人也不能压倒我们，而只会被我们所压倒”。

正像毛泽东所指出的，人民军队由于充分地依靠群众，所以具有充足的兵源和物资供应，有广泛的情报来源，广大人民群众积极地参军参战，支援前方，从而把敌人淹没于人民战争的汪洋大海之中。如果没有人民群众的全力支援，要想取得革命战争的胜利是不可能的。

（二）决定战争胜负的是人，而不是武器

要树立人民战争的思想，就必须正确认识人和武器的关系。一切反动派都是“唯武器论”者，认为武器是战争胜负的决定因素。而毛泽东在《论持久战》中明确指出：“‘唯武器论’，是战争问题中的机械论，是主观地和片面地看问题的意见。我们的意见与此相反，不但看到武器，而且看到人力。武器是战争的重要的因素，但不是决定的因素，决定的因素是人不是物。力量对比不但是军力和经济力的对比，而且是人力和人心的对比。军力和经济力是要人去掌握的。”1946 年 8 月，毛泽东在和美国记者安娜·路易斯·斯特朗谈话时，还针对美国炫耀原子弹威力的做法蔑视地说：“原子弹是美国反动派用来吓人的一只纸老虎，看样子可怕，实际上并不可怕。当然，原子弹是一种大规模屠杀的武器，但是决定战争胜败的是人民，而不是一两件新式武器。”

在强调人是决定战争胜负的根本因素的同时，毛泽东并没有忽视武器的作用。他在《井冈山的斗争》一文中就曾提出红军必须继续在武器上给赤卫队以帮助；在不降低红军战斗力的条件之下，必须尽量帮助人民武装起来。他后来在分析土地革命战争时期敌我力量的对比时，也谈到敌人强大的原因之一，是“武器和其他军事物资的供给比起红军来雄厚得多”，红军力量弱小的原因之一是武器差。他在批判“唯武器论”时，也承认“武器是战争的重要的因素”。但是，毛泽东更重视人的作用，认为人才是决定战争胜负的最主要的因素。这样，就正确地阐明了人和武器的关系，为人民战争思想提供了可靠的理论根据。

（三）中国的革命斗争，实质上是农民战争

按照马克思主义关于欧美资本主义国家革命运动的理论，无产阶级领导的革命斗争主要是依靠城市的工人阶级来进行。中国共产党成立初期，党内的“左”倾教条主义者囿于马克思主义的书本知识,不重视农民的力量。而毛泽东从中国的国情出发，认为只有农民才是“中国革命的主要力量”，中国“革命战争的主力军”，“中国共产党的武装斗争，就是在无产阶级领导之下的农民战争”；并且指出农民就是“中国军队的来源。士兵就是穿起军服的农民”。因此，依靠群众主要是依靠农民，发动群众主要是发动农民。

但是，加入无产阶级革命斗争的农民，必须接受无产阶级的领导，才能保持正确的方向。所以毛泽东在强调农民革命性的同时，又强调对农民的正确领导问题。正因为以毛泽东为主要代表的中国共产党人找到了中国革命战争的主要力量来源——农民，又正确地解决了对农民的思想领导问题，所以组成浩浩荡荡的革命军，开展了一场无产阶级领导的、以农民为主体的、真正有亿万群众参加的广泛的人民战争。

（四）实行主力兵团和地方兵团相结合，正规军和游击队、民兵相结合，武装群众和非武装群众相结合的方针

要进行人民战争，如何建立一个与之相适应的军队体制和如何武装群众，是一个重要的问题。在井冈山斗争时期，毛泽东就在建立正规红军的同时，领导建立了包括赤卫队和工农暴动队在内的一批地方武装。后来，随着革命力量的发展，毛泽东又在主力红军之外领导建立了地方红军，在正规红军之外领导建立了众多的游击队。他所领导的反“围剿”军事斗争，都是主力红军与地方红军相结合，正规红军与游击队、赤卫队相结合，运动战和游击战相结合的，因而取得一连串胜利。

在抗日战争和解放战争中，毛泽东进一步领导建立和健全了主力兵团和地方兵团，正规军和游击队、民兵相结合的军事体制，并把武装斗争更好地同其他战线的斗争、各种形式的斗争直接间接地结合起来，更广泛地领导开展了人民战争。1945 年 4 月 24 日，他在《论联合政府》的报告中总结这方面的经验时说：人民军队之所以有力量，除了本身的建设之外，还由于有人民自卫军和民兵这样广大的群众武装组织，和它一道配合作战；人民军队将自己划分为主力兵团和地方兵团两部分，前者可以随时执行超地方的作战任务，后者的任务则固定在协同民兵、自卫军保卫地方和进攻当地的敌人方面。

这种主力兵团与地方兵团相结合，正规军和游击队、民兵相结合，武装群众和非武装群众相结合的军事体制，是中国共产党群众路线的体现，是人民战争不可缺少的组成部分。正如朱德在《论解放区战场》的报告中所指出的：“人民战争的基本内容就是群众战”，“这种群众战的特点，就是不但有人民大众在政治上、经济上的协力，而且有人民大众在军事作战上的协力。这种战争不是军队单独进行的，而是以人民大众共同作战的灵活配合来进行的。这种战争是主力兵团与地方兵团的配合作战，是正规军与游击队、民兵和人民自卫军的配合作战。”

对于毛泽东的人民战争思想，叶青在《毛泽东思想批判》一书中极力进行歪曲和诬蔑。他说:人民战争并不是“毛泽东底新发明”;“看轻”武器“就是看轻物质”，“与马克思主义氏唯物论和唯物史观相反”，把原子弹说成纸老虎是“一种反动论调”，其目的“就是要人民以血肉抵抗飞机大炮”，“是唯心论的打法”，“带有浓厚的反动性质”；因此人民战争“实际就是人力战争，以血肉打败敌人”，这是一种“残暴行为”，“不人道”，还说人民战争的威力也“有限,甚至很小”。其实,叶青的这些歪曲和诬蔑都是不值一驳的。

第一,谁也没有说过人民战争是毛泽东的新发明。关于人民战争的思想，在马克思主义创始人那里已经有了。但是，毛泽东对它作出创造性的发展，并作了系统的论述，使它成为一门完整的军事理论，这也是确定无疑的。

第二，毛泽东并没有看轻武器的作用，只不过他认为武器的作用与人的作用相比，人的作用更重要，更具有根本性。因为再先进的武器也要人去掌握，只有人才是决定战争最后胜负的因素。即使有了原子弹，最后也要人去攻击敌人，占领土地。毛泽东说原子弹是纸老虎，并不是否认原子弹的威力，不过是表示对那些以为依靠原子弹就能打赢战争的人的蔑视。这是毛泽东对人和物、人和武器关系的最彻底而形象的说法。毛泽东的这些思想并没有违反马克思主义的唯物论和唯物史观，只是充分强调了人的主观能动性。这是辩证的唯物论,而不是那种只重武器不重人的机械唯物论，更不是什么唯心论。只有像叶青那样不懂得这种辩证关系的人，才会把它诬蔑为“反动论调”。

第三，人民战争的目的是充分发动群众，依靠群众去夺取战争的胜利，并不是“要人民以血肉抵抗飞机和大炮”，“以血肉打败敌人”。而在人民战争中，一定的流血牺牲是不可避免的。这是为夺取胜利必须付出的代价。古今中外的革命战争，没有不流血牺牲就能取得胜利的。这是常识。至于说“残暴”和“不人道”，只有那些发动非正义战争的人，如入侵中国的外国侵略者，发动内战的蒋介石、国民党，才真正是“残暴”和“不人道”的。

第四，至于说人民战争作用“有限、甚至很小”，纯粹是不顾事实。如果真是这样，中国共产党怎么能在抗日战争中开辟大片根据地，并领导根据地军民抗击大量日、伪军，成为中流砥柱呢？怎么能在全国解放战争中消灭八百万国民党军队，取得中国革命的胜利呢？

五、毛泽东关于人民战争战略战术的思想

对于人民战争的战略战术，毛泽东作了很多论述。这些论述充满辩证法思想，体现了高度的军事指挥艺术。

（一）关于进攻与防御

所谓战争，就是进攻和防御两种形式的矛盾运动。毛泽东全面论述了战争中进攻和防御的辩证关系，揭示了进攻和防御之相互渗透相互转化的客观规律；详尽分析了在中国革命战争的不同历史阶段，进攻和防御的种种特殊表现；根据中国革命战争的特点，制订了积极防御的战略方针，为中国革命战争指明了胜利的坦途。

毛泽东批评那种只知进攻不知防御的错误思想，指出：“革命和革命战争是进攻的，但是也有防御和后退——这种说法才是完全正确的。”他说由于中国革命的敌人是全国的统治者，我们只有一点小部队，在一个长时期内是敌强我弱，因此一开始就是和敌人的“围剿”奋斗。“围剿”和“反围剿”，成为中国内战的主要形式。在这种情况下，首先而且严重的问题，是如何保存力量，待机破敌，所以“战略防御问题成为红军作战中最复杂和最重要的问题”，“防御的阶段比进攻的阶段更为复杂，更为重要”。

毛泽东认为，战争中的防御分为消极防御和积极防御两种。消极防御又叫专守防御、单纯防御，这实际上是假防御。积极防御又叫攻势防御、决战防御，这才是真防御。因此，人民战争“基本的原则是承认积极防御，

反对消极防御”。这种积极防御的方针，把战略上的防御和战役战斗的进攻紧密地结合起来，寓进攻于防御之中，防是为了攻，攻防交替使用，从而能够避免消极防御那种只防不攻、处处被动挨打的弊端。

积极防御是中国革命战争的战略方针，对于各个战争时期都是适用的。根据各个战争时期或阶段敌我情况和作战任务的不同，毛泽东又规定了不同内容的具体作战方针。1930 年，他提出“诱敌深入”的方针，认为“这是使我们最有把握地打破敌人进攻的办法”，“是战略防御中弱军对强军作战的最有效的军事政策”。1937 年，他提出“独立自主的山地游击战争”的方针；1938 年，提出“持久战”的方针，以及“在战略的防御战之中采取战役和战斗的进攻战，在战略的持久战之中采取战役和战斗的速决战，在战略的内线作战之中采取战役和战斗的外线作战”的抗日战争的战略方针。1946 年，他又提出“以歼灭敌军有生力量为主要目标，不以保守或夺取地方为主要目标”的方针，等等。这些具体作战方针，都是积极防御方针在不同战争时期或阶段的具体贯彻和体现。

为了贯彻积极防御的方针，毛泽东还论述了防御中的进攻、持久中的速决、内线中的外线等问题。他认为中国革命战争由于总的力量对比是敌强我弱，这就规定了战争的持久性，但战役和战斗的原则，不是持久而是速决。从战线上来说，我们处于内线，是持久的防御战；但对于战役和战斗来说，又必须使主力处于外线，进行速决的进攻战。他说，这种外线的速决的进攻战，“是实行持久战的最好的方针，也即是所谓运动战的方针”。

这样，毛泽东就对防御和进攻的辩证关系及其相互的渗透和转化，作了透彻的论述。正如陈毅所指出的：“一般军事家对于进攻问题永远看作只是进攻问题，看不见其中包括别的因素；对防御问题永远看作只是防御问题，同样看不见其中包括别的因素，而进攻和防御这两个战争的基本方式，落在毛主席手上，便发现新的内容与新的角度。”

（二）关于游击战、运动战、阵地战

游击战、运动战和阵地战，是中国革命战争的三种基本作战形式。对于这三种作战形式及其作战方针，毛泽东都作了精辟的论述。

在土地革命战争前 3 年和抗日战争的大多数时间内，游击战都是主要的作战形式。毛泽东批评那种不顾客观条件一心想打大仗的错误思想，充分论述了游击战的战略地位，指出它是弱小的革命武装同敌人斗争的主要形式，是革命战争能够坚持和发展的基础。它具有进攻性、灵活性、主动性、速决性、分散性的特点，其作战方针高度地概括起来就是十六字诀："敌进我退，敌驻我扰，敌疲我打，敌退我追。"这十六字诀，是毛泽东和朱德对游击指导方针的概括，对中国革命战争中的游击战起了重要的指导作用。

当然，对战争整体来说，游击战只是辅助性的，不能解决战争的最后命运，因此它必须向运动战发展。毛泽东指出："整个战争中，运动战是主要的。"它的特点是：正规兵团，战役和战斗的优势兵力，进攻性和流动性，作战方针是"打得赢就打，打不赢就走"。这个作战方针是毛泽东对运动战的形象而通俗的解释，阐明了运动战中"走"和"打"的辩证统一关系。

由于中国革命战争总的力量对比是敌强我弱，决定了人民军队的作战特别是建军初期的作战基本上不是阵地战，而是游击战和带游击性的运动战。但是毛泽东指出："基本的是运动战，并不是拒绝必要的和可能的阵地战。战略防御时，我们钳制方面某些支点的固守，战略进攻时遇着孤立无援之敌，都是应该承认用阵地战去对付的。"特别是到了中国革命战争的最后阶段，"阵地战将提到重要地位"。在毛泽东的指挥下，人民军队创造了许多阵地战的成功例子。

对于游击战、运动战、阵地战这三种作战形式，毛泽东始终强调要紧密配合。他说："有人说，我们只主张游击战，这是乱说的。我们从来就主张运动战、阵地战、游击战三者的配合。""三种方式互相配合，必能使敌军处于极困难地位。”正因为毛泽东把这三种作战形式紧密结合起来，并灵活地加以运用，充分发挥每一种作战形式的作用，所以他在中国革命战争中表现出高超的军事指挥能力。

（三）基本的方针是歼灭战

在土地革命战争时期，毛泽东指出：“对于几乎一切都取给予敌方的红军，基本的方针是歼灭战。”这是人民军队作战的基本方针，也是毛泽东人民战争战略战术思想的核心。

为什么基本的方针是歼灭战呢？毛泽东指出：“只有歼灭敌人的有生力量才能打破‘围剿’和发展革命根据地。给敌以杀伤，是作为给敌以歼灭的手段而采取的，否则便没有意义。因给敌以杀伤而给我以消耗，又因给敌以歼灭而给我以补充，这样就不但抵偿了我军的消耗，而且增加了我军的力量。击溃战，对于雄厚之敌不是基本上决定胜负的东西。歼灭战，则对任何敌人都立即起了重大的影响。对于人，伤其十指不如断其一指；对于敌，击溃其十个师不如歼灭其一个师。”

为了给敌人以歼灭性的打击，毛泽东从领导革命武装斗争的一开始就主张集中优势兵力，各个歼灭敌人。在创建井冈山革命根据地时期，他在《井冈山的斗争》一文中明确提出：“红军以集中为原则，赤卫队以分散为原则。当此反动政权暂时稳定时期，敌人能集中大量军力来打红军，红军分散是不利的。我们的经验，分兵几乎没有一次不失败，集中兵力以击小于我或等于我或稍大于我之敌，则往往胜利。”后来的中央革命根据地第一、二、三、四次反“围剿”战争，都是集中优势兵力、各个歼灭敌人的成功范例。可是在第五次反“围剿”战争中，“左”倾冒险主义者却主张“分兵把守”“全面出击”，搞军事平均主义，结果导致严重的失败。对于这种军事平均主义，毛泽东在《中国革命战争的战略问题》一文中给予尖锐的批评。到全国解放战争时期，他还专门起草了《集中优势兵力，各个歼灭敌人》的党内指示，指出“集中优势兵力，各个歼灭敌人”的作战方法，“不但必须应用于战役的部署方面，而且必须应用于战术的部署方面”。

1947 年 12 月 25 日，毛泽东在《目前形势和我们的任务》的报告中，系统地总结自红军创立以来人民军队的作战经验，提出著名的十大军事原则。这就是：（1）先打分散和孤立之敌，后打集中和强大之敌。（2）先取小城市、中等城市和广大乡村，后取大城市。（3）以歼灭敌人有生力量为主要目标，不以保守或夺取城市和地方为主要目标。（4）每战集中绝对优势兵力（两倍、三倍、四倍、有时甚至是五倍或六倍于敌之兵力），四面包围敌人，力争全歼，不使漏网。在特殊情况下，则采用给敌以歼灭性打击的方法，即集中全力打敌正面及其一翼或两翼，求达歼灭其一部、击溃其另一部的目的，以便我军能够迅速转移兵力歼击他部敌军。力求避免打那种得不偿失的、或得失相当的消耗战。（5）不打无准备之仗，不打无把握之仗，每战都应力求有准备，力求在敌我条件对比下有胜利的把握。（6）发扬勇敢战斗、不怕牺牲、不怕疲劳和连续作战（即在短期内不休息地连接打几仗）的作风。（7）力求在运动中歼灭敌人。同时，注重阵地攻击战术，夺取敌人的据点和城市。（8）在攻城问题上，一切敌人守备薄弱的据点和城市，坚决夺取之。一切敌人有中等程度的守备、而环境又许可加以夺取的据点和城市，相机夺取之。一切敌人守备强固的据点和城市，则等候条件成熟时夺取之。（9）以俘获敌人的全部武器和大部人员，补充自己。（10）善于利用两个战役之间的间隙，休息和整训部队。休整的时间，一般地不要过长，尽可能不使敌人获得喘息的时间。

这十大军事原则，其精神实质就是集中优势兵力打歼灭战。围绕这个核心，对作战方针、歼击目标、作战形式、作战方法、作战准备、战斗作风以及补充休整等问题，作出了若干规定。它是人民军队长期作战经验的高度概括，对全国解放战争后期的作战起了重要的指导作用。

（四）关于主动性、灵活性、计划性

主动性即作为整体的行动的自由是军队的命脉，任何一支军队，如果失去主动性，就接近于被打败或被消灭的境地。因此，一切战争的敌我双方，都力争在战场、战地、战区以至整个战争中的主动地位。毛泽东一贯强调在革命战争中要力争主动，力避被动。他说："无论处于怎么复杂、严重、惨苦的环境，军事指挥者首先需要的是独立自主地组织和使用自己的力量。被敌逼迫到被动地位的事是常有的，重要的是要迅速地恢复主动地位。""被动总是不利的，必须力求脱离它。"他还说，主动性（主动权），是从正确的情况估计敌我双方的情况和正确的军事政治处置产生的。因此，指挥员为争得主动性，必须"知己知彼"，并作出正确的处置。

与主动性相联系的是灵活性。它是主动性的具体表现，也是获得主动性的重要手段。毛泽东指出：灵活性就是具体地实现主动性于作战中的东西，就是灵活地使用兵力，这件事"是战争指挥的中心任务，也是最不容易做好的"。"做这件事需要极大的主观能力，需要克服战争特性中的纷乱、黑暗和不确实性，而从其中找出条理、光明和确实性来"。比如，在战争中执行外线的速决的进攻战的方针，有兵力的分散和集中、分进和合击、攻击和防御、突击和钳制、包围和迂回、前进和后退种种的战术和方法，要灵活地加以使用和变换。毛泽东指出：古人所谓"运用之妙，存乎一心"，这个"妙"，就是灵活性，它"是聪明的指挥员，基于客观情况，'审时度势'（这个势，包括敌势、我势、地势等项）而采取及时的和恰当的处置方法的一种才能"；有了这种"运用之妙"，就能较多地取得胜利，就能转变敌我优劣形势，就能实现我对于敌的主动权，就能压倒敌人而击破之，而最后胜利就属于我们了。

在强调灵活性的同时，毛泽东还强调要有计划性。他指出，由于战争所特有的不确实性，实现计划性于战争，较之实现计划性于别的事业，是要困难得多的。然而，“‘凡事预则立，不预则废’，没有事先的计划和准备，就不能获得战争的胜利”。即使对于游击战争，也是不能离开它的计划性的。乱干一场的想法，只是玩弄游击战争，或者是游击战争的外行。不论是整个游击区的行动或是单个游击部队或游击兵团的行动，事先都应有尽可能的严密的计划，这就是一切行动的预先准备工作。没有这个条件，什么主动、灵活、进攻等事，都是不能实现的。

毛泽东关于人民战争战略战术的思想，处处放射出唯物辩证法的光辉，为中国的革命战争提供了科学的指导。中国革命战争的胜利，与这些战略战术的提出和运用是分不开的。

综上所述，可以看出毛泽东武装斗争思想的内容非常丰富，论述极其精辟，在马克思主义军事科学发展史上占有重要的地位，是中国革命战争的正确指导思想。

无产阶级革命导师马克思、恩格斯、列宁都非常重视武装斗争。但由于所处的社会历史条件不同，他们论述的主要是在资本主义国家如何以工人阶级为主体、以城市为中心进行武装斗争的问题。毛泽东把他们的武装斗争理论与中国的实际结合起来，突破他们武装斗争思想中一些不适用于中国情况的框框，深刻论述了在半殖民地、半封建的国家中，如何以广大农民为主体、以广阔的农村为主要战场，建立人民军队、进行人民战争等问题。这就极大地丰富了马克思主义关于武装斗争的学说，并把马克思主义的武装斗争思想推进到一个全新的阶段。特别是毛泽东关于人民战争战略战术的有关思想，极大地丰富和发展了马克思主义哲学的宝库，并使军事辩证法成为一门具有完整体系的科学。在毛泽东之前，在马克思主义的经典作家中，还没有哪一个人像他这样系统、全面、精辟而彻底地论述过人民战争问题。可以毫不夸张地说，毛泽东武装斗争思想是全新的马克思主义军事学说，是马克思主义军事学说史上迄今为止最重要的成果，最精彩的篇章。几十年来，它为中外军事家所重视，并反复地加以研究，也是理所当然，毫无愧色的。

正因为毛泽东的武装斗争思想是马克思主义武装斗争理论与中国实际相结合的产物，是从中国的实际出发的，所以它为中国的革命斗争提供了正确的指导思想，提供了战胜敌人的有力武器。中国的革命武装斗争之所以能够由小到大、由败到胜，就是由于有毛泽东的武装斗争思想的正确指导。可以说，没有毛泽东的武装斗争思想的指导，就没有中国武装斗争的胜利，没有中国革命的胜利。因而，毛泽东的武装斗争思想，是毛泽东思想的重要组成部分。

现在，我国虽然已进入社会主义阶段，但毛泽东武装斗争思想的基本内容仍闪耀着它的光辉。他关于武装斗争的重要性的基本观点，关于建立人民军队、进行人民战争的许多重要原则，至今仍然完全适用，具有重要的指导意义。因此，我们应该认真学习和坚持毛泽东的武装斗争思想，并根据新的历史条件加以丰富和发展，搞好人民军队建设和国防建设，巩固无产阶级专政，做好防御外来的侵略战争的准备，使毛泽东的武装斗争思想在新的历史时期发挥更大的作用。

（原载中共党史出版社 1993 年出版的《毛泽东与有中国特色的民主革命》一书，后又收入自己 1994 年在广西教育出版社出版的《中国革命和建设史论集》）

【评文记事】

从 1981 年起，我写了几十篇宣传、阐释毛泽东的历史地位和毛泽东思想的文章，还有十几篇这方面的讲稿，这是其中的一篇。

应该大力弘扬周恩来精神

张宏喜同志在《周恩来精神不朽》一文中说：中国共产党为中国人民创造了三份宝贵财富：第一是毛泽东思想；第二是邓小平建设有中国特色的社会主义理论；第三就是周恩来精神。前两份宝贵财富已为人们所认识和承认，其价值已经和正在发挥着巨大的作用，第三份宝贵财富还没有很好地为人们认识和承认。他认为，周恩来以马列主义、毛泽东思想为指导，汇集了包括中国共产党人在内的中华民族的最优秀的道德、品质、情操、人格、风范，用自己光辉的生命，为我们塑造了一个伟大、高尚、纯洁、完美的人生，给我们留下了一份极为宝贵的不朽的精神财富。笔者认为他说得是很对的。周恩来确实是全党学习的楷模，其精神是保持共产党员先进性的生动教材。

那么，什么是周恩来精神呢？它具体包含哪些内容呢？我们应该从中学习哪些方面呢？不少研究者和领导人提出了自己的看法。石仲泉在1993年提出要学习周恩来的八点精神，即无我、求是、创新、民主、廉洁、严细、守纪和牺牲，其核心是全心全意为人民服务。后来，淮安周恩来纪念馆副研究员秦九凤建议石仲泉将“牺牲”改为“诚信”。1998年2月23日，江泽民在纪念周恩来诞辰100周年大会上的讲话中，提出周恩来的精神就是三个“结合”，即共产主义远大理想同脚踏实地的工作作风的结合；对上负责同对下负责的结合；高度的原则性同高度的灵活性的结合。同年，淮阴师范学院王家云副教授在其《试论周恩来精神之内涵》一文中提出了周恩来的十大精神，即积极进取、刻苦好学、甘当公仆、团结协作、求真务实、唯物辩证、勇于创新、严于自律、宽厚平等、无私奉献。江浩在《论周恩来精神极其时代价值》一文中，提出周恩来精神中最具时代意义和共产党人特质的有六个方面，即务实精神、奉献精神、公仆精神、和合精神、严细精神和修身精神。2001 年，南京市委党校陆剑杰教授提出周恩来精神集中表现在三个方面，即实事求是的精神，热爱人民、团结同志、真诚待人的人文精神；努力奋斗、严于律己的坚忍不拔的奋斗精神。这些分析，我认为都是正确的，但也有的重点不够突出，概括不很准确。周恩来精神确实包含很多方面的内容，但笔者认为其中最主要、最突出的是以下四个方面：

第一，勤勤恳恳，任劳任怨，“鞠躬尽瘁，死而后已”的全心全意为人民服务的精神。他不像有的人，一当了领导，就只动嘴，不动手，甚至连嘴都懒得动，而是一直在勤勤恳恳地忘我地工作，时刻关心着国家的命运和群众的疾苦。从周恩来的工作台历可以看出，他经常连续工作二十几小时。这种情况，在十年“文革”中更经常出现。为了维持国家机器的正常运转，有一次他竟连续工作 84 小时。即使在晚年得了癌症之后，他仍在奋不顾身地工作。正如邓小平在会见外国记者时所说：“周总理是一生勤勤恳恳任劳任怨工作的人。他一天工作的时间总超过十二小时，有时在十六小时以上，一生如此。”尤其难能可贵的是，他虽然遭受过很多不公正的待遇甚至不应有的打击，即使在他晚年得了癌症之后仍受到严厉的批判，但他毫无怨言，仍然勤勤恳恳、任劳任怨的工作。他晚年在胸前一直佩戴着一枚“为人民服务”的徽章，这是他在那荒唐的年代对自己人生追求和奋斗目标的最直接的表示。正如他对一位去探望他的烈士子女所说：“在‘文革’中，我只有八个字：鞠躬尽瘁，死而后已。”最后他终于因为劳累过度和由此引发的疾病而逝世。如果不是常年超负荷的工作，他是不会那么早就逝世的。周恩来的名字，就是全心全意为人民服务，“鞠躬尽瘁，死而后已”的生动象征。

第二，严于律己、廉洁奉公、无私无我的奉献精神。他不像有的人那样一有权力就搞特殊化，讲究享受，甚至贪污受贿，腐败堕落，成为社会的蠹虫，虽然长期担任政府总理和中国共产党的高级领导人，对自己和家属、亲友却一直要求很严，从不让别人照顾。他长期过着极为艰苦朴素的生活，一件衣服、一双皮鞋，一穿就是几十年，补了又补，直到不能再穿。在出国访问期间，他还穿着那些补了又补的内衣内裤。为了不被外国人发现而影响中国人的形象，他每天都把这些补了又补的衣服装在一个被外国记者视为神秘的钢纸箱里，让警卫偷偷地在晚上送到大使馆去洗。他对家属、亲友的严格要求，在那“十条家规”中作了明确的规定。这“十条家规”是：一、晚辈不准丢下工作专程来看望他，只能在出差顺路时去看看；二、来者一律住国务院招待所；三、一律到食堂排队买饭菜，有工作的自己买饭菜票，没工作的由总理代付伙食费；四、看戏以家属身份买票入场，不得用招待券；五、不许请客送礼；六、不许动用公家的汽车；七、凡个人生活上能做的事，不要别人代办；八、生活要艰苦朴素；九、在任何场合都不要说出与总理的关系，不要炫耀自己；十、不谋私利，不搞特殊化。这“十条家规”，是严格要求自己和家属、亲友的生动写照，带动很多领导干部树立起了清正廉洁的家风。他还多次作严格的自我批评，可以说是中国共产党和国家、政府领导人中作自我批评最多的一位，是中国共产党领导人中坚持自我批评最好的一位。陈毅在三年困难时期就对文艺界的人士说过：廉洁奉公、以正治国者，周恩来也。正像陈毅说的那样，周恩来是一身正气、两袖清风、廉洁奉公、严于律己的典范。

第三，求真务实，脚踏实地，一切从实际出发的精神。他不像有的人那样，一当了领导，就只依靠别人的汇报进行工作，或凭自己的主观愿望作决策，而是反复强调要“讲真话，鼓真劲，做实事，求实效”。不管做什么工作，他都深入实际，了解实际情况，根据实际制定方针、政策，针对实际问题提出解决的办法、措施。例如在第一个五年计划期间，他针对当时那种普遍存在的急躁冒进倾向，提出“在反对保守主义的时候，必须同时反对急躁冒进倾向”，并和李富春、李先念等一起，把1956年的基本建设投资由170多亿元压到140亿元，在中共八大上又形成了积极稳妥的经济建设方针。结果后来被认定为“右倾保守”，一再受到批判。在20世纪60年代初，他为了摸清当时涉及全体农民生活的公共食堂的情况，在极为紧张繁忙的工作中还抽空到河北省邯郸地区农村进行实地调查，亲自掌握第一手材料，这对于取消农民普遍反对的公共食堂，起了重要的作用。在“文化大革命”的疯狂岁月，他也努力采取措施，发展生产，稳定经济秩序。但是，他的正确主张往往不被重视，难以贯彻。于是，他就在最高领导人的决策脱离实际时，在自己力所能及的范围之内，尽量按照实际情况进行贯彻，想办法予以补救，这才使很多从实际出发的正确主张和措施，在极端困难的情况下终于坚持了下来。如果按照他的思想和办法去做，我们国家的社会主义建设肯定不会遭到那么多的挫折，肯定要顺利得多。

第四，团结同志，广交朋友，调动各种积极因素一起做好工作的精神。他不像有的人那样，一当了领导，就高高在上，官气凌人，甚至把自己凌驾于集体之上，搞家长制、一言堂，而是宽厚真诚，平等待人，广泛团结各方面的同志、朋友，虚心听取各方面的意见，努力处理好各方面的关系，调动各方面的积极性。例如他在重庆工作期间，就团结了大批的民主人士，扩大了革命的阵营，为后来中华人民共和国的建立招揽了大批的人才。在“文化大革命”期间，绝大多数领导干部被作为“走资派”打倒，数不清的民主人士和知识分子被作为“牛鬼蛇神”受到批斗，很多人被打死或被迫自杀。对于这种极端恶劣的形势，周恩来虽然无力挽回，但他还是冒着极大的压力和风险，极力地保护各级干部、民主人士和知识分子。例如在他1968年8月30日提出的《一份应予保护的干部名单》中，就明确指出保护的对象包括宋庆龄等13位著名的民主人士，以及副委员长、人大常委、副主席、部长、副部长、各民主党派负责人等。仅这个名单，就保护了大批的高级领导人和民主人士。不在这个名单中的人，他也设法保护了很多，为中国共产党和国家留下了一批极为宝贵的人才。因此，很多人直到周恩来逝世多年以后，仍然对他怀着深深的感激之情。可以肯定地说，在中国共产党和国家、政府的领导人中，他的朋友是最多的。毛泽东也多次称赞他这个长处，说："恩来的最大优点之一，就是同党内外都有广泛的联系，善于团结一切可以团结的人。"

周恩来的精神，是共产党人的党性原则、道德情操和中国传统美德的完美结合。大力弘扬周恩来精神，对于纠正不良的党风和社会风气，保持中国共产党的先进性，建设好中国特色社会主义，是有着极为重要的意义的，因此，应该在全党和全国大力弘扬周恩来精神。

（这是为 2005 年 3 月 26 日召开的"学习周恩来精神，保持共产党员先进性——纪念周恩来总理诞辰 107 周年主题座谈会"写的发言稿，会后作了一些修改补充，原载《学习时报》2005 年 4 月 18 日）

功昭千秋的彭大将军

1998 年 10 月 24 日，是伟大的无产阶级革命家、政治家、军事家彭德怀元帅诞辰 100 周年。为了纪念他的丰功伟绩和高尚的人格风范，中国现代史学会、中国中共党史学会、《彭德怀传》编写组、湖南省湘潭县纪念彭德怀诞辰 100 周年筹备委员会，于 1998 年 10 月 6 日至 9 日，在彭德怀元帅的家乡湘潭市，召开了“彭德怀生平与思想研讨会”。

长期以来，彭德怀就是中国共产党特别是军队的重要领导人，是华北抗日战争、西北解放战争、抗美援朝战争的主要指挥者，在历次战争中立下了不朽的功勋。他南征北战，叱咤风云，率领部队打了许多大仗、恶仗和胜仗，表现出非凡的胆略和高超的军事指挥能力，写下许多具有独到见解的军事著作。新中国成立以后，他又为祖国的国防建设和部队的现代化、正规化建设，耗费大量心血，取得巨大成就。可以说，他是名副其实的人民军队的杰出领导人，部队现代化、正规化建设的奠基者，国内外享有盛名的伟大的军事家。毛泽东关于“谁敢横刀跃马，唯我彭大将军”的诗句，是他几十年军事生涯的生动写照。

彭德怀不仅战功赫赫，还是一位伟大的政治家，在革命根据地建设、政权建设、经济工作、民族工作、开发大西北等方面作出了突出的贡献。特别是在 1959 年的庐山会议上，他仗义执言，主张纠正“大跃进”和人民公社化运动的“左”的错误，更是难能可贵。他提出的许多真知灼见，对中国社会主义建设道路的开拓性探索，至今仍闪耀着它的光辉。

在政治品格、道德情操、思想作风和工作作风等方面，彭德怀更堪称楷模。他忠心耿耿，刚正不阿，是非分明，敢讲真话，一身正气，大义凛然，从不苟且屈从，是一个真正的人；他勇挑重担，勇为先驱，勇于反对错误的决定、倾向和不良风气，无私无畏，坚强不屈，在身处逆境时仍能顾全大局，忍辱负重，始终保持坚贞的气节，是一个勇敢坚强的人；他胸怀坦荡，光明磊落，从不搞阴谋诡计，不弄虚作假，不隐瞒自己的观点，是一个纯洁高尚的人；他要求自己极严，让别人做到的总是自己首先做到，从不搞特权，不谋私利，始终保持劳动人民艰苦朴素的本色，对那些不正之风深恶痛绝，是一个清正廉洁的人；他感情真挚，爱憎分明，关怀士兵的生活，关心群众的疾苦，是一个一生与人民群众和普通士兵心连心的人。他像一座巍峨的高山，又似一潭透彻的清水。他像一棵参天的大树，又植根于群众之中。他身居高位，却怀着一颗赤子之心。他继承了中华民族的优秀传统，真正做到了孟子所说的"富贵不能淫，贫贱不能移，威武不能屈"，是一个顶天立地的人。

威名赫赫的战功，著名的庐山上书，高尚的人格风范，是彭德怀一生的三大丰碑。随着时间的推移，历史的延续，许多曾经声名显赫的人逐渐会被历史的尘沙所掩埋，被人们所淡忘，但彭德怀的伟大功绩和高尚人格，将会永远留在人们的心里，时间越久，威信越高，影响越大，传播越远。他将成为中国历史上最有名的伟大人物之一，名垂千古。他的形象将越来越高大，成为人们永远学习的榜样。他的精神将成为中华民族精神不可缺少的一部分。正如杨尚昆在《读〈彭德怀自述〉》一文中所说："他对敌人的雷霆之威，对党的赤子之忱，政治上的松柏之节，生活上的冰雪之操和作风上的朴实无华，使我们永远敬重他、怀念他。他的伟大风范将长留于天地间。"

这次研讨会是第一次全国性的关于彭德怀生平与思想的研讨会，是关于彭德怀研究的一个新的起点，对于推动彭德怀的研究以及中国军事史、中共党史、中国革命史的研究，都具有一定的作用。对于提高人们的认识，纯洁人们的思想，推动社会主义精神文明建设的开展，也具有现实意义。

对于今后关于彭德怀的研究，与会同志提出了许多很好的建议。由于彭德怀被错误批判 20 年，很多重要资料被销毁或一直没有公布，彭德怀研究不仅起步晚，而且资料缺乏，与对毛泽东、周恩来、刘少奇、邓小平等人以及很多老帅的研究相比，差距较大，高水平的成果还不多，研究队伍还比较薄弱，与彭德怀的历史地位和伟大贡献相比，很不相称，亟待加强和深化。在这里，我们提出以下几点意见：

（一）认真学习彭德怀的高尚品德，弘扬彭德怀精神。研究彭德怀，首先要学习彭德怀。很多论文都高度赞扬彭德怀的政治品德和人格风范，有的还提出“彭德怀精神”的概念，认为这是我们党和民族的宝贵财富。这个提法很好，我们的党、军队、国家、民族都非常需要这种精神，应该认真地学习和研究，很好地继承、宣传和发扬。特别是中共党史、中国革命史和军史的研究、教学工作者，更应该认真加以学习、研究和宣传。

（二）解放思想。现在，还有不少思想束缚着我们的头脑。1959 年以后对彭德怀的 20 年错误批判及其以前对彭德怀的批评，至今仍在不少人的思想中存在着影响，使人们不敢大胆地进行研究。只有解放思想，打破禁区，研究才能深入。不应当因为彭德怀的悲剧主要是由毛泽东造成的，就担心深入研究彭德怀会牵涉到毛泽东，影响毛泽东的威信。其实，毛彭关系是客观存在的，是回避不了的。对于毛泽东的晚年错误，党的历史决议已经明确地作出结论，没有必要再加以避讳。肯定彭德怀的历史功绩，丝毫不会影响毛泽东的历史地位和评价。因此，没有必要顾虑。当然，对这个问题评论要慎重，态度要客观，不能因为肯定彭德怀就有意地贬低毛泽东，甚至过分地加以渲染；也不能因为维护毛泽东的威信，就不敢肯定彭德怀、研究彭德怀。

（三）实事求是。对于历史人物，难免会有个人的好恶。但是，作为科学研究，不能凭感情，必须严格按照客观事实，冷静地进行分析，客观地作出评价，功就是功，过就是过，对于彭德怀也是一样。在研究中，回忆录可以作为参考，有的回忆录具有重要的价值。但是，几十年之后的回忆，难免会有不准确之处。因此，主要还是应该依据第一手的原始资料。总之，要采取科学的态度，结论要经得起历史的检验。

（四）广泛搜集资料，尽快地公布资料。现在对于彭德怀的研究，最大的困难就是缺乏资料。因此，各方面应该携起手来，共同努力，尽可能广泛地搜集、整理、出版有关的资料。存有这方面资料的单位和个人，应该在这方面作出更多的贡献。

（五）对于研究中的重点、难点、空白点，以及彭德怀的独特建树等方面，应该重点加以研究。现在学术研究中炒冷饭的现象比较多，彭德怀研究中也存在不少重复的现象，这种情况应该尽量加以避免。对于那些已经研究清楚、作出明确结论的问题，不应该再过多地去重复，而应该着重去研究那些过去没有研究或研究不多的问题。

（六）尽量拓宽研究的范围，把彭德怀放到更广阔的范围和更长的历史跨度中进行研究。例如对于抗美援朝战争中的彭德怀，应该从当时的世界格局，从中国、苏联、朝鲜以及美国的关系中去进行研究，这样就会把彭德怀的贡献看得更清楚些。又如湘潭周围出了毛泽东、刘少奇、彭德怀三个伟大人物，为什么他们会同时出现在这个地区，这就不能只从他们本身进行研究，而应该从这里的历史、地理环境，从中国传统文化对他们的影响等方面进行研究。再如对于彭德怀的历史地位，不能只从中国军事史、中共党史、中国革命史本身进行研究，还应该从整个中国历史的长跨度上加以研究。只有这样，才会把问题看得更清楚些。

（七）采用多种学科的研究方法，从不同的方面进行研究，或加以综合性的研究。现在各种学科发展很快，如政治学、社会学、文化学、心理学、领导科学等，应该借鉴和采用这些学科的一些研究方法。过去常用的比较研究法、计量法等等，也应该尽量加以采用。这样，就可以发现很多新的问题和新的研究角度，得出很多新的结论，产生很多有价值的新成果。

（八）把彭德怀研究与中国军事史、中共党史、中国革命史、中国现代史以至现代国际关系史等方面的研究结合起来，相互加以推动，以其他方面的研究成果互相加以充实。

（九）着眼于现实和未来，注意选取那些对现实和未来有教育和借鉴意义的题目，认真总结其中的经验教训，为今天和以后的工作提供借鉴，以增强研究的现实感。

在纪念彭德怀诞辰100周年座谈会上，江泽民同志作了重要讲话。在这前后，报刊上还发表了杨尚昆、张爱萍、张万年、迟浩田、马文瑞、王恩茂、习仲勋等中央领导人和老同志纪念彭德怀的文章。为了使这本论文集的内容更加全面、丰富，我们将这些讲话和文章也全部收了进来。

因为这本论文集篇幅有限，不能将研讨会的论文全部收入，只选取了其中的一部分，希望未能收入论文的作者谅解。提交研讨会的全部论文名单，作为附录列在书的后面。

与会论文的评选由佟英明、蒋宝华、黄少群同志负责，书中报刊上发表的讲话和文章由蒋宝华同志搜集，书后的全部论文目录由马英民同志帮助整理，特此说明，并致谢意。

这本论文集由郭德宏、黄少群负责编辑。因为时间紧迫，他们只能对所收论文作一些粗略的编辑加工。注释、体例等不一致之处，只能按原稿照排。

1998年11月15日

【评文记事】

《功昭千秋的彭大将军——彭德怀生平与思想研究文集》由王

焰、阎景堂与笔者共同主编，当代世界出版社 1999 年出版。这是笔者为该书写的前言。

邓小平与十一届三中全会的伟大转折

1978年12月召开的中共十一届三中全会，是新中国成立以来党和国家历史上的一次伟大转折。这次会议的成功召开，是历史发展的产物，是与会同志共同努力的结果，特别是与邓小平所起的重要作用分不开的。如果没有邓小平的推动和指导，这次会议就不可能具有伟大转折的意义，这次伟大的转折也不可能在这个时候顺利实现。因此，在纪念中共十一届三中全会20周年的时候，我们不能不想起邓小平对这次会议和历史转折所起的关键性作用，深切地怀念这位时代伟人和他的丰功伟绩。

一、思想基础的奠定者

中共十一届三中全会是在党和国家一个重要的历史关头召开的。粉碎“四人帮”之后，我们党面临着在思想、政治、组织等各个领域全面拨乱反正的任务。广大干部和群众强烈要求打破思想上的禁锢，尽快纠正“文化大革命”的错误。但是，由于受“左”的思想的长期影响和束缚，许多人还不能正确区分毛泽东的功绩和晚年错误，不能从“无产阶级专政下继续革命”的错误理论中解放出来。当时党中央的主要领导人，没有从根本上认识到“文化大革命”的错误，错误地提出了“两个凡是”的方针，其标准说法即1977年2月7日“两报一刊”社论所说的：“凡是毛主席作出的决策，我们都坚决维护，凡是毛主席的指示，我们都始终不渝地遵循。”按照这个方针，拨乱反正就不能顺利进行，冤假错案就不能顺利平反，“文化大革命”及其以前的“左”的错误就不能顺利纠正，党和国家的各方面工作只能沿着过去那种“左”的道路继续滑行，不可能出现一种广大人民群众所期盼的新的历史性转变。正是在这种思想的指导下，当时的各项工作处于一种在徘徊中前进的局面。

在这样一个重大的历史关头，邓小平深刻总结“文化大革命”及其以前的经验教训，强烈主张尽快地拨乱反正，彻底纠正“文化大革命”及其以前的“左”的错误。他认为，要开创现代化建设的新局面，就必须首先打破僵化的思想，坚持实事求是的原则，解决思想路线问题。针对名为高举毛泽东思想旗帜实际上继续坚持毛泽东晚年错误的口号和做法，他明确指出“两个凡是”是错误的。在1977年4月10日写给中央的信中，他针锋相对地提出：“我们必须世世代代地用准确的完整的毛泽东思想来指导我们全党、全军和全国人民，把党和社会主义的事业，把国际共产主义的事业，胜利地推向前进。”5月24日，他在同中央两位同志的谈话中，更加明确地批评了“两个凡是”的口号，指出毛泽东自己多次说过，他有些话讲错了，自己也犯过错误。一个人讲的每句话都对，一个人绝对正确，没有这回事。“这是个重要的理论问题，是个是否坚持历史唯物主义的问题。彻底的唯物主义者，应该像毛泽东同志说的那样对待这个问题。马克思、恩格斯没有说过‘凡是’，列宁、斯大林没有说过‘凡是’，毛泽东同志自己也没有说过‘凡是’”。这样，就在党内最早举起了反对“两个凡是”的大旗。胡乔木曾说：“提出反对‘两个凡是’是我们党的历史上的一个重大转折的开端，是三中全会的思想上的开端。”一场新的思想解放，正是从这里开始的。

这年7月邓小平恢复工作以后，自告奋勇分管受破坏最严重的科学教育工作，大刀阔斧地推翻了“文化大革命”中形成的对教育战线的错误的“两个估计”，强调科学技术是生产力，号召尊重知识，尊重人才，以带动各个领域的拨乱反正。与此同时，他还大力倡导解放思想，强调实事求是，恢复和发扬党的优良传统和优良作风，推动思想的解放，使“左”的思想束缚逐渐被打破。

为了彻底推翻“两个凡是”的错误口号，打破“左”的思想的禁锢，许多老一辈革命家和理论工作者，提出要正确处理理论和实践的关系，把实践作为检验真理的唯一标准。1978 年 5 月 10 日，中共中央党校《理论动态》首先发表《实践是检验真理的唯一标准》的文章。第二天，《光明日报》以本报特约评论员的名义公开发表。但是，这篇文章受到坚持“两个凡是”的人的批评和压制。邓小平认为，这是关系到坚持什么样的思想路线的大问题，于是明确地给予支持。5 月 30 日，他在同几位负责人谈话时就说：现在发生了一个问题，连实践是检验真理的标准都成了问题，简直莫名其妙。只要你讲话和毛主席的不一样，和华主席的不一样，就不行。这不是一种孤立的现象，这是当前一种思潮的反映。6 月 2 日，他在全军政治工作会议上明确指出：“有一些同志，天天讲毛泽东思想，却往往忘记、抛弃甚至反对毛泽东同志的实事求是、一切从实际出发、理论与实践相结合的这样一个马克思主义的根本观点，根本方法。不但如此，有的人还认为谁要是坚持实事求是，从实际出发，理论和实践相结合，谁就是犯了弥天大罪。他们的观点，实质上是主张只要照抄马克思、列宁、毛泽东同志的原话，照抄照转照搬就行了。要不然，就说这是违反了马列主义、毛泽东思想，违反了中央的精神。他们提出的这个问题不是小问题，而是涉及怎么看待马列主义、毛泽东思想的问题。”7 月 21 日，他在与一位负责同志谈话时，告诫不要再对这场大讨论下禁令、设禁区了，不要把刚刚开始的生动活泼的政治局面拉向后退。第二天，他又在一次谈话中，明确肯定《实践是检验真理的唯一标准》这篇文章是马克思主义的，是驳不倒的。9 月 16 日，他在听取中共吉林省委常委汇报工作时，进一步阐述了怎么高举毛泽东思想旗帜的问题，指出“两个凡是”不是高举毛泽东思想的旗帜，搞下去要损害毛泽东思想。毛泽东思想的精髓是实事求是，理论要通过实践来检验。

正是在邓小平的坚决支持和号召下，真理标准问题的大讨论才轰轰烈烈地开展起来，形成一次全国规模的思想解放运动，彻底冲破了“两个凡是”的束缚，大大地解放了全党和全国人民的思想，为十一届三中全会的召开奠定了思想基础。

在十一届三中全会及其以前召开的中央工作会议上，许多同志充分肯定了这场大讨论，并给予高度评价。在中央工作会议上的讲话中，邓小平又透彻地阐明了解放思想、实事求是的思想路线问题，指出“解放思想是当前的一个重大政治问题”，“不打破思想僵化，不大大解放干部和群众的思想，四个现代化就没有希望”；“实事求是，是无产阶级世界观的基础，是马克思主义的思想基础。过去我们搞革命所取得的一切胜利，是靠实事求是；现在我们要实现四个现代化，同样要靠实事求是”。正是在真理标准大讨论的基础上和邓小平这个讲话的指导下，十一届三中全会才开得生动活泼，代表们畅所欲言，认真讨论了关系到党和国家前途命运的一系列重大问题，作出了一系列重大的决定，实现了伟大的转折。

二、会议主题的倡议者

把全党工作的重点转移到经济建设上来，一心一意搞现代化，发展生产力，这是中共十一届三中全会实现的最根本的历史性转折。邓小平为这一转折的实现作出了重大的贡献。

1956 年，党的八大曾经科学地分析国内主要矛盾的变化，提出把工作重点转移到经济建设上来。但遗憾的是，这一方针后来没有能坚持下去。1957 年 9 月召开的八届三中全会，即开始否定八大对我国社会主要矛盾的正确分析，提出我国社会的主要矛盾，仍然是无产阶级和资产阶级两个阶级、社会主义和资本主义两条道路的矛盾。到 1962 年党的八届十中全会，更大讲阶级斗争，后来又提出“以阶级斗争为纲”的口号和“无产阶级专政下继续革命”的理论，使阶级斗争严重扩大化，国民经济遭到严重的破坏。粉碎“四人帮”之后，由于还受“左”的思想的束缚，“以阶级斗争为纲”的指导方针没有很快扭转过来。在党的十一大上，虽然宣布“文化大革命”已经结束，重申在20世纪内把我国建设成为社会主义的现代化强国是新时期的根本任务，但仍然坚持“无产阶级专政下继续革命”的错误理论，认为“文化大革命这种性质的政治大革命今后还要进行多次”。由于指导思想没有发生根本的改变，十一届三中全会以前的中央工作会议，原来只安排了以下三项议程：（1）讨论如何进一步贯彻以农业为基础的方针，尽快地把农业生产搞上去，以及《关于加快农业发展速度的决定（草案）》和《农村人民公社工作条例（试行草案）》两个文件；（2）商定1979、1980两年国民经济计划的安排；（3）讨论李先念在国务院务虚会上的讲话。按照这个议程，这次会议主要是讨论经济工作，并不涉及全党工作重点转移的根本问题。如果这样开成一次一般性的工作会议，十一届三中全会就不可能发生重大的转折。

在这个关键时刻，邓小平从“文化大革命”的深刻教训出发，从中国同世界发达国家包括周边国家和地区的差距越拉越大的严酷现实出发，认为中国再不能“以阶级斗争为纲”了，必须以经济建设为中心，集中力量把国民经济搞上去，尽快改变我国的落后面貌。早在1977年下半年军委主要领导人在广州起草军委全体会议文件时，邓小平一开始便提出，文件应以什么为纲？怎么才叫工作的纲？这个问题值得研究。揭批“四人帮”可以叫纲，但这是暂时的，我们还有长远的考虑。之后，他明确地讲，看起来现在以揭批“四人帮”为纲可以，但是很快就要转，要结束，要转到经济建设上来，要以经济建设为中心，再不能提“以阶级斗争为纲”了，肯定不能“以阶级斗争为纲”了。1978年9月他到东北视察工作时，又到处讲这个思想，认为“四人帮”要搞的“穷社会主义”简直是荒谬之极，不努力发展生产，提高人民的生活水平，怎么体现社会主义的优越性？“社会主义必须大力发展生产力，逐步消灭贫穷，不断提高人民的生活水平”，因此，“要迅速地坚决地把工作重点转移到经济建设上来”，“要一心一意搞建设”。这说明，实现工作重点转移的问题，邓小平从1977年下半年就开始酝酿，到1978年9月已经明确地提了出来。

正是从上述考虑出发，为了使党的工作在这次中央全会上发生一次根本性的转变，邓小平在中央工作会议召开以前，提出应该在讨论经济工作之前，首先讨论一下全党工作重点转移的问题。于是，华国锋11月10日在中央工作会议开幕会上宣布三项议程之后，接着代表政治局常委宣布：“在讨论上面这些议题之前，先讨论一个问题，这就是在新时期总任务总路线指引下，从明年一月起把全党工作的着重点转移到社会主义现代化建设上来”，并说“这是一个关系全局的问题，是我们这次会议的中心思想”。这个问题的提出，引出了一系列与之相关的问题，实际上根本改变了会议原定的主题。

代表们围绕工作重点转移问题，展开了热烈的讨论。大家敞开思想，讲心里话，讲实在话，提出了尽快停止“以阶级斗争为纲”，全面进行拨乱反正，平反冤假错案，解决历史遗留问题，发扬民主，健全法制，健全党内民主生活，实行改革开放等一系列重大建议，会议开得空前热烈，生动活泼。在邓小平、陈云等同志的推动下，在与会同志的共同努力下，会议果断地停止使用“以阶级斗争为纲”的口号，作出了坚决把全党工作的重点转移到经济建设上来的重大决定，并围绕这个问题，审查和解决了历史上遗留下来的一批重大问题和一些领导人的功过是非问题，决定发扬民主，加强法制，健全党规党法，严肃党纪，实行改革开放。可以说，正是邓小平关于实行工作重点转移的重大倡议，使这次中央工作会议为三中全会的召开作好了准备，使三中全会开成了一次具有伟大转折意义的重要会议。

三、指导思想的提出者

邓小平不仅为十一届三中全会奠定了思想基础，提出了会议的主题，还明确提出了会议的指导思想。12 月 13 日他在中央工作会议闭幕会上作的《解放思想，实事求是，团结一致向前看》的重要讲话，就是十一届三中全会的指导思想，实际上也是十一届三中全会的主题报告。

邓小平对这个讲话非常重视，在 10 月份出访日本之前，他就找有关的同志谈了自己的意见，让他们围绕工作重点转移问题，起草一个初稿。这个初稿在中央工作会议之前就写了出来。但因为会议的情况进展很快，工作重点转移的问题顺利地得到了解决，会上又提出了很多新的问题，需要及时地作出回答，例如如何评价真理标准问题的大讨论？如何解决天安门事件等重大冤假错案平反以后一些群众提出的进一步要求？如何处理全面拨乱反正、纠正“文化大革命”的错误和维护毛泽东的历史地位、实现安定团结的关系？如何解决会上提出的人事变动的要求以及可能会由此引起的国际反映？等等。这些问题不解决，大家的认识就不能统一起来，全党就不能很好地团结起来，顺利实现工作重点的转移。于是，邓小平根据会上提出的新问题和国内外的反映，自己用铅笔写了一个约 500 字的提纲，然后于 12 月 2 日找有关同志去谈想法。这个提纲共 7 个部分:(1)解放思想，开动机器;(2)发扬民主，加强法制;(3)向后看为的是向前看;(4)克服官僚主义、人浮于事;(5)允许一部分先好起来;(6)加强责任制，搞几定;(7)新的问题。12 月 5 日，他又找起草者谈稿子的修改，讲了 4 个问题:(1)解放思想;(2)发扬民主;(3)向前看;(4)研究和解决新问题。这次谈话，对讲话的写法和内容更加明确了，基本框架也已确定。12 月 9 日，他再次约见稿子的起草者，一个部分一个部分地、逐字逐句地对稿子进行审阅修改，又谈了很多重要的意见。通过这次谈话和修改，稿子的内容基本确定。后来，他又几次约见稿子的起草者，谈了一些修改意见，由起草者最后对稿子作了一些修改和润色加工。从讲话稿的起草过程来看，这个讲话完全是在邓小平的直接指导下，根据他的思想写成的。其中许多重要的话都是他本人的原话。

12 月 13 日下午 4 时，邓小平在中央工作会议闭幕会上，作了这篇题为《解放思想，实事求是，团结一致向前看》的重要讲话。讲话围绕全党工作重点的转移，着重讲了四个方面的重大问题，提出了一系列重大的原则和政策：

第一，针对当时还存在的思想僵化和半僵化状态，充分肯定了实践是检验真理的唯一标准问题的大讨论，号召解放思想，实事求是。根据这个指导思想，全会对进一步继承和发扬毛泽东所倡导的马克思主义学风，即坚持唯物主义的思想路线问题，展开了深入的讨论，一致认为只有在马列主义、毛泽东思想的指导下，解放思想，努力研究新情况新事物新问题，坚持实事求是、一切从实际出发、理论联系实际的原则，我们党才能顺利地实现工作中心的转变，才能正确解决实现四个现代化的具体道路、方针、方法和措施，正确改革同生产力迅速发展不相适应的生产关系和上层建筑。这样，就提出了一个解放思想、实事求是的正确指导方针，恢复了马克思主义的思想路线。

第二，针对过去一个时期内民主集中制没有真正实行，离开民主讲集中，民主太少的情况，强调民主是解放思想的重要条件，法制是民主的重要保障，必须发扬民主，加强法制，并特别讲了发扬经济民主的问题。根据这个思想，全会认真讨论了民主和法制问题，认为当前这个时期特别需要强调民主，为了保障人民民主，必须加强社会主义法制，使民主制度化、法律化，使这种制度和法律具有稳定性、连续性和极大的权威，做到有法可依，有法必依，执法必严，违法必究。这样，就把民主法制建设提到了重要的地位上来。正因为如此，有的人认为这是我国民主法制建设史上的一个伟大转折点，从此以后我国的民主法制建设进入了一个新的发展时期。

第三，提出了处理遗留问题为的是向前看的方针。在中央工作会议上，党中央根据大家的意见和要求，解决了一些过去遗留下来的问题，分清了一些人的功过是非，纠正了一批重大的冤案、错案、假案。但是，解决这些问题是不是仅仅为了把过去的问题弄清楚？针对当时有的人要把每个细节都弄清楚，要追查责任等要求，邓小平明确提出要从大处着眼，要有利于安定团结，目的是为了向前看，是为了顺利实现全党工作重心的转变。为此，就要科学地历史地评价毛泽东的历史地位和“文化大革命”的问题。这是一个十分重要的方针，对于保证全党工作重点的转移和安定团结局面的实现，具有重要的意义。

第四，提出了研究新情况、解决新问题的方针和艰巨任务。其中提出：“要向前看，就要及时地研究新情况和解决新问题，否则我们就不可能顺利前进。各方面的新情况都要研究，各方面的新问题都要解决，尤其要注意研究和解决管理方法、管理制度、经济政策这三方面的问题。”接着，他谈了研究和解决这些问题的设想，实际上提出了全面进行改革，从中国实际出发大胆开创一条新的建设道路的任务。正是根据这个指导思想，全会研究了当时面临的新情况新问题，作出了一系列改革开放的重大决策。

从上述内容可以看出，正是邓小平的这个重要讲话，为十一届三中全会提供了正确的指导思想，保证了会议的成功召开和伟大转折的顺利实现。因此，当时参加会议的同志无不受到极大的鼓舞。有的同志曾回忆说：当时听了邓小平的这个讲话，就兴奋地预感到：十一届三中全会是一个划时代的会议。

四、新道路新理论的开创者

1989 年 5 月 16 日，邓小平在同戈尔巴乔夫谈话时曾说过一句话：“结束过去，开辟未来。”把这一句话借用过来形容十一届三中全会，形容邓小平《解放思想，实事求是，团结一致向前看》的重要讲话，是再恰当不过的了。邓小平的这个讲话，实际上宣告了长期以来以阶级斗争为纲的历史时期的结束，以经济建设为中心的社会主义现代化建设新时期的开始，以及建设有中国特色社会主义新道路和新理论的开创。

应该肯定，粉碎“四人帮”的胜利，“文化大革命”的结束，对我国的社会主义建设进入一个新时期，起了重要的作用。但是，在“文化大革命”结束以后的两年间，党的指导思想还没有根本扭转过来，“无产阶级专政下继续革命”的错误理论以及“文化大革命”的许多错误做法和口号，都还没有纠正，各项工作是在徘徊中前进。因此，从“文化大革命”结束到十一届三中全会召开前的两年，还只是处在重大转折的酝酿和准备之中。

到十一届三中全会，情况就完全不一样了。如上所述，这次全会系统地总结了新中国成立以来的经验教训，重申解放思想、实事求是、一切从实际出发、理论联系实际的原则，恢复了马克思主义的思想路线；毅然抛弃“以阶级斗争为纲”和“无产阶级专政下继续革命”的理论和口号，决定把全党工作的重点转移到经济建设上来，恢复了马克思主义的政治路线；决定为“文化大革命”中及其以前遗留下来的一大批冤假错案平反昭雪，健全党规党法，严肃党纪，恢复和发扬党的优良传统和优良作风，恢复了马克思主义的组织路线，并增加了新的中央领导成员，实际上形成了以邓小平为核心的第二代中央领导集体。与此同时，还作出了发扬民主，加强法制，实行改革开放等一系列重大的决策。这样，就不仅宣布了两年来在徘徊中前进的局面的结束，而且宣布了长期以来“以阶级斗争为纲”的“左”的指导思想的结束，从而成为一个新的历史时期开始的标志。而邓小平《解放思想，实事求是，团结一致向前看》的讲话，集中概括和阐述了十一届三中全会的指导思想和许多重大决策。因此，这篇讲话实际上也就成为开创社会主义建设新时期的宣言书。

在社会主义建设的过程中，原来各个社会主义国家都曾经先后照搬过苏联模式，我国也不例外。这种模式是在革命与战争的时代产生的，便于集中全国的人力物力进行大规模的经济建设，在我国的第一个五年计划期间曾发挥重要的作用，取得巨大的成就。但随着社会主义建设的开展，它的弊端就越来越明显地暴露出来，成为一种同社会生产力发展要求不相适应的僵化的模式。正如十一届三中全会公报和党的十二届三中全会通过的《关于经济体制改革的决定》所指出的，这种模式和体制的一个严重缺点是权力过于集中，严重压抑了企业和广大群众的积极性、主动性、创造性，使本来应该生机盎然的社会主义经济在很大程度上失去了活力。从 1956 年开始，我们党就发现了苏联模式的一些弊端，在毛泽东领导下，开始探索一条适合我国情况的社会主义建设道路，取得了很多积极的成果。但是，这种正确的探索很快就发生了曲折，不但没有打破苏联模式，还在不少方面作出了错误的发展。

早在十一届三中全会之前，邓小平就开始考虑什么是社会主义、如何从中国实际出发建设社会主义的问题。1978 年 9 月他在视察黑龙江谈到改革的必要性时就说，我国的体制，包括机构体制，基本上是从苏联来的，是一种落后的东西，人浮于事，机构重叠，官僚主义发展，有好多体制问题要重新考虑。他还说，我们的体制不适应现代化建设，总的来说上层建筑不适应新的需求。我们必须懂得这一点。懂得这一点,就有希望。在《解放思想，实事求是，团结一致向前看》的讲话中，他明确地提出要从实际出发确定我国实现四个现代化道路的问题，并说要做到这一点，首先就要解放思想，只有思想解放了，才能“根据我国的实际情况，确定实现四个现代化的具体道路、方针、方法和措施”。当时，邓小平的讲话虽然还没有提出建设有中国特色社会主义的命题，但这条道路的许多重要思想已经提出来了。对于这一点，外国学者也看得很清楚，前苏联学者 M. 雅科夫列夫在《邓小平政治肖像》一文中即说：由邓小平指导召开的“这次中央全会为中共和中国制定了新的经济政策和新的政治方针。从此中国人民走上了建设具有中国特色的社会主义的道路”。

新时期、新道路都需要新理论来指导。这个新理论的许多重要观点，邓小平在1975年的全面整顿中已经开始酝酿。1977年7月他恢复工作以后，理论思考进一步展开。而《解放思想，实事求是，团结一致向前看》这篇重要讲话，在概括他此前所作探索和思考的基础上，进一步提出了许多新的重要的理论观点。例如解放思想、实事求是的思想路线，是邓小平理论的精髓，这篇讲话对它作了精辟的阐述；又如社会主义社会的主要矛盾和根本任务，这篇讲话肯定全党工作重点的转移，明确了实现四个现代化是全党在新时期的总任务；再如社会主义的发展动力和建设的外部条件，这篇讲话强调要实行改革开放，明确提出“实现四个现代化是一场深刻的伟大的革命”，“如果现在再不实行改革，我们的现代化事业和社会主义事业就会被葬送”，并明确提出让一部分地区、企业、工人、农民先富起来这样一个“大政策”，要争取有利的国际环境，等等。关于社会主义的领导力量、依靠力量、政治保证等问题，这篇讲话也有所涉及和论述。在十一届三中全会结束之后不久，邓小平就在1979年3月30日的讲话中，明确提出了四项基本原则。可以说，后来形成的党在社会主义初级阶段的基本路线的核心内容，即以经济建设为中心，坚持改革开放，坚持四项基本原则的思想，这时都在不同程度上以不同方式有所论述或涉及。因此，这篇讲话实际上就是开创建设有中国特色社会主义理论即邓小平理论的起点。

正因为十一届三中全会以及作为这次全会主题报告的《解放思想，实事求是，团结一致向前看》的讲话起了伟大的历史性作用，江泽民在党的十五大报告中明确指出：“这篇讲话，是在‘文化大革命’结束以后，中国面临向何处去的重大历史关头，冲破‘两个凡是’的禁锢，开辟新时期新道路、开创建设有中国特色社会主义新理论的宣言书。”

综观上述，邓小平对于十一届三中全会的成功召开，伟大转折的顺利实现，所起的作用是至关重要的。因此，把这次会议与邓小平的名字连在一起，作为他的一大历史功绩，是完全符合实际的。

（原载《解放日报》1998 年月 14 日，后收入中共中央宣传部理论局编的《纪念十一届三中全会二十周年理论研讨会文集》第 4 册，学习出版社 1999 年出版）

【评文记事】

这是提交中共中央宣传部于 1998 年 12 月召开的纪念十一届三中全会召开 20 周年的论文，1999 年获中共中央宣传部“五个一工程”一篇好文章奖。

附　录

三十年来中共党史研究的进展、不足与进一步深化的路径和方法
——郭德宏先生学术访谈录

一、三十年来中共党史研究的进展

董汉河：郭教授，您是党史研究界的著名学者，相关论著甚丰，堪称等身，且思想比较解放。早就想就中共党史研究的进展问题，对您作一学术访谈。您将自己主编的大著《十一届三中全会以来中共党史研究的新进展》（中共党史出版社2004年3月出版）赠我后，方知您早就对这一问题下过大功夫。大著收编相关方面研究专家的论著23篇，堪称力作。但正如您在大著《后记》中所云："这本论文集的缺点和不足，一是各篇之间的深度、广度不够平衡，有的详尽，有的则比较简略，甚至不够全面；二是有些方面的内容没有涉及，如中国共产党自身建设史、组织史、政治制度史、军事史、社会变革史等，因开会前没请到合适的作者，后来又没有及时补上，这是要请读者见谅的。"此外，大著编成于2002年，这些年中共党史研究又有新的进展。因此，就相关问题对您作进一步的学术访谈还是有必要、有意义的。

首先，请您就上述大著中的相关内容作全面简要概括的基础上，重点谈谈2002年到2008年中共党史研究的新进展。

郭德宏:《十一届三中全会以来中共党史研究的新进展》一书，是中共中央党校中共党史教研部、中国现代史学会、中共福建省委党校等单位，于2002年4月在中共福建省委党校召开的“十一届三中全会以来中共党史研究的新进展”学术研讨会的论文集，2004年由中共党史出版社出版。为召开这次会议，我们约请了有关方面的专家，从20个方面对十一届三中全会以来的中共党史研究作了概述。其中唐培吉的《十一届三中全会以来中共党史研究新进展概述》，从总体上对中共十一届三中全会以来中共党史研究的新进展作了概述；我自己写的《关于党史学理论和方法》，对关于中共党史学理论和方法的研究作了概述；邵维正、姚金果、刘晶芳、何理、萧甡分别对民主革命时期各个阶段的中共党史的研究作了概述；庞松、谢春涛、王海光、汤应武分别对中华人民共和国建立后各个时期的中共党史研究作了概述；周淑真、董志凯、武力、王炳林、田海林和林小波、章百家分别对政治、经济、思想、文化、中外关系等方面的中共党史研究作了概述；鲁振祥、唐宝林、唐洲雁、温乐群和李健、许先春等分别对中共领袖人物及其思想理论的研究作了概述。书中的具体内容我就不细说了，下面谈谈一些总的看法，以及书中没有说到的一些方面。

总的来看，我认为三十年来中共党史研究最主要的进展有以下几个方面：

第一，出版了大量的新资料。在1978年以前，中共党史研究主要是依靠1957年由中共中央宣传部以活页形式印行的内部资料《中共党史教学参考资料》(俗称“三口袋”)，而且这些材料还不是什么人都能看的，要分级别。1978年，人民出版社重印了这“三口袋”。此后，中央档案馆选编的《中共中央文件选集》，中共中央党史资料征集委员会、中共中央党史研究室编的《中国共产党历史资料丛书》，中国社会科学院组织编纂的《当代中国》丛书，中央文献研究室编辑的《建国以来重要文献选编》(1949—1965)等大型的中共党史或中华人民共和国史资料丛书，陆续出版。各地的档案馆及中共党史研究室，也编辑出版了大量的地方党史资料。近年仍在继续出版的有：中共中央党史研究室第一研究部根据苏联解密档案译编的《共产国际、联共（布）与中国革命档案资料丛书》；中华人民共和国外交部档案馆编的《中华人民共和国外交档案选编》等。

除了上述公开出版的以外，有关单位还内部出版了很多中共党史资料。例如由中国人民解放军政治学院党史教研室编辑的《中共党史参考资料》《中共党史教学参考资料》，以及后来编辑的《"文化大革命"研究资料》，规模宏大，资料极其丰富。2001年内部出版的房维中的《在风浪中前行：1978—1989》，以及近年有的学者编辑的《往事》《记忆》《历史研究集粹》等内部通讯资料，也提供了很多有价值的材料。

在大批的人物传记、年谱、选集、文集以及自述和回忆录中，也提供了大量的档案资料。特别是中央文献研究室出版的传记、年谱、选集、文集等，具有很高的史料价值。近年出版的文集有《建国以来刘少奇文稿》（六册）、《建国以来周恩来文稿》（三册）、无锡市史志办公室编的《秦邦宪（博古）文集》等；自述和回忆录有《刘英自述》《杜润生自述：中国农村体制变革重大决策纪实》、吴江的《政治沧桑六十年——冷石斋忆旧》、满妹写的《思念依然无尽——回忆父亲胡耀邦》、陈锦华的《国事忆述》、《吴德口述：十年风雨纪事》、《杨尚昆回忆录》、《龚育之回忆："阎王殿"旧事》等；传记有《陈云传》等。

另外，香港也出版了很多重要的资料。例如香港中文大学中国研究服务中心出版的宋永毅等8位华裔学者等编辑的《中国文化大革命文库光碟》，是迄今为止全世界范围内收藏"文革"资料最丰富的一套文库，有近3000万字。其他还有余习广主编的《大跃进·苦日子上书集》；郑仲兵主编的《胡耀邦年谱资料长编》（上下册）；张显扬、史义军编写的《胡耀邦年谱长编》（三册）、《赵紫阳中南海十年纪事（1980—1989）》（上下册）；宗凤鸣的《赵紫阳软禁中的谈话》；盛平主编的《胡耀邦思想年谱》等。

史学是实证科学，没有史料就无法进行研究。以上这些档案资料及自述、回忆录的出版，为研究提供了很好的条件，有力地推动了中共党史研究的进展。

第二，有关中共党史学理论的研究取得明显进展。过去，中共党史只是一种政治宣传的工具或一门政治理论课。从20世纪80年代以来，有的学者提出应该建立一门中共党史学。从此以后，关于有没有一门中共党史学，中共党史学的性质、特点、类型、对象、内容、功能、指导思想、体系等问题，都展开了热烈的讨论。在这方面，提出最早、成果最多、影响最大的是张静如教授，他不仅发表了多篇文章，还出版了《唯物史观与中共党史学》《中共党史学史》等书。他最早提出中共党史学是历史学科，并提出“党史研究的对象是中国共产党为解放和发展生产力而奋斗的历史发展全过程”；“中共党史学的主体部分的研究体系和研究重点要体现解放和发展生产力这一核心内容”；“在党史研究中，要以解放和发展生产力为标准，衡量政党、集团和个人的历史作用，评判历史事件的性质、作用和意义”等重要观点，对于中共党史学的研究起了重要的推动作用。周一平教授也发表了多篇文章，出版了《中共党史史学史》《中共党史文献学》等著作，并提出应该把政治和学术分开，让政治与学术互相独立，认为把政治与学术合一、混淆，不仅在世界学术界看来是可笑、可鄙的，而且是最危险的，会堵塞言路。笔者认为，他们讲得都是非常好的。

除以上两位学者外，其他学者也提出很多重要的观点。例如齐鹏飞认为，除了发挥中共党史的意识形态功能、借鉴功能、政治宣传功能、为现实服务的直接性的实用功能、教育功能、“求善”功能，即社会价值以外，还应该发挥它的学术功能、认识功能、为现实服务的间接性基础功能，即学术价值。杨凤城也认为，中共党史学不仅是一门党性、政治性很强的学科，“作为一个知识领域、学术领域，它本身就有存在的价值和文化学术功能”。郭若平认为，美国著名功能主义社会学家罗伯特·K. 默顿提出的“中层理论”

（又称“中距理论”）也可以应用于中共党史研究，以克服中共党史研究中存在的宏大叙事现象，实现中共党史研究从政治史式的“宏大叙事”向具有“中层”性质的研究方法的转换。这些观点，对于推进中共党史研究都是很有价值的。

第三，研究范式趋向多样化。过去的中共党史研究，基本上是以革命斗争为中心，以阐释中央的文件、决议和领导人的著作为主，可以称之为革命史范式或阐释式党史。近三十年来，除了传统的革命史范式以外，很多学者还提出了现代化范式、社会史范式，以及后现代范式、启蒙与救亡双重变奏范式、多重范式共生，等等。其中影响较大、成果较多的是现代化范式和社会史范式。著名中共党史学家胡绳就赞成以现代化为线索写近代史，其中当然包括中共党史，这是对传统中共党史研究范式的大突破。1991 年，张静如发表《以社会史为基础深化党史研究》的文章，提出应该以现当代中国社会史为基础、深化中共历史研究，并先后主编了《中国现代社会史》等书。他认为，在中共党史研究中应该把革命史模式、现代化模式、社会史模式统一起来。在他们的影响和带动下，出现了一批重要的研究成果。除他们以外，苑晓杰的《论中共党史学研究范式的转换》、沈传亮的《中共历史研究中的多重范式共生趋向分析》、何云峰的《也谈中共历史研究的范式》等文章，也谈到研究范式转换的问题。

第四，研究方法多样化。过去的中共党史研究，采用的主要是传统的实证研究方法，以及文献阐释方法。从 20 世纪 80 年代开始，很多学者借鉴国外的研究方法，采用了其他人文社会科学研究方法，以及自然科学研究方法。其中应用比较多、成果也比较多、影响比较大的主要有三种：

一是社会史研究方法。近年出版的有黄正林的《陕甘宁边区乡村的经济与社会》《陕甘宁边区社会经济史》，王义祥的《当代中国社会变迁》，等等。还有不少文章，如谢宏维、邹芝的《袁文才、王佐事件再研究——中共党史与社会史研究相结合的视角》，从社会史的视角解读了袁文才、王佐被杀事件的原因和背景；梁敬明的《集体化及其困境：一种区域史的分析思路》，从社会区域史的视角，以浙江郑宅镇为例，分析了这一时期由于农民发展个体经济的积极性受到严重挫伤，农业生产效率下降，农村经济和农民生活处于“困境”之中的情况；王炳林、马荣久的《从社会心理看私人资本主义在新中国头七年的历史命运》，则运用社会学和心理学的研究方法，分析了当时人民群众急于求成的社会心理和当时已经出现的崇拜和依从心理，对于推动私人资本主义走上“绝种”之路产生的重要影响。田野调查方法是社会学的一种重要方法，很多学者在中共党史研究中，也经常采用，取得很好的成果。石仲泉的“走走党史”，走的就是文献研究和实地考察相结合的方法，已经取得很好的效果。

二是口述史研究方法。近年出版了很多这方面的书籍，例如鲁林、陈德金主编的《中国共产党口述实录》三卷，《中华人民共和国口述外交史丛书》《当代中国口述史》，刘小萌的《中国知青口述史》，张军锋主编的《八路军老战士口述实录》，周言久主编的《安徽农村改革口述史》，王旻主编的《浙江改革开放30年口述历史》，王文正口述、沈国凡采写的《以共和国名义判决：审判“四人帮”上海余党前后》，等等。山西省社会科学院“山西口述史”课题组编写的《山西抗战口述史》，是在收集1500多位亲历者口述资料的基础上，筛选737人次的讲述编成的，兼具史料性、学术性、生动性，备受学者称赞。陈伟刚还专门撰写了题为《口述史学与中共党史研究》的硕士论文，深入探讨在中共党史研究中如何采用口述史学方法的问题。徐国利的《关于抗日战争口述史研究的几个问题》，王宁英的《“文革”口述史的理论与实践》等文章，也都探讨了这方面的问题。刘志琴认为口述史和田野调查的兴起，是当代中国史学发展的两大趋势，并说“这两者标志着当代史学研究的视野从单纯的文献求证转向社会、民间资料的发掘，这是历史学进入21世纪的重要倾向”。

三是个案史研究方法。很多学者不满于那种传统的宏观叙事，从20世纪 80 年代以来越来越倾向于个案研究。近年中共中央党校中共党史专业的博士论文，有一些就是写的个案。例如金涛的《新生国家政权建设与城市社会层级结构变动——以 1949—1952 年扬州市为个案》，吴继平的《当代中国第一次普选运动研究——以北京市为个案》，谢敬的《新乡市反右派运动研究》，马龙虎的《寿张“大跃进”运动研究》，邢孟军的《“反右倾”运动研究——以河南省孟县为个案》，张健的《“四清”运动研究——以山东省齐河县为个案》等。他们在撰写这些论文时，不仅查阅了大量的档案文献资料，而且做了很多田野调查，采访了很多人，因而资料都很丰富、翔实。

把以系统论、控制论、信息论“三论”为代表的系统研究方法运用于史学研究，从 20 世纪 80 年代初期就开始了，但由于中共党史研究者一般对这种研究方法不太熟悉，所以运用得不多，但也有一些论文。例如张盾的《对东北解放区土地改革运动的模型分析》，把东北地区土地改革的复杂过程看作一个有目的的控制的动态系统，通过决策程序、执行程序、效应程序的运作，来说明东北地区土地改革运动的右偏和“左”偏状态，以求揭示土地改革运动的规律和特点。近年李怀义的《中共党史研究的系统论视角》，仍在探讨这种方法如何运用与中共党史研究的问题，提出应该从国内系统、国际系统、历史体系三个层次上来运用系统论的理论和方法。

值得注意的是，一些中共党史部门的领导者，在这个时期提出了很多重要的党史著作编写原则和方法。例如胡乔木、胡绳、龚育之在指导中共中央党史研究室编写《中国共产党历史》的过程中，都提出了很多重要的编写原则和方法。胡乔木在指导《中国共产党历史》上卷编写的过程中，曾提出要处理好三个关系：一要讲清楚党是在人民中间奋斗，是在群众斗争的基础上引导斗争，是密切地依靠群众才取得胜利的，因此党的历史不能跟人民斗争的历史分开。二要讲清楚党是依靠跟党密切合作的人共同奋斗的，跟党合作的人应当在党史里面有他的地位，党史不要光讲自己，只看到自己。三要处理好党的领导和广大干部、党员的关系，要有意识地多写一批优秀的干部、党员，这样党的历史就是立体的，不是一条线，也不是一个面。胡绳在指导编写《中国共产党的七十年》的过程中，提出历史不是有闻必录，不是流水账，要找出它的规律，找出每个事件发生的原因和它们之间的联系，否则不但历史线索说不清楚，单个的历史事件也说不清楚。他还特别强调要写清楚党的思想认识发展的历史脉络和线索，写出它发展变化的曲折过程。在《胡绳论“从五四运动到人民共和国成立”》一书中，他还提出要注意研究“中间势力”“三个角色”（即除国共两党以外还有中间势力），对国民党要加以分析，等等，这虽然是针对编写近现代史说的，对于中共党史研究同样重要。龚育之在指导《中国共产党历史》中卷的编写时，提出编写党史著作时要处理好十大关系：一是站在党的立场写历史和站在科学的立场上写历史的统一；二是按照历史原貌写历史和站在时代高度写历史的统一；三是写党的历史和写人民的历史、国家的历史的统一；四是写党领导人民进行政治斗争的历史和写党领导人民进行经济建设和文化建设的历史的统一；五是在概括史学界已有成果的基础上写历史和力求有新的发现、新的论述写历史的统一；六是用广角镜头写历史与用特写镜头写历史的统一；七是叙述历史与议论历史的统一；八是观察国内与观察世界的统一；九是写成绩与写失误的关系；十是写新观点与写成熟的观点的关系。他们提出的这些原则和意见，实际上是提出了一种写党史的新的态度、新的方法、新的指导思想，对于编写中共党史著作是非常重要的。

第五，有分量、有影响的新成果不断涌现。从通史类著作来说，近年出版的代表性的著作有中共中央党史研究室编著的《中国共产党历史》第一卷，中央文献研究室编写的《毛泽东传》下卷。专题史方面出版的就更多了，例如思想文化史方面就有于光远著述、韩钢诠注的《“新民主主义社会论”的历史命运——读史笔记》，郑师渠主编的《中国共产党文化思想史研究》，赵智奎主编的《改革开放 30 年思想史》，张静如、王炳林主编的《十一届三中全会以来中国共产党思想史》等；新时期的中共党史有由新闻出版总署组织编写出版的《强国之路》丛书，其中有谢春涛主编的《中国特色社会主义史》等共 35 本，从经济体制改革、金融体制改革、资本市场发展、农村改革发展、国企改革、对外开放、党的建设、人民军队建设、教育发展、科技改革、卫生事业发展、社会体制改革等方面作了较为详细的历史梳理。王海光等主编的《中华人民共和国专题史》虽然是从国史方面进行研究的，但大部分也是中共党史研究的内容。

在这方面，有两位学者的著作值得注意：一是沈志华教授，他花巨资从原苏联、美国等地购买了大批档案资料，依据这些档案资料写出了一大批很有分量的著作，仅近年出版的就有《毛泽东、斯大林与朝鲜战争》《苏联专家在中国：1948—1960 》《战后中苏关系若干问题研究：来自中俄双方的档案文献》《中苏关系史纲：1917—1991 》等，在中外关系史、冷战史方面取得显著的成就。另一位是杨奎松教授，也出版了很多很有分量的著作，仅近年出版的就有《西安事变新探：张学良与中共关系之谜》《冷战时期的中国对外关系》《开卷有疑：中国现代史读书札记》《国民党的“联共”与“反共”》等。他们发表的很多论文，也很有分量和新意，例如沈志华的《斯大林、毛泽东与朝鲜战争再议——根据俄国档案文献的最新证据》《毛泽东、赫鲁晓夫与一九五七年莫斯科会议》《朝鲜战争期间中朝高层的矛盾、分歧及其解决》《一九五七年整风运动是如何开始的》；杨奎松的《共产国际为中共提供财政援助情况之考察》《关于平型关战斗的史实重建问题》《新中国“镇压反革命”运动研究》《1952 年上海“五反”运动始末》《从供给制到职务等级工资制——新中国建立前后党政人员收入分配制度的演变》等，都是既有分量又有新意的论文。

罗平汉教授关于中共党史上的重大事件的著述，也比较突出。多年来他不辞辛苦，到各个档案馆挖掘了大量的档案资料，并经常到实地考察，出版了很多关于中共党史重大事件的著作，仅 2001 年以来出版的就有《“大锅饭”：公共食堂始末》《墙上春秋：大字报的兴衰》《农村人民公社史》《大迁徙：1961—1963 年的城镇人口精简》《农业合作化运动史》《土地改革运动史》《村民自治史》《天堂实验：人民公社化运动始末》《“文革”前夜的中国》《1958 — 1962 年的中国知识界》《春天：1978 年的中国知识界》《票证年代：统购统销史》《变化：人民生活三十年》等。他的很多文章如《三年困难时期的大精减》《东北解放区——1947 年土改中的“砍挖运动”》《一九五八年至一九六二年粮食产销的几个问题》《一九五五年统购统销中的粮食“三定”工作》等，也很有价值。他的很多著作图文并茂，既有学术性又有可读性，实际上走出了一条中共党史著作编写的新路子。

在这些新成果中，有很多属于新开辟的领域，或过去研究很少的问题。例如土地革命战争初期的江西东固根据地，是一个建立比较早、起过重要作用、创造了很多经验的革命根据地，其领导人李文林也是一位杰出的领导人。毛泽东在 1930 年 1 月《给林彪同志的信》即《星星之火，可以燎原》中，曾把这个根据地和井冈山、湘鄂西、赣东北等根据地并列，说“朱毛式、贺龙式、李文林式、方志敏式”的根据地和政策，“是无疑义的正确的”。可是由于后来李文林被错杀，出版《毛泽东选集》时毛泽东删掉了“李文林式”，这个根据地就很少有人提及了。值得欣慰的是，2007 年召开了纪念东固革命根据地创建 80 周年学术讨论会，共收到论文 60 篇，蒋伯英的《从毛泽东的论述看东固革命根据地的历史贡献》、刘晶芳的《“李文林式”根据地与中国特色革命道路的开辟》、余伯流的《毛泽东与东固革命根据地的不解之缘——探析东固革命根据地被长期冷落的深层原因》、黄少群的《马克思列宁主义中国化的又一个典型——论东固革命根据地的历史特点》等文章，从不同角度阐述了东固革命根据地的特点，充分肯定了它对毛泽东等开辟农村包围城市道路的贡献。

在这些新成果中，有很多属于敏感问题。这三十年来，过去设置的“禁区”几乎全部被打破，很多所谓的敏感问题，例如陈独秀的评价、AB 团与富田事变、长征过程中的“密电”、西路军、“抢救运动”、高饶事件、反右派斗争，等等，都有很多成果问世。关于陈独秀，原中国现代文化学会陈独秀研究会、安徽省陈独秀研究会、安庆市陈独秀研究会、江苏省历史学会陈独秀研究分会等曾多次召开研讨会，每次研讨会都有很多新成果，提出很多新观点。关于高饶事件，张明远的《我的回忆》，张秀山的《我的八十五年：从西北到东北》，赵家梁、张晓霁的《半截墓碑下的往事——高岗在北京》等书，以及林蕴辉的《高岗事件始末》，《百年潮》杂志刊登的《高岗之死的真相》等文章，都透露了很多新的情况，或做出了新的探讨。韩钢教授的《中共历史研究的若干难点热点问题》，一共讲了 20 个中共历史研究的难点热点，对这方面的问题做了全面的梳理。

对于长期以来似乎已经成为定论的问题，很多学者也做出了新的探讨。例如孙果达的《四渡赤水研究中几个问题的探讨》，对被称为毛泽东“得意之笔”的四渡赤水战斗提出了新的看法；费侃如的《遵义会议研究的新动态》，则对遵义会议召开的时间、参加会议的人员和身份、会议的主持者和进行的情况等，提出了新的看法。对于中华人民共和国建立后的很多政治运动及人物的评价，很多学者都提出了新的看法。例如高华的《革命政治的变异和退化："林彪事件"的再考察》等论著，对已成定论的“林彪事件”做出了新的分析。韩钢的《还原华国锋——关于华国锋的若干史实》，则对华国锋的评价和有关史实提出了新的看法。

对于中共党史研究的新成果，华东师范大学人文学院历史系博士生衡朝阳的博士论文《中共党史研究的新文献与新视野（1978—2008）》，丁俊萍、宋俭的《新时期以来中共党史研究的回顾与展望》等论著，都介绍得比较全面，我就不一一细说了。

第六，研究理念趋向实证，学术化程度不断提高，评价越来越客观公允。过去的中共党史研究，目的主要是为政治服务，主要是对党的文件、决议、领导人的著作进行阐释，因而侧重于从政治上进行评价，学术性不强，甚至对很多重要事实也没有弄清楚，可以称之为政治性党史。这三十年来，这方面的论著虽然仍然很多，但很多学者的研究理念发生重大变化，学术性的著作越来越多，学术性越来越强，中共党史研究变成一种独立的科学研究，这可以称之为学术性党史，而且这种趋向越来越明显，这是三十年来中共党史研究最重大的变化之一。刘静在《新世纪以来中共历史研究的新趋势》一文中，列举了在这方面的四个表现：一是对政治、学术的关系问题认识更加理性；二是学术规范意识被提上议事日程；三是学科间的互动进一步加强；四是国内外学术交流合作日趋密切。我认为她讲得是对的。

随着中共党史研究学术性的增强，对历史人物、事件的评价也越来越客观公允。即使是代表中共中央官方党史研究机构撰写的著作，在这方面也有了显著的进步。如果把 2002 年出版的中共中央党史研究室编著的《中国共产党历史》第一卷，同 1978 以前的中共党史加以对照，就可以很清楚地看出这方面的巨大变化。对于这个问题，石仲泉、张树军都曾做过介绍。例如对于陈独秀，比较充分地肯定了他的功绩，不再说他的错误是“右倾投降主义”，并比较全面地分析了第一次大革命失败的原因，不再把第一次大革命的失败完全归咎于他；对于瞿秋白的“左”倾错误，只称“‘左’倾盲动错误”，没有再出现瞿秋白的名字；对李立三的“左”倾错误，称为“‘左’倾冒险错误”，没有出现“主义”二字；对王明的“左”倾错误，不再说是“左”倾冒险主义，而称之为“左”倾教条主义，并说王明走后的“左”倾错误是由以博古为首的临时中央政治局贯彻的，这就更加符合历史实际。对于其他方面的很多问题，也都做了比较实事求是的叙述和分析。因而，这是迄今为止由官方机构编写的关于民主革命时期的一部最好的中共党史。

第七，党史批评有了新的进展。过去发表的很多书评，多是讲好话，讲缺点错误很少，实际上是一种宣传，很少见到真正的批评。从 20 世纪 90 年代以来，真正的党史批评开始出现。在这方面，比较突出的是周一平和王海光两位教授。

周一平教授在近年来的书评和有关文章中，毫不客气地对一些论著提出了批评。例如他在《中共党史研究中的失范、违法现象应尽快杜绝》一文中，严厉地批评了很多著作中的抄袭、篡改史料等违法现象，以及在成果的开首不作学术史的叙述、引用资料不注明出处、在书尾不注明参考资料、重复劳动等失范现象。关于抄袭现象，文中指出宗峻的《总设计师》关于“上党之战”的记述，大部分段落完全抄自李达的《保卫抗战胜利果实的第一仗——上党战役》，以及《刘邓大军征战记》等书。更为恶劣的是，作者不仅抄袭，而且随便篡改史料。例如《总设计师》一书关于“上党之战”的记述，不仅抄了李达的《保卫抗战胜利果实的第一仗——上党战役》，而且往往把文中的“刘伯承”改成“刘伯承、邓小平”，甚至把“刘伯承”干脆改成“邓小平”。这大概是为了突出邓小平、抬高邓小平，但篡改了史料，篡改了史实。周一平严肃地指出：“以上这些学术不正之风、违纪、违法现象，如不杜绝，学术研究、中共党史研究会有什么样的繁荣？”他写的《一本质量不高的毛泽东文稿编年著作——〈毛泽东著述编年索引〉校勘略记》，认为王作鑫编的《毛泽东著述编年索引》一书，是中国目前较有分量的一本毛泽东文稿编年著作，编者下了较大的功夫，但该书既忽视国外的研究成果，也忽视国内的资料、研究成果，还未认真研究前人的研究成果，以讹传讹，编者的学术精神、态度、功夫，实在相差太远。我和周一平是好朋友，他对我主编的《彭湃研究丛书》，也毫不客气地指出了不少缺点和不足。

王海光的书评则是另外一种类型。他不仅指出论著中的缺点错误，还提出了有关的问题，引发出很多学术性的议论，可以说是一种学术性的书评。他的《在历史节点上的风云变局——评〈变局——七千人大会始末〉》，不仅指出了书中的评论失当处和史实错疑处，还有很多精彩的议论，例如关于七千人大会上毛刘政见分歧和毛后来对刘的尖锐批评，文章认为毛泽东对七千人大会的指责，更多的是作为以后问题的起始点。对大会本身而言，虽然毛泽东对刘少奇老是讲困难和问题不满，甚至会有“受压”的感觉，但谈到毛刘有明确的政见分歧还为时过早，会议的主调还是为毛开脱的，也认可了他的“最困难时候已经过去”的判断。问题应是出在大会以后。大会后，党内外出现的一系列新动向，中央一线领导调整“大跃进”过失的大动作，使毛泽东感到党内出现了一股要全面否定“三面红旗”的力量，这对他所认定的社会主义构成了新的挑战。又如王海光对丁龙嘉的《康生与“赵健民冤案”》一书的评论，认为该书提供了一个研究“文革”冤案特征的典型个案，可以透过该书看多数省市领导干部的“文革”境遇，启示我们解决党内分歧不能用乱斗的方法，只能用党内民主的方式，还说该书推进了从人性的角度研究“文革”，因为这是全国“文革”迫害运动的一个缩影，它以比较典型的形态，揭示了阶级斗争是怎样毁灭了人性的。惨痛教训再次告诉我们，没有政治的民主化，就没有中国的现代化。对“文革”的研究，远不是一个“彻底否定”的笼统结论就能够画上句号的，需要整个民族的反省。我认为，这些分析和议论都是很精彩的，可以说是对该书的补充和深化。

第八，研究类型和研究主体多元化。过去的中共党史研究不仅类型单一，研究主体也比较单一。但近三十年来随着党史研究的发展，特别是互联网的出现，出版形式的多元化，研究内容和研究主体都出现了多元化的趋势。如果从研究内容和方法来说，可以把中共党史分为政治性党史和学术性党史两种类型；从是否根据或符合中央及领导人的指示精神方面来说，可以把中共党史划分为主流党史和非主流党史两种类型；从研究主体来讲，则可以把中共党史划分为官方党史、学者党史和民间党史三种类型。

关于政治性党史和学术性党史，前边已经说了。

关于主流和非主流党史，以前只重视主流党史，对非主流党史一直采取压制的态度。其实，有很多所谓非主流党史，写得是非常好的，特别是香港出版的一些中共党史著作。在那里出版的很多中共党史著作，作者其实大部分是大陆的。这些著作分为两部分：一部分是所谓“左”派或原“左”派的著作、回忆录，如《王力反思录》《陈伯达最后口述回忆》《十年一梦——徐景贤文革回忆录》《吴法宪回忆录：岁月艰难》《邓力群自述：十二个春秋》，其中有的很真实，如《吴法宪回忆录：岁月艰难》；有的极力美化自己，贬低他人，但也提供了很多有价值的史料或内幕，值得一看。另外一部分是学者或了解情况的人撰写的著作，如前些年出版的胡绩伟的《从华国锋下台到胡耀邦下台》、高华的《红太阳是怎么升起的》，等等；近年出版的高文谦的《晚年周恩来》，陈利明的《胡耀邦传》，胡应南、纪鸿朋的《胡耀邦改革开放思想初探》，何方的《党史笔记——从遵义会议到延安整风》《从延安一路走来的反思——何方自述》，杨继绳的《中国改革年代的政治斗争》《墓碑：中国六十年代饥荒纪实》，辛子陵的《红太阳的陨落——千秋功罪毛泽东》，由金观涛主持、沈志华等人撰写的《中华人民共和国史》十卷本等。这部《中华人民共和国史》强调新的史料，言人之所未言，旅美学者余英时称赞它“达到了史学著作的世界水平”。香港已经是中华人民共和国的一部分，在那里出版的中共党史著作，当然应该纳入研究的范围，不能漠然视之。

二、中共党史研究存在的不足

董汉河：三十年来中共党史研究取得的成绩是巨大的。但研究是无止境的。由于各方面条件的局限，肯定还会存在一些不足。我想到的有这样几个问题：一是尚需拓展的内容及需深化的问题；二是当前存在的难点问题；三是相关理论和方法有哪些需完善和改进的地方。如有我未能想到的问题，盼您也能放开谈谈。

郭德宏：对于中共党史研究中存在的问题，很多学者已经谈过，例如邓伟志在《党史研究中的九种现象》一文中指出，在党史研究中存在九种值得注意的现象。一是活人优势现象；二是正确无边现象；三是一错百错现象；四是亲人溢美现象；五是屈人无错现象；六是发泄私愤现象；七是以论阉史现象；八是扣大帽子现象；九是捕风捉影现象。以上九种现象虽然不是普遍的，不过对修史者来讲，危害性是很大的。他在《党史研究“十忌”》中，还补充了婆婆妈妈现象，即有些人用过去婆婆妈妈的那种“张家长、李家短”的心态去分析政治事件、去揣摩政治家，把政治庸俗化。林蕴辉在《谈谈党史研究中的“新八股”》一文中，指出党史研究中存在一种“新八股”，其表现形式有三：一是担心“踩雷”；二是盲目跟风；三是故弄玄虚。胡绩伟甚至认为中共党史“从头起就应该改写”，因为有很多问题一直不真实。他们说的这些现象和问题都是存在的。但我认为，中共党史研究中存在的问题，主要是思想仍不解放，至今还存在三大弊病：

第一个问题，是传统指导思想特别是个人崇拜的影响还很浓厚，特别是民主革命时期的中共党史，基本上还是以毛泽东为中心，总是讲毛泽东如何如何正确，别人如何如何错误，而对毛泽东的错误则有意回避。例如第一次大革命失败后中国共产党领导建立的第一个革命根据地，应该是海陆丰而不是井冈山，海陆丰革命根据地不仅土地革命开展得最早，在政权建设、军队建设、党的建设等方面也创造了很多好的经验，一再为中共中央所肯定，当时的影响要比井冈山大得多。但是所有的中共党史著作，都极力突出井冈山，对海陆丰根据地则很少提。再比如关于工农武装割据和农村包围城市的思想，在大革命失败之后，中共中央和各地的很多人都陆续提出来了。我和梁尚贤在 1985 年曾写过一篇《六大以前党中央在农村包围城市革命道路形成过程中的贡献》的文章，专门论述中共中央在这方面的贡献。中共六大以后，有的人如周恩来、周子敬（何孟雄）等就提得更明确了。但是所有的中共党史著作，都只突出毛泽东在这方面的贡献，对别人的贡献却很少提。又例如遵义会议，明明只选举毛泽东为中共中央政治局常委，最高军事首长仍然是朱德，周恩来仍然是党内委托的对于军事指挥下最后决心的负责者。会后 2 月 5 日在鸡鸣三省重新分工时，决定由张闻天负中央总的责任，即担任党的总书记，毛泽东仍然只是周恩来在军事指挥上的帮助者。毛泽东后来也说，当时是张闻天担任党的领袖。周恩来及邓小平在张闻天的追悼会上所致的悼词中，都明确地肯定张闻天是党的总书记。3 月中旬重新成立军事最高指挥组织“三人团”时，毛泽东虽然成为“三人团”成员，但“三人团”的团长仍然是周恩来。由此可见，毛泽东从遵义会议开始虽然成为中共中央的领导人之一，但不论在政治上还是军事上，都不是最高领袖。可是为了突出毛泽东的作用，长期以来一直说遵义会议确立了毛泽东在党内军内的领导地位，而对党的总书记张闻天很少提。

对于毛泽东的错误，几乎所有大陆出版的中共党史著作都极力回避。例如过去谈到革命根据地的大肃反时，只说张国焘在鄂豫皖、夏曦在湘鄂西的错误，对毛泽东在江西的错误大都只字不提，即使写了也不提总前委书记毛泽东的名字。事实上，江西的大肃反在各个根据地中是最早的，而且杀的人最多，以后才扩展到其他根据地。又例如延安整风运动中的“抢救运动”，过去一直说是康生搞的，在讲到纠正“抢救运动”时，却一再突出毛泽东。事实上，康生只是中央总学委副主任，毛泽东才是中央总学委主任，整个整风运动和“抢救运动”都是由他领导的。

第二个问题，是对党史上的不同的人物和事件，采取不同的评价标准，例如对于陈独秀、王明和毛泽东等，就不是一个标准。

在这方面最典型的是对陈独秀的评价。我曾在 2004 年 11 月于安徽怀宁召开的“《新青年》与马克思主义早期传播学术研讨会”上的发言中提出，陈独秀是新文化运动的发起者，五四运动的总司令，马克思主义的积极传播者，中国共产党的最主要的创始人，中国共产党最早的主要领导人，是中国近现代历史上第一个深刻总结、反思苏联和社会主义民主政治建设经验教训的人，建立了不朽的历史功勋。仅仅创立中国共产党这一条功劳，陈独秀就可以名垂千古，光照千秋。如果说孙中山是 20 世纪中国的第一位杰出人物，那么陈独秀就是 20 世纪中国的第二位杰出人物。当然，陈独秀也犯过严重错误。但是，不能因为他犯了严重错误就否定他的历史地位。《中国共产党历史》上卷将长期以来所说的陈独秀的右倾投降主义改成了“右倾机会主义”，好像错误的性质有所减轻，但他在党史上仍然主要是以犯错误的代表人物出现的，他的问题至今仍然很敏感，历史地位仍然没有得到恢复，这是很不应该的。

对王明的评价也是一个典型的例子。在中共党史著作中，王明一直是土地革命战争时期“左”倾冒险主义和抗日战争初期右倾错误的代表，并说王明的“左”倾冒险主义统治中央长达 4 年之久。对于王明的功绩，则极力回避。例如在谈到王明 1935 年起草的“八一宣言”时，很多中共党史著作只说是中共驻共产国际代表团起草的，而不提王明的名字。事实上，王明对于抗日民族统一战线的建立，是有很大的功劳的，1937 年 12 月回国以后至 1938 年 10 月六届六中全会期间，也做了大量有益的工作，对这些工作不能给予抹杀。

陈独秀、王明等人犯过错误，中国共产党的其他领导人如毛泽东等人就没有犯过错误吗？但是在中共党史上，对他们的评价就完全不一样，这就不是一个标准。同样，关于改革开放时期的中共党史，一直只讲邓小平的功劳，对于其他人则很少提，这也不是一个标准。作为一部党史，应该是一个标准，不能一个人一个标准。

第三个问题，是继续沿袭革命战争年代形成的传统的概念、结论和提法，而这些概念、结论和提法，并不全面、客观、科学。

对于中共党史上长期以来形成的很多概念、结论和提法，大家都习以为常，但认真思考一下，就觉得是很值得推敲的。例如抗日战争的领导者、主战场、国民党的“积极反共，消极抗日”、“三次反共高潮”、中国的抗日战争是世界反法西斯战争在东方的“主战场”等提法，以及“国民党统治区”“国民党军”“国民党军队”等用语，都值得推敲。我曾写过一篇《论抗日战争史研究中的若干重大问题》的文章，对这些问题提出了自己的看法，认为应该更新抗日战争史研究的陈旧观念、话语系统和那些不确切的数字，从长期以来沿用的国共斗争的模式中跳出来，站在全民族的角度研究和撰写抗日战争史。像这样的不准确、不客观、不科学的概念、结论和提法，不仅限于抗日战争时期，其他时期也是一样，可以说太多了，都应该加以清理，尽快地改过来。

关于中共党史研究当前存在的难点，我认为主要是两个：一个就是上面所说的传统研究模式很难打破；二是很多档案资料至今没有开放。看不到当时的档案资料，很多问题就没有办法进行研究。

关于相关理论和方法须完善和改进的地方，那也很多。例如我在书中关于中共党史学理论和方法的评述中曾指出，三十年来关于这方面的研究虽然已经取得显著的成就，但是这方面的研究还不够深透。很多问题已经提出来了，但还没有很好地解决，还没有真正形成一套系统的、有自己特点的中共党史学的理论和方法。要使中共党史学成为一门独立的学科，必须进一步加强中共党史学理论和方法的研究，构筑起中共党史学理论和方法的基本框架。其他学者在书中也谈到这方面的问题，我就不细说了。

有的学者提出，中共党史研究存在的主要问题是仍未脱离实证主义史学的窠臼。具体表现在以下几方面：第一，片面强调中共党史学科的独立性，忽视中共党史学与其他社会科学的有机联系。第二，过分倚重史料和具体史实的考据，缺少对历史现象及过程的宏观考察和思辨分析。第三，要求人们以对待自然的态度来对待历史，忽视研究者创造性思维的发挥。第四，过分热衷于政治问题的研究，忽视拓宽中共党史研究的领域。应该实行史学观念的更新、主体素质的提高和研究方法的变革，以克服实证主义历史观所带来的危害，迎接时代的挑战。这几个方面的问题虽然是存在的，需要加以注意，但我认为中共党史本身就是历史学科的一部分，研究方法自然主要是实证主义方法。现在需要克服的主要不是实证主义历史观所带来的危害，而是那种脱离实证的空谈，不研究具体历史的“宏观叙事”，仍然存在的宣传、阐释模式，以及只说成就、不说缺点错误，只说好的、不说不好的“颂扬史学”。

三、深化研究的理念、路径和方法

董汉河：中共十一届三中全会以来，党中央一直要求我们不断地解放思想、改革开放，与时俱进。在中共党史研究方面还有哪些需进一步解放思想的地方？如何解放思想？通过什么路径和方法拓展和深化中共党史研究？

郭德宏：关于在中共党史研究方面还有哪些需进一步解放思想的地方，如何解放思想，上面已经说了，主要是应该打破那种传统的研究和书写模式，更新从革命战争年代一直延续下来的话语系统，完全按照历史事实来研究和书写中共党史。至于通过什么路径和方法拓展和深化中共党史研究，我在中央党校举办的几次中共党史师资班上，也都谈了自己的看法，例如从时代发展的认识高度不断地推陈出新；独立思考，充分发挥研究者的主体认识作用；实事求是，按照历史的本来面目研究历史；充分掌握资料，用历史事实说话；要有创新意识，注意选取新题目、新角度，开辟新领域，挖掘新资料，采用新方法，写出新面貌；要把中共党史研究与宣传、诠释区分开来，使它从宣传、诠释走向科学研究。因为宣传是解释、宣扬已经明确的东西，而科学研究是探索未知的事物。要写出好的宣传、诠释作品，当然也要进行研究，但从本质上说来，科学研究和宣传、诠释是根本不同的两回事情。如果不把科学研究和党史宣传、诠释分开，就永远写不出有价值的、经得起考验的党史研究成果。

关于这方面的问题，很多学者也提出了很多很好的意见。例如张静如教授提出，党史研究要现代化、科学化、社会化。现代化指的是研究的目的、内容、方法和手段，都要符合社会现代化发展的方向和需求。科学化，指的是研究的内容要正确反映中国共产党历史的真实面貌。也就是说，要实事求是对待党史，实事求是编写党史。社会化，指的是要面向社会，更好地发挥中共党史学的社会功能，为社会服务。韦磊提出，国内的中共党史研究范式单一，过于宏观，应该借鉴美国研究中国学的方法论，培养反思精神，形成反思自觉；建构多样的、中间的、开放的研究范式；运用“双跨”研究方法，就是跨学科和跨文化。有的学者还提出，应该给学者一个宽松的政治环境，坚持“百花齐放，百家争鸣”的学术方针；应该采用新的党史话语系统，这种新党史话语系统有别于传统的受意识形态束缚的党史话语系统，“它对中共党史采取客观中立的立场，以对历史的宏观把握为前提，对史料进行广泛的搜集和细心的考辨，以求揭示历史真实，而避免由意识形态产生有意或无意的历史误读”。这些意见，我认为都是很好的。

中共党史研究永无止境，解放思想和拓展、深化也永无止境。因此，中共党史研究者应该把不断解放思想和拓展、深化变为自觉的行动。如果每个中共党史研究者都有这样的自觉意识和行动，中共党史研究肯定会越来越好。

（原载《甘肃社会科学》2009 年第 3 期，后收入中共党史出版社 2010 年出版的《探寻历史的真相——郭德宏史论集》）

责任编辑:王世勇

图书在版编目(CIP)数据

中共历史探微/郭德宏 著. —北京:人民出版社,2019.10(2021.1 重印)
ISBN 978-7-01-021384-2

Ⅰ.①中… Ⅱ.①郭… Ⅲ.①中国共产党-党史-研究 Ⅳ.①D23

中国版本图书馆 CIP 数据核字(2019)第 215548 号

中共历史探微

ZHONGGONG LISHI TANWEI

郭德宏 著

人民出版社 出版发行
(100706 北京市东城区隆福寺街 99 号)

中煤(北京)印务有限公司印刷 新华书店经销

2019 年 10 月第 1 版 2021 年 1 月北京第 2 次印刷
开本:710 毫米×1000 毫米 1/16 印张:37.75
字数:518 千字

ISBN 978-7-01-021384-2 定价:138.00 元

邮购地址 100706 北京市东城区隆福寺街 99 号
人民东方图书销售中心 电话 (010)65250042 65289539